바클레이 성경 주석

요한계시록

바클레이 성경 주석 12

요한계시록

1판 1쇄 발행 1973년 1월 5일
개정1판 1쇄 발행 2009년 11월 25일
지은이 윌리엄 바클레이
옮긴이 편찬위원회
발행인 한동인
펴낸곳 (주)기독교문사
등 록 제1- c0062호
주 소 서울 종로구 충신동 5-13
출판부 T. 741-5184~5 F. 744-1634
특판부 T. 744-1633 F. 744-1635
도매부 T. 741-5181~3 F. 762-2234
직영서점 기독교문사
서울 종로구 종로5가 412-2
T. 2266-2117~9 F. 2266-6397

책값은 뒤표지에 있습니다.
ISBN 978-89-466-0430-8 94230
978-89-466-0418-6(전12권) 94230

Web www.kclp.co.kr
e-mail kclp@kclp.co.kr

기독교문사는 독자와 함께 기독교 출판문화를 이끌어 가겠습니다.

공급처 기독교문사 도매부 T. 741-5181~3 F. 762-2234

바클레이 성경 주석 12

요한계시록

기독교문사

The Revelation of John

by William Barclay

This translation is published by agreement
with The Saint Andrew Press, Edinburgh.

Chirstian Literature Press
Seoul, Korea

한국어 판에 붙여서

본인의 책이 한국에서 출간될 뿐만 아니라 국경을 넘어서게 되어 말할 수 없이 기쁩니다.

멀리에서 이 책이 출간될 수 있도록 수고해 주신 분들과 애써 번역해 주신 분들에게 깊은 감사를 드립니다.

제가 기도하고 바라는 이 사업이 하나님 나라를 널리 펴는 데 일익이 되고 모든 한국 사람이 예수 그리스도를 구주로 받아들이는 데 큰 도움이 되었으면 합니다.

주후 1971년 8월 6일

글래스고 대학교에서

윌리엄 바클레이

개정판을 내면서

기독교는 말씀의 종교입니다. 말씀은 믿는 자에게 구원을 주는 하나님의 능력입니다. 이 진리는 모든 기독교인의 신앙의 벽이자 지름이며, 성경을 대하는 머릿돌이므로 기독교인은 이 진리를 가슴속에 새겨야 합니다.

이러한 성경관과 철저한 소명의식으로 기독교문사는 반세기가 넘는 세월 동안 말씀 반포와 기독교 양서 보급에 2대에 걸쳐 온 힘을 다해 왔습니다. 《바클레이 성경 주석》 개정판(전 12권)도 이러한 사명과 선교적 책무에 부합한 것이며, 외적으로는 그동안 많은 독자들의 호평과 주문 요청에 순응한 것입니다.

1955년 피난지 대구에서 "문서 출판과 보급을 통한 기독교 문화 창달"을 목적으로 설립된 기독교문사는 처음 시작할 때부터 한국 교회의 강단을 풍요롭게 만들기 위한 출판에 초점을 맞추었습니다. 그 결과 주석의 고전이라 할 수 있는 《매튜 헨리 성경 주석》(전 45권)과 《바클레이 성경 주석》(전 17권)이 발행되었고, 이로써 한국 교회의 대형 주석 시대가 열려 한국 교회 목회자와 신학자, 평신도가 성경을 연구하는 분위기를 조성하는 데 크게 기여했습니다.

1953년 영국에서 처음 출간된 본 시리즈는 1백 만 부 이상의 판매를 기록했고, 국내에서는 본사 주관으로 "바클레이 성경 주석 편찬위원회"를 구성하여 1971년부터 출판하기 시작했습니다. 이후 범교단적으로 많은 목회자들의 소중한 성경 연구서로 사용되어 설교에 큰 영향과 능력을 나타내었습니다.

본 주석의 구성과 특징을 살펴보면, 우선 이 주석은 구성 면에서 단순성이 돋보이며, 본문 해설도 용어화한 것이 특징이자 장점이라 할 수 있습니다. 빈번히 설교해야 하는 목회자와 성경을 더 잘 이해하여 가르치는 일과 생활에 적용하기를 원하는 교사나 평신도 모두에게 유익하고 적시에 활용되도록 기술되어 있습니다. 또 다른 특징은 권위 있는 전문 지식을 토대로 한 해박한 기독교 역사와 문화 정보가 광범위하게 포함되어 있다는 것입니다. 특히 1세기 팔레스타인과 헬라 로마의 역사·문화·지리적 배경을 해당 본문과 관련하여 소개함으로써 독자의 영적 시각을 넓혀 주고 있습니다. 특징 중 가장 흥미로운 요소는 본문과 연결해 적절하고 풍부한 예화, 예증을 곳곳에서 제공해 줌으로써 목회자는 물론 주일학교 교사, 평신도 모두가 은혜롭게 공감하고 활용할 수 있다는 것입니다.

본 총서의 구성의 핵심이라 할 수 있는 것은, 본문의 역사적 접근 방식을 통한 하나님의 구속사의 통찰적 이해와 독자 각자의 본분을 현실적 삶에 적용하도록 강조하고 그 실천을 독려하고 있다는 것입니다.

이와 같이 《바클레이 성경 주석》은 그 권위, 가치, 공헌 면에서 한국 강단과 성도들에게 영적 풍요로움과 함께 하나님을 아는 지식의 깊이를 더해 주었고, 견고한 신앙의 뿌리의 자양분이 됨으로써 그동안 많은 세월이 흘렀어도 독자에게서 변함없는 사랑과 관심을 받고 있습니다.

오류와 변질로 혼탁해진 한국 교회 강단에 영적인 풍성함과 깊이가 더해지기를 바라며, 《바클레이 성경 주석》이 설교자들의 성경 연구와 성도들의 신앙을 바르게 하는 데 변함없는 동반자가 되기를 소원합니다.

2009년 1월

기독교문사 대표 한 동 인

번역판을 내면서

전 세계에 널리 알려졌고 많은 목회자와 신학도, 성경 연구에 관심이 있는 평신도까지 지대한 영향과 은혜를 끼친 바클레이 박사의 성경 주석이 좀 늦은 감이 있기는 하나 우리말로 번역되어 나오게 된 것은 참으로 다행한 일이며 하나님께 감사드립니다.

원저자가 말했듯이 본 총서는 현재 신학의 집성을 전문적인 신학 용어가 아닌 평이한 말을 사용해 우리에게 성경의 참뜻을 십분 드러냈습니다. 또한 바클레이 박사의 해박한 지식이 이 총서에 담겨 있음을 쉽사리 발견할 수 있습니다.

우리말로 번역해 출간하는 데 원저자와 출판사의 양해를 얻었고, 더 나아가 호의와 협조를 아끼지 않은 바클레이 교수와 스코틀랜드 장로회 출판국에 깊은 감사를 드립니다.

이 번역판에 대하여 몇 가지 일러 둘 말이 있습니다.

첫째, 원저자는 본문을 헬라어에서 사역을 했는데 본 총서는 저자의 양해를 얻어 현재 우리나라에서 가장 널리 보급된 개역개정성경을 인용했습니다.

둘째, 빠른 출간을 위해 부득이 여러 명이 번역을 했고, 이에 따른 용어를 통일하기 위해 각별히 주의를 했으나 간혹 그렇지 못한 부분이 발견될 수도 있음을 양해 바랍니다.

마지막으로, 이런 거작의 번역 사업이 결코 쉬운 일이 아니고 많은 희생을 각오

해야 하는 일인데 물심양면으로 적극적으로 도와주신 기독교문사 한영제 장로님께 교계와 번역위원회를 대신해 심심한 감사를 드립니다.

바클레이 성경 주석 편찬위원회

저술에 즈음하여

"일일 성경 연구 총서(Series of Daily Studies)"는 우연한 계기로 시작되어 출간된 것이라고 말하는 것이 옳을 것 같습니다. 스코틀랜드 교회가 쓰고 있던 총서가 바닥이 나자 곧 다른 총서가 필요했습니다.

본인이 사도행전에 대해 책을 써 달라는 요청을 받았을 때만 해도 그 이상 집필할 생각은 없었으나 한 권이 나오자 다른 책이 연이어 나오게 되었고, 마침내 전 신약성경 주해를 쓸 계획을 세우게 된 것입니다.

각 권으로 나온 주해가 특별한 장점이 있는 것은 아닙니다. 단지 독자가 신약성경과 본문 주해를 어느 곳이나 함께 가지고 다니기에 편리하고, 어느 곳에서나 읽을 수 있도록 한 것입니다.

본인이 주해를 하는 동안 모팻(Moffatt)과 웨이마우스(Weymouth)와 녹스(Knox)의 주석들을 줄곧 참조했으며, 《미국 개정표준역 성경(*American Revised Standard Version*)》, 《20세기 신약성경(*Twentieth Century New Testament*)》, 찰스 킹슬레이 윌리엄스(Charles Kingsley Williams)가 번역한 《쉬운 말 신약성경(*New Testament in plain Engish*)》이 본문으로 사용되었습니다. 출판을 시작한 이래 본인은 손필드(Hugh J. Schonfield)가 번역한 《정통 신약성경(*Authentic New Testament*)》을 철저히 참조했습니다.

본인에게 이 총서를 처음 시작하게 할 뿐만 아니라 계속하도록 특권을 허락한 스코틀랜드 교회 출판위원회에 심심한 사의를 표합니다. 특히 회장인 존경하는 맥도날드(R. G. Macdonald) 씨와 총무 앤드류 맥코시(Andrew McCosh) 씨의 끊임

없는 격려와 지도 편달에 감사를 드립니다.

각 주해서가 연이어 출간됨에 따라 총서에 대한 이념이 뚜렷해졌습니다.

본 총서의 목적은 비전문적인 독자들이 성경을 이해하는 데 유용하게 하려는 것과 신약성경의 가르침이 오늘날의 일상생활과 활동에 부합하도록 하려는 데 있습니다.

이 총서의 궁극적인 목적은 리차드(Richard)의 유명한 기도에 잘 나타나 있습니다.

> 사람들이 좀더 분명하게 예수 그리스도를 알게 하고,
> 좀더 극진히 그를 사랑하게 하고,
> 좀더 가까이 그를 따르게 하고자 함이라.

이 기도가 총서를 만들 수 있게 한 나의 기도입니다.

윌리엄 바클레이

머리말

이 책의 출간으로 우리의 사업은 거의 끝나게 됩니다. 이것으로써 신약성경의 마지막 책에 도달하기 때문입니다. 1952년에 "일일 성경 연구 총서"의 《사도행전》을 처음 착수했을 때는 더 이상 나아갈 생각이 없었습니다. 당시 이 총서에 손을 대면서 신약성경 전체까지 미치리라고는 생각하지 않았던 것입니다.

이 작업은 수많은 친구들의 끊임 없는 격려 없이는 완성될 수 없었습니다. 요 몇 해 동안 편지를 보낸 분들에게 깊은 감사를 드립니다. 종종 격려해 주신 그분들의 사의와 항상 크게 힘입은바 큰 기탄없는 비판에 대하여 감사를 드립니다. 나 자신으로서는 신약성경 전체를 근년에 이르러 좀더 깊이 공부하게 된 것은 말로 표현할 수 없는 가치 있는 경험이었습니다.

이 거창한 사업이 나에게는 감당하기 어려운 무거운 짐이었는데도 어느덧 거의 마지막에 이르게 되자 오히려 아쉬움밖에 남지 않는 듯합니다. 다만 처음 《사도행전》에서 시작하여 인내심을 가지고 여기까지 따라온 긴 여행을 함께한 독자들에게 진심으로 감사를 드릴 뿐입니다.

《요한계시록》은 신약성경 가운데서도 가장 난해하기로 유명한 책입니다. 그러나 이 책에 관련해 굉장히 유명한 주석들이 쏟아져 나오기도 했습니다. 그 중 어떤 책은 전 세계적으로 위대한 주석이기도 합니다. 《I. C. C. 주석(*International Critical Commentary*)》 가운데 들어 있는 찰스(R. H. Charles)의 두 권으로 된 주석은 여러 가지 지식의 보고이며, 없어서는 안 될 책입니다. 《맥밀란 주석(*Macmillan Commentaries*)》에 들어 있는 스위트(H. B. Swete)의 주석은 학구적이며, 신앙적인 양면이 잘 배합되어 있는 저작으로서 스위트는 어느 주석이나 이런 점에서 늘 성공하고 있습니다. 베크워드(I. T. Beckwith)의 주석은 저속한 저작물입니다. 호르트(F. J. A. Hort)의 주석은 완성되지 못하였으나, 그 미완성의 조각도 매우 귀중한 것입니다. 《헬라어 성경 강해(*Expositor' s Greek Testament*)》에 들어 있는 모팻(J. Moffatt)의 주석은 아직도 귀중합니다. 이 주석들은 모두 헬라어 원문을 토대로 한 주해서입니다.

영어 본문을 토대로 한 주석으로는 《케임브리지 성경(*Cambridge Bible for School and Colleges*)》에 들어 있는 심콕(W. H. Simcox)의 것은 간결하고 약간 오래된 점이 없지 않으나—이것은 1890년에 출판되었습니다—지금도 사용할 만합니다. 똑같은 말을 《모팻 주석(*Moffatt Commentary*)》의 마틴 키디(Martin Kiddie)에 대해서도 말할 수 있습니다. 스콧트(E. F. Scott)의 것은 주해서라고 할 수는 없으나, 간명하고 가르치는 바가 큰 해설서입니다. 트렌취(R. C. Trench)의 《일곱 교회에 보낸 서신(*Commentary on the Epistles to the Seven Churches*)》은 늘 느끼는 바이지만 저자의 넓은 학식과 깊은 신앙을 반영하고 있습니다.

이 주해서 가운데서 설명한 대로 《요한계시록》은 신약성경 중에서 특수한 책이지만, 반드시 그렇지만 않습니다. 구약과 신약 중간 시대에 성행한 묵시문학의 부류에 속하기 때문입니다. 묵시문학을 연구하기 위해서는 내용이 방대해 두 권으로 출간된 찰스(R. H. Charles)가 쓴 《구약의 묵시(*Apocrypha and Pseudepigrapha of the Old Testament*)》를 반드시 있어야 합니다. 1958에 케플러(T. S. Kepler)가 쓴 《요한계시록》의 영어 주해서는 영어를 아는 사람들에게 《요한계시록》의 의미를 한층 분명히 드러내 보인다는 점에서 다른 어느 책보다 우수합니다. 이외에도 뉴볼트(M.

R. Newbolt)의 《요한계시록(*Book of the Unveiling*)》도 한번 읽어 볼 만한 책입니다. 파러(Austin Farrer)의 《형상의 재생(*Rebirth of Images*)》도 학구적이며 중요한 책으로 요한계시록처럼 이해하기 어려운 점이 더러 있습니다.

《요한계시록》을 읽고 싶어 하면서도 어렵기 때문에 거의 읽을 수 없다고 생각하여 포기하는 사람들이 많이 있을 것입니다. 이 책이 조금이라도 그러한 장애를 제거하여 주고 신약성경 가운데서 가장 위대한, 그리고 가장 극적인 책 가운데 감추어진 부(富)를 캐낼 수 있었으면 하는 것이 나의 소원이요, 바람입니다.

1956년 9월

글래스고, 트리니티 대학에서

윌리엄 바클레이

| 차례 |

03

04

요한계시록
서론

이상한 책

신약성경을 공부하는 사람으로서 **요한계시록**을 연구하게 되면 그는 새롭고 다른 세계에 발을 들여놓는 것 같은 느낌을 갖게 된다. 여기에는 신약성경의 다른 책들과는 어딘지 모르게 다른 점이 있다. 그것은 이질적(異質的)일 뿐 아니라 현대인에게는 이해하기 어려운 책이다. 그 때문에 이 책은 이해할 수 없는 책이라고 표기되어 왔고, 때로는 종교적인 몽상(夢想)이 날뛰는 곳이 되기도 했다. 그들은 이 책에 근거하여 장차 닥쳐올 일에 대한 순서를 시간표처럼 배열하거나 자기 나름대로 이상을 해석하는 증거로 내세우기도 했다. 어떤 비관적인 주석자는 "요한계시록에는 거기 있는 말의 수효만큼이나 수수께끼가 들어 있다"고 말하였고, 어떤 사람은 "요한계시록을 공부하면 다른 사람이 미친 사람처럼 보이든가 자신이 미치든가 둘 중의 하나"라고 했다.

루터는 요한계시록이 신약성경에 끼어 있는 것을 거절이나 할 듯한 태도를 취하였다. 야고보서, 유다서, 베드로후서, 히브리서와 더불어 자신의 신약성경 맨 끝에 따로 목록을 작성하여 놓았다. 그는 요한계시록에 기록된 것은 성경의 다른 어느 곳에도 없는 표상(表象)이나 환상뿐이라고 단언하고 있다. 더군다나 저서가 모호한데도, 저자는 자신의 말을 지키는 자와 불순종하는 자에게 아무도 그가 무엇을 의미하는지 알지 못하는 약속과 위협을 대담하게 덧붙이고 있다며 불평을 털어놓고 있다. "여기에서는 기독교가 교시(教示)되지도 않았고 인정되지도 않고 있다. 또한 성령의 영감도 느껴지지 않고 있다"고 루터는 말했다.

마찬가지로 츠빙글리도 요한계시록에 대하여 비판적으로, "요한계시록은 성경적이 아니기 때문에 아무런 흥미도 없고… 요한계시록은 요한의 사상 또는 말을 전달하고 있지도 않다. 나는 하고자만 한다면 그 증언을 물리칠 수도 있다"라고 말하였다. 대다수의 사람들은 요한계시록의 난해(難解)함을 강조하고, 어떤 사람들은 심지어 이 책이 신약성경에 들어갈 가치가 있는지 여부에 대하여 의문을 품고 있다.

한편 요한계시록을 사랑한 사람들도 어느 시대에나 끊이지 않고 있다. 최근 요한계시록을 편집한 케플러(T. S. Kepler)는 이 책에 대한 필립 카링튼(Philip Carrington)의 의견을 인용하여 자신도 같은 의견이라고 소개하고 있다. "요한계시록에서 우리는 스티븐슨, 코르릿지, 바하 이상의 예술가를 만난다. 성 요한은 스티븐슨 이상으로 적절하고 뛰어난 어감(語感)을 갖고, 코르릿지보다 뛰어나 이 세상 것이라 할 수 없을 만큼 초자연적인 미를 지닌 위대함을 갖추고 있고, 바하도 미치지 못하는 풍부한 리듬과 멜로디와 구상의 재능을 갖고 있다. …이것이야말로 신약성경에서 유일하고 순수한 예술적 걸작이다. …그 충만함과 풍부함 그리고 조화된 변화 등이 이 책을 그리스 비극보다 훨씬 능가하게 한다."

확실히 이 책은 난해하고 현혹적이다. 그러나 동등하게 이 책의 축복이 임하고 보고(寶庫)가 열릴 때까지 이·책과 진지하게 대결할 가치가 있다.

묵시문학

요한계시록을 연구하는 데 우리가 명심해야 할 기본적이요, 본질적인 사실이 있다. 요한계시록이 신약에서 독특한 성격을 지니고 있기는 하지만 그것은 구약시대와 신약시대 사이의 중간 시대에 널리 유행한 대표적인 문학 유형이 결코 아니다. 요한계시록은 보통 아포칼립스(묵시, Apocalypse)라고 불린다. 그리스어

제명은 아포칼륍시스(Apokalupsis)다. 신 · 구약 성경의 중간 시대에는 이러한 묵시문학이 많이 나타났다. 이 묵시문학은 유대인의 줄기찬 희망을 산출한 것이라고 말할 수 있다.

유대인은 자신들이 하나님의 택한 백성이라는 것을 잊을 수가 없었으며, 언젠가는 반드시 세계를 지배하고야 말 날이 올 것을 믿고 의심하지 않았다. 장차 그들의 원수는 멸망당하고, 그들에게 약속된 뛰어남과 영광이 응당 주어지게 되어 있었다. 그들은 초기 역사에서는 다윗의 혈통에서 왕이 나타나서 자기 국민을 다시 연합하게 하고 위대한 번영으로 이끌 때를 기다리고 있었다. 이새의 줄기에서 한 싹이 나며(사 11:1, 10), 하나님께서 한 의로운 가지를 일으키시고(렘 23:5), 사람들은 그들의 왕 다윗을 섬기며(렘 30:9), 다윗은 그들의 목자가 되고 왕이 되도록(겔 34:23, 37:24) 예정되어 있었던 것이다. 다윗의 무너진 장막을 다시 일으키고(암 9:11), 세상을 다스릴 자가 베들레헴에서 나와서 그 위엄이 땅 끝까지 이를 것이라고 믿고 있었다(미 5:3-5).

그러나 이스라엘의 전 역사는 그들의 이러한 모든 희망을 배반한 결과가 되었다. 솔로몬이 죽은 후 가뜩이나 작고 좁은 왕국은 르호보암과 여로보암 두 왕에 의하여 두 왕국으로 분열되었다. 사마리아를 수도로 삼은 북왕국은 주전 8세기의 마지막 25년간 앗수리아 사람들의 공격 앞에 무너져서 다시 역사상에 나타날 수 없이 되었고, 열 종족은 조국을 잃었다. 예루살렘을 수도로 정한 남왕국은 주전 6세기에 바빌론 사람들 앞에 굴복하여, 주민은 포로가 되어 끌려가고 영토는 후에 페르시아, 그리스, 로마의 속국이 되었다. 역사는 유대인에게 비극의 연속이요, 인간의 힘으로는 도저히 견뎌 낼 수 없다는 것이 분명해졌다.

두 시대

유대 사상은 유대인이 선민이라는 신념을 고집하고 있었으나, 역사의 사실 앞에 자신들을 적응시키는 수밖에 없어 새로운 역사를 설계하게 되었다. 유대인은 모든 시대를 둘로 구분하였다. 즉, 첫째는 **현세**다. 현세는 모든 것이 악으로서 구원 받을 수 없고 개혁도 바랄 수 없으니 이는 다만 파괴와 소멸만이 있을 뿐이었다. 그래서 유대인은 현재 있는 것의 마지막을 기다리고 바랐다. 둘째로 **오는 세상**이 있는데, 그것은 하나님의 황금시대로서 완전한 선과 의가 실현되는 때이며, 평화와 번영과 정의가 확립되는 것이다. 그때에는 하나님의 선민의 의가 인정되어 그들은 하나님의 백성에게 약속된 지위를 얻게 된다.

여기에서 분명히 문제가 되는 것은 **현세**가 어떻게 **오는 세상**으로 되느냐는 것이고, 그 변화는 어떻게 일어나는 것인가 하는 것이다. 유대인은, 그 변화는 결코 인간의 주선으로 일어나는 것이 아니라고 믿었고, 따라서 하나님의 직접적인 개입을 기다렸던 것이다. 하나님이 직접 내려오셔서 땅 위의 모든 일에 참여하시고, 역사의 무대 위에 등장하며, 현세를 한순간에 멸망시키고 하나님의 황금시대를 가져오기를 기대했었다. 하나님께서 내림하시는 날을 **주의 날**이라고 불렀다. **주의 날**은 공포와 파멸과 심판의 무서운 날이요, 그때에는 모든 것의 존재가 깨어져 흔들리고 새 시대가 맹렬한 세력으로 다가온다. 주의 날은 참으로 새 시대를 낳는 고통의 날이 될 것이다.

모든 묵시문학은 다음과 같은 것들을 취급하고 있다. 즉, 현세상의 죄악과 이 세상과 오는 세상 사이에 일어날 무서운 일들, 장차 다가올 축복들이었다. 이런 묵시문학은 마지막 날의 꿈과 환상으로 구성되어 있다. 따라서 모든 묵시문학은 필연적으로 신비스러운 것이 된다. 묵시문학은 상징과 회화적인 묘사만 사용할 수밖에 없다. 그러므로 눈으로 아직 보지 못하고 귀로써 아직 들은 적이 없는, 그리고 사람들이 깨닫지 못한 것들을 인간의 말로써 표현하려고 노력하게 마련이다. 묵시문학은 서술할 수 없는 것을 서술하고, 말이 되지 않는 것을 말로써 표현하고, 묘사할 수 없는 것들을 묘사하려고 계속해서 시도해 보았다. 묵시문학은 언제나 인간이 알 수 없는 사건을 취급하고, 인간의 말과 표현력의 한계를 넘는 것들을 표현하려 하는 것이다.

이것은 또 다른 사실로 한층 복잡해진다. 이러한 묵시적인 환상이 독재와 억압과 속박 속에서 살고 있는 사람들의 마음속에서 한층 선명하게 되는 것은 당연하다. 외국의 압력이 강해지면 질수록 사람들은 권력의 붕괴와 장차 올 자신의 의의 증명을 한층 강렬하게 꿈꾸게 된다. 그러나 이런 꿈을 압제자가 알아차

리든지, 이러한 책이 압제자의 손에 들어간다면 그 사태는 더 악화될 뿐이다. 그런 저작은 반역적 책동자들의 짓이라고 보일 것이다. 그래서 이러한 종류의 책들은 기호(記號)로 기록되는 것이 보통이며, 외부 사람들에게는 일부러 알 수 없는 언어로 꾸며지게 되었다. 그리고 이러한 기호를 푸는 열쇠가 없어진 것이 있기 때문에 이해할 수 없이 그대로 남아 있는 것이 많다. 그러나 우리가 이러한 책들의 역사적 배경이나 당시의 형편을 더 잘 알면 알수록 이 책에 대한 해석이나 이해에 더 큰 도움이 될 것이다.

요한계시록

위에 말한 것이 우리가 가지고 있는 신약의 요한계시록에도 정확히 적용된다. 유대의 묵시문학을 열거(列擧)하면, 《에녹서》, 《시빌라의 신탁(神託)》, 《12족장(族長)의 유훈》, 《이사야의 승천》, 《바룩의 계시》, 《에스드라4서》 등 여러 가지가 있다. 이런 것은 모두 유대교의 요한계시록이다. 우리의 요한계시록은 신약성경 가운데 있는 유일한 기독교적 요한계시록이다.

이 요한계시록은 유대교의 형식을 정확히 따라 두 시대 개념을 기본으로 묘사하고 있다. 우선 지금의 현세로서 이는 전적으로 악하며 사탄의 세력 아래 지배되고 마침내 멸망당할 것이지만, 장차 오는 황금시대는 하나님이 모든 것을 새롭게 하시는 새 하늘과 새 땅의 시대다. 다만 기독교의 요한계시록이 유대교의 묵시문학과 다른 점은, 주의 날 대신에 예수 그리스도의 능력의 재림으로 대치한 것이다. 형식만 같은 것이 아니라 세부 사항까지 동일하다. 유대교의 묵시문학이 마지막 날에 일어날 일련(一連)의 표준 사건들을 열거하고 있는 것처럼 그와 똑같은 것을 발견하게 된다. 그러나 이 일련의 사건의 형태를 훑어보기 전에 한 가지 다른 문제가 야기된다. 즉, 계시와 예언이 둘 다 미래에 일어날 일들을 취급하는 것이라면 그 다른 점은 과연 무엇일까 하는 것이다.

묵시와 예언

예언자와 묵시문학자 간의 차이점은 매우 뚜렷하다. 두 가지 주요 차이점이 있는데 그 하나는 메시지요, 다른 하나는 그 전달 방법이다.

I. 예언자는 현세의 표현으로 사물을 생각하였다. 그 메시지는 대체로 사회적, 경제적, 정치적 정의를 호소하는 것이요, 이 세상에서 하나님께 순종하고 하나님을 섬기도록 사람들에게 호소하는 것이었다. 예언자들에게 개혁되고 개조되어야 할 것은 바로 **이 세상**이며, 궁극적으로 하나님의 뜻이 이루어지고 하나님의 나라가 임하는 것이 현세에 일어날 일이다. 다시 말해 같은 것을 다른 방법으로 말한 것이며, 즉 예언자들은 역사를 믿었다. 그들은 시간과 공간 안에서 하나님의 인도하심을 따라 여러 역사적 사건 안에서 하나님의 뜻과 목적이 이루어진다고 믿었던 것이다. 어떤 의미로 예언자들은 낙관적이었다. 그들은 현재의 상황을 아무리 맹렬히 공격 규탄해도 사람들이 하나님의 뜻과 계명을 받아들이기만 한다면, 이 세상은 개량된다고 믿고 있었기 때문이다.

그러나 묵시문학자들에게 이 세상은 개선할 여지가 없으며 완전히 악의 수중에 들어 있고, 악에 의하여 지배되고 있는 것으로 보였다. 그들은 이 세상의 개혁이 아니라, 괴멸(壞滅)을 믿었던 것이다. 그들은 이 세계의 재창조가 아니라 하나님의 심한 보복의 진노로 이 세상이 분쇄된 후에 나타나는 새 세계에 기대를 걸었다. 그러므로 어떤 면으로는, 묵시문학자들은 비관론자들이었다고 할 수 있는데 이는 여러 사정으로 보아 사물이 교정될 수 없다고 믿었기 때문이다. 물론 그들도 황금시대의 출현을 확신하고 있기는 했지만, 그것은 이 세상이 하나님의 불에 타 버려진 후에야 일어나는 것이라고 생각하였다.

II. 예선자의 메시지는 구두로 사람들에게 전달되었다. 예언자는 말과 자신의 이름으로 하나님의 메시지를 가지고 사람들과 대결하였다.

이에 반하여 묵시문학자의 메시지는 언제나 글로 기록되었다. 묵시작품은 하나의 문학적 소산이다. 그들의 메시지가 입으로 전달되었더라면 그 뜻은 결코 이해되지 못했을 것이다. 묵시작품은 어렵고 복잡하고 때로는 전혀 무의미하며, 공을 들여야 하며, 이를 이해하려면 서재에서 숙독해야 한다.

그뿐 아니라 예언자들은 언제나 본명을 밝힌 데 반하여, 묵시문학자들은 신약성경의 요한계시록을 제외하고는 모두 가명을 썼다. 즉, 저자의 본명 이외의 다른 이름을 썼다는 것이다. 그들은 과거 대가들의 입을 빌려 마치 노아, 에녹, 이사야, 모세, 열두 사도, 에스라, 바룩 등의 말로 발표되었다. 여기에는 어딘지 모르게 서글픔이 있다. 묵시문학자들은 위대한 것이 지상에서 모조리 자취를 감추었다고 생각하고 자기혐오(自己嫌惡)에 빠졌다. 그래서 작품에 실지로 자신의 이름을 붙이지 않고, 과거의 위대한 인물의 이름을 빌려 자신의 이름으로써는 줄 수 없는 권위를 작품에 부여하려고 했다. 윌리허는 "묵시문학은 낡아 버린 예언" 이라고 했다.

묵시문학의 내용

이미 말한 바와 같이 묵시문학에는 하나의 형식이 있다. 종말에 일어날 일들을 기술하고 거기에 따르는 축복을 묘사하고 있다. 그리고 같은 방법이 거듭거듭 되풀이된다. 묵시문학은 언제나 같은 소재를 다루고 있으며, 이러한 소재를 신약성경의 요한계시록에서도 발견할 수 있다. 여기서 그 소재를 요약하여 보기로 한다.

1. 묵시문학에서 메시아는 곧 하나님이며, 선재자(先在者)요, 권능과 영광을 갖춘 초월자요, 전승의 생애를 이 세상에서 시작하기 위하여 땅 위에 내림하실 날을 기다리고 계시는 분이다. 이 메시아는 천지창조 이전, 즉 해나 별이 창조되기 전부터 하늘에 계셨고, 지금도 전능하신 하나님 앞에서 그 보호하심 아래 계신다(에녹서 48:3, 6, 62:7; 에스드라4서 13:25–26). 그는 강한 자를 권세 누리는 자리에서 끌어내시고, 땅 위의 왕들을 왕위에서 몰아내고, 죄인들의 이를 부러뜨리기 위하여 장차 오신다(에녹서 42:2–6, 48:2–9, 62:5–9, 69:26–29). 묵시문학에서는 메시아의

인간적인 면이나 점잖은 면이 전혀 없다. 그는 복수하는 능력과 영광을 갖춘 신적 존재로서 땅은 그 앞에 두려워 떨게 되는 것이다.

II. 메시아가 오기 전에 엘리야가 나타나 길을 예비한다(말 4:5-6). 랍비의 말대로 엘리야는 이스라엘의 낮은 산들 위에 서서 메시아가 임하심을 고한다. 그 목소리는 땅 끝에서 땅 끝까지 울려 퍼질 만큼 크다.

III. 이 마지막의 무서운 때는 "메시아의 괴로움"의 때로 알려져 있다. 메시아 시대의 내림은 해산할 때의 괴로움과 같다. 복음서에는 예수께서 세상 끝날의 징조를 "이 모든 것은 재난의 시작이니라"(마 24:8; 막 13:8)고 미리 말씀하셨다고 기록되었는데 이때 재난이란 헬라어는 **오디나이**(ōdinai)요, 문자 그대로 해산의 고통이다.

IV. 마지막 날은 무서운 날이 된다. 용사도 애곡하며(습 1:14), 나라의 백성은 모두 무서워서 떨고(욜 2:1), 공포에 떠는 사람들은 몸을 숨길 곳을 찾아도 찾을 수 없다(에녹서 102:1, 3). 묵시문학자들은 다가올 무서운 정경을 생각한 것이다.

V. 마지막 날은 이 세상이 무너져 버리는 날이다. 도처에서 대혼란이 일어나서 사람들이 아는 바와 같이 우주는 붕괴한다. 별은 없어지고, 태양은 빛을 잃고, 달은 피로 변한다(사 13:10; 욜 2:30-31, 3:15). 하늘은 깨어져 없어질 것이고 미친 듯한 불길은 큰 폭포처럼 땅 위에 떨어지고, 피조물은 모조리 녹아 없어져 버린다(시빌라의 예언 3:83-89). 계절의 순서가 뒤바뀌고 밤과 새벽이 없어질 것이며(시빌라의 예언 3:796-806), 땅은 조각조각이 나고 모든 기성 질서가 무너져 버린다.

VI. 마지막 날에는 모든 인간관계가 파괴된다. 증오와 적의는 지구상을 지배하고, 모든 사람은 이웃 사람들에게 손을 들어 치며(슥 14:13), 형제가 형제를 죽이고, 부모가 친자식을 죽이고, 이러한 살해는 이른 아침부터 해질 때까지 계속된다(에녹서 100:1-2). 명예는 수치로 변하고, 용기는 비겁으로, 아름다움은 추악으로 변한다. 겸손한 자가 질투쟁이가 되고, 한때 평화로웠던 사람들이 혈기덩이가 되어 버린다(바룩2서 48:31-37). 땅은 무너지고 가장 가까웠던 사람들의 관계는 파탄이 나고 오직 혼란만이 남는다.

Ⅶ. 마지막 날은 심판의 때다. 하나님은 대장간의 불처럼 임하신다. 그때 누가 과연 견뎌 낼 수 있을까(말 3:1-3). 하나님께서 불과 검을 가지고 사람을 심판하시고(사 66:15-16), 인자는 땅 위에서 죄인을 싹 쓸어 버리시며(에녹서 69:27), 유황 냄새가 사면을 뒤덮으며(시빌라의 예언 3:58-61), 죄인들은 옛날 소돔처럼 멸망하여 타 버린다(희년 36:10-11). 최후의 날은 모든 것을 멸하시는 하나님의 진노가 땅을 휩쓴다.

Ⅷ. 이런 모든 환상 가운데 이방인도 한 몫을 차지하나 항상 같은 것은 아니다.

1. 어떤 경우에는 이방인이 전멸된다. 바빌론은 완전히 황폐되어 유랑하는 아랍 사람들이 광야에 천막을 칠 수 없고, 양치는 자들은 양을 칠 초원을 찾지 못하며, 야수들만이 득실거리는 폐허다. 이방인은 하나님의 진노 아래 짓밟히며(사 63:6) 쇠사슬에 매여 이스라엘로 끌려온다(사 45:14).

2. 어떤 경우에는 예루살렘에 대적하는 이방인의 최종적인 집결과 패하고 말 최후의 전쟁을 기록하고 있다(겔 38:14, 39:16; 슥 14:1-11). 각 나라의 왕들은 예루살렘에 덤벼들며, 하나님의 전을 더럽히기 위하여 불신의 무리를 이끌고 거룩한 도성의 주위에 둥그런 모양의 왕좌를 벌리나 이것 역시 남김없이 파괴된다(시빌라의 예언 3:663-672).

어떤 때는 이스라엘의 빛에 의한 이방인의 회심(回心)이 있고, 하나님은 이방인의 빛으로서 이스라엘을 주셔서 땅 끝까지 하나님의 구원이 될 수 있게 하셨다(사 45:20-22). 섬들은 하나님을 기다리고(사 51:5), 땅 끝까지 하나님을 우러러보고 구원을 받으라고 초대되었다(사 45:20-22). 인자는 이방 사람들의 빛이 되고(에녹서 48:4-5), 여러 나라 사람들은 하나님의 영광을 보기 위하여 땅 끝에서부터 예루살렘에 모인다(솔로몬의 시편 17:34). 이방인에 대한 묘사 중에서 가장 일반적인 것은, 이방인의 멸망과 이스라엘 사람들의 득의다.

IX. 마지막 날에는 사방에 흩어지고 이방 땅에 잡혀 갔던 유대인이 다시 성도에 모여든다. 그들은 앗수르에서 또는 애굽에서부터 모여들어 거룩한 산에서 주를 예배한다(사 27:12–13). 이스라엘이 되돌아올 때 모든 산은 없어지고 골짜기는 메워지며, 나무도 모여서 그늘을 만든다(바룩서 5:5–9). 멀리 포로로 끌려 갔던 땅에서 죽은 사람들도 데리고 돌아오게 된다.

X. 마지막 날에는 하나님의 손으로 하늘에서 이미 준비된 새 예루살렘이(에스드라4서 10:44–59) 인간에게 내려온다. 그 도성의 아름다움은 사파이어(碧玉)의 토대, 마노(agate)의 창, 홍옥의 문, 보석의 성벽을 갖추고 있다(사 54:12–13; 토빗서 13:16–17). 주의 집의 나중 영광은 이전 영광보다 크다(학 2:7–9).

XI. 묵시문학이 묘사하는 마지막 날의 핵심적인 사건은 죽은 자의 부활이다. "땅의 티끌 가운데에서 자는 자 중에서 많은 사람이 깨어나 영생을 받는 자도 있겠고 영원히 수치를 당하여 영원히 부끄러움을 당할 자도 있을 것이며"(단 12:2). 음부와 무덤은 그들에게 맡겨졌던 자들을 돌려보낸다(에녹서 51:1).

죽은 자들의 부활의 범위는 저자에 따라 다르다. 어떤 때는 이스라엘 중에서 의인뿐이고, 어떤 때는 모든 이스라엘 사람에게 적용되기도 했고, 어떤 때는 모든 지역 모든 사람이 부활하기도 했다. 부활의 양식은 다르나 여기에 비로소 죽음 저편의 생명에 대한 희망이 보인다.

XII. 메시아 왕국의 지속 기한에 대해서는 각기 견해가 다르다. 가장 자연적인 것은 영원까지 계속된다는 생각으로 사실 이것이 가장 보편적인 생각이다. 성도의 나라는 영원한 나라(단 7:2)라고 일러 왔다. 또한 메시아의 통치가 400년 동안 계속된다고 믿고 있는 사람들도 있었다. 이 숫자는 창세기 15장 13절과 시편 90편 15절의 비교에서 산출된 것이다. 창세기에서 아브라함은 이스라엘 자손들의 고역(苦役)이 400년 동안 계속되리라는 예고를 받았고 시편의 기자는 이스라엘을 곤고케 하신 날수대로와 화를 당한 연수대로 하나님께서 이스라엘을 기쁘게 하시리라고 했다.

신약성경의 요한계시록에서는 성도들이 세상을 통치하는 기간은 천 년이고 그 다음에는 집결된 악의 힘과 싸움이 있고 마지막으로 하나님의 황금시대가 오는 것이다.

위에 말한 것들이 묵시문학의 저자들이 기대하고 상상한 마지막 날의 사건들이다. 그리고 이러한 것들은 대부분 신약의 요한계시록에도 묘사되어 있다. 이러한 상황을 마무리하기 위하여 다음에 장차 올 시대의 축복에 대하여 간단하게 요약하여 설명하기로 한다.

장차 임할 시대의 축복

I. 분열된 왕국이 또다시 통일될 것이다. 유다의 집은 이스라엘의 집과 다시 함께 살게 될 것이다(렘 3:18; 사 11:13; 호 1:11). 오랜 분열이 해소되고, 하나님의 백성은 하나가 될 것이다.

II. 세계는 놀랄 만큼 굉장히 비옥해질 것이다. 광야는 밭으로 변하고(사 32:15) 에덴동산같이 될 것이다(사 51:3). 사막은 기뻐 뛰며 장미꽃같이 필 것이다(사 35:1). 대지는 1만 배 실과를 맺고 포도나무에는 1천 가지가 나오고, 그 가지마다 1천 개 포도송이가 열리며 송이마다 1천 개 포도 알이 열리며, 한 나무에서 1고르(12갈론)의 포도주를 취하게 될 것이다(바룩2서 9:5-8). 그 풍성함은 세상에서 일찍이 본 적이 없을 정도이며, 굶주린 자들이 기뻐하고 즐거워할 것이다.

III. 새 시대에 대한 끊임없는 꿈 중의 하나는 전쟁의 종식이다. 칼은 보습이 되고, 창은 낫이 될 것이다(사 2:4). 하나님의 자녀들은 큰 평화를 누릴 것이다. 이제 다시는 총검 소리도 안 들리고 모든 사람이 공통된 법 아래 있을 것이며, 땅 위에는 큰 평화가 있을 것이며, 각 나라의 왕들은 서로 친목을 도모할 것이다(시빌라의 신탁 3:751-760).

IV. 새 시대에 대한 가장 아름다운 사상 가운데 하나는 짐승들간에 그리고 사람들간에 적의(敵意)와 적대감이 없어진다는 것이다. 표범이 어린 염소와 함께, 암소가 곰과 함께, 사자가 송아지와 함께 뛰놀며 누우리라는 생각이다(사 11:6-8, 65:25). 사람과 짐승들 사이에는 새로운 계약이 체결될 것이며(호 11:18), 심지어는 젖 먹는 아이가 독사의 구멍에서 장난하며(사 11:8; 바룩2서 73:6), 대자연 속에서 사람과 사람, 백성과 백성, 짐승과 짐승, 사람과 짐승이 서로 다정하게 사귀며 다시는 남을 해하려고 하지 않을 것이다.

V. 장차 오는 시대는 피로와 슬픔과 고통에 종지부를 찍을 것이다. 사람들은 이제 다시는 슬퍼하지 않을 것이다(렘 31:12). 영원한 기쁨이 그들의 머리 위에 있을 것이다(사 35:10). 천명을 다하지 못하고 갑자기 죽는 자도 없을 것이며, 병들었다고 탄식하는 사람도 없으며, 죽음은 승리에 삼켜 버려질 것이고, 하나님은 모든 얼굴에서 눈물을 씻으실 것이다(사 32:24). 병은 자취를 감추고, 불안과 고민과 비판은 사라지고, 해산하는 고통이 없고, 거두어들이는 자는 피곤치 않으며, 건축자들은 지치는 법이 없을 것이다(바룩2서 73:2-74:4). 오는 세상에는 버질이 말한바 "눈물 흘릴 일들" 이 다시는 없을 것이다.

VI. 오는 시대에는 정의의 시대요, 온전한 거룩함과 온전한 의가 사람들 사이에 이루어지고, 인류는 은총의 날에 주님을 경외하며 사는 선한 세대가 될 것이다(솔로몬의 시편 17:28-49, 18:9-10). 신약의 요한계시록은 신약성경 중 이러한 묵시문학의 대표격으로서 세상이 끝나기 전에 일어날 무서운 일들과 다음 세상의 축복을 말해 주고 있다. 우리는 그 가운데 여러 가지 우리에게 친숙한 묘사와 상상을 넣게 된다. 그것은 우리에게 가끔 난해하며 심지어는 당치도 않는 것이기는 하지만 대부분 그것이 처음에 기록되었을 당시에는 독자들이 잘 알고 이해할 수 있는 사상과 개념을 사용하였다.

요한계시록의 저자

이제 우리는 더 나아가 요한계시록의 저자에 대하여 알아보기로 하자.

I. 요한계시록은 요한이라고 하는 사람이 기록했다. 그는 첫머리에 하나님께서 그의 종 요한에게 전해 주려고 하는 계시를 주셨다고 기록하였다(1:1). 그는 본론 첫머리에서 요한에게서 아시아에 있는 일곱 교회에 보내는 것이라고 말하고 있다(1:4). 저자는 자신을 이러한 교회 사람들과 고난을 함께 당하는 형제 요한이라고 부르고 그들에게 동료와 형제로서 편지를 보낸다고 하고(1:9), 이것들을 보고 들은 자는 자기라고 기록하고 있다(22:8).

II. 요한은 아시아에 살던 기독교인으로서 그가 편지를 쓴 상대방인 일곱 교회와 같은 처지에 있었던 사람이다. 그는 자신을 이 편지의 수신인들과 같은 형제요, 자신도 그들처럼 환난 가운데 있다고 말하였다(1:9). 그는 확실히 멀리 떨어진 곳에서 붓을 든 것이 아니라 그의 편지를 읽는 독자들이 살고 있었던 소아시아의 환경 속에서 이 편지를 쓴 것이다.

III. 이 책의 저자는 필경 팔레스타인 태생의 유대인으로서 만년에 이르러 소아시아 지방에 이주한 사람이라고 생각하는 것이 가장 타당할 것이다. 그것은 그가 사용한 헬라어에서도 추측할 수가 있다. 그의 필치는 생생하고 힘이 있으며, 회화적(繪畵的)이다. 그러나 문법과 정확성의 관점에서 본다면 그것은 신약성경 가운데 가장 떨어진다고 쉽사리 판단할 수 있을 것 같다. 그는 문법과 구문에서 헬라어를 정식으로 배운 사람이라면 범할 수 없는 과오를 보이고 있다. 이 점에서 볼 때 헬라어는 그의 모국어(母國語)가 아니었던 것이 확실하다. 그리고 가끔 선명히 눈에 띄는 것은 그가 헬라어로 글을 쓰면서도 생각은 히브리식으로 하고 있다는 점이다. 그가 구약에 정통한 사람이라는 것은 확실하다. 구약의 인용 혹은 언급은 245회에 이른다. 인용한 곳은 구약성경 중 약 20여 책이며 그가 이사야, 다니엘, 에스겔, 시편, 출애굽기, 예레미야, 스가랴 등을 아주 잘 알고 있었을 뿐 아니라, 이외에 신 · 구약의 중간기에 기록된 유대 묵시문학에 대해서도 조예가 깊었다.

IV. 그는 자신을 예언자라고 선포하고 그의 권위와 말할 권리를 그러한 사실에 두고 있다. 그가 "부활하신 주님"께 받은 지시는 "예언하라"(10:11)는 것이었다. 예수께서 각 교회에 자신을 증거하게 하신 것은 이 예언의 영을 통하여 하신 것이었다(19:10). 하나님은 거룩한 예언자의 하나님이며, 그의 종들에게 천사를 보내 장차 세상에 일어날 일들을 알리시는 것이다(22:6). 이 천사는 예언자들인 그의 형제들에 대하여 말하고 있다(22:9). 그의 저서의 특징은 예언, 즉 예언의 말씀이다(22:7, 10, 18-19). 여기에 요한의 권위가 있다. 그는 바울처럼 그의 권위와 말하는 권위를 확립하려 할 때 자신을 사도라고 부르지는 않는다. 그는 교회 안의 공적(公的) 혹은 행정적 지위에 있지 않았으며 단지 예언자였다. 그는 자신이 본 바를 말하며, 그는 하나님께로부터 보고 듣고 했기 때문에 그의 말은 충성되고 참된 것이다(1:11, 19).

요한이 요한계시록을 쓸 당시는 예언자는 교회 안에서 특별한 위치를 차지하고 있었다. 우리가 나중에 알게 되겠지만 그는 주후 90년경에 이 책을 썼다. 그때까지는 두 가지 목회 방법이 있었다. 한 가지는 개체 교회의 목회 활동으로서 한 교회 한 회중 가운데 정착하고 있는 장로, 집사, 교사 등이 그 책임을 맡고 있었다. 다른 한 가지는 한 곳 한 교회에 국한되어 있지 않고, 주의 교회 전체를 대상으로 수고하는 순회 목회였다. 이 범주에 드는 것이 사도로서 그들의 글은 모든 교회에서 읽히고, 그 다음이 예언자로서 그들은 순회하는 설교자요, 하나님의 말씀을 듣고 하나님을 대신하여 말하기 위하여 모든 것을 떠난 사람들이었다.

예언자들은 매우 존경을 받고 있었으며, 참된 예언자들의 말에 회의를 품는 것은 《열두 사도의 교훈》(11:7)이 말하고 있듯이 곧 성령을 거역하는 죄로 간주되었다. 《열두 사도의 교훈》에는 유카리스(주의 만찬)를 축하하는 일정한 순서가 있었다. 그러나 마지막 문구에 "그러나 예언자들은 자신들이 좋아하는 대로 성찬식을 할 수 있게 하라"(10:7)는 말이 있다. 예언자들은 독특하게 하나님의 사람들이었으며 요한은 곧 그 예언자였다.

V. 요한이란 사람이 사도였던 것 같지는 않다. 그가 실지로 사도라면 예언자라는 것을 이처럼 강조하지 않았을 것 같다. 더군다나 그가 사도를 말할 때는 소위 밖에서 바라보듯 하며, 마치 교회의 기초를 세운 사람들 혹은 교회의 기초로 회고하는 듯하다. 그는 거룩한 도성의 성벽에 있는 열두 초석에 대하여 말하며, "거기에는 어린양의 열두 사도의 이름이 기록되어 있다"(21:24)라고 기록하고 있다. 그 자신이 열두 사도 중의 한 사람이었다면 이렇게 하지는 않았을 것이다. 따라서 이것은 과거의 사도들을 회고하는 사람이 말하는 방법이라고 하는 것이 더 타당하다.

이것은 이 책의 명칭에서 볼 때 더욱 그러하다. 영어판 KJV와 개정역에서는 "하나님의 사람 성 요한의 요한계시록"이라고 되어 있다. 물론 미국 개정표준역, 모팻역, 필립스역에서는 "이 하나님의 사람"이란 말이 대부분 최고(最高) 헬라어 사본에는 나타나지 않았다는 이유로 빽을지라도 이 말의 기원은 상당히 오래된 것 같다. 헬라어로 이 명칭에서 사용된 **하나님의 사람**이란 말은 **데오로고스**(theologos)이며, 여기서는 우리가 "청교도적 성인"에 대해 말하는 의미로 사용되었고, "성 요한"을 말하는 것보다는 신학자 요한을 의미한다. 이런 명칭을 부가한 것은 요한을 사도 요한과 구별하기 위해서였다고 생각된다.

주후 250년경 알렉산드리아의 기독교 학파의 지도자인 대학자 디오니소스(Dionysius)는 요한계시록과 제4복음서의 헬라어의 상위(相違)에서 보더라도 같은 저자의 작품이라고는 거의 볼 수 없다고 생각했다. 제4복음서의 헬라어는 단순하나 상당히 정확한 데 반하여 요한계시록의 헬라어는 꾸밈이 없고 생생한 인상을 주나 매우 부정확하다. 더욱이 제4복음서의 저자는 철저히 자신의 이름을 감추려 하는 데 반하여 요한계시록에서는 자신의 이름을 거듭 밝히고 있다. 더군다나 두 책은 사상에서도 서로 다르다. 제4복음서의 개념인 빛, 생명, 진리, 은혜 등 위대한 사상은 요한계시록을 지배하지는 않는다. 그러나 그와 동시에 제4복음서와 요한계시록이 한 가지 중심과 동일한 학파, 그리고 같은 사상계에서 나온 것이라는 점을 명백히 할 수 있을 만큼 사상과 언어에서 유사성이 많다고 말할 수 있다. 둘 다 에베소에서 기록되었다. 그리고 실제로 같은 저자가 쓴 책이 아니라는 것이 명백할지라도 같은 부류의 책이다.

저작 연대

요한계시록의 연대를 확정하는 데 두 가지 근거가 있다.

I. 전통이 우리에게 전해 주는 책의 저작에 대한 설명이 있다. 가장 신뢰할 만한 전통에 의하면 요한은 도미티아누스 황제 때 밧모 섬에 유배되어 그 땅에서 환상을 보고, 도미티아누스 황제가 죽은 후에 석방되어 에베소에 돌아와 거기서 이전에 그가 본 환상을 정리했다는 것이다.

3세기 말경에 요한계시록의 주석을 쓴 빅토리누스(Victorinus)는 다음과 같이 말하고 있다. “이러한 일들을 보았을 때 요한은 밧모 섬에 있었는데, 이는 도미티아누스 황제의 명령으로 탄광에서 일하는 죄수였다. 거기서 그는 계시를 받았다…. 후에 그가 탄광에서 석방되어 하나님께 받은 이 계시를 전하였다.” 제롬은 더욱 상세한 기록을 남겨 놓았다. “네로 황제의 박해 후 14년 만에 요한은 밧모 섬에 유배되어 거기서 요한계시록을 썼다…. 도미티아누스 황제가 죽은 후에 상원이, 황제가 발한 법령이 몹시 잔인하다는 것을 인정하여 이것을 철회해 그는 에베소로 돌아왔다. 당시 황제는 네르바였다.” 요세비우스는 “사도이며 전도자인 요한은 도미티아누스 황제가 죽은 후 유배되었던 섬에서 돌아와서 이 일들을 교회에 써 보냈다”고 말하고 있다.

이 전승에 의하여 확인된 것은 요한이 밧모 섬에 유배되었을 때 환상을 보았다는 점이다. 단 한 가지, 그다지 중요하지는 않으나 의문으로 남는 것은 요한계시록을 유배 중에 썼는가, 에베소에 돌아왔을 때 썼는가 하는 점이다. 그러나 이상의 증명에서 요한계시록은 대체로 주후 95년에 기록되었다고 할 수 있다.

II. 둘째 확증의 근거는 이 책 자체 내에 드러난 자료에 대한 증거다. 요한계시록 가운데는 로마와 로마 제국에 대하여 완전히 새로운 태도가 있다. 사도행전에 의하면 기독교에서 유대인의 증오와 군중의 격노에서 피하는 가장 안전한 장소는 로마 지방 장관의 법정이었다. 바울은 자신이 로마의 시민이었다는 것을 자랑으로 생각하였고, 거듭거듭 로마 시민으로서 시민권을 주장하였다. 빌립보에서는 자신이 로마의 시민이라는 것을 밝혀, 지방 장관에게 사죄를 시켰으며(행 16:36-40), 고린도에서는 갈리오가 바울에 대한 소송을 공정한 로마의 재판에 의하여 기각하였고(행 18:1-17), 에베소에서는 로마의 관헌이 바울을 폭도들에게서 지키기 위하여 애를 썼다(행 21:30-40). 예루살렘에 있는 로마의 장관은 가이사랴에 송치되는 바울을 도중에서 죽여 버리려고 한 계획을 막고 온갖 노력과 수단을 다하여 바울의 안전을 도모했다(행 23:12-32).

바울이 팔레스타인에서는 도저히 공정한 재판을 받을 수 없으리라고 생각되었을 때 로마 시민권을 행사하여 가이사에게 상소하였다(행 25:10-11). 또한 그가 로마에 보낸 편지에서 위에 있는 권세는 하나님께서 주신 것이므로 여기에 복종하라 말하고, 이 권세는 오직 악한 사람만이 무서운 것이요, 선한 사람에게는 무서운 것이 아니라고 기록하고 있다(롬 13:1-7).

베드로도 마찬가지로 장관이나 왕은 하나님께서 세우셨으므로 그들에게 복종하도록 권고하고 하나님을 두려워하고 왕을 공경하는 것은 기독교인의 의무라고 말하고 있다(벧전 2:12-17). 데살로니가 교회에 보낸 편지에서 바울은 로마를 혼란의 위험을 안고 있는 세계를 통솔하고 있는 유일한 힘이라고 보고 있다(살후 2:7).

그러나 요한계시록에서 볼 수 있는 것은 로마에 대한 가혹한 증오다. 로마는 큰 바빌론이요, 땅의 음녀들과 가증한 것들의 어미요, 성도들과 예수의 증인들의 피에 취한 곳이었다(계 17:5-6). 요한이 로마에 바라고 기대한 것은 완전한 파괴뿐이었다.

그런데 이러한 태도가 어째서 변한 것일까? 시저 숭배가 널리 시행되어 그 결과 요한계시록이 기록될 무렵에는 기독교인들이 박해를 받았기 때문이다. 그러므로 이제부터 시저 숭배란 무엇이고, 어떻게 생겼으며, 무엇을 요구하며, 그것이 기독교에 어떤 영향을 끼쳤는지를 살펴보자.

요한계시록이 기록될 무렵까지 시저 숭배는 하나의 종교로서 로마 제국의 전 영토에 퍼졌으며, 기독교인들이 박해를 받고 살해된 것은 그 우상 숭배를 거부하였기 때문이다. 시저 숭배의 골자는 로마 정신의 구현자인 통치자 황제가 곧 신(神)이라고 주장한 데 있다. 매년 한 번 로마 제국 영토 안의 거주자들에게 로마의 지방 장관 앞에서 황제의 신성에 향을 피워 놓고, "황제(가이사)는 우리의 주"라고 말하기를 강조하였던 것이다. 이 명령에 복종한 후, 안녕과 질서를 파괴하지 않는 한 자기 마음대로 어떠한 신이나 여신을 섬기든 관계없었다. 그러나 무엇보다도 먼저 황제를 신으로 인정해야만 했다. 로마가 황제를 신으로 숭상하게 한 데는 그럴 만한 이유가 있었다.

그 이유란 극히 간단한 것이다. 로마는 세계 구석구석에 이르는 광대한 제국으로서 여러 종류의 언어와 민족, 국가, 다양한 전통 등 이질적인 요소를 포함하고 있었기 때문이다. 로마 제국의 문제는 이질적인 민중을 어떻게 의식적으로 통일시키느냐는 것이었다. 세상에는 공통 종교의 힘만큼 연합시키는 힘은 없다. 어떠한 민족적인 종교와 어떠한 지방 신도 실제적으로 세계 공통이 될 수 없다. 그러나 시저 숭배만은 할 수 있었던 것이다. 로마 제국을 하나의 통일체로 만들어 놓은 것은 하나의 공통된 행위와 신앙이었다. 그리고 향을 피우거나 "가이사는 주"라고 말하기를 거절하는 것은 비종교적인 행위가 아니라 정치적인 반역 행위로 간주되었다. 그래서 이 연중행사를 행하지 않는 자를 로마 사람들은 비종교인이라고 보지 않고 황제의 위엄과 로마의 신성을 무시하는 악질적이요, 불충한 시민이라고 보았던 것이다. 그리고 "가이사는 주"라고 고백하지 않는 사람에게 극형을 가한 것은 이 때문이었다. 그런데 기독교인들은 예수 그리스도 외에 그 어떤 사람에게도 주라고 부를 수가 없었다. 기독교인들에게는 예수 그리스도만이 주요, 이것이야말로 기독교 신앙의 핵심이자 본질이기 때문이다.

그러면 이 시저 숭배가 어떻게 발달되고, 요한계시록이 기록되던 당시 그 절정에 달했을 때의 상태를 살펴보아야 할 것이다.

여기서 한 가지 기본적인 사실을 지적해 둘 필요가 있다. 시저 숭배는 정부가 위에서 강요한 것이 아니라 민간인들 사이에서 생겨난 것이었다. 사실상 초대의 여러 황제들은 이것을 중지하게 하거나 적어도 그 보급을 저지하려고까지 했는데도 그렇듯 퍼져 나갔다. 그리고 한 가지 주목할 것은 로마 제국의 시민 중에서 유대인만은 시저 숭배를 면제 받았다는 사실이다.

황제 숭배의 기원(起源)은 로마 황제에 대한 자연발생적인 감사에서 시작한 것이었다. 각 주의 주민들은 로마에 은혜를 느끼고 있었다. 로마는 느닷없이 내휘두르는 포악한 압정 대신에 공평과 정의를 수립하고, 안정이 불안을 대신했다. 위대한 로마의 도로는 세계를 연결시켰으며, 육로에서는 산적과 해상에서는 해적이 일소(一掃)되었다. 로마의 공의는 혁혁한 것이었다. 팍스 로마나(Pax Romana), 즉 로마의 평화가 실현되어 고대 세계의 가장 위대한 것이 되었다. 버질은 로마가 쓰러진 자를 구하고, 오만한 자를 넘어뜨린다는 것을 자기 사명으로 삼고 있었다고 기록하였다. 새로운 안정과 질서가 생활 주변에 있었다. 굿스피드(E. J. Goodspeed)는 "이것이야말로 **팍스 로마나**다. 로마의 지배 아래서 지방 사람들은 자기 사업을 하고, 가족을 부양하고, 우편물을 보내고, 안전하게 여행할 수가 있었으니 이 모든 것은 로마의 강대한 힘 덕분이었다"라고 기록하고 있다.

가이사 숭배는 황제의 신격화로 시작된 것이 아니라 로마를 신성시하는 데서 시작된 것이다. 로마 제국의 정신은 여신 로마라는 이름 아래 인격신으로서 숭배되어 내려왔던 것이다. 이 여신은 로마 제국의 강하고 은택을 풍부하게 주는 힘을 상징하는 것이었다. 로마 신을 모셔 놓은 최초의 신전은, 일찍이 주전 195년에 서머나에 세워졌다. 이 로마의 정신이 황제라는 한 사람의 인간에게 화신(化身)되었다고 생각하게 된 것은, 그다지 큰 비약은 아니었다. 황제란 바로 로마를 구현시키고 인격화시킨 것이었다.

황제 숭배는 줄리어스 시저가 죽은 후 그를 숭배하는 데서부터 시작된 것이다. 주전 29년 아우구스투스 황제는 아시아와 비더니아 지방 주민들에게 여신 로마와 신격화된 줄리어스 시저를 모실 신전을 에베소와 니케아에 세우는 것을 허가하고 로마 시민들은 이 신전에서 예배하기를 권장하였던 것이다. 그러나 또 다른 조처가 취해진 것이다. 즉, 로마 **시민권을 갖지 않은** 다른 지방에 사는 주민들에 대하여 아우구스투스 황제는 로마 여신과 그 자신을 모시는 신전을, 아시아 지방의 버가모와 비더니아 지방의 니고메디아에 세울 것을 허락하였다. 처음 현존하는 황제를 예배하는 것은 로마의 시민권을 갖지 않은 지방민들에게 허락된 것이며, 시민권을 가진 사람을 위한 것이 아니었다.

그러나 거기에는 필연적인 발전이 있었다. 결국 추상적인 영보다는 실제로 볼 수 있는 신을 예배하려는 것이 인간이다. 점차로 사람들은 여신 로마보다도 살아 있는 황제를 예배하기에 이르렀다. 그렇지만 살아 있는 황제를 모시는 신전을 짓는 데는 상원의 특별한 허가가 필요했던 것이다. 그러나 1세기 중엽에 이르러서는 그 허가는 점차 자유로 주어지게 되고, 드디어 황제 예배는 로마 제국의 보편적인 종교가 되어 갔다. 사람들은 자기 신들을 섬길 수 있으나 모든 사람이 황제 예배에 참가하기 시작하였다. 그리고 사제(司祭) 제도가 발전하고 예배는 교구에 따라 편성되고 그 교구 직원들은 최고의 명예를 받게 되었다.

이미 지적한 바와 같이, 황제 예배는 처음에는 결코 배타적인 의도가 있었던 것이 아니며, 다른 종교를 쓸어 버리려는 의도도 없었다. 로마는 본래 관대하여, 누구나 황제와 자기 신을 섬길 수 있었다. 그러나 황제 예배가 점차로 정치적인 충성의 시금석이 되었고 충성된 시민을 하나로 묶는 띠가 되었다. 그리고 이미 일러 온 것처럼 황제는 사람들의 생활뿐 아니라 영혼까지 지배하기를 인정하게 되었던 것이다.

그러면 요한계시록이 기록되기까지와 그 직후의 황제들의 지배 아래서 황제 예배가 어떻게 발달되었는지 그 발자취를 더듬어 보기로 하자.

I. 아우구스투스 황제(주전 27년-주후 14년)는 주후 14년에 죽었는데 이 황제는 위대한 전 황제 줄리어스 시저의 예배를 허락했다. 또한 로마 시민이 아닌 사람들에게는 자기 자신을 숭배하는 것을 허락하였으나 로마 시민 세계는 그것을 허락하지 않았다. 그리고 그는 확실히 황제 예배를 강요하지 않았다.

II. 티베리우스 황제(14-17년)가 왕위에 올랐을 때는 황제 예배를 이미 중단시킬 수 없는 형편이었다. 그는 자신을 예배하기 위한 신전 건립과 사제(司祭)임명을 라고니아(Laconia) 지방에 있는 기돈(Gython)에 보낸 편지 가운데서 자신에 대한 신격 대우를 확실히 거부하였다. 그는 황제 예배를 하게 하기보다는 오히려 적극적으로 약화시켰다.

III. 칼리굴라(Caligula) 황제(37-41년)는 티베리우스를 계승한 황제로서 간질병자요, 광적인 정신이상자요, 과대망상증이 있었다. 그는 자신을 신으로서 대우

하기를 요구하고 지금까지 그리고 언제까지라도 황제 예배에서 면제되어야 할 유대인까지 황제 예배를 강요했다. 그는 예루살렘 성전의 지성소에 자기 신상을 놓을 계획을 세웠는데, 여기에 대하여 불복하는 민중이 반란을 일으킬 뻔했으나 다행히 그의 이른 계획을 수행하기 전에 죽었던 것이다. 그러나 그의 재위 때 황제 예배가 칙령으로 된 예를 남겼던 것이다.

Ⅳ. 클라우디우스 황제(41-54년)는 칼리굴라 황제의 후계자로서 광인이었던 칼리굴라 황제의 정도를 벗어난 정책을 뒤집어엎었다. 애굽 총독에게 편지를 보내어—알렉산드리아에는 1백만 명의 유대인이 살고 있었다—유대인이 살아 있는 황제를 신이라고 부르기를 거부하는 것을 전적으로 인정하고 그들이 독자적인 종교를 갖고 독자적인 예배를 드리는 것을 허락하였다. 그가 즉위했을 때 그는 알렉산드리아에 편지하기를 "나는 나 자신을 위해 대제사가 임명되고 신전이 건립되는 것을 원치 않는다. 나는 민중의 반감을 사는 것을 원치 않는다. 성스러운 신전과 그 유사한 것들은 불멸의 신들에게만 바쳐 온 특별한 명예라고 생각한다"라고 했다. 클라우디우스는 다시 황제 예배를 권장하기보다는 오히려 저지하려고 했다.

Ⅴ. 네로 황제(54-68년)는 자신의 신성을 심각하게 생각하지 않았고 황제 예배를 강요하기 위한 아무런 조치도 취하지 않았다. 그가 기독교인들을 박해한 것은 사실이나, 그것은 기독교인들이 황제 예배를 거부하였기 때문이 아니라 로마에 일어났던 대화재의 책임이 거의 확실히 그 자신에게 있는 것인데도 그들에게 전가하려고 했기 때문이다.

Ⅵ. 갈바 황제, 오토 황제, 비텔리우스 황제

네로가 죽은 후 18개월간 세 명의 황제가 지배했는데, 그런 혼란기에는 황제 예배 같은 것은 문제시되지 않았다.

Ⅶ. 베스파시아누스 황제(69-79년)와 티투스 황제(79-81년)는 둘 다 현명

하고 양식 있는 지배자로서 황제 예배를 강요하지 않았다.

Ⅷ. 도미티아누스 황제(96-98년)가 왕위에 오르면서 정세는 완전히 변했다. 그는 악마이며 가장 악한 인물이며 냉혈적인 박해자였다. 광인이었던 칼리굴라 황제 외에는 자기 자신을 신으로 취급하는 일을 정색하고 받아들이거나 황제 예배를 처음으로 **강요**한 사람이다. 두 사람의 차이는 칼리굴라는 같은 악인이면서도 광인이었으나 도미티아누스는 제 정신을 갖고 악마성을 드러냈으니 더욱 두려운 존재였다. 그는 신성한 베스파시아누스 황제의 아들, 티투스를 위한 기념비를 세웠고 고대의 여러 신을 예배하지 않는 자들을 소위 "무신론자"라고 부르고 탄압에 나섰던 것이다. 특히 유대인과 기독교인을 미워하기 시작했다. 그가 왕비와 더불어 극장에 이르면 관중은 기립하여 "우리의 군주와 왕비 만세"라고 화창하도록 명령하였다. 그는 법령을 발하여 자기 자신을 신으로 지칭하라고 하고, 지방장관 전원에게 정부의 공문 고시의 첫머리에는 반드시 "우리의 주시며 신이신 도미티아누스 황제의 명령에 따라…"라는 서두로 시달하라고 통고하였다. 구두 또는 서면으로 그에게 말하는 자는 "주시며 신"이라는 호칭으로 시작해야만 한다고 했다.

이것이 요한계시록의 배경이다. 로마 제국에 사는 사람들은 모두 도미티아누스를 신이라고 불러야 했고 그렇지 않으면 죽어야만 했다. 황제 예배는 고의적인 정책이었으며, 모든 사람은 "가이사는 주"라고 불러야만 했으며, 거기서 피할 도리가 없었다.

이런 때 기독교인들은 어떻게 해야 했는가? 또한 어떤 희망을 가졌을까? 그들 가운데는 현명한 사람이나 권세 있는 사람들이 적었으며 지배력도, 영향력도, 사회적 명성도 없었다. 그리고 그들 앞에는 여하한 국가나 민족도 항거하지 못하는 로마의 권력이 일어난 것이다. 기독교인이 직면하였던 것은 가이사냐 그리스도냐 양자택일을 하는 것뿐이었다. 요한계시록은 이때 성도들을 격려하기 위해 기록된 책이다. 공포가 날마다 더하여 가는 때 요한은 그러한 공포를 모르는 체하지 않았고 다가오는 그 무서운 일들을 직시하였으며 그러한 현실 저편에 그리스도에 대한 사랑 때문에 가이사를 물리친 자들에게 약속한 축복과 영광을 바라본 것이다.

이처럼 요한계시록은 기독교 사상 가장 영웅적인 시대의 산물이다. 도미티아누스 황제의 후계자인 네르바(96-98년)는 이 야만적인 형법을 폐지하였으나 이미 끼친 손해는 막심하였으며 기독교인들은 범법자라고 간주되었다. 요한계시록은 이 사람들에게 생명의 면류관을 얻기 위해 죽도록 충성하라고 힘차게 호소한 것이다.

연구할 만한 책

요한계시록이 어려운 책이라는 것은 누구나 부인하지 못한다. 사실 성경 전체를 통하여 가장 이해하기 어려운 책이다. 그러나 이 책은 연구할 만한 무한한 가치가 있다. 그것은 산다는 것 자체가 고통이었던 시대에 기독교의 불타는 신앙이 거기 담겨 있기 때문이다. 사람들이 그들이 믿는 대로 하늘과 땅의 마지막을 기다리고 있을 때, 그러면서도 당시의 공포 저편에 영광이 있다는 것을 믿고, 인간의 폭력 위에는 역사하시는 전능하신 하나님의 능력에 대한 믿음을 나타내고 있는 때였다.

The Revelation of John

01

인간에 대한 하나님의 계시

요한계시록 1:1-3

1예수 그리스도의 계시라 이는 하나님이 그에게 주사 반드시 속히 일어날 일
들을 그 종들에게 보이시려고 그의 천사를 그 종 요한에게 보내어 알게 하신
것이라 2요한은 하나님의 말씀과 예수 그리스도의 증거 곧 자기가 본 것을
다 증언하였느니라 3이 예언의 말씀을 읽는 자와 듣는 자와 그 가운데에 기
록한 것을 지키는 자는 복이 있나니 때가 가까움이라

우리가 연구하려고 하는 이 책은 **요한계시록** 혹은 **묵시록**이라고 불러 왔다(영어로는 Revelation, 어떤 때는 Apocalypse). 영어 KJV는 "예수 그리스도의 계시"라는 말로 시작한다. 그 어구의 뜻은 예수 그리스도에 **대한** 계시가 아니라 예수 그리스도**에게서** 주어진 계시라는 뜻이다. **계시**라는 말의 그리스 원어는 **아포칼룹시스**(apokalupsis)인데, 이 말은 영어의 **Apocalypse**(묵시, 계시)가 여기서 생긴 말로서 이 말은 다음과 같은 내력을 지니고 있다.

I. 아포칼룹시스라는 말은 두 부문으로 이루어졌다. 즉, 아포(apo)는 ~에서부터이며, 칼룹시스(kalupsis)는 감춘다 혹은 덮는다는 뜻이다. 그러므로 아포칼룹시스는 드러내는 것, 씌웠던 것을 벗기는 것, 나타내는 것을 의미한다. 그것은 본래 특별히 종교적인 용어가 아니었다. 그것은 단지 어떤 사실을 숨기지 않고 드러내는 데 쓴 말이다. 그러한 재미있는 한 가지 예를 플루타크에게서 볼 수 있다(친구와 아첨자를 구별하는 법 32장). 플루타크가 기술한 바에 의하면, 피타고라스가 한번은 제자 한 사람을 공중 앞에서 몹시 책망한 결과 그 젊은 사람은 나가서 목을 매달아 죽은 일이 있다. "그 일이 있은 다음부터 피타고라스는 다른 사람 앞에서는 아무도 훈계하지 않았다. 왜냐하면 과오는 몹쓸 병과 같은 것으로서 그것을 훈계하는 것도 지적하는 것(apokalupsis)도 다른 사람이 모르게 해야 한다."

그러므로 아포칼룹시스는 감추어진 것, 비밀스러운 것이 덮은 것을 벗는 일이요 공공연하게 드러내는 것이다. 그러나 그 말은 기독교의 매우 특별한 단어가 되었다.

II. 이 말은 우리가 행해야 할 하나님의 뜻을 드러내는 데 사용되었다. 바울은 **아포칼룹시스**(계시)에 따라서 예루살렘에 올라갔다고 했다. 그렇게 하는 것이 바울에 대한 하나님의 뜻이라고 하나님께서 그에게 말씀하신 것이기 때문에 간 것이다(갈 2:2).

III. 이 말은 하나님의 진리를 사람에게 계시하는 데 사용되었다. 바울이 그의 복음을 받은 것은 사람에게서가 아니라 예수 그리스도에게서 **아포칼룹시스**(계시)에 의한 것이었다(갈 1:12). 기독교인들의 모임에서 설교자가 말씀을 전달하는 것은 **아포칼룹시스**, 즉 **계시**다(고전 4:6).

IV. 이 말은 하나님께서 자신의 비밀, 특히 예수 그리스도의 수육(受肉)으로써 밝혀진 하나님의 비밀을 가르치는 데 사용되었다(롬 16:25; 엡 3:3). 예수 그리스도께서 세상에 오신 것은 세상 창조의 처음부터 하나님의 위엄으로 사람의 눈에는 감추어졌던 것을 하나님께서 드러내신 것이다.

V. 이 말은 특별히 종말, 세상 끝날과 주의 재림 때 계시되는 하나님의 권능과 신성을 나타내는 데 사용되었다. 그것은 심판을 드러내는 것이다(롬 2:5). 그러나 예수 그리스도의 공로를 알고 그것을 받아들인 기독교인에게는 그것은 찬송과 영광(벧전 1:7), 은혜(벧전 1:13)와 기쁨(벧전 4:13)을 드러내는 것이다.

아포칼룹시스의 좀더 전문적인 용법을 살펴보기 전에 두 가지 점에 유의할 필요가 있다.

I. 이 계시, 드러냄, 지식의 전달은 계시의 영이신(엡 1:17) 성령의 활동과 특별한 관계가 있다.

II. 여기서 우리는 기독교인 생활의 전체 모습을 보게 된다. 기독교인의 생활은 모든 면에서 하나님의 계시가 비추어지지 않는 부분이라곤 없는 것이다. 하나님께서는 기독교인들이 무엇을 행하고 무엇을 말해야 할 것인지를 보여 주시며 그리스도 안에서 하나님은 자신을 나타내신다. 이는 예수를 본 사람은 아버지를 보았기 때문이다(요 14:9). 그리고 생은 위대한 종말과 계시를 향하여 계속하여 움직여 가고 있는 것이다. 그리고 마지막 날에는 하나님께 복종하지 않는 자에게는 심판이 있고 예수 그리스도 안에 있는 자에게는 은혜와 영광과 기쁨이 있다. 계시란 말은 결코 전문적 신학적인 용어가 아니라 하나님께서 그의 말씀을 듣고자 하는 모든 사람에게 주시는 것이다.

그렇다면 여기서 **아포칼룹시스**라는 말의 전적인 뜻을 살펴보도록 해야 한다. 이것은 우리가 연구하는 요한계시록과 깊은 관계가 있기 때문이다.

유대인은 인간적인 수단으로서 그들이 하나님의 택한 백성이라는 위치가 바로 서리라는 희망을 벌써 포기하였다. 그래서 그들은 하나님이 그들 편에서 직접 인간사에 관여하여 주시는 것만을 기대하였다. 그 목적을 위해 그들은 시대를 둘로 구분하였다. 즉, 그 하나는 **현세**로서 전적으로 악하여 악이 완전히 지배하는 시대요, 또 다른 하나는 **장차 올 시대**로서 신천지가 열리고 하나님의 시대가 오는 때다. 이 두 시대 사이의 중간에 무서운 시련과 고난의 때가 있고, 현 세계는 조각이 나고 깨어지는 때요 심판이 오는 때다. 구약과 신약 중간 시대에, 유대인은 세상 끝날이 오기 전에 닥칠 두려움의 때와 그 다음에 올 축복의 비전을 그린 많은 책들을 썼는데 이러한 책들은 아포칼륩시스라고 불렀다. 이 명칭은 그들 저서에 적용되는 전문 용어다. 우리는 오늘날까지 많은 이러한 책들을—《시빌라의 신탁(神託)》, 《에녹서》, 《12족장의 유훈》, 《바룩의 묵시》, 《에스드라 4서》 등—갖고 있다. 신약성경 요한계시록도 이러한 종류의 서적으로서 신약 가운데서는 이와 비교되는 책은 다시없지만 그것은 동떨어진 책이 아니라 구약과 신약 중간 시대에 생겨난 같은 등속의 문학의 한 계층에 속하는 것이다. 이런 종류의 책들은 환상으로 가득하여서 세련되지 않았고 이해하기 곤란하다. 그것은 모두 인간의 이해를 초월한 때를 그린 환상이며, 그려 낼 수 없는 것을 묘사하고, 말로 표현하기 불가능한 것을 말로 표현하려고 했기 때문이다.

아포칼륩시스는 이 세상 끝날의 공포와 새로운 세상의 빛나는 시작을 그려 내고 있는 것이다. 많은 이러한 책들은 고대 세계에서 돌려 가며 읽었는데 우리의 요한계시록도 그 중의 하나이다. 그리고 거기서 취급하는 주제 자체가 이 책을 이해하기 어려운 이유다.

하나님의 계시의 수단

요한계시록 1:1-3(계속)

이 짧은 부분이 하나님의 계시가 인간에게 전달되는 수단을 간결하게 보여 주고 있다. 진리의 계시는 하나님께서 예수 그리스도에게 계시하시고 예수는 그것을 천사들을 통하여 요한에게 보낸 것이다.

1. 계시는 하나님으로부터 시작된다. 하나님은 모든 진리의 근원이요, 원천이시다. 인간이 발전하는 모든 진리는 두 가지가 동시에 일어나는 것인데, 이는

인간이 발견한 것인 동시에 하나님의 선물이다. 그러나 우리가 언제든지 생각해야 할 것은, 인간은 결코 진리를 **창조**하지 않고 다만 그 진리를 하나님께로부터 **받는 데** 불과하다는 것이다. 또한 우리가 기억해야 할 것은 하나님께로부터 진리를 받는 데는 두 가지 길이 있다는 것이다.

하나는 **열심히 구하여야** 한다는 것이다. 하나님께서는 인간에게 마음을 주셨는데 그것은 흔히 이 마음을 통하여 하나님께서 우리에게 말씀하시는 것이다. 그러므로 아주 게을러서 별로 생각을 하지 않는 사람에게는 하나님께서 자신의 진리를 전해 주시지 않는다는 것은 아주 분명한 사실이다. 그것은 또 **경외하는 마음으로 기다리는 데서** 나타나는 것이다. 그러나 동시에 하나님께서는 진지하게 생각하는 자뿐 아니라 기도와 예배 가운데 조용히 기다리는 사람에게도 하나님의 진리를 보내 주신다. 기도와 예배는 단순히 피동적인 자세만은 아니다. 그것은 진지하게, 헌신적으로 마음을 집중하고 하나님의 음성을 듣는 태도다.

II. 하나님께서는 이러한 계시를 예수 그리스도께 주신다. 성경은 우리에게 하나님의 위대하신 유일성을 잊어버리는 일을 결코 용납하지 않는다. 즉, 성경은 예수를 제2의 하나님으로 삼는 것을 용서하지 않는 것이다. 오히려 예수는 온전히 하나님께 의존하고 있음을 강조한다. 예수는 "내 교훈은 내 것이 아니요 나를 보내신 이의 것"(요 7:16)이라고 말씀하셨다. "또 내가 스스로 아무것도 하지 아니하고 오직 아버지께서 가르치신 대로 이런 것을 말하는 줄도 알리라"(요 8:28). "내가 내 자의로 말한 것이 아니요 나를 보내신 아버지께서 내가 말할 것과 이를 것을 친히 명령하여 주셨으니"(요 12:49)라고 하셨다.

예수께서 사람들에게 주시는 것은 하나님의 진리다. 그러하기 때문에 예수의 가르침은 다른 데 비할 데가 없으며 궁극적인 것이다. 그 교훈이 하나님 자신에 근거한 것이기 때문이다.

III. 요한계시록의 저자가 말한 대로(1:1) 예수께서는 천사를 통하여 그 진리를 전하셨다. 이렇게 기록하는 저자는 확실히 그 시대의 아들이다. 역사상 이 시대 사람들은 이른바 하나님의 초월성을 특히 의식하고 있었다. 즉, 무엇보다도 하나님과 인간 사이의 차이점과 거리를 매우 강하게 의식하고 있었다. 그들은 이 차이점을 지나치게 강조한 나머지 그들은 하나님과 인간 간의 직접적인 교제는 불가능하고 언제나 어떤 중보자가 있어야 한다고 느끼게 되었다.

구약성경에서 모세는 율법을 하나님의 손에서 직접 받았으며(출 19:20) 거기에는 아무런 중개자도 없었다는 데는 의심할 여지가 없다. 모세는 율법을 하나님께 직접 받았다. 그러나 신약성경에서는 율법은 천사에 의하여 주어진 것이라는 말이 두 번 있다(행 7:53; 갈 3:19). 신약성경이 기록되던 당시의 사람들은 하나님과 사람 사이의 간격이 커서 하나님과 인간 사이에 중보자가 없으면 안 된다고 생각하였다는 것을 알아야 된다. 여기에 천사가 등장하는 것은 그 때문이다.

IV. 마지막으로 계시는 요한에게 주어진 것이다. 우리가 기억해야 할 가장 감격스러운 일은 하나님의 계시가 전달되는 데 인간이 개재된 사실이다. 하나님께서는 그의 진리를 맡길 수 있는 믿을 만한 사람을 찾으셔야 했다. 하나님께서는 그의 진리를 부어 주고 사람들에게 그 진리를 전달할 대변자를 찾으신다.

V. 요한에게 전달된 계시의 내용을 살펴보기로 하자. 그것은 "속히 될 일들"(1:1)이었다. 거기에는 두 가지 중요한 말이 있다. 하나는 **될**(must)이란 말이다. 역사는 우연한 것이 아니다. 인간의 삶과 세계에는 모두 목적이 있는 것이요, 그 목적은 필연적으로 수행되어 가는 것이다. 둘째는 **속히**란 말이다. 요한계시록이 이제부터 수천 년 후에나 생길 신비적인 하늘의 사건 시간표라는 생각은 아주 잘못된 것이라는 증거가 여기 있다. 요한이 말한 대로 요한계시록 안의 사건들은 즉시 일어날 일들이요, 이 세계에 일어날 일들이다. 요한계시록을 해설하려 할 때는 그것이 기록된 당시의 배경을 고려하여 해석하지 않으면 안 된다.

하나님의 종들

요한계시록 1:1-3(계속)

여기에는 종이란 말이 두 번 나온다. 하나님이 보낸 계시는 하나님께서 그의 **종들**에게 주신 것이요, 그것은 그의 **종** 요한을 통하여 보내진 것이다. 헬라어로는 종을 **둘로스**(doulos)라고 하고, 히브리어로는 **에베드**(ebedh)라고 하는데, 이 두 말은 다 완전히 번역하기 어려운 말이다. **둘로스**는 보통 **노예**라고 번역된다. 하나님의 참 종은 사실상 하나님의 **노예**다. 종은 그가 원하는 때 일을 그만둘 수도 있다. 종은 일정한 근무 시간과 자유 시간을 갖고 있으며 보수와 삯을 위하여 일한다. 종은 자기 자신의 의지와 생각을 갖고 있으며, 언제 얼마만큼 보수를 위하여 자신의 노동을 제공하느냐 안하느냐를 결정할 수 있다. 그러나 노예는 이러한 것을 전혀 할 수 없다. 노예는 자기 자신의 시간이나 의지를 갖지 못한 완전한 소유물이다.

둘로스와 **에베드**란 말은 우리에게 하나님에게 얼마만큼 절대 복종을 해야 하는지를 보여 준다. 이러한 말들이 성경 가운데서 누구에게 적용되고 있는지를 살펴보는 것은 매우 흥미 있는 일이다.

아브라함은 하나님의 종이다(창 26:24; 시 105:42). 어느 누구보다도 더 빈번히 모세는 종이라고 불렸다(출 14:31; 민 12:7; 신 34:5; 수 1:1－2, 7, 15, 8:31, 11:12; 대상 6:49; 대하 24:6; 느 1:7, 10:19; 시 105:26, 132:10, 144:10; 단 9:11). 야곱은 하나님의 종이다(사 44:1, 2, 45:4; 겔 37:25). 갈렙과 여호수와는 하나님의 종이다(민 14:24; 수 24:9; 삿 2:8).

다윗은 모세 다음에 하나님의 종으로서 특색을 지니고 있다(왕상 8:66, 11:36; 왕하 19:34, 20:6; 대상 17:4; 시 18과 36의 제목; 시 89:3; 겔 34:24). 엘리야는 하나님의 종이다(왕하 9:36, 10:10). 이사야는 하나님의 종이다(사 20:3). 욥은 하나님의 종이다(욥 1:8, 42:7). 선지자들은 하나님의 종이다(왕하 2:10; 암 3:7). 사도들은 하나님의 종이다(빌 1:1; 디 1:1; 약 1:1; 유 1; 롬 1:1; 고후 4:5). 에바브라와 같은 사람은 하나님의 종이다(골 4:12). 그리고 모든 기독교인도 하나님의 종이다(엡 6:6).

이상의 일들을 미루어 두 가지 결론을 내릴 수 있다.

I. 가장 위대한 사람들은 하나님의 종이라는 것을 가장 명예로 생각했다는 것이다. 이 이상 더 큰 명예는 없었다. 그들에게 가장 높은 이상은 하나님을 섬기는 일이었다. 웨일즈의 왕자의 모토는 세 깃이 있는 문장(紋章) 아래 기록된 "나는 섬긴다"였다. 하나님의 종보다 위대한 사람은 없다.

II. 하나님을 섬긴다는 이 봉사는 매우 광범위하다는 점에 우리는 주목하지 않으면 안 된다. 모세는 율법 수여자, 아브라함은 모험적인 순례자, 다윗은 소년 목자요 이스라엘의 저명한 가수요 민족의 왕이요, 갈렙과 여호수아는 군인이요 행동하는 사람이고, 엘리야와 이사야는 선지자면서 하나님의 사람이요, 욥은 불행 중에도 성실로 일관한 사람이며, 사도들은 예수의 이야기를 증거한 사람들이며, 여기에 기독교인도 더불어 모두 하나님의 종이라는 칭호를 얻을 수 있다. 우리가 하나님을 위하여 복종하려고 자신을 바친다면 하나님께서 쓰지 못할 사람은 한 사람도 없는 것이다.

하나님의 축복

요한계시록 1:1-3(계속)

이 부분은 세 가지 축복으로 끝난다.

I. 이 예언의 말씀을 읽는 사람은 복이 있다. 여기서 말하는 **읽는 사람**이란 혼자서 읽는 사람을 말하는 것이 아니라 회중 앞에서 말씀을 읽는 사람을 말한다. 성경을 낭독하는 것은 유대교 예배 가운데서 가장 중요한 위치를 차지하였으며(눅 4:14; 행 13:15), 사실 그것은 유대교 예배의 중심이기도 했다. 유대교의 회당에서는, 제사장이나 레위 사람이 윗자리를 차지하고 있다 할지라도 회중 가운데서 평신도 7명이 성경을 낭독하게 되어 있었다. 회당에서는 평신도들도 사람들에게 성경을 읽어서 들려줄 수 있는 특권과 의무가 있었던 것이다. 기독교의

교회도 이 유대교 회당의 예배 의식을 많이 받아들여 성경 낭독이 예배의 중심이 되었다. 저스틴 마터가 기독교의 예배 형식에 대하여 최초로 우리에게 전하고 있는데, 이에 의하면, "사도들의 회고록(즉, 복음서)과 선지자들의 책"이 낭독되었음을 엿볼 수 있다(저스틴 마터 1:67). **성경을 낭독하는 자**는 드디어 다른 직책과 마찬가지로 교회의 정식 직책이 되었다. 터툴리아누스의 이단에 대한 불평 중 하나는 아무런 적절한 훈련 없이 너무 빨리 이런 직책을 맡게 된다는 것이다. 그는 다음과 같이 기록하고 있다.

"이런 일들이 있다. 오늘 어떤 사람이 가독이 되었는가 하면 다음날은 다른 사람이 되고, 오늘 집사였던 사람이 다음날은 **성경 낭독자가** 된다"(터툴리아누스, 이단을 막기 위하여 41). 오늘날 우리는 평신도에게서 성경을 회중 가운데서 낭독하는 특권과 의무를 박탈함으로써 가장 가치 있는 그 무엇을 잃었다고 말할 수 있을 것 같다.

목사나 교사나 평신도로서 성경을 읽는 사람은 다 교회 생활에서 성경을 회중 앞에서 읽는다는 것이 가장 큰 특권 중의 하나라는 것을 잊어서는 안 된다. 유대 사람들은 율법을 다른 사람에게 가르치는 사람은 모세가 처음에 하나님의 손에서 율법을 받은 것과 마찬가지로 특권을 가진 것이라고 말했다.

II. 이 예언의 말씀을 듣는 사람은 복이 있다. 모국어로 하나님의 말씀을 들을 수 있다는 것은 참으로 위대한 특권임을 알아야 한다. 이것은 값비싸게 주고 산 특권이다. 이 특권을 우리에게 주기 위하여 많은 사람이 목숨을 버렸다. 어떤 사람은 전문적인 성직자들이 오랫동안 성경을 독점한 시대에 하나님의 말씀을 우리 자신의 모국어로 읽을 수 있게 하기 위하여 노력하다가 목숨을 바친 순교자가 되었다. 오늘날까지 성경을 번역하여 누구나 모국어로 읽을 수 있도록 하는 사업은 계속되고 있다.

영국 성경 공회만 보더라도 1958년에만 성경을 취소한 227개 국어로 번역하는 사업을 계속하고 있었다. 그래도 아직까지 모국어로 번역된 성경을 갖지 못하고 있는 사람들이 많다. 하나님의 말씀을 듣는다는 것이 결코 작은 특권이 아니다.

III. 이 예언의 말씀을 지키는 자는 복이 있다. 하나님의 말씀을 듣는 것은 분명히 특권이며 복종하는 것은 의무다. 하나님의 말씀을 듣고서 곧 잊어버리거나 이를 듣고도 고의로 무시하는 자는 진정한 기독교인이 아니다. 특권에는 그에 상응하는 책임이 뒤따른다. 하나님의 말씀을 듣는 특권에는 그것을 기억하고 지키는 책임이 뒤따른다.

이 책임은, 때가 임박한 까닭에 더욱 그러하다. 요한은 때가 가깝다고 말하고 있다(3절). 초대교회는 지금 곧 그리스도의 재림이 있으리라는 생생한 기대 속에 살고 있었다. 이 기대는 "고난 속에서 희망을 주고, 경고의 말씀에 대하여 끊임없이 주의를 기울이게" 한 원인이었다. 이와는 별도로, 누구나 자신이 언제 하나님의 부르심을 입어 세상을 떠나게 되는지 그때를 알지 못한다. 그런데 그때 하나님을 분명히 만날 수 있다는 확신을 갖기 위해서는 하나님의 말씀에 귀를 기울이는 동시에 그것을 지키는 생활을 하지 않으면 안 된다.

여기서 우리는 요한계시록에 있는 일곱 가지 축복을 찾아볼 수 있다.

I. 첫째 "축복"은 우리가 이제 막 배운 것으로 하나님의 말씀을 읽고, 듣고, 지키는 축복이라고 부를 수 있다.

II. 이제부터 주 안에서 죽는 자들은 복이 있다(14:13). 이것은 땅 위에서 그리스도의 친구였던 자들이 누리는 하늘의 축복이라고 말할 수 있다.

III. 누구든지 깨어 자기 옷을 벗지 않고 있는 자는 복이 있다(16:15). 우리는 이것을 조심성 있는 순례자라고 부를 수 있을 것이다.

IV. 어린양의 혼인 잔치에 청함을 입은 자들은 복이 있다(19:9). 이것은 하나님께 초대 받은 손님의 축복이라고 할 수 있을 것이다.

V. 첫째 부활에 참예하는 자들은 복이 있고 거룩하다(20:6). 이것은 죽음의 손이 미치지 못하는 자들의 축복이라고 할 수 있을 것이다.

VI. 이 책의 예언의 말씀을 지키는 자들은 복이 있다(22:7). 이것은 하나님의 말씀을 읽는 현명한 자들의 축복이라고 할 수 있을 것이다.

VII. 하나님의 명령을 지키는 자들은 축복이 있다(22:14). 이것은 귀로 듣고 지키는 자의 축복이라고 말할 수 있다.

이상의 축복이 그리스도 안에 있는 기독교인들에게 약속된 축복이다.

메시지와 그 보내는 곳

요한계시록 1:4-6

4 요한은 아시아에 있는 일곱 교회에 편지하노니 이제도 계시고 전에도 계셨
고 장차 오실 이시며 그의 보좌 앞에 있는 일곱 영과 5 또 충성된 증인으로 죽
은 자들 가운데에서 먼저 나시고 땅의 임금들의 머리가 되신 예수 그리스도
로 말미암아 은혜와 평강이 너희에게 있기를 원하노라 우리를 사랑하사 그
의 피로 우리 죄에서 우리를 해방하시고 6 그의 아버지 하나님을 위하여 우리
를 나라와 제사장으로 삼으신 그에게 영광과 능력이 세세토록 있기를 원하
노라 아멘

요한계시록 전체가 하나의 편지인데 이 부분은 그 시작이다. 그것은 **아시아에 있는 일곱 교회**에 보낸 것이다. 신약성경에서 말하는 아시아는 지금의 아시아 대륙을 말하는 것이 아니라 로마의 관할 아래 있는 아시아 지방이란 뜻이다. 이 지방은 한때 아다루스(Attalus) 3세의 왕국이었는데 그가 죽자 유언에 따라 로마 제국에 소속된 것으로 지중해 연안의 소아시아 서해안을 포함하고 있으며, 그 오지(奧地)에는 브루기아(Phrygia), 무시아(Mysia), 카리아(Caria), 루기아(Lycia)가 있으며 버가모를 그 수도로 정하고 있었던 것이다. 따라서 신약성경이 말하는 아시아는 소아시아의 일부로서 우리가 생각하는 넓은 아시아 대륙이 아니다.

그는 일곱 교회에 이 편지를 썼는데 이 일곱 교회는 11절에 기록된 대로 에베소, 서머나, 버가모, 두아디라, 사데, 빌라델바아, 라오디게아다. 이 교회들만이 아시아에 있었던 것은 결코 아니다. 이외에도 골로새(골 1:2), 히에라폴리스(골 4:13), 드로아(고후 2:12; 행 20:5), 밀레도(20:17) 등에 교회가 있었고, 안디옥의 감독 이그나시우스(Ignatius)가 편지에 말한 대로 마그네시아(Magnesia)와 트랄레스(Tralles)에도 교회가 있었다. 그러면 어째서 요한은 아시아 지방 전체 가운데서 이 일곱 교회만을 뽑아냈을까? 거기에 대하여 몇 가지 이유를 생각할 수 있다.

I. 일곱 교회는 일곱 우편배달 구역의 중심이라고 생각할 수 있고 이 지방 대지를 도는 순환도로에 접하여 있었다. 그래서 이 도시들에 배달된 우편물은 각기 그곳을 중심부로 하고 있는 그 지방에 회람되는 것이다. 드로아는 벽지에 있었지만 히에라폴리스와 골로새는 라오디게아에서 걸어 갈 수 있는 거리에 있었고, 트랄레스, 마그네시아와 밀레도는 에베소에 인접하여 있었다. 그래서 일곱 도시에 배달된 편지는 쉽사리 그 주변에 있는 지방에 회람되었을 것이다. 당시 편지는 손으로 쓴 것이었으므로 가장 쉽사리 될 수 있는 대로 많은 사람에게 읽히기 위하여 중심부에 보낼 필요가 있었다.

II. 요한계시록 어디를 읽든지 요한이 7이라는 숫자를 즐겨 쓴 것을 볼 수 있다. 사실 7이란 숫자가 54회나 기록되었다. 일곱 금 촛대(1:12), 일곱 별(1:16), 등불 일곱 (4:5), 일곱 인(5:1), 일곱 뿔과 일곱 눈(5:6), 일곱 우레(10:3), 일곱 천사와 일곱 재앙과 일곱 금 대접(15:6-8) 등등이다.

옛날 사람들은 일곱이란 수를 완전수라고 보았던 것이다. 그리고 그것은 요한계시록 어디서도 그렇게 사용되고 있다. 이런 의미에서 어떤 초기의 주석자들은 흥미 있는 결론을 내렸다. 7은 완결을 의미하는 것이기 때문에 완전수다. 그러므로 요한이 **일곱** 교회에 편지를 보낸 것은 완전하게 모든 교회에 써 보낸 셈이 된다고 할 수 있다. 신약성경 각 권을 처음으로 차례대로 늘어놓은 것은 《무라토리 경전(*Muratorian Canon*)》으로 각 권의 짧은 주석을 붙여 모은 것인데 요한계시록에 대해서는 "요한은 일곱 교회에 편지를 써 보내고 있지만, 사실은 전 교회에 보낸 것이다"라는 설명이 붙어 있다.

이 말은 요한이 "귀 있는 자는 성령이 교회들에게 하시는 말씀을 들을지어다"(2:7, 11, 17, 29, 3:6, 13, 22)라고 하는 말을 얼마나 자주 했는지를 우리가 기억할 때 더욱 그러하다. 요한은 실지로 일곱 교회에 편지를 쓴 것이지만 일곱은 완전수이기 때문에 이것은 **교회 전체**를 대상으로 한 소식이며, 오늘날 우리에게도 해당되는 것이라고 생각할 수 있다.

III. 이상 일곱 교회를 택한 이유가 사실일 수도 있으나 요한이 일곱 교회를 택한 이유는 그 어느 것보다도 더 단순할 수도 있다는 것이 더 사실에 가까울 수도 있다. 그가 일곱 교회를 택한 이유는 그 교회들 안에서는 자신의 글이 특히 회람되었고, 그들간에는 요한이 특별한 위치를 차지하고 있으며 특별한 영향력과 특별한 권위를 가지고 있었기 때문일 수도 있다. 이 교회들은 특별한 의미에서 **그의** 교회였다.

그래서 저자는 자신을 잘 알고 사랑해 주는 교회에 먼저 사연을 보내서 그 교회들을 통하여 모든 곳에 있는 모든 시대의 교회를 향하여 말하고 있는 것이다.

축복과 그 근원

요한계시록 1:4-6(계속)

저자는 하나님의 축복을 보내는 것으로 시작한다.

그는 먼저 **은혜**를 그들에게 보낸다. 그리고 이 은혜란 그것을 받을 만한 자격이 없는 사람들에게 보내는 놀라운 하나님의 사랑의 선물이다.

다음에 그는 **평강**을 보낸다. 찰스가 아름답게 묘사하였듯이 **평강은** "하나님과 사람 사이에 그리스도를 통하여 회복된 조화"다. 우리가 알고 있는 평강은 하나님이 주신 은혜의 결실이다. 그런데 이 인사 가운데 두 가지 특기할 만한 위대한 내용이 들어 있다.

1. 요한은 "이제도 계시고 전에도 계시고 장차 오실 분"에게서 축복을 보내는 것이다. 이것은 하나님에 대한 가장 일반적으로 사용되었던 칭호다. 출애굽기 3장 14절에 하나님께서는 모세에게 "나는 스스로 있는 자"라고 말씀하셨다. 유대 랍비들은 이것을 "곧 나는 예전에도 있었고 이제도 있고 장래에도 있을 자"라는 뜻이라고 설명하였다.

그리스 사람들은 "옛날에 있던 제우스, 이제 있는 제우스, 장차 올 제우스"라고 제우스에 대하여 말하고 있다. 오르페우스(Orphism)라는 밀의종교(密議宗敎)의 예배자들은 "제우스는 처음이요, 나중이요, 제우스는 머리요, 몸이다. 제우스에게서 모든 것이 생겨난다"라고 했다. 이것은 히브리서 기자가 "예수 그리스도는 어제나 오늘이나 영원토록 동일하시니라"(히 13:8)라고 아름답게 묘사하고 있는 것이다.

이 말을 충분히 이해하기 위해서는 헬라어를 살펴보지 않으면 안 된다. 요한이 언어의 한계와 문법을 깨트리면서까지도 하나님에 대한 경의를 표시하고 있음을 볼 수 있기 때문이다. 우리가 처음 구절을 번역하면 축복이란 **하나님께로부터 오는 것**이라고 되는데, 헬라어에서는 그렇게 되어 있지 않다. 헬라어 명사의 보통 형태는 그것이 주어로 사용되었을 때는 주격의 형태를 취하나 그 명사가 그 앞에 오는 전치사의 지배를 받을 때는 격변화가 생기는 것이다. 그리고 그것은 **형을 변화시킨다**. 이것은 영어에서도 마찬가지이다. 그(he)는 문장의 주어이며, 그(him)는 목적어다. 요한이 축복은 **이제도 계신 하나님께로부터** 온다고 말할 때 그 구(句)를 전치사 다음에 속격(소유격)이 되게 해야 한데도 실지로 요한은 문법을 무시하고 "그"라는 말을 규격 그대로 남김으로써 이 말의 격변화를 하고 있지 않다.

이것은 우리가 영어로 말할 때 문법을 무시하고 from He who is라고 쓴 것과 마찬가지로 이렇게 요한이 한 것이다. 그러면 왜 그랬을까? 그것은 요한이 하나님께 깊은 경외하는 태도를 취하였기 때문이다. 문법대로는 격변화를 시켜야 하는데도 그리하였다고 볼 수 있다. 요한에게 하나님의 성호는 매우 숭고한 것으로서 영원토록 변할 수 없는 것이었다. 이것을 영어로 표시할 수는 없으나 헬라어로는 하나님의 성호가 변함없다는 요한의 주장이 선명하게 드러나 있는 것이다.

요한의 대담한 필법은 그뿐이 아니다. 그 다음에 있는 것은 "전에도 계신 분에게서(from Him who was)"로 요한의 말을 문자 그대로 직역하면 From the He was가 된다. 요는 who was는 헬라어에서는 분사형을 취하게 된다. 이상한 것은 to be를 뜻하는 헬라어의 동사 에이미(eimi)는 과거분사가 없다는 것이다. 보통 그 과거분사 대신에 gignomai 동사의 일부인 과거분사 genomenos를 사용하는데 gignomai는 to be(~이다)뿐 아니라 to become(~이 된다)을 뜻하는데 "**~이 되다**(become)"는 것은 그 자체가 변화를 암시하고 있는 것이다. 그래서 요한은 조금이라도 변화를 암시하는 말을 하나님께 사용하는 것을 완강히 거부하여 하나님을 the He was라는 문법적으로는 허용되지 않는, 또한 아무도 쓴 적이 없는 표현을 하고 있는 것이다. 여기서도 그는 하나님의 완전 불변성을 지키기 원했던 것이다. 하나님에 대한 요한의 경외심은 그에게 하나님이 성호의 표현을 바꾸거나, 하나님에 대하여 어떤 형태로든지 하나님이 변하실 수 있다는 것을 암시하는 단어를 사용하기보다는 대담하게 헬라어 문법을 무시하고 나왔던 것이다.

요한계시록을 기록하던 무서운 시기에 요한은 변치 않는 하나님께 자기중심을 걸어매고 그 변치 않는 믿음을 주장하기 위하여 감히 문법을 무시한 것이다.

일곱 영

요한계시록 1:4-6(계속)

이 구절을 읽는 사람은 누구나 여기에 표시된 삼위일체의 전혀 다른 형에 놀라게 될 것이다. 우리는 삼위를 성부와 성자와 성령을 말하는 것이 보통이다. 그런데 여기서 요한이 말하는 것은 아버지이신 하나님, 아들이신 예수 그리스도, 성령 대신에 **보좌 앞에 앉은 일곱 영**으로 되어 있다. 도대체 이 이상한 한 구절은 무슨 뜻일까? 그리고 일곱 영이란 도대체 누구일까?

요한계시록에는 일곱 영에 대한 말이 한 번뿐이 아니다(3:1, 4:5, 1:6). 여기에 대하여 세 가지 대표적인 설명을 소개해 보자.

I. 유대 사람들은 "보라, 앞에 일곱 천사가 있다"고 말하고, 이것을 "일곱 명의 처음 흰 무리"(에녹1서 90:21)라는 아름다운 이름으로 불렀다. 그들은 대천사로서 "주의 영광 앞에 서서 출입하고 있어서"(토빗서 12:15) 그 이름은 일정하지는 않으나 보통 우리엘(Uriel), 라파엘(Rafael), 라구엘(Raguel), 미가엘(Michael), 가브리엘(Gabriel), 사이가엘(Saiquael), 예레미엘(Jeremiel)이라 불리고 있었다. 이들 천사는 불, 공기, 물 등의 세계를 맡고 책임진 국가를 수호하는 역할을 하고 있다. 또한 그들은 하나님의 종 가운데서도 가장 명예가 있고, 하나님께 가까운 존재였다.

필경 이 천사의 기원을 캐어 본다면 그 시대는 유일신이 아니라 일곱 신을 섬기던 원시적 사상의 시대로 소급되며 그 예는 바빌론 사람들이 일곱 별의 신을 숭배한 것과 같다. 또 원시 종교까지 올라가면 이 일곱 명의 천사도 그 기원을 같이 하고 있다. 이미 언급했듯이 유대교에서는 그들 일곱 천사는 누구보다도 하나님에게 가까운 존재이며, 그것이 여기서 말하는 일곱 천사라고 말하는 사람이다. 그러나 이러한 설이 옳다고 생각되지는 않는다. 천사는 아무리 위대하다 할지라도 피조물에 지나지 않으며, 축복의 근원은 천사가 아니라 어디까지나 피조물이 아닌 하나님이기 때문이다.

II. 제2의 설명은 유명한 이사야 11장 2절에 근거한 것이다. 여기에는 "여호와의 영 곧 지혜와 총명의 영이요 모략과 재능의 영이요 지식과 여호와를 경외하는 영"이라는 약속이 있다. 이것은 70인역, 즉 구약성경의 헬라어역에 의한 것으로서 이 성구가 **하나님의 영의 7가지 은사**라는 위대한 사상의 바탕이 되고 있다. 다음 찬송가는 그러한 사상을 노래한 것이다.

성령이여 오셔서
우리의 마음을 감동케 하소서
하늘에서 내리시는

불로 비추소서
주는 기름 부으시는 영이시며
일곱 가지 은사를 내려주시는 분이로소이다.

비아투스(Beatus)가 말한 바와 같이 이 영의 이름은 하나이나 일곱 가지의 덕을 갖추고 있다. 그렇다면 우리가 이 영의 일곱 가지 은사를 생각한다면 이 영을 각기 큰 은사로 사람에게 주는 일곱 영이라고 생각하기 어려운 것이 아니다. 그래서 저 유명한 영의 일곱 가지 은사 개념이 하나님의 보좌 앞에 있는 일곱 영의 개념을 낳게 했다고 말해지고 있다.

III. 제3의 설명은 일곱 영의 개념을 일곱 교회와 관련시킨다. 히브리서 2장 4절에서 우리는 하나님에 대하여 하나님께서 "성령이 나누어 주신 것(은사)"을 주시는 것으로 알고 있다. **나눠 주신 것**(gifts)이라고 번역된 말은 헬라어로 **메리스모스**(merismos)로서 그 본래의 뜻은 마치 하나님께서 성령의 분깃을 각 사람에게 주시는 것과 같은 뜻의 **분깃**이다. 그래서 여기에서 뜻은 일곱 영은 하나님께서 일곱 교회에 각기 주신 성령의 분깃을 의미하는 것이 된다. 그것은 성령의 임재와 오심과 권능과 인도 없이는 기독교인의 교제도, 모임도 있을 수 없다는 의미로 받아들일 수 있는 것이다.

예수의 칭호

요한계시록 1:4-6(계속)

여기에는 예수님에 대한 세 가지 위대한 칭호가 기록되어 있다.

I. 예수는 우리가 신뢰할 수 있는 증인이다. 제4복음서에서 즐겨 쓰는 말 가운데 예수는 진리와 하나님에 대한 일에 증인이라는 말이 있다. 예수는 니고데

모에게 "진실로 진실로 네게 이르노니 우리는 아는 것을 말하고 본 것을 증언하노라"(요 3:11)고 말씀하셨다. 또 빌라도에게 다음과 같이 말씀하셨다. "내가 이를 위하여 태어났으며 이를 위하여 세상에 왔나니 곧 진리에 대하여 증언하려 함이로라"(요 18:37). 증인은 무엇보다도 그리고 본질적으로 직접적으로 알고 있는 일을 말하는 사람이어야 한다. 증인은 눈으로 보고, 귀로 들은 것을 말하는 사람이다. 이것이 곧 예수는 하나님의 증인인 이유다. 그는 하나님께로부터 왔고, 하나님의 뜻에 합치하는 생활을 하셨기 때문에 세상의 아무도 할 수 없는 것을 그는 하나님과 하나님의 진리에 대하여 직접 아는 바를 말씀하실 수 있었다. 예수야말로 하나님에 대하여 유일무이한 직접적인 지식을 가지신 분이다.

II. 예수는 죽은 자들 가운데서 먼저 나신 분이다. 먼저 나신이란 헬라어는 **프로토토코스**(prōtotokos)로서 이 단어는 두 가지 의미가 있다.

1. 문자 그대로 처음 난 것을 의미할 수 있다. 그런 의미로 사용되었다면 부활을 의미한다. 그의 부활을 통하여 예수께서는 죽음을 이기시고 자기를 믿는 모든 사람이 누릴 수 있는 새로운 승리를 거두신 것이다.

2. 처음 난 자는 아버지의 명예와 권세를 계승하는 아들이므로 **프로토토코스**는 **권세와 명예를 갖는 자**, **최고의 자리를 차지하는 자**, 여러 사람 가운데 왕자를 의미하게 된 것이다. 바울이 예수께 대하여 모든 창조물보다 먼저 나신 자(골 1:15)라고 말할 때, 예수는 우주의 주인이라는 뜻을 말한 것이요, 그에게는 최고의 명예와 다른 데 비할 수 없는 영광이 있음을 말한 것이다. 우리가 이 말을 그런 의미로 취한다면 예수는 산 자의 주이신 것처럼 죽은 자의 주라는 뜻이 있는 것이다. 우리가 이 단어를 마땅히 이해해야 할 것은 이런 의미에서일 것이다. 이 세상에서나 장차 오는 세상, 그리고 생사간에서 예수가 주가 되지 않는 곳이라곤 없는 것이다. 그러므로 살아서나 죽어서나 우리를 그에게서 떼어 놓을 수 있는 것은 없다.

III. 예수는 지상의 여러 왕의 지배자이시다. 여기에 두 가지 주목할 것이 있다.

1. 시편 89편 27절에 "내가 또 저로 장자를 삼고 세계 열왕의 으뜸이 되게 하며"라고 한 말이 회상된다. 이 말은 유대인 학자들에게 언제나 오실 메시아에 대한 말로 취하게 했던 것이다. 그러므로 예수께서 지상의 여러 왕의 지배자라는 말은 곧 하나님이 약속하신 바요, 사람들이 오랫동안 대망하던 메시아임을 주장하는 것이다.

2. 스위트는 예수의 이 칭호와 광야의 시험과의 관계를 아름답게 지적하고 있다. 광야의 시험에서는 마귀가 예수를 높은 산으로 데리고 올라가서 땅 위의 여러 나라와 그 영광을 보인 후 "만일 내게 엎드려 경배하면 이 모든 것을 네게 주리라"(마 4:9)고 했던 것이다. 땅 위의 왕국들은 그의 권한에 맡겨졌다는 것이 마귀의 주장이었다(눅 4:6). 그리고 예수께서 마귀와 타협하고 거래한다면 한몫 나누어 주겠다는 것이 그의 암시였다.

그런데 놀라운 것은 이 마귀가 예수님께 약속한 것, 그러나 절대로 줄 수 없었던 것을 예수는 스스로 십자가의 수난과 부활의 권능으로 얻으셨다. 부활하신 그리스도는 그의 십자가의 공로와 땅 위의 여러 왕들의 지배자가 되신 것이다. 예수께서 십자가에 달리신 때야말로 모든 사람을 그에게로 이끄셨기 때문이다(요 12:32). 마귀와의 타협이 아니라 하나님에 대한 철저한 충성과 십자가를 받아들인 굽힐 줄 모르는 사랑이 예수를 온 우주의 주가 되게 한 것이다.

예수께서 사람들을 위하여 하신 일

요한계시록 1:4-6(계속)

예수께서 사람들을 위하여 하신 놀라우신 업적을 여실히 드러낸 구절로 여기처럼 잘 표시된 곳은 드물다.

1. 그는 우리를 사랑하시고 그의 피 값으로 우리를 죄에서 해방시키셨다. KJV에는 "우리를 사랑하사 그의 피로 우리 죄를 씻으신 분에게"라고 되어 있는데 이

것은 분명히 잘못된 번역이다. 헬라어에서는 **씻는다**는 말은 **자유케 한다**는 말과 매우 비슷하다. **씻는다**는 말은 **로우에인**(louein)인데, **자유케 한다**는 말은 **루에인**(luein)으로서 두 말의 발음이 거의 비슷하다. 그래서 두 말은 매우 혼돈되기 쉽다. 그러나 가장 오랜, 그리고 믿을 만한 헬라어 사본에서 **자유케 한다**는 뜻의 루에인이라는 말이 사용되어 있다. 그 다음 **그의 피로**(in His own blood)라는 말도 잘못된 번역이다. ~**로**(in)라고 번역한 말은 **엔**(en)으로서 그렇게 번역할 수도 있지만 이 경우는 히브리어의 be(이 경우 e는 the의 e에 가까운 극히 짧은 발음임)에 해당되는 말로서 ~**의 값으로**라는 뜻이다.

요한이 생각한 것은 예수의 업적이란 자신의 피로 대가를 치름으로써 우리를 죄에서 해방시키셨다. 이것이 곧 그가 후세 어린양의 피로써 하나님께로 구원받은 사람들(5:9)에 대하여 말한 바로 그것이다. 이것이 바울이 갈라디아(3:13)에서 율법의 저주에서 우리가 속량 받았다고 한 바로 그것이다. 그리고 그가 율법 아래 있는 자들을 속량(갈 4:5)한다는 바로 그 뜻이다. 이 두 경우에 그가 사용한 말은 **엑사고라제인**(exagorazein), 즉 "~에게서 산다"는 의미의 동사를 사용하여 어떤 사람의 소유 아래, 또는 지배 아래 있는 사람이나 물건을 대가를 치르고 사온다는 뜻을 나타내고 있는 것이다.

이것은 매우 흥미 있고 중요한 KJV의 정정이다. 그것은 근자의 새로운 여러 번역으로 바로 개정되었다. 예를 들면 개역판, 모팻역, 미국 개정표준역 등이 그것이다. 그러니 유명한 "어린양의 피로 씻음을 받았다"는 구절의 성경으로서 권위는 거의 없어진 셈이다. 이 구절을 깊이 생각하는 사람은 두려움에 몸이 떨리게 될 것이다. 여기서 요한이 말하려 한 것은 우리가 피 값으로, 즉 예수 그리스도의 생명의 대가로 죄에서 구원 받았다는 것을 안다면, 어떠한 구원감을 느낄 것이다.

그러나 여기에는 또 하나의 매우 중요한 일이 있다. 우리는 여기에 사용된 동사의 시제(時制)에 주의하지 않으면 안 된다. 요한은 예수께서 우리를 **사랑하시고** 그의 피 값으로 우리를 죄에서 **자유케** 하셨다고 말한다. 우리를 **사랑하신다**는 동사는 **현재형**이고 이 말은 그리스도 예수 안에 있는 하나님의 사랑은 계속적이며 영원까지 계속되는 것을 의미한다. **우리를 자유케 하셨다**는 **과거형**으로 헬라어의 부정형 과거(aorist)로서 과거에서 완성된 행위를 나타내고 있는 것이다. 따라서 우리가 죄에서 해방된 것은 십자가상의 단 한 번의 행위에 의하여 완성된 것이 된다. 다시 말해 십자가상의 사건은 역사상의 행위인 동시에 하나님의 계속적인 사랑의 표현이다. 역사상 어떤 시점에 십자가 위에서 일어난 사건은 영원하고 변치 않으며 그칠 줄 모르는 하나님의 사랑을 들여다볼 수 있는 창구 구실을 하는 것이다.

II. 예수는 우리를 한 왕국이 되게 하시고 하나님의 제사장이 되게 하셨다. 이것은 출애굽기 19장 6절 "너희가 내게 대하여 제사장 나라가 되며 거룩한 백성이 되리라"는 말을 인용한 것이다. 예수께서는 우리를 위하여 두 가지 일을 하셨다.

1. 우리에게 왕의 신분을 주셨다. 예수를 통하여 우리는 하나님의 참 아들이 될 수 있다. 그리고 우리가 왕 중 왕의 아들이라면 우리 이상의 왕의 신분을 가진 자가 없으며 우리는 불가불 왕이 될 처지에 있는 것이다.

2. 우리를 제사장으로 삼으셨다. 그것은 이러한 의미가 있다. 옛 규정에 의하면 제사장만이 하나님께 가까이 하는 것이 허용되었다. 성전에 들어가는 유대인은 이방 사람들의 뜰, 부인들의 뜰을 지나서 이스라엘 사람들의 뜰까지는 올 수 있었으나 그 안에 있는 제사장의 뜰에는 갈 수가 없었으며 지성소에는 물론 들어갈 수가 없었다.

그런데 여기 주목할 만한 것은 이사야가 장차 올 큰 날에 대한 환상을 보고 말하기를 "오직 너희는 여호와의 제사장이라"(사 61:6)고 한 말이다. 그날에는 모든 사람이 제사장이 되고 모두 하나님께 가까이 나아가게 될 것이다. 요한이 여기서 말하려고 하는 것은, 그리스도의 공로에 따라 하나님 앞에 나아갈 수 있는 특권은 좁은 의미의 제사장에게만이 아니라 모든 사람에게 널리 열려진 길이라는 것이다. 이 모든 사람이 제사장이다. 여기에 만인제사장설이 있다. 우리는 담대히 은혜의 보좌 앞에 나아갈 수 있는 것이다(히 4:16). 우리에게는 하나님 앞으로 나아가는 새롭고 살아 있는 길이 열려 있기 때문이다(히 10:19-22).

예수께서는 우리에게 하나님의 자녀가 갖는 왕권을 주셨으며, 언제나 열려 있는 하나님 앞으로 나아가는 제사장의 길을 열어 주신 것이다.

장차 올 영광

요한계시록 1:7

[7]볼지어다 그가 구름을 타고 오시리라 각 사람의 눈이 그를 보겠고 그를 찌른 자들도 볼 것이요 땅에 있는 모든 족속이 그로 말미암아 애곡하리니 그러하리라 아멘

이제부터 앞으로 나오는 모든 성구 중에서 아무리 짧더라도 우리는 그 가운데 있는 것에 주목해야 할 것이다. 우리는 요한이 구약을 계속 인용하고 언급하고 있는 것에 주의해야 한다. 요한은 구약성경을 숙독하고, 구약성경에 정통하였기 때문에 자신이 붓을 들 때 구약성경의 인용 없이는 거의 한 줄도 글을 못 쓸 정도였던 것 같다. 따라서 구약의 사상과 언어가 그의 마음 가운데 자연적으로 스며들어 그의 생각을 형성하였던 것이다. 이것은 매우 흥미 있고 의미심장한 일이다. 요한은 기독교인으로서 생활하는 것이 고통스러운 시대에 살고 있었다. 그 자신도 유형과 투옥과 중노동을 경험했으며, 많은 사람이 몹시 잔인한 방법으로 살해되었던 것이다. 이러한 형편 속에서 용기와 희망을 견지해 나가는 가장 좋은 방법은 과거를 기억하는 일이었다. 하나님이 현재 실족케 하시지 않는 분이라는 것을 확신하는 가장 좋은 방법은, 그가 과거에 결코 실족케 하신 적이 없음을 기억하는 것이었다.

요한은 과거 하나님의 위대하심과 선하심을 끊임없이 회상함으로써 마음의 기둥을 삼고, 눈앞에 다가오는 고뇌에 대처하려고 한 것이다. 하나님은 이른바 시험해 보지 못한 미지의 하나님이 아니신가. 지금까지 하나님은 도우셨다. 그리고 하나님의 팔은 짧아지지도 않았으며 그 능력은 약해지지도 않았다.

요한은 여기서 요한계시록 전체의 모토와 주제를 정하고 나간다. 그것은 그리

스도의 승리의 재림에 대한 확신이다. 그리스도께서 다시 재림하실 때 고난 중에 있는 기독교인들은 잔인한 적의 손에서 구출된다. 하나님의 적은 언젠가는 반드시 멸망당하고 하나님의 친구들은 조만간 반드시 영광에 들어간다는 것이 요한의 확신이었다.

I. 기독교인들에게는 그리스도의 재림은 "영혼을 키워 주는 약속이다". 요한은 재림의 묘사를 다니엘의 환상에서 얻었다. 다니엘은 이 세계를 지배하는 네 짐승의 권력의 환상을 가졌었다. 그 환상은 다니엘서 7장 1-4절에 있다. 독수리의 날개를 가진 사자와 같은 권능은 바빌론(7:4)이고 흉악한 곰과 같은 페르시아(7:5), 날개 돋은 표범과 같은 그리스(7:6), 표현할 수 없을 만큼 무서운 쇠 이(齒)를 가진 야수는 로마(7:7)다. 그러나 이같이 야수 같고 야만적이요 비인간적인 제국들은 다 끝장 나고, 지배권은 인자와 같이 친절하고 온화한 자의 속으로 옮겨지는 것이다. 하나님은 친절하고 온유한 자에게 주권을 맡기신다.

"내가 또 밤 환상 중에 보니
인자 같은 이가
하늘 구름을 타고 와서
옛적부터 항상 계신 이에게 나아가
그 앞으로 인도되매
그에게 권세와 영광과 나라를 주고
모든 백성과 나라들과
다른 언어를 말하는 모든 자들이
그를 섬기게 하였으니"(단 7:13-14).

구름 타고 오시는 인자에 대한 묘사는(막 13:26, 14:62; 마 24:36, 26:60) 다니엘서의 기록에서 온 것이다. 우리는 이러한 환상에서 시대적인 요소—즉, 현대에서는 하늘을 공중 저편에 있는 장소라고는 생각지 않는다—를 제거해 버린다면 영원하며 불변의 진리가 남는다. 그것은 예수 그리스도가 만물의 주가 되는 날이 온다는 변치 않는 영원한 진리다. 이 희망 속에서 기독교인들은 오늘날까지 환난이 계속되는 생활 속에서도, 순교의 죽음 가운데서도 힘과 위안을 얻어 온 것이다.

II. 적그리스도들에게는 "그리스도의 재림은 두려움"이다. 이것을 증명하기 위하여 요한은 다시 구약성경을 인용한다. 그것은 구약성경 스가랴 12장 10절이다. "그들이 그 찌른바 그를(주) 바라보고 그를 위하여 애통하기를 독자를 위하여 애통하듯 하며"(KJV에는 me〈나를〉로 번역되었으나 미국 표준개역본과 요한계시록에는 him으로 되어 있는데 이것이 옳은 것 같다－옮긴이주).

이 스가랴의 말의 배후에는 다음과 같은 사상이 들어 있다. 하나님께서는 그 백성에게 훌륭한 목자를 주셨는데 사람들은 불순종하는 어리석음으로 그를 죽이고, 그 대신 이기적인 악한 목자를 받아들였다. 그러나 언젠가는 하나님의 은혜 가운데서 자신들이 한 일을 심히 슬퍼하고 회개하며, 자신들이 찔러 죽인 선한 목자를 생각하고, 자신들이 한 짓에 대하여 슬피 울고 통회할 날이 올 것이다.

요한은 이 이야기를 예수님께 적용하여 말하였다. 사람들은 예수를 십자가에 못 박았으나 그들이 다시 그를 쳐다볼 날이 올 것이며 그때는 예수는 이미 사람들의 믿음의 희생물이 아니라 온 우주의 지배권을 받은 자로서 빛남과 영광과 왕이 되는 것이다. 그리스도를 십자가에 못 박은 사람이 빛나는 그의 영광을 우러러볼 때 얼마나 두려울 것인가 하는 것을 우리는 생각할 수가 있다. 이 사람들에게는 그리스도의 재림이야말로 공포요 위협이다.

물론 이러한 말들은 옛날 그리스도를 직접 십자가에 못 박은 유대인과 로마 사람들에 대하여 한 말이다. 그러나 어느 시대든지 범죄하고 예수 그리스도를 무시하는 자는 예수를 다시 십자가에 못 박는 것이다. 예수 그리스도를 무시하고 적대하는 사람들은 언젠가는 관심을 두지 않더라도 온 우주의 주, 만물의 심판주로 오시는 예수 그리스도를 보게 될 날이 올 것이다.

이 구절들은 **그러하리라**, **아멘** 하는 두 감탄사로 끝나고 있다. 헬라어에서는 **바이**(vai)와 **아멘**(amēn)이다. 문제는 **바이**는 헬라어요, **아멘**은 히브리어라는 점이다. "그러하리라, 그대로이다", "그 일이 이루어지기를"이라는 엄숙한 긍정이다. 요한은 헬라어와 히브리어를 병용함으로써 몹시 준엄한 사건임을 특별히 강조하고 있다.

우리가 믿는 하나님

요한계시록 1:8

8주 **하나님이** 이르시되 **나는** 알파와 오메가라 이제도 있고 전에도 있었고 장차 올 자요 전능한 자라 하시더라

우리가 믿고 찬양하는 하나님에 대하여 여기에 엄청난 묘사가 있다.

I. 하나님은 알파요, 오메가이시다. 알파(alpha)는 헬라어의 처음 글자요 **오메가**(omega)는 마지막 글자다. 그래서 **알파에서 오메가까지라는** 말은 절대적인 완전을 의미하는 것이다. 히브리어의 첫 글자는 **알레프**(aleph)요, 마지막 글자는 **타우**(tau)이며 유대인도 이와 같은 종류의 표현을 사용했다. 유대 랍비들은 "아담은 범죄했고 아브라함은 율법을 **알레프**에서부터 **타우**까지 지켰다" 고 말하고 "하나님께서는 이스라엘을 **알레프**에서 **타우**까지 축복하셨다" 고 했다. 그러므로 이 말은 아무것도 결함이 없는 완전을 나타내는 것이다. 하나님은 전적으로 완전하시며, 그분에게는 결함이 없으시다. 하나님은 그 자신 가운데 스위트(H. B. Swete)가 말한 "모든 것을 포옹하시며, 초월하시고, 무한한 생명을 갖고 계신다." 우리가 믿는 하나님은 그 안에 모든 것이 있는 분이시며 그분에게는 결함이 없으시다.

II. 하나님은 이제 계시며, 옛적에도 계셨고, 장래에 오실 분이다. 이것은 하나님은 영원하신 분이라는 것을 의미한다. 하나님께서는 시간이 시작되기 전에 계셨으며, 지금도 계시며, 시간이 끝나는 날에도 계신다. 하나님은 오늘날까지 그

를 믿는 모든 사람의 하나님이었으며, 지금 우리가 믿을 수 있는 하나님이며, 장래에 어떠한 사건이나 시간도 이 하나님께로부터 우리를 떼어 놓을 수 있는 것은 없다.

사망이나 생명이나 땅이나 지옥이나
모든 것을 삼켜 버리는 시간의 흐름도
하나님의 마음에서 우리를 지워 버릴 수 없으며
하나님의 사랑을 변케할 수는 없다.

다가오는 장래의 일각일각이
과거를 축복했듯이 축복할 것이며,
세상이 시작될 때부터
우리를 사랑하신 하나님은
세상 끝날까지 사랑하신다.

III. 하나님은 전능하시다. 전능이라는 말의 원어는 **판토크라토오르**(pantokratōr)로서 하나님께서 모든 것을 지배하시며 통솔하시며 장악하신다는 뜻이다.

흥미 있는 사실은 이 말이 신약성경에 모두 7회 사용되어 있다는 점이다. 1회는 고린도후서 6장 18절에서 구약의 인용문에 사용되었으며 나머지 6회는 요한계시록에 있다. 그러므로 이 말은 요한의 전용어라고 할 수 있다. 여기서 요한이 이 책을 기록하던 당시의 시대적 배경을 살펴보기로 하자.

로마는 그 힘을 가지고 기독교 탄압에 나섰다. 지금까지 로마에 대항할 수 있었던 나라는 없었으며 모든 것을 정복하는 전능의 권세였다. 그 로마 앞에 작고, 주로 영향력 없고 미약한 노예로 구성된 기독교가 견뎌 나갈 힘이 어디 있었겠는가? "죄가 있다면 그리스도를 믿은 죄밖에 없는 허덕이며 밀려다니는 무리"가 어떻게 로마에 대항할 수 있었을까? 인간적으로 볼 때 기독교는 절망적이었으며, 오직 전멸만이 남아 있는 실정이었다. 그러나 인간이 가장 중요한 요소를 인정하지 않고 빠뜨렸다면 그것은 **판토크라토오르**, 즉 전능하신 분이며 그 장중에 모든 것을 장악하고 하나님을 빠뜨린 것이다.

이것이 헬라어 구약성경에서 "안식일의 주", "만군의 주"(암 9:5; 호 12:5)를 표현할 때 쓰는 단어다. 또 이 말은 요한이 "주 우리 하나님 곧 전능하신 이가 통치하시도다"(계 19:6)라는 저 위대한 성구에서 사용하고 있는 단어다. 누구든지 이와 같은 하나님의 손안에 있다면 그 사람들을 그 손에서 빼앗아 낼 수 없다. 기독교의 배후에 이와 같은 하나님이 계시다면 교회가 주님께 충성하는 한, 아무것도 이 교회를 멸할 수는 없다. 로마는 교회를 파괴하려고 할 것이다. 그러나 그 로마도 이 **판토크라토오르** 속에 있는 것이다.

> 나의 때는 당신의 수중에 있으며
> 나는 항상 당신을 의뢰하겠으며
> 죽은 후에는 당신의 오른편에
> 영원히 있겠나이다.

고난을 통하여 하나님 나라로

요한계시록 1:9

[9]**나 요한은 너희 형제요 예수의 환난과 나라와 참음에 동참하는 자라 하나님의 말씀과 예수를 증언하였음으로 말미암아 밧모라 하는 섬에 있었더니**

여기서 요한은 자기소개를 하되 공직으로서가 아니라 자신을 **너희의 형제요 환난에 동참하는 자**라고 소개하고 있다. 그에게 말할 자격이 있다면, 그것은 그가 편지를 받을 사람들이 겪게 될 고난을 경험했기 때문이다. 교직으로서 임명을 받았기 때문이 아니라 공통된 경험을 가졌다는 점에서 요한은 말할 자격을 얻은 것이었다.

에스겔은 "이에 내가 델아빕에 이르러 그 사로잡힌 백성 곧 그발 강가에 거주하는 자들에게 나아가 그 중에서 두려워 떨며 칠 일을 지내니라"(겔 3:15)고 기록하였다. 안락의자에 앉아서 인내의 덕을 가르치거나 자신은 안전을 꾀하면서 영웅적 용맹을 가르치는 사람의 말에 귀를 기울이지 않는다. 자신의 체험을 통하여서만 같은 처지에 있는 사람들을 도울 수가 있는 것이다. 목사는 인생 경험의 대학을 마치지 않고서는 어떠한 학문적인 간판이 있어도 소용없다. 인도 격언에 "집신을 신고 하루 길을 걸어 본 자가 아니고서는 다른 사람을 비평할 자격이 없다"는 말이 있는데 요한이나 에스겔이 발언한 것은 그들이 다른 사람들과 같은 처지에 처해 보았기 때문에 그러한 것이다.

요한은 고난과 나라와 참음이라는 세 가지 말을 함께 묶어 놓고 있다.

고난은 **들립시스**(thlipsis)다. 이 말은 본래 단순히 **압력**이라는 뜻으로서, 예컨대 몸 위에 큰 돌이 올라 있을 때 중압감을 나타내는 말이다. 처음에는 거의 문자 그대로 사용되었으나 신약성경은 사건, 즉 박해의 압력을 기술하게 되었다.

참음은 **휘포모네**(hupomone)다. **휘포모네**는 두 손을 맞잡고 머리를 숙인 채 앉아 있고 그저 피동적으로 시류에 따라 몸을 내맡기는 것이 아니라 용감하게 곤란을 극복하고 전진하며 고난을 영광으로 바꾸는 기개를 말한다. 당시의 기독교인들은 **들립시스**, 즉 고난을 당하고 있었고 요한이 이해한 대로 세상이 끝나기 전에 일어날, 세상을 뒤흔들고 영혼을 상실시키는 사건의 한복판에 처해 있었다.

당시의 기독교인들은 **바실레이아**(basileia), 즉 천국을 기다렸고 나라에 들어가기를 열망했으며 그 나라에 그들의 마음을 두었다. 이러한 처지에서는 **들립시스**에서 **바실레이아**, 즉 고난에서 영광으로의 길은 오직 **휘포모네**, 즉 대담하게 용기를 갖고 고난을 극복하는 인내뿐이다. 찰스가 말한 대로 **휘포모네**는 **들립시스**를 **바실레이아**로 바꾸는 연금술이다. 모든 것을 극복하는 이 참음이야말로 고난을 영광으로 바꾸는 유일한 길이다. 예수는 말씀하셨다. "그러나 끝까지 견디는 자는 구원을 얻으리라"(마 24:13). 바울은 "우리가 하나님의 나라에 들어가려면 많은 환난을 겪어야 할 것이라"(행 14:22)라고 했고, "참으면 또한 함께 왕 노릇할 것이요"(딤후 2:12)라고 기록되었다.

하나님 나라에 들어가는 길은 용기와 인내다. 안락과 쾌락을 구하는 자, 비겁한 자, 겁쟁이, 몸과 마음이 유약한 자는 감격에 찬 여로를 다 마치지 못했다. 하나님 나라를 향한 나그네 길이야말로 최고의 것이요, 그러므로 최대의 인내를 요구하는 것이다.

이 구절을 마치기 전에 한 가지 우리가 주의해야 할 일이 있으니 그것은, 인내라는 것은 그리스도에게서 발견된다는 것이다. 그리스도는 끝까지 참고 견디셨다. 그러므로 그는 그와 같은 인내를 하고 같은 목적을 추구하기 위해 자신과 함께 걷는 자들에게 그렇게 할 수 있는 힘을 주실 수 있다.

유배의 섬

요한계시록 1:9(계속)

요한계시록의 환상을 받았을 때 요한은 자신이 밧모라는 섬에 있었다고 말한다. 그가 도미티아누스(Domitian) 황제 때 밧모 섬에 유배되었다는 데 대해서는 초대교회의 전승이 일치하고 있다. 터툴리아누스는 "사도 요한은 섬에 유배되었다"(데 푸레스크리프티오네 36: 이단에 대한 규정–옮긴이주)고 말하였고, 오리게네스는 "전승에 의하면 로마 황제는 요한이 진리의 말씀을 증거하였기 때문에 밧모 섬에 유배 보냈다"(마태의 설교)라고 했으며, 알렉산드리아의 클레멘트는 "압정자가 죽은 후에 요한은 밧모 섬에서 에베소로 돌아왔다"(부자의 구원 42)라고 말했다. 제롬은 "요한은 네로 황제가 죽은 지 14년경에 유형을 당했고 도미티아누스 황제가 죽자 석방되었다"(저명한 인물에 대하여 9)라고 했다. 그러므로 요한은 주후 94년에 밧모 섬에 유배되었다가 96년에 석방된 것이다.

밧모 섬은 스포라데(Sporades)라고 불리는 군도(群島)에 속하는 작은 섬으로서 암석뿐인 불모(不毛)의 땅이다. 길이 16킬로미터, 너비 8킬로미터의 초승달 모양을 이루고 동쪽으로는 초승달 끝 같은 모양을 하고 있다. 초승달 모양이기 때문에 이 섬은 천연적으로 좋은 항구를 이루고 있다. 그것은 소아시아 앞바다 63킬로미터에 위치하고 로마에서 에베소로 향하는 배의 마지막 기항지요, 반대 코스로 말하면 맨 처음의 기항지가 되어 매우 중요한 곳이다.

멀리 떨어진 한적한 섬에 죄수를 유배 보내는 것은 로마에서는 흔한 체형의 형태요, 보통 정치범에 대한 형벌이었던 것이다. 형벌로서는 가장 중한 형벌은 아니었으나 그 형을 받는 사람은 시민권을 박탈당하고, 최저 생활에 필요한 돈을 제하고는 전 재산을 몰수당하였다. 유형지에 있는 죄수는 학대 받는 일은 없고 섬 속에 있는 감옥에 갇히는 법도 없이 한정된 지역 안에서 자유롭게 행동할 수 있었다. 이상이 정치범을 취급하는 방법인데, 요한의 경우는 이것과 매우 달랐다. 그는 기독교인들의 지도자요, 기독교인들은 죄인이었다. 그런데 요한이 즉시 처형당하지 않은 것은 이상한 일이었다. 요한은 유형당한 섬 채석장에서 중노동을 했을 수도 있다. 윌리엄 램세이(William Ramsay) 경은 요한이 당했을 형을 생각하여 다음과 같이 기록하였다. "먼저 채찍으로 맞고, 풀 수 없는 차꼬를 채우고, 옷이라고는 겨우 몸을 감싸는 정도였으며, 음식은 보잘것없고 부족했으며, 깔개도 없이 땅바닥에서 자고, 컴컴한 감방에서 지냈으며, 감시병의 채찍을 맞으며 일했다." 밧모 섬에서 요한의 생활은 진정 괴로운 것이었다.

밧모 섬이 요한계시록에 그 흔적을 남기고 있다. 오늘날까지 요한이 요한계시록을 기록했다는 절벽에 있는 바다를 내려다보는 동굴을 그곳 사람들은 구경 온 사람들에게 보여 준다. 밧모 섬에서 바다를 내다보는 전망은 장엄해 스트라한(Strahan)이 기록한 대로 요한계시록은 "망망한 바다의 경치와 그 소리로 가득 차 있다." 바다라는 말인 **탈라싸**(thalassa)가 요한계시록에는 적어도 25회나 나온다. 스트라한은 "밧모 섬에서처럼 음악적인 바닷물소리는 다른 아무데서도 들을 수 없으며, 일출 일몰이 이곳보다 더 장엄한 불타는 유리바다를 이루는 곳은 없다. 그러나 그만큼 육지와 섬을 갈라놓는 바다가 없기를 열망하는 마음도 여기처럼 절실한 곳은 없었다"라고 기록했다.

요한이 밧모 섬에 간 것은 **하나님의 말씀** 때문에(for, the sake of the word given by God) 고난과 고통, 유형의 고독과 중노동을 당하기 위함이었다. 이 부분을 헬라어에서는 세 가지 해석을 내릴 수 있게 되어 있다. 먼저 요한은 하나님의 말씀을 **선포**하기 위하여 밧모 섬에 갔다고 해석할 수 있다. 또한 하나님의 말씀과 계시의 환상을 **받기** 위하여 밧모 섬에 홀로 머물게 되었다고도 할 수 있다. 어쨌든 요한이 밧모 섬에 유배되어 고독과 고통을 맛본 것은 하나님의 말씀에 대한 요한의 부동(不動)의 충성이요, 예수 그리스도의 사신(使信)을 전하려는 그의 결심 때문이었다.

주의 날

요한계시록 1:10-11

[10]주의 날에 내가 성령에 감동되어 내 뒤에서 나는 나팔 소리와 같은 큰 음성
을 들으니 [11]이르되 네가 보는 것을 두루마리에 써서 에베소, 서머나, 버가
모, 두아디라, 사데, 빌라델비아, 라오디게아 등 일곱 교회에 보내라 하시
기로

역사적으로 이 구절은 매우 흥미 있다. 이것은 "주의 날"에 대한 증거로 문헌에 처음 나오는 곳이기 때문이다.

주의 날에 대해서는 지금까지 우리는 자주 언급한 대로 그것이 하나님이 이 땅에 내려오신, 그리고 악이 충만한 현세대가 산산조각이나 새로운 세계로 바뀌는 그러한 때 노하심과 심판의 날이라고 이해하여 왔다. 어떤 사람들은 요한의 이 말을 해석하여 그가 환상 가운데서 주의 날에 대한 것을 보고 장차 일어날 놀라운 일—이 세상이 끝나고 새로운 세상이 시작될 때—을 바라보았던 것이라고 말한다. 그러나 이러한 해석은 지지자도 별로 없고 부자연한 것 같다.

여기서 요한이 사용하고 있는 "주의 날"이란 표현은 분명히 우리가 말하는 "주의 날"과 같은 것이다. 이것은 문헌에 나타난 최고의 "주의 날"에 대한 언급이다.

그러면 어떻게 해 기독교는 안식일 지키기를 폐지하고 주의 날을 지키게 된 것일까? 안식일은 토요일로서 주(週)의 끝날이지만 주의 날은 일요일로서 주의

처음 날이다. 안식일은 천지창조 다음에 하나님께서 쉬신 것을 기억하는 날이요, 주의 날은 예수께서 죽음에서 부활하신 것을 기념하는 날이다. 교회 안에서 어떻게 해 이날에서 다른 날로 변경하는 것이 이루어졌을까? 이에 대한 최초의 기록으로서 다음 세 가지 자료를 들 수 있다.

디다케(the Didacke), 즉 《**열두 사도의 교훈**》은 기독교의 예배와 교육을 위하여 최초로 기록된 지도서인데, 그 가운데 기독교에 대하여 "주의 날에 우리가 모여서 떡을 나눈다"라는 한 구절이 있다(**열두 사도의 교훈** 14:1). 안디옥의 이그나시우스(Ignatius)는 마그네시아 사람들에게 보낸 문서 가운데서 기독교인은 "이미 안식일을 위하여서가 아니라 주의 날을 위하여 산다"라고 말하고 있다(이그나시우스, 마그네시아 사람들에게 보낸 편지 9:1). 사데의 멜리토(Melito)는 〈주의 날에 대하여〉라는 논문을 썼다. 이로써 2세기 초부터 안식일이 폐지되고, 주의 날은 기독교인의 날로 지키도록 되어 있었던 것을 우리는 알게 되었다.

한 가지는 분명한 것 같다. 즉, 이 모든 초기의 자료는 소아시아에서 생긴 것이며 주의 날이 처음으로 지켜진 것은 소아시아에서였다는 사실이다. 그러나 어째서 기독교인들이 매주 주의 처음 날을 주의 날로 지키게 되었을까? **부활절**은 1년에 한 번 예수의 부활하심을 기념하는 절기다. 그런데 어째서 모두 기념하는 날을 지키게 되었는가?

동양에는 매주 한 번 또는 매달 한 번 세바스테, 즉 **황제의 날**(Sebastē)이라는 것이 있었다. 이교도는 주 1회와 월 1회, 로마 황제를 위하여 특별한 날을 지키고 있었다. 그래서 기독교인들은 주님께 바친 날로서 주 처음 날을 지키도록 한 것이 틀림없다. 이교도들이 매주 황제의 날을 지켰던 것처럼 기독교인들은 매주 주의 날을 축하하기로 정하였던 것이다.

요한은 **성령에 감동되어 있었다**. 이 표현은 요한이 시간과 공간을 초월하여 황홀한 가운데 하나님 나라, 영원한 나라로 이끌려 올려갔던 것을 의미한다. "때에 주의 영이 나를 들어올리시는데 내가 내 뒤에서 크게 울리는 소리를 들으니"(겔 3:12)라고 에스겔은 말하였다. 요한이 들은 것은 나팔 소리와 같은 것이었다. 신약성경에서 나팔 소리는 하나의 표현 수단이 되었다(마 24:31; 고전 15:42; 살전 4:16).

요한의 마음속에는 구약의 다른 이미지가 그려져 있었다는 것은 의심할 여지가 없다. 율법을 받을 때 "우레와 번개와 빽빽한 구름이 산 위에 있고 나팔 소리가 매우 크게 들리니"(출 19:16)라고 쓰여 있다. 이 경우에는 나팔 소리의 권위와 명확성이다. 하나님의 음성은 소집 나팔처럼 분명하며 권위를 갖고 영혼을 움직이는 것이다.

요한은 자신이 본 환상을 기록하라는 명령을 받았다. 그에게는 하나님께서 주신 소식을 사람들에게 전할 책임이 있었다. 사람은 남에게 전하려면 먼저 들어야만 한다. 환상이나 메시지는 이기적으로나 자신을 계발하기 위해서만 받을 것이 아니라 다른 사람에게 전하기 위한 것이다. 그런데 그 전달에서 큰 희생을 치러야 할 경우도 있다. 사람이 환상을 보기 위해서는 한적한 곳으로 가야겠지만 역시 그는 나아가 사람들에게 그 본 바를 전하지 않으면 안 되는 것이다.

요한은 **밧모 섬**에 있었다. 그는 **성령에 감동되어** 있었다. 이 두 마디는 서로 뗄 수 없는 관계다. 우리는 밧모 섬의 상태와 요한이 경험한 고통과 쓰라림을 이미 배웠다. 사람이 어디 있든 간에, 그의 생활이 아무리 괴롭든 간에, 사람이 어떠한 일들을 겪든 간에 그는 성령에 사로잡힐 수 있는 것이다. 그리고 그가 영에 사로잡히기만 한다면 비록 밧모 섬 속에서라도 하나님의 영광과 메시지는 그에게 오는 것이다. 우리가 어떠한 생활을 하고 있든 간에 성령이 우리에게 말씀하지 못할 경우는 없는 것이요, 성령이 말씀하실 때 우리는 비록 밧모 섬에 있을지라도 하나님의 영광을 보게 되는 것이다.

하나님의 사자

요한계시록 1:12-13

12몸을 돌이켜 나에게 말한 음성을 알아보려고 돌이킬 때에 일곱 금 촛대를
보았는데 13촛대 사이에 인자 같은 이가 발에 끌리는 옷을 입고 가슴에 금띠
를 띠고

이제 우리는 요한이 본 환상의 첫머리에서부터 시작하기로 한다. 그리고 우리는 그가 성경에 정통하고 있었기 때문에 그의 환상의 모든 부분에 구약성경이 재현되고 반영되어 있음을 보게 되는 것이다.

요한이 말하기를, 그는 **그 음성을 보려고** 돌이켰다고 한다. 우리는 소리를 보지 못한다. 그런데 요한은 여기서 소리와 말하는 이를 동일시하고 있는 것이다. 우리는 보통 "나에게 말씀하시는 소리의 주인이 누구인지를 보려고 돌아보았다"라고 말할 것이다.

돌아본 요한은 **일곱 금 촛대**를 보았다. 여기서도 요한은 구약성경을 인용, 암시할 뿐 아니라 구약성경의 여기저기에서 여러 가지 인용 부분을 끌어내어 그것을 서로 맞추어서 하나의 장면을 묘사하고 있다. 일곱 촛대의 환상은 세 가지 자료와 배경을 갖고 있다.

I. 이것은 성막 안에 있는 순금 촛대의 이야기에서 온 것이다. 촛대에는 양편에 세 개씩 여섯 개 가지가 달려 있고 불을 켤 일곱 개 등이 있었다(출 25:31-37). 그 환상의 일부는 광야에 있던 성막, 즉 거기서 하나님이 자기 백성을 만나는 장소였던 곳에서 온 것이다.

II. 솔로몬의 성전 모양에서 온 것이다. 거기에는 좌우 양편에 각기 다섯 개 순금 촛대가 서 있었다(왕상 7:49).

III. 스가랴의 환상에서 온 것이다. 스가랴는 그의 환상 가운데서 "순금 등잔대가 있는데 그 위에는 기름 그릇이 있고 또 그 기름 그릇 위에 일곱 등잔이 있으며 그 기름 그릇 위에 있는 등잔을 위해서 일곱 관이 있는 것"을 보았다(슥 4:2).

요한이 환상을 보았을 때는 구약성경에 근거한 광경을 보았으며 그 구약성경에서 하나님은 이미 자기 자신과 하나님의 진리를 자기 백성에게 보이셨다. 확실히 여기에는 교훈이 있다. 새로운 진리의 계시를 받을 준비를 하는 사람은 하나님께서 이미 자신의 말씀을 통하여 주신 계시를 배우고 그 계시에 따라서 영혼을 기르지 않으면 안 되는 것이다.

그는 촛대 사이에 **인자와 같은 사람**을 보았다. 여기에도 다니엘 7장 13절에 있는 것 같은 묘사를 볼 수 있다. 거기에는 왕국과 주권과 지배가 옛적부터 항상 계신 자에 의하여 인자와 같은 분에게 주어졌다. 우리가 다 아는 바와 같이 인자라는 명칭은 예수께서 사용하신 메시아의 호칭이 된 것이다. 그래서 요한은 이 명칭을 사용함으로써 이제부터 받는 계시는 예수 그리스도 그분 자신에게서 오는 것임을 분명히 하고 있다. 요한계시록은 부활하시고 영광을 받으사 그리스도께로부터 직접 받은 메시지다. 그 모습은 **발에 끌리는 옷을 입고, 가슴에 금띠를 띠고** 계신 분으로 묘사되어 있다. 여기에서도 다시 우리는 세 가지 표현을 볼 수 있다.

I. 옷이라고 한 말은 "포데레스(podērēs)"라는 헬라어인데 이것은 "발까지 닿는다"는 뜻으로서 헬라어 구약성경에서는 대제사장의 옷을 가리킨 말이었다(출 28:4, 29:5; 레 16:4). 요세푸스는 제사장과 대제사장들이 성전에서 예배를 드릴 때 입던 옷을 조심스럽게 묘사하고 있다. 그들은 "발에 끌리는 긴 옷"을 입고 팔꿈치보다 높은 곳에 허술하게 띠를 몸에 둘렀던 것이다(요세푸스, 유대 고대사 3·7·2, 4).

이 모든 말은 결국 영화를 입으신 그리스도의 옷과 그 띠는 제사장과 대제사장의 옷과 거의 같다는 것을 말하는 것이다. 여기에 부활하신 주님의 대제사장적 직책이 상징적으로 표현되어 있는 것이다. 유대인이 생각하는 바에 의하면 제사장이란, 그 자신이 하나님께 가까이 나아갈 수 있음은 물론 다른 사람이 하나님께 가까이 나아갈 수 있는 길을 열어 주는 사람이다. 예수는 지금도 위대한 대제사장으로서 하늘에 계시면서 그 일을 맡아하시며 우리와 모든 사람이 하나님께 나아갈 수 있는 길을 열어 주고 계신 것이다.

II. 제사장 외에도 긴 옷을 입고 띠를 올려 띤 사람들이 있었다. 그것은 지위가 높은 사람들이었으며, 왕후 귀족들이었다. **포데레스**, 즉 **발에 끌리는 옷**으로서 요나단의 옷(삼상 18:24), 사울의 옷(삼상 24:5, 12), 바다의 모든 왕의 옷(겔 26:16) 등에 대해 묘사하는 말이다. 부활하신 주님이 입으신 옷은 왕의 옷이었다. 예수는 이제 십자가에 달린 죄수가 아니라 왕으로서 영광에 빛나는 옷을 입으셨던 것이다. 그러므로 우리는 여기서 왕자이신 그리스도를 보게 되는 것이다. 그리스도는 대제사장이요, 왕이시다.

III. 이 모습에는 또 한 가지 의미가 있다. 다니엘의 환상에는 하나님의 진리를 다니엘에게 말하여 주려고 온 성스러운 사람은 세마포 옷을 입고, 금띠를 띠고 있었다(단 10:5, 헬라어 구약성경에는 이 옷을 **포데레스**라고 부르고 있다). 그러므로 이것은 하나님의 사자의 옷이다. 그리고 하나님의 위대한 사자는 곧 선지자요, 선지자는 하나님의 **훌륭한** 사자다. 그러므로 이것은 곧 예수 그리스도가 하나님의 가장 성스럽고 뛰어난 사자라는 것을 보여 주는 것이다.

이것은 참으로 놀라운 환상이다. 우리가 그 사상의 근원과 요한의 묘사의 근원을 찾아볼 때, 부활하신 주님의 옷 하나로 요한은 영원까지 계속되는 예수의 세 가지 직책을 보이려고 했음을 볼 수 있는 것이다. 그것은 선지자와 제사장과 왕이다. 즉, 하나님의 진리를 우리에게 전하는 분으로서 그리고 다른 사람이 하나님 앞에 나아갈 수 있도록 인도하시는 분이요, 하나님께서 능력과 주권과 왕위를 영원히 주신 분이다.

부활하신 그리스도의 모습

요한계시록 1:14-18

14그의 머리와 털의 희기가 흰 양털 같고 눈 같으며 그의 눈은 불꽃같고 15그
의 발은 풀무불에 단련한 빛난 주석 같고 그의 음성은 많은 물소리와 같으며
16그의 오른손에 일곱 별이 있고 그의 입에서 좌우에 날선 검이 나오고 그 얼
굴은 해가 힘있게 비치는 것 같더라 17내가 볼 때에 그의 발 앞에 엎드러져
죽은 자같이 되매 그가 오른손을 내게 얹고 이르시되 두려워하지 말라 나는
처음이요 마지막이니 18곧 살아 있는 자라 내가 전에 죽었었노라 볼지어다
이제 세세토록 살아 있어 사망과 음부의 열쇠를 가졌노니

이 구절을 자세히 배우기 전에 우리가 주목하지 않으면 안 될 두 가지 일반적 사실이 있다.

1. 요한계시록은 참으로 깊이 생각하고 치밀하게 기록된 문헌이라는 것을 일반적으로 모르기 쉽다. 이것은 서둘러서 단편적인 것을 주워 맞춘 것이 아니라, 치밀하게 조직되어 있고 전체적으로 통일성이 있는 예술 작품이다. 여기에는 부활하신 그리스도의 모습이 전체적으로 묘사되어 있는데, 재미있는 것은 2, 3장에 있는 일곱 교회에 보낸 편지에 라오디게아 교회에 보낸 편지를 제외하고는 모두 첫머리에 이곳에서 인용한 부활하신 그리스도의 모습을 묘사하고 있는 것이다. 그것은 마치 1장이 다음에 오는 일곱 교회에 보낼 편지의 주제를 제기하고 있는 것같이 보인다. 이제 여섯 교회에 보낸 편지의 처음 부분을 이끌어내 그것이 이곳에서 부활하신 그리스도를 묘사한 점과 어떻게 대응이 되는지를 보기로 하자.

"에베소 교회의 사자에게 편지하라 **오른손에 있는 일곱 별을 붙잡고 일곱 금 촛대 사이를 거니시는** 이가 이르시되" (2:1).

"서머나 교회의 사자에게 편지하라 **처음이며 마지막이요 죽었다가 살아나신 이가** 이르시되" (2:8).

"버가모 교회의 사자에게 편지하라 **좌우에 날 선 검을 가지신 이가** 이르시되" (2:12).

"두아디라 교회의 사자에게 편지하라 **그 눈이 불꽃같고 그 발이 빛난 주석과 같은** 하나님의 아들이 이르시되" (2:18).

"사데 교회의 사자에게 편지하라 하나님의 **일곱 영과 일곱 별을 가지신** 이가 이르시되" (3:1).

빌라델비아 교회의 사자에게 편지하라 거룩하고 진실하사 **다윗의 열쇠를 가지신 이** 곧 열면 닫을 사람이 없고 닫으면 열 사람이 없는 그가 이르시되(3:7).

이것은 매우 고도의 문학적 수법이요, 기교다. 요한계시록에는 말씀을 소중히 여긴 요한의 기술의 흔적을 볼 수 있다.

II. 둘째로 주목해야 할 점은, 요한이 구약에 있는 하나님의 칭호를 취하여서 부활하신 그리스도께 적용하였다는 사실이다. 요한은 하나님 자신만의 것을 예수 그리스도에게 부여하였다.

"그의 머리와 털의 희기가 흰 양털 같고 눈 같으며"

이것은 다니엘 7장 9절에 있는 "옛적부터 항상 계신 이"의 모습으로서 다른 사람이 아닌 바로 하나님 자신이다.

"그의 음성은 많은 물소리와 같으며"

이것은 에스겔 4장 2절에 묘사된 하나님 자신의 음성이었다.

"그의 오른손에 일곱 별이 있고"

구약성경에서는 별을 주장하시는 것은 하나님이다. 욥기 가운데 욥에게 "네가 묘성을 매어 묶을 수 있으며 삼성의 띠를 풀 수 있겠느냐"라고 물은 것은 하나님이었다(욥 38:31). 별을 지배하시는 분은 하나님이다.

"나는 처음이요 마지막이니"

선지자 이사야가 들은 하나님의 음성은, "나는 처음이요 나는 마지막이라 나

외에 다른 신이 없느니라"(사 44:6, 사 48:12 참고)였다.

"곧 살아 있는 자라"

구약성경에서는 "생존하시는 하나님"(수 3:10; 시 42:2; 호 1:10)이야말로 하나님의 결정적인 특색이다.

"사망과 음부의 열쇠를 가졌노니"

랍비의 말에 하나님께만 속하고 다른 사람에게 나누어 주시지 않는 세 가지 열쇠가 있는데 그것은 출생과 비와 죽은 사람을 부활시키는 열쇠라고 했다.

이러한 표현은 요한이 예수님께 대하여 품고 있던 경외하는 생각을 여실히 표현하고 있다. 요한에게 예수 그리스도는 최고의 존재여서 구약성경에서 하나님만의 것인 칭호와 권능을 예수님에게 부여하지 않을 수 없었다.

하늘에 있는 가장 높은 자리는
그리스도의 것이며 의당 그의 것이다.
왕의 왕, 주의 주
하늘의 영원한 빛이신 그분.

부활하신 주님의 칭호(1)

요한계시록 1:14-18(계속)

이제부터 부활의 주님이라고 여기서 불리고 있는 그 칭호와 주님에 대한 묘사를 하나하나 간단히 살펴보기로 하자.

"그의 머리와 털의 희기가 흰 양털 같고 눈 같으며"

이것은 우리가 이미 본 바와 같이 다니엘 7장 9절의 "옛적부터 항상 계신 이"에서 취한 묘사로서 두 가지를 상징하고 있다.

I. 위대한 세대를 나타내고 성자 예수 그리스도의 영원성을 우리에게 말하여 주는 것이다. 이 말은 성자를 보좌에 영원히 돌아가게 하는 것이다.

II. 하나님의 순결성을 나타낸다. 눈과 흰 양털은 죄나 허물이 없는 청결을 대표한다. "너희의 죄가 주홍 같을지라도 눈과 같이 희어질 것이요 진홍같이 붉을지라도 양털같이 희게 되리라"(사 1:18). 여기에도 먼저 계신 그리스도와 죄 없으신 그리스도를 상징하여 말한 것을 우리는 보게 되는 것이다.

"그의 눈은 불꽃같고"

요한의 마음속에는 언제든지 다니엘서가 떠나지를 않았고, 이 구절은 다니엘에게 환상을 보여 주신 이에 대한 묘사의 한 부분이다. "그의 눈은 횃불 같고"(단 10:6). 복음서를 읽으며 예수의 눈을 한 번이라도 본 사람은 그것을 잊을 수 없는 인상을 받는다. 예수께서 자신을 둘러싼 사람들을 둘러보시는 모습을 생생하게 기록한 것을 우리는 거듭거듭 보게 되는 것이다(막 3:34, 10:23, 11:11). 어떤 때는 노여움으로 가득 찬 눈으로 둘러보셨고(막 3:5), 어떤 때는 사랑이 넘치는 눈초리였으며(막 10:21), 어떤 때는 마음속 깊이 상처를 받으신 슬픔을 담은 눈초리로 바라보신 그 눈이었다(눅 22:61). 복음서에서 우리는 예수의 눈을 잊어버릴 수 없었던 사람들을 만나는 것이다.

"그의 발은 풀무불에 단련한 빛난 주석 같고"

빛난 주석이라고 번역한 말은 **칼콜리바노스**(chalkolibanos)다. 이것이 어떠한 금속인지 아무도 모른다. 그것은 **엘렉트룸**(electrum)이라는 값비싼 합금일 것이다. 고대 사람들은 그것이 금과 은의 합금인 줄로 알고 금이나 은을 귀하게 생각하였다. 여기서도 다시 요한에게 환상을 준 것은 구약성경이었다. 다니엘서에서는 하나님의 사자를 "발은 빛난 놋과 같고"(단 10:6)라고 묘사하였다. 에스겔서에서는 천사에 대하여 "그 발바닥이 광낸 구리같이 빛난다"라고 묘사하고 있다(겔 1:7). 그래서 우리는 이러한 묘사 가운데서 두 가지를 보게 되는 것이라고 말할 수 있다. 즉, 청동은 그 자체가 힘을 설명하는 것이며 하나님의 부동하신 확실성을 나타내는 것이요, 빛나는 빛은 빠름, 즉 하나님의 백성을 돕는 일에나 죄를 벌하시는 데 있어서 하나님의 발의 빠름을 나타내고 있다.

"그의 음성은 많은 물소리와 같으며"

이것은 에스겔 43장 2절에 있는 하나님의 음성을 묘사한 것이지만 여기에는 밧모 섬의 바다의 울림을 우리가 들을 수 있는 것 같다. 스위트는 "에게 해의 바닷물 소리가 선지자의 귀에 들렸다"고 기록하였다. 아마 요한이 큰 파도 소리를 들었을 때 하나님의 음성을 상기하였는지도 모른다. 스위트의 상상은 여기에 매우 아름답게 표시되어 있다. 하나님의 음성은 단일한 곡조가 아니라 어떤 때는 울부짖는 큰 물결이나 파도처럼 무서운 소리이며, 어떤 때는 헬라어 구약성경이 표현하는 대로 산들산들 부는 미풍(微風)과 같은 세미한 소리가 된다(왕상 19:12). 하나님의 음성은 주위를 압도하는 무서운 책망처럼 들릴 때도 있고 상처를 입은 어린아이를 쓰다듬어 주고 위로하는 어머니처럼 속삭이는 수도 있다.

"그의 오른손에 일곱 별이 있고"

여기에 다시 우리가 본 바와 같이 하나님만이 갖고 계시는 권한과 권능을 나타내는 것을 발견한다. 그러나 여기에도 아름다운 그 무엇이 있다. 선지자가 부활하신 그리스도의 모습을 보고서 두려운 나머지 땅에 엎드렸을 때 그리스도께서 그의 오른손을 펴서 그의 위에 얹으면서 두려워 말라고 하셨다. 별을 잡고 계시는 바로 그 손이 놀란 자녀의 머리와 어깨 위로 쓰다듬으면서 위로하시는 것이다. 그리스도의 손은 하늘을 부축할 만큼 힘차시며, 우리의 눈물을 씻어 내실 만큼 부드러우시다.

부활하신 주님의 칭호(2)

요한계시록 1:14-18(계속)

"그의 입에서 좌우에 날선 검이 나오고"

여기서 말하고 있는 검은 펜싱하는 사람들이 쓰는 것처럼 가늘고 긴 것이 아니라 육박전에 사용하는 짧은 혀와 같은 모양을 한 것이었다. 여기서도 환상을 보는 자는 구약성경의 이미지를 그의 묘사에 끌어들이고 있다. 하나님에 대해서는 이사야는 "그의 입의 막대기로 세상을 치며"(사 11:4)라고 했고, 자신에 대해서는 "내 입을 날카로운 칼같이 만드시고"(사 49:2)라고 하고 있다. 이것은 하나님의 말씀에는 사물을 꿰뚫는 힘이 있음을 말한 것이다. 우리가 하나님의 말씀에 귀를 기울이면, 자기기만의 방패는 무너지고 위선의 가면은 벗겨지며 죄가 숨김없이 드러난다. 그리고 용서를 받게 되는 것이다. "하나님의 말씀은 살아 있고 활력이 있어 좌우에 날선 어떤 것보다도 예리하여"(히 4:12), "주 예수께서 그 입의 기운으로 그를 죽이시고"(살후 2:8).

"그 얼굴은 해가 힘 있게 비치는 것 같더라"

요한의 마음에는 사사기에 있는 말씀이 떠오른 것 같다. 하나님의 원수는 망하나, "주를 사랑하는 자들은 해가 힘 있게 돋음 같게 하시옵소서"(삿 5:31). 하나님을 사랑하는 자에게 이것이 진실이라면 하나님이 극진히 사랑하시는 아들에게는 더욱더 그러할 것이다.

스위트는 여기에 한층 아름다운 의미를 파악하고 있다. 즉, 산 위에서 변화하신 모습을 생각하는 것이다. 그때 베드로, 야고보, 요한이 보는 앞에서 예수께서 변화되셔서 "그 얼굴이 해같이 빛나며"(마 17:2). 거기 있었던 제자들은 그 영광에 찬 변화를 결코 잊지 못하였을 것이고, 본서 작자가 그 제자 요한이라면 그는 이제 다시 부활하신 주님의 얼굴에서 변화산에서 본 것 같은 빛나는 모습을 본 것이다.

"내가 볼 때에 그의 발 앞에 엎드러져 죽은 자같이 되매"

이것은 하나님께서 에스겔에게 말씀하실 때 그가 경험한 것이다(겔 1:28, 3:23, 43:3). 여기서도 우리는 분명히 복음서의 이야기를 기억하는 것을 본다. 갈릴리 바다에서 놀라울 정도로 많은 고기가 잡히고 베드로가 예수가 누구시라는 것을 보고 깨달았을 때 오직 자신은 죄인임을 알고 예수의 발아래 엎드렸다(눅 5:1-11). 세상 끝날까지 부활하신 예수의 신성의 존전과 영광을 경외할 수밖에는 없다.

"두려워하지 말라"

이 말 가운데도 확실히 복음서 이야기의 흔적이 있다. 왜냐하면 이 말이야말로 예수께서 이 세상에 계실 때 제자들이 늘 듣던 말이다. 바다 위를 걸어서 제자들에게 오셨을 때(마 14:27; 막 6:50), 변화산상에서 하나님의 음성이 들리고 제자들이 두려워 떨 때(마 17:7) 이 말씀이 들렸던 것이다. 그리고 우리가 천국으로 옮겨져서 가까이 할 수 없는 하나님의 영광에 접근할 때, "내가 여기 있으니 두려워 말라"는 예수의 음성을 들을 것이다.

"나는 처음이요 마지막이니"

이것은 구약성경에서 하나님께서 자기 자신을 가리켜 말씀하실 때 호칭이다(사 44:6, 48:12). 예수가 처음과 마지막에 계시겠다는 것은 예수의 약속이다. 그는 출생하는 때 그리고 죽을 때 바로 거기에 계신다. 그는 우리가 기독교 성도로서 길을 걷기 시작할 때, 또한 그 길을 다 마칠 때 함께 계시는 것이다. 또한 우리가 예수가 다른 사람을 위하여 일을 시작하려고 할 때, 또한 그 일을 마칠 때 예수는 거기 함께 계시는 것이다. 마이어스(F. W. H. Myers)는 시에서 바울에게 이렇게 노래하게 하고 있다.

> 삶과 죽음과 슬픔과 죄를 통하여
> 주님은 나를 만족하게 하실 것이다.
> 주님이 나를 만족하게 하셨기 때문이다.
>
> 그리스도는 처음이셨기 때문에 또한 마지막이요,
> 그리스도는 만물의 종말은 그리스도이기에 처음이시다.
>
> 나는 곧 산 자라. 내가 전에 죽었었으나 이제는
> 세세무궁토록 살아 있는 자다.

여기에 그리스도의 주장과 약속을 곧 볼 수 있다. 여기에 부활의 주장, 즉 죽음을 정복한 이의 주장이 있고, 여기에 자신의 백성과 영원히 함께하기 위하여 살아 계신 분의 약속이 있다.

"사망과 음부의 열쇠를 가졌노니"

죽음에는 문이 있다(시 9:13, 107:18, 38:10). 그리스도는 그 문의 열쇠를 갖고 계신다. 예수께서 음부에 내려가신 것을 의미한다고 생각하는(벧전 3:18-20) 사람들이 있었다. 오늘날도 그렇게 해석하는 사람들이 있다. 초대교회에서는 예수께서 음부, 즉 죽은 사람들의 세계에 내려가셨을 때 문의 자물쇠를 열고, 아브라함을 비롯하여 이전에 충성스러운 생애를 보내고 죽은 이전 세대 사람들을 이끌어 내셨다고 생각하는 사람들이 있다.

그러나 이 말은 그보다 좀더 넓은 의미로 해석할 수 있다. 왜냐하면 기독교인의 신앙의 내용은 예수 그리스도께서 죽음을 지배하고 죽음을 멸하시고 그의 영광스러운 복음에 의하여 생명과 불멸을 가져오시고(딤후 1:10), 그가 사시기 때문에 우리도 살게 되고(요 14:19), 그래서 우리와 우리가 사랑하는 자들에게는 죽음의 슬픔은 영원히 사라진 것이라고 하는 것이다.

교회와 천사들

요한계시록 1:20

[20]네가 본 것은 내 오른손의 일곱 별의 비밀과 또 일곱 금 촛대라 일곱 별은 일곱 교회의 사자요 일곱 촛대는 일곱 교회니라

이 구절은 신약성경이 특별한 의미로 사용한 말로 시작한다. KJV에 일곱 별의 **비밀**과 일곱 금 촛대라고 했는데 헬라어에서 **신비**라는 말은 **무스테리온**(mustērion)이며 그것은 우리가 현재 말하는 **신비**를 뜻하는 것이 아니다. 그것은 이것을 해명하는 열쇠를 갖고 있지 않는 문외한에게는 무의미하지만, 열쇠를 갖고 있는 내부 사람들에게는 의미가 깊다는 것을 의미한다. 여기에서 비밀은 그것을 깨달을 수 있는 지식을 가진 사람에게는 그 뜻이 명백한 어떤 내적 의미를 가지고 있는 것을 말한다. 여기에서 부활하신 주님께서는 일곱 별과 일곱 금 촛대에 감추어진 진의를 알려 주기까지 하신다.

일곱 금 촛대는 일곱 교회를 표시한다. 기독교인이 지니는 위대한 칭호 중의 하나는 기독교인이 "세상의 빛"이라는 것이다(마 5:14; 빌 2:15). 그러나 옛 헬라어 주석가 중의 한 사람은 여기에 대하여 다음과 같은 통찰력이 풍부하고 지혜로운 설명을 하고 있다. 즉, 교회는 빛 그 자체가 아니라 빛을 걸어 놓는 촛대다.

교회 그 자체는 빛을 발할 수 없기 때문이다. 빛의 근원은 예수 그리스도이며, 교회는 그 안에서 빛이 빛나는 그릇, 즉 빛을 지니고 있는 용기에 불과하다. 기독교인이 발하는 빛은 참으로 항상 다른 데서 빌려 온 빛이다. 기독교인이 빛나는 것은 자기 스스로가 빛나는 것이 아니라 예수 그리스도의 빛을 반사하기 때문이다.

요한계시록이 제시하는 큰 난제 중의 하나는 **교회의 사자**(angels)란 말이 무엇을 의미하느냐는 것이다. 일곱 교회에 보낸 편지는 교회의 사자(angel)에게 보낸 것이다. 그렇다면 도대체 이 사자(angels)란 과연 누구일까? 여기에 대하여 몇 가지 설명이 있다.

I. "앙겔로스(aggelos)"—헬라어에서 gg가 겹치면 "o"으로 발음된다—에는 두 가지 의미가 있다. 거기에는 천사라는 의미가 있으나 그보다도 사신(메신저)이라는 뜻이 있다. 이것은 보통 후자를 뜻하는 말로 원래 사용되었다. 이 의미는 모든 교회의 사자들이 요한이 있는 곳에 모여들어 사신(使信)을 받아 그것을 자기 교회에 갖고 돌아갔다고 생각할 수 있다. 그렇다면 편지는 모두 "…교회의 사자에게"로 시작된다. 헬라어에서는 이것은 논리적으로 전적으로 가능한 일로서 의미도 잘 통하나 다만 문제가 되는 것은 **앙겔로스**라는 말이 요한계시록에서는 여기와 일곱 교회에 보낸 편지 외에 50회나 사용되어 그것이 다 **천사**라는 뜻으로 사용되어 있다는 점이다. 요한이 **앙겔로스**라고 할 때는 **사자**가 아니라 분명히 **천사**를 의미하는 것이다.

II. "앙겔로스"라는 말은 교회의 감독을 의미한다는 해석이 있다. 교회의 여러 감독들이 요한을 만나러 모였든가 요한이 감독들에게 편지를 보냈든가 했을 것이라는 생각이다. 이 주장을 지지하는 것으로서 말라기의 말이 인용되고 있다. "제사장의 입술은 지식을 지켜야 하겠고 사람들은 그의 입에서 율법을 구하게 되어야 할 것이니 제사장은 만군의 여호와의 사자가 됨이거늘"(말 2:7).

물론 헬라어 구약성경에서는 **사자**에 **앙겔로스**라는 말이 사용되어 있다. 여기서는 제사장이 주의 **앙겔로스**가 되어 있다. 그리고 이 호칭은 교회의 감독이나

지도자들에게 쉽사리 적용되었던 것이라고 생각할 수가 있으며, 그런 의미에서 **앙겔로이**(aggeloi: **앙겔로스**의 복수)는 교회의 사자들이요, 그들에게 요한이 말하였던 것이다. 이 설명은 그럴듯한 것이지만, 첫째 설명과 마찬가지로 난점에 봉착한다. 그것은 **앙겔로스**를 인간이라고 본 점이요, 요한은 다른 아무데서도 그와 같은 취급을 하지 않고 있다는 점이다.

III. 이것은 수호(守護) 천사와 관련이 있다는 해석이 있다. 히브리 사상에서는 모든 나라마다 그 수호 천사가 있다고 생각하였다(단 10:13, 20:1). 예를 들면 미가엘은 이스라엘을 지키는 천사였다(단 13:1). 또한 사람에게도 각기 수호하는 천사가 있었다. 로데라는 여종이, 베드로가 감옥에서 풀려 나왔다는 소식을 전하였을 때 사람들은 그 말을 믿지 않고 그것은 "그의 천사"라 했다(행 12:15). 예수님 자신도 어린이를 지키는 천사에 대하여 말씀하셨다(마 18:10). 그렇다면 이 경우에 천사란 교회를 지키는 천사라고 할 수가 있다.

그렇다면 교회의 죄 때문에 내리는 경고와 책망을 받는 것은 천사라는 말이 되어 여기서도 문제에 부닥치게 되는 것이다. 오리게네스는 이 설을 지지하여 교회를 지키는 천사는 아이들의 가정교사와 같은 것이라고 설명하였다. 아이들이 나쁜 짓을 한다면 가정교사가 책임을 진다. 교회가 그릇된 짓을 하면 하나님께서는 측은히 여기고 교회의 천사를 책망하신다. 그러나 이 해석의 난점은 각 편지마다 수신인이 교회의 천사로 되어 있기는 하지만 실지로는 분명히 교회 성도들에게 보냈다는 점이다.

IV. 그리스 사람이나 유대 사람들이나 다 하늘 위에는 땅 위에 있는 모든 것이 있다고 생각하였다. 그래서 천사란 곧 하늘 위에 있는 교회의 분신이라는 설이다. 이것을 현대말로 한다면, 천사는 교회의 이상적인 모습이요 그 이상적인 모습을 갖고 교회에 호소한 것은 교회를 바른 길로 돌려놓기 위함이었다는 것이 된다.

위의 설명은 어느 것이나 만족할 만한 것이 못 되지만 마지막 설명이 가장 타당하다고 생각된다. 편지에서는 천사와 교회는 같은 것이라고 생각되어 있기 때문이다.

이제 우리는 이제부터 일곱 교회에 보낸 편지를 공부하기로 하자. 그런데 조금 다른 방법을 취해 보고자 한다. 하나하나 편지의 본문을 공부하기 전에 편지를 받을 교회가 있는 도시의 역사적 개요와 시대적 배경을 살펴보고자 한다. 도시의 역사와 당시의 형편을 생각하면서 이 편지를 읽으면 그것이 한층 의미 깊게 느껴지기 때문이다. 그래서 일단 일반적인 배경을 배운 후 편지 그 자체를 상세히 배우기로 하는 것이 좋을 듯하다.

The Revelation of John

02

에베소에 보낸 편지

요한계시록 2:1-7

1에베소 교회의 사자에게 편지하라 오른손에 있는 일곱 별을 붙잡고 일곱 금
촛대 사이를 거니시는 이가 이르시되 2내가 네 행위와 수고와 네 인내를 알
고 또 악한 자들을 용납하지 아니한 것과 자칭 사도라 하되 아닌 자들을 시
험하여 그의 거짓된 것을 네가 드러낸 것과 3또 네가 참고 내 이름을 위하여
견디고 게으르지 아니한 것을 아노라 4그러나 너를 책망할 것이 있나니 너의
처음 사랑을 버렸느니라 5그러므로 어디서 떨어졌는지를 생각하고 회개하여
처음 행위를 가지라 만일 그리하지 아니하고 회개하지 아니하면 내가 네게
가서 네 촛대를 그 자리에서 옮기리라 6오직 네게 이것이 있으니 네가 니골
라 당의 행위를 미워하는도다 나도 이것을 미워하노라 7귀 있는 자는 성령이
교회들에게 하시는 말씀을 들을지어다 이기는 그에게는 내가 하나님의 낙원
에 있는 생명나무의 열매를 주어 먹게 하리라

최초이자 최대 도시-에베소

요한계시록 2:1-7(계속)

요한이 편지를 써 보낸 당시의 에베소의 역사적 · 사회적 형편을 우리가 안다면, 어째서 에베소가 일곱 교회 중에서 맨 먼저 오는지를 쉽사리 알 수가 있을 것이다.

아시아 지방의 행정적인 수도는 물론 버가모였으나 에베소는 사실상 이 지방 최대의 도시로서 다른 도시가 따르지 못한 큰 도시였다. 이 도시는 "최초이자 가장 큰 도시"라고 자랑하였던 것이다. 로마의 저술가는 에베소를 "아시아의 빛(Lumen Asiae)"이라고 불렀다. 에베소가 곧 아시아였던 것이다. 그러면 에베소에게 이런 우수성을 띠게 한 몇 가지 요인을 살펴보기로 하자.

I. 요한 당시에는 에베소는 아시아에서 가장 큰 항구였다. 가이스터 계곡(Cayster Valley)에 있는 모든 도로는 에베소로 연결되어 있다—가이스터 강은 에베소 시가 그 위에 세워진 곳이다. 그러나 도로는 그보다 더 먼 곳에서부터 에베소로 온다. 유프라테스와 메소포타미아에서부터 골로새와 라오디게아를 통하여 오는 길은 이곳에서 지중해 면에 연하게 된다. 갈라디아에서 사태를 통과하여 오는 길도 에베소에서 바다에 이르렀다. 또한 남쪽에서는 비옥한 메안다 계곡(Maeander Valley)에서 오는 길이 이곳으로 오고 있었다. 고대의 지리가 스트라보(Strabo)는 에베소를 "아시아의 시장"이라고 불렀다. 요한계시록 18장 12-13절은 에베소의 시장에서 볼 수 있었던 각양각색의 부(富)였을 가능성이 많다.

아시아에 오는 사람들에게 에베소는 "아시아의 관문"이었다. 아시아 지방의 장관이 부임할 때는 반드시 에베소에서 배를 내려서 입국하였다는 것이 그 특색이었다. 이것은 법령으로 정하여져 있었고, 에베소의 명예였다. 가이스터 계곡, 미야다 계곡, 갈라디아, 유프라테스, 메소포타미아 지방에 오는 모든 여행자와 상인은 에베소에 모여들었기 때문에 에베소는 로마로 가는 대로라고 했다. 후년에 순교자들이 아시아에서 끌려나와 경기장에서 사자의 밥이 되기 위하여 로마로 갔을 때 이그나시우스는 에베소를 "순교자의 길"이라고 불렀다.

에베소는 지리적인 조건 때문에 전 아시아에서 가장 부요한 대도시가 되었다. 끊임없이 사람과 상품이 흘러 들어오고 나갔기 때문에 "세계 허영의 시장"이라는 참으로 적절한 별명이 붙었던 것이다.

II. 에베소는 정치적으로 특별한 특권이 부여되어 있었다. 그것은 이 도시가 **자유 도시**였다는 점이다. 로마 제국 안에는 몇 개 자유 도시가 있었다. 그것은 로마 제국에 대한 충성과 봉사가 인정되어 수여된 명예였다. 자유 도시는 그 도시 경제 안에서는 자치가 인정되고, 로마 군대가 상시 주둔하는 일이 없이 **순회 재판의 도시**가 되어 있었다. 즉, 로마의 지방 장관이 정기적으로 관할 지역을 순회하여 특정 시나 마을에서 재판을 열고, 지방 장관이 임석할 때 가장 중대한 사건을 재판해 로마 정부의 판결을 내리도록 되어 있는 것이다. 순회 재판을 하는 도시에서는 1년에 몇 번 어떤 특정한 시기에 성장(盛裝)한 지방 장관이 도착한 것을 축하하는 화려한 행사가 거행되었다. 더군다나 에베소에서는 1년에 한 번씩 아시아에서 유명한 운동경기 대회가 벌어지고 이 경기에는 아시아 각 지방에서 많은 사람이 에베소로 모여들게 했다.

III. 에베소는 아데미 신 예배의 중심지였다. KJV에서는 이 여신을 에베소의 다이아나(Diana)라고 부르고 있다. 아데미 신전은 고대 세계의 일곱 가지 불가사의의 하나로서 길이 130미터, 너비 67미터, 120개 둥근 기둥이 세워져 있었다. 둥근 기둥은 높이가 18미터로서 모두 여러 왕의 헌납에 의한 것이다. 그 중 36개는 한편에 금박과 코끼리 눈 모양의 세공을 한 것이었다. 옛날 신전에는 대부분 기둥으로 된 복도가 있었고, 중앙부에만 지붕이 달려 있었다. 이 아데미 신전의 중심부의 지붕은 가는 상나무로 덮여 있었다.

아데미 신상(神像)은 고대 세계에서 가장 신성한 상 중 하나였다. 그것은 결코 아름다운 것이 아니었다. 길이가 낮고 검으며, 많은 유방을 갖고 있었다. 그것은 매우 오래된 것으로서 그 기원을 아는 사람은 아무도 없었다. 이 아데미 신과 신전이 에베소 사람들에게 얼마나 중요한 것이었는지는 사도행전 19장을 읽어 보면 알 수 있다. 이 아데미 신 외에 요한 당시의 에베소에는, 로마 황제 클라디우스와 네로의 상을 모신 신전으로 유명했으며, 후년에는 다시 하드리아누스(Hadrian) 황제와 세베루스(Severus) 황제의 신전이 더해졌다. 에베소는 이교가 가장 성행했던 곳이다.

Ⅳ. 에베소는 이방의 미신이 만연한 곳으로 이름이 난 도시였다. 특히 "에베소 문서"라고 불리는 유명한 부적은 만병통치요, 아이를 낳지 못하는 여자는 아이를 갖게 되고, 경기하는 사람, 여행자, 사업가에게 성공을 보장하였기 때문에 그것을 사기 위하여 세계 각지에서 사람들이 에베소에 몰려들었다.

Ⅴ. 에베소의 인구는 여섯 개 다른 동족으로 이루어져 있었다. 먼저 그리스 사람들이 침입하기 이전부터 살고 있었던 원주민의 자손들, 그 다음에 아데네에서 온 처음 이주민들의 직계 자손들, 그 외에 그리스계의 3종족, 그리고 필경 유대인이다.

아데미 신전은 종교의 중심지일 뿐 아니라 범죄와 부도덕의 중심지였다. 신전 경내는 도피권이 인정되었으며 어떠한 중한 죄를 범한 자라도 신전에 다다르기만 하면 안전하였다. 이 신전에는 전속되어 있는 수백 명의 여사제들이 있어서 신성한 창부 노릇을 하고 있었다.

혼합된 인종으로 이루어진 인구, 범죄자들이 흘러 들어오는 것, 신전의 부도덕함은 에베소를 악의 도시로서 유명하게 했다. 고대 철학자들 중에 가장 유명한 사람 중의 하나는 헤라클리투스(Heraclitus)였는데 그는 "눈물의 철인"으로 알려져 있었다. 그의 눈물에 대한 스스로의 설명에 의하면 "누구든지 에베소에 사는 사람은 어디서나 볼 수 있는 부도덕에 울지 않을 수 없다"는 것이었다.

이것이 에베소의 실정이었다. 기독교를 심는 데 이처럼 불리한 땅이 없는 것 같이 생각되나 사실은 이 에베소에서 기독교가 빛나는 승리를 거둔 것이다. 트렌취(R. C. Trench)는 "하나님의 말씀으로서는 이보다도 좋은 땅은 다른 아무 곳에도 없다. 또한 여기처럼 깊은 뿌리를 내려서 믿음과 사랑의 아름다운 열매를 맺은 땅을 다른 데서 볼 수 없다"고 기록하고 있다.

바울은 다른 어느 도시에서보다도 에베소에 오래 머물렀다(행 20:31). 디모데가 인연을 맺은 곳이 에베소였으므로 그가 에베소의 초대 감독이라고 불렸다(딤전 1:3). 우리가 브리스길라와 아굴라와 아볼로를 만나게 되는 곳도 에베소였다(행 18:19, 24:26). 확실히 바울에게 에베소 장로들보다 더 친한 사람은 없었으니 그들에게 대한 작별 인사에 아름답게 표현되고 있다(행 20:17-38). 만년에 요한은 에베소의 지도자가 되었다. 전설과 전승에 의하면, 예수의 어머니 마리아는 요한을 따라서 에베소로 와서 거기서 묻혔다고 한다. 안디옥의 이그나시우스가 순교를 당하기 위하여 로마에 가는 도중 에베소에 편지를 보내서 "당신들은 예수 그리스도의 능력에 의하여 항상 사도들과 마음을 같이하고 있었다"라고 했다.

에베소처럼 기독교 신앙의 승리의 능력을 힘차게 실지로 증거한 땅을 다른 데서 찾아볼 수가 없다.에베소에 대한 일반적인 설명을 마치기 전에 한 가지 더 첨가하고자 한다. 에베소는 아시아의 최대 항구 도시라고 했는데 오늘날에는 옛날 모습은 없어지고 다만 폐허만이 남아 있다. 현재의 에베소는 바다에서 10킬로미터가 되지 못한다. 그 해안은 이제는 항구가 없는 모래 해안선으로서 배가 닿을 수 없는 곳이다. 한때 에베소만, 에베소 항구는 이제는 갈대가 무성한 늪이 되어 있다. 옛날 가이스타 강이 운반해 오는 가라앉은 진흙을 제거하며 항구를 유지하기 위하여 사람들은 비상한 노력을 했으나 이 자연과의 싸움에 패하였고, 에베소는 땅 위에서 사라졌다. 옛날 번영하였던 항구는 이제 해안선에서 10킬로미터 물러나 늪지가 되었고, 한때 복잡하고 붐비던 거리는 황무지가 되고 폐허가 되어 버렸다.

그리스도와 교회-에베소

요한계시록 2:1-7(계속)

요한은 에베소에 보낸 편지를 부활하신 그리스도에 대한 두 가지 묘사로써 시작한다.

I. 그는 오른손에 일곱 별을 잡고 계신 분이다. 일곱 별이란 곧 일곱 교회를 말한다는 것을 우리는 이미 보았다. 그러므로 그리스도께서는 교회를 그의 손에 잡고 계신 것이다. 잡는다는 말은 **크라테인**(kratein)으로서 매우 강한 뜻을 가진다. 이 말은 예수 그리스도께서 교회를 완전히 그의 장중에 잡고 계시다는 것을 의미한다. 그것은 교회가 그리스도의 지배에 복종한다면 잘못되는 일이 없다는 뜻이다. 그뿐 아니라 우리의 안전과 평안은 그리스도의 손안에 있다는 사실에 달려 있다는 것이다. 요한은 예수의 소유가 된 사람들에 대하여 예수님 자신의 말씀을 기록하고 있다. "영원히 멸망하지 아니할 것이요 또 그들을 내 손에서 빼앗을 자가 없느니라"(요 10:28). 교회가 그리스도의 지배에 복종할 때는 교회의 교리와 신앙과 존재는 영원히 안전한 것이다.

그러나 또 한 가지 의미가 있는데 그 점은 헬라어만이 분명하게 드러내 보인다. 동사 **크라테인**(잡는다)은 그 다음 보통 소유격을 취한다. 이것은 영어의 "~**의**"에 해당한다. **크라테인**이 소유격을 취하는 이유는 우리가 물건을 잡는 경우 **그 물건 전체**를 잡는 것은 거의 없고 물건이 큰 경우에는 그 **물건의 일부**를 잡기 때문이다. 예를 들면 책상 전체 혹은 커다란 꾸러미를 잡을 수는 없기 때문에 그 일부를 잡는 것이다. 그런데 **크라테인**이 목적격을 취하는 경우가 있다. 그것은 물건 전체를 손아귀에 쥐는 것을 의미한다. 예를 들면 작은 나무 열매나 짧아진 연필 등은 우리 손에 집어넣을 수가 있는 것과 같다. 우리가 이미 살펴본 바와 같이 여기서는 **크라테인**이 목적격을 취하고 있다. 그것은 그리스도께서 일곱 별을 모두 손에 잡고 계신 것, 즉 교회 전체를 장악하고 계신 것을 의미한다. 이것을 우리는 잊어서는 안 된다. 그리스도의 손안에 있는 것은 **우리의** 교회만이 아니라 모든 교회다. 그리스도는 어떤 교파 혹은 파벌의 소유만이 아니다. 더구나 한 교회에만 속하여 계신 분이 아니다. 그는 모든 교회의 그리스도이시다. 인간이 교회와 교회 사이에 장벽을 쌓는 것은 이제나 장래나 그리스도께서 원치 않는 일이다.

II. 그는 일곱 금 촛대 사이로 다니시는 분이다. 촛대는 교회다. 이 설명은 그리스도께서 그의 교회들 가운데서 피곤하신 줄을 모르고 일하고 계시다는 것을 우리에게 알려주는 것이다. 그리스도는 한 교회에 한정되는 것이 아니라 모든 교회 안에 계신 것이다. 교회치고 그가 계시지 않는 곳은 없다. 어디든지 사람들이 그의 이름으로 예배하러 모이는 곳에는 그리스도께서 함께 계신다.

요한은 더 나아가 에베소 교회의 사람들에 대하여 어떤 일들을 말하고 있다.

I. 부활하신 그리스도는 그들의 수고를 칭찬하신다. 코포스(kopos)란 단어를 사용했는데 이 단어는 신약에서 자주 쓰인다. 드루배나와 드루보사 그리고 버시 등은 모두 수고(labour)한다(롬 16:12). 바울이 한 가지 자랑하는 것은 그가 누구보다도 더 많이 **수고**했다는 것이다(고전 15:10).

또 그는 갈라디아 사람들이 신앙에서 떠나 그가 "너희를 위하여 수고한 것이 헛될까 두려워하노라"(갈 4:11)라고 했다. 이외에 여러 가지 많은 예가 있으나 그 어느 것이나 명사인 **고포스**나 동사인 **고피안**(kopian)이 사용되어 있다. 이 말들의 특색은 땀을 흘리기까지 일하는 것, 기진맥진할 때까지 일하는 것, 심신이 기진맥진할 정도로 애쓰는 것을 말한다. 자기 몸을 지나치게 아끼고 땀 흘리는 것을 싫어하는 사람은 기독교인의 삶을 살지 못하는 것이다.

기독교인은 그리스도와 그 동료를 위하여 모든 것을 사용하여야 하며 기독교인은 몸으로써 수고할 수 없는 경우에는 기도로써 수고를 계속하는 자다.

II. 부활하신 그리스도는 그들의 굴하지 않고 "확고부동한 인내"를 칭찬하신다.

여기에 우리가 거듭거듭 부딪치는 **휴포모네**(hupomone)라는 말이 있다. **휴포모네**는 모든 것을 운명이라고 단념하고 어려움이 닥쳐오면 그저 억지로 참고 있는 것도 아니고, 그저 머리를 숙이고 가만히 있는 것도 아니다. **휴포모네**는 고난, 환난, 손실을 씩씩하게 용기를 갖고 대항하여 그것을 은혜와 영광으로 바꾸는 것이다. "환난은 인간 생활에 색채를 가한다"고 우리는 가끔 말하는데 그리스도께서 주시는 **휴포모네**를 갖고 사는 인생은 그 색이 회색도 검정색도 아니고, 언제나 광채와 영광으로 빛나고 있다.

정통의 대가가 너무 비쌀 때-에베소

요한계시록 2:1-7(계속)

부활하신 주님은 더 나아가 에베소의 성도들이 악한 자들을 시험하여 그들의 거짓됨을 드러낸 것을 칭찬하셨다.

수많은 악한 자들이 초대교회의 작은 청중 속에 끼어 있었다. 예수께서는 양의 옷을 입은 이리와 같은 거짓 선지자들을 경고하셨다(마 7:15). 에베소에서 그 교회의 장로들에게 한 고별 연설 가운데서 바울은 사나운 이리가 그들 가운데 침입하여 들어올 것을 경고하였다(행 20:29).

나쁜 사람들은 얼마든지 있었다. 우선 유대인이 파견한 사람들이 있었다. 그들은 기독교인들을 다시 율법으로 속박하려고 해 바울이 가는 곳이면 어디든지 따라가서 그 일을 방해했다. 또한 자유를 방종과 혼돈하여 기독교를 부도덕한 것으로 곡해하는 사람들이 있었다. 여기 대해서는 나중에 배우기로 한다. 이외에 교회의 선의, 자선을 이용하는 전문적인 걸인, 깡패들이 있어서 교회로 돌아다니면서 돈을 모아 상당히 부유한 생활을 하고 있었다.

에베소 교회는 다른 교회와 비교하여 이러한 뜨내기들에게 시달리는 일이 많았다. 왜냐하면 에베소는 로마와 동방에 이르는 통로가 되어 있었기 때문이다. 트렌취가 말한 대로 "온갖 악한 짓을 하는 자들"이 이 땅을 엄습하였던 것이다.

한 번뿐이 아니라 여러 번 신약성경은 시험해 볼 필요를 강조한다. 요한은 요한1서에서 하나님께서 났다는 영을 시험해 보라고 권고하고 진정한 전도자는 예수 그리스도께서 육체를 입고 오신 일, 즉 성육을 전적으로 믿고 선교하기 때문에 가짜와 분간이 되는 것(요일 4:1-3)이라고 한다. 바울은 데살로니가 사람들에게 "범사에 헤아려 좋은 것을 취하라"고 권고하고 있다(살전 5:21). 또한 예언하는 사람에 대해서는, 다른 선지자가 그것을 시험해야 한다고 말하고 있다(고전 1:14-29). 하나님을 믿는 사람들의 모임에서는 개인적인 의견을 말하여서는 안 되며 교회의 전통에 충실하지 않으면 안 된다. 예수께서는 엄밀하게 시험을 했다. "열매를 보아 그 나무를 안다"고 하신 것이다(마 7:15-20).

에베소 교회는 그 시험을 철저히 적용하여 악한 자들과 그릇된 자들을 전부 식별하여 교회 안의 성도의 교통에서 추방하고 입회를 거절하든지 했다. 그러나 여기서 문제가 생긴 것이다. "그러나 너를 책망할 것이 있나니 너의 처음 사랑을 버렸느니라"고 부활하신 그리스도는 말씀하셨다. 이 구절은 두 가지 의미를 갖고 있다고 볼 수 있다.

I. 처음 열심이 없어졌다는 뜻이라고 생각할 수 있다. 예레미야는 옛날 이스라엘이 하나님께 갖고 있었던 열심에 대하여 하나님의 말씀으로서 "네 청년 때의 인애와 네 결혼 때의 사랑을 기억하노니"라고 했다(렘 2:2). 밀월의 시절이 있었지만 지금은 그 열정이 식어 버렸다. 에베소 교회의 열의, 감격이 없어져 버렸다고 부활하신 그리스도는 말씀하신다고 말할 수 있다.

II. 그보다도 기독교인의 교제와 형제에 대한 최초 아름다운 사랑의 감격이 식어졌다는 뜻으로도 생각할 수 있다.

초기에는 에베소 교회의 성도들이 서로 참되게 사랑하고 형제로서 단결하였다. 당시는 싸움이 없고 마음은 쉽사리 뜨거워지고 손은 언제나 다른 사람을 도울 태세가 되어 있었다. 그러나 무엇인지 잘못되어 가고 있었다. 아마 이단자 색출이 사랑의 불을 껐는지, 잘못된 사람들을 일소하려는 열심으로 인해 정통파의 신앙이 비판적으로 차가워진 것 같다. 신앙은 바로 가졌다 할지라도 그 때문에 사랑의 교제가 없어진 것이 아닐까. 이런 일이 생긴다면 정통 신앙이 치른 희생의 대가는 너무도 큰 것이다. 목사가 처음 교구에 부임하였을 때는 따뜻한 사귐과 넘치는 선의가 있게 마련이지만 후에 일이 잘못되면 우정이 분쟁으로 변하고 동료 의식이 의혹으로 바뀌고 처음 사랑이 스러져 가는 수가 흔히 있다. 아무리 바른 신앙이 있어도 사랑을 대신할 수는 없다.

돌아오는 길-에베소

요한계시록 2:1-7(계속)

그래서 에베소 교회에는 어딘지 모르게 잘못된 점이 있었다. 열심히 일하고, 용감히 견뎌 내고, 나무랄 데가 없는 정통 신앙을 유지하고 있었으나 사랑이 없어졌다. 그래서 부활하신 그리스도는 저들에게 돌아오라고 호소하신다. 돌이키는 길에는 세 가지 계단이 있다고 호소하신다.

1. 첫째로, 주님은 "기억하라"고 말씀하신다. 부활하신 주님이 말씀하시는 대상은 한 번도 교회에 발을 들여놓은 적이 없는 사람이 아니라 교회 안에 있으면서 길을 잘못 든 사람들이라는 것에 주목해야 한다. 기억이 먼저 있던 곳으로 돌아가는 첫걸음이 되는 때가 퍽 많다. 방탕한 아들은 먼 나라에서 갑자기 자기 집을 생각하였다(눅 15:17). 그것은 그가 집으로 돌아가는 첫걸음이었다.

오 헨리(O. Henry)의 단편집 가운데 다음과 같은 이야기가 있다. 어떤 마을에 소년이 있었다. 그는 학교에서 같은 마을의 소녀 옆에 앉게 되었다. 그 소녀는 깨끗하고 청순하고 순진하였으며 친절하였다. 이 소년이 도시에 나가 불량배 틈에 끼게 되어 전문적인 소매치기와 절도범이 되었다. 어느 날 그는 거리에 나가서 다른 사람의 주머니에서 날쌔게 물건을 훔쳤다. 스스로 감탄할 정도로 근사한 솜씨였다. 그래서 그는 기분이 좋았다. 그런데 갑자기 자기편을 향하여 걸어오는 사람을 보았다. 그것은 옛날 시골 초등학교에서 자기 옆에 나란히 앉아 공부하던 그 소녀였다. 그 소녀는 옛날과 다름이 없었다. 어여쁘고 순결하고 상냥했다. 소녀는 그를 보지 못하였다. 그는 적당히 처신했다. 그러나 갑자기 옛날을 회상하게 되었으며 지금까지 해 온 짓을 되돌아 보고 자신의 타락한 생활이 머리에 떠올랐다. 그는 열기에 찬 자신의 머리를 차디찬 쇠 전주에 기대고 "하나님, 저는 저 자신이 싫어졌습니다"라고 울부짖었다. 기억은 그에게 돌아오는 길을 보여 준 것이다.

윌리엄 쿠퍼(William Cowper)는 다음과 같이 기록하였다.

옛날의 축복은 지금 어디 갔나
처음 주님을 만났을 때의 그 축복.
영혼을 소생케 하는 모습은 어디 갔나
예수님과 그 말씀의 모습은?

이러한 시는 비탄과 슬픔밖에 전해 주는 것이 없다. 그러나 집으로 돌아가는 첫걸음이 될 수도 있다. 개량, 개선을 향하는 중요한 첫걸음은 잘못된 점을 깨닫는 것이다.

II. 둘째로, 주님은 "회개하라"고 말씀하신다. 무엇인가 잘못된 것을 우리가 발견하고 어디서 떨어졌는지 생각나게 되었을 때, 여기에 대하여 몇 가지 반응을 생각할 수 있다. 우리는 아무리 훌륭한 것이라도 처음의 아름다움과 훌륭함을 지속하기 어려운 것이라고 절망적으로 단념해 버릴 수 있다.

우리는 반성하는 대신에 반항하여 주위를 비난할 수 있다. 화를 내며 막연하게 아무것에나 원한을 품고, 자신의 잘못은 찾지 않고 다른 사람의 결점을 쳐들 수 있다. 우리는 금지된 일을 감행하는 데 쾌감을 느끼며, 죄 짓는 생활 가운데서 자극을 구하려고 할 수 있다. 그러나 부활하신 주님은 "회개하라"고 말씀하신다. 회개는 자신이 잘못한 것을 인정하고 충심으로 그것을 슬퍼하는 일이다. 방탕한 아들은 "내가 일어나 아버지께 가서 이르기를 아버지여 내가 죄를 얻었나이다"라고 한 것이다. 거기에는 "핑계나 비난이 아니라 오직 내가 죄를 얻었나이다"가 있을 뿐이다. 사울은 자신의 어리석은 행동을 깨닫게 되자 "내가 범죄하였도다… 내가 어리석은 일을 하였으니"라고 충심으로 부르짖었다(삼상 26:21). 회개하는 데 가장 어려운 일은 범죄나 허물에 대한 자신의 책임을 인정하는 것이다. 그러나 그 책임을 느꼈을 때 하나님께서도 반드시 죄를 슬퍼하는 마음을 주신다.

III. 셋째로, 주님은 "행하라"고 말씀하신다. 회개하는 슬픔은 사람을 실망으로 몰아넣기 위한 것이 아니다. 그것은 사람에게 두 가지 일을 하게 한다. 첫째로, 하나님의 은혜 속에 자신을 내던지며, "하나님이시여 죄인인 저를 불쌍히 여겨 주시옵소서"라고 말하게 한다. 둘째로, 행동하게 해 회개에 합당한 열매를 맺게 하기 위함이다. 회개한 사람이 나아가 다시 전과 같은 죄를 짓는 사람은 진정으로 회개한 사람이 아니다. 포스딕(Fosdick)은, "기독교의 위대한 진리는 아무도 전과 같은 방법을 고수할 필요가 없다"고 말했다. 회개한 증거와 열매는 변화된 생활이다. 그것은 곧 하나님의 은혜를 힘입은 우리의 노력에 의하여 변화된 생활이다. 돌이키는 방법의 세 가지 단계는 기억하는 것과 회개와 행동이다.

파괴적인 이단-에베소

요한계시록 2:1-7(계속)

여기서 우리는 이단을 보게 되는데 이단은 부활하신 예수 그리스도께서 미워하시며, 에베소 교회가 미워한 것이다. 부활하신 주님께 미움이 있다는 것을 이상하게 생각할 사람이 있을지 모르나 여기서 두 가지 점을 기억해야 한다.

첫째, 우리가 어떤 사람을 심혈을 기울여 헌신적으로 사랑한다면 그 사람의 몸과 마음을 상할 만한 것은 무엇이나 미워하는 게 당연하다.

둘째, 죄는 미워해도 죄를 지은 사람은 사랑해야 한다는 것을 언제나 기억해야 한다. 하나님의 거룩하신 노여움은 죄에 대해서는 불붙듯 한다. 그러나 죄인을 향한 하나님의 사랑은 시들지도, 식지도 않는 것이다.

이단자란 니골라당 사람들이다. 여기서는 다만 이름만 드러나 있을 뿐 그 내용은 제시되지 않았다. 이 사람들은 다시 한 번 버가모 교회에 보낸 편지에 나타난다(2:15). 그래서 "발람의 교훈을 받드는 자들"과 깊은 관계가 있는 것같이 생각된다. 그 교훈이란 우상에게 바친 음식을 먹는 것과 간음과 관련이 있는 것이다. 두아디라에도 같은 문제가 있다(2:14). 여기서는 악한 이세벨이 기독교인들에게 행음하게 하고 우상에게 바친 음식을 먹게 한다.

여기서 먼저 주의해야 할 것은, 이 위험은 교회 밖에서 오는 것이 아니라 안에서 오는 것이다. 이단자는 집 안에 있는 적으로서 기독교를 파괴하는 것이 아니라 더 나은 현대적인 기독교를 보이는 것이라고 주장한다.

다음으로, 우리는 버가모 교회에 보낸 편지를 통하여 니골라당 사람들과 발람의 가르침을 받드는 사람들 사이에 밀접한 관계가 있었다는 것을 이해할 수가 있다. 사실 이들은 같은 것으로서 어원의 차이뿐이다. 니골라당의 교조 **니골라우스**(Nicolaus)는 헬라어로 **니간**(nikan)과 **라오스**(laos) 두 말에서 유래했다. 전자는 **정복한다**, 후자는 **사람들**이란 뜻이다. 발람은 히브리어의 **벨라**(bela)와 **하암**(ha'am) 두 말에서 유래했다고 볼 수 있는데 전자의 의미는 **정복한다**, 후자의 의미는 **사람들**이다. 그러므로 니골라우스와 발람은 같은 이름으로서 하나는 그리스 이름, 하나는 히브리 이름으로 둘 다 사람들을 정복하고 해로운 이단을 믿게 한 나쁜 영향력을 가진 선생을 말한다.

그렇다면 발람이란 어떤 사람일까? 민수기 25장 1-5절에 묘한 이야기가 기록되어 있다. 거기 보면 이스라엘은 유혹을 받아 모압 여인들과 난잡한 짓을 하고 바알브올을 숭배하였다. 이 유혹을 단호하게 저지하지 않는다면 이스라엘은 종교뿐 아니라 국민 전체를 파멸시킬 위험이 있었다. 민수기 31장 16절을 읽어 보면 이러한 나쁜 영향은 확실히 발람에 의한 것임을 알 수가 있다. 그러므로 발람이란 히브리 역사와 전승에서는 사람들을 부도덕과 죄로 꾀어들이는 사람을 의미한다.

이제 우리는 교회 역사가 이러한 니골라당에 대하여 어떻게 말하고 있는지 살펴보기로 하자. 대부분 역사가의 견해에 의하면 니골라당이란 니골라우스의 추종자를 말하는 것이라고 한다. 니골라우스는 안디옥의 개종자로서 일곱 집사 중 하나로 알려져 있다(행 6:5). 그는 정통 신앙을 떠나서 이단자가 된 것이다. 이레나이우스(Irenaeus)는 니골라당 사람들은 "제멋대로 방종한 생활을 하고 있었다"(이단 반박론 1, 26, 3)라고 기록하였다.

또 히포류투스의 기록에 의하면, 니골라우스는 일곱 집사 중 한 사람으로서 "바른 교리를 떠나 사람들에게 아무 음식이나 먹고 어떤 생활을 해도 상관없다고 가르치고 있었다"(이단론 7:24). 《사도헌장》(6:8)은 니골라당 사람들을 "불결하며 수치를 모르는 사람들"이라고 기록하고 있다. 알렉산드리아의 클레멘트는 니골라당 사람들을 "산양처럼 자신을 다만 쾌락에 내맡기고 제멋대로 생활하는 자들"이라고 말하고 있다. 클레멘트는 니골라우스에게 모든 책임을 돌리고, 그들은 니골라우스가 말한 "육체는 혹사(abuse)되어야 한다"라고 한 것을 왜곡하였다고 말했다. 니골라우스는 육체는 억제(keep under)되어야 한다는 것을 이단자들이 "육체는 사람이 원하는 대로 수치스럽게 사용하여야 한다"는 뜻으로 곡해한 것이라고 말하고 있다(잡기〈雜記〉 2:20). 그러므로 니골라당 사람들은 분명히 부도덕과 방종한 생활을 가르쳤던 것이다.

우리는 좀더 자세히 니골라당의 교훈을 살펴보기로 하자. 버가모에 보낸 편지에 의하면 이 사람들은 사람들을 유혹하여 우상에게 바쳤던 고기를 먹게 하고 간음을 하게 했다는 것이다. 이제 우리는 여기서 예루살렘 회의에서 결정한 것을 회고해 보면, 이방 사람들을 교회에 받아들일 때 두 가지 조건이 있었음을 알 수가 있다. 그 하나는 우상에게 바쳤던 것을 먹지 말 것, 또 한 가지는 간음하지 말 것을 명했다(행 15:28-29). 이 두 가지 조건을 니골라당 사람들이 깨뜨린 것이다.

니골라당 사람들은 거의 확실히 다음과 같은 이론을 내세웠다고 볼 수 있다.

I. 율법은 효력을 잃었다. 그러기 때문에 법률도, 규칙도, 규정도 없다. 그러므로 무엇이든지 자신이 좋아하는 짓을 할 수 있다. 이 사람들은 기독교인의 자유를 믿지 않는 사람들의 방종과 혼돈하였다. 바울이 "자유로 육체의 기회를 삼지 말라"(갈 5:13)고 권고한 것은 이런 사람들에 대한 것이었다.

II. 선한 것은 영뿐이요, 육체는 어쨌든 악한 것이기 때문에 몸이 원하는 대로 무슨 짓을 하든지 상관없다. 육체는 중요하지 않기 때문에 육정에 빠져도 문제가 없다고 했을 것 같다.

III. 기독교인은 은혜로 보호되기 때문에 어디를 가든지 무엇을 하든지 해를 받는 일이 없고, 무엇을 하든지 은혜 가운데 보호를 받고 용서를 받을 것이다. 니골라당 사람들은 위대한 기독교의 진리를 자신들이 편리한 대로 바꾸어 놓았기 때문에 매우 위험한 존재였다.

그러면 어째서 니골라당 사람들은 진리를 왜곡하였을까? 문제는 그들이 살고 있었던 기독교적인 사회와 이교적인 사회 간에 있는 필연적인 차이다.

이교도들은 아무런 주저함 없이 우상에게 바친 고기를 먹었다. 그러므로 모든 연회 때나 사회적인 회합, 사교장에서는 이 고기를 내놓았던 것이다. 그러면 기독교인들은 이러한 연회에 출석할 수가 있는가? 이방인은 정절 관념이 없었다. 혼전 성교라든가 혼외 정사라든가 하는 것이 극히 정상적인 것으로 받아들여졌고, 부끄럽게 여기거나 논란의 대상이 되지 않았다. 기독교인은 꼭 그렇게 달라야만 하는가? 그가 살고 있는 세상의 기준과 관례에서 스스로를 격리해야 하는가? 기독교인은 이같이 유리된 생활을 해야 하는가? 니골라당 사람들은 기독교인들이 유별나게 이 세상 사람들과 함께 섞여 나가지 않을 이유가 없다고 했다. 윌리엄 램세이(William Ramsay) 경은 그들의 교훈을 설명하여 이렇게 말하였다. "그것은 그리스, 로마 사회의 생활양식과 허락하는 데까지 적당히 타협하면서 될 수 있는 대로 기독교 생활양식도 써 보려고 했다." 그렇기 때문에 이 교훈은 자연히 교양 있는 부유한 상류 계급에 영향을 가장 많이 끼쳤다. 이 사람들은 기독교인의 생활에 철저하게 되면 손해를 가장 많이 보기 때문이다. 요한에게는 니골라당 사람들은 이교도보다 나빴다. 그들은 문 안에 있는 적이었기 때문이다.

니골라당 사람들은 세상과 타협하려고 한 사람들이었다. 그들은 세상과 다르게 살 준비가 되어 있지 않았다. 그들은 용단을 내릴 준비가 되어 있지 않았다. 그들은 양편 세상에서 좋은 것을 다 얻으려고 했다. 이 사람들은 실생활면에서 볼 때 가장 위험한 이단이었다. 왜냐하면 그들의 교훈대로 되었다면 기독교가 이 세상을 변화시키는 것이 아니라 이 세상이 기독교를 변화시키는 결과가 되었을 것이다.

큰 상

요한계시록 2:1-7(계속)

마지막으로 부활하신 주님은 승리하는 자에게 큰 약속을 하신다. 여기에는 두 가지 매우 아름다운 사상이 들어 있다.

1. "생명나무" 사상이다. 생명나무 이야기는 에덴동산 이야기에 나오는 것으로서 동산 한복판에 생명나무가 있었다(창 2:9). 그것은 아담에게 먹지 못하도록 금지되었던 나무다(창 2:16, 17). 그 나무 열매는 사람을 하나님처럼 되게 하는 것이고 아담과 하와는 그 열매를 따먹고 동산에서 쫓겨났던 것이다(창 3:22-24).

후기 유대 사상에서 생명나무는 인간에게 참다운 생활을 주는 것을 의미한다. "지혜는 그 얻은 자에게 생명나무"(잠 3:18)요, "소원이 이루어지는 것은 곧 생명나무"다(잠 13:12). "온순한 혀는 곧 생명나무"였다(잠 15:4). 생명나무는 인간이 이상으로 하는 생활의 근원을 말하는 것이 되었다.

여기에다가 다른 묘사가 더해졌다. 에덴동산 이야기에서는 아담은 처음에 생명나무의 열매를 먹는 것이 금지되었고, 나중에는 에덴동산에서 쫓겨나고, 생명나무는 영원히 없어졌다. 그러나 일반적으로 유대 사람들의 생각에 의하면, 메시아가 오고 새 시대가 동이 트면 생명나무는 사람들 사이에 세워지고 하나님께 충실하게 산 자는 이 나무 열매를 먹을 수 있다는 것이다. 지혜로운 자는 말하였다. "당신이 기뻐하시는 일을 하는 사람은 불멸의 나무 열매를 받을 것이다"(집회의 서 19:19). 랍비들도 낙원에 있는 생명나무에 대하여 특이한 설명을 했다. 낙원에 있는 생명나무는 가지가 낙원 전체를 뒤덮고, 50만 종류나 되는 향기가 풍성하게 떠돌고, 그 무수한 열매는 참 맛이 있으며, 그 맛이 각기 다르다는 것이다. 그것은 아담이 잃은 것을 메시아가 회복하는 것을 의미한다. 생명나무의 열매를 먹는다는 것은 그리스도의 왕국에서 의의 축복에 들어간다는 것을 의미한다. 그것은 곧 그리스도가 지배할 때 주님께 충성스러운 승리자는 모든 즐거움에 참여하는 것을 말한다.

II. "낙원"의 개념이 있는데 "파라다이스"라는 말 자체가 아름다움을 전한다. 우리는 이 말을 자주 쓴다. 그러나 우리는 이 말에 어떤 특정한 의미를 붙이지 않고 있다. 우리가 이 말의 역사를 연구하고 기독교 사상에 나타난 위대한 사상가들이 이 말을 어떻게 썼는지를 알게 된다면, 일찍이 세상에서 알지 못한 대담한 사상에 접할 수가 있는 것이다.

1. 파라다이스란 본래 페르시아 말이다. 크세노폰(Xenophon)은 페르시안인에 대하여 많은 것을 기록하였는데, 이 말을 그리스에 들여온 것은 바로 그였다. 파라다이스란 본래 놀이동산, 유쾌한 공원과 목장이 가득하게 전개되어 있고, 웅장한 나무와 꽃이 만발한 동산이요, 야생의 동물이 도망가지 않고 그 안에서 자유롭게 뛰노는 곳이었다. 크세노폰이 페르시아 왕이 살던 생활환경을 묘사할 때, 위대한 왕이라면 그런 문제를 마음대로 할 수 있되 그가 어디를 가나 그곳은 그 위광에 따라 소위 **파라다이스**가 되고, 그곳은 대지가 생산하는 모든 아름다운 것, 좋은 것으로 가득 차 있는 곳이라고 말했다(크세노폰, 섭리 4:13). 파라다이스는 숭고한 아름다움을 나타내는 아름다운 말이다.

2. 구약성경의 헬라어 번역인 70인역에서는 파라다이스란 말이 두 가지로 통용되어 있다.

첫째, **에덴동산**을 가리키는 경우에 언제나 이 말이 사용되었다(창 2:8, 3:1). 파라다이스란 동산이란 뜻이요, 에덴이란 모든 동산 중에 가장 좋은 동산이란 뜻이다.

둘째, 훌륭한 정원을 가리킬 때 항상 사용되었다. 이사야가 물 없는 **동산**에 대해 말할 때 거기 쓴 말은 이 **파라다이스**란 말이다(사 1:30). 또한 예레미야가 "**텃밭**을 만들고 그 열매를 먹으라" (렘 29:5) 할 때도 이 말을 썼다. 또 전도자가 "여러 동산과 과원을 만들고 그 가운데에 각종 과목을 심었으며" (전 2:5)라고 할 때도 이 말을 썼다.

그러므로 파라다이스란 비길 데 없이 아름다운 정원이란 뜻이다.

III. 초대 기독교인들은 파라다이스란 말을 특별한 의미로 이해했다. 유대 사람들의 생각에 의하면 사람이 죽은 후에는 모든 영혼이 음부에 내려가게 되어 있다. 그곳은 어둠침침하고, 음울하고, 답답하고 유령이 나올 것 같은 그늘진 곳이었다. 확실히 초대 기독교인들은 하늘과 땅 사이의 중간 지대를 확신했고 그에 의하면 거기에 모든 영혼이 가서 최후 심판 때까지 기다린다고 믿고 있었다. 터툴리아누스는 이곳을 땅 아래 있는 광대한 동굴이라고 생각했다. 그러나 거기 특별한 일부분이 있어서 족장들과 선지자들이 살고 있는데 그곳이 곧 파라다이스였다. 이 파라다이스는 필로에 의하면 "바람이나 비나 물결에 시달리지 않고, 바다에서 불어오는 선들바람이 기분을 상쾌하게 하는 곳" 이다. 터툴리아누스에 의하면 파라다이스에 직행할 수 있는 사람은 순교자뿐이라고 한다. 파라다이스의 소리를 들을 수 있는 유일한 열쇠는 당신 자신의 피 가운데 있다(터툴리아누스, 영혼에 대하여 55).

오리게네스는 일찍이 교회가 배출한 사상가 가운데 가장 독창적인 인물 중 하나다. 그가 이렇게 말했다. "나는 이렇게 생각한다. 이 세상을 이별하는 모든 성도(사도 바울이 자기 서신에서 사용한 뜻과 같이 기독교인이란 의미)는 성경이 낙원이라고 부르는 어떤 지구상의 장소에 남아 있게 되는데 그곳은 하나의 교훈의 장소로 말하자면 교실이나 영혼의 학교라고 할 수 있는 곳이다. 누구든지 그 마음이 참으로 깨끗하고 생각이 거룩하고 지각이 풍부하면 그는 바른 진전을 보여 공중에 있는 한 곳에 이르러 하나님 나라에 이르게 되는데 이런 곳들(그는 단계라는 의미로 사용하였다), 즉 그리스인들은 **공중**(sphere)이라 하고 성경에서는 **하늘**(heavens)이라 부른 곳을 통하여 이르는 것이다. 그는 마침내 하늘나라로 들어가신 그분, 즉 하나님의 아들 예수의 뒤를 따르게 될 것이다." 이 예수는 "내가 있는 곳에 그들도 함께 있기를 원하노라" 고 하셨다. 예수가 "내 아버지의 집에는 있을 곳이 많도다" 라고 말씀하셨을 때는 이런 여러 장소를 가리킨 것이다(오리게네스, 원리에 대하여 62).

초대 위대한 사상가들은 파라다이스와 하늘을 동일시하지 않았다. 파라다이스는 중간 지대이자 훈련장이며 거기에는 종교적인 영혼들이 하나님의 존전에 들어가기에 알맞게 만들어지는 곳이다. 여기에도 무언가 퍽 아름다운 것이 있다. 누가 지구에서 하늘로 한 발로 뛰기에는 너무 멀지 않다고 느끼겠고 하나님의 존전에는 한발 한발 가까이 들어갈 필요를 느끼지 않은 자 누구랴? 찰스 웨슬리가 다음과 같이 노래했을 때 그가 생각한 것이 이런 것이 아니었을까?

영광에서 영광으로 변화하여
우리가 하늘에서 우리 자리를 차지할 때까지,
우리의 면류관을 주 앞에서 벗어던질 때까지
경탄과 사랑과 찬양에 자신을 잃어버리리.

IV. 나는 기독교 사상에서도 결국 파라다이스란 단어가 이런 중간 상태의 개념을 유지하고 있다고 생각하지는 않는다. 중간 상태와 하나님의 영광은 하늘과 동일한 것이 되었다. 우리가 낙원(파라다이스)이란 단어를 생각할 때 우리는 예수가 죽으면서 회개하는 강도에게 하신 말씀에 눈을 돌리지 않으면 안된다. "오늘 네가 나와 함께 낙원에 있으리라"(눅 23:43). 여기에서 우리는 교리화하기에는 불경스럽고 참람한 비밀에 직면하게 된다. 그러나 낙원과 하늘이란 말의 정의에서 주님이 계시고 그가 함께하시는 영원한 생이라고 하는 것보다 더 나은 정의가 또 있겠는가? 이 예수의 말씀을 단순하게 받아들인다면 낙원은 그리스도와 함께한 생이다.

죽음이 이 인생의 눈을 가릴 때
그리고 아직 이 뛰는 심장과
찢어지는 휘장이 주님을 드러내고 있을 때
모두 주님과 같이 영광스러우리.

이것이 바로 낙원이다.

서머나 교회에 보낸 편지

요한계시록 2:8-11

8서머나 교회의 사자에게 편지하라 처음이며 마지막이요 죽었다가 살아나신
이가 이르시되 9내가 네 환난과 궁핍을 알거니와 실상은 네가 부요한 자니라
자칭 유대인이라 하는 자들의 비방도 알거니와 실상은 유대인이 아니요 사
탄의 회당이라 10너는 장차 받을 고난을 두려워하지 말라 볼지어다 마귀가
장차 너희 가운데에서 몇 사람을 옥에 던져 시험을 받게 하리니 너희가 십
일 동안 환난을 받으리라 네가 죽도록 충성하라 그리하면 내가 생명의 관을
네게 주리라 11귀 있는 자는 성령이 교회들에게 하시는 말씀을 들을지어다
이기는 자는 둘째 사망의 해를 받지 아니하리라

아시아의 면류관 서머나

요한계시록 2:8-11(계속)

에베소가 일곱 교회 명단에서 반드시 맨 처음에 와야 한다면 에베소의 필적인 서머나가 다음에 와야 한다는 것은 극히 자연스러운 일이다. 아시아의 모든 도시 중에서 서머나가 가장 아름다운 도시였다. 서머나를 아시아의 장신구, 아시아의 면류관, 아시아의 꽃이라고 일컬었다. 루시안(Lucian)은 서머나가 "이오니아의 여러 도시 중 가장 아름다운 곳"이라고 했고, 웅변가 아리스티데스(Aristides)는 멋진 서머나 찬가를 지은 사람으로서 "무지개같이 구석구석이 펼쳐지는 우아함과 그 빛남은 사방에 차고, 호머에서 보듯이 번쩍이는 병기의 광채"에 내해 말하고 있다. 도시미에 내한 한 어느 도시도 감히 서머나에 노선할 수 없다. 서머나의 매력에 금상첨화격으로 감미로운 서풍이 늘 그 거리를 스쳐 불고 있었다. "그 바람이 도시 어느 구석에나 불어와 서머나를 나무가 우거진 하

나의 숲같이 만든다"고 아리스티데스가 말했다. 이 끊임없는 서풍의 해는 단지 한 가지로 도시의 폐수는 이 도시가 서 있는 만으로 들어가는데 서풍은 그 폐수를 저 바다 쪽으로 불어 내는 것이 아니라 오히려 서머나로 불어 넣는 것 같다.

서머나는 매우 유리하게 자리 잡고 있었다. 서머나는 루디아와 브루기아를 가로지르고 멀리 동쪽까지 나간 대로의 맨 끝에 위치해 있었고 비옥한 허무스(Hermus) 계곡의 상업을 수중에 쥐고 있었다. 필연적으로 서머나는 대상업 도시가 되어 버렸다. 또한 한복판까지 들어와 있었으며, 서머나는 모든 항구 중 가장 안전한 곳이며, 한 가지 더 유리한 점은 전쟁이 발발하면 입구가 작은 이 항구는 그 입구에 체인을 가로질러 놓기만 하면 쉽사리 출입을 막을 수 있었던 것이다. 서머나의 동전에 항해 준비가 완료되어 있는 상인의 그림이 새겨져 있는 것은 적절한 일이다.

도시의 구조도 그에 못지않게 아름답다. 항구에서 시작하여 좁은 산기슭을 지나갔고, 시 뒤쪽에는 각종 신전과 웅장한 건물로 덮여 있는 파고스(Pagos) 언덕이 우뚝 솟아 있었다. 이 웅장한 건물들이 파고스 언덕을 둘러쌌고, "서머나의 면류관"이라고 불렀다. 서머나는 모두 면류관(10절)에 대해 잘 알고 있었는데 그것은 파고스 언덕에 있는 건물들을 부르는 이름이었기 때문이다. 현대의 한 여행자는 서머나를 "탑을 관으로 쓴 여왕과 같은 도시"라고 말했다. 아리스티데스는 이 도시를 발은 바닷속에, 그 몸은 들판과 산기슭에, 머리는 그 뒤쪽 파고스 언덕에 큰 건물들을 관으로 한 거대한 한 동상에 비교했다. 아리스티데스는 서머나를 가리켜 "창조 이래 일찍이 인간이 보지 못한 그런 아름다운 한 송이 꽃"이라고 했다.

서머나의 역사도 이곳의 도시미와 적지 않은 관련이 있다. 그 이유는 서머나는 당시 세계에서 몇 개 안 되는 도시 계획에 의하여 건설 된 도시 중 하나다. 처음에는 주전 1,000년경에 그리스의 식민지로 시작되었다. 주전 600년경에 불행이 닥쳐왔는데 그때 루디아인들이 동쪽에서 쳐들어와 서머나를 파멸시켰다. 4백 년간을 서머나는 도시가 아니라 작은 촌락의 집단으로 있다가 주전 200년경에 루시마쿠스(Lysimachus)가 이 도시를 잘 계획된 균형 있는 도시로 재건했다. 서머나에는 넓고 훤히 뚫린 대로들이 있었다. 스타라보(Strabo)는 이러한 거리,

뛰어난 포장 도로, 네모반듯한 건축 구역 등에 대해 말하고 있다. 가장 유명한 거리는 황금가인데 그 거리는 제우스 신전에서 시작하여 구벨레(Cybele) 신전에서 끝났다. 이 거리는 파고스의 기슭을 가로질러 있어 파고스 언덕을 둘러싼 건물들이 서머나의 면류관이라면 이 거리는 목걸이라고 할 수 있다.

여기에 우리는 매우 흥미 있고 중요한 점을 발견하게 되는데, 그것은 요한이 부활하신 그리스도에게서 받은 편지에서 그가 보여 준 세심한 주의와 지식을 말한다. 부활하신 그리스도는 "죽었다가 이제는 살아 계신 분" 이라고 호칭되었다. 이것은 바로 서머나가 겪은 경험 자체와 똑같은 것이다. 서머나는 한때 건재했고 그 후 4백 년간은 도시로서는 죽었었고, 루시마쿠스로 다시 살아나게 되었던 것이다.

서머나는 도시미 이외에도 그 위대성을 주장할 만한 점이 있다. 서머나는 자유도시였다. 서머나는 충성과 신실성을 잘 보여 주었다. 동방의 어느 도시보다도 서머나는 로마에 대해 눈에 띄게 충성했다. 로마가 세계를 지배하는 위치에 오르기 훨씬 전에 이미 서머나는 로마와 운명을 같이하기로 하고 그 후 줄곧 그 신의를 지켜 왔다. 키케로는 서머나를 가리켜 "우리의 자랑, 신실하고 가장 오래된 우방" 이라고 했다. 원동에 있는 미드라다테스(Mithradates) 원정에서는 모든 일이 상당히 로마에게 불리하게 돌아갔다. 로마 군인들이 주리고 추위에 떨고 있었을 때 서머나 사람들은 자신들의 옷을 벗어 전선에서 고생하는 로마 군인들에게 보내 주었다.

로마에 대한 서머나의 경외심은 어지간하여 주전 195년에는 세계에서 처음으로 로마 여신과 로마 신을 위한 신전을 세웠던 것이다. 그리고 주후 26년에 소아시아의 여러 도시들이 디베리우스 신전을 지을 영예를 얻으려고 경쟁할 때 에베소까지 물리치고 서머나가 선택되었다. 서머나의 로마에 대한 충절은 고대 세계에서 유명하였다.

서머나는 산업, 도시미, 정치적 · 종교적 우월성으로만 알려진 것이 아니라 문화가 창달하였고 지식과 예술이 가장 높아 존경을 받아 온 곳이다. 두아나의 아폴리니우스(Apollonius)는 오직 인간만이 그 도시를 위대하게 만들 수 있다며 다음과 같이 서머나를 향해 역설하고 있다. "서머나가 비록 세계에서 모든 도시

중 가장 아름답고 바다를 점령하고 서풍의 근원을 장악하고 있다 할지라도 인간 표준 이상으로 건축과 그림과 금전의 면류관을 쓰는 것보다는 인간 자신의 면류관을 쓰는 것이 더 매력을 지니고 있는 것이다. 건물들은 그 자리에서만 볼 수 있으나 인간은 어느 곳에서나 보일 수 있게 화자에 오를 수 있으므로 그들의 도시를 그들이 다닐 수 있는 먼 나라까지 그 이름을 떨칠 수 있기 때문이다." 그리하여 서머나에는 유명한 경기가 매년 거행되는 운동장이 있었고, 웅장한 공공 도서관, 오데이온(Odeion)이라 불렸던 음악당, 아시아에서는 가장 큰 극장 등이 있었다. 특히 서머나는 시성 호머의 출생지라고 주장하는 몇 도시 중의 하나였고, 호머레이온(Homereion)이라 불리는 호머 기념관이 있었으며, 호머의 두상을 그들의 주화에 새겼다. 이것은 물론 논쟁의 대상이 되는 주장이기는 하다. 17세기 시인 토머스 헤이우드(Thomas Heywood)는 이 일에 대해 다음과 같은 유명한 풍자시를 썼다.

> 호머가 죽었을 때 7개 도시가 싸웠다.
> 살아서는 머리 둘 지붕도 없었던 그를 위해.

이러한 도시에서는 웅장한 건축물이 있는 것이 보통이다. 그런데 서머나에는 구벨레, 제우스, 아폴로, 네메시스(Nemeseis), 아프로디테(Aphrodite), 아스클레피오스(Asclepius) 등 여러 신을 위한 신전이 꽉 들어차 있었다. 서머나에는 이교 문화의 최고 절정과 최고로 장엄한 이교를 발견할 수 있었다.

서머나에는 모든 그리스 도시에서 공통적인 특징을 가지고 있었다. 몸센(Mommsen)은 소아시아를 도회의 허영의 낙원이라고 했고, 다른 어느 도시보다도 서머나는 "도시 경쟁의식과 자부심"으로 유명했다. 서머나에 사는 모든 사람이 서머나를 자랑했으며 자기네 거리가 최대의 도시가 되기를 바랐다. 이 도시에 보낸 편지 서두에 부활하신 그리스도가 "처음과 나중"이라고 불린 것은 전혀 무의미한 것만은 아니다. 주님의 영광에 비교해 볼 때, 모든 세상의 영예는 무가치란 것이다. 세상일에서 상좌를 차지하려는 노력은 영원한 영광의 빛에 비추어 볼 때 중요하지 않은 것으로서 빛을 잃고 만다.

본 서신에서 특이하게 나타나는 다른 하나의 서머나의 특징이 있는데 그것은 그곳에 사는 기독교인들에게는 매우 의미심장한 문제이다. 서머나에는 유대인이 특히 많았고 영향력이 컸다(9절). 유대인이 서머나의 도시 미화를 위해 1만 데나리온이란 거액을 희사한 것을 알 수 있다. 서머나에서 유대인이 특히 기독교에 적개심을 품고 있었음이 명백한데, 의심의 여지없이 기독교가 유대교 성도나 적어도 그에 관심이 있는 사람들을 많이 개종시켰기 때문이다. 유대인은 교회에 해를 끼치는 것과 로마 관헌에게 적극적으로 박해하게 하기 위해서라면 무슨 일이라도 했다. 이제 우리는 서머나의 배경 연구를 그곳에서 일어난 유명한 기독교의 사건으로 끝을 맺을 수 있다.

폴리캅(Polycarp)은 서머나의 주교였으며, 주후 155년 2월 23일 토요일에 순교했다. 당시 운동 경기가 진행 중이었으므로 서머나는 인파로 들끓었다. 군중은 누구나 흥분해 있었다. 그런데 갑자기 "무신론자들을 없애라! 폴리캅을 찾아라!" 고 하는 고함 소리가 솟아올랐다. 물론 그는 피신할 수 있었으나 이미 그는 자기 머리 밑의 베개가 불타는 환상을 꿈에 보았고 그 꿈을 꾼 후에 제자들에게 "나는 산 채로 불에 타 죽을 것이다" 라고 말하였던 것이다.

그의 은신처는 고문에 못 이겨 자백한 한 어린 노예에 의하여 박해자들에게 알려졌다. 그들은 폴리캅을 체포하러 왔다. 그는 그를 잡으러 온 사람에게 음식을 주고 원하는 대로 다 주라고 명했고 자신은 마지막 한 시간 동안 기도할 수 있게 해 달라고 했다. 경찰책임자까지도 폴리캅이 죽는 것을 보고 싶어 하지 않았다. 그래서 시내로 들어가는 도상에서 노경의 폴리캅에게 간청을 했다. " '가이사에게 주시오!' 라고 말하고 그에게 제물을 드리고 죽음을 면한다고 해서 나쁠 것이 무엇입니까?" 라고 했다. 그러나 폴리캅은 그에게는 오직 예수 그리스도만이 주라는 주장이 확고했다.

그가 원형극장 안에 들어섰을 때 하늘에서 소리가 들려오기를 "폴리캅아, 굳세어라. 그리고 남자답게 싸워라!" 고 했다. 지방 총독은 그에게 마지막 기회를 주었다. 그리스도의 이름을 저주하고 가이사에게 제사를 드리든가 그렇지 않으면 죽음을 택하라고 했다. 폴리캅은 정중히 말했다. "86년간을 나는 그리스도를 섬겨 왔는데 그동안 단 한 번도 나를 섭섭하게 하지 않았으니 내 어찌 나를 구속해 주신 내 왕을 욕하겠소?" 총독이 그를 불로 태워 죽이겠다고 위협하자 폴리캅은 "당신이 잠시 타다가 곧 꺼져 버리는 불로 나를 위협하나, 이는 당신이 다가올 심판날과 영원한 형벌로 악인들을 기다리고 있는 불을 알지 못함이오. 무엇 때문 지체하는 겁니까? 자, 어서 와서 하고 싶은 대로 하시오"라고 했다. 폴리캅은 박해자들까지도 간청했으나 마음을 바꾸지 않았다.

그리하여 군중은 목공소와 목욕탕에서 나무를 가지고 떼로 몰려들었다. 그리고 유대인은 그날이 안식일이었고 그런 짐을 운반해 안식일 규정을 어기게 되는데도 시끄럽게 떠들어 대고 나무를 가져오는 데 맨 앞장을 섰다. 그들이 그를 화형주에 묶으려 하자, "나를 이대로 내버려 두라. 불을 견뎌 내게 힘을 주신 그분이 나에게 이 불길 속에서도 너희가 못으로 꼼짝 못하게 박아 놓지 않을지라도 나에게 움직이지 않고 남아 있게 해 주실 것이오"라고 대꾸했다. 그래서 그들은 그를 느슨히 묶은 채로 불을 질렀다. 그때 폴리캅은 유명한 기도를 했다.

> 전능하신 하나님, 당신이 사랑하시는 아들 예수 그리스도의 아버지시여, 우리는 예수 그리스도를 통하여 천사와 권세와 모든 피조물과 당신 앞에서 기거하는 이의 온 가족의 하나님인 당신에 대한 온전한 지식을 얻었나이다.
> 나는 당신이 오늘날 이 시간에 성령의 불멸성 안에서 영과 육이 함께 영원한 생명으로 부활하기 위하여 순교자의 반열과 당신의 그리스도의 잔에 참여할 수 있게 허락하여 주신 것을 감사하나이다. 그리고 오늘 내가 당신 앞에 서 있는 저들의 자리에 값지고 흠향하실 수 있는 제물로 받아 주시기 바랍니다. 그리고 거짓 없이 진실하신 하나님이 이미 길을 예비하시고 우리에게 모범을 보이시고 이루어 주신 것이옵니다. 이로써 나는 모든 것을 찬양하나이다.
> 나는 하늘의 대제사장 예수 그리스도 당신의 독생자를 통하여 당신께 감사와 영광을 돌리나이다. 그 아들을 통하여 오늘날과 앞으로 다가올 세세토록 독생자와 성령으로 더불어 영광을 받으시기를 기원하나이다 아멘.

이상은 역사적 사실이지만 그 다음에서 전설이 생겨났다. 그에 의하면 화염이 폴리캅을 둘러싸서 하나의 방이나 텐트같이 되었으나 폴리캅을 상하게 하지는 못하였다고 한다. 결국 사형 집행관은 불길이 죽이지 못하자 칼로 찔러 죽이고야 말았다. "그리고 그가 그렇게 하자 한 마리의 비둘기가 나왔고 그 후 피가 흘러나와 불이 꺼지고 모든 관중은 불신자와 성도 간에 그렇게 많은 차이가 있다는 것에 놀랐다." 이렇게 해 폴리캅은 서머나에서 죽었다. 믿음을 위한 순교자였으며 죽도록 충성하였다.

서머나에서 기독교인이 된다는 것은 결코 쉬운 일이 아니었으나 이 서머나 교회에 보낸 서신은 칭찬만이 자자한 두 서신 중 하나다.

시험 받는 서머나

요한계시록 2:8-11(계속)

서머나 교회는 시험을 받고 있는 중이었고, 더 많은 시험이 임박해 있었다. 이 시험에 대하여 서너 가지 이 편지에서 언급하고 있다.

I. "들립시스(thlipsis: 고난)"란 단어다. 우리는 이미 이 **고난**이란 단어가 문자 그대로 중압(重壓), 즉 무게 있는 물건 밑에서 눌려 부서지는 것을 살펴보았다. 여러 사건의 압력이 서머나 교회 위에 임해 있었고 환경의 힘이 그들을 짓눌러 기독교를 박멸하려고 했다.

II. "빈곤(poverty)"이다. 신약에서는 빈곤과 기독교가 밀접한 관련을 맺고 있다. "가난한 자는 복이 있나니"라고 예수께서 말씀하셨다(눅 6:20). 바울은 고린도의 성도들을 가난한 자 같으나 많은 사람을 부요하게 하는 것으로 서술했다(고후 6:10). 야고보는 하나님께서 이 세상의 가난한 자들을 택하사 믿음 안에서 부요하게 하신다고 말한다(약 2:5).

우리는 여기에 사용한 단어에 대하여 주의할 필요가 있다. 이때 사용된 단어는 **프토케이아**다. 헬라어에는 **빈곤**이란 뜻의 단어가 두 개 있다. 그 하나는 **페니**

아(penia)인데 이는 물질적으로 부요하지 못한 사람과 그리스인들의 정의에 의하면 자신의 소요를 자기 손으로 충족시켜야만 하는 사람의 상태를 표현하는 말이다. 그리고 다른 하나는 **프토케이아**인데 이는 철두철미한 빈곤이며 완전한 궁핍을 뜻한다. 즉, **페니아**는 여유가 없는 사람의 상태를 뜻하고 **프토케이아**는 아무것도 없는 사람의 상태를 말한다.

당시 기독교인이 빈곤한 원인은 두 가지였다. 첫째, 그들 대부분이 사회적으로 하급 신분이고 실제로 많은 사람이 노예였다. 사회의 상류층과 하류층과의 단절은 결코 새로운 사실이 아니다. 고대 사회에서는 지금보다도 그 차이가 더 컸다. 여기에 기록된 편지들은 아시아에 있는 여러 도시에 보낸 것이지만 이때 로마 시에서는 빈곤층은 문자 그대로 굶어 죽었다. 알렉산드리아에서 오는 곡식을 실은 배가 역풍으로 지연되어 양곡을 배급할 수가 없게 되었기 때문이다. 그러므로 초대 교인들은 뼈에 사무치는 가난이 무엇을 의미하는지 알고 있었다.

그러나 당시 기독교인들이 빈곤한 원인이 또 하나 있다. 간혹 그들은 그들의 소유물을 약탈당하곤 했다. 간혹 이방 폭도들이 갑자기 기독교인들을 습격하여 집을 부수고 그들이 가지고 있는 것들을 파괴하고 훔쳐가 버렸다. 서머나에서나 고대 세계 어느 곳에서도 기독교인에게는 생이란 힘든 여정이었다.

III. "투옥"이 있었다. 요한은 **10일**간의 투옥을 예언했다. 이 구절은 글자 그대로 취할 성질이 아니다. 옛날 관습에 따르면 **10일**이란 짧은 기간, 즉 그 마지막이 도래할 짧은 기간을 말한다. 그러므로 이 예언은 한편으로는 경고요, 다른 한편으로는 약속이기도 하다. 투옥이 올 것이다. 그러나 그 고난은 비록 그 도가 심하기는 하나 기간은 짧은 것이다. 여기에서 다시 두 가지를 주의하여야 한다.

첫째, 이것은 핍박의 모양을 나타내고 있다. 기독교인이 된다는 것은 법에 저촉된다. 그러나 핍박은 계속되는 것이 아니었다. 기독교인들은 상당히 오랫동안 평안히 지낼 수도 있다. 그러나 아무 때라도 총독이 행정적인 발작을 하게 되거나 폭도들이 기독교인을 찾아내라고 소리칠 수도 있다. 그러면 폭풍이 밀어닥치는 것이다. 기독교인에게 두려운 것은 무엇이 언제 일어날지 알지 못하므로 당시 기독교인의 머리 위에는 칼이 항상 놓여 있었다.

둘째, 투옥이란 말이 우리에게는 별로 나쁘게 들리지 않는다. 우리는 "투옥? 그건 죽음 같지는 않은 것이다"라고 말할 수 있다. 그러나 고대 세계에서 투옥이란 단순히 죽음의 전주라고 할 수 있다. 당시에 국가나 정부는 죄수를 돌보지 않았기 때문이다. 사람이 한번 투옥되면 죽어서 나오기 전에는 나올 수가 없었다.

고난의 원인

요한계시록 2:8-11(계속)

박해의 선동자들은 유대인이다. 기독교인에 대한 비방이 그들에게서 나왔다. 사도행전에 보면 유대인이 어떻게 관헌들을 선동하여 기독교인 전도인들을 박해하게 했는지를 알 수 있다. 안디옥(행 13:50)과 이고니온(행 14:2, 5)과 루스드라(행 14:19)와 데살로니가(행 17:5) 등 여러 지방에서 그리하였다.

안디옥에서 일어났던 사건은 우리에게 유대인이 어떻게 관헌들을 움직여 기독교인들을 박해하게 하는 데 성공하였는지를 보여 준다. 거기에 보면 유대인이 경건한 귀부인들과 시내 유력자들을 선동하였다(행 13:50)고 한다. 유대인의 회당에는 많은 "하나님을 경외하는 자들"이 늘 있게 마련이다. 이방인 중에는 전적으로 유대교에 입교하여 유대교를 다 받아들이지는 못했지만 다신교 대신 유일신 교리에 매혹되고, 특히 유대인의 윤리의 순결성은 이방인의 난잡한 성생활에 비하여 유대 도덕의 순결성에 매혹된 사람들이 있었다. 특히 부인들이 바로 이런 이유로 유대교에 매력을 지녔다. 왕왕히 이런 부인들은 지위가 높은 사람들이고 지방 장관이나 총독의 부인들이었으며, 유대인이 이 부인들을 통하여 관헌들에게 접선되어 박해를 하게끔 한 것이다. 유대인은 관헌들이 기독교인들을 박해하도록 압력을 가하는데 그들 나름의 방법, 그것도 아주 효과적인 방법을 갖고 있었다.

요한은 이 유대인을 **사탄의 회**라고 부른다. 여기에서 요한은 유대인이 즐겨 쓰는 표현을 취하여 반대로 사용한 것이다. 이스라엘 백성이 모였을 때 그들은 자신들을 "여호와의 총회(회중)"라고 즐겨 불렀다(민 16:3, 20:4, 31:16). **회당**이란 말은 헬라어에서 **쑤나고게**라고 하는데 그 뜻은 단순히 모임, 회집, 회중이란 뜻이다. 요한의 표현은 마치 이렇게 말하는 듯하다. "너희가 너희 자신을 하나님의 총회라고 부르나 실상은 악마의 회중이다." 요한 웨슬리가 한번은 악랄하고 잔인무도한 하나님에 대하여 가르치는 사람을 향하여 "네 하나님은 나에게는 악마"라고 언급한 적이 있다. 종교가 악의 수단이 된다면 참으로 무서운 일이다. 사실 그렇게 된 적이 있다. 프랑스 혁명 당시의 롤란드 부인은 유명한 발언을 했다. "자유! 네 미명 아래 어떤 무서운 범죄들이 저질러지고 있는가?" 종교에 대해서도 그와 똑같은 말을 할 수 있는 비극적인 때가 있었다.

그러면 기독교인들을 향한 비방은 어떤 것들이 있었을까? 늘 반복해 들을 수 있는 비방으로는 여섯 가지가 있었다.

I. 이것은 나의 몸이요, 나의 피라는 성만찬의 말에 근거하여 기독교인들이 식인종이라는 이야기가 널리 퍼졌다.

II. 기독교인들이 자신들의 공동 식사를 "아가페(agapē)", 즉 사랑의 잔치라고 자칭하였으므로 그들의 모임은 정욕과 부도덕의 방탕한 모임이라고 규정지었다.

III. 기독교가 간혹 가족 중 어떤 이는 교인이고 나머지는 교인이 아닐 때 그 가족을 분리시켰기 때문에 기독교인들은 가정을 파괴하고 "가족 관계를 악화시킨다"고 비난을 받았다.

IV. 이방인은 기독교인들을 무신론자라고 비난했는데 그들이 갖고 있는 것과 같은 신상도 없이 예배하는 것을 이해할 수가 없었기 때문이다.

V. 기독교인들은 "가이사는 주"라고 말하기를 거부하기 때문에 정치적으로 불충한 시민이요, 잠재적 혁명가라는 비난을 받았다.

VI. 기독교인들은 화염과 파괴로 끝나는 세계에 대하여 예언하기 때문에 방화자라고 비난을 받기도 했다.

이와 같이 악의에 찬 사람들에게 기독교에 대하여 좋지 못한 소문이나 비난거리를 퍼뜨리기는 용이했다.

그리스도의 주장과 요구

요한계시록 2:8-11(계속)

우리는 서머나에 있는 교회가 여러 가지 고난과 싸우며 그보다는 더욱 심한 난관으로 위협을 받고 있는 교회라는 것을 알고 있다. 이러한 입장에서 서머나 교회에 보낸 서신은 여러 번 되풀이되는 그리스도의 두 가지 이름으로 시작된다. 그 이름은 서머나의 기독교인들이 당하고 있는 것과 같은 환경에 처해 있는 사람에게 그리스도께서 무엇을 주실 수 있는지를 말해 주는 것이다.

I. 그리스도는 처음과 나중이시다. 구약에서는 그 이름은 하나님께 속한 것이다. "나는 처음이요 나는 마지막이라"(사 44:6, 48:12)고 하시는 말씀을 이사야는 들었다. 이 이름은 양면성을 가지고 있다. 기독교인에게는 크나큰 약속이다. 생의 첫날부터 마지막 날까지 무엇이든지 올 테면 와라. 인생의 만화경 같은 모양이나 경험 같은 것이 일어날 테면 다 일어나라. 다시 사신 주님이 우리와 함께 계신다. 우리는 그의 약속, 즉 그가 항상 세상 끝날까지 우리와 함께 하신다는 약속을 가지고 있다. 그렇다면 누구를 두려워하랴? 그러나 서머나에 있는 이방인에게는 이것은 하나의 경고가 되고 있다. 그들은 자신들의 도시를 사랑했고 아시아에서는 제일가는 도시라고 불렀으며 서머나의 최우수성에 대한 주장을 끝까지 굽히지 않으려고 한다. 그들은 도시의 허영에 싸인 작은 세계에서 살고 있었으니 그곳은 누구나 자기 이웃보다는 나아지고 다른 사람보다는 한발 더 앞서 가려고 노력하는 곳이다. 누구나 일등을 원했고 그 자리를 얻기 위해 서로 경

쟁했다. 그러나 다시 사신 주님은 "나는 처음과 나중이라" 고 하셨다.

여기에 인간의 자존심이 죽어 버리는 것이다. 그리스도의 영광된 광채 옆에서는 인간의 모든 이름이 아무것도 아니요, 인간이 주장하는 모든 것이 우스꽝스러운 것이 되고 만다. 로마 황제 율리안이 세계를 뒤로 돌려놓는 일과 기독교를 잔멸하는 일, 옛날의 신들을 다시 가져오기를 실패하고 그런 노력을 하다가 죽게 되었을 때, 그는 "그리스도를 최고의 지위에서 끌어내리는 것은 내가 할 일이 아니군" 이라고 말했다. 최고의 지위는 처음과 나중이신 이에게 속한 것이요, 그 분 앞에서는 인간의 주장이나 야심은 모두 무너지는 것이다.

II. 그리스도는 죽었다가 다시 살아나신 분이다. 여기에서 동사의 시제는 가장 중요한 것이다. 헬라어에서 was에 해당하는 말은 **게노메노스**(genomenos)인데 이 말의 뜻은 오히려 **~이 되었다**(became)가 가깝다. 이 말은 삽화적이고 경과적인 장면의 경험이라고 말할 수 있는 것을 뜻한다. 그리스도는 죽으셨다. 그리스도에게는 이것은 다른 것으로 가는 경과요, 그곳을 통과해 나온 삽입적인 경험이요, 그가 경험하고 정복한 경험이다. 다음으로 헬라어 성경에서 KJV가 **살아계신**(is alive)이라고 번역한 동사는 영어에서 생각하듯이 그런 현재형 동사가 아니다. 이것은 부정과거(aorist)형이다. 부정과거형은 어떤 행위가 과거에 이루어졌고 완성된 것을 뜻한다. 그러므로 정확한 번역은 **생명으로 되돌아오셨다**(came to life again)는 것이고, 이것은 예수의 부활 사건을 의미한다. 부활하신 주님은 죽음을 경험하셨고, 죽음으로 들어가셨고, 죽음을 통과하여 죽음에서 나오신 분이요, 승리의 부활 사건을 통해 다시 생명으로 돌아오신 분이요, 영원히 살아 계시는 분이다. 여기에 또다시 두 가지 면이 있는데 이번에는 모두 기독교인에게 관련된 것뿐이다.

1. 부활하신 주님은 인간의 생이 그에게 가할 수 있는 최악의 것을 **경험**하신 분이다. 그는 죽으셨다. 더구나 십자가의 고통 속에서 죽으셨다. 서머나의 기독교인들에게 여하한 일이 닥쳐온다 하더라도 예수 그리스도는 이미 그것을 다 겪으셨던 것이다. 예수 그리스도가 우리에게 도움을 주실 수 있는 것은 그분은 인생에서 최악의 경지가 어떤 것인지를 알고 계시며 죽음의 쓰라림을 경험하셨기

때문이다. 그분에게 일어나지 않았던 것으로 우리에게 일어나는 일이란 아무것도 없다.

2. 부활하신 주님은 우리의 생이 할 수 있는 **최악의 것**을 정복하셨다. 그는 고통을 정복하셨다. 그는 십자가를 이기셨다. 그는 죽음을 이기셨다. 그는 자신이 해 보지 않은 것을 우리에게 제시하시지는 않는다. 그는 우리에게 자기 자신을 통해 승리하는 생활로 가는 길을 제시하신다.

그러나 이 구절에서는 요구 사항도 있다. 그 요구 사항은 **충성**(loyalty)이다. 부활하신 주님의 요구 사항은 그의 백성은 죽기까지 충성하고 충성의 대가가 비록 죽음을 몰고 올지라도 충성하라는 것이다. 충성이란 서머나 사람들이 약간 알고 있는 것이다. 왜냐하면 그 시는 로마가 대제국이 될 가능성이 극히 희박했을 때 로마와 운명을 함께하기로 결정하고 그때부터 내내 좋을 때나 언짢을 때나 충성심을 버리지 않았다. 생의 모든 덕을 모아 놓고 충성과 저울질할지라도 충성이 더 무거울 것이다. 스티븐슨(R. L. Stevenson)의 기도는 "모든 일이 잘 될 때나 심지어는 죽음의 문 앞에 이르기까지 우리는 서로 신실해야 하고 사랑하는 것" 이었다.

부활하신 주님은 큼지막한 것을 제시하신 반면에 큼지막한 요구를 하신다. 그리고 우리가 그의 요구에 응할 수 있는 것은 오직 그가 주시는 힘과 용기 안에서만 가능하다.

약속된 상급

요한계시록 2:8-11(계속)

예수 그리스도는 아무에게도 빚을 지지 않고 충성을 다한 자에게는 반드시 상급을 주신다. 이 구절에서는 두 가지 상급이 언급되어 있다.

1. "생명의 면류관"이 있다. 신약에서는 누차 기독교인의 면류관이 언급되

어 왔다. 이곳 외에는 야고보서 1장 12절에 생명의 면류관이 있다. 바울은 **의의 면류관**(딤후 4:8)과 **기뻐함의 면류관**(살전 2:19)에 대하여 말하고 있다. 베드로는 **영광의 면류관**(벧전 5:4)에 대해 언급했다. 바울은 기독교인의 썩지 않을 면류관과 경기에서 승자에게 주는 상인 월계수 면류관을 비교했다(고전 9:25). 그리고 베드로는 결코 시들지 않는 **영광의 면류관**에 대해 묘사하고 있다(벧전 5:4).

이곳의 문장에서 소유격 of는 ~**으로 구성되어 있는**이라는 뜻이다. 여기서 의미하는 것은 영광과 의와 미와 생명으로 구성된 면류관을 의미한다. 의의 면류관을 얻거나 영광의 면류관 혹은 생명의 면류관을 얻는다는 것은 의와 영광과 생명으로 씌워지는 것이다. 그러나 우리는 이 면류관이란 단어 뒤의 배경을 이해해야만 한다. 모든 경우에 쓰인 단어는 **스테파노스**(stephanos)다. 헬라어에는 면류관이란 단어가 두 가지 있다. 첫째는 **디아테마**(diadēma), 즉 **왕관**이 있고 다른 하나는 **스테파노스**(stephanos), 즉 일반적으로 **기쁨**과 **승리**와 관련 있는 것이다. 그러면 여기에서 고대인들이 써 온 여러 가지 **스테파노이**(stephanoi, stephanos의 복수형)를 연구해 보자.

1. 운동 경기에서 승자의 면류관을 생각하게 된다. 서머나는 전 아시아에서 유명한 운동 경기를 했다. 가장 유명한 올림픽 경기에서와 같이 우승한 운동선수에게 주어지는 면류관은 월계수로 만든 것이다. 기독교인은 생의 경기에서 승리의 면류관을 얻을 수 있다. 기독교인은 생의 경주를 뛰되 마지막 날에는 그리스도의 승리자가 될 수 있다.

2. 직무를 열심히 그리고 충성스럽게 이행해 나간 장관에게는 그 임기 끝에는 면류관이 주어진다. 면류관은 충성된 봉사의 상급이다. 일생을 통하여 충성스럽게 그리스도와 자신의 이웃을 섬기는 사람은 자신의 면류관을 받게 될 것이다.

3. 이방 세계에서는 무도회에서 꽃으로 만든 화관을 쓰는 관습이 있었다. 화관은 축제 때 기쁨의 표시다. 마지막 날에 기독교인이 충성스러웠다면 그는 하나님의 잔치 자리에 하나님의 손님으로 앉을 기쁨을 누리게 될 것이다.

4. 이교도들은 자신들의 신전에 나아갈 때 관을 쓰는 관습이 있었다. 이때 관은 신의 존전로의 입장의 표시였다. 마지막 날에 기독교인은 충성스러웠다면 하

나님의 존전에 더 가까이 들어가는 기쁨을 갖게 될 것이다.

5. 끝으로 어떤 학자들은 그림에서 간혹 보는 신상의 머리에 그 후광을 생각하기도 한다. 그것이 사실이라면 기독교인은 충성하면 하나님 자신에게 속한 그 신적 생명으로 씌워질 것이다. 요한은 "우리가 그와 같을 줄을 아는 것은 그의 참모습 그대로 볼 것이기 때문이니"(요일 3:2)라고 말했다.

이 세상에서는 기독교인의 충성이 가시의 면류관을 동반할지도 모르지만 장차 올 세상에서는 틀림없이 영광의 면류관을 가져올 것이다.

II. 사이프리안(Cyprian)은 죽도록 충성한 자들을 묘사하는 데 두 가지 유명한 표현을 남겨 놓았다. 하나는 "좋은 이름으로 빛나는 사람들"이고, 또 하나는 "흰옷 입은 그리스도의 정병의 무리"다. 충성스러운 자들에게 또 다른 약속이 주어졌다. 그들은 **둘째 사망**의 해를 입지 않을 것이다. 이 **둘째 사망**이란 말은 **요한계시록**(20:6, 14, 21:8) 이외에는 신약 어느 곳에서도 찾아볼 수 없는 말이다. 랍비들이 이 표현을 썼는데 그들은 "죄인들이 오는 세상에서 죽는 그 둘째 사망"에 대해 언급했다. 이 둘째 사망이란 말은 두 가지 기원을 갖고 있다.

1. 유대인 사이에서도 사두개인들은 죽음 후에는 전혀 아무것도 없다고 믿었다. 헬라인들 중에도 에피큐리아인들이 이와 같은 주장을 했다. 이 신앙은 심지어 구약에도 나타나는데 저 비관적이란 전도서는 한 사두개인의 작품이다. "산 개가 죽은 사자보다 낫기 때문이니라 무릇 산 자는 죽을 줄을 알되 죽은 자는 아무것도 모르느니라"(전 9:4-5). 사두개인과 에피큐리아인들에게는 죽음이란 멸절이요, 말살이요, 소멸이요, 그 후에는 아무것도 없다. 정통적인 유대인에게 이것은 너무나 쉬운 길이었다. 우매한 자나 지혜로운 자나 그 결국이 일반이기 때문이다(전 2:15-16, 9:2). 그러므로 그들은 소위 두 가지 죽음, 즉 누구나 맛볼 육신의 사망과 그 후에 있을 하나님의 심판인 또 다른 사망이 있다고 믿게 되었다.

2. 이 개념은 우리가 낙원(2:7)이란 단어를 공부할 때 다룬 개념과 매우 가깝게 관련되어 있다. 우리는 이미 많은 유대인과 초기 기독교 사상가들은 모든 사람이 들어가고 거기서 마지막 심판 날까지 기다리는 중간 상태가 있다고 믿었다. 그것이 사실이라면 틀림없이 두 가지 죽음이 있는데, 그것은 누구나 맛보아야

할 육체의 죽음이고, 다른 하나는 마지막 심판 후에 죄인들이 맛볼 영혼의 죽음이다.

이런 것에 대해서는 아무도 확신을 갖고 말할 수는 없다. 그러나 요한이 충성된 자들은 둘째 사망의 해를 입지 않는다고 말한 것은 바울과 똑같은 것을 뜻하였다. 바울은 사망이나 생명이나 현재 일이나 장래 일이 예수 그리스도를 사랑하는 자를 그리스도에게서 끊을 수 없다고 말했다. 그런 사람은 생이 그에게 할 수 있는 어떤 것이나 죽음이 그에게 할 수 있는 어떤 것에서도 안전하다(롬 8:38-39).

버가모 교회에 보낸 편지

요한계시록 2:12-17

12버가모 교회의 사자에게 편지하라 좌우에 날선 검을 가지신 이가 이르시되
13네가 어디에 사는지를 내가 아노니 거기는 사탄의 권좌가 있는 데라 네가
내 이름을 굳게 잡아서 내 충성된 증인 안디바가 너희 가운데 곧 사탄이 사
는 곳에서 죽임을 당할 때에도 나를 믿는 믿음을 저버리지 아니하였도다
14그러나 네게 두어 가지 책망할 것이 있나니 거기 네게 발람의 교훈을 지키
는 자들이 있도다 발람이 발락을 가르쳐 이스라엘 자손 앞에 걸림돌을 놓아
우상의 제물을 먹게 하였고 또 행음하게 하였느니라 15이와 같이 네게도 니
골라 당의 교훈을 지키는 자들이 있도다 16그러므로 회개하라 그리하지 아니
하면 내가 네게 속히 가서 내 입의 검으로 그들과 싸우리라 17귀 있는 자는
성령이 교회들에게 하시는 말씀을 들을지어다 이기는 그에게는 내가 감추었
던 만나를 주고 또 흰 돌을 줄 터인데 그 돌 위에 새 이름을 기록한 것이 있
나니 받는 자밖에는 그 이름을 알 사람이 없느니라

사탄의 위(位)

요한계시록 2:12-17(계속)

이 도시의 명칭이 신약의 번역판에 따라 차이가 있는 것을 발견하게 된다. KJV에서는 **버가모**(Pergamos)로 되어 있고 개역판과 미국 표준개역판, 모팻 개역판에서는 **버가뭄**(Pergamum)이라고 했다. **버가모**는 그 명칭이 여성형이고 **버가뭄**은 중성형이고 고대에는 두 가지 다 통용되었으나 **버가뭄**이 더 보편적이었고, 근자의 번역판들이 그것을 택한 것은 잘했다.

버가뭄은 아시아에서는 자기 나름의 지위를 굳혔다. 이곳은 에베소나 서머나처럼 어느 대로의 일부분이 아니었다. 그러나 역사적으로 이곳은 아시아에서는 가장 위대한 도시였다. 이 도시를 스트라보(Strabo)는 저명한(epiphanēs) 도시라고 불렀고, 플리니(Pliny)는 "아시아에서는 월등히 유명한 도시(longe clarissimum Asiae)"라고 불렀다. 그 이유는 요한이 이 편지를 쓸 무렵에는 이미 근 4백 년간이나 수도 노릇을 해 왔었다. 일찍이 주전 282년에 셀레우시드(Seleucid) 왕국의 수도로 되었다. 이 나라는 알렉산더 대왕의 왕국이 붕괴되어 생겼는데 버가뭄은 주전 133년까지 이 왕국의 수도였다. 그 해 아탈루스(Attalus) 3세가 서거했고, 그가 서거하기 직전에 자신의 왕국이 로마에 합병할 것을 유언했다. 그 후 로마는 버가뭄을 아시아 지방이라고 불렀고 버가뭄을 계속해서 아시아의 수도로 했다. 수도에는 항상 무언가 특별한 기운이 감돌게 마련인데 버가뭄은 근 4백 년간이나 이런 특권을 누려 왔다.

버가뭄의 지리적 위치가 더욱더 인상 깊게 한다. 이 도시는 높은 원추형 구릉 위에 건설되었고, 이 구릉은 가이쿠스(Caicus) 강 계곡을 지배했고, 24킬로미터 떨어져 있는 지중해가 바라보였다. 현대의 여행가요 학자인 윌리엄 램세이(William Ramsay) 경은 이 도시를 일컬어 "소아시아의 어떤 도시보다도 여행자에게 왕도와 같은 그리고 권위의 원천 같은 인상을 준다. 그리고 이 도시가 서 있는 암석의 구릉은 굉장히 크고 넓은 가이쿠스 평원을 아주 자신만만하게 그리고 대담하게 지배하고 있다"라고 했다. 역사와 명예가 모두 이 버가뭄 주변에 하나로 뭉쳐 있다. 그러면 이 왕도의 특징을 열거해 보기로 한다.

I. 버가뭄은 에베소나 서머나와 같은 상업적인 업적을 결코 이룰 수는 없으나 문화의 중심이었고 이 방면으로는 두 도시보다 훨씬 앞섰다. 버가뭄은 그의 도서관으로 유명했는데 그곳에는 적어도 20만 권 이상의 양피 두루마리를 간직했다. 고대에서 이 숫자는 알렉산드리아의 독특한 도서관 다음으로는 가장 큰 것이었다. 영어의 양피지(羊皮紙, parchment)란 단어가 버가뭄(Pergamum)에서 유래되었다는 것은 퍽 흥미있는 일이다. 고대에는 이 parchment란 말이 **헤 퍼가메네 카르타**(hē pergamēnē charta)였는데, 그 뜻은 **버가뭄 시트**(the Pergamum sheet)란 뜻이었고, 이 명칭에는 사연이 있다. 오랫동안 고대 두루마리들은 파피루스에 쓰였다. 파피루스는 나일 강가에서 자라는 극히 큰 갈대의 속으로 만든 것이다. 속을 뽑아내서 잘게 빻고 종이장처럼 압축하여 만든 후 표면을 매끄럽게 한다. 그렇게 하면 진초록색 종이와 비슷한 것이 나온다.

이것이 당시 글 쓰는 데 널리 사용되던 물건이다. 주전 3세기에 유메네스(Eumenes)라는 버가뭄의 왕이 가장 권위 있는 시립 도서관 만들기를 심히 원했다. 그렇게 하기 위하여 그는 알렉산드리아의 사서(司書)인 비잔티움의 아리스토파네스(Aristophanes of Byzantium)에게 알렉산드리아를 떠나 버가뭄으로 오도록 설득—아니 뇌물을 주었다는 것이 더 타당하다—시켰다.

애굽의 황제는 그의 훌륭한 학자를 유인한 일로 분노했다. 그는 즉시 아리스토파네스를 감금했고 보복책으로 파피루스의 버가뭄 수출에 금수조치를 내렸다. 이러한 난처한 입장에 처하자 버가뭄의 학자들은 동물의 가죽을 매끄럽게 만들어 그 위에 글을 쓸 수 있게 한 양피지 혹은 우피지라는 것을 발명해 냈다. 사실상 이 양피지는 글을 쓰기에는 훨씬 우수했으며 수세기 후에는 파피루스를 대신해서 널리 사용하게 되었다. 그리하여 버가뭄은 지식과 문화에서 영광을 누렸다.

II. 버가뭄은 고대 세계에서 종교적으로 위대한 중심지 중 하나였다. 특히 이곳에는 아주 유명한 신전이 두 개 있었다. 부활하신 주님의 서신에 버가뭄은 "사탄의 위(位)"가 있는 곳이라고 했다. 사탄의 위란 기독교회가 특히 악한 것, 기독교 신앙에 적대되는 것을 지칭하는 것이 틀림없다. 어떤 사람은 사탄의 위란 표현을 버가뭄의 종교적 번영을 가르친다고 했다. 그러면 버가뭄의 유명한 신전 두 개를 살펴보고 그것이 이 구절을 설명하기에 적합한지 살펴보도록 하자.

1. 버가뭄은 그리스 생활양식과 그리스의 신 숭배의 주인이요, 옹호자라고 자처했다. 주전 240년경에 버가뭄은 야만적인 거인의 공격을 물리쳐 크게 이겼다. 이 승리로 수많은 거인들이 절름발이가 되었다. 이 승리를 기념하여 제우스 신에게 드리는 큰 신전이 세워졌다.

이 신전은 버가뭄의 원추형 구릉 위에 240미터나 높이 서 있는 아테네의 신전 앞에 세워졌다. 이 신전은 불쑥 튀어나온 바위 위에 12미터 높이로 세워졌다. 이것은 마치 능선 위에 있는 큰 보좌같이 보였다. 그리고 날마다 하루 종일 제우스 신에게 드리는 제사의 연기로 꽉 차 있었다. 그 아랫부분에 걸작품의 조각이 새겨져 있는데 이는 야만적인 거인들에 대해 그리스의 신들이 승리자로 나타나는 "거인의 전장"을 보여 주는 것이다. 이 크고 웅장한 제단이 사탄의 위라고 말하는 사람이 있다. 두말할 것 없이 그 제단의 지배적인 위치가 버가뭄 사람에게 아무도 아테네와 제우스를 잊을 수 없게 만들었을 것이다. 그러나 기독교 저술가까지도 그 제단과 신전을 사탄의 위라고 불렀으리라고 하는 것은 잘 맞지 않는다. 이때에는 벌써 그리스의 신들은 과거가 되어 버렸으며 더욱이 기독교인이 그것을 공격하기 위해 정력을 기울일 만한 가치가 없었기 때문이다.

2. 버가뭄은 특히 아스클레피오스(Asclepios) 숭배와 밀접한 관련이 있고, 아스클레피오스는 "버가뭄의 신"이라고 알려질 정도였다. 갈렌(Galen)이 일반적으로 많이 통용되는 맹세 용어를 말할 때, 사람들은 보통 에베소의 아데미, 델피의 아폴로, 버가뭄의 아스클레피오스를 들어 맹세했다고 한다. 아스클레피오스는 치유의 신이다. 그의 신전들은 고대 사회에서는 병원으로서 가장 가까운 첩경이다. 세계 각지에서 많은 사람이, 그리고 많은 부유층 인사들이 그들의 고통이나 병을 치료하기 위해 몰려들었다. 찰스(R. H. Charles)는 버가뭄을 "고대 세계의 루르드(Lourdes: 프랑스의 한 지명으로 병 고치는 샘물이 나오는 곳으로 알려져 있고, 특히 천주교인들에게 잘 알려져 있다-옮긴이주)"라고 불렀다. 치유의 임무는 일부는 사제들

의 일이요, 의사들의 일이요—고대 세계의 의료사상 히포크라테스 다음가는 갈렌(Galen)이 버가몸에서 출생했다—아스클레피오스의 신비스러운 신유였다. 그러면 이 신전의 경배가 기독교인들에게 아스클레피오스 신전을 사탄의 위라고 부르게 만들 만한 이유가 있을까? 여기에는 두 가지가 있을 수 있다.

첫째, 아스클레피오스의 가장 널리 그리고 유명하게 알려진 명칭은 **아스클레피오스 소테르**(Asclepios Sōtēr)인데 이는 구주 아스클레피오스란 뜻이다. 아마도 당시 기독교인들은 구세주인 예수 그리스도 외의 어떤 사람에게라도 **구주**라는 이름이 주어진다고 하는 데 대해 일종의 두려움을 느꼈을 것이다.

둘째, 아스클레피오스의 상징이 뱀이었다. 이 표식은 아직도 영국 육군 의료반의 배지에 남아 있다. 버가몸의 많은 주화에는 아스클레피오스의 뱀을 도안의 일부에 넣었다. 어느 유대인이나 기독교인이든 뱀을 상징으로 삼는 종교를 사탄의 종교라고 생각하였을 것이다. 그러나 이 설명도 들어맞지 않는다. 전에 언급한 대로 사람들이 병 고치러 가는 장소—그리고 가끔 고쳐지기도 하는—에 혹심한 분노보다는 연민을 느꼈을 것이다. 아스클레피오스 숭배는 버가몸을 사탄의 위라고 부를 적절한 근거가 되지 못할 것이다.

그렇다면 아무래도 이 구절의 설명을 다른 데서 찾아야 할 것 같다.

III. 버가몸은 아시아 지방의 행정 중심지였다. 에베소의 위대한 점들이 많았는데도 버가몸은 수도로서 기능을 유지했다. 이것은 버가몸이 아시아 지방의 가이사 경배의 중심지였다는 것을 뜻한다. 가이사 경배에 대해서는 후에 더 자세히 언급하겠다. 그러나 간단히 말해 가이사 경배는 이런 것이다.

로마의 고민거리는 그 방대하고 많은 이질적인 것이 모인 제국을 통일되게 묶을 무엇인가를 찾는 것이다. 로마 정권은 수많은 나라에 번영과 화평과 공의의 축복을 가져다주었기 때문에 여러 도성들, 게다가 로마의 정신에서 어떤 신격적인 것을 발견하려 했다. 그리하여 아주 초기에—우리가 아는 대로 주전 195년경에 서머나에는—**로마 여신**(Dea Roma), 즉 로마의 정신에게 드리는 신전이 서머나에 있었다.

로마의 정신은 한 사람, 즉 황제에게서 구현된다고 믿었으므로 황제의 신격화와 황제를 위한 신전을 건립하는 것이 성행했다. 다시 말해 이는 백성에게 강요된 것이 아니라 많은 경우 백성 사이에서 일어났다. 여러 도시들이 앞을 다투어 황제의 신전에 대한 **네오코로스**(Neōkoros) 칭호를 받으려고 애썼는데 **네오코로스**란 단어는 문자 그대로 **신전 청소부**(temple-sweeper)란 뜻이며 큰 도시들은 이 칭호를 받으려고 열심들이었다. 로마 정부는 가이사 경배를 보급함으로써 그것이 바로 로마가 필요로 하는 통일의 원리라는 것을 깨닫게 되고, 그리하여 누구나 로마 시민이면 1년에 한 번은 황제 신전에 가서 가이사 신에게 분향을 하고 "가이사는 주시라" 고 말하게 하는 법을 제정하였다. 그렇게 하면 그 사람에게는 의식을 이행하였다는 증명서가 교부된다. 여기서 두 가지 주목할 것이 있다. 첫째, 이는 종교적인 예배라기보다는 정치적 충성심의 행위다. 둘째, 로마 정권은 절대로 이 숭배만을 하게 하려고 의도하지도, 애쓰지도 않았다.

"가이사는 주" 라고 고백을 하고 나면 로마 시민은 누구나 자신이 원하는 신에게 경배할 수가 있는데 그것은 공중 질서와 품위를 저해하지 않는 한 허용되는 것이었다. 그러나 단 한 가지 기독교인이 말하려 하지 않는 것은 "가이사는 주" 라는 말이다. 예수 그리스도, 그분만이 주님이기 때문이다. 로마 정부는 이 견해를 이해할 수가 없었으므로 기독교인들을 불충성하고 혁명을 일으키려는 사람으로 간주해 공민권을 박탈하고 불법화하였던 것이다.

가이사 경배는 지방별로 노회나 교구 모양의 행정 단위로 구성되었다. 여기서 문제되는 것은 버가뭄은 아시아 지방에서 그 경배의 중심지였다는 것이다. 모든 아시아의 도시보다 가장 먼저, 심지어는 서머나보다 먼저 주전 29년에 가이사 신을 위한 신전이 버가뭄에 세워졌다. 그리고 가이사 경배의 중심이 여기에 있었다. 이것은 버가뭄에 있는 기독교인은 누구나 항시 죽음의 위협을 받고 있다는 것이다. 검이 언제 자신의 목에 떨어질지 모른다. 그리하여 의심할 것도 없이 버가뭄은 사탄의 위였다. 이곳은 사람들이 **주**(Lord)라는 명칭을 그리스도에게가 아니라 가이사에게 주어야만 하는 곳이다. 기독교인에게는 이것보다 더 악마적이요, 사탄적인 것이 없다.

버가뭄 교회에 보낸 서신의 서두에 대한 설명이 여기에 있다. 초두에서 부활하신 주님은 **좌우에 날선 검을 가진 이**라고 호칭되었다. 로마 정부 아래에 있는 로마 총독들은 두 계층으로 분류되었는데 그것은 **이우스 글라디이**(ius gladii)라고 하는 검을 사용할 수 있는 권리를 갖고 있는 총독과 그런 권리가 없는 총독으로 분류되어 있다. 검 사용권을 가진 총독은 생사권을 가지고 있고 그들의 말 한마디로 즉석에서 사형이 집행될 수 있다. 인간적으로 말하면 버가뭄에 위치하고 있는 총독은 **이우스 글라디이**, 즉 검 사용권을 가지고 있었고 그는 아무 때나 어느 기독교 성도에게 그 권리를 사용할 수 있었다. 그러나 이 서신은 기독교인들에게 마지막 결단은 양쪽에 날선 검을 갖고 계신 부활하신 주님에게 있다는 것을 잊지 말라고 명하고 있다. 로마의 권력은 사탄의 입장에서 강력할 수 있지만 부활하신 주님은 그보다 더 큰 것이다.

매우 힘든 일

요한계시록 2:12-17(계속)

버가뭄에서 기독교인이 된다는 것은 크롬웰(Cromell)이 말한 대로 매우 힘든 일을 겪어야 하는 것이다.

우리는 이미 버가뭄에 이방 종교의 집합체가 위치하고 있는 것을 배웠다. 여기에는 도시를 굽어보는 장엄한 제단이 있는 아테네와 제우스 예배가 행해졌고 아스클레피오스 예배도 있었다. 또 여기에는 원근 각처에서 환자들이 몰려들었고 이 모든 것보다도 기독교인들의 머리 위에 독을 칠한 칼과 같이 항상 걸려 있는 가이사를 경배해야 하는 요구가 있었다.

그리하여 부활하신 주님은 버가뭄의 성도들에게 "네가 어디 사는 것을 내가 아노니"라고 말씀하셨다. **산다**(to stay)는 뜻의 원어는 **카토이케인**(katoikein)인데 이는 어떤 사람의 집(가정)을 어느 장소에 갖고 있다. 혹은 어느 장소에 임시가 아닌 영구적인 거주지를 갖고 있다는 뜻이다. 이 말을 이 세상에 살고 있는 기독교인들에게 사용하는 것은 참으로 이상한 일이다. 보통 기독교인들에 대하여 나그네 혹은 여행자란 뜻의 **파로이케인**(paroikein)을 사용하여 왔다. 베드로는 모든 소아시아 지방에 흩어져 있는 **나그네들**에게 편지하고 있다. 기독교인을 이 세상 어느 곳에 영구히 살고 있는 사람으로 보는 것보다는 나그네나 순례자로 보는 것이 훨씬 보편적이다. 그러나 여기에서는 이 문제가 다른 각도에서 취급되었다. 버가뭄의 기독교인들은 이 세상에 있는 한 영구적인 거주지를 여기에 갖고 있는 곳이고, 버가뭄은 사탄의 보라가 있는 곳이고, 사탄의 지배력이 가장 강한 곳이고, 사탄이 그 권위를 가장 강하게 구사하고 있는 곳이다. 이곳이 버가뭄의 기독교인들이 좋아하든 싫어하든 살고 있어야 할 곳이며 계속 거주해야 할 곳이다. 그들은 그곳에 있으며 거기서 빠져 나갈 수는 없는 것이다.

여기에 매우 중요한 것이 있다. 기독교인의 생활의 원리는 도피가 아니라 정복이다. 우리는 가끔 지금 있는 곳보다는 좀 다른 곳, 다른 여건, 좀더 동정적인 사람들 사이에서 그리고 전도가 더 쉬운 환경 속에서 기독교인의 생활을 하는 것이 퍽 쉬울 것이라고 생각한다. 그러나 기독교인의 임무는 도피가 아니라 우리의 생이 우리에게 정해 준 그 자리에서 그리스도를 증거해야 하는 것이다. 우리는 언젠가 부흥회에서 결신한 한 여자에 대해 들은 바 있다. 그는 속세의 신문사 기자였는데 그 위치는 그리스도를 증거하기에 결코 쉬운 곳이 아니다. 그녀가 개심한 후 첫 번째 취한 조치는 그 신문사를 떠나 작은 기독교 신문의 기자가 되는 것이었다. 거기서는 항상 기독교적인 환경에 있는 것이다. 그녀가 개심하자마자 처음으로 가져다준 것이 도피라는 것은 참으로 이상한 일이다. 어느 특정한 환경 속에서 기독교인으로 처세하기 힘들면 힘들수록 그 환경 속에 남아 있을 의무가 더 큰 것이다. 버가뭄의 기독교인들은 사탄의 보좌가 있는 곳에서 기독교인으로 처세해야 했고 거기에 그대로 머물러 있어야 했다. 초대교회 기독교인들이 매우 힘든 일을 당할 때마다 도피해 버렸었다면 그리스도의 세계는 꿈도 꿀 수 없었을 것이다.

더 나아가 버가뭄의 기독교인들은 그런 환경 속에서도 기독교인으로 처세할 수 있었다는 것을 증명했다. 성도들이 순교당하고 있을지라도 움츠리거나 뒤로 물러나지 않았다. 안디바에 대하여 우리는 전혀 아는 바 없지만 훗날 터툴리아누스의 전설에 의하면 그는 놋쇠 가마 속에서 서서히 구워져서 죽음을 당했다고 한다. 그런데 헬라어에는 영어로 정확히 표현하기 곤란하지만 극히 암시적인 단어가 있으니 부활하신 주님께서 안디바를 나의 충성된 **증인**(martus)이라고 부르신다. 영어로는 이 말(martus)을 martyr(흔히 순교자로 번역함)로 번역하였으나 **마르투스**(martus)는 사실상 헬라어에서는 보통 **증거**(witness)로 사용되는 단어다. 초대교회에서는 순교자(martyr)가 되는 것이나 증인이 되는 것은 하나이며 같은 일이다. **증거**(witness)는 자주 **순교**(martyrdom)를 의미하게 되었다. 초대교인은 자신이 무엇을 하고 있었는지 잘 알고 있었다. 성도가 되자마자 그는 자신을 죽음으로 몰아넣게 된 것이다. 여기에 우리에게 힐책이 있다. 세상에는 기독교적 환경 속에서 자신들의 기독교를 나타내려고 하나 기독교가 조롱과 멸시와 냉담 혹은 반대를 받는 곳에서는 기독교를 전파하지 않으려는 사람들이 무척 많다. 기독교인은 **마르투스**란 단어가 **순교**와 **증거**를 동시에 의미한다는 것과 기독교인의 증거에는 희생이 요구되는 것을 기억해야만 한다.

그러나 우리는 그 밖에 다른 한 문제를 상기해야만 한다. 부활하신 주님은 안디바를 **나의 충성된 증인**이라고 부르신다. 그렇게 하는 데 주님은 안디바에게 예수님 자신의 칭호를 주신 것이다. 요한계시록 1장 5절과 3장 14절에 예수 그리스도 자신은 **충성된 증인**(the faithful martus)이란 명칭이 붙었다. 예수 그리스도는 신실한 자들에게는 자기 자신의 명예와 칭호를 주시는 것이다. 기독교인에게 환난이 없을 때는 기독교인이 되기란 쉽다. 그러나 증거와 순교가 하나라는 사실을 받아들이는 사람에게는 영광이 더욱 큰 것이다.

멸망될 이단

요한계시록 2:12-17(계속)

버가뭄 교회의 충성에도 불구하고 거기에도 실책이 있다. 발람의 교훈과 니골라당의 교훈을 지키는 자들이 있었다. 우리는 이 사람들에 대해 에베소 서신에서 다루었고 두아디라 교회 서신을 연구할 때에도 다루게 될 것이므로 여기서는 간단하게 다루어 보자. 니골라당의 교훈이란 기독교인들을 이 세상의 기준과 조심스럽게 일치하려 하는 것은 잘못이 아니라고 설득시키려 했고, 교회가 이 세상의 관습, 도덕과 타협하게 하려고 권장한 것이다.

남과 달라지려고 하지 않는 사람은 기독교인의 길을 출발할 필요가 전혀 없다. 신약에서 기독교인이란 말의 가장 흔한 단어는 **하기오스**(hagios)다. 누차 우리는 그 단어의 근본 뜻이 **차별**이나 **분리**라는 것을 생각해 보았다. 성전은 하기오스다. 그 이유는 다른 건물들보다 다르기 때문이다. 안식일은 하기오스다. 그 이유는 다른 날들보다 다르기 때문이다. 하나님은 최고로 **하기오스**하시다. 그 이유는 그분의 무한히 무죄하신 성결 안에서 사람과는 전적으로 다르시기 때문이다. 기독교인은 **하기오스**하다. 그 이유는 다른 사람들과 다르기 때문이다.

우리는 달라진다는 것이 무엇을 뜻하는지 명백히 할 필요가 있다. 거기에는 역설이 있기 때문이다. 바울이 고린도 사람들에게 세상 사람과 달라지라고 요청하고 있다. "너희는 그들 중에서 나와…" 라고 했다(고후 6:17). 이 세상에서 구별은 분명히 세상에서 분리나 격리를 말하는 것이 아니고, 세상을 경멸하거나 증오하는 것도 아니다. 바로 이런 말을 기독교인이 된 사람들에게 이 세상의 백성 가운데에서 나오라고 독려하는 바울이 바로 그 교회 사람들에게 편지 쓰면서 이렇게 말했다. "여러 사람에게 여러 모양이 된 것은 아무쪼록 몇몇 사람이라도 구원하고자 함이니" (고전 9:22). 현대적 표현으로 말하면 바울의 주장은 자신은 아무하고도 잘 지낼 수 있다는 말이다. 그러나 그가 그들과 잘 지내는 것은 **아무쪼록 몇몇 사람을 구원코자 함이다**. 이것은 기독교를 그들의 수준으로 끌어내리는 것이 아니라 그들을 기독교의 수준으로 끌어올리는 것이다. 니골라당의 잘못은 세상을 기독교 수준으로 끌어올리려는 것이 아니라 기독교를 세상의 수준에 맞추려고 노력하는 데 있다. 다시 말해 그들은 수정주의를 채택하고 있는데 그 이유는 환난이 두려워 그것을 피하려는 나머지 타협의 길을 택한 것이다.

부활하신 주님의 말씀은 당신이 직접 오셔서 그들과 싸우시리라는 것이다. 여기서 주의할 것은 주님이 "내가 가서 **너희**와 싸우리라" 고 하신 것이 아니라 "내가 가서 **그들**과 싸우리라" 고 하신 것이다. 그리스도는 전체 교회를 향한 것이 아니라 교회를 오도하거나 속이거나 유혹하는 자들에게 진노한 것이다. 미혹된 자, 죄를 짐짓 짓는 것보다는 오히려 남의 죄로 희생이 된 자들에게 대해서 그리스도는 불쌍히 여기신다. 그리스도가 남을 잘못 인도하는 자들에게 가장 격렬하게 진노한 것이다.

부활하신 주님의 위협은 그들과 "**내 입의 검으로**" 싸우리라고 하시는 것이다. 검을 가진 그리스도는 놀라운 아이디어다. 과거의 정복자들과 예수 그리스도를 비교하면서 한 시인은 다음과 같이 말했다.

> 그리고 이 모든 사람이 무대에서 사라지고
> 유리 위에 비치는 깜박거리는 그림자같이,
> 그러나 언제까지도 승리를 계속하는 이는
> 검을 안 가지고 나귀를 타신 그리스도이시다.

그렇다면 그리스도의 검이란 무엇인가? 히브리서 저자는 "하나님의 말씀은 살아 있고 활력이 있어 좌우에 날선 어떤 검보다도 예리하여"(히 4:12)라고 했다. 그리고 바울은 "성령의 검 곧 하나님의 말씀"(엡 6:17)에 대해 말하고 있다. 그리스도의 검은 그리스도의 말씀이다. 그리스도의 말씀에는 **죄를 적발하는 힘**이 있다. 거기에서 인간은 진리를 대하게 되고 자기 자신의 잘못을 대면하게 되어 진리를 알고 순종하게 된다. 그리스도의 말씀에는 **하나님께로의 초대**가 있다. 그 말씀은 사람에게 죄를 알리고서는 다시 초대하되 심판으로가 아니라 하나님의 사랑으로 초대한다. 그리스도의 말씀에는 **구원의 확증**이 있다. 이 말씀은 사람에게 죄를 보이고, 그를 십자가로 인도한다. 그리스도 외에는 천하 인간에 구원을 얻을 만한 다른 이름이 없다(행 4:12)는 것을 인간에게 확증해 준다. 그리스도의 정복은, 사람을 하나님의 사랑으로 이끌어 오는 그리스도의 능력이다.

하늘의 떡

요한계시록 2:12-17(계속)

이 서신에서 부활하신 주님은 이기는 자에게 두 가지를 약속하신다. 그 첫째는 그에게 **감추었던 만나**를 주겠다고 하신다. 여기에는 두 가지 면을 가진 유대인 개념이 들어 있다.

I. 이스라엘 자손들이 광야에서 식량이 떨어졌을 때 하나님이 그들에게 만나를 주어 먹게 하셨다(출 16:11-15). 만나가 더이상 필요하지 않게 되었어도 만나의 기억만은 지워지지 않았다. 한 항아리의 만나를 취하여 궤 속에 넣어 성막과 성전의 지성소 안에 하나님 앞에 놓았다(출 16:33-34; 히 9:4). 옛날 주전 6세기에 솔로몬이 건축한 성전이 파괴되었는데 랍비들의 전설에 따르면 성전이 파괴되었을 때 예레미야가 그 만나 항아리를 시내 산 절벽에 감추었는데, 메시아가 오시면 예레미야가 다시 돌아와서 그 만나 항아리를 찾아내게 된다는 것이다. 그러므로 유대인에게는 감추었던 만나를 먹는다는 것은 메시아 시대의 축복을 누린다는 뜻이다. 예수는 메시아이시다. 그러므로 기독교인에게는 감추었던 만나를 먹는다는 것은 천국이 임하고 예수께서 자신의 축복의 보고를 당신의 백성에게 열어주실 때 나타나는 새 시대의 축복에 참여함을 뜻한다.

II. 여기에는 그보다 더 광범위하고 보편적인 뜻이 있을 것이다. 만나에 대해 이렇게 언급되어 있다. "이는 여호와께서 너희에게 주어 먹게 하신 양식이라"(출 16:15). 만나는 "하늘 양식"(시 78:25)이라 했으며 "힘센 자의 떡"(시 78:25)이라 했다. 여기에서 만나는 **하늘 양식**(heavenly food)을 뜻할 수 있다. 그런 경우에 요한은 이렇게 말한 것이 된다. "당신은 이 세상에서 이방인과 함께 그들의 제사나 잔치, 사교적 행시에 자리를 같이할 수도 없고, 우상에게 바쳐졌던 제물의 일부인 고기를 먹을 수도 없다. 그것은 많은 것을 놓치고 희생하는 것이라고 생각할지도 모른다. 그러나 당신이 이 세상에서 더러운 식사에 참여하지 못하더라도 언젠가는 하늘에서 하늘의 양식으로 먹을 날이 임할 것이다." 그렇다면 부활하신 주님은 이렇게 말씀하시고 계시는 것이다. "사람이 하늘의 축복을 누리려면 이 세상의 유혹을 물리쳐야 한다."

III. 이 말에 대하여 한층 나아가 이런 설명을 할 수도 있다. 어떤 사람들은 감추인 만나란 성만찬에서 기독교인에게 주어진 하나님의 떡이라고 한다. 요한의 기록에 의하면 유대인이 예수께 "우리의 조상들은 광야에서 만나를 먹은 것처럼 우리에게도 떡을 주시오"라고 말했을 때, 예수님께서 "하나님만이 하늘의 참떡을 줄 수 있다"고 대답하시고, "내가 곧 생명의 떡"이라고 위대한 주장을 하셨다고 전해 준다(요 6:31-35). 감추었던 만나와 생명의 떡이 동일한 것이라면 감추었던 만나는 성만찬의 떡에 불과한 것이 아니라, 생명의 떡이신 그리스도 자신이 되는 것이다. 그리스도는 충성된 자에게 당신 자신을 주시겠다고 약속을 하신 것이다.

흰 돌과 새 이름

요한계시록 2:12-17(계속)

버가뭄의 충성된 자들에 대한 그리스도의 마지막 약속은 주께서 새 이름이 새겨져 있는 흰 돌을 주시겠다는 것이다. 이 구절은 헤아릴 수 없이 많은 설명을 할 수 있는 구절이다. 그 중 몇 개만 추려서 생각해 보기로 한다. 이들은 각기 전체를 이해하는 데 그리고 그 진가를 아는 데 도움이 될 것이기 때문이다. 고대에는 흰 돌은 여러 가지를 의미했다.

I. 랍비들의 전설에 의하면 만나와 더불어 값진 돌이 하늘에서 떨어졌다고 한다. 이 경우에는 흰 돌이란 단지 하나님이 그의 백성에게 주신 값진 선물이다.

II. 어린아이들이 철사에 방울을 꿰어 셈을 배우듯이 옛날에는 계산하는 데 색깔이 있는 돌을 사용했다고 한다. 그래서 이 말은 기독교인들은 충성된 자들의 수에 들어서 인정이 된다는 뜻이다.

III. 고대 법정에서는 재판관의 판결을 나타내는 데 흰 돌과 검은 돌을 사용하였다고 한다. 검사의 기소가 있고 피고인의 진술이 끝난 후에 재판부는 그들의 판결을 항아리 속으로 돌을 던져 넣음으로써 표시했다. 검은 돌은 유죄요, 흰 돌은 무죄인데 최종 판결은 흰 돌이든 검은 돌이든 항아리 속에 많이 남은 편으로 나게 마련이다. 그러므로 흰 돌은 무죄를 의미한다. 이 법은 기독교인들은 예수 그리스도의 업적으로 사죄되고 하나님이 보시기에 의롭다 인정된 것을 의미한다.

IV. 고대에 테쎄라(tesserae)라고 하는 물건이 많이 사용되었다. 테쎄라(라틴어의 단수형)는 나무나 쇠, 돌로 만들어진 작은 둥글납작한 물건이었다. 여기에 글자가 쓰여 있다. 일반적으로 말해 **테쎄라**를 갖는다는 것은 그 소지인에게 어떤 권리나 특전을 준다는 것이다. 세 가지 **테쎄라**는 흥미 있고 이해하는 데 도움이 된다.

1. 로마에서 큰 집에는 **식객**(clients)이 있었는데 이들 식객은 부잣집에서 기식을 하고 있다. 매일 그들은 집주인에게서 음식과 그날 쓸 용돈을 받는다. 그들은 가끔 **테쎄라**를 받는데 이로써 그들은 자신들이 식객임과 무상으로 무엇을 받을 권리가 있는 사람임을 증명하는 것이다. 이 말은 기독교인은 그리스도가 주신 값없는 생명의 선물을 받을 권리와 특전이 있다는 것을 의미한다.

2. 경기장에서 승리를 한다는 것은 고대 사회에서는 가장 큰 영예였다. 특출하게 우승한 자들에게는 대회장에서 **테쎄라**를 주는데 이는 훗날 그 소지인에게 모든 공공 전시장이나 경기장, 공연 장소에 무료로 입장할 수 있는 권리를 부여하는 것이다. 여기서 기독교인은 그리스도에 대한 대승리자로서 상을 받고 주의 영광에 참여하는 자라는 것을 의미한다.

3. 로마에서 대검투사는 모든 사람에게 경탄을 받았다. 보통 검투사는 싸움에서 죽을 때까지 계속해서 싸워야만 했다. 그러나 어떤 검투사가 특이하게 뛰어

난, 그리고 영예로운 경력을 가졌거나 원형 연기장에서 관중의 사랑을 받았다면 그가 늙게 되었을 때 모든 싸움에서 제외되고 영예로운 퇴역을 할 수 있게 한다. 그런 사람들에게 **테쎄라**가 주어지는데 거기에는 S. P라는 두 글자가 쓰여 있다. S. P는 라틴어 **스펙타투스**(spectatus)의 약자인데, **의심할 여지가 없이 그의 용맹성이 인정된 사람**이란 뜻이다. 이 말은 기독교인은 그리스도의 검투사이며 그가 인생의 전쟁에서 자신의 용기를 증명하면 그리스도께서 주시는 휴식으로 들어가도록 허락된다는 것이다.

V. 고대 세계에서는 특별히 기쁘고 일이 잘 되는 날은 '흰 날(white day)'이라고 불렸다. 플루타크(Plutarch)는 이렇게 전해 준다. 페리클레스(Pericles)가 사모스(Samos)를 포위할 때 그는 그것이 장기화될 것을 예언했다. 그는 군인들이 지치는 것을 원치 않았기 때문에 군대를 8개 부대로 갈라놓고 매일 그 8개 부대가 제비를 뽑았다. 제비를 콩으로 뽑았는데 그 중 하나가 흰 콩이었다. 흰 콩을 뽑는 부대는 그날은 근무를 하지 않고 자유롭게 행동하는 것이 허락되었다. 흰 콩을 사용했기 때문에 그 즐거운 날을 흰 날이라고 불렀다(플루타크, 페리클레스의 생애 〈Life of Pericles〉 64). 플리니가 친구에게 보낸 편지에서 이렇게 말했다. "나는 법정에서 놀라운 두 젊은 변호인의 말을 들을 수 있었는데 이런 두 젊은이가 있는 이상 로마 변론계의 장래는 밝다." 그는 "그 경험이 자신에게 그날의 **칸디디씨모 칼쿨로**(candidissimo calculo)로 표시하게 만들었다"고 말했다. 이 말은 돌 중 가장 흰 것으로 표시되었다는 뜻이다(플리니의 서신 6, 11).

트라키아(Thracia)인과 스구디아(Scythia)인들은 자신들의 집에 항아리 하나를 간직하고 있으면서 즐거운 날에는 흰 돌, 좋지 않은 날에는 검은 돌을 집어넣었다. 이렇게 해서 그가 늙게 되면 돌을 다 꺼내 헤아려 보고 흰 돌이든지 검은 돌이든지 많은 편을 보고 행복한 일생을 보냈다든지 괴로운 일생을 살았다고 말한다. 이런 데 반해 기독교인들은 예수 그리스도를 통하여 인생의 즐거움과 기쁨을 누릴 수 있는데 그 기쁨은 아무도 빼앗을 자가 없는 것이다(요 16:22).

VI. 이제 마지막으로 한 가지 설명을 더 할 수 있는데, 아마도 이것이 가장 적합

한 설명 같다. 고대 세계에서 가장 흔히 볼 수 있었던 것은 호신패나 부적을 가지고 다니는 것이다. 이것은 금이나 은 같은 귀금속이나 다이아몬드 같은 보석으로 만들어지기도 했으나 흔히 조약돌이었다. 이 조약돌 위에 신성한 이름이 쓰여 있는데, 이 신의 이름을 안다는 것은 그 신을 어느 정도 자유롭게 할 수가 있으며 곤경에 빠졌을 때는 그를 불러 도움을 받을 수 있고 악신들을 제어할 수 있다고 생각하였다. 그런 호신패는 거기에 써진 이름을 그 소유자밖에 모를 때는 갑절이나 능력 있고 효력 있는 것으로 생각되었다.

요한이 말하고 있는 것은 아마도 이런 것임이 틀림없다. "너희 이방인 친구들은—아니, 너희도 옛날 불신 시절에는 그리하였지만—미신적인 글자가 써진 호신패와 부적을 지니고 다니면서 자신들을 안전하게 지켜주리라고 생각한다. 그러나 너희는 이와 같은 것을 전혀 가지고 있을 필요가 없다. 왜냐하면 너희는 오직 한 분이신 참 하나님의 이름과 본성을 알고 있으므로 살아 있을 때나 죽어서나 안전한 것이다." 이방인은 미신적인 부적을 믿지만 기독교인의 믿음은 하나님의 이름을 신뢰하는 것이다.

하나님께 받은 새 이름

요한계시록 2:12-17(계속)

여기서 우리가 새 이름과 흰 돌의 뜻을 전혀 다른 방향에서 찾아볼 수도 있다.

요한계시록에서 **희다**와 **새롭다**는 두 단어는 참으로 특이한 뜻이 있다. 찰스는 그의 요한계시록에서 "희다는 것은 하늘의 색이며, 하늘에서 주신 것"이라고 말했다. 여기에 사용된 희다는 말은 희미하거나 단조로운 백색을 의미하는 것이 아니라 겨울 햇볕에 번쩍이는 눈같이 희고 하나님과 하늘의 눈부실 정도의 결백을 의미한다. 요한계시록에서 우리는 흰옷(3:5-raiment, 7:9-robes), 희고 깨끗한 세마포(19:8, 14), 크고 흰 보좌(20:11) 등의 표현을 찾아볼 수 있다. 그러므로 흰색은 하늘의 색이다. 다음에 헬라어에는 새롭다는 단어가 두 가지 있다. 시간적으로 새롭다는 **네오스**(neos)가 있다. 어떤 물건이 **네오스**일 수가 있다. 그것은 다른 것과 마찬가지로 그저 옛날부터 있는 흔한 물건을 다시 새로 만든 것을 말한다. 그 반면에 **카이노스**, 즉 시간적으로만 새로운 것이 아니라 질적인 면에서도 새로운 것이다. 어떤 물건이 카이노스하다면 그것은 새로 만들어진 것뿐 아니라 전에는 전혀 그런 것이 없었으며 아직까지 알려지지 않은 것을 소개하는 것이다. 요한계시록에는 새 예루살렘(3:12)이 있고 새 노래(5:9), 새 하늘과 새 땅(21:1)이 있고 하나님이 모든 것을 새롭게 하신다(21:5)는 것 등이다.

이런 것을 염두에 두고 보면 두 가지가 생각난다. 한 가지는 흰 돌은 사람이다. 부활하신 주님은 자신의 신실한 종들에게 지상의 죄와 더러움이 깨끗해져서 하늘의 새로운 인격을, 새로운 삶을, 새로운 품성을 주시는 것이다. 그렇다면 흰 돌이란 거듭나고 새로워진 사람을 가리키는 것이다.

다음으로 새 이름에 대해서인데 구약에서 자주 있었던 일 중의 하나는 새로운 위치를 표시하기 위하여 사람에게 새 이름을 주는 것이었다. 그리하여 아브람이 아브라함이 되었는데 그것은 그가 많은 민족의 조상이 될 것이라는 약속을 받았고 그가 인간을 위한 하나님의 계획 속에서 새로운 위치를 갖게 되었을 때였다(창 17:5). 그리고 야곱은 브니엘에서 씨름 후에 하나님과 겨루어서 이겼을 때 하나님의 아들이란 뜻의 이스라엘이 되었다(창 32:28). 또 이사야는 이스라엘 민족에 대한 하나님의 약속을 들었다. "이방 나라들이 네 공의를, 뭇 왕이 다 네 영광을 볼 것이요 너는 여호와의 입으로 정하실 새 이름으로 일컬음이 될 것이며"(사 62:2)라는 말이다.

새로운 지위를 나타내기 위하여 새 이름을 주는 습관은 이방 세계에서도 있었다. 로마 제1대 황제의 이름은 옥타비아누스(Octavius)인데 그가 첫 번째 황제가 되자 그에게는 아우구스투스(Augustus)라는 이름이 주어졌다. 바로 이 이름이 그가 독존적 존재요, 초인간적인 존재라는 것을 나타내었다.

이와 비슷한 미신적인 야릇한 관습이 팔레스타인 지방의 농민에게도 있었다. 누군가가 심한 병에 걸려 죽게 되었을 때 그에게 한 새로운 이름을 주었는데 그 이름은 장수하고 존경 받은 사람의 이름이었으며 그 병이 그 이름에게 져서 그를 새 사람으로 만든다고 생각하였던 것이다.

그렇다면 그리스도께서는 당신에게 충성된 자들에게 새로운 지위를 부여하시는 것이요, 그들에게는 그리스도의 영광에 들어가며 그의 보좌에 앉게 해 당신의 왕과 제사장이 되게 허락된 것이다. 이것은 참으로 재미있는 설명이다. 즉, 흰 돌은 예수 그리스도께서 당신께 신실한 자에게 새로운 품성과 인격을 주시고 하늘의 순결로 옷 입히신다는 것을 뜻한다. 그리고 새 이름이란 그리스도에게 신실한 자가 이 세상이 끝나고 다음 세상이 시작될 때 들어갈 영광과 영예의 새로운 지위를 의미한다.

이와 같이 흥미 있는 설명이라 할지라도, 흰 돌과 새 이름을 호신패의 사용까지 거슬러 올라가 생각해 보는 것이 더 옳을 것 같다.

두아디라 교회에 보낸 편지

요한계시록 2:18-29

18두아디라 교회의 사자에게 편지하라 그 눈이 불꽃같고 그 발이 빛난 주석
과 같은 하나님의 아들이 이르시되 19내가 네 사업과 사랑과 믿음과 섬김과
인내를 아노니 네 나중 행위가 처음 것보다 많도다 20그러나 네게 책망할 일
이 있노라 자칭 선지자라 하는 여자 이세벨을 네가 용납함이니 그가 내 종들
을 가르쳐 꾀어 행음하게 하고 우상의 제물을 먹게 하는도다 21또 내가 그에
게 회개할 기회를 주었으되 자기의 음행을 회개하고자 하지 아니하는도다
22볼지어다 내가 그를 침상에 던질 터이요 또 그와 더불어 간음하는 자들도
만일 그의 행위를 회개하지 아니하면 큰 환난 가운데에 던지고 23또 내가 사
망으로 그의 자녀를 죽이리니 모든 교회가 나는 사람의 뜻과 마음을 살피는
자인 줄 알지라 내가 너희 각 사람의 행위대로 갚아 주리라 24두아디라에 남
아 있어 이 교훈을 받지 아니하고 소위 사탄의 깊은 것을 알지 못하는 너희
에게 말하노니 다른 짐으로 너희에게 지울 것은 없노라 25다만 너희에게 있
는 것을 내가 올 때까지 굳게 잡으라 26이기는 자와 끝까지 내 일을 지키는

그에게 만국을 다스리는 권세를 주리니 [27]그가 철장을 가지고 그들을 다스려
질그릇 깨뜨리는 것과 같이 하리라 나도 내 아버지께 받은 것이 그러하니라
[28]내가 또 그에게 새벽 별을 주리라 [29]귀 있는 자는 성령이 교회들에게 하시
는 말씀을 들을지어다

타협의 위험

요한계시록 2:18-29(계속)

일곱 편의 서신 중 가장 긴 편지가 일곱 개 도시 중 가장 미미한 도시에 보내졌다. 플리니는 두아디라를 중요치 않은 고장으로 취급했다. 그러나 앞으로 나오겠지만 두아디라가 당면한 문제와 두아디라를 위협한 위험은 아시아 지역의 모든 기독교인의 입장에 관련된 것이다.

두아디라는 허무스(Hermus) 강 계곡과 가이쿠스(Caicus) 강 계곡을 연결하는 긴 계곡에 놓여 있다. 이 계곡들 사이로 철도가 부설되어 있지만 두아디라에게 중요성을 안겨 주는 것은 이 지리적 위치다.

I. 두아디라는 버가뭄과 사데를 잇는 길목에 위치하여 있고, 그 길은 서머나와 비잔티움을 연결해 주는 빌라델비아와 라오디게아까지 이어지는 길에 위치하여 있다. 그 길로 왕궁의 우편물이 배달되었고, 아시아와 동방 산물의 집산도로이기도 하다. 그러므로 두아디라는 무엇보다도 상업 도시인 것이다.

II. 전략적으로 볼 때, 두아디라는 버가뭄의 관문이며, 버가뭄은 아시아도의 수도였다. 우리가 두아디라에 대하여 듣는 첫머리가 마게도냐 부대가 배치된 군대가 이곳에 있어 버가뭄을 방위하기 위한 전초 진지로 여겨진 것이다. 문제는 두아디라는 장기간 방어를 할 수 없다는 것이다. 이 도시는 넓고 안일하고 편안한 골짜기에 위치하여 있었다. 그곳에는 성을 쌓을 만한 높은 고지나 언덕이 없었다.

두아디라가 할 수 있는 유일한 것은 버가뭄이 침략자에 대항할 준비를 할 때까지 지연작전을 하기 위한 것뿐이다. 두아디라는 전략적으로 가장 중요한 최전방 기지지만 버가뭄에게 시간적인 여유를 주기 위한 지연작전을 할 뿐이다.

III. 두아디라는 종교적으로 중요하지 않았다. 이곳은 가이사나 그리스 신의 제사 중심지도 아니다. 이 지방 신은 드림누스(Trimnus)로 그의 상은 동전에 새겨져 있는데 전투용 도끼와 몽둥이를 가지고 말을 타고 있는 상이다. 억지로 종교적인 것을 말한다면 삼바테(Samvathe)라는 여승이 주관하고 있는 점치는 곳이 있었다. 두아디라의 교회에는 박해의 위협이 없었음이 틀림없다.

IV. 그렇다면 두아디라에서 문제거리와 위험은 무엇인가? 우리는 다른 어느 도시보다도 두아디라에 대해 알고 있는 것이 적다. 그러므로 그때 정황을 다시 생각해 내기는 매우 곤란하다. 두아디라에 대하여 다만 한 가지 알고 있는 것은 그곳이 상업중심지라는 것이다. 특히 염색업과 모직물 거래의 중심지였다. 자주색 옷감 장사인 루디아의 고향이 두아디라 시였다(행 16:14).

지금까지 발굴된 비문 등에서 우리는 두아디라에는 특별히 많은 직업인의 조합이 있었다는 것을 알게 된다. 이 단체는 어떤 직업에 종사하고 있는 사람들이 자신들의 상호 이익과 친목을 위해 만든 것으로 두아디라에는 모직 종사자, 피혁, 면포, 청동, 의복 제조업자, 염색업자, 도자기업자, 제빵업자, 노예 매매업자들의 단체가 있었다는 것을 알게 되었다. 이 단체에 가입하지 않는 것은 오늘날 노동조합에 가입하지 않겠다고 하는 것과 거의 같은 결과를 가져와서 모든 사업적 영달을 포기한 것과 마찬가지이며, 사실상 그대로 존속하기조차 어렵다는 것을 의미한다.

그렇다면 기독교인으로서는 왜 이 단체들에 가맹하지 않아야 하는가? 이 단체들은 두 가지 성격을 띠고 있다. 첫째, 그들은 공동 식사를 하는데 신전에서 식사할 때가 많다. 또 신전에서 식사를 하지 않을 때라도 그들 신전에 대한 공식 제사로 시작되고 끝나게 되어 있으며 그런 데서 먹는 고기는 이미 우상에게 바쳐졌던 제물이다. 기독교인들로서 그런 식탁에 동참할 수 있겠는가? 둘째, 이런 공동 식사는 과음과 풍기 문란으로 이어지기 일쑤였다. 기독교인이 이런 집회에 참여할 수 있을까?

두아디라의 문제는 여기에 있다. 그것은 외부에서 탄압이 아니고, 내부에서 협박이었다. 교회 안에는 기독교인이라고 해서 이 직업 단체에 가입하지 않을 이유가 무엇이며 회원이 되기를 거절함으로써 자신의 사업을 망칠 필요가 무엇인가라고 반문하는 사람들이 생겼다. 그런 사람들은 기독교인이란 성령과 그리스도의 임재에서 보호를 받으므로 이런 직업 단체의 의식이나 잔치에 참여한다고 해도 아무런 해를 입지 않을 것이라는 것이다. 다시 말해 두아디라에는 이세벨이란 여인이 지도하는 강력한 움직임이 있었으니, 그들은 사업의 이익을 위해서라면 세상과 타협하라고 호소하는 무리였다. 이에 대한 부활하신 주님의 대답은 극히 명백하다. 기독교인이라면 그런 것과 관계를 맺어서는 안 된다.

두아디라의 문제는 보편적인 것이며 오늘날 우리가 당면하고 있는 문제로서 세상과 타협을 한다면 어느 정도까지 해도 무방한가 하는 문제다.

두아디라 교회의 형편

요한계시록 2:18-29(계속)

찰스가 말한 대로 일곱 서신 중 어느 것보다도 가장 긴 편지가 일곱 도시 중 가장 중요하지 않은 도시에 보내졌다. 그러나 두아디라 교회의 문제와 그 교회를 위협하는 죄악은 결코 미미하다고 할 수 없는 것이었다.

일곱 서신 중 두아디라 서신이 가장 수수께끼 같다. 그것은 우리가 두아디라에 대하여 거의 모르고 있으며 그 교회가 처해 있는 배경에 대한 지식이 아주 적다는 것이다. 다른 도시의 경우는 그들 서신이 수신자들에게 무엇인가 뚜렷이 나타내는 그리고 우리에게 무슨 일이 일어나고 있는지를 알게 할 수 있는 지식과 정보가 산더미같이 있다. 그러나 두아디라의 경우만은 그런 정보가 없다. 그러므로 어느 누가 이 서신에 어떤 설명을 가할 수 있다고 주장할 만한 사람이 있을지 의문이다.

이 서신에서 우리는 네 가지 질문을 받게 된다. 즉, 두아디라 교회의 실정은 과연 어떠하였는가? 그곳의 중심인물인 이세벨이란 여인은 과연 어떠한 사람인가? 그 여인이 과연 무엇을 가르쳤는가? 두아디라 교회에 주어진 약속은 과연 무엇을 의미하는가?

그러면 첫째로 "두아디라 교회의 실정은 과연 어떠한가?" 라는 문제를 생각해 보자.

이 편지는 부활하신 주님에 대한 서술로 시작되는데 거기에는 위협적인 기술이 있다. 그의 눈은 불꽃같고 그의 발은 빛난 주석 같다. 이 표현은 다니엘 10장 6절의 천사의 모습으로 "그의 얼굴은 번갯빛 같고 그의 눈은 횃불 같고 그의 팔과 발은 빛난 놋과 같"다는 것이다. 여기에서 우리는 무엇인가 두렵고 위엄이 있는 것을 발견하게 된다. 불꽃같은 눈은 틀림없이 두 가지를 뜻할 것이다. 이는 부활하신 주님의 눈에 있는 죄에 대한 불꽃 튀기는 분노일 것이다. 그리고 가장을 벗겨 버리고 사람 마음의 가장 깊은 곳까지를 뚫어 보시는 눈초리임이 틀림없다. 빛난 주석 같은 발은 부활하신 그리스도의 확고부동한 힘과 능력을 뜻하는 것이 틀림없다. 이렇게 시작되는 편지는 결코 부드러운 편지가 되지는 않을 것이다.

그러나 이상하게도 최고로 칭찬하는 말로 이어져 간다. 두아디라 교회의 사랑, 믿음, 섬김, 인내 등은 칭찬 받을 대상임이 틀림없다. 여기서 이 특징이 어째서 둘씩 짝을 지어 있는지 알아봐야겠다. 섬김은 사랑의 발로이며, 인내는 믿음의 열매다. 적어도 두아디라 교회가 처음보다는 지금 나아진 점들이 있다는 것을 알게 된다.

그러나 그 다음에는 여인 이세벨의 모든 방법과 교훈에 대한 저주가 온다. 이로써 미루어 볼 때 그 여인은 두아디라 교회에서 상당한 영향력을 가지고 있다는 것을 상상할 수 있다.

그러므로 필연적인 결론은 이런 것이 될 것이다. 겉으로는 두아디라 교회는 강건하고 번창하는 교회였다. 외부 사람이 그 교회에 가 보면 넘치는 힘과 너그러움과 뚜렷이 나타나는 인내에 놀랄 것이다. 그러나 이런 모든 것에도 무언가 중요한 것이 빠졌으니 그것은 그 교회의 중심부에 암적 존재가 도사리고 있다는 것이다.

여기에 경고가 있다. 교인이 많고 힘이 차고 사업에 열심이 있다고 해서 반드시 그 교회가 참된 것은 아니다. 어떤 교회에 사람이 많이 모일 수는 있다. 사람들은 무엇을 배우러 오는 것이 아니고 즐기러 오고, 죄의 사실과 구원으로 도전을 받기보다는 위로와 안위를 받으려고 오는 경우가 있기 때문이다. 또 교회는 힘이 넘쳐서 평화의 전당이 되기보다는 불안한 소용돌이의 터가 될 수도 있다. 또 교회는 많은 사업을 할 수도 있으나 그런 넘치는 힘 속에서도 그 중심은 잃어버릴 수도 있는 것이다. 그런 곳은 매우 성공적인 기독교인 그룹은 될 수 있으나 참다운 기독교인 회중으로서 본질은 잃어버린 것이다. 두아디라의 사태는 우리에게 반성을 촉구하고 있다.

실수의 근원

요한계시록 2:18-29(계속)

두아디라에서 말썽이 일어난 원인은 여기서 이세벨이라고 부르는 여인에게 집중되어 있다. 이 여인은 도대체 누구일까? 이 질문에 대한 대답은 지금까지 여러 가지로 생각되어 왔다.

I. 첫째로, 아주 재미나는 대답이 하나 있다. 물론 그런 것이 과연 가능한가 하는 문제는 의문의 여지가 있지만, KJV에서는 **그 여자 이세벨**(that woman Jezebel)이라고 했다. 모팻은 "여자 이세벨(that jezebel of a woman)" 이라고 번역했다. 헬라어로는 **텐 구나이카 이세벨**(ten gunaika Jezebel)이라고 했다. 어떤 사본에는 **구나이카** 다음에 **당신**이라는 뜻인 **쑤우**라는 단어가 뒤따르는 것이 있다. 명사 **구네**(gune)—**구나이카**가 목적격인 단어의 주격형—는 **여자**라는 뜻 이외에 **처**라는 뜻으로 상용된다. 그리고 이런 사본에 **텐 구나이카 쑤우 이세벨**이라고 되

어 있다면 이 구절은 **너의 처 이세벨**이라고 할 수 있다. 그리고 요한계시록 맨 처음에 우리는 교회의 **사자**가 그 교회의 **감독**일 것이라고 생각해 보았다. 그래서 이 서신이 그 교회의 감독에게 보내진 것이라면, 그리고 **너의 처 이세벨**이라고 쓰여 있는 곳이 있다면 이 말은 모든 문제의 근원은 감독의 처라는 뜻이다. 이것은 초대교회에 대한 매우 흥미 있는 간접적인 설명이기도 하다. 그러나 전체적으로 보아서 이 설명은 받아들일 수 없는 것이다. **쑤우**라는 단어의 삽입을 위한 증거가 불충분하기 때문이다.

II. 우리는 이미 두아디라가 유명해진 몇 가지 이유 중의 하나가 거기에는 여자 점쟁이 "삼바테"라는 예언자가 있었다는 것을 알고 있다. 그리스인들은 예언자를 많이 이용했고 그것을 굳게 믿었다. 델피(Delphi)의 예언자는 세계적으로 유명하며 **델피의 말**이라는 표현은 속담이 될 정도다. 이 예언자가 유대인일 수가 있다. 옛날에는 유대인이 주로 이런 점쟁이 직업을 가졌었기 때문이다. 또 어떤 사람들은 삼바테가 두아디라의 교회를 위협하는 악한 영향력을 끼쳤다고 하는 사람도 있다. 그런 예언자가 교회에 해를 끼치려고 자신의 영향력을 사용했을 가능성이 아주 짙다. 만약 그 예언자가 유대 여인일 경우는 더욱더 그러하다. 그러나 이 설명도 받아들일 수 없으니 성경에 이세벨이라고 불린 이 여자는 이 교회의 교인이며 그 영향력은 안에서부터 발산되는 것이라는 것이 명확하기 때문이다.

III. 아무런 근거는 없지만 이세벨을 바울이 빌립보에서 만나 회개시킨 두아디라 출신인 루디아와 동일인이라고 하는 사람도 있다. 루디아가 훗날 두아디라로 돌아와 자신의 부와 상업적 연관성 때문에 그 교회의 악마와 지배적인 영향력을 구사하는 사람이 되었다고 생각하는 사람도 있다. 이 이론은 순전히 루디아에 대한 모독이다.

IV. 가장 근사한 결론은, 비록 우리가 어느 정도 확실히 이 여자가 어떤 사람이었다는 것을 추리할 수 있을망정 정작 누구인지 알 수 없다는 것이다.

그 여자가 선지자일 것이라는 주장은 그렇게 놀라운 것이 아니다. 바울은 여자가 교회 안에서 말하는 것을 용납하려 하지 않았다(고전 14:34). 그러나 신・구약을 막론하고 성경에는 여 선지자가 있었던 것만은 사실이다. 구약에는 미리암(출 15:20), 드보라(삿 4:4), 훌다(왕하 22:14)가 있었고 신약에는 안나(눅 2:36)와 빌립보의 네 처녀 딸들(행 21:9)이 있었다. 그러므로 여자가 교회에서 선지자로 인정받을 수도 있는 일이다.

이 여인은 **이사벨**이라고 불렸으므로 구약의 본래 이세벨에서 그의 성격과 영향을 찾아보아야 한다. 이세벨과 같이 악명이 높았던 여자는 드물 것이다. 그 여자는 시돈의 왕 에드바알의 딸로 아합의 부인이 된 사람이었다(왕 16:31). 그 여자가 시돈에서 올 때 자신의 신을 가지고 와서 아합과 그 백성에게 바알을 섬기게 했던 것이다. 그녀가 원하는 바는 여호와의 선지자들이 여호와**뿐 아니라** 바알을 받아들이기만 한다면 여호와 제사를 멸하려 하지는 않았을 것이다. 그 여자는 이스라엘 신의 제사에다가 바알 신 제사를 보태고자 했던 것이다. 그 여자는 여호와의 선지자를 죽였고 자기 식탁에서 450명의 바알 선지자를 먹였던 것이다(왕상 18:13, 19). 그 여자는 아합의 악마였다. 특히 나봇의 포도원이 있는 땅을 아합이 갖게 하려고 나봇을 죽인 책임이 있다(왕상 21장). 그 여자는 "음행과 술수"의 대명사로 자신을 불리게 했다(왕하 9:22). 이세벨은 확실히 아합과 이스라엘을 참 하나님의 제사에서 유혹해 낸 부도덕한 여인이었다.

여기서 두아디라의 이세벨이란 기독교회의 생활과 제사의 순결성에 유혹적인 영향력을 주었다. 분명히 기억해야 할 것은 그 여자는 교회를 파괴하려는 의도는 없었다는 것이다. 단지 교회에 새로운 생활양식과 의식을 들여오기를 원했을 뿐이다. 그러나 이런 것은 실질적으로 굉장히 파괴적인 것이다. 이세벨은 기독교를 자신에게 맞게 변경하려는 사람, 그리고 예수 그리스도의 교훈을 개선할 수 있다고 생각하는 사람이었다.

이세벨의 교훈(1)

요한계시록 2:18-29(계속)

이세벨은 두 가지를 가르친다고 했다. 그것은 기독교인에게 행음하게 하는 것과 우상의 제물을 먹게 하는 것이다.

둘째 것을 우선 생각해 보자. 이것이 더 확실하기 때문이다. 초대 기독교회의 큰 문제들 중 하나는 우상에게 바쳤던 고기를 먹는 것이고 이 문제는 기독교인이 매일매일의 생활에서 당면하고 있는 것이었다. 그리스 신전에서 제사를 드리면 번제로 태우는 것은 별로 없다. 어떤 때는 동물의 이마에서 잘라 낸 머리털 몇 개뿐일 때도 있다. 제사장들이 일부는 자신들의 수당으로 받고 나머지는 제사 드리는 사람들이 가져가게 마련이다. 제사 드리는 사람은 거기서 받은 고기를 가지고 두 가지 중 한 방법으로 처분한다. 첫째, 그 신전 주위에 있는 친구들과 잔치를 벌인다. 신전 안에서 잔치를 할 때가 많다. 일반적으로 사용되는 연회의 초대장은 이런 양식으로 쓰인다. "저와 함께 우리 주 세라피스(Serapis)의 식탁에서 식사하기 위해 당신을 초대합니다." 제사 드리는 사람이 이렇게 하지 않을 경우 그 모든 제물을 집으로 가져다가 거기서 친구들과 함께 잔치를 할 수 있다.

여기에 기독교인의 문제가 있다. 기독교인이 이방 신전에서 행해지는 연회에 가도 괜찮을까? 또한 그런 곳에 들어가도 무방할까? 신전에서나 기타 어느 장소에서라도 우상에게 바쳤던 음식을 먹을 수 있는가? 바울은 이 문제를 고린도전서 8-10장에 다루고 있다. 여기서 기억해야 할 것은 고대 세계에서는 사귀의 존재를 굳게 믿었다는 것과 이방 신들은 사귀라고 인정했었다. 사귀가 사람에게 침투하는 가장 쉬운 방법은 그 사귀가 그 사람의 음식에 붙어서 사람의 몸에 들어간다는 것이다. 우상에게 바쳤던 고기는 사귀에 지나지 않는 이방 신에게 바쳐졌던 것이다. 그렇다면 기독교인이 그런 고기를 먹을 수 있는가? 그런 고기가 놓어 있는 식탁에 앉을 수 있는가? 비록 그가 그리스도를 자기 안에 모든 해로운 것에 대한 저항자로서 모시고 있다 할지라도 그런 식탁에 그가 함께 앉아 있거나 그런 식사를 같이함으로써 우상과 사귀와 거짓 신의 경배를 옹호한다는 것이 옳은 일일까?

문제는 더욱 복잡해진다. 정육점에서 파는 고기도 팔기 전에 제사를 드린 것이 있었다. 신전의 제사장들은 그들에게 주어지는 고기를 다 먹을 수가 없었다. 그래서 그들의 몫 중 꽤 많은 부분을 정육점에 넘겨 팔았는데, 그런 고기일수록 가장 좋은 고기였다. 기독교인은 그걸 어떻게 처리할 것인가? 오늘날 우리에게는 거리가 먼 질문같이 들리지만 초대교회 교인들에게 이 문제는 일상생활에서 매일 닥치는 문제였다.

이에 대한 교회의 태도는 분명했다. 우상의 제물에 가까이하지 말라는 것은 이방인이 기독교인이 되는 기본 조건의 하나였다(행 15:29). 교회로서는 기독교인이라면 이런 식으로 더러워진 고기를 먹어서는 안 된다는 것을 명백히 하고 있었다.

우상에게 드렸던 제물을 금지하는 것은 뜻하지 않은 결과를 가져오기도 했다. 그것은 기독교인에게 비교인인 사람들과의 사교적인 접촉을 거의 끊어 버리게 하는데까지 이르기 때문이다. 어떤 기독교인이 우상에게 드린 제물에서 완전히 손을 뗀다면 그에게 이방 세계와 자리를 같이할 수 있는 사교적인 기회나 연회 같은 것은 거의 없어지게 된다.

또다시 한 가지 문제로서 두아디라의 경우에도 적용되는 것은 모든 직업 조합의 일이다. 고대 세계에는 직업별로 그들의 단체가 구성되어 있었다. 이 단체들은 자주 모였으며 그들은 함께 식사하였다. 그런 식사는 부분적으로는 종교적 모임이었다. 이런 모임은 대개 신전에서 모였고 제주(祭酒)로 시작하곤 한다. 그리고 식사는 대부분 우상에게 드린 음식으로 차려진다. 교회의 공식 입장은 기독교인이란 그런 식사에 참석할 수 없다는 것으로서 이것은 기독교인이 사교적 모임에 가는 것을 금하는 것만이 아니라, 기독교인은 스스로 사업적으로 자살을 해야 하는 결과를 가져왔다. 직업인으로서 생명은 그가 그런 단체의 회원이 아니면 끝장 나기 때문이다. 그 후 그로서는 사업의 번창을 기대할 수 없으며 그가 사업을 한다는 것부터가 불가능하게 될 것 같다.

여기에 이세벨이 들어온 것이다. 그 여자는 기독교인들에게 사회에서 고립될 필요가 없다고 주장했다. 그 여자는 기독교인이라고 해서 직업 단체의 회원이 되지 말라는 이유가 없다고 주장하며, 기독교인이 되었다고 해서 사업적 자살을 감행할 필요가 없으며, 이 세상의 관습이나 생활양식을 받아들인다고 해서 하등 해로울 것이 없다고 주장하고 있다. 또 그 여자는 교회가 자신을 세상에 적응해야 하므로 교회는 세상과 실무적인 타협안을 마련해야 한다고 열을 올렸다. 한 가지 분명한 것은 그 여자가 그렇게 말할 때 어떤 원칙에 입각한 것이 전혀 아니며 그저 자기 사업의 수익을 보호하기 위해서였다는 것이다. 두아디라의 이세벨이 권하는 것은 교회의 규범이 사업의 유익이나 관례와 상충될 때는 교회의 규범을 버리라는 것이다. 이세벨은 교회보다 자신의 사업을 더 사랑하는 사람이요, 그리스도의 명령보다도 사업적 성공을 더 중하게 여기는 사람이다.

이세벨의 교훈(2)

요한계시록 2:18-29(계속)

이세벨의 교훈 중 둘째 부분이 불투명하다. 그 여자가 사람들에게 행음하게 했다(20절)고 성경은 말하고 있다. 그 여자는 자신의 음행을 회개하라는 권면을 받고 있다. 또 그의 간부(姦夫)들과 자녀들도 그 여자와 함께 위협을 받고 있는 것이다(22-23절). 이에 대한 질문은 이런 것이다. 이 행음을 문자 그대로 취해야 할 것인가, 성경에서 흔히 볼 수 있는 비유적 의미로 생각해야 하는가? 이것이 성적 부도덕을 의미하는 것인가 하나님에 대한 영적 배신에 대한 것인가?

I. 성경에서는 하나님에 대한 부정(不貞)이 행음과 간음이란 말로 표현된 것이 틀림없다. 이스라엘은 하나님의 신부(사 54:5; 렘 3:20)이고, 신약에서 교회는 그리스도의 신부이다(고후 11:1-2; 엡 5:24-28). 구약에서 여러 번 반복하여 이스라엘 백성이 "알지 못하는 신을 음란이 좇아간다"고 했다(출 34:15-16; 신 31:16; 시 73:27, 호 9:1). 또한 신약에서는 예수 그리스도에게 불성실한 세대를 "악하고 음란한 세대"라고 불렀다(마 13:39, 16:4; 막 8:38). 이러한 것이 여기에서 의미하는 것은 무엇

일까? 이세벨의 교훈이 가르친 이 행음이 예수 그리스도에 대한 부정일까? 이것이 이방 신들을 경배하는 데로 흘러나가는 것을 의미하는 것인가 혹은 적어도 그런 경배와 타협을 하는 것을 의미하는 것인가? 그런 뜻이라면 **그로 더불어 간음하는 자들**(22절)은 이런 교훈을 좋아하는 자들이요, 그의 **자녀들**(23절)은 이 교훈을 받아들이고 따르는 사람들이다.

여기에는 이렇게 해석하기에 부정적인 면이 하나도 없다. 이방세계의 경향은 새로운 신을 찾아 헤매는 것이었다. 이방 종교는 유일신적인 것이 거의 없다. 그리고 단지 하나의 신에게만 경배해야 한다고 주장하는 예는 극히 드물다. 이런 경향은 모든 종교에는 무엇인가 가치 있는 것이 다 있을 것이며, 모든 신에게 경배를 고루 드리는 것은 참으로 지각 있는 일이라고 생각했었다. 로마인의 가정에는 집집마다 가족의 수호신인 **라레스**(lares)가 둘이 들어 있는 작은 가족의 신전인 **라라리움**(lararium)이라는 것이 있었다. 로마 황제 알렉산더 세베루스(Alexander Severus)의 **라라리움**에는 아폴로니우스(Apollonius)와 그리스도, 아브라함, 오르페우스(Orpheus), 그리고 "기타 그런 종류의 것들"의 신상이 있었다.

이세벨의 교훈은 아마도 기독교인들이 예수 그리스도의 경배에서 그렇게 배타적일 필요가 없다고 하고 특히 "가이사는 주"라고 말하기를 거부하거나, 그에게 분향하기를 거부할 필요가 없다고 하는 것이 아닐까. 그 여자는 이방 종교 의식의 외형적인 형태에 동화하는 것은 해로울 것이 없고 기독교인들이 그런 문제에 좀 덜 예민하면, 이방인을 훨씬 쉽게 교회로 이끌 수 있을 것이며, 많은 환난을 피할 수 있을 것이라고 주장하였을 것이다. 그러나 기독교회가 전체적으로 이런 교훈을 받아들였다면 필연적으로 당시 로마 제국에 온통 가득 찼던 너저분한 종교 중의 하나가 되는 결과를 낳고 말았을 것이다. 기독교의 주장은 예수 그리스도는 여러 구세주 중의 하나가 아니며, 구세주 중의 으뜸가는 분도 아니요, 그분만이 유일하신 구세주라는 것이다.

II. 그러면 우리는 이세벨의 교훈이 육체의 성적 행음이 아니라, 예수 그리스도에게 불성실한 영적 행음이라고 믿는 것이 옳은가? 본 서신에는 그러한 견해에 정면으로 상충되는 점이 하나 있다. 우리는 이세벨을 따르는 자들이 **사탄의 깊은 것**을 안다고 주장하고 있다(24절)는 것을 볼 수 있다. 혹자는 이것은 부활하신 그리스도가 거짓 교훈에 대해 경멸적으로 표현한 것이라고 한다. 참 기독교인은 바울이 말한바 하나님의 깊은 것(고전 2:10)을 아나 이세벨과 그의 추종자들은 사탄의 깊은 것을 알고 있다고 한다. 그러나 그것으로 설명되는 것은 아니다. 이 서신에는 "소위(as they call them) 사탄의 깊은 것" 에 대해 말하고 있기 때문이다. 이것은 확실히 이단자들에게는 상식화된 일종의 신앙에 대한 것임이 틀림없다. 이런 사람들은 온갖 죄를 경험해 보는 것이 하나의 의무라고 주장한다. 이의 참 목적은, 몸은 비록 죄에 빠지게 내버려 두나 그 반면에 사람의 영혼은 전혀 영향을 받지 않게 한다는 것이다. 그들은 다음과 같이 말했다. 향락에 한번도 빠져 보지 않고서 색욕을 금한다는 것은 아무것도 아니다. 참으로 훌륭한 것은 향락에 들어가서 그 한계를 지키며 거기에 사로잡히지 않는 것이다. 향락에 빠진다는 것은 그 본의가 우리 영혼의 훈련에 있다고 생각하였다. 그리고 사탄의 깊은 것을 아는 사람이란 악을 경험하기 위해 고의로 깊은 데까지 들어가는 사람들이다. 이것은 옛말에 젊어서 방탕한 생활을 해 볼 필요가 있다는 말과 일맥상통하는 바가 있다. 이세벨은 아마도 죄를 지어 보는 것이 의무라고 가르쳤을 것이다.

그러면 무엇이라고 믿어야 할까? 이 경우에는 모든 견해가 연관성이 있어 굳이 어느 하나를 택할 필요가 없는 것 같다. 가장 근사한 결론은 이세벨의 교훈이란, 기독교인은 세상과 짝지어야 하며 따라서 세상의 모든 관습을 그렇게 엄격하게 반대할 필요가 없다는 것이다. 이세벨은 기독교인이 이 세상의 보통 사업상의 관습을 금할 필요가 없으며, 구태여 그렇게 높은 윤리와 도덕적 기준을 고집할 필요가 없으며, 기독교인과 세상이 서로 중간 지점에서 만나야 한다고 가르쳤다. 교회에 영적 불성실을 가르쳤는데 이는 필연적으로 육체적 행음으로 끝나게 되어 있는 것이다.

이세벨과 그의 추종자들의 교훈이 교회의 공식 견해가 되지 않은 것은 참으로 하나님의 은혜다. 만약 그렇게 되었든지, 미래에 그런 일이 생긴다면 교회는 일종의 문화적, 쾌락적인 이교 신앙이 되었거나 그렇게 되고 말 것이다. 이에 대해 바울은 일찍이 이렇게 말했다. "이 세대를 본받지 말고 오직 마음을 새롭게 함으로 변화를 받으라"(롬 12:2). 그리고 예수님도 산상수훈에서 그 문제에 대해 강경하게 "한 사람이 두 주인을 섬기지 못하리니… 너희가 하나님과 재물을 겸하여 섬기지 못하느니라"(마 6:24)고 말씀하셨다. 옛날에 있었던 선택이 오히려 오늘날 선택의 과제가 되었으니 "너희 섬길 자를 오늘날 택하라"(신 30:19; 수 24:15).

약속과 경고

요한계시록 2:18-29(계속)

두아디라 교회에 보낸 서신은 일련의 큰 경고와 약속으로 끝난다. 이세벨에게는 하나님의 너그러우심이 줄 수 있는 최대한의 자유가 주어졌다. 그녀가 회개하지 않으면 병상에 던져지게 될 것이요, 그녀의 자녀들도 같은 운명에 처하게 될 것이다. 이것은 모든 사람에게 부활하신 그리스도는 성경에 있는 대로 사람의 "뜻과 마음을 살피신다"는 것을 알게 하는 것이다. 이 구절은 예레미야 11장 20절의 인용이다. 예레미야에서는 사람의 가장 깊은 생각을 살피는 특권이 하나님에게 속해 있는데 요한계시록에서는 구약의 하나님의 특권이 부활하신 주님의 특권으로 되어 있다.

뜻(reins)은 **신장**을 말한다. 우리에게는 이상하게 보이나 옛날 히브리의 심리학에서는 인간의 감정의 본바탕이 신장이나 내장 등 아래 창자에 있다고 믿었다. 그리고 모든 사상의 근본은 심장에 있다고 믿었다. 그러므로 부활하신 그리스도께서 뜻과 마음을 살피신다고 하는 말은 인간의 모든 신장과 심장을 살핀다는 뜻으로 감정도, 사상도 그분 앞에서는 뻔히 나타난다는 뜻이다.

여기에 참 뜻이 있다. 우리가 두아디라 서신을 연구하기 시작했을 때, 누구나 그 교회에 처음으로 들어오는 사람은 이 교회가 생기와 활기가 넘치는 그리고 모든 선한 일을 많이 하고 좋은 열매를 맺는 교회라고 생각하게 된다. 세상과 타협하여 사업이 번창한 사람은 바치는 데 아끼지 않았을 것이고, 직업 단체에 참석한 사람들은 자선기금이나 가난한 사람들의 요구에 틀림없이 너그러이 대해 주었을 것이다. 그들은 참 기독교인처럼 **보였다**. 확실히 많은 사람에게 이세벨은 참으로 훌륭한 사람으로 보였을 것이다. 그 여자는 말을 잘하였을 것이요, 여자 선지자같이 보일 정도로 훌륭한 존재였을 것이다. 그러나 문제는 부활하신 주님이 외적인 모습 이상으로 저 너머까지 보실 수 있다는 점이다. 주님은 회개가 진실한지 아닌지를 아실 수 있고, 그 여자가 기독교인으로서 충성심에 거짓이 있듯이 회개에도 기만이 있는지의 여부를 아실 수 있다는 것이다. 그 여자는 사람은 속일 수 있으되 부활하신 주님은 못 속인다.

다음에 실신한 자들에게는 약속이 주어졌다. 그 약속은 두 가지다.

I. 약속의 처음 부분은 시편 2편 8-9절에서 온다. "내게 구하라 내가 이방 나라를 네 유업으로 주리니 네 소유가 땅 끝까지 이르리로다 네가 철장으로 그들을 깨뜨림이여 질그릇같이 부스리라." 유대 신앙과 교훈에서 이런 표현은 메시아에 대한 시인데 그것은 장차 하나님의 메시아가 누릴 승리를 그린 것이다. 이 시는 승리하시는 메시아에서 맨 처음으로 열방을 때려 부수고 이스라엘의 통치를 땅 끝까지 확장시키는 메시아를 생각하고 있다는 것이 사실이다. 그러나 우리가 기억할 것이 하나 있다. 이 시는 교회의 선교 활동을 격려하는 것이었다. 헤아릴 수 없이 많은 선교사들이 나아간 것은 이 약속을 실현하기 위해서였다. 많은 선교사들이 "내게 구하라 내가 이방 나라를 네 유업으로 주리라"고 한 이 약속의 권리를 주장했다. 이 시가 어떻게 보면 힘의 승리같이 들리나 그리스도의 입장에서 볼 때 이것은 사랑의 약속이요, 모든 사람에게 복음을 전하는 약속이 된 것이다.

II. 둘째 부분은 새벽별의 약속이다. 이 아름답고 시 같은 말은 무엇을 의미하는가? 네 가지 주요한 해설이 있다.

1. 이것은 첫 번째 부활의 약속으로 해석되었다. 밤이 지나 새벽별이 뜨듯이 기독교인은 죽음의 밤을 지난 후 일어날 것이다.

2. 루시퍼에 대한 승리로 해석되었다. 루시퍼는 악마다. 원래 천사였는데 몹시 교만하여 하나님께 반항하여 하늘에서 내던져진 자다(사 14:12). 루시퍼란 이름은 **빛을 가져오는 자**란 뜻이며 새벽별의 이름이다. 그렇다면 완벽한 전권(全

權)을 주겠다는 약속이며 사탄과 죄에 대한 승리인 것이다. 사탄은 진실하고 참된 기독교인을 건드리지 못한다.

3. 다니엘 12장 3절에서 인용되었다고 한다. 그곳에 "지혜 있는 자는 궁창의 빛과 같이 빛날 것이요 많은 사람을 옳은 데로 돌아오게 한 자는 별과 같이 영원토록 빛나리라"고 했다. 그렇다면 새벽별은 의로운 자와 다른 사람들을 의로운 길로 걷게 도와준 사람들에게 오는 영광인 것이다.

4. 이상의 모든 것이 아름답고 이 약속 안에 포함이 되어 있을 수도 있다. 그러나 우리는 정확한 해석은 다음과 같다는 것을 확신한다.

요한계시록 안에서는 예수를 "광명한 새벽별"(계 22:16)이라고 불렀다. 그러므로 새벽별은 예수님 자신을 주시겠다는 약속이다. 기독교인이 진실하다면 이 세상의 생명이 끝날 때 그리스도를 소유하게 될 것이요, 그를 다시는 떠나게 되지 않으리라.

The Revelation of John 03

사데 교회에 보낸 편지

요한계시록 3:1-6

1사데 교회의 사자에게 편지하라 하나님의 일곱 영과 일곱 별을 가지신 이가
이르시되 내가 네 행위를 아노니 네가 살았다 하는 이름은 가졌으나 죽은 자
로다 2너는 일깨어 그 남은바 죽게 된 것을 굳건하게 하라 내 하나님 앞에 네
행위의 온전한 것을 찾지 못하였노니 3그러므로 네가 어떻게 받았으며 어떻
게 들었는지 생각하고 지켜 회개하라 만일 일깨지 아니하면 내가 도둑같이
이르리니 어느 때에 네게 이를는지 네가 알지 못하리라 4그러나 사데에 그
옷을 더럽히지 아니한 자 몇 명이 네게 있어 흰옷을 입고 나와 함께 다니리
니 그들은 합당한 자인 연고라 5이기는 자는 이와 같이 흰옷을 입을 것이요
내가 그 이름을 생명책에서 결코 지우지 아니하고 그 이름을 내 아버지 앞과
그의 천사들 앞에서 시인하리라 6귀 있는 자는 성령이 교회들에게 하시는 말
씀을 들을지어다

찬란한 과거와 부패한 현재

요한계시록 3:1-6(계속)

램세이 경은 사데에 대해 여기 이곳보다 찬란했던 과거와 퇴폐한 현재 간의 날카로운 대조를 예로 든 곳은 다른 곳에서는 찾아볼 수 없다고 말했다. 사데는 퇴폐한 도시였다. 그 역사를 살펴보자. 사데 교회에 보낸 편지는 사데의 역사를 염두에 두고 기록한 것이기 때문이다.

이 서신이 기록되기 7백 년 전에 사데는 세계에서 가장 큰 도시 중 하나였다. 거기에서 루디아의 왕이 찬란함과 모든 위엄과 거의 무한한 부요함 속에서 그의 나라를 다스렸다. 그의 왕국 안에서 사데는 동방의 도시였고 헬라 세계와 대항하여 헬라인이 두려워하는 대상이었다. 그리스의 비극 작가인 아이스킬로스(Aeschylus)는 사데에 대해 이렇게 말하였다. "몰루스(Tmolus) 산 근방에 사는 그들은 헬라의 멍에를 파할 것을 스스로 맹세하였다."

사데는 허무스 강 계곡 평야의 한복판에 위치하여 있었다. 그 평야 북쪽으로는 몰루스 산의 긴 산맥이 우뚝 솟아 있고, 그 산맥에서 여러 구릉과 작은 산들이 바퀴살같이 뻗어 나가고 있다. 그 산 줄기들은 각기 좁은 고원을 형성하고 있다. 원래의 사데는 이들 산줄기 중 하나의 위에 있었는데, 고도는 450미터였다. 두말할 것 없이 그런 위치는 사데를 난공불락의 성으로 만들어 주었다. 산맥의 양측은 깎아지른 듯한 절벽이었다. 벼랑과 몰루스 산맥이 만나는 그곳에만 사데로 들어올 수 있는 길이 있었는데 그것마저도 경사가 급하고 험준하였다. 사데는 허무스 계곡을 지켜보는 커다란 망대같이 서 있었다고 말하는 사람도 있었다. 곧 도시가 발전하여 산정에 한정된 지면으로는 너무 협소했기 때문에 산골짜기를 개발하여 도시를 넓혔다. 사데(헬라어로는 sardeis)라는 이름은 실은 복수형의 명사로서 두 개 도시, 즉 고지 위에 마을이 하나 있었고 아래 계곡에도 하나 있었다.

사데의 부요함은 막대했다. 이 도시의 아래쪽을 꿰뚫고 파톨루스(Pactolus)라는 강이 흘렀는데, 전하는 말에 의하면 그 강에는 금싸라기가 들어 있는 물이 흘러 사데의 부(富)가 대부분 여기에서 나왔다는 것이다. 사데의 역대 왕 중 가장 이름 있는 사람은 크로이소스(Croesus)였는데 그의 이름은 지금도 "크로이소스 같은 큰 부자"라는 속담에 남아 있을 정도였다. 국력과 문물에서 사데의 황금시대는 크로이소스 왕 때였다. 그러나 그의 시대에 불행이 닥쳐온 것이다.

크로이소스가 어디로 달리고 있는지를 경고 받지 않았던 것은 아니다. 그리스에서 가장 지혜가 있었던 솔론(Solon)이라는 사람이 사데를 방문한 일이 있었다. 그에게 부요함과 화려함과 웅장함과 사치스러움을 보여 주었다. 그는 크로이소스 왕과 그의 백성이 아무것도 화려함에 종지부를 찍을 수 있는 것은 없다고 믿고 있는데도 이 도시에는 연약함과 유연함, 필연적인 타락의 씨가 뿌려지고 있는 것을 보고서 솔론은 "아무도 그가 죽기 전에는 행복하다고 부르지 말라"는 유명한 말을 크로이소스에게 한 것이 이때다. 솔론은 크로이소스가 잊고 있었던 인생의 여러 기회와 변화 등을 잘 알고 있었던 것이다.

크로이소스는 페르시아의 사이러스(Cyrus) 왕과 전쟁을 시작했는데, 그것이 위대한 사데의 종말이 된 것이다. 그때 크로이소스는 경고를 받았다. 그러나 그때도 그 경고를 바로 깨닫지 못했다. 사이러스 군대와 싸우려면 할리스(Halys) 강을 건너야만 했다. 그는 유명한 델피의 예언자에게 물어보았다. 그는 "만약 당신이 할리스 강을 건너면 대왕국을 멸망시킬 것이다"라고 했다. 크로이소스는 이 말을 자신이 페르시아인을 섬멸할 것이라고 믿고 이번 전쟁이 자신의 왕국이 종말을 맞이할 것이라는 예언으로는 전혀 생각하지 못했다.

그는 할리스 강을 건너가 전쟁을 시작했으나 패주하여 돌아왔다. 그러나 그는 조금도 염려하지 않았다. 그는 단지 난공불락의 사데 성으로 퇴각하여 그곳에서 군대를 재정비하여 싸우면 되리라고 생각했다. 사이러스가 포위하기 시작했으나 크로이소스와 사데 사람들은 개의치 않았다. 사이러스는 14일간을 기다렸다. 그런 다음에 사데로 들어갈 방법을 찾아내는 사람에게 특별상을 주겠다고 제안했다.

사데 성의 기초 암석은 깨지기 쉬운 돌이다. 사실인즉 바위라고 하기보다는 단단하게 굳은 마른 진흙 덩어리 같은 것이고 오래되어 부서지기 쉬웠다. 사데가 서 있었던 그 고분 지역은 오늘날 아주 좁은 칼날 같은 곳이 되어 있어 램세

이는 이렇게 말했다. "그곳을 건너 보려고 하는 사람은 침착과 용기가 필요하다." 그 성벽이 비록 깎아지른 듯하였으나 그 바위는 갈라지기 시작했다. 유명한 그리스 역사가 헤로도토스(Herodotus)가 전하듯이 사이러스는 14일간 사데를 포위했다. 그 후 그는 부하들에게 누구든지 난공불락의 사데로 들어가는 방법을 찾아내는 사람에게는 특별상을 주겠다고 제안했다. 히에로에데스(Hyeroeades)라고 불리는 한 마르디 출신 군인이 성의 발포대를 지켜보고 있었는데 한 군데서 사데 군인 한 명이 실수하여 자신의 철모를 총구 너머로 떨어뜨리고는 그것을 찾으려고 절벽 아래로 내려가는 것을 보았다. 히에로에데스는 그곳에는 몸집이 작은 사람이면 기어 올라갈 수 있는 틈바구니가 바위 사이에 있으리라는 것을 알아차렸다. 그날 밤 그는 일단의 페르시아 군인을 이끌고 그 바위의 갈라진 틈바구니로 데리고 갔다. 그들이 발포대 위에 도달했을 때, 그들은 그곳에서 보초병 하나도 발견하지 못했다. 사데 사람들은 발포대는 보초가 필요하지 않을 정도로 안전하다고 생각했고, 그렇기 때문에 사데는 함락된 것이다. 이런 역사적 배경을 가진 도시는 부활하신 그리스도께서 "일깨워 있으라"고 하실 때 그것이 무엇을 뜻하는지 실감할 수 있는 것이다.

이렇게 사데는 사이러스에게 함락되었으니 이는 사데 사람들이 보초가 필요하지 않을 정도로 튼튼한 곳이라고 생각했기 때문이다. 그 후 몇 번 반란을 기도했으나 모두 실패했다. 그러나 사이러스는 신중을 기하였다. 사데 사람에게 전쟁 무기를 소유하는 것을 금했다. 그는 그곳 주민들에게 옷은 무릎까지 내려오는 튜닉을, 신은 샌달 대신에 버스킨이라고 하는 장화를 신으라고 명령했다. 그리고 그들의 자녀들에게는 리라 현악기와 노래와 춤을 그리고 소매업을 가르치라고 했다. 본래 연약하던 사데 사람들은 약간 남았던 기력마저도 빼앗겨 버려 퇴폐의 도시가 되어 버렸다.

사데는 페르시아 통치 2백 년간 역사에서 자취를 감추었었는데, 그 후 사데는 알렉산더 대왕의 지배하에 옮겨지면서부터 그리스 문화의 도시가 되었다. 그러고는 같은 역사가 되풀이되었다. 알렉산더 대왕이 죽은 후 사데의 통치권 쟁탈전이 일어났다. 사데를 포함한 그 지역의 통치자가 된 안디오코스가 자신의 라이벌 아케우스(Achaeu)와 전쟁을 하게 되었다. 아케우스가 난공불락의 사데로 피신했다. 1년간이나 안디오코스는 그곳을 포위하고 있었는데 라고라스(Lagoras)라는 한 군인이 히에로에데스의 묘안을 되풀이했다. 어느 날 밤 용감한 특공대원들과 험한 절벽을 기어 올라갔다. 사데 사람들은 과거의 교훈을 까맣게 잊고 있었다. 그곳에는 보초라고는 한 명도 없었고 사데는 깨어 지키지 않았기 때문에 다시 함락되고야 말았다.

다음에는 로마인의 시대가 왔다. 이때 사데는 아직 부유한 도시였다. 모직물 교역의 중심지였고 모사 염색 기술이 이곳에서 개발되었다고 한다. 사데는 로마의 순회 재판 도시가 되었다. 주후 17년에 주위 일대를 황무지로 만든 지진이 있었는데 로마 황제 티베리우스는 관대하게도 5년간 모든 세금을 면제해 주었고, 사데의 재건을 위하여 1천만 세스터스, 즉 40만 파운드의 돈을 제공했고, 이로써 사데는 쉽사리 옛 모습을 되찾았다.

요한이 이 서신을 썼을 때는 사데는 부유한 도시였으나 퇴폐한 곳이었다. 한때 유명했던 성벽도 이제는 산등성이 위에 있는 한낱 고적에 불과하게 되었고, 주민들 사이에서는 생명과 생기가 없었다. 과거에 위대하였던 사데 사람들은 이제 연약한 사람이 되었고 게을러 성을 지키지 않아서 두 번이나 자신들의 도시를 잃고 말았다. 이런 타락하고 퇴폐한 환경 속에서 기독교인도 그 생명력과 능력을 상실했고, 살아 있는 교회가 아니라 하나의 송장이 되었던 것이다. 사데에 있는 교회는 타락한 도시 안에 있는 타락한 교회였다.

산 송장

요한계시록 3:1-6(계속)

사데에 보낸 서신 서두에는 부활하신 그리스도가 두 가지로 표현되었다.

I. 그는 하나님의 일곱 영을 가지신 분이다. 우리는 이런 구절에 대하여 이미 요한계시록 1장 4절에서 언급한 바 있다. 이 말은 두 가지 면을 가지고 있다.

1. 일곱 가지 은사를 가진 성령을 뜻하는데, 이런 사상은 이사야 11장 2절의 영에 대한 서술에 근거한 것이다. 일곱 가지 은사는 하나님의 영의 일곱 가지 표현이다.

2. 또한 이것은 성령의 일곱 가지 역사를 말한다. 일곱 교회가 있는데, 성령은 각 교회에서 성령이 충만한 임재와 모든 권능으로 역사하신다. 각 교회에서 볼 때, 성령의 임재는 다 똑같이 충만하고 완전한 것이다. **일곱 영**은 성령의 은사의 완전함과 성령의 편재성을 말한다.

II. 그는 일곱 별을 잡으신 분이다. 별은 일곱 교회의 천사를 말한다. 교회는 예수 그리스도에게 속한다. 그분은 교회를 완전하게 소유하신 분이다. 흔히 사람들은 교회가 그들에게 속한 것같이, 그리고 자기 자신과 자신의 목적에 적합하게 봉사하고 다스릴 권한이 있는 것같이 행동하고 있다. 그러나 교회와 그 교회 안에 있는 모든 회중은 예수 그리스도에게 속한 것이며 교회 안에 있는 모든 사람은 그리스도의 종이다. 교회나 교회 어느 부분에 대한 결정에서 결단의 요소는 어떤 사람의 생각대로 교회가 무엇을 해야 한다고 하는 것이 아니라, 교회의 주요 소유자이신 예수 그리스도께서 무엇을 하라고 하시는가에 있어야만 한다.

사데 교회에 대한 혹심한 평은 그 교회가 비록 살았다는 이름은 있으나 실상 영적으로는 죽었다는 것이다. 신약에서는 자주 죄를 죽음에 비유한다. 목회 서신에서 우리는 "향락을 좋아하는 자(과부)는 살았으나 죽었느니라"(딤전 5:6)는 글을 발견한다. 탕자는 그가 돌아왔을 때 "죽었다가 다시 살아났으며"(눅 15:24)라고 했다. 로마의 기독교인들은 그들이 예수 그리스도를 만나 그를 받아들였기 때문에 "죽은 자 가운데서 다시 살아난 자"(롬 6:13)였다. 바울은 예수를 믿고 구원 얻은 자들이 "그는 허물과 죄로 죽었던" 사람이라고 했다(엡 2:1, 5). 죄의 결과는 죽음의 한 종류다.

I. 죄는 "의지를 죽인다". 사람이 오랫동안 죄를 간직하고 있으면 그는 그 이상 아무것도 할 수 없는 때가 임하는 것이다. 습관이 차차 자라서 그가 아무리

원한다고 할지라도 그 습관을 끊어 버릴 수 없게 될 때가 온다. 방종에 사로잡혀서 사람이 그러한 일들을 아무리 싫어하게 되더라도 거기에서 빠져 나갈 수 없게 된다. 세네카가 말했듯이 인간이란 자기 죄를 미워하면서도 동시에 그것을 사랑하게 된다. 인간은 죄의 종이 되어 그 죄의 능력 속에서 무력하게 되어 버리는 상태까지 이른다. 우리 가운데는 우리가 깊이 빠졌던 습관의 위력을 경험하지 않은 사람이 거의 없을 것이다. 죄의 위력은 위태하여 결국에는 의지를 죽여 버리게 된다.

II. 죄는 "감정을 죽인다". 죄의 종이 되는 것은 하룻밤 사이에 일어나는 것이 아니다. 사람이 처음에 죄를 지을 때는 많은 양심의 가책과 망설임을 가지게 된다. 사람이 처음에 금지된 향락에 자신을 내맡길 때는 꺼려 하며 다시는 안 그러리라는 생각을 가지게 된다. 그러나 그가 금지된 것을 계속해서 하다 보면 처음에는 겁이 나고 떨림과 후회를 하며 했던 짓을 이제는 아무런 가책과 망설임 없이 행하게 되는 때가 오게 된다. 번드가 말했듯이 죄란 "감각을 무디게 한다". 죄로 인한 비극은 죄가 인간 본성의 가장 높은 것을 죽여 버리는 것이다.

III. 죄는 "모든 아름다운 것을 죽인다". 죄의 무서운 점은 인간 생활의 가장 아름다운 것들을 취하여 가장 흉한 것으로 만들어 버릴 수 있다는 것이다. 죄를 통하여 최고의 고상한 것을 향한 욕구는 권력욕으로 변할 수 있고, 봉사를 위한 소망이 야망의 도취로 변질할 수 있고, 사랑의 욕망은 정욕에 대한 격정으로 변할 수 있다는 것이다. 죄는 인생의 아름다운 것들을 모두 죽인다.

우리가 죄가 가져오는 죽음에서 피하여 빠져 나오는 길은 다만 하나님의 은혜로써 죽음에서 생명으로 소생할 때만이다.

생명력이 없는 교회

요한계시록 3:1-6(계속)

사데 교회의 죽은 상태는 이상한 현상을 나타내고 있다.

I. 사데 교회는 아무런 이단의 방해도 받지 않았다. 사데에는 아무런 거짓 교회의 출현이나 거짓 교사가 잠입한 증상이 없었다. 그것은 사데 교회가 무엇을 생각하기에는 너무나 게을러 무기력했기 때문이리라. 이단은 언제나 무엇을 추구하고 찾는 데서 생긴다.

이단은 사실상 교회가 살아 있다는 증거이며, 어떤 사람이 적어도 스스로 무엇인지를 생각해 내려고 노력했다는 증거이기도 하다. 이단은 보통 진리의 일면만을 지나치게 강조하는 데서 생기는 것이다. 우리가 그리스도의 신성만을 지나치게 강조하면 예수 그리스도는 단지 인간같이 보이는 것으로 가려진 신성이라는 교리, 즉 가현설(Docetism)에 빠지게 된다. 반면에 우리가 그리스도의 인간성을 지나치게 강조하면 예수 그리스도는 영웅적인 존재요, 최고선의 인간에 지나지 않게 된다. 우리가 율법을 지나치게 강조하면 사람을 죽이게 되는 율법주의에 빠지게 되며, 은혜를 지나치게 강조하면 결국에 은혜가 엄청나게 커서 죄는 지어도 문제가 안 된다고 생각하는 도덕 폐기론을 믿게 될 수가 있다.

이단이 생기는 것은 과거부터 내려오는 신앙이나 정통주의의 현상대로 무의식적으로 수락하는 것을 만족하지 않기 때문이다. 이들은 항상 자신이나 그 교회 스스로 무엇인지를 생각해 내지 않고는 못 배긴다. 어떤 사람이 사고를 하기에 너무 게을러서 생각해 보지도 않기 때문에 일반인에게 정통파라고 하는 것보다 더 가련한 것은 없다. 사실 자신의 마음속에 아무렇게 되어도 상관없다는 기분으로 전통적인 신앙을 가지고 있는 것보다는 심각하게 그리고 깊이 생각함으로써 이단이 되는 것이 오히려 낫다고 할 수 있다.

II. 사데 교회는 외부에서 아무런 공격도 받지 않고 있었다. 이 교회는 이방인의 공격과 박해나 유대인의 비방과 중상을 받지 않았다. 실상인즉 사데 교회는 더 이상 문젯거리가 되지 않았다. 사데 교회는 싸움의 대상이 되지 않았다. 목회서신에는 사람들이 경건의 모양은 있다고 하나 그 능력 없는 사람들이 진정한 신앙에서 떠난 것을 기록하고 있다(딤후 3:5). 이 말씀을 모팻은 이같이 번역하고 있다. "비록 종교의 형태는 가지고 있을지라도 그들은 능력으로서 종교와는 아무런 관계가 없을 것이다." 필립스는 이같이 말했다. "그들은 종교의 허울은 유지할 것이나 그들의 행위가 생명력을 부인하고 있다."

기독교회가 생명력을 상실하면 공격할 가치가 없으며 그 교회는 그 지역의 일상생활에서 문제를 제시해 주지 못할 정도로 무력하고 영향력을 상실하게 되는 것이다.

진정으로 생명력 있는 교회란 항상 공격을 받게 마련이다. 진정으로 살아 있는 교회란 그 지역의 양심이 될 수밖에 없고, 그 이유로 양심의 소리를 잠잠케 하고 제거하려는 자가 자연히 많이 생길 것이다. 예수님께서는 "모든 사람이 너희를 칭찬하면 화가 있도다"(눅 6:26)라고 말씀하셨다. 세상에는 우정보다 증오를 받는 것이 낫고, 칭찬보다는 비난을 받는 편이 나은 경우가 있다. 확실한 메시지를 가지고 있는 교회란 언제나 반대가 있게 마련이다. 교회와 세계는 서로 반대 입장에 서 있기 때문이다. 어떤 교회가 세상에 순응한 나머지 세상이 그 교회에 무엇인가 비난하고 공격할 것을 발견할 수 없다면 그 교회는 죽은 교회다.

이단을 배출하지 않을 정도로 무기력한 교회는 정신적으로 죽은 것이다. 그리고 반대를 야기하지 못할 정도로 소극적인 교회는 그리스도의 증거에서 죽은 것이다.

사데 교회여, 깨어 있으라

요한계시록 3:1-6(계속)

사데 교회를 임박한 파멸에서 조금이라도 구원을 얻으려면 한 가지 필요한 것이 있다. 그곳의 기독교 성도들이 깨어 있어야 한다는 것이다. 그들은 극심한 무기력에서 일어나 끊임없이 경계를 해야 한다. 신약에서 깨어 있으라는 명령 이상 더 자주 나오는 것은 없다.

I. 경계심이야말로 끊임없이 기독교인이 지녀야 할 생활 태도다. 바울은 "너희가 이 시기를 알거니와 자다가 깰 때가 벌써 되었으니라"(롬 13:11)라고 경고하고 있다. 그리고 "깨어 믿음에 굳게 서서"(고전 16:13)라고 강권하고 있다. "영원한 경계(vigilance)는 자유의 대가"라고 전해지고 있지만 영원한 경계심(watchfulness)은 구원의 대가다.

II. 기독교인은 악마의 간계를 조심하여야 한다(벧전 5:8). 사데의 역사는 그 성의 파수병들의 경계가 해이해질 때 어떤 일이 일어나는지 생생한 기록을 가지고 있다. 기독교인은 언제나 그리스도에 대한 충성과 바른 길에서 그를 유혹하려는 권세들의 공격을 받고 있다. 이런 공격은 흔히 포착하기 어렵고 은폐되어 있다. 그러므로 기독교 성도는 언제나 깨어 있어야 한다.

III. 기독교인은 유혹(시험)을 조심하여야 한다. "시험에 들지 않게 깨어 기도하라"(마 26:41)고 예수는 말씀하셨다. 시험은 우리가 무방비한 순간을 기다리다가 공격한다. 한순간의 정욕이 사람의 자제력을 해이하게 만들 수가 있다. 의지의 해이함이 악은 상관도 않겠다는 결심을 약화시킬 수 있다. 심신의 피로는 그 사람의 저항력을 약화시킬 수 있다. 과신할 때에는 파별이 온다는 것을 증명하게 될 것이다. 기독교인의 생활에서는 유혹에 대한 끊임없는 경계가 있어야 한다.

IV. 신약에서는 기독교인이 주님의 재림을 기다리며 깨어 있으라고 여러 번 되풀이해 강조하고 있다. "그러므로 깨어 있으라 어느 날에 너희 주가 임할는지 너희가 알지 못함이니라", "깨어 있으라 내가 너희에게 하는 이 말은 모든 사람에게 하는 말이니라"(마 24:42, 43; 막 13:37). "그러므로 우리는 다른 이들과 같이 자지 말고 오직 깨어 정신을 차릴지라"(살전 5:6)라고 바울은 데살로니가에 편지했다. 언제 영원이 시간 안으로 뛰어 들어올지 그날과 그 시간은 아무도 모른다. 어거스틴은 "마지막 날은 비밀에 부쳐져 있다. 그러므로 날마다 깨어 있어야 한다"라고 말했다. 사람은 마치 하루하루를 마지막 날인 것처럼 살아야 한다.

V. 기독교인은 잘못된 교훈과 거짓 선생들을 경계하여야 한다. 바울이 에베소의 장로들에게 행한 고별사에서 그들에게 밖에서는 사나운 이리가 쳐들어와 양떼를 범할 것이며, 안에서는 어그러진 말을 하는 사람들이 일어날 것이라고 경고했다. "그러므로 여러분이 일깨어"(행 20:29-31) 기억하라고 말하고 있다.

VI. 기독교인은 끊임없이 예수 그리스도를 대망하고 있어야 하며, 동시에 예수 그리스도도 나에게 기대하고 계시다는 것을 잊어서는 안 된다. 주께서 "내 하나님 앞에 네 행위의 온전한 것을 찾지 못하였노라"고 말씀하셨다. 여기에 두 가지 진리를 발견하게 된다.

1. 그리스도는 우리에게서 무엇인가를 기대하고 계신다. 우리는 너무나 자주 예수 그리스도에게서 받는 것만을 생각한다. 우리는 그분에게서 그의 권능과 도움과 보조와 위로를 얻는 것만을 원하고 있다. 그러나 우리는 예수 그리스도께서도 우리의 사랑과 충성과 봉사를 찾고 계시다는 것을 절대로 잊어서는 안 된다. 기독교는 우리가 한쪽에서 다른 한쪽에 무엇인가를 요구만 하고 아무것도 주지 않는 일방 통행적인 것이라고 생각해서는 안 된다. 그리스도는 우리에게서 우리가 줄 수 있는 봉사와 사랑을 요구하신다.

2. 사람이 행해야 할 일들은 그의 손 가까이에 있다. 옛말이 틀리지 않는다. "운명이란 우리가 반드시 행해야 할 것이고, 숙명은 우리가 무엇을 하게끔 기대되어 있는 것을 말하는 것이다." 기독교인은 불가피한 운명을 믿지 않으나 자신

이 받아들이거나 거절할 수 있는 숙명은 믿는다. 우리 모두에게서 예수 그리스도는 무엇인가를 기대하고 계신다. 그리고 우리 모두가 무엇인가를 할 수 있는 것이다.

부활하신 주님의 명령

요한계시록 3:1-6(계속)

3절에 몇 가지 명령이 있다.

I. 부활하신 주님께서 "네가 복음을 어떻게 받았으며 어떻게 들었는지 '생각하라'"고 말씀하셨다. 이 경우에 명령형은 현재형이기 때문에 "기억하기를 계속하라. 매일 기억하라. 그리고 결코 잊어버리게 내버려 두지 말라"고 하는 뜻이다. 주님은 해이해진 사데 교회 교인들에게 그들이 어떤 열정과 감격으로 처음에 복음의 소식을 들었는지를 기억하라고 말씀하신다. 일상생활에서 무디어진 기억을 날카롭게 되살리는 것들이 있다. 가령 묘지에 이르면 여러 해가 지난 슬픈 일들이 다시금 뼈저리게 아파지게 된다. 또 우리가 어떤 위대한 경험을 한 장소로 되돌아가면 그 장소를 보기만 해도 지나가 버린 감동을 다시 불 붙여 주며, 시간이 흘러 둔해진 감정의 강렬함을 다시 한 번 되찾게 해 준다. 기독교인은 언제나 그리고 되풀이하여 십자가 앞에 섬으로써 하나님이 자신에게 무엇을 하셨는지 기억할 수 있어야 한다.

II. 다음으로 "회개하라!"고 말씀하셨다. 이 경우에 명령형은 부정과거형이므로 어떤 명백한 행동을 표시한다. 기독교인의 생활에서는 과거의 것은 집어치우고 새로운 길을 시작하려고 결심하는 결정적인 시기가 있어야 하고, 외관적으로 옛 것은 잘라 내고 새 것을 취하겠다고 결심하는 때가 있어야 하며, 그리스도에게서 멀어지는 대신에 180도 돌아서서 그리스도에게로 새롭게 출발하려고 결심하는 때가 있어야 한다. 누구든지 기독교란 표류도, 우물쭈물함도 아니라 결단이라는 것을 알아야 한다.

III. 다음으로 "복음이 명하심을 지키라"고 말씀하셨다. 여기에도 현재형이므로 계속적인 동작을 의미한다. 즉, "복음의 명하심을 지키기를 절대로 중지하지 말라. 그 명하심을 지키고 매일매일 지켜 행하라. 참 기독교적인 길로 계속하여 걸으라"는 뜻이다. 여기에 이른바 "발작적 기독교"에 대한 경고가 있다. 너무나 많은 사람이 하루는 기독교인이고 다음 날에는 비기독교인이 된다. 너무나 많은 사람이 한 번은 최고로 숭고한 행동을 하고 다음 순간 엄청나게 비열하고 불성실한 행동을 하게 된다. 너무나 많은 사람이 어떤 때는 거의 야수적인 이기주의적 행동을 한다. 주님의 명하심은 지속적으로 그리고 계속하여 매일매일 우리는 복음의 명하심과 요구하심을 지켜야 한다는 것이다.

IV. 마지막으로 "일깨라"고 말씀하셨다. 서양 옛말에 "신들은 양털로 발을 감싸고 걸어 다닌다"고 했다. 신들은 사람이 갑자기 아무런 경고도 없이 영원을 대하게 될 때까지 소리 없이 그리고 눈에 띄지 않게 다가온다. 그러나 일상생활에서 영원을 바라보며 사는 자나, 날마다 그리스도와 함께 사는 자에게는 이런 일이 일어나지 않는다. 그리스도와 동행하는 자는 그리스도의 재림을 불의에 당할 수가 없다.

소수의 충실한 사람들

요한계시록 3:1-6(계속)

4절에는 암흑 속에서도 한 가닥 소망의 빛이 비쳐 온다. 사데에도 몇 사람의 충성된 자가 있다. 하나님은 당신의 자비 안에서 악한 자를 찾는 것보다 더 많이 선한 자를 찾으신다. 아브라함이 하나님에게 소돔을 위하여 간청할 때, 그가 하나님께 "의인을 악인과 함께 죽이심은 부당하오며…"(창 18:25)라고 청했다. 하나님은 인내를 가지고 몇 명의 충성된 자를 찾으신다. 열왕기에 보면 여로보암의 두 아들 중 오직 아비야만 살아남았다. 그 이유는 그가 이스라엘의 하나님을 향해 무엇인가 약간 선한 것이 있었기 때문이다(왕상 14:13). 하나님은 몇 명의 충성된 자를 찾으시며, 그런 몇 명의 충성된 자들은 악한 무리 속에서 결코 잃어버리는 법이 없다.

충성된 자들에 대하여 그들은 "그들의 옷을 더럽히지 아니한 자들"이라고 언급되었다. 야고보는 "세속에 물들지 아니한 자"에 대하여 존경과 경의를 표했다(약 1:27). 옷을 더럽히지 않은 자들에 대하여 두 가지를 생각할 수 있다.

I. 이방 세계에서는 아무도 더럽거나 빨지 않은 옷을 입고는 신전에 접근할 수 없게 되어 있다. 흰옷은 하나님에게 나아가는 데 필수 불가결한 것이다. 이방인에게는 이것이 외적인 것이지만 여기서는 자신의 영혼을 더럽히지 않은 자를 의미할 수 있으며, 그리하여 하나님의 존전에 나아갈 수 있고 부끄러워하지 않기 위함이다.

II. 스위트는 흰옷이란 사람이 세례 받을 때 행하는 신앙 고백을 뜻하며, 이 구절은 성도가 세례 받을 때 서원을 지키는 것을 뜻한다고 주장한다. 교회사를 볼 때 당시 세례는 성인(成人)의 세례뿐이며, 세례 받을 때 성도는 예수 그리스도께 향한 자발적이고 전적인 약속을 한다는 것을 기억해야 한다. 이런 표현을 하게 된 것은 그때에는 특히 세례를 받고 물에서 올라올 때 죄를 깨끗이 씻었다는 상징으로 흰옷을 입혀 주곤 했다. 자기 자신의 약속을 성실히 지키는 사람은 두말할 것도 없이 언젠가는 하나님께서 "잘하였도다!"라고 하시는 말씀을 듣게 될 것이다.

신실하게 지켜 온 자들에게 주어지는 약속은 그들이 하나님과 함께 다니리라는 것이다. 여기에는 두 가지 설명이 있다.

1. 이방 세계의 설명으로서는 페르시아의 궁전에서는 왕이 가장 신임하는 측근들은 궁전 뜰을 왕과 함께 거니는 특전을 얻게 된다. 그리고 이들을 "궁전 뜰의 동료"라고 불렀다. 하나님께 신실한 자들은 언젠가는 하나님의 낙원에서 하

나님과 함께 거닐게 될 것이다.

2. 에녹에 대한 옛날 기록에서 유래되었을 수도 있다. 에녹에 대해 이르기를, "하나님과 동행하더니 하나님이 그를 데려가시므로 세상이 있지 아니하더라"고 했다(창 5:24). 에녹은 이 세상에서 하나님과 동행하였고, 하나님이 계신 곳에서도 계속 동행하였다. 지상에 있을 동안 하나님과 동행이 끝나면 그는 하나님과 더 가까운 친교를 갖게 되는 것이다.

삼중의 약속

요한계시록 3:1-6(계속)

끝까지 신실한 자들에게는 다음 삼중의 약속이 주어진다.

I. 그들의 흰옷을 입게 될 것이다. 의로운 자들에 대하여 "자기 아버지 나라에서 해와 같이 빛나리라"고 기록되어 있다(마 13:43). 그리고 하나님 자신에 대해서도 그는 옷을 입음같이 빛을 입으신다고 했다(시 104:2). 그러면 흰옷은 무엇을 뜻하는 것일까?

1. 고대 세계에서는 흰옷은 **잔치**를 의미했다. "네 의복을 항상 희게 하며 네 머리에 향 기름을 그치지 아니하도록 할지니라"(전 9:8)고 했다. 흰옷은 신실한 자들이 하나님의 잔치에 초대 손님이 될 것이라는 사실을 뜻할 수도 있다.

2. 고대 세계에서 흰옷은 **승리**를 의미했다. 로마가 전승을 축하할 때에는 만백성이 흰옷을 입었다. 그렇게 축하하는 도시를 **우릅스 칸디다**, 즉 백색의 도시라고 불렀다. 흰옷은 승리를 획득한 자가 하나님의 상급을 받을 사람의 상급을 뜻할 수도 있다.

3. 세계 어디서나 어느 때나 백색은 **순결**의 색깔이다. 그러므로 흰옷이란 상급으로써 하나님에게 인정받을 수 있는 사람들의 순결을 의미할 수도 있다. "마음이 청결한 자는 복이 있나니 그들이 하나님을 볼 것임이요"(마 5:8).

4. 흰옷은 신실한 자들이 언젠가는 입게 될 **부활의 몸**을 의미한다고 해석하기도 한다. 신실한 자들은 하나님 자신의 옷인 광채의 백색을 함께 누릴 것이다.

여기서 상술한 흰옷의 여러 가지 설명 중 어느 하나를 택하려고 할 필요가 없다. 그보다는 이 위대한 약속에 포함되어 있다고 하는 것이 좋을 것이다.

II. 그들의 이름은 생명책에서 지워지지 않으리라. 생명책이란 성경에 자주 나오는 하나의 개념이다. 모세는 자신이 희생함으로써 그 백성이 죄에서 구원을 받을 수 있다면 하나님이 기록하신 책에서 자신의 이름을 지워 버려도 좋다고 했다(창 32:32-33). 불의한 자들을 생명책에서 지우기를 시인은 바랐다(시 69:28). 심판 날에 그 책에 기록된 사람들은 구원을 받을 것이다(단 12:1). 바울의 동역자들의 이름이 생명책에 기록되었다(빌 4:3). 생명책에 기록되지 못한 자는 불못에 던지우리라(계 20:15). 그리고 오직 어린양의 생명책에 기록된 자들만이 영생으로 들어갈 것이다(계 21:27). 고대 세계에서는 한 나라 왕이 그 나라 국민의 명부를 가지고 있었다. 누가 반역죄를 짓거나 사망하면 그 사람의 이름은 명부에서 삭제된다. 생명책에 기록되기 위해서는 하나님 나라의 충실한 국민 중 한 사람으로 인정되어야 하며, 이는 하나님께 속한 권속 중 하나가 되는 것이다.

III. 예수 그리스도는 하나님 아버지와 천사들 앞에서 그들의 이름을 안다고 하실 것이다. 이것은 예수의 약속으로서 누구나 다른 사람 앞에서 예수를 시인하면 예수께서는 아버지 앞에서 그를 시인하실 것이요, 그가 사람들 앞에서 예수를 부인하면 예수께서는 아버지 앞에서 그를 부인하신다(마 10:32-33; 눅 12:8-9). 예수 그리스도에게 진실한 자에게 예수는 영원히 진실하시다.

빌라델비아 교회에 보낸 편지

요한계시록 3:7-13

7빌라델비아 교회의 사자에게 편지하라 거룩하고 진실하사 다윗의 열쇠를
가지신 이 곧 열면 닫을 사람이 없고 닫으면 열 사람이 없는 그가 이르시되
8볼지어다 내가 네 앞에 열린 문을 두었으되 능히 닫을 사람이 없으리라 내
가 네 행위를 아노니 네가 작은 능력을 가지고서도 내 말을 지키며 내 이름
을 배반하지 아니하였도다 9보라 사탄의 회당 곧 자칭 유대인이라 하나 그렇
지 아니하고 거짓말하는 자들 중에서 몇을 네게 주어 그들로 와서 네 발 앞
에 절하게 하고 내가 너를 사랑하는 줄을 알게 하리라 10네가 나의 인내의 말
씀을 지켰은즉 내가 또한 너를 지켜 시험의 때를 면하게 하리니 이는 장차
온 세상에 임하여 땅에 거하는 자들을 시험할 때라 11내가 속히 오리니 네가
가진 것을 굳게 잡아 아무도 네 면류관을 빼앗지 못하게 하라 12이기는 자는
내 하나님 성전에 기둥이 되게 하리니 그가 결코 다시 나가지 아니하리라 내
가 하나님의 이름과 하나님의 성 곧 하늘에서 내 하나님께로부터 내려오는
새 예루살렘의 이름과 나의 새 이름을 그이 위에 기록하리라 13귀 있는 자는
성령이 교회들에게 하시는 말씀을 들을지어다

예찬의 도시

요한계시록 3:7-13(계속)

빌라델비아는 일곱 도시 중 가장 역사가 짧은 도시다. 이 도시는 주전 159-138년에 버가뭄에서 통치를 한 아탈루스 2세(Attalus the Second) 치하에 버가뭄에서 온 식민지 지배자들로 세워졌다. 빌라델포스(philadelphos)는 **자기 형제를 사랑하는 자**라는 의미의 헬라어 단어다. 아탈루스의 유메네스(Eumenes) 형제에 대

한 사랑이 그러한 것이어서 그는 빌라델포스라고 불렸고 빌라델비아도 그의 이름을 뒤따른 것이다.

빌라델비아는 특별한 목적을 위해 세워진 도시다. 이 도시는 무시아(Mysia)와 루디아(Lydia)와 브루기아(Phrygia)가 서로 만나는 지점에 위치한 변방 국경 도시다. 그러나 주둔군을 배치하기 위하여 세워진 것은 아니다. 그럴 위험이 없었기 때문이다. 이 도시는 루디아와 브루기아에 그리스 문명과 헬라어 보급을 위한 특별한 목적을 가지고 세워졌다. 그 성과가 얼마나 좋았던지 주후 19년에 이르러는 루디아인들은 루디아 모국어는 다 잊어버리고 그리스어만 사용하게 되었다. 램세이 경은 빌라델비아에 대하여 그곳은 "그리스어와 그리스 문자를 평화스러운 나라에 그리고 평화로운 방법으로 보급시키는 중심지였다"고 했다. 그리스도께서 빌라델비아 앞에 있는 열린 문에 대하여 언급하신 것이 바로 이것이다. 3세기 전 빌라델비아에는 그리스 사상을 전파할 열린 문이 주어졌는데, 이제 또 하나 선교할 큰 기회가 주어졌으니 이는 예수 그리스도의 메시지를 몰랐던 사람들에게 그 복을 전해 주는 문인 것이다.

그러나 빌라델비아는 하나의 큰 특징을 가지고 있다. 빌라델비아는 불탄 땅이라는 뜻인 **카타게카우메네**(Katakekaumenē)라는 대평원 한 끝에 위치해 있다. **카타케카우메네**는 화산으로 이루어진 평원이며 거기에 당시에는 활동이 중지된 화산의 용암과 재의 흔적이 흩어져 있다. 그것이 유리한 점이다. 그런 땅은 비옥하다. 빌라델비아는 포도 재배지의 중심이며 유명한 포도주 생산지였다. 그러나 그런 환경이 동시에 지진의 위험도 갖고 있었다. 이 위험이 다른 어느 도시보다도 빌라델비아에 더 깊은 상처를 안겨 주었다. 주후 17년에 대지진이 있었다. 사데와 다른 10개 도시를 파괴시켰는데, 다른 도시에서는 그 한 번으로 지진이 끝나 버렸으나 빌라델비아에서만은 지진이 여러 해 계속되었다. 스트라보는 빌라델비아를 "지진투성이의 도시"라고 일컬었다. 큰 지진이 일어나면 사람들은 용기와 침착성을 가지고 대처하지만, 이에 반해 사람들을 견딜 수 없는 고통으로 몰아넣는 것은 장기간에 걸쳐 되풀이하여 나타나는 미진이다. 그것이 빌라델비아의 경우였다.

스트라보는 그 장면을 이렇게 말하고 있다. 진동은 매일 일어났다. 집 안의 벽에 커다란 틈이 생겼다. 이 도시의 한쪽이 다 부서졌는데 나머지 부분까지 마저 부서져 가고 있다. 대부분의 주민들은 도시 밖 오막살이에서 살면서 시내에 들어갔다가 혹시 떨어지는 돌이나 바위에 맞아 죽을까 봐 들어가기조차 두려워했다. 그 시내에 아직도 남아 있겠다는 사람은 미친 사람으로 인정되었다. 그들은 흔들리는 건물을 떠받치는 데 많은 시간을 소비했다. 그리고 자주 안전을 위해 공터로 피하기도 했다. 이 몸서리치는 날들이 아직 완전히 그들의 뇌리에서 사라지지 않았다. 이 고장의 사람들은 늘 마음속으로 지진이 또 찾아오리라고 불길한 생각을 했고 죽지 않으려고 공터로 도망갈 준비가 되어 있었다. 빌라델비아 사람들은 "다시는 나아가지 아니하리라"는 약속이 어떤 안위와 감사함이 깃들어 있는지를 잘 알고 있었다. 그런 약속은 그들이 갈망하던 안전을 의미했다.

이 서신에는 그것 이상의 빌라델비아의 역사가 있다. 이 지진이 빌라델비아를 파괴했을 때 디베료 황제는 사데에게만큼이나 너그러운 태도를 보였다. 빌라델비아는 고마워했다. 그래서 감사의 표시로 빌라델비아는 이름을 네오가이사랴—가이사의 새 도시—라고 고쳤다. 후에 베스파시아누스 황제 때 빌라델비아는 황제에게 감사하는 뜻으로 그 이름을 플라비오(Flavius)라고 개명했는데, 플라비오는 베스파시아누스 황제의 성이었다. 물론 이 두 개 개명이 오래 계속되지는 않았고 빌라델비아라는 이름이 다시 사용되었다. 그러나 빌라델비아 주민들은 "새 이름"을 받는다는 것이 무엇인지를 잘 알고 있었다. 빌라델비아의 역사가 이 서신에 기록되어 있다. 모든 일곱 도시 중 빌라델비아가 가장 큰 칭찬을 받았고 그만한 자격이 있다는 것을 보여 주는 것이다.

후일 빌라델비아는 대도시가 되었다. 그러나 토이기인들과 모하메트가 소아시아를 휩쓸고 지나갔다. 그래서 모든 도시가 그들에게 정복되었으나 빌라델비아만은 굳게 서 있었다. 여러 세기 동안 이 고장은 이방인 사이에서 그리스계 기독교 도시로 존재해 왔다. 빌라델비아는 아시아 기독교의 마지막 보루였고 빌라델비아가 함락된 것은 14세기 중반이 지나서였다. 뿐만 아니라 오늘날까지도 빌라델비아에는 기독교 주교 한 사람과 1천 명의 기독교인들이 있다. 서머나를 제외하고는 다른 모든 교회가 폐허되었으나 빌라델비아만은 지금까지도 기독교 신앙의 기치를 높이 들고 서 있다.

칭호와 주장

요한계시록 3:7-13(계속)

이 서신 서두에서 부활하신 그리스도는 세 가지 큰 명칭으로 불렸고, 그 명칭은 각각 암시적으로 엄청난 주장을 내포하고 있다.

I. 그리스도는 거룩하신 분이라고 불렸다. 이 표현의 특징은 거룩이라는 단어가 하나님 자신의 이름과 칭호와 표현이라는 것이다. "거룩하다 거룩하다 거룩하다 만군의 여호와여"(사 6:3)라는 스랍들의 노래를 이사야가 들었다. "그런즉 너희가 나를 누구에게 비교하여 나를 그와 동등하게 하겠느냐?"(사 40:25) "나는 여호와 너희의 거룩한 이요 이스라엘의 창조자요 너희의 왕이니라"(사 43:15). 구약 전체를 통하여 하나님은 거룩하신 분이다. 이제 그 칭호가 하나님에게서 떼어 부활하신 그리스도에게 주어진 것이다. 우리는 **거룩**(hagios)이라는 단어의 의미를 기억해야 하고, 이것은 **다른**, **빼어낸**이란 뜻이다. 하나님은 거룩하시고 인간과 다르시다. 하나님은 인간 스스로는 결코 소유할 수 없고 하나님에게만 속한 그 생명과 존재의 본질을 갖고 계신다. 예수 그리스도가 거룩하시다고 하는 것은 그분이 하나님의 생명과 존재 그 자체가 하나님과 동질임을 의미한다.

II. 진실하신 분이라고 했다. 헬라어에서는 **진실**이란 뜻의 단어가 두 개 있다. **알레테스**(alēthēs)란 낱말은 진실한 진술은 거짓 진술과 다르다는 의미의 진실이다. **알레테스**란 주저할 것 없이 믿을 수 있는 것이다. 다음에 **알레티노스**(alēthinos)란 단어가 있는데 이것은 몽롱하고 실재하지 않는 것 그리고 진짜의 대용품이나 모조품의 반대인 진짜를 의미한다. 여기에서 사용된 단어는 두 번째의 것이다. 예수는 **알데티노스**하시다. 그 안에 실재가 있다. 우리가 예수 그리스도와 만날 때 진리의 희미한 그림자나 영상을 만나는 것이 아니다. 진리 그 자체를 만나는 것이다. 그 안에서 우리는 생의 모조품을 만나는 것이 아니라 삶 그 자체를 대하는 것이다. 그 안에서 우리는 신성과 신격의 대용물이 아닌 하나님 자신의 진실한 실존 그 자체를 접하는 것이다. 우리가 예수 그리스도를 만날 때는 진리에 대한 추측이나 모색은 없어지고 하나님에 대한 어두운 그림자는 사라지고 진리와 실재와 하나님 자신을 알게 된다.

III. 다윗의 열쇠를 가지신 이, 곧 열면 닫을 사람이 없고, 닫으면 열 사람이 없는 분이시다. 우선 열쇠란 **권위의 상징**이라고 생각할 수 있다. 여기에 아무도 도전할 수 없는 최고의 권위를 가지신 분으로 예수 그리스도의 상이 그려져 있다.

이것 말고 구약적인 것이 하나 있다. 히스기아 왕은 엘리야김이라고 하는 충실한 청지기가 있었는데 그는 그 집안에서 가장 높았고 그만이 왕 앞에 나아갈 수 있었다. 이사야는 하나님이 충성된 종 엘리야김에 대해 말씀하시는 것을 들었다. "내가 또 다윗의 집의 열쇠를 그의 어깨에 두리니 그가 열면 닫을 자가 없겠고 닫으면 열 자가 없으리라"(사 22:22). 요한의 머릿속에 있었던 것은 이런 모습이었다. 예수님, 아니 그분만이 다윗의 새 성읍인 새 예루살렘으로 들여보낼 완전한 권위를 가지고 있으며 그분만이 하나님 앞에 들어갈 수 있다. 이는 마치 충성된 신하가 왕 앞에 나아가는 것과 같다. 《하나님에 대하여(*Te Deum*)》란 책자에서 말했듯이 "당신이 하늘나라를 모든 성도에게 열으셨나이다". 그분이 하나님 존전에 나아가는 새롭고 살아 있는 길이다. 예수 그리스도를 통하여 하나님께로 인도하는 문이 열리며 천국의 열쇠는 그분이 갖고 계신다.

열린 문

요한계시록 3:7-13(계속)

열린 문에 대하여 생각하기 전에 8, 9절에서 한 가지 구두점 문제를 발견하게 된다. 초기 헬라어 서간에는 구두점이 전혀 없어서 구두점을 뒤에 첨가해 주어야 했다. 문제가 되는 곳은 "네가 작은 능력을 가지고서도 내 말을 지키며 내 이름을 배반하지 아니하였도다"라는 어구다. 이 어구는 그 앞에 있는 부분이나 그 뒤에 있는 부분과도 잘 맞는다. 그러므로 빌라델비아의 성도들 앞에 열린 문이 서 있는 이유로도 생각되고, 혹은 사탄의 회에 속한 자들이 기독교인의 앞에 항복하는 이유로도 받을 수가 있다. 이 부분을 어떻게 해석해야 하는지는 아무런 확실한 결론을 내릴 수가 없다. 어느 쪽으로 부쳐도 뜻이 잘 통한다. 여기에서는 앞 부분과 연결해 보았는데 실은 뒷부분과도 뜻이 잘 맞는다.

부활하신 그리스도께서 빌라델비아의 성도들 앞에 아무도 닫을 수 없는 열린 문을 놓으셨다는 것은 큰 약속을 뜻한다. 이 열린 문의 뜻은 무엇일까?

I. 이것은 선교의 문일 수 있다. 바울을 자신 앞에 놓인 일에 대하여 고린도인들에게 편지하면서 "내게 광대하고 유효한 문이 열렸으나"(고전 16:9)라고 말했다. 그가 드로아에 왔을 때 주로 말미암아 그에게 한 문이 열렸다(고후 2:12). 그는 골로새인들에게 전도할(말씀할) 문이 열리기 위해 기도하라고 요청했다(골 4:3). 안디옥으로 돌아왔을 때, 그는 하나님께서 어떻게 신앙의 문을 이방인에게 열어 주셨는지를 말했다(행 14:27). 이 뜻은 빌라델비아에게는 특별히 적절한 것이다. 빌라델비아가 변방 도시라는 것을 배웠다. 루디아와 무시아, 브루기아 등이 만나는 지점으로서 어떻게 고대 사회에서 주변의 미개인들에게 헬라어와 그리스 문화를 전하는 고장으로 자리를 굳혔는지를 알았다. 빌라델비아는 서머나 해안에서부터 시작하여 빌라델비아를 지나 브루기아와 멀리 소아시아 중심과 더 멀리 동방으로 뻗은 길목에 있는 도시다. 또 드로아 해안을 출발하여 버가뭄, 두아디라와 사데를 거쳐 빌라델비아에 이르러 브루기아로 가는 대로로 연결되는 제국의 우편 행로에 놓여 있기도 하다. 가이사의 군대가 그 길로 통행했고 행상인의 대열이 그리로 통과했으며, 그 길이 이제는 그리스도의 선교사들을 알아보게 되었다. 이제 그보다 더 큰 전파의 임무가 빌라델비아 앞에 놓여 있으니 그것은 그 뒤에 있는 지역으로 그리스도의 복음을 전할 문이 열려져 있는 것이다.

1. 각 성도에게 선교의 기회가 주어져 있는데 그를 찾기 위해서 외국에 갈 필요가 없다는 것이다. 우리 집안에, 우리가 매일 기거하는 그곳에 그리스도에게

로 이끌어야 할 사람들이 있다. 그 기회의 문을 사용하는 것이 곧 우리의 특권이요, 책임이다.

2. 그리스도의 방법으로는 일 잘한 것의 보상이란 일을 더 많이 하는 것이다. 빌라델비아는 충성스럽다고 인정받았다. 그 충성심에 대한 보상은 그리스도를 위하여 일을 더 많이 하는 것이다. 쉼이 아니라 더 열심히 일하게 하는 것이 그리스도께서 주시는 상이다.

II. 빌라델비아 교인들 앞에 놓인 열린 문은 예수 자신이라는 해석도 있다. "나는 문이라"(요 10:7, 9)고 예수께서 말씀하셨다. 그러므로 빌라델비아 앞에 놓인 열린 문은 바로 하나님의 존전에 나가는 그리스도일 수도 있다.

III. 그 문은 메시아 통치국으로 들어가는 문이라고 해석하기도 한다. 예수 그리스도와 더불어 새 세대가 왔다. 새로운 다윗의 왕국이 건국되었다. 옛날에 엘리야김이 어전에 들어갈 열쇠를 쥐고 있었듯이 새 왕국에서는 예수가 하나님의 선민의 왕국으로 들어가게 할 열쇠를 쥐고 있으며 그 문 자체이기도 하다.

IV. 위의 모든 것을 떠나서라도 사실 누구에게나 기도의 문은 항상 열려 있다. 누구나 기도의 문에 들어가면 자신이 하나님의 임재 안에 있음을 발견하게 된다. 그것이 진정으로 아무도 닫을 수 없는 문이며, 이 문은 예수 그리스도께서 여신 것이며, 이는 인간에게 하나님 아버지의 사랑을 약속했을 때 이루어진 것이다.

여기서 우리가 확신할 수 있는 것은 기회의 문과 기도의 문은 성도들이 들어오라고 늘 열려 있다는 것이다.

약속의 상속

요한계시록 3:7-13(계속)

9절에 있는 부활하신 그리스도의 약속과 예언은 당시 기독교인들을 미워하고 중상하는 유대인이 언젠가는 그들 앞에 무릎을 꿇게 되리라는 것이다. 이것은 구약에 자주 나타나는 유대인의 기대와 동일한 것이다.

유대인의 가장 큰 기대 중 하나는 새 세계가 오면 그때는 하나님이 자기 백성의 원한을 풀어 주려고 직접 개입하시는데, 그때에는 모든 민족이 유대인에게 와서 겸손하게 시중을 들 것이라는 것이다. 이것은 이사야에 여러 번 반복해서 나온다. "너희를 괴롭히던 자의 자손이 몸을 굽혀 네게 나아오며 너를 멸시하던 모든 자가 네 발아래 엎드려"(사 60:14), "애굽의 소득과 구스가 무역한 것과 스바의 장대한 남자들이 네게로 건너와서 네게 속할 것이요 그들이 너를 따를 것이라 사슬에 매여 건너와서 네게 굴복하고"(사 45:14), "왕들은 네 양부가 되며 왕비들은 네 유모가 될 것이며 그들이 얼굴을 땅에 대고 네게 절하고 네 발의 티끌을 핥을 것이니"(사 49:23), 스가랴 선지자도 그날의 환상을 기록했다. 그날에는 모든 나라와 방언이 예루살렘으로 돌아올 것이며, "이방 백성 열 명이 유다 사람 하나의 옷자락을 잡을 것이라 곧 잡고 말하기를 하나님이 너희와 함께하심을 들었나니 우리가 너희와 함께 가려 하노라 하시니라"(슥 8:23). 모든 것이 그들에게 주어지는 날이 왔으면 하는 것이 유대인의 기대였다.

이제 유대 민족은 민족으로서는 하나님의 섭리 속에서 그 존재 이유를 상실했고, 교회에 전수되었다는 것이 기독교의 신앙이 되었다. 한 유대인이란 말은 그 말의 참뜻으로 볼 때, 아브라함의 육의 자손이 아니라 어느 민족에 속했든지 아브라함과 같은 신앙을 계승한 사람을 지칭한다(롬 9:6-9). 교회는 하나님의 이스라엘 족속이다(갈 6:16). 그러므로 과거 이스라엘에게 주어졌던 모든 약속을 이제는 교회가 상속했다는 것이 사실이다. 언젠가는 모든 민족의 사람이 겸손히 허리를 굽힐 대상은 그리스도의 교회이며 그들 중에 유대인 자신도 함께 끼일 것이다. 이 약속은 유대인이 기대했던 모든 것과 정반대다. 그들은 모든 민족이 그들에게 무릎 꿇기를 기대했는데 이제는 그들이 기타 모든 민족과 더불어 그리스도 앞에 무릎을 꿇을 날이 오리라는 것이다.

그것이 바로 빌라델비아 교회가—적어도 이 일이 시작되는 것을—보게 되리라는 것이다. 다만 그들이 충성스럽게 지켜야 한다. "내 말을 지키며 내 이름을 배반하지 아니하였도다"라는 어구에서 두 동사는 모두 부정과거형인데, 이는 과거 어느 때 확정된 행동을 뜻한다. 이상의 표현은 시험과 핍박과 위험이 있었는데 빌라델비아 교회는 거기에서 의기양양하게 승리하여 빠져 나왔다는 뜻이다. 그들은 사람들이 생각하는 대로 힘은 무척 약하고 그 원천이 고갈되지만 그들이 신실하면 그리스도가 승리하는 아침을 보게 될 것이다.

> 네 무리가 비록 적고 작고 약할지라도
> 네 대장의 힘을 입으면 강하리
> 모든 땅을 정복하러 갈지어다
> 끝내는 모두가 주님의 것이 되리.

기독교인으로서 신실하게 지켜야 할 것은 다름 아닌 그리스도의 세계에 대한 비전이다. 그런 세상의 성취 여부는 기독교인 각자의 신실성에 달려 있기 때문이다.

지키는 자는 지킴을 받는다

요한계시록 3:7-13(계속)

말씀을 지키는 자는 지킴을 받으리라는 것은 부활하신 그리스도의 약속이다. "네가 나의 인내의 말씀을 지켰은즉 내가 또한 너를 지키리라"고 말씀하셨다. 예수 그리스도는 아무에게도 신세를 지지 않고서 충성하는 자에 대해서는 그 상이 보장되어 있다고 말씀하신다. 10절에서 헬라어로 **인내하라는 나의 명**(my command to endure)이란 구는 매우 집약된 말이다. 직역하면 **나의 인내의 말씀**(the word of my endurance)이다. 그리고 그 진의는, 위의 약속은 예수께서 이 지상에서 사는 동안 실천하고 보여 준 그와 똑같은 인내를 하는 사람을 위한 것이라는 뜻이다. 우리가 그 인내를 보여 주어야 할 때가 되면 예수 그리스도가 주시는 인내는 우리에게 세 가지를 공급해 주신다. 첫째, 우리에게 본을 보여 주신다. 둘째, 영감을 주신다. 우리는 그리스도를 우러러보며 걸어야 하는데, 내 앞에 놓인 기쁨 때문에 부끄러움을 무릅쓰고 십자가를 지셨다(히 12:1-2). 그리고 예수 그리스도의 인내는 우리에게 본이 되고 영감이 된다. 셋째, 예수 그리스도의 인내는 우리가 인내해야 할 때 우리를 동정하시겠다는 보증이기도 하다. "그가 시험을 받아 고난을 당하셨은즉 시험 받는 자들을 능히 도우실 수 있느니라"(히 2:18). 우리가 믿는 것은 이 모든 것을 실제로 체험하신 분이며, 고난을 당할 자를 도우실 수 있는 분을 믿는 것이다.

히브리서 12장 2절에서 우리는 특징적인 유대교의 신앙으로 되돌아간다. 우리가 늘 보아 왔듯이 유대인은 두 세대로 나뉘었다. 이에 의하면 완전히 악하고 완전히 악마의 지배하에 있는 현세가 있고, 장차 올 세대가 있는데 이때는 완전히 선하며 하나님의 지배하에 있다. 이 두 세대 사이에 무서운 붕괴의 시간이 있는데, 그때는 현세계가 산산조각 나서 없어질 것이며, 심판이 임할 것이며, 하나님을 대항하는 모든 것이 인멸되는 때가 온다는 것이다. 요한은 그 무서운 때를 가리키는 것이다. 사람들이 아는 대로 이 세계가 괴멸되는 때일지라도 그리스도에게 충성된 자는 저 너머에 있는 최후의 영광까지 그 파괴를 통과하여 나갈 것이다.

부활하신 그리스도의 말씀은 세상에는 아무것도 그에게서 갈라놓을 것이 없다고 하신다. 이 세대의 마지막이 되어도 그리고 세계가 다 없어지게 되더라도 그리스도에게 충성된 자는 그리스도의 보호 아래서 안전하리라는 것이다.

약속과 경고

요한계시록 3:7-13(계속)

11절에는 약속과 경고가 동시에 주어져 있다.

부활하신 주님은 그들에게 속히 오시리라고 말씀하신다. 신약에서 그리스도의 재림이 계속해서 두 가지 목적으로 사용되었다고 하는 것은 올바르다.

I. 이 구절은 "말을 듣지 않는 자들에게 경고로" 사용되었다. 예수님 자신이 악한 종에 대한 비유를 말씀하셨다. 그 종은 주인이 돌아오지 않으리라고 생각했고, 그 주인이 부재중인 것을 이용하여 악하게 행동하는 기회로 삼은 것과 주인이 갑자기 그리고 생각하지 않은 때 돌아와 종에게 심판과 저주를 내린 비유다(마 24:48-51). 바울은 데살로니가인들에게 불순종하는 자들과 믿지 않는 자들에게 무서운 운명이 기다리고 있다는 것, 즉 주 예수께서 하늘에서 나타나셔서 자기 원수에게 최후에 신속히 멸망할 것을 경고했다(살후 1:7-9). 베드로는 산 자와 죽은 자를 심판하러 오시는 주님에게 그들의 행위에 대한 설명을 해야 한다고 경고하고 있다(벧전 4:5). 신약에서 주의 재림의 개념은 자기 마음대로 생활해도 좋다고 생각하는 사람에게 청산의 날과 최후의 심판 날이 그를 기다리고 있다고 경고하는 데 사용되었다.

II. 또 이 구절은 "압제당하는 자에게 위로로" 사용되었다. 야고보는 주의 재림이 가까웠으므로 참을성 있게 인내하라고 권했다(약 5:8). 얼마 후 그들의 괴로움은 끝날 것이다. 히브리서 저자는 오실 이가 곧 오실 것이요, 지체하지 아니하실 것이므로 참으라고 권한다(히 10:37). 이런 구절의 의도는 그리스도의 백성이 좀 더 참는다면 구원의 날이 곧 오리라는 것이다.

이렇게 신약에서는 그리스도의 재림 사상을 듣지 않는 자들에 대한 경고와 압제를 당하는 자들에게는 위로로 사용되었다. 문자 그대로 말하면 예수 그리스도는 그렇게 경고와 권고를 받은 사람들에게 그들이 기대하는 모습으로 재림하신 것은 아니다. 그러나 한 가지 확실한 사실은 영원이 언제 자기 생에 뛰어들지 모르며, 언제 하나님께서 그에게 일어나 오라고 명하실는지 아무도 모른다. 그리고 정신을 안 차린 자에게 자신의 하나님을 만날 준비를 하게 하고 압제를 당한 자들은 충성된 자들에게 다가올 영광에 대한 생각으로 위로하여야 한다.

그러나 여기에 또 다른 경고가 있다. 주님은 빌라델비아 사람들에게 지금 가진 것을 지켜 아무나 자신의 면류관을 빼앗지 못하게 하라는 것이다(11절). 여기서 빼앗긴다는 것은 어떤 사람이 훔쳐가는 것이 아니라 하나님께서 그들에게서 빼앗아 다른 사람에게 주는 것이니, 그들은 면류관을 쓸 자격이 없기 때문이다. 트렌취는 성경에서 적합하지 않다고 증명되어 자신의 지위를 빼앗길 사람들의 명단을 작성한 일이 있다. 에서는 야곱에게 그 지위를 빼앗겼다(창 25:34, 27:36). 르우벤은 야곱의 장자였으나 물과 같이 불안정해서 유다에게 빼앗겼다(창 49:4, 8). 사울은 왕위를 다윗에게 빼앗겼다(삼상 16:1, 13). 셉나는 그 직임을 엘리아김에게 빼앗겼다(사 22:15-25). 요압과 아비아달은 그들의 제사장직을 브나야와 사독에게 빼앗겼다(왕상 2:25). 유다는 사도의 반열에서 그 자리를 맛디아에게 빼앗겼다(행 1:25-26). 유대인은 이방인에게 그 지위를 빼앗겼다(롬 11:11).

여기에 비극이 있다. 다음과 같은 일이 일상생활에서 일어난다. 즉, 어떤 사람에게 임무가 부여된다. 그는 그 임무를 위해 선택된 것이며 높은 희망을 안고 임무를 수행하려고 한다. 그러나 시간이 흐름에 따라 그는 그 임무를 수행하기에는 그릇이 너무 작고 그 임무가 그에게는 과중하고, 지금까지 받던 신임을 계속 받을 만하지 못하며, 그에게 주어진 임무를 수행하기 위해 가장 높은 도전을 하는 데 이르지 않았다고 하는 사실이 속속 드러난다. 그렇게 되면 그 사람은 그 임무에서 제거되고 타인에게 주게 마련이다. 그것이 하나님의 임무에서도 있을 수 있다. 하나님은 각자에게 임무를 맡기셨다. 그러나 얼마 후 그는 그 임무를 수행할 수 없다는 것이 판명되면 그 임무는 타인에게 주어지며 자신의 면류관을 내놓지 않으면 안 된다. 다행히 사람은 그 임무를 수행하지 못해도 예수 그리스도의 은혜에 자기 자신을 내맡기기만 하면 자신을 구원할 수는 있다. 우리가 그리스도와 가까이 걸을 때만 우리는 하나님이 부여하신 임무를 수행할 수 있다. 그러나 어리석고 교만하게 스스로 그 임무를 수행하려다 실패하면 우리는 오직 예수 그리스도의 은총 속에서만 다시 출발할 수 있고 우리의 실패한 자리에서라도 더 높은 것으로 올라갈 수 있는 디딤돌을 찾을 수 있다.

수많은 약속

요한계시록 3:7-13(계속)

12절에서 우리는 충성된 자들에 대한 부활하신 그리스도의 약속을 접하게 된다. 이 경우 그 수는 꽤 많으며 이들 대부분은 빌라델비아인들에게는 극히 생생하고 실감나는 환상을 제 나름대로 그린 것이다.

I. 충성된 교인은 하나님 성전의 기둥이 될 것이다. 교회의 기둥이란 위대하고 명예스러운 교회의 지원을 말한다. 베드로, 야고보, 요한은 최대 예루살렘 교회의 기둥들이었다(갈 2:9). 유대 랍비들은 아브라함은 이 세계의 기둥이라고 말한다. 튼튼한 기둥과 마찬가지로 충성된 교인은 교회의 건축 자재로써 함께 지어진 것이다.

II. 충성된 교인은 결코 다시 나가지 않는다. 여기에서는 두 가지 의미가 있을 것이다.

1. 이것은 안전을 보장하는 약속일 것이다. 앞에서 본 대로 빌라델비아와 그 주민들은 여러 해를 두고 반복해 일어나는 지진의 공포에서 벗어나지 못했고, 그럴 때마다 무너지는 건물과 쏟아져 내려오는 바위를 피해 들로 도망갔고, 그런 두려움이 지난 후 겁에 질린 채로 망설이며 되돌아왔다. 그들에게 삶이란 계속해서 나가고 들어오는 연속이요, 언제나 온 도시가 불안 속에서 살아왔었다. 그러므로 거기에서 약속하는 것은 그리스도 안에서는 다시는 그런 일이 없을 것이라는 뜻이다. 충성된 교인에게는 예수 그리스도께서 주실 평안 속에서 안정을 누리리라는 약속이 주어지는 것이다.

2. 어떤 학자들은 여기에서 주어진 약속이란 안정된 도덕성이라고 생각한다. 이승에서는 우리 중 가장 선하다고 하는 사람도 어떤 때는 선하고 어떤 때는 악하다. 우리는 금지된 것을 범하고 부끄러움을 당할 때도 있다. 그러나 충성된 교인은 언젠가는 악을 이기고 시험하는 자를 물리치고 선이 우리 생활 주변에서 하나님의 성소의 흔들리지 않는 기둥이 된다는 것이다. 이 경우라고 생각하면 이 구절은 지상의 싸움이 끝난 후 우리가 하나님의 존전에 임할 때 볼 수 있는 흔들리지 않는 선한 생활을 기술한 것이라고 할 수 있다.

III. 예수께서는 충성된 교인들에게 하나님의 이름을 기록하실 것이다. 여기에서는 세 가지를 볼 수 있다.

1. 소아시아와 빌라델비아 지방에서는 제사장이 평생을 충성스럽게 봉직하고 나면 그가 죽은 후에 봉직했던 전각 안에 새로운 기둥을 세우고 그 위에 그와 그의 아버지의 이름을 새겨 넣음으로써 그를 추모했다. 그렇다면 이 구절은 그리스도께서 자신의 신실한 자들에게 주실 영원한 명예를 뜻한다.

2. 이것은 옛날에 노예에게 그 주인의 이름으로 인을 찍는 관례에 대한 언급이 있는 것으로 이해할 수 있다. 주인이 그 종이 자신에게 속해 있다는 사실을 나타내기 위해 종에게 어떤 표시를 하듯이, 또 양떼의 주인이 모든 사람에게 그 양떼가 자신의 것이라는 것을 알리기 위하여 인을 찍듯이 하나님도 당신에게 충성된 자들에게 표를 하실 것이다. 이 표현의 배경이 무엇이든 간에 그 진의는 충성된 자들은 착오를 일으킬 수 없는 확실한 표시를 가지고 있을 것이라는 뜻이다.

3. 구약의 설명을 들 수 있다. 하나님이 모세에게 아론과 제사장들이 백성에게 행할 축복에 대하여 말씀하실 때, "그들은 이같이 내 이름으로 이스라엘 자손에게 축복할지니 "(민 6:22-27)라고 말씀하셨다. 즉, 하나님의 표시가 이스라엘 백성 위에 있어서 모든 사람이 이스라엘은 하나님의 백성이라는 것을 알 수 있게 하기 위한 것이라는 뜻이다.

IV. 충성된 기독교인들에게는 하나님의 성인 새 예루살렘의 이름을 써 주게 된

다. 그것은 충성된 기독교인들에게 하나님의 성의 시민권을 의미한다. 에스겔에 의하면 재건된 하나님의 성의 이름은 여호와삼마(겔 48:35)가 될 것이라 했다. 그리고 충성된 자들은 하나님이 항상 임재하시는 도성과 나라의 시민이 되는 것이다.

V. 충성된 기독교인들에게 그리스도께서 그 자신의 이름을 기록하실 것이다. 빌라델비아 사람들은 새 이름을 갖게 된다는 것이 무엇이라는 것을 알고 있다. 주후 17년에 끔찍한 지진이 그 도시를 파괴했을 때 로마 황제 티베료가 그들에게 너그럽게 대해 줘 조세 감면과 도시 재건 비용을 넉넉히 지출해 주었다. 이를 감사하게 여겨 빌라델비아 사람들은 그 도시를 당분간 네어가이사랴, 즉 가이사라의 새 도시라고 불렀다. 그 후 베스바시안 황제가 그들에게 관대했을 때 베스바시안 황제의 성(姓)인 플라비아(Flavia)로 그 도시를 개명했다.

이와 같이 예수 그리스도께서도 충성된 자들에게 자신의 새 이름으로 표시하실 것이다. 그 이름이 무엇이냐 하는 문제는 상상조차도 할 필요가 없으니 이는 그것을 아무도 알 수 없기 때문이다(계 19:12). 그러나 장차 그리스도께서 세상 모든 것을 이기시는 때 주님의 충성된 자들은 그리스도에게 속해 있으며 그리스도의 승리를 함께 나눈다는 것을 보여 주는 표시를 갖게 될 것이다.

라오디게아 교회에 보낸 편지

요한계시록 3:14-22

14라오디게아 교회의 사자에게 편지하라 아멘이시요 충성되고 참된 증인이
시요 하나님의 창조의 근본이신 이가 이르시되 15내가 네 행위를 아노니 네
가 차지도 아니하고 뜨겁지도 아니하도다 네가 차든지 뜨겁든지 하기를 원
하노라 16네가 이같이 미지근하여 뜨겁지도 아니하고 차지도 아니하니 내 입
에서 너를 토하여 버리리라 17네가 말하기를 나는 부자라 부요하여 부족한

것이 없다 하나 네 곤고한 것과 가련한 것과 가난한 것과 눈 먼 것과 벌거벗
은 것을 알지 못하는도다 18내가 너를 권하노니 내게서 불로 연단한 금을 사
서 부요하게 하고 흰옷을 사서 입어 벌거벗은 수치를 보이지 않게 하고 안약
을 사서 눈에 발라 보게 하라 19무릇 내가 사랑하는 자를 책망하여 징계하노
니 그러므로 네가 열심을 내라 회개하라 20볼지어다 내가 문 밖에 서서 두드
리노니 누구든지 내 음성을 듣고 문을 열면 내가 그에게로 들어가 그와 더불
어 먹고 그는 나와 더불어 먹으리라 21이기는 그에게는 내가 내 보좌에 함께
앉은 것과 같이 하리라 22귀 있는 자는 성령이 교회들에게 하시는 말씀을 들
을지어다

저주 받은 교회

요한계시록 3:14-22(계속)

라오디게아 교회는 부활하신 그리스도께서 아무것도 좋은 말이라고는 할 말이 없는 유일한 교회의 특징을 가지고 있다.

고대에는 라오디게아라고 불리는 도시가 적어도 6개 있었는데, 요한계시록의 라오디게아는 다른 도시들과 구별하기 위하여 루고(Lycos)의 라오디게아라고 불렸다.

이 도시는 주전 250년경에 수리아의 안디오코스가 건설하였고 그의 아내 라오디게에(Laodicē)의 이름을 따라 지었다. 라오디게아의 중요성이란 전적으로 그 위치에 있다. 에베소에서 동쪽 수리아로 가는 길은 아시아에서 가장 중요한 길이다. 그 길은 에베소 해안에서 시작하여 약 2천8백 미터 높이의 중앙고원으로 올라갔다. 이 길은 메안델 강 계곡으로 펼쳐져 “브루기아(Phrygia)의 문” 이라고 알려진 곳까지 나아간다. 이 “문” 뒤에 루디아와 브루기아와 가리아(Caria)가 만나는 넓은 계곡이 있다. 메안델 강이 흐르고 있는 계곡으로 진입하는 길은 좁고 바위가 많고 깎아지른 듯한 협곡인데 그리로는 아무 길도 낼 수가 없는 것이

다. 그러므로 이 길은 루고 계곡을 통해 돌아가며 그 길을 통해 고원으로 올라가는 것이다. 바로 그 계곡에 라오디게아가 서 있었다.

라오디게아는 문자 그대로 동양으로 가는 대로 위에 걸터앉아 있는 것 같다. 그 길은 라오디게아를 관통하여 나가는데 에베소의 문을 통해 들어가 수리아의 문을 통해 빠져나간다. 그 자체만으로도 라오디게아를 고대 세계에서 상업적, 전략적 중심지로 만들기에 충분했다. 그뿐 아니라 라오디게아는 원래 산성이었으나 산성으로서는 결정적인 핸디캡을 가지고 있으니 이는 그 성내의 수원(水原)이 적어도 9.6킬로미터 되는 곳에서 지하관으로 들어와야 한다. 특히 포위당할 때는 치명적이다. 다른 두 개 도로가 라오디게아 문을 통해 지나간다. 그것은 버가뭄과 허무스 계곡에서 시작하여 비시디아와 밤빌리아를 거쳐 베르가(Perga) 연안으로 빠진다. 나머지 하나는 동(東) 가리아에서 시작하여 중앙과 서 브루기아로 가는 도로로서 이것도 라오디게아를 통과한다.

램세이 경이 말했듯이 "평화만 유지되면 라오디게아는 대상업 지구가 될 수 있다". 그 평화가 로마의 정치로 시작되었다. 전일에 라오디게아가 독립해 있을 때는 비교적 작은 도시였으나 로마의 평화로 기회가 주어지자 플리니가 말했듯이 "가장 훌륭한 도시"가 되었다.

라오디게아는 본 요한계시록 서신에 나타난 몇 가지 특징이 있다.

1. 라오디게아는 은행과 재정의 중심지였다. 키케로가 소아시아 지방을 여행했을 때 라오디게아에서 자신의 신용장을 현금화했다. 라오디게아는 당시 지상에서 가장 부요한 도시였다. 주후 51년에 라오디게아는 대지진으로 완전히 파괴되었는데 그 주민이 아주 부요하고 독립심이 강하여 로마 정부의 어떤 형태의 원조도 다 거부하고 자신들만의 자원과 노력으로 도시를 재건했다. 로마의 역사가 타기투스는 이렇게 기록했다. "아시아의 가장 유명한 도시인 라오디게아는 같은 해 지진으로 완전 파괴되었으나 우리에게서 구호도 받지 않고 자신의 자력으로 이를 재건했다"(타키투스, 연대기 14:27). 라오디게아가 부자이며 쌓아 둔 재물이 많고 아무것도 필요하지 않다고 자랑하는 것도 무리가 아니다. 라오디게아는 부요하여 하나님까지도 필요치 않았다.

II. 의류 제조업의 중심지였다. 라오디게아 주변에서 흔히 보는 양에서 나오는 양모는 부드럽고 검보라색이며 매끄럽기로 유명하다. 이곳에서는 값싼 의류가 대량 생산되었다. 특히 유명한 것이 **트리미타**(trimita)라고 불리는 튜닉이며, 이로써 라오디게아는 트리미타리아(Trimitaria)라는 별명을 갖게 될 정도였다. 라오디게아는 그곳에서 생산하는 의복을 얼마나 자랑했던지 하나님 보시기에 벌거벗은 것도 몰랐다.

III. 의학적으로 상당한 지위에 있었다. 21킬로미터 서쪽으로 라오디게아와 브루기아 문 중간에 카리아의 멘(Men)이란 신전이 있었다. 그 신전이 한때 전 지역의 사회적, 행정적, 상업적 중심지였다. 백 년 전까지도 이 신전의 터에서 큰 시장이 정기적으로 섰다. 특히 그 신전은 한 의학파의 중심지였다. 그의 학파는 후에 라오디게아로 옮겼다. 그 학파 가운데 의사들이 얼마나 유명했던지 라오디게아의 주화에 그 이름이 나타나기도 한다. 그 중 두 명은 제욱시스(Zeuxis)와 알렉산더 필랄레테스(Alexander Philalethes)다.

이 학파는 귀와 눈의 고약으로 세계적으로 유명했다. KJV에는 안약에 대한 언급이 있다. 고약에 해당하는 헬라어는 **콜루리온**(kollurion)인데 원래의 뜻은 작은 빵조각이라는 뜻이다. 이런 이름이 붙은 이유는 유명한 **테프라 브루기아**(tephra Phrygia) 때문으로, 브루기아 분약은 전 세계에 정제된 작은 빵 모양의 고체로 수출되었다. 라오디게아는 눈병에 대한 기술을 과신한 나머지 하나님 앞에서 영적으로 눈먼 줄을 모르고 있는 것이다. 부활하신 주님의 말씀은 라오디게아가 자랑하고 있던 번영과 기술에 직접 언급한 것이고, 이 자랑은 주민들에게도, 그곳 교회의 머릿속에도 자리 잡고 있어서 하나님을 필요로 하지 않게 했던 것이다.

IV. 여기에 한 가지 더 추가해 보기로 한다. 라오디게아는 유대인 인구가 극히 많은 곳에 위치해 있다. 그곳으로 많은 유대인이 이주해 살았는데 랍비들은 블기아의 포도주와 목욕을 좋아하는 유대인을 통렬히 비난했다. 주전 62년에 지방 장관 플락커스(Flaccus)는 유대인이면 누구나 내는 성전세 명목으로 나가는 막

대한 돈에 놀랐다. 그리하여 그는 화폐 유출을 금지했다. 금지령의 결과로 외국에 가지고 나가는 금이 라오디게아에서는 20파운드, 브루기아의 아파메이아(Apameia)에서는 1백 파운드가 압수되었다. 그 정도의 금은 은으로 1만 5천 드라크마와 맞먹는다.

유대인의 성전세는 반 세겔, 즉 2드라크마가 되며 영국 화폐로 1실링 6펜스에 해당한다. 이것으로 미루어 보건데 그 지역에는 적어도 여자와 어린아이를 제외하고도 7천5백 명의 유대인이 거주하고 있었다는 것을 알 수 있다. 라오디게아에서 9킬로미터 떨어진 히에라폴리스에는 "유대인의 회중"이 있었는데 이는 벌과금을 부과하거나 보관하는 권리를 가지고 있으며 유대인의 법적 문서를 특별히 보관하는 문서 보관서를 가지고 있었다. 유대인이 이곳보다 더 부유하거나 영향력을 가지고 있는 곳이 없었다.

그런 곳이 라오디게아였고 이 도시는 너무 풍요하여 하나님을 필요로 하지 않았던 것이다.

그리스도의 요구

요한계시록 3:14-22(계속)

일곱 교회에 보낸 편지 중 라오디게아에 보낸 서신은 비교할 수 없을 정도로 비난조 일색이다. 여기에는 칭찬하는 말이라곤 한마디도 없고 다시 살릴 여지는 전혀 없다. 3세기 작품인 《사도 헌장(*The Apostolic Constiution*)》에 아킵보(Archippus)가 라오디게아 교회의 주교였다(8:46)고 한 것을 보면 흥미 있는 일이다.

사도 바울이 이웃 교회인 골로새 교회에 편지할 때 엄중히 "아킵보에게 이르기를 주 안에서 받은 직분을 삼가 이루라고 하라"(골 4:17)고 명했다. 아마도 아킵보가 자신의 직분 수행에 무엇인가 차질이 생겨 이제는 날카로운 경고가 필요했던 것 같다. 당시는 요한계시록 30년 전이었으나 이미 그때 라오디게아 교회에 징계의 막대기가 놓여졌으며 자격이 없는 성직자와 불만족하고 불충성한 봉사가 부패의 씨앗을 이미 그곳에 뿌려 놓은 듯하다.

다른 서신에서와 마찬가지로 이 서신도 서두는 예수 그리스도의 장엄한 칭호로 시작한다.

I. 그는 아멘이시다. 이것은 좀 이상한 칭호다. 이것에 대해 두 가지 기원을 생각할 수 있다.

1. 이사야 65장 16절에서 하나님은 진리의 하나님이라고 했으나 히브리 원어에는 하나님은 아멘의 하나님이라는 이상한 이름으로 불리고 있다. 아멘이란 단어는 엄숙한 진술이나 확인하는 말의 끝에 붙여 그 진실성을 보증하거나 강조하기 위해 사용하는 단어다. 그래서 하나님이 아멘의 하나님이라고 불린다면 그것은 하나님은 전적으로 신뢰되어야 할 것이요, 그분의 말씀은 추호도 의심 없이 받아들여야 하며 그의 약속은 언제나 사실이라는 뜻이다. 이것은 곧 예수 그리스도의 말과 약속은 의심할 여지없이 사실이라는 것을 입증하는 것이다.

2. 요한복음에는 예수의 말씀이 흔히 "진실로 진실로 내가 너희에게 이르노니…"(요 1:51, 3:3, 5, 11)라고 시작된다. 헬라어로는 그에 해당하는 말이 "아멘, 아멘, 내가 너희에게 말하노니"다. 예수 그리스도가 아멘이시라고 불렸을 때는 예수님 자신의 어법에서 나온 듯하다. 동일한 뜻으로 예수의 말씀은 진실하며 그의 언약은 믿을 수 있다는 뜻이다.

II. 그는 우리가 믿을 수 있는 진실하신 증인이다. 트렌취가 증인은 세 가지 근본 요건을 충족시켜야 한다고 지적했다.

1. 그는 자신이 증언하는 사실을 눈으로 직접 보았어야 한다.

2. 그는 절대로 정직하여 그가 듣고 본 것을 정확하게 반복하여야 한다.

3. 그는 자신의 증언이 그것을 듣는 사람들에게 정확한 인상을 줄 수 있을 정도로 증언할 수 있는 능력이 있어야 한다.

예수 그리스도는 이 엄한 조건을 다 충족시키신다. 그는 하나에 대해 말할 수 있다. 그가 하나님께로부터 왔기 때문이다. 그는 말에 허위가 없는 아멘이시기 때문에 우리가 그를 신뢰할 수 있다. 그는 "아무 때도 이 사람과 같이 말한 사람이 없다"고 했을 정도로 완전한 메시지를 전할 수 있었다. 예수 그리스도는 하나님에 대한 일에 대하여 우리 사람에게는 완전한 증인이시다.

III. 성경에 있는 대로 예수 그리스도는 하나님의 창조의 시작이시다. 이 구절은 우리가 조심하지 않으면 안 된다. 그 이유는 영어에서는 그 뜻이 모호하다. 예수가 창조의 시작이라는 말은 그가 첫 번 피조물이라는 뜻도 되고 트렌취가 말했듯이 "역학적인 시작"이라고 할 수 있는 모든 창조의 동적인 원인이요, 창조 과정을 시작한 분이요, 창조 역사를 시작한 분이라고 해설할 수가 있다. 여기에서는 의심할 여지없이 두 번째를 의미하는 것이다.

시작이라는 뜻의 헬라어는 **아케**(archē)다. 초기 기독교 작품에서 우리는 사탄이 죽음의 **아케**라고 했는데 이는 죽음이 사탄에 그 원인과 근원을 두고 있다는 뜻이다. 또 하나님은 모든 만물의 **아케**라고 했는데, 이 말은 만물의 시작과 근원이 하나님에게 있다는 뜻이다.

성자를 창조와 관련시키는 것은 신약에서 자주 볼 수 있다. 요한은 자신의 복음서를 말씀에 대한 기록으로 시작한다. "만물이 그로 말미암아 지은바 되었으니 지은 것이 하나도 그가 없이는 된 것이 없느니라"(요 1:3). 바울도 "만물이 다 그로 말미암아 창조되었고"(골 1:15, 18)라고 했다. 창조 과업에서 성자를 관련시키는 이론은 이단자들이 나타나서 이 세계는 참 하나님이 창조한 것이 아니라 그릇되고 그보다 좀 못한 신이 창조했다고 주장하면서 죄와 병의 원인을 설명했기 때문이다. 기독교의 주장은 이 세상은 하나님의 피조물이며 죄와 슬픔은 창조주의 잘못으로 인한 것이 아니고 인간의 불순종 때문이었다는 것이다. 기독교에서 보는 바에 의하면 창조의 하나님과 구속의 하나님은 한 분이며 동일한 분이시다.

차지도 않고 덥지도 않다

요한계시록 3:14-22(계속)

라오디게아 교회의 힐책은 아주 생생한 표현으로 시작한다. 라오디게아 교인들이 차지도 덥지도 않아 그들에게는 무엇인가 욕지기가 나는 요인들을 가지고 있어 부활하신 그리스도의 입에서 토해 내게 만들고 있다.

이 말의 정확한 뜻을 살펴보아야겠다. 차다는 단어는 **프수크로스**(psuchros)인데 이 말은 빙점까지 차갑다를 의미한다. 구약 외경 교회서(43:20)는 물에 얼음을 얼게 하는 찬(psuchros) 북풍을 언급하고 있다. 덥다고 하는 단어는 제스토스(zestos)인데 비등점을 말한다. 미지근하다는 단어는 클리아로스(chliaros)인데 미지근한 물건은 가끔 구역질나는 결과를 가져올 수가 있다. 더운 음식이나 찬 음식은 맛있고 먹을 만하지만 미지근한 음식은 구역질 나게 만든다. 라오디게아 바로 건너편 루코 강둑 쪽에 히에라폴리스가 있는데 빤히 바라볼 수 있다. 히에라폴리스는 광물성 온천으로 유명하다. 라오디게아 쪽에서 강 건너로 볼 때 흰 석회석으로 뒤덮인 절벽 위로 온천물이 흘러내리는 것이 맨 처음 눈에 뜨인다. 이 온천물은 가끔 화합물질로 인하여 맛과 냄새가 고약해서 구역질 나게 될 때가 있다. 그것을 마시는 사람은 실질적으로 병이 날 것같이 느끼게 된다. 라오디게아 교회를 볼 때 그리스도는 이와 같이 느끼게 되는 것이다. 여기에서 무엇인가 생각할 문제가 있다.

I. 그리스도께서 가차 없이 꾸짖는 것은 무관심한 태도다. 이런 말이 있다. 작가란 자신의 작품의 주인공을 좋아하거나 싫어하면 좋은 전기를 쓸 수 있으나 냉담하고 무관심하면 좋은 작품을 쓸 수가 없다. 세상의 모든 것 중 무관심이 가장 싸우기 힘든 것이다. 사람이 어떤 사물에 대하여 한 방향으로 고집을 부리면 적어도 그를 다른 방향으로 생각하게 움직일 가능성은 있다. 그러나 진지하게 생각하는 능력을 완전히 상실하면 그와는 어떤 일도 하기가 힘들다. 무관심이란 마치 아무것도 문제시하지 않는 일종의 차가운 죽음이다.

오늘날 전도 문제는 기독교에 대한 적개심이 아니다. 차라리 그랬으면 좋겠다. 문제는 기독교에도, 교회에도 많은 사람과 관련을 맺고 있지 않으면서 기독교를 무관심하게 보는 것이다. 이 무관심은 모든 장벽 중 가장 깨기 힘든 것이다. 이 장벽은 오직 우리의 실생활에서 기독교는 인생을 강하게 하는 능력이며 생을 아름답게 만드는 은혜라는 행동으로만 깨질 수 있다.

II. 기독교에 대해 중립적인 태도는 절대로 취할 수가 없다. 예수 그리스도에 대하여 중립을 지킨다는 것은 예수 그리스도의 방해자다. 예수 그리스도는 인간을 통하여 역사하신다. 예수 그리스도에 대하여 완전히 무관심한 사람은 바로 그 무관심한 태도로 하나님이 그를 통하여 하시고자 하는 역사를 거부하는 것이다. 그러므로 그는 하나님께 방관하는 것이 아니라 방해하는 것이다. 예수 그리스도에게 협조를 하지 않는 사람은 필연코 그리스도에게 방해가 되는 것이다. 그리고 그리스도에게 복종하지 않는 사람은 반항하게 마련이다. 우리가 어떤 사람에게 사랑을 호소하는데 그의 대답이 무관심하다면 분명히 그 사랑은 실망과 좌절에 부닥치게 될 것이다.

III. 이같이 엄한 그리스도의 말씀은 그 뜻이 기독교를 믿다가 세속화하고 무의미한 형식상의 기독교로 떨어져 나가는 것보다는 차라리 시작하지 않는 편이 더 좋겠다는 것이다. 트렌취가 말한 "복음의 위대한 실험"은 시작한 후 도중에 무의미한 종교로 타락하는 것보다는 시작하지 않는 편이 더 좋다는 것이다. 모든 지도자는 후퇴할 사람을 원치 않는다. 그리고 무관심으로 변질해 버리는 충성심을 좋아하지 않는다. 불은 계속 타야 한다.

여기 기록되지 않은 예수의 말씀이 있다. "내게 가까이 있는 자는 불에 가까이 있다." 그리고 "영적 광택을 유지"(롬 12:11, 모팻역 성경)하는 길은 그리스도에게 항상 더 가까이 가는 것이다.

부요하다는 가난

요한계시록 3:14-22(계속)

라오디게아의 비극은 바로 자신들은 부요하다고 하면서 실상은 빈곤한 것이었다. 인간적으로 판단하여 말하면 소아시아에서는 라오디게아보다 더 번창한 도시는 없었다. 그러나 영적으로 하나님의 기준에 따른다면 그리스도께서는 소아시아 지방에서 라오디게아보다 더 빈곤에 허덕이는 도시는 없다는 것이다. 라오디게아는 세 가지를 자랑했는데, 다음에서 이 세 가지 자랑거리를 하나씩하나씩 그 진정한 가치를 따져 보자.

I. 라오디게아는 금전적 부요를 자랑했다. 이곳은 소아시아 금융의 중심지였다. 재정이 얼마나 풍부했던지 주후 61년에 대지진으로 대파되었을 때도 국가에서 복구 보조금을 거절할 정도였다. 라오디게아는 스스로 부요하고 재물이 많아 아무것도 필요하지 않다고 생각했다.

이에 대해 그리스도께서는 라오디게아에게 불로 연단한 금을 사라고 권고하신다. 이 연단한 금은 베드로가 말한 바에 의하면(벧전 1:7) 신앙을 의미하는 것 같다. 재물은 많은 일을 할 수 있으나 재물로 어쩔 수 없는 일도 있다. 재물은 행복을 살 수 없다. 재물은 인간에게 육체나 마음의 건강을 줄 수 없다. 재물은 슬퍼하는 자에게 위로를 가져다줄 수 없고 재물은 고독할 때 친구가 되어 주지 못한다. 오직 재물만으로 인생을 살아가려고 하는 사람이 있다면 그는 진정으로 가난한 사람이다. 그러나 무서운 경험 속에서도 연단된 믿음을 가지고 있다면 그가 정면으로 대하지 못할 일이 아무것도 없으며 그는 진정한 의미로 부요한 사람이다.

II. 라오디게아는 의류 상업을 자랑했다. 라오디게아에서 제조된 의류는 온 세계에서 유명했고 라오디게아의 양모는 모든 사람이 알고 있는 사치품에 속하는 것이다. 그러나 그리스도께서는 라오디게아는 영적으로 벌거벗었다고 하신다. 라오디게아가 진정으로 옷을 입고자 하면 그리스도께서 주시는 것을 사러 그에게 와야 한다고 말씀하셨다.

그리스도는 "라오디게아의 벌거벗은 수치"를 말씀하신다. 이 말은 오늘날의 사람들보다 옛날 사람들에게 더 실감 나는 말이다. 고대 세계에서 벌거벗긴다는 것은 가장 심한 수치를 뜻한다. 이것이 하눈이 다윗의 종들에게 행한 것이다(삼하 10:4). 애굽에 대한 경고에서 앗수르는 그 백성을 벌거벗기겠다고 했다(사 20:4). 에스겔은 이스라엘을 향한 경고에서 그들의 원수가 이스라엘의 옷을 벗길 것이라고 했다(겔 16:37–39, 23:26–29. 참고 호 2:3, 9; 미 1:8, 11).

하나님이 나훔에게 일러 불순종한 백성에게 말하라고 한 경고에서 "내가 네 벌거벗은 것을 나라들에게 보이며 네 부끄러운 곳을 뭇 민족에게 보일 것이요"(나 3:5)라고 하셨다. 그 반면에 고운 옷을 입는다는 것은 큰 영광이다. 바로는 요셉을 세마포 옷을 입혀 높였다(창 41:42). 벨사살은 다니엘에게 자주색 옷을 입혔다(단 5:29). 황실의 의복은 왕이 높이고자 하는 사람에 주는 것이다(에 6:6–11). 탕자가 돌아왔을 때 그에게 가장 좋은 옷을 입혔다(눅 15:22).

라오디게아는 거기에서 생산되는 훌륭한 옷을 자랑했으나 영적으로는 벌거벗은 것이며, 벌거벗음은 수치다. 그리스도는 그에게서 흰옷을 사라고 명하신다. 흰옷이란 무엇인가? 이것은 생의 아름다움과 오직 그리스도만이 주실 수 있는 인격을 말한다. 자기 영혼을 장식할 만한 것이 아무것도 없는 사람이 자신의 육체를 장식하는 것은 무의미하다. 이 세상의 어떤 옷이라도 본성이 비뚤어지고 성격이 못된 사람을 아름답게 해 주지는 않는다. 사람이 겉에 입을 수 있는 옷은 하나님이 내면으로 주실 수 있는 것을 결코 대신할 수 없다.

III. 라오디게아는 안약을 자랑했는데 그것은 안질에 절대적인 효과를 가지고 있는 것으로 전 세계에 수출했다. 그러나 바로 그 사실이 동시에 라오디게아가 눈먼 것을 보여 주고 있으니, 라오디게아는 자신의 빈곤과 벌거벗은 것을 볼 수 없기 때문이다. 트렌취는 "모든 진정한 판단을 하기 위해서는 먼저 우리 자신을 적나라하게 보아야 한다"라고 말했다. 그런 면에서 볼 때, 라오디게아는 너무도 앞이 깜깜했다. 고대의 안약은 한 번만 발라도 눈을 시원하게 만들어 주었는데, 라오디게아는 자신을 있는 그대로 보기를 거부했다. 오직 세상의 빛이신 분만이 우리에게 볼 수 있게 한다. 그리고 거룩한 그분을 대함으로써 자신의 죄를 인정하는 것은 구원으로 가는 첫걸음이다.

사랑의 채찍

요한계시록 3:14-22(계속)

19절 교훈은 성경 전체에 흐르고 있는 교훈이다. "나는 내가 사랑하는 자를 책망하여 징계한다." 이 구절의 내용에는 참으로 아름다운 무엇이 있다. 이것은 잠언 3장 12절의 인용구인데 인용하는 데 한 단어가 바뀌었다. 70인역의 헬라어에서 사랑에 해당하는 말은 **아가판**(agapan)이다. **아가판**은 이 세상의 아무것도 미움으로 바꾸게 할 수 없는 꺾이지 않는 자비와 선의를 말한다. 그러나 이 단어는 마음보다는 의지로 하는 것이 더 많을 수 있다. 그러나 그리스도께서는 여기에 **아가판**을 **필레인**(philein)으로 바꾸었는데, **필레인**이란 단어는 가장 따스한 정을 표현한 것이다. 다음과 같이 상위의 표현을 바꾸어 놓으면 그 뜻이 더 잘 통할 것이다. "내가 가장 사랑하는 사람들에게 나는 가장 엄한 징계를 한다." 성경에는 사랑하는 사람에게 징계하는 실례가 많이 있다.

여기서 우선 **책망**이라는 단어를 생각해 보면 헬라어 원어로는 **엘렉케인**(elegchein)인데, 이 말은 일방적으로 꾸짖기만 하는 것이 아니라 그 잘못을 저지른 사람을 설득해 잘못을 깨닫게 하고, 그것을 수긍하게 하는 것이다. **엘렉코스**(elegchos)는 그 명사형으로서 아리스토텔레스에 의하면 "어떤 사물이 지금 우리가 말하는 길 외에 아무것도 아니라는 것을 증거하는 것"이다. 이런 책망을 가장 생생하게 보여 주는 장면은 나단이 다윗에게 자신의 죄를 보게 한 것이다. 이것은 다윗이 밧세바를 빼앗으려고 우리아를 죽게 만들었을 때(삼하 12:1-14)의 이야기다. 사람을 이런 식으로 책망하는 것은 조롱하거나 마구 욕을 퍼붓거나 야단을 치는 것이 아니며, 그 분노가 제아무리 정당하고 옳다고 하더라도 단지 그에게 화가 난 말을 퍼붓는 것이 아니라, 그가 자신의 잘못을 깨닫도록 설득하고 자신이 얼마나 잘못했는지를 알고 생활과 행위를 고치도록 인도하는 것이다. 하나님의 책망은 징계보다도 계몽이다.

성경 전체를 통한 징계의 사상을 살펴보면 다음과 같다.

이것은 잠언서의 특징이기도 하다. "매를 아끼는 자는 그의 자식을 미워함이라 자식을 사랑하는 자는 근실히 징계하느니라"(잠 13:24). "아이를 훈계하지 아니하려고 하지 말라 채찍으로 그를 때릴지라도 그가 죽지 아니하리라 네가 그를 채찍으로 때리면 그의 영혼을 스올에서 구원하리라"(잠 23:13-14). "친구의 아픈 책망은 충직으로 말미암은 것이나"(잠 27:6). "채찍과 꾸지람이 지혜를 주거늘 임의로 행하게 버려둔 자식은 어미를 욕되게 하느니라… 네 자식을 징계하라 그리하면 그가 너를 평안하게 하겠고 또 네 마음에 기쁨을 주리라"(잠 29:15, 17). "여호와여 주로부터 징벌을 받으며 주의 법으로 교훈하심을 받는 자가 복이 있나니"(시 94:12). "볼지어다 하나님께 징계 받는 자에게는 복이 있나니 그런즉 너는 전능자의 징계를 업신여기지 말지니라"(욥 5:17). "우리가 판단을 받는 것은 주께 징계를 받는 것이니 이는 우리로 세상과 함께 정죄함을 받지 않게 하려 하심이라"(고전 11:32). "주께서 그 사랑하시는 자를 징계하시고 그가 받아들이시는 아들마다 채찍질하심이라 하였으니 너희가 참음은 징계를 받기 위함이라 하나님이 아들과 같이 너희를 대우하시나니 어찌 아버지가 징계하지 않는 아들이 있으리요 징계는 다 받는 것이거늘 너희에게 없으면 사생자요 친아들이 아니니라"(히 12:6-8). "자기 아들을 사랑하는 자는 그 자식에게 항상 매 자국을 남기리라 그리하여 훗날에 그 아들로 말미암아 즐거움을 얻고자 함이라 자기 자식을 징계하는 자는 그로 말미암아 이를 얻고 자기 친구들간에 영광을 얻으리라"(교회서 30:1). 사실상 하나님이 인간을 그대로 내버려 둔다는 것은 최후의 징벌이다. "에브라임이 우상과 연합하였으니 버려두라"(호 4:17).

트렌치가 말했듯이 "대건축자 하나님은 하늘의 새 예루살렘 성벽 한 곳에 쓸 수 있도록 정과 망치를 가지고 깎아 내고 다듬으신다. …값진 포도주가 나는 것은 짓이겨진 포도에서 나오는 것이지 포도 그대로가 아니다." 이 세상에서 자식이나 젊은이를 그가 하고 싶어 하는 대로 내버려 두는 것만큼 그를 망

2. 우리는 그리스도의 제안을 찾을 수 있다.

그는 "내가 그에게로 들어가 그와 더불어 먹고"라고 하신다. 먹는다는 말의 헬라어는 **데이프네인**(deipnein)이며 그 명사형은 **데이프논**(deipnon)이다. 이 단어는 참으로 의미가 깊다. 헬라인들은 하루에 세 끼를 먹는데, 첫째 조반은 **아크라티스마**(akratisma)라고 하는데 이것은 마른 빵 조각을 포도주에 찍어 먹는 것이며, 점심은 **아리스톤**이라고 하며 점심을 먹기 위해 집으로 가지 않고 도시락을 도로가에나 가로수가에나 광장에서 먹게 되어 있다. 다음에 **데이프논**이 있는데 이것은 저녁 식사이며 한 날의 주요 식사이고 사람들은 그날의 일이 끝났기 때문에 시간을 보내며 오래 앉아서 이야기꽃을 피운다. 이때야말로 서로 사귀기에 시간이 넉넉한 것이다.

문 두드리시는 그리스도를 영접하는 자와 함께 나누는 식사는 이 **데이프논**이다. 이것은 급히 먹는 식사가 아니요, 길가에서나 어떤 집회에 모이라고 독촉하는 것이 없이 그저 순수하게 친교를 하는 데 시간을 보낼 수 있다. 이 말은 "지나가는 말"이 아니다. 이 말씀의 약속은 그리스도와 친밀히 사귄다는 약속이다. 우리가 문을 열면 예수 그리스도는 들어와서 우리와 오래 함께 계실 것이다.

III. 우리는 인간의 책임을 볼 수 있다. 그리스도께서 두드리시는데 사람이 그에 응답할 수도 있고 하지 않을 수도 있다. 그리스도는 문을 부수고 들어오시지는 않는다. 주님은 문을 열고 모셔 들여야만 한다. 엠마오 길에서도 "예수는 더 가려 하는 것같이" 하셨다(눅 24:28). 예수 그리스도는 아무에게도 자신을 강요하시지 않는다. 반드시 모셔 들여야 한다. 홀만 헌트(Holmen Hunt)가 〈세상의 빛〉이란 그림을 그렸을 때 인간의 마음 문에 밖에 손잡이가 없게 그린 것은 참으로 올바른 판단이었다. 인간의 마음 문은 오직 안에서만 열 수 있는 것이다.

트렌치가 말했듯이 "사람은 누구나 각자 자신의 마음의 집 주인이며 그 집은 큰 성이며 그 성문은 주인이 열어야만 한다. 그리고 슬픈 얘기지만 그 문 열기를 거절할 특권을 가지고 있다". 문 열기를 거절하는 사람은 "자기도 모르게 자신의 축복과 대결"하는 것이며 "비참한 승리자"다.

그리스도는 애원하고 축복을 제안하지만 사람이 그 문을 열고 들어오시라고 하지 않으면 아무 소용이 없는 것이다.

네게 하는 말

요한계시록 3:14-22(계속)

승리자에 대한 부활하신 예수의 약속은 그리스도와 함께 그의 승리의 보좌에 앉으리라는 것이다. 우리가 동양의 왕좌는 한 개 의자라기보다는 긴 의자 같다는 것을 알면 이 뜻을 더 명확히 알 수 있다. 이 세상에서 이기는 자는 주님과 함께 보좌에 앉게 될 것이다.

각 편지마다 "귀 있는 자는 성령이 교회들에게 하시는 말씀을 들을지어다"라는 어구로 끝난다. 이 말씀은 두 가지 역할을 한다.

I. 이것은 모든 편지의 메시지를 개별화한다.

이 어구는 사람들이 누구나 부활하신 예수의 말씀을 듣는 각 사람에게 "이것은 너에게 하는 말"이라고 하신다. 우리는 흔히 설교자를 통해 전해지는 말씀을 들을 때 그 말을 나를 제외한 모든 사람에게 적용해 본다. 우리 마음속 깊은 곳에서는 엄한 말씀은 우리에게 하신 말씀이 될 수 없는 것이라고 믿고 있다. 그리고 그 약속들은 우리에게는 너무 과분한 것이라고 생각한다. 그러나 이 구절은 우리 각자에게 "이 모든 것은 너에게 한 말이다"라고 말하고 있다.

II. 이 어구는 모든 서신의 메시지를 보편화한다.

이것은 이들 서신의 메시지는 1,900여 년 전, 일곱 교회 교인들에게만 국한되는 것이 아니며, 그 서신들을 통하여 성령이 각 세대의 사람들에게 하시는 말씀이라는 것을 말해 주고 있다.

지금까지 일곱 서신을 각각 그 지방의 특징과 여건, 당시의 역사에 비추어 생각해 보았다. 그러나 그 내용만은 지방적이거나 시간의 구애를 받지 않고 영원한 것이며, 우리가 그 서신을 읽을 때 그를 통하여 성령께서 아직도 우리에게 말씀하신다. 비판의 말씀은 우리 자신의 영혼을 살려 보라고 하시는 말씀이요, 약속은 우리가 낙심하지 말라고 하시는 말씀이다. 그들 속에서 사신 그리스도는 영원히 사시는 그리스도요, 오늘날도 살아 계신 분이기 때문이다.

The Revelation of John

04

열리는 하늘과 문

요한계시록 4:1

1이 일 후에 내가 보니 하늘에 열린 문이 있는데 내가 들은바 처음에 내게 말
하던 나팔 소리 같은 그 음성이 이르되 이리로 올라오라 이후에 마땅히 일어
날 일들을 내가 네게 보이리라 하시더라

2, 3장에서 우리는 지상의 교회들 사이에서 거니는 부활하신 예수를 보았는데 이제 그 장면은 지상에서 하늘로 올라간다.

하늘의 문이 열려 볼 수 있게 되었다. 여기에는 두 가지 가능성이 있다.

1. 그곳을 보는 사람은 이미 하늘에 올라가 있는 것으로 생각할 수 있고 그 문이란 하늘의 더 오묘하고 거룩한 곳으로 인도하는 문이 열리는 것으로 생각할 수 있다.

2. 이 문은 이 땅에서 하늘로 향해 열려 있다고 생각하는 것이 더 타당하겠다. 고대 유대 사상에서는 하늘을 네모로 평탄한 지상에 지붕처럼 덮여 있는 것으로써 큰 교회의 지구 위를 덮은 지붕 같은 것으로 생각했다. 그러므로 여기에서도 하늘의 덮개 저쪽에 천국이 있고, 그리로 들어가는 문이 열려 들어갈 수 있게 되

었다고 생각하는 것이다.

요한계시록 초반에는 세 개 문이 있는데, 그 문들은 인생의 가장 중요한 문들 중 세 개를 뜻한다.

I. "기회의 문"이 있다. 예수는 빌라델비아 교회에 "볼지어다 내가 네 앞에 열린 문을 두었으되"(계 3:8)라고 하셨다. 그것은 복음이 그곳을 통하여 먼 지방에 전해지는 좋은 기회다. 하나님은 각 사람에게 기회라는 문을 두신다.

II. "마음의 문"이 있다. "볼지어다 내가 문 밖에 서서 두드리노니"(계 3:20)라고 부활의 주님은 말씀하신다. 그것은 인간이 열 수도 있고 열지 않을 수도 있는 문이다. 주님은 모든 사람의 마음 문을 못 박힌 손으로 두드리신다.

III. "계시의 문"이 있다. "하늘에 열린 문이 있는데"라고 요한은 말한다. 하나님은 모든 사람에게 하나님 자신에 대한 지식과 영생에 대한 지식으로 인도하는 문을 제공해 주신다.

신약에는 여러 번 **열려 있는** 하늘에 대해 말하고 있다. 그 열려 있는 것의 목적을 아는 것은 가장 큰 의미가 있다.

I. "이상"을 볼 수 있는 하늘의 문이 열린다. 그것을 에스겔이 보았다. "하늘이 열리며 하나님의 모습이 내게 보이니"(겔 1:1). 하나님을 찾는 자와 하나님을 기다리는 자에게 하나님 자신과 그 진리에 대해 이상을 보여 주신다.

II. "성령의 강림"을 위한 문이 열린다. 예수께서 요한에게 세례를 받으실 때 그는 하늘이 열리고 성령이 내려오는 것을 보았다(막 1:10). 사람의 마음과 혼이 위의 것을 찾을 때 하나님의 영은 그를 만나러 내려오신다. 하나님은 먼저 사람에게로 오신다.

III. "그리스도의 영광의 계시를 위해" 열린다. 이것은 예수께서 나다나엘에게 "하늘이 열리고 하나님의 사자들이 인자 위에 오르락내리락하는 것을 보리라"고 하셨다(요 1:51). 장차 언젠가 그리스도의 영광을 나타내기 위해 하늘이 열릴 것이다. 그리고 필경 그날은 그를 사랑한 자들에게는 기쁨을, 그를 반항한 사람들에게는 놀라움과 두려움을 가져올 것이다.

하나님의 보좌

요한계시록 4:2-3

**[2]내가 곧 성령에 감동되었더니 보라 하늘에 보좌를 베풀었고 그 보좌 위에
앉으신 이가 있는데 [3]앉으신 이의 모양이 벽옥과 홍보석 같고 또 무지개가
있어 보좌에 둘렸는데 그 모양이 녹보석 같더라**

요한이 천국 문으로 들어서자 황홀경에 빠졌다. 그는 영적으로 하늘에 오른 듯했고 현실에서 들려 올려진 것 같은 기분이었다.

그는 하늘에서 한 보좌와 그 위에 앉아 계신 하나님을 보았다. 하나님의 보좌는 구약성경에서 보편적으로 볼 수 있었다. "내가 보니 여호와께서 그의 보좌에 앉으셨고 하늘의 만군이 그의 좌우편에 모시고 서 있는데"(왕상 22:19)라고 선지자는 말했다. 시편 저자는 "…하나님이 그의 거룩한 보좌에 앉으셨도다"(시 47:8)라고 읊었다. 이사야는 주께서 "높이 들린 보좌에 앉으신"(사 6:1) 모습을 보았다. 요한계시록에는 하나님의 보좌가 2, 8, 9장을 제외하고는 매 장에 기록되어 있다. 하나님의 보좌는 하나님의 위엄을 표시한다. 여기에 우주의 임금이신 하나님의 엄위하신 모습이 있고 능력과 위엄과 권능을 가지신 하나님이 계신다. 헨델에게 어떻게 그 장엄한 음악인 메시아를 작곡하게 되었는지 질문했을 때 "나는 하늘이 열리고 하나님이 크고 흰 보좌에 앉아 계신 것을 보았다"고 대답했다.

요한은 보좌에 앉으신 이를 보았다. 여기에 참 재미나는 것이 있다. 요한은 하

나님께 대하여 어떤 인간의 모양으로 표현하려고 하지 않는다. 스위트는 "그는 단호히 인간적인 표현을 거절했다"고 말했다. 그는 하나님을 표현하되 "보석의 번쩍임" 같은 말로 했다. 그러나 모양에 대해서는 전혀 언급하지 않았다. 성경에서 하나님을 보는 것은 빛의 형태로 보는 것이다. 목회 서신들은 하나님을 "가까이 가지 못할 빛에 거하시는" 것으로 표현했다(딤전 6:16). 이보다 훨씬 일찍이 시편에서는 하나님께서 옷을 입은 것같이 빛을 입으신다고 했다(시 104:2).

요한은 자기 이상을 보석에서 나오는 빛으로 보았다. 우리는 그들이 정확하게 무엇을 의미하는지 모른다. 조상들이 오늘날 우리가 부르는 이름과 똑같은 이름으로 불렀다고 할 수는 없기 때문이다. 여기에 나타나는 세 가지 이름은 벽옥, 홍보석, 녹보석이다. 한 가지 확실한 것은 이 보석들은 가장 귀한 보석을 대표하는 것이다. 플라톤은 이 세 가지를 모든 보석의 대표격으로 말했다(플라톤, 파에도 111, E). 이 세 보석은 두로 왕의 호화로운 장식 중의 일부분이었고(겔 28:13), 대제사장의 흉패에 붙이는 보석 중의 일부요(출 28:17), 거룩한 성의 기초석 중에서도 찾아볼 수 있다(계 21:19). 다른 것들과는 달리 이 보석들은 인간이 알 수 있는 가장 귀하고 값비싼 것을 의미한다.

벽옥은 오늘날에는 뿌연 불투명한 돌이지만 옛날에는 투명한 수정체 같은 것인 듯하다. 이 보석으로는 거의 견딜 수 없는 정도의 섬광이 통과할 수 있었던 것 같다. 어떤 사람은 이것이 금강석이 아니냐는 생각을 하는데 그렇게 보아도 무방할 것 같다. **홍보석**은 영어로 **사디안**(sardian)이라고 하는데 주로 사데 주변에서 채석되었기 때문이다. 이 보석은 자주 조각을 해서 사용했다. 이것은 오늘날 홍옥에 해당하는 것 같다. **녹보석**(sardis)은 오늘날 우리가 알고 있는 에메랄드와 같은 것이다.

요한이 본 하나님의 모습은 햇빛에 빛나는 금강석의 번쩍임과 홍보석의 눈부신 붉은 색이며, 이 두 보석이 광채가 더 안정된 초록색의 에메랄드를 통해 다가오는 것과 같았다. 이런 모양으로라야 사람의 눈으로도 볼 수 있다는 것에 어떤 상징적인 의미가 있는 것같이 생각된다.

벽옥이 눈부실 정도의 빛남은 하나님의 **순결성**을 대표하고, 홍보석은 하나님의 무서운 **분노**를, 부드러운 초록색의 에메랄드는 하나님의 **자비**를 뜻하는 것

같은데 사람은 그것을 통해서만 하나님의 순결성과 공의를 만날 수 있다.

24장로

요한계시록 4:4

4또 보좌에 둘려 이십사 보좌들이 있고 그 보좌들 위에 이십사 장로들이 흰 옷을 입고 머리에 금관을 쓰고 앉았더라

우리는 이제 요한계시록의 특징인 난해한 구절에 부닥치게 된다. 이제 우리는 24장로와 네 생물을 보게 되는데, 이것이 무엇을 의미하는지 알아보자. 여기에서 그리고 이와 같은 모든 구절에서 우리는 그런 설명을 가장 가능성 있는 것으로 생각해야 하며, 그런 경우 대부분 설명이 하나 이상이 되며, 교리적 확실성을 가지고는 설명할 수 없는 구절이 많기 때문이다.

요한계시록에서는 24장로가 자주 나온다. 그에 대한 몇 가지를 살펴보면, 그들은 흰옷을 입고 보좌 주위에 앉아 있고 면류관을 썼으며(4:4, 14:3), 면류관을 벗어 보좌 앞에 던지며(4:10), 그들은 계속해서 경배하고 찬송하며(5:11, 14, 7:11, 11:16, 14:3, 19:4), 그들은 하나님 앞에 성도들의 기도를 가져다 바치며, 그들 중 한 사람이 요한이 슬퍼할 때 그를 위로하며(5:6), 또 다른 장로는 이상을 설명해 준다(5:5). 짤막한 다섯 가지 설명을 알아보자.

1. 구약에 보면 하나님 주위에 있는 일종의 의회 같은 것이 있음을 알 수 있다. 선지자들은 하나님은 보좌에 앉아 계시고 하늘의 모든 천군이 하나님의 좌우에 둘러서 있는 모습을 보았다(왕상 22:19). 욥기에 보면 하나님의 아들들이 하나님과 회담하러 온다(욥 1:6, 2:1). 이사야 선지는 하나님께서 그의 장로들 가운데 영광 중에서 통치하시는 것을 말하고 있다(사 24:23). 창세기의 에덴동산 이야기에 보면 아담에 대한 고발 내용은 그가 먹지 말라 한 나무의 과실을 먹었다는 것이

며 이로써 하나님의 말에 의하면 "우리 중 하나같이 되었다"고 하는 이상한 표현이 있다(창 3:22). 고대 사상에서는 하나님은 그 주변에 의회 같은 것을 가지고 계신다. 장로의 개념은 이것과 관련이 있는 것 같다.

II. 유대인이 바빌론에 가 있을 때 그들은 바빌론의 사사오가 접촉되는 것을 막을 수가 없었다. 어떤 때는 바빌론의 사상을 자기네들의 사상과 혼합했으며 특히 조금이라도 유사성이 있으면 더욱 그렇다. 바빌론에는 24별신이 있었는데 이 별의 힘을 경배하는 것이 바빌론 종의 한 부분이었다. 여기의 24별신이 후에 유대 사상에서 하나님의 보좌를 둘러선 24천사로 되었고 그 천사는 여기의 장로가 된 것이라는 주장이 있다.

III. 이제 좀더 타당성 있는 설명으로 옮겨 보자. 이스라엘에는 제사장이 너무 많아 그들이 한꺼번에 봉사할 수 없어 구약에 의하면 그들을 24반차로 나누었다(대상 24:7–18). 매 반차마다 장(長)이 있고 이들을 제사장의 장로라고 했다. 어떤 때는 그들은 하나님의 집을 다스리는 자라고도 한다(대상 24:5). 24장로는 제사장의 반차를 상징하는 것이라고 생각된다. 그들은 충성된 자들의 기도를 하나님께 바친다(계 5:9). 이 일이 곧 제사장의 일이다. 레위 족속들도 이와 비슷하게 성전 안의 일을 위해 24반차로 나누었다. 그리고 그들은 제금과 비파와 수금을 잡고 하나님을 찬양한다(대상 25:1–31). 요한계시록의 장로들도 거문고를 들고 있다(계 5:8). 그러므로 24장로는 예루살렘 성전에서 제사장과 레위인들의 지상 예배의 하늘에서 이상형이라고 생각할 수 있다. 그들은 온전한 경배를 드리는데 지상의 예배는 그의 희미한 그림자에 불과하다.

IV. 24장로는 12족장과 12사도를 합한 것이라는 주장도 있다. 거룩한 도성 새 예루살렘에는 12족장의 이름이 12대문에 쓰여 있고 12사도의 이름은 성벽의 기초석에 쓰여 있다. 12족장과 12사도는 교회의 기초이므로 장로는 그것을 뜻할 수 있다.

V. 가장 적합한 설명은 24장로는 하나님의 충성스러운 백성을 대표하는 것으로 이해하는 것이다. 그들의 흰옷은 충성된 자들에게 약속된 흰옷(계 3:4)이고 그 **면류관**(stephanoi)은 죽도록 충성하는 자들이 받을 면류관이다(계 2:10). 그 보좌는 모든 것을 버리고 그리스도를 따르(마 19:27-29) 사람들에게 약속된 보좌다. 장로에 대한 기술은 충성된 자들에게 준 약속과 잘 들어맞는다.

그러면 문제는 "왜 24이냐"라는 것이다. 여기에서 우리는 올바른 설명, 즉 24장로를 족장들과 사도라고 한 설명을 취할 수밖에 없다. 24가 된 원인은 교회는 이제 유대인과 이방 사람으로 구성되기 때문이다. 원래 그 지파가 있었는데 이제는 지파수가 두 배로 늘어난 것 같은 인상과 천국의 유대인과 이방인이란 이중 척도를 가지고 있다는 것과 같은 인상을 준다. 스위트는 24장로는 **교회** 전체를 대표한다고 했다.

우리는 이것이 현존하는 것이 아니라 미래에 있을 일에 대한 이상이라는 것을 기억해야 한다. 그리고 장로는 훗날 하나님의 존전에서 영광 중에 찬송하고 경배할 모든 교회의 대표자를 뜻하는 것이다.

보좌 주위에서

요한계시록 4:5-6상

[5]보좌로부터 번개와 음성과 우렛소리가 나고 보좌 앞에 켠 등불 일곱이 있으
니 이는 하나님의 일곱 영이라 [6]보좌 앞에 수정과 같은 유리바다가 있고 보
좌 가운데와 보좌 주위에 네 생물이 있는데

요한은 여기에서 신비스럽고 장엄한 하늘의 광경을 좀더 추가하고 있다.

목소리는 우레의 목소리였다. 뇌성과 번개는 가끔 하나님의 목소리와 하나님의 현현과 관련시킬 때가 있다. 에스겔의 이상에서 번개는 보좌 주위에 있는 불 속에서 나온다(겔 1:13). 시편 기자는 하나님의 우렛소리가 어떻게 하늘에서 들렸

고 번개가 어떻게 세상을 밝혔는지 말해 주고 있다(시 77:18). 하나님은 번개를 땅 끝까지 보내신다(욥 37:4). 그러나 근본적으로 요한의 머릿속에 있는 것은 백성이 율법을 받으려고 기다리고 있었던 시내 산의 모습이다. "우레와 번개와 빽빽한 구름이 산 위에 있고"(출 19:16). 요한은 여기에서 하나님의 임재와 늘 연관이 있는 것을 인용하고 있다.

일곱 등불은 하나님의 일곱 영이다. 이미 하나님의 보좌 앞에 있는 일곱 영을 보았고(계 1:4, 3:1), 그 영이란 성령의 일곱 가지 선물과 모든 교회 안에서 역사하시는 성령의 역사라는 것도 이미 언급했다. 여기에도 바빌론의 영향이 끼쳐 있다고 주장하는 학자도 더러 있다. 바빌론에서는 일곱 별이란 다 신성을 띠었고 하나님 앞에 있는 별이었다. 그러므로 이들 별들을 등불에 비유하는 것은 극히 자연스러운 일이다. 그리하여 이 상징은 그 근원을 바빌론에서 찾아볼 수 있다고 말하는 것이다.

"유리 바다"는 많은 사람, 예를 들면 찬송가 작가들에게 이상한 매력을 주었다. 헬라어로는 보좌 앞에 "유리 바다 같은 것"이라는 뜻이다. 이 말은 거기에는 무엇인가 형언할 수 없는 것이 있었는데 그것은 오직 넓은 유리바다 같다고 할 수 있는 것이라는 뜻이다. 요한은 이 유리바다의 모습을 어디에서 가져왔을까?

I. 그는 구약의 가장 원시적인 사상에서 가져왔을 것이다. 우리는 궁창이 지구 위를 덮고 있는 커다란 딱딱한 지붕이라고 생각했다는 것을 알았다. 그 궁창 아래 지구가 있고 그 위에는 하늘이 있다. 창세기에 의하면 궁창 아래와 위에는 물이 있다(창 1:7). 시편 기사는 하늘 위에 있는 물도 여호와를 찬양하라고 말한다(시 148:4). 이 신앙에 의하면 아마 궁창 위의 하늘에 하늘의 마루창과 같이 큰 바다가 있다고 믿었다. 더 나아가 하나님이 당신의 보좌를 펴신 곳이 그 바다 위였다. 시편에는 하나님에 대하여 자기 누각의 들보를 물 위에 얹으셨다고 했다(시 104:3). 요한은 아마도 하나님의 보좌가 세워져 있는 궁창 위의 바다의 모습에서 자기 나름대로 바다를 그려 본 것 같다.

II. 밧모 섬에서 지내던 그 기간이 요한에게 이 사상을 주었는지도 모른다. 스위트는 이렇게 말하고 있다. 요한은 "한여름 날 요한이 밧모 섬의 언덕에서 바라보았을 때 에게 해와 같이 번쩍이는 넓은 면을 보았을 것이다"고 말했다. 요한이 밧모 섬에 있을 때 녹인 유리 같은 바다를 보았을 것이며 이 묘사는 그에게서 나왔을 것이다.

III. 다른 가능성도 있다. 코란(수라〈Sura〉 27)에 의하면 솔로몬은 그의 궁 안에 바다와 똑같이 생긴 유리로 만든 마루를 가지고 있었다. 마치 바다 같아 시바의 여왕이 다니러 왔을 때 유리 마루를 물을 건너듯 치마를 걷고 걸어갔다고 한다. 요한이 유리를 깔은 궁전에 세워진 하나님의 보좌를 생각한 모양이다. 그것이 이 세상에서 가장 부요한 군주나 가질 수 있는 호화판 궁전이었으므로 요한은 이 환상을 하늘로 옮긴 것이다.

IV. 그보다 좀더 거리가 먼 것이 하나 있다. 요한은 번역자들이 번역했듯이 그 유리바다는 **수정**(krustallon) 같다고 한다. 그러나 **크루스탈론**(krustallon)은 **얼음**을 의미할 수도 있다. 그러면 이는 얼음장과 같이 아른거리고 번쩍이는 넓은 들이라고 할 수 있다. 이것은 굉장한 장면이지만 요한이나 그 밖에 소아시아 지방에 사는 사람들은 아무도 그런 장면을 본 일이 없기 때문에 이러한 표현은 독자에게 거의 무의미한 얘기가 될 수 있다.

이 유리같이 비치는 바다가 무엇을 상징하는가 하는 데 서너 가지 설명을 할 수가 있다.

I. 말할 것도 없이 "고귀성"을 나타낸다. 고대에는 유리란 보통 뿌옇고 반투명체였으므로 수정과 같이 맑은 유리는 금과 같이 귀했다. 욥기 28장 17절에서 귀중한 물건의 예로서 금과 유리가 함께 언급되었다.

II. "눈부신 순결성"을 말한다. 유리바다에서 반사되는 빛은 눈을 멀게 할 정도로 눈으로 직접 볼 수는 없다. 하나님의 순결성도 마찬가지다.

III. "크고 먼 거리"를 상징한다. 하나님의 보좌는 마치 대해 저쪽 끝에 있는 것과 같이 먼 거리에 있다. 스위트는 "그 거리란 심지어 천국 문 앞에 서 있는 자의 경우에도 자신과 하나님의 보좌 사이에는 엄청난 거리가 된다"고 언급하고 있다.

요한의 기술(記述)에서 가장 큰 특징은 경외(敬畏)다. 그는 천국에서까지도 하나님과 감히 가깝게 있다고 생각하는 것은 불경이라고 해 빛과 거리로써 그 모습을 표현하고 있다.

네 생물(1)

요한계시록 4:6하-8

6앞뒤에 눈들이 가득하더라 7그 첫째 생물은 사자 같고 그 둘째 생물은 송아
지 같고 그 셋째 생물은 얼굴이 사람 같고 그 넷째 생물은 날아가는 독수리
같은데 8네 생물은 각각 여섯 날개를 가졌고 그 안과 주위에는 눈들이 가득
하더라 그들이 밤낮 쉬지 않고 이르기를 거룩하다 거룩하다 거룩하다 주 하
나님 곧 전능하신 이여 전에도 계셨고 이제도 계시고 장차 오실 이시라 하고

여기 네 생물에서 우리는 다시 한 번 요한계시록의 문제점에 부닥친다. 네 생물은 하늘 장면에서 자주 나온다. 그러므로 요한계시록 자체가 무엇이라고 하는지를 보아야겠다. 그들은 언제나 보좌 인근에 그리고 어린양 가까이 있는 것을 본다(4:6, 5:6, 14:3). 그들은 날개가 여섯이요, 눈이 가득하다(4:6, 8). 그들은 항상 하나님을 찬양하고 경배하고 있다(4:8, 5:8, 5:14, 7:11, 19:4). 또 몇 가지 직무와 의무가 있다. 하나님의 무서운 진노가 표현되기를 바라고 있다(6:1, 7). 그들 중 하나가 하나님의 진노가 담긴 금 대접을 넘겨 준다(15:7).

확실한 차이는 있긴 하나 에스겔의 이상에서 이 네 생물의 원천을 찾아볼 수 있다. 에스겔의 이상에서는 네 생물이 각각 네 개 얼굴을 가지고 있는데 사람,

사자, 소, 독수리의 얼굴이다. 그들은 궁창을 떠받치고 있으며(겔 1:6, 10, 22, 26), 에스겔에 보면 눈이 가득 찬 것은 바위의 둘레였다(겔 1:18). 에스겔에서 이미 우리는 요한계시록의 환상을 찾아볼 수 있다. 물론 그 세부적인 것은 약간 다르게 배치되어 있기는 하다. 그러나 이런 차이점에도 한 가족과 같은 유사성을 분명히 볼 수 있다.

에스겔에서 네 생물은 **그룹들**(cherubim)과 아주 같다(히브리어에서 cherubim 이나 seraphim과 같이 ~im으로 끝나는 것은 복수를 의미한다). 그러면 구약에 있는 그룹에 대해 좀더 연구해 보기로 하자. 에스겔 10장 20, 22절에서 똑같은 것을 찾아볼 수 있다. 그룹은 솔로몬 궁전의 기도실과 벽의 장식 중의 하나다(왕상 6:23-30; 대하 3:7). 그룹은 지성소와 성소 사이를 막은 휘장 위에 나타나 있다(출 25:31).

속죄소라고 불리는 계약의 상자 뚜껑 위에 두 그룹이 있었다. 그 둘은 서로 얼굴을 마주 보게 놓여졌고 날개들은 속죄소 위에 덮개 같은 것이 되게 만들었다(출 25:18-21).

하나님을 표현할 때 가장 자주 볼 수 있는 것은 "그룹들 사이에 앉아 계시는 하나님"으로 특히 기도에서 자주 불린다(왕하 19:15; 시 80:1, 99:1; 사 37:16). 하나님은 그룹을 타고 다니시며 바람 날개를 타고 높이 솟아오르셨다고 했다(시 18:10).

아담과 하와가 에덴동산에서 쫓겨났을 때 동산을 지킨 것이 그룹이었다(창 3:24). 후기 서적, 즉 에녹서와 같은 중간기 저작에서는 그룹들은 하나님의 보좌를 지키는 자들이었다(에녹서 71:7).

이 모든 것을 볼 때 한 가지 사실이 분명해진다. 그룹들은 천사 같은 존재로서 하늘의 조직에서 하나님께 가까이 있는 위치이고 하나님의 보좌를 지키는 자다.

네 생물(2)

요한계시록 4:6하-8(계속)

그러면 이 네 생물은 무엇을 상징하는 것일까?

I. 그들은 하늘의 전체 광경과 환상의 일부이며 요한이 지어낸 것이 아니라 옛날부터 알려진 이상이나 묘사에서 받아 내려온 것이다. 그들은 아마 바빌론에 그 기원을 두고 십이궁(十二宮)의 기본 사궁(四宮)일 수 있으며, 하늘 네 모퉁이에서 불어오는 네 바람일 수도 있다. 그렇다 하더라도 요한계시록을 쓴 요한은 그것을 알지 못했고 그가 교육을 받은 대로 하늘의 상상적인 장면의 한 부분으로 그린 것뿐이리라.

II. 그러면 요한 자신은 이 네 생물로 무엇을 상징하려 했을까? 이에 대해 스위트는 올바르게 설명하고 있다. 네 생물은 자연계에서 가장 고상하고, 강하고, 현명하고, 빠른 것을 모두 나타냈다. 생물마다 자기 영역에서는 특출한 것이 있다. 사자는 짐승의 왕자이고, 소는 가축의 왕자요, 독수리는 조류의 왕자이며, 인간은 만물의 영장이다. 사자는 짐승의 왕자일 뿐 아니라 가장 점잖다. 일하는 소는 가축 중 가장 힘이 세며 독수리는 조류 중 가장 빠르며 인간은 모든 피조물 중 가장 영특하다. 그러므로 이에 서술한 생물들은 자연의 위대함과 능력과 아름다움을 나타낸다. 여기에 우리는 자연이 하나님을 찬양하고 있는 것을 본다. 9절 이하에서는 24장로들이 주를 찬양하는 것을 본다. 그리고 우리가 이 두 장면을 결합해 볼 때 자연과 인간이 하나님을 계속하여 찬양하는 것을 볼 수 있다.

"하나님의 장중에 있는 자연계의 끊임없는 행동은 하나님을 끊임없이 찬양하는 것이다." 자연계의 하나님 찬양 개념은 구약에서 자주 나오는 것이다. "하늘이 하나님의 영광을 선포하고 궁창이 그 손으로 하신 일을 나타내는도다 날은 날에게 말하고 밤은 밤에게 지식을 전하니"(시 19:1-2). "여호와의 지으심을 받고 그가 다스리시는 모든 곳에 있는 너희여 여호와를 송축하라"(시 103:22). 시편

148편 전체가 온 자연계가 하나님 찬양에 함께 참여하라고 부르는 훌륭한 시다.

여기에 엄청난 진리가 내포되어 있다. 이의 근본 개념은 원래 창조의 목적을 그대로 이행하고 있는 자는 모두가 하나님을 찬양한다는 것이다. 스토아 철학의 기본 개념 중 하나는 모든 만물 안에는 하나님의 섬광이 있고 모든 생물에 생명을 부여한다고 하는 것은 그 안에 하나님의 섬광(spark)인 **신틸라**(scintilla)가 있다는 사실이다. 세네카는 "하나님께서는 네 가까이, 너와 함께, 네 안에 계시며 한 거룩한 영이 우리 안에 좌정하고 계신다"라고 했다.

길버트는 머레이가 지적한 대로 회의론자들은 이를 조롱하여 전체 개념을 웃음거리로 만들려고 했다. "뭐라구? 벌레 속에 하나님이? 똥벌레 속에 하나님이?"라고 하자 스토아학파에서는 "그렇고말고"라고 대항했다. 지렁이라고 하나님을 섬길 수 없단 말인가? 훌륭한 군인은 장군뿐이라고 생각하는가? 당신이 하나님을 섬기며 지렁이만큼이나 충실히 하나님의 섭리를 이행해 나가면 다행일 것이다. 피조물의 근본 목적을 이행하는 것은 바로 하나님을 찬양하고 경배하고 예배하는 데 있다.

이것은 가장 장엄한 시야를 열어 주는 생각이다. 이 세상에서 가장 겸허하고 눈에 띄지 않는 행위도 진정한 하나님 경배가 될 수 있다는 것이다. 하나님 경배는 예배 의식과 기술적으로 종교적인 행위와 지적인 추구의 독점 영역은 아니다. 일과 예배가 문자 그대로 하나가 된다. 인간의 가장 큰 목적은 하나님께 영광을 돌리고 영원히 그를 즐거워하는 것이며 인간은 하나님께서 이 세상에 보내신 목적을 이행할 때 그 직무를 수행하는 것이며 그 같은 원리는 모든 생물에 다 적용된다.

이 말은 의사는 병원에서, 과학자는 실험실에서, 교사는 교실에서, 음악가는 자신의 음악에서, 미술가는 자신의 캔버스에서, 상점 점원은 카운터에서, 타자수는 자신의 타자기에서, 가정주부는 부엌에서 모두 이 세상에서 마땅히 할 일을 할 때 다 함께 예배 행위와 조화와 찬양의 대행진에 가담하는 것이다. 교회당 안에서 예배뿐 아니라 일상생활에서 날마다 그리고 모든 일을 시작하기 전에 "하나님을 경배합시다. 하나님을 찬양합시다"라는 말로 시작해야 한다.

네 생물의 상징

요한계시록 4:6하-8(계속)

초대교회가 네 생물에서 어떤 상징을 찾게 된 것은 요한계시록 이후 오래되지 않아서였다. 특히 그들은 생물들이 4복음서를 상징하는 것으로 생각하였고 네 생물 하나하나가 복음서 하나씩을 상징한다고 생각했다. 어느 생물이 어느 복음서를 상징하느냐 하는 것은 여러 가지 설이 있었지만 이 설의 특별한 관심사로서는 4복음서를 네 생물로 상징하는 것은 빈번히 교회의 착색된 창문에서 발견된다.

가장 최초요, 완전하게 표현한 것은 주후 170년경 이레나이우스에 의한 것이다. 그는 네 생물은 예수 그리스도의 업적의 네 면을 나타내며 그것은 4복음서에 기록되어 있는 것이라고 생각했다.

사자는 성자의 능력 있고 효과 있는 역사와 그의 영도력과 왕권을 상징한다. **송아지**는 그리스도 사업의 희생적이며 사제의 면을 나타내는데 송아지는 원래 희생하는 동물이기 때문이다. **사람**은 그의 성육과 인간으로서 강림을 상징한다. **독수리**는 그 날개로서 교회 위로 넘어 다니는 성령을 상징한다.

요한복음은 "처음부터 계시고 능력 있고 영광스러운 하나님의 아들"을 전해주고 있으며 모든 만물이 어떻게 그로 말미암아 창조되었는지 알려주고 있다. 그러므로 요한복음은 **사자**로 상징되었다. 누가복음은 제사장인 사가랴의 이야기로 시작되며 작은 아들을 다시 찾음으로써 살찐 송아지를 잡은 이야기를 전해준다. 누가복음은 그리스도의 사제직의 측면을 나타내므로 **송아지**로 상징된다. 마태복음은 예수의 인간 계보로 시작되며 인간성을 강조한다. "복음서 전체를 통하여 겸손하고 온순한 사람의 성격이 일관되게 나타나 있다." 마태복음은 그리스도의 인성의 복음이므로 **사람**으로 상징된다. 마가복음은 선지자 이사야의 말을 인용하여 저 높은 곳에서 내려오는 예언의 영에 대한 이야기로 시작된다. 이것은 복음의 날개 달린 면을 지칭한다. 그는 그리스도가 인간이 된 것을 보여주고 당신의 성령을 온 땅 위에 보내어 그 날개로 우리를 보호하게 한다. 그러므로 **독수리**는 마가복음을 상징한다.

이레니우스는 더 나아가 짐승의 네 가지 중복된 모습은 하나님이 인간과 세운 네 개의 기본 언약을 뜻한다고 한다. 처음 언약은 홍수 이전에 아담과 맺은 것이다. 둘째 언약은 홍수 이후에 노아와 맺은 것이다. 셋째 언약은 모세에게 율법을 주는 것이며, 넷째 언약은 인간을 그리스도 안에서 새롭게 맺는 것인데 "인간을 그 날개 위에 올려서 천국으로 올려가는 것이다".

이레니우스의 방법은 아래와 같다.

마태복음 = 사람　　마가복음 = 독수리
누가복음 = 소　　요한복음 = 사자

그러나 전술한 대로 여러 설이 있었는데 열거하면 다음과 같다.

아다나시우스(Athanasius) 설에 의하면,

마태복음 = 사람　　마가복음 = 소
누가복음 = 사자　　요한복음 = 독수리

빅토리누스(Victorinus) 설에 의하면,

마태복음 = 사람　　마가복음 = 사자
누가복음 = 소　　요한복음 = 독수리

어거스틴 설에 의하면,

마태복음 = 사자　　마가복음 = 사람
누가복음 = 소　　요한복음 = 독수리

전체적으로 봐서 어거스틴의 방법이 가장 보편적으로 받아들여졌다고 할 수 있다. 그의 설이 사실과 가장 잘 부합된다. 마태복음은 **사자**로 표시되었는데 마태복음에서 예수는 모든 선지자의 기대와 꿈이 실현된 바로 그 유대의 사자로 나타났기 때문이다. 마가복음은 **사람**으로 표현되었는데 예수의 인간 생활을 사실적으로 기록한 가장 근사한 접근 방법이기 때문이다. 누가복음은 **소**로써 나타냈는데 예수를 남녀의 고하를 막론하고 모든 사람을 위한 희생으로 가장 잘 표현했기 때문이다. 요한복음은 **독수리**로 표현되었는데 새 중에 독수리가 가장 높이 날며 해를 직접 볼 수 있는 단 하나의 피조물이라고 일컬어졌다. 그리고 요한복음만이 복음서 중 가장 높은 지경의 사상에 이르기 때문이다.

찬양의 노래

요한계시록 4:6하-8(계속)

생물들은 밤낮 하나님을 찬양하는 데 쉬지 않았다. 그 노래는 다음과 같다.

거룩하다 거룩하다 거룩하다 주 하나님 곧 전능하신 이여
전에도 계셨고 이제도 계시고 장차 오실 이시라.

여기에 자연계가 밤낮 쉬지 않고 찬양을 드리는 것을 잘 그려 놓았다. 누군가 이렇게 말한 적이 있다. "사람은 안식일에 쉬고 잠잘 때 휴식하고 마지막 날 죽음의 쉼에 들어가지만 자연계의 일은 끊임없고, 그의 찬양도 쉬지 않는다." 하나님이 지으신 세계가 하나님을 찬양하지 않는 때는 전혀 없다.

모든 대지와 섬 위로
새벽이 또 한 날을 인도해 내듯,
기도의 소리는 절대로 잠잠하지 않고
찬양의 노래는 중단이 없다.

주목할 것은 송영이 하나님의 세 측면을 포착하고 있다는 사실이다.

I. "하나님의 거룩하심"을 찬양한다. 여러 차례 우리는 거룩함의 근본 개념은 보통 개념과 다르다는 것을 생각해 왔다. 거룩한 것은 보통 것들과 다르다. 그것은 다른 차원의 생과 존재에 속해 있다. 그것은 하나님에게도 온전히 진리다. 하나님은 인간과 다르시다. 그러기 때문에 바로 인간이 하나님께 기도하고 경배하며 찬양하는 것이다. 하나님이 그저 우리와 같은데 단지 훨씬 크고 남보다 뛰어나게 잘난 사람이라면 우리는 찬양을 할 수 없다. 어느 시인이 말했다. "내가 어찌 찬양할 수 있으리오. 그것이 내가 이해할 수 있는 것이라면." 하나님의 바로 그 신비성 그리고 그 이질성이 그의 존전에서 우리에게 경외하는 마음을 갖게 하고 그 위대한 자가 인간과 우리의 구원을 위해 그렇게 낮게 구부리는 놀라운 사랑에 감동되게 하는 것이다.

II. "하나님의 전능"을 찬양한다. 하나님은 전능하시다. 요한계시록을 받을 사람들은 로마 제국의 위협 아래 있었고, 그것은 지금까지 어떤 개인이나 나라도 성공적으로 견뎌 내지 못한 큰 권세의 위협이었다. 그들 뒤에 전능자 바로 그분이 서 계시다는 것을 확신하는 것이 그들에게 무엇을 의미하는지를 생각해 보라. 그 이름, 즉 전능자라는 이름을 하나님에게 돌린다는 그 사실 자체가 최후의 승리와 기독교인의 현재의 안전을 보장하는 것이다. 그리고 그 안전이란 고통에서 해방이 아니라 살아 있을 때나 죽음에 있었어도 우리를 지켜 주시는 안전을 의미한다.

III. "하나님의 영원성"을 찬양한다. 나라들은 오고가나 하나님은 영원하시다. 인간은 하나님을 믿는 신앙을 말살하려고 할지도 모르나 영생하시는 하나님만은 말살할 수가 없다. 여기에 하나님은 인간의 반항과 적대와 반역 중에서도 변하지 않고 자신의 위치를 굳게 지키신다. 인간을 포함한 만물은 태어났다 죽었다 하지만 "하나님은 영원히 변하지 않으신다".

주요, 창조자이신 하나님

요한계시록 4:9-11

[9]그 생물들이 보좌에 앉으사 세세토록 살아 계시는 이에게 영광과 존귀와
감사를 돌릴 때에 [10]이십사 장로들이 보좌에 앉으신 이 앞에 엎드려 세세토
록 살아 계시는 이에게 경배하고 자기의 관을 보좌 앞에 드리며 이르되 [11]우
리 주 하나님이여 영광과 존귀와 권능을 받으시는 것이 합당하오니 주께서
만물을 지으신지라 만물이 주의 뜻대로 있었고 또 지으심을 받았나이다 하
더라

여기 감사 찬송의 다른 부분이 나온다. 앞서 우리는 네 생물은 자연계의 모든 위대한 것을 대표한다는 것과 24장로는 예수 그리스도 안에서 크게 연합한 교회를 뜻한다는 것을 언급했다. 그러므로 네 생물과 장로가 합하여 찬양하면 이것은 자연계와 교회가 다 함께 하나님을 찬양하는 것이다. 이 구절을 매우 어렵게 생각하는 주석가가 있다. 8절에서 네 생물의 찬양이 낮이나 밤이나 쉬지 않는다고 했다. 이 구절에서는 그 양상이 좀 다르다. 찬양은 연속성이 없이 따로따로 하며 찬양을 할 때마다 장로들이 엎드려 경배하는 것이다. 그러나 여기에 연속성이 없다고 하는 것은 상상력이 결핍된 비평이다. 경배하는 시에서 엄격한 논리를 따져서는 안 된다.

요한은 여기에서 옛날 사람들이 잘 알 수 있는 장면을 사용한다. 그는 장로들이 하나님의 보좌 앞에 그들의 면류관을 벗어던진다고 했다. 고대에서 그것은 완전한 승복을 의미하는 것이었다. 어떤 왕이 다른 왕에게 항복하면 그는 승자의 발 앞에 자신의 왕관을 벗어던진다. 로마 군인들이 로마 황제의 초상을 가지고 다니는 때가 있었다. 그러다가 한 작은 왕국을 정복하면 그 패전한 사람이 황제의 초상 앞에 자신의 관을 벗어던지는 의식이 행해진다. 이 장면은 하나님이 인간의 영혼을 정복한 것을 묘사한 것이다. 그리고 교회는 하나님께 승복한 사람들, 자신들의 권한을 다 그에게 포기하고 그를 주로 받아들인 사람들의 집단

이라고 생각하였다. 복종 없이는 기독교가 존재할 수 없다.

장로들은 하나님을 두 가지 면에서 찬양한다.

I. 여호와는 주시요, 하나님이다. 여기에는 현대인보다도 요한 당시의 사람들에게 더 의미가 있는 것이었다. 주와 하나님이라는 말은 **퀴리오스 카이 데오스**인데 그 표현은 로마 황제 도미티아누스의 공식 칭호였다. 로마 황제는 스스로를 주요, 하나님이라고 주장했다. 물론 기독교인들이 박해를 받고 죽음을 당한 것은 이런 주장을 인정하지 않았기 때문이다. 다만 여호와를 **주시요, 하나님**이라고 부르는 것이 승리의 신앙 고백이요, 기독교인들에게는 하나님(여호와)이 모든 우주의 최고 위치를 차지하고 있으며 아무도 그에게서 앗아 갈 수 없다고 하는 주장이기도 했다.

II. 여호와는 창조주이시다. 만물이 창조되기 이전에 이미 하나님의 섭리 안에 있었으며, 결국 실제로 존재하게 된 것이 모두 하나님의 의지와 섭리로 인한 것이다. 인간은 많은 능력을 받기는 했지만 창조할 능력이 없다는 것을 기억해야 한다. 인간은 변경하고 재배치하고 이미 존재하는 재료로 새로운 물건을 만들어 낼 수는 있다. 그러나 오직 하나님만이 무에서 유를 창조해 내실 수 있다. 이 큰 진리는 진정한 의미에서 세상의 모든 물건이 하나님께 속해 있다는 것이며, 사람은 다만 하나님이 주신 것을 조작하는 데 불과하다는 것이다.

The Revelation of John

05

하나님의 수중에 있는 두루마리

요한계시록 5:1

[1]내가 보매 보좌에 앉으신 이의 오른손에 두루마리가 있으니 안팎으로 썼고 일곱 인으로 봉하였더라

요한이 나타내고자 하는 그 장면을 최대한 우리 눈으로 그려 보려고 해야 한다. 우리는 요한의 머리에 떠오른 것의 그 근원이 어디인지를 생각해 보아야 하겠다. 이 장면은 에스겔의 이상에서 끄집어 낸 것이다. "내가 보니 한 손이 나를 향하여 펴지고 보라 그 안에 두루마리 책이 있더라 그가 그것을 내 앞에 펴시니 그 안팎에 글이 있는데 그 위에 애가와 애곡과 재앙의 말이 기록되었더라"(겔 2:9-10). 요한의 이상을 형성하게 한 것은 에스겔의 이상이었다.

하나님의 손안에 있었던 것은 책이 아니라 두루마리였다는 사실을 주목해야 한다. 옛날에는 주후 2세기까지 모든 문학 작품이 책으로 쓰인 것이 아니라 두루마리에 쓰였다. 그 두루마리는 파피루스였는데 이에 대하여는 추후에 자세히 설명하겠다. 파피루스는 20×25센티미터 크기로 되어 있다. 많은 것을 기록해야 할 때는 이것을 가로로 연결한다. 글을 쓰는 것은 7센티미터 정도의 폭으로

가로로 쓴다. 각 줄 사이에는 2센티미터 정도 간격을 두다. 이 두루마리들은 보통 양 끝에 권봉(捲奉)이 달려 있다. 두루마리는 왼손에 들고 읽어 나가면서 오른손으로 펴 나가며 왼손에 남아 있는 것은 다시 감아 들어간다. 다음의 수치로써 파피루스의 크기를 대략 짐작할 수 있을 것이다.

요한2, 3서, 유다서, 빌레몬서 등이 파피루스 한 장을 차지할 것이며 로마서는 3.5미터, 마가복음은 5.8미터, 요한복음은 7.2미터, 마태복음은 9.1미터, 누가복음과 사도행전은 9.8미터, 요한계시록은 4.6미터 길이가 된다. 이런 것이 하나님의 손에 있는 두루마리였다. 이 두루마리에 대하여 두 가지 점을 언급할 수 있다.

1. "앞뒤"에 쓰였다. 위에서 그 두루마리는 파피루스에 썼다고 했다. 파피루스는 나일 강 삼각주에서 자라는 갈대의 고갱이(속)를 가지고 만든다. 이 갈대는 4.6미터 정도이며 그 중 1.8미터는 물속에 잠겨 있고 굵기는 사람의 손목 정도다. 고갱이를 뽑아내어 매우 날카로운 칼로써 얇은 조각이 되게 쪼갠다. 이 조각들을 세로로 늘어놓고 그 위에 가로 한 줄을 또 놓는다. 그러고 나서 그것을 나일 강 물과 풀로 적셔 준 다음 눌러 놓는다. 그리하여 나온 물건을 메로 두들겨서 가벼운 돌로 문질러 매끄럽게 하면 누런 종이와 같은 것이 나온다. 이상에서 한쪽에는 파피루스의 섬유가 수평으로 되어 있고 그쪽을 **렉토**(recto)라고 하며 그 렉토에 글씨를 쓰는데 파피루스의 섬유가 나열되어 있는 방향으로 글씨를 써 나가면 더 쉽기 때문이다. 섬유가 수직으로 되어 있는 면은 **베르소**(verso)라고 하는데 여기에는 보통 글씨를 쓰지 않았다.

그러나 파피루스는 값비싼 물건이다. 그 품질은 차이가 많으며 가격은 품질에 따라 한 장에 4페니에서 1실링 정도다. 그래서 쓸 것이 많을 때는 앞뒤에 쓴다. 뒷면, 즉 **베르소에 글을 쓴 것**을 오피스토그라프(opisthograph), 즉 뒤에 쓴 종이라고 한다. 그리고 누구든지 파피루스를 그렇게 쓰면 그것은 그가 무엇인가 무척 많은 것을 쓸 것이 있다는 것이다. 유베날리스(Juvenalis)는 젊은 비극 작가가 파피루스 양면에 오레스테스에 대한 비극의 파피루스 극본을 가지고 걸어다니는 것을 이야기하고 있다. 그것은 굉장히 긴 작품이었다. 하나님의 손에 있는 두루마리는 양면에 쓰였다. 그것은 그 두루마리가 얼마나 많은 것을 기록하였는지를 보여 주는 것이다. 거기에는 쓸 것이 많아 **렉토와 베르소**가 다 같이 꽉 찼다. 그 두루마리에 적힌 이야기는 길고 꽉 차 있었다.

II. 일곱 인으로 인봉되었다. 그것은 두 가지 중 하나를 의미한다.

1. 두루마리를 다 쓴 다음에는 실로 묶고 실을 맨 자리를 봉한다. 일곱 인으로 봉인된 서류는 보통 유서다. 로마법에 의하면 유서에 대한 일곱 증인이 자신들의 도장으로 봉인하며 일곱 사람 모두가 그 법적 대리인이 있을 때 이외에는 그 유서를 열 수가 없다. 그러므로 그 두루마리는 하나님의 유서요, 계약의 이행이며, 세상일의 마지막 심판인 것이다.

2. 일곱 봉인은 단지 엄격한 비밀이라는 뜻이 더 가까운 것 같다. 두루마리의 내용이 은밀한 것이어서 하나님만이 아실 것이며 인간의 눈에는 볼 수 없게 감추어진 것이라서 일곱 개 인으로 인봉한 것이다. 복음서에서 예수의 무덤을 완전히 지키려고 돌로 인봉한 것을(마 27:66) 보았다. 외경 베드로의 복음서에는 그것이 일곱 인으로 인봉되었다고 했다. 그것은 권리가 없는 사람은 아무도 그것을 열지 못하게 하기 위하여 그렇게 인봉한 것이다. 그러므로 하나님의 손안에 있는 두루마리는 그 내용이 하나님 이외에는 누구에게든지 철저한 비밀로 남아 있어야 한다는 것을 보여 주기 위해 일곱 번 인봉되었다.

이 장면은 하나님의 손에 있는 파피루스 두루마리를 묘사했고, 그 두루마리는 **렉토**와 **베르소**, 즉 앞뒤에 가득 쓸 정도로 내용이 많았으며 일곱 인으로 봉해 있었다. 그것은 그 내용이 이 세상일의 마지막 심판이거나, 하나님밖에는 열 수 없을 정도로 비밀이기 때문이다.

하나님의 운명의 책

요한계시록 5:2-4

[2]또 보매 힘있는 천사가 큰 음성으로 외치기를 누가 그 두루마리를 펴며 그

인을 떼기에 합당하냐 하나 [3]하늘 위에나 땅 위에나 땅 아래에 능히 그 두루마리를 펴거나 보거나 할 자가 없더라 [4]그 두루마리를 펴거나 보거나 하기에 합당한 자가 보이지 아니하기로 내가 크게 울었더니

요한이 두루마리를 갖고 계시는 하나님을 쳐다보고 있을 때 힘센 천사에게 도전을 받았다. 힘센 천사는 10장 1절과 18장 21절에 다시 나타난다. 이 경우에 그 힘센 천사는 목소리가 전 우주의 구석구석까지 들려야 하기 때문에 힘이 세어야 했다. 그 천사는 누구든지 합당한 자는 와서 그 책을 열라고 말한다.

이제 이 책이 무엇인지를 분명히 해 둘 필요가 있다. 이것은 말할 것도 없이 하나님의 섭리의 책이요, 세계의 운명의 책이요, 마지막 날에 일어날 일들을 기록하고 있으며, 세계의 역사를 미리 기록해 놓은 책이라고 불러도 좋을 것이다. 유대 사상에는 하나님의 그러한 책이나 돌판이 있다고 생각하는 것이 일반적인 생각이었다. 에녹서에서는 흔히 볼 수 있었다. 에녹서에 의하면 천사장 우리엘이 하늘에서 에녹에게 "에녹이여, 저 하늘의 서판에 쓰여 있는 것을 보라. 그리고 그 위에 쓰여 있는 것을 읽어 보라. 그리고 모든 사건 하나하나를 표시하라"고 말했다. 다음에 에녹은 "또 나는 하늘의 서판에 있는 것을 모두 보았고 그 위에 쓰인 것을 모두 읽고 모든 것을 깨달았고 장차 먼 훗날에 지구에 올 모든 사람과 그 자손들의 행위에 대하여 읽었습니다"(에녹상 81:1-2)라고 말했다. 같은 에녹서 다른 곳에서는 에녹은 하나님의 "영광의 보좌" 위에 있는 낮의 수령의 이상을 보았는데 "생물의 책들이 그의 앞에 열렸다"(에녹상 47:3)고 기록하였다. 또 에녹은 "주께서 내게 보이셨고 알리셨으며 내가 그 하늘의 서판을 읽어" 보았기 때문에 거룩한 자들의 비밀을 알고 있다고 말한다(에녹상 106:19). 이 서판에서 그는 장차 올 세대의 역사를 보았다(에녹상 107:1). 그러므로 그 전체의 생각은 하나님께는 장차 올 시대의 역사가 이미 기록되어 있는 책이 있다는 것이다.

우리가 이 사상의 의미를 해석하려 할 때 이것은 이상이요, 시라는 것을 기억해야 하며 이것을 문자 그대로 취하는 것은 큰 잘못이 될 것이다. 이것은 모든 것이 오래 전에 이미 확정되었고 우리는 쇠와 같이 불변하는 그리고 피할 수 없는 운명에 잡혀 있고 올 것이 반드시 오고야 만다는 결정론을 의미하는 것이 아니라

하나님에게는 이 우주의 계획이 있고 섭리가 있다는 것이다. 그리고 거기에는 장차 최후의 목표가 있으며 하나님의 섭리가 끝내는 이루어지리라는 것이다.

> 하나님은 해가 바뀜에 따라 그 섭리대로 이루어 나가시며,
> 하나님은 그 섭리대로 이루어 나가시니 그때가 가까워진다.
> 그때는 점점 더 가까워 오니, 틀림없이 올 것이다.
> 그때에는 물이 바다를 덮듯이 하나님의 영광이 이 땅에 가득하는 때라.

천사가 앞으로 나오라는 말에 아무도 나오는 자가 없었다. 그 두루마리를 열 만큼 선한 사람이 없었다. 이것을 보고 요한은 그 이상 속에서 엎드려 통곡했다. 그가 눈물을 흘리게 된 데는 두 가지 이유가 있다.

I. 4장 1절에서 큰 음성이 그에게 "이후에 마땅히 일어날 일들을 내가 네게 보이리라"고 약속했다. 이제 그 약속은 지켜지지 않은 채 지나가 버리려 하고 있다. 요한은 그 약속 받은 이상을 볼 수 없을 것이라고 생각했기 때문에 울었다.

II. 그보다 더 깊은 원인이 있다. 그에게는 마치 하나님이 자신의 비밀을 말씀해 주시고 신비스러운 것을 나타내 줄 만한 사람이 세상에는 있을 것 같지 않았다. 이 세계에는 죄악 속에 깊이 빠져 하나님의 음성을 받을 만한 사람이 없다는 것은 얼마나 무서운 일인가! 오래 전에 시모스는 말했다. "주 여호와께서는 자기의 비밀을 그 종 선지자들에게 보이지 아니하시고는 결코 행하심이 없으시리라"(암 3:7). 그러나 이 세상에는 이 예언적 이상을 받을 만큼 선한 사람이 하나도 없다는 것이다. 이 세계는 하나님에게서 너무 멀리 떨어져 있어 하나님의 음성을 들을 수가 없다는 것은 얼마나 비극인가!

요한에게는 그 문제가 어린양의 출현으로 멋있게 해결되지만, 이 문제의 배후에는 중대하고 엄청난 진리가 있다. 하나님은 당신의 메시지를 받을 만한 사람이 있기 전에는 그 메시지를 줄 수가 없으시다. 여기에 의사소통의 근본적인 문제가 가로놓여 있다. 교사는 제자들이 진리를 받을 만하지 못하면 가르칠 수가

없고, 설교자도 자신의 설교를 전혀 이해하지 못하는 군중에게 설교를 할 수가 없다. 또한 이것은 사랑의 문제다. 사랑을 들을 줄도 모르고 받아들이지도 못하는 사람들에게는 진리를 말하거나 선물을 줄 수도 없다. 세상이 필요로 하는 것은 하나님에게 신경을 쓰고 있는 사람, 항상 배울 준비가 되어 있는 사람, 이 세상의 일들이 하늘의 일에 둔감하게 만들지 못하게 하는 사람, 이 세상의 시끄러운 소리들이 그보다 더 작은 하나님의 소리를 들을 수 없게 만들지 못하도록 힘쓰는 사람들이다. 하나님은 어느 세대에나 전해 줄 메시지가 있으시다. 그러나 그 메시지는 그것을 받을 만한 사람이 생길 때까지는 주어질 수가 없다. 우리의 생활은 날마다 하나님의 메시지를 받기에 합당하든지 합당치 않든지 둘 중 하나일 것이다.

유다 지파의 사자와 다윗의 뿌리

요한계시록 5:5

5장로 중의 한 사람이 내게 말하되 울지 말라 유다 지파의 사자 다윗의 뿌리
가 이겼으니 그 두루마리와 그 일곱 인을 떼시리라 하더라

우리는 이제 요한계시록에서 가장 훌륭하고 극적인 순간에 다다른다. 그것은 어린양이 무대 중심에 나타나는 것이다. 그러나 우리가 그 순간에 이르기 전에 몇 가지 고려할 것이 있다.

요한은 하나님의 비밀과 계획을 나타낼 만한 사람이 하나도 없기 때문에 울고 있었다. 거기에 장로 중 한 사람이 그리스도의 사자로서 다가온다. 그리고 그에게 "울지 말라"고 한다. 이 말은 예수가 이 세상에 계실 때 몇 차례에 걸쳐 하신 말씀이다. 이 말은 예수께서 나인 성 과부가 자신의 죽은 아들 때문에 울 때 그에게 하신 말씀이다(눅 7:13). 또 예수께서 야이로와 그의 가족에게 그의 딸이 죽었다고 생각하여 울 때 하신 말씀이다(눅 8:25). 그리스도의 위로의 말씀은 아직

도 하늘에서 들려오고 있다.

스위트는 이에 대해 재미있는 말을 하고 있다. 요한은 울고 있었지만 사실은 울 필요가 없었다. 인간은 가끔 쓸데없이 운다. 그것은 충분히 알지 못하는 데서 기인된다. 우리가 믿고 기다린다면 하나님께서는 우리가 눈물을 흘리게 된 원인을 해결해 주실 것이다.

그 장로가 요한에게 이르기를 "그 책을 열고 인봉한 것을 뗄 수 있게 승리한 사람이 있다"고 했다. 그 사람이 예수 그리스도이시다. 예수 그리스도께서 그 책을 열고 인을 뗄 수 있다고 말하는 것은 무엇을 뜻하는 것일까? 이것은 세 가지 뜻을 가지고 있다. 첫째, 죽음과 모든 악의 세력에 대해 승리를 했기 때문이다. 둘째, 하나님에 대한 완전한 복종과 충성 때문에 예수는 하나님의 비밀을 **알 수 있고**, 하나님의 비밀을 **나타낼** 수 있으며, 앞으로 있을 일을 **관장하고 주관**하는 것이 예수의 특전이며 의무이기 때문이다. 마지막으로, 예수가 하신 일 때문에 그는 진리의 주요 역사의 주가 되었기 때문이다. 예수는 이제 두 가지 큰 이름으로 불린다.

I. 그는 "유대의 사자"다. 이 명칭은 야곱이 죽기 전 아들들에게 마지막으로 한 축복까지 소급된다. 그 축복에서 유대를 "사자 새끼"(창 49:9)라고 불렀다. 유대가 사자 새끼라면 유다 지파에서 가장 위대한 사람을 **유다의 사자**라고 부르는 것은 적합한 말일 것이다. 사실상 이 명칭은 중간기에 기록된 문서에서는 메시아의 명칭으로 등장한다. 에스드라후서는 사자 형상에 대하여 "이가 기름 부음을 받은 자, 즉 메시아이시다"(에스드라후서 12:31)라고 했다. 사자의 힘과 위력, 짐승의 왕자로서 위치 등이 유대인이 오래 기다렸던 전능하신 메시아를 상징하는 것이 적합하다.

II. "다윗의 뿌리." 이 명칭은 이사야서까지 소급된다. 이새의 줄기에서 한 싹이 나와서 만민의 기호로 설 것이라(사 11:1, 10)고 했다. 이새는 다윗의 부친이므로 예수 그리스도는 다윗의 자손이요, 약속된 메시아시다.

여기 두 개 칭호가 나왔다. 이것은 특히 유대적이다. 이들 칭호는 구약과 장차 오실 메시아에 대한 유대적 사상에 근원을 두고 있다. 그들은 예수 그리스도가 메시아의 직무를 성공적으로 수행할 수 있다고 그렸고, 그리하여 하나님의 비밀을 알고 드러낼 수 있으며 역사적인 사건들 속에서 하나님의 목적들을 이행해 나갈 수 있다고 했다.

어린양

요한계시록 5:6

6내가 또 보니 보좌와 네 생물과 장로들 사이에서 한 어린양이 서 있는데 일찍이 죽임을 당한 것 같더라 그에게 일곱 뿔과 일곱 눈이 있으니 이 눈들은 온 땅에 보내심을 받은 하나님의 일곱 영이더라

이 이상은 최고 절정에 이르렀다. 하늘의 장면에 어린양이 출현했다. 이 장면을 상상해 보려면 이것을 두 가지로 생각해 볼 수가 있다. 첫째는, 네 생물이 보좌 주위로 하나의 원을 형성하고 24장로가 네 생물 주위로 더 큰 원을 형성하고 어린양이 네 생물의 안의 원과 바깥의 24장로의 원 사이에 서 있는 장면이다. 둘째는, 그보다 더 근사한 것으로서 어린양이 전체 장면의 중심에 서 있는 모습, 즉 무대의 중심에 있어 모든 눈의 초점이 되어 있는 장면이다. 요한은 둘째의 장면을 말하는 것이리라.

어린양의 개념은 요한계시록의 일대 특징이다. 요한계시록에서 예수 그리스도는 적어도 29번 이상 어린양이라고 불렸다. 헬라어판에는 저자가 이 새로운 개념을 강조하려고 밑에 점을 찍었다. 사실 이것은 완전히 새로운 생각이라고 할 수 있다. 그가 사용하는 **어린양**이란 단어는 신약에서는 아무 곳에서도 예수 그리스도에 대하여 사용되지 않았다.

신약의 다른 곳에서는 이와 다른 단어의 어린양이라고 했다. 세례 요한은 예수를 가리켜 세상 죄를 지고 가는 하나님의 어린양이라고 했다(요 1:29, 36). 베드

로는 그리스도의 귀한 피를 흠과 점이 없는 어린양의 보배로운 피라고 말했다(벧전 1:19). 또 초대교회에서 그렇게 애독되었던 이사야 53장 7절에서 도수장으로 끌려가는 어린양에 대하여 기록되어 있다. 그러나 이 모든 경우에 그 단어는 **암노소**(amnos)이지만 요한계시록 필자는 **아르니온**(arnion)이란 단어를 사용하고 있다. **아르니온**은 예레미야가 "나는 끌려서 도살당하러 가는 순한 어린양과 같으므로"(렘 11:19)라고 말할 때 사용하였다. 이 **아르니온**이란 단어를 그렇게 자주 사용함으로써 요한은 사람들에게 가져오는 새로운 영상과 새로운 개념이라는 것을 깨닫기를 바라고 있는 것이다.

I. 그 어린양은 아직도 죽음을 당한 흔적이 남아 있었다. 그리스도의 희생의 모습을 아직도 하늘에서 볼 수 있다. 이것은 고통과 고문, 수치와 굴욕, 죽음이 있고 그 점에서 하나님의 어린양은 인간의 죄를 위한 하나님의 가장 완전한 희생으로써 드린 십자가를 나타내고 있다. 하늘나라에서도 예수 그리스도는 우리를 사랑하신 분이요, 우리를 위해 자신을 주신 분이요, 자기 생명을 많은 사람의 대속물로 주신 분이요, 그의 생명과 죽음으로써 모든 죄를 속하는 완전한 희생을 하신 분이다.

II. 여기에는 그 반대의 면도 있으니 우리에게 위대한 역설을 제시하고 있다. 아직도 희생의 표시를 가지고 있는 바로 그 어린양이 일곱 뿔과 일곱 눈을 가진 어린양이라는 것이다.

1. 일곱 뿔은 전능을 의미한다. 구약에서 뿔은 두 가지 의미를 상징하고 있다.

첫째, 이것은 무서운 **능력**을 표시한다. 모세는 요셉을 축복하여 그 뿔이 들소의 뿔 같아 이것으로 열방을 받아 땅 끝까지 이른다고 했다(신 33:17). 선지자 시드기야는 수리아에 대한 약속된 승리의 표시로 쇠뿔을 만들었다(왕상 22:11). 악한 자들은 자신의 뿔을 들지 말라고 경고를 받았다(시 75:4). 스가랴는 이스라엘을 흩어 버린 나라들을 대표하는 네 뿔의 이상을 보았다(슥 1:18) 이것들은 대항할 수 없는 능력을 나타낸다.

둘째, 이것은 **명예**를 뜻한다. 한나가 자식을 낳았을 때 자신의 불이 높이 들려졌다고 부르짖었다(삼상 2:1). 시편 저자는 하나님의 도우심으로 우리의 뿔은 높이 들리울 것이라고 확신했다(시 89:17). 선한 사람의 뿔은 명예로 높여져야 할 것이다(시 112:9). 하나님은 자기 백성의 뿔을 높이신다(시 148:14). 뿔은 하나님이 자기 자신의 백성에게 주시는 명예를 의미한다.

셋째, 여기에 한 가지를 더 첨가해야겠다. 중간기에 이스라엘의 대영웅들은 마카비 가족이었다. 그들은 그 민족의 구주요 해방자인 대전략가였는데 뿔 달린 어린양으로 표시되었다(에녹상 90:9).

여기에 역설이 있다. 그 어린양은 희생의 표시를 지니고 있었다. 그러나 동시에 어린양은 원수를 진멸하고 쳐부실 수 있는 하나님의 능력으로 옷 입은 것이다. 그 어린양은 **일곱** 뿔을 가지고 있었다. **일곱**이란 숫자는 이미 완전과 온전을 뜻한다고 말했다. 그러므로 어린양의 능력은 아무도 대항할 수 없는 온전하고 충만하고 완전한 것이다.

2. 그 어린양은 일곱 눈을 가지고 있다. 그 눈은 모든 땅으로 보냄을 받은 성령을 뜻한다. 이 생각은 스가랴서에서 온 것이다. 선지자 스가랴는 일곱 등을 보았는데 그것은 "온 세상에 두루 다니는 여호와의 눈"(슥 4:10)이라고 했다. 이것은 이상하고 무서운 묘사다. 그러나 분명히 이것은 모든 것을 보시는 하나님의 전능을 말한다. 이것은 소박한 표현이지만, 지상에는 하나님의 눈이 미치지 않는 곳이 없고, 하나님이 보지 못하시는 것은 없다는 것을 의미한다. 그러므로 일곱 눈은 땅 끝까지 보냄을 받은 영으로서 어린양의 전지와 그의 완전한 지식 그리고 인간 사이의 무소부재함을 뜻한다.

여기에 진정으로 굉장한 그리스도의 묘사가 있다. 그는 이스라엘의 모든 희망과 꿈의 완성자다. 그 이유는 그가 유다의 사자요, 다윗의 뿌리이기 때문이다. 그는 인간을 위해 자신을 제물로 드렸고 아직도 하늘에서도 그 흔적을 지니고 있으신 분이다. 그러나 그 비극이 승리로 바뀌고 수치가 영광으로 바뀌었다. 그는 전능과 전지하신 분이요, 그의 모든 것을 이기시는 힘은 아무도 대항할 수 없고, 모든 것을 보시는 그의 눈은 아무도 피할 수가 없다.

성경에서 스위트가 말한 예수의 "위엄과 온유함"을 동시에 나타내는 곳은 별로 없다. 진실로 이 묘사에서 그의 죽음의 굴욕과 부활의 영광을 동시에 볼 수 있는 것이다.

하늘의 음악

요한계시록 5:7-14

7그 어린양이 나아와서 보좌에 앉으신 이의 오른손에서 두루마리를 취하시
니라 8그 두루마리를 취하시매 네 생물과 이십사 장로들이 그 어린양 앞에
엎드려 각각 거문고와 향이 가득한 금 대접을 가졌으니 이 향은 성도의 기도
들이라 9그들이 새 노래를 불러 이르되 두루마리를 가지시고 그 인봉을 떼기
에 합당하시도다 일찍이 죽임을 당하사 각 족속과 방언과 백성과 나라 가운
데에서 사람들을 피로 사서 하나님께 드리시고 10그들로 우리 하나님 앞에서
나라와 제사장들을 삼으셨으니 그들이 땅에서 왕 노릇 하리로다 하더라 11내
가 또 보고 들으매 보좌와 생물들과 장로들을 둘러선 많은 천사의 음성이 있
으니 그 수가 만만이요 천천이라 12큰 음성으로 이르되 죽임을 당하신 어린
양은 능력과 부와 지혜와 힘과 존귀와 영광과 찬송을 받으시기에 합당하도
다 하더라 13내가 또 들으니 하늘 위에와 땅 위에와 땅 아래와 바다 위에와
또 그 가운데 모든 피조물이 이르되 보좌에 앉으신 이와 어린양에게 찬송과
존귀와 영광과 권능을 세세토록 돌릴지어다 하니 14네 생물이 이르되 아멘
하고 장로들은 엎드려 경배하더라

이 구절을 세분해서 취급하기 전에 전체를 먼저 살펴볼 필요가 있다. 찰스는 이 구절에 대한 기독교인 로세티(Rossetti)의 말을 다음과 같이 인용하고 있다. "하늘은 이 땅에 음악의 본 고장으로서 나타났다." 여기에 온 우주가 들을 수 있는 최대로 찬양하는 합창이 있다. 찬양은 세 단계로 파도쳐 온다.

첫째, 네 생물과 24장로의 찬양이 있다. 여기에서는 모든 자연계와 교회가 합하여 어린양을 찬양한다.

둘째, 수많은 천사들의 찬양이 있다. 요한은 네 생물과 장로만 본 것이 아니다. 그는 크게 둘러선 원을 보았고 저 멀리 헤아릴 수 없이 많은 수만의 천사들이 어린양에게 찬양하는 것을 보았다. 여기에 하늘에 있는 모든 것이 목소리를 높여 찬양을 하는 모습이 보인다.

셋째, 그는 모든 피조물을 보았다. 우주의 구석구석에 가장 깊이 그리고 넓은 원을 그리며 가장 먼 곳까지 찬양하는 노래를 했다.

다음에 점점 커져 가는 원에서 부르는 찬양이 있다. 이것은 굉장한 합창으로 관현악 연주와 합창이 파트별로 차례차례 나오다가 합창이 모든 파트가 클라이맥스로 크게 찬양하는 소리를 질러 비교할 상대가 없이 강하게 나오는 데까지 커지는 것을 말한다.

여기에 하늘과 땅 그리고 그 안에 있는 모든 것이 예수 그리스도를 찬양하기 위하여 있는 것이라는 진리가 있다. 우리의 마지막 꿈은 우주가 그리스도를 찬양하는 것이다. 우리의 목소리와 생을 이 대찬양에 함께할 수 있다는 것은 하나의 특권이다. 그 합창은 하나라도 빠지면 불가불 미완성되는 것이기 때문이다.

성도의 기도

요한계시록 5:8

8그 두루마리를 취하시매 네 생물과 이십사 장로들이 그 어린양 앞에 엎드려 각각 거문고와 향이 가득한 금 대접을 가졌으니 이 향은 성도의 기도들이라

찬양의 제1부는 네 생물과 24장로의 노래인데 이는 이미 본 대로 그들은 자연계의 모든 것과 보편적인 교회를 말한다.

장로들의 모습이 참 재미있다. 그들은 손에 수금을 가지고 있었다. 유대인 사이에서 수금은 옛날부터 사용한 악기로서 시편에는 "수금으로 여호와를 찬송할지라"(시 33:2), "수금으로 여호와를 노래하라 수금과 음성으로 노래할지어다"(시

98:5), "감사함으로 여호와께 노래하며 수금으로 하나님께 찬양할지어다"(시 147:7)라고 기록되었다. 수금은 단순히 유대인이 아는 대로 찬송의 음악을 상징한다.

그러나 둘째 장면은 더욱 재미있다. 그들은 금 대접을 가지고 있었는데 거기에는 향이 가득 차 있었고, 그 향은 하나님의 충성스러운 사람들의 기도다. 기도를 향에 비교하는 것도 시편에서 온다. "나의 기도가 주의 앞에 분향함과 같이 되며 나의 손 드는 것이 저녁 제사같이 되게 하소서"(시 141:2). 그러나 여기서 중요한 것은 기도의 중보 역할이다. 즉, 사람들의 기도는 우리가 거룩한 운반자라고 할 수 있는 것을 통하여 하나님께 가져가는 것이라는 개념이다. 후기 유대 문학에서 성도의 기도를 갖다 바치는 하늘의 중보자 개념은 퍽 보편화되어 있다. 단의 언약서(6:2)에 보면 "하나님께와 너를 위하여 탄원하는 천사에게 가까이 할지어다. 그는 하나님과 사람 사이의 중보자임이라"고 했다. 이 작품들에서 우리는 그와 같은 천사를 많이 발견한다.

그들 중 으뜸 되는 천사는 천사장 미가엘이다. 그는 "자비롭고 긍휼이 깊다"(에녹상 40:9). 그는 매일 오층천까지 내려와 인간의 기도를 받아 하나님께 가져간다(마룩3서 11). 토빗서에서는 인간의 기도를 하나님께 가져가는 천사장은 라파엘이다. 그는 토빗에게 말했다. "나는 일곱 천사 중 하나인 라파엘로서 성도들의 기도를 바치는 자요 거룩한 자의 영광 앞에 드나드는 자라"(토빗서 12:15). 또 가브리엘은 에녹에게 "내가 너에게 맹세하노니 하늘에서 천사들은 위대한 자의 영광 앞에서 너를 기억하고 있다"(에녹상 104:1)라고 말했다. 어떤 때는 사람들의 기도를 하나님께 드리는 자들은 수호하는 천사들이다. 또 하루 중 어느 특정한 시간에 기도를 받아들이기 위해 문이 열린다고 했다(바울의 묵시 7:10). 어떤 때는 모든 천사, 에녹의 말대로 지키는 자들이 이 일에 관계된다고 한다. 인간의 영혼들이 공의를 위해 탄원을 호소하는 것은 "하늘의 거룩한 자들"에게 한다고 했다(에녹상 9:3). 하늘을 지키는 자들의 역할은 인간을 위한 중보역이다(에녹상 15:2). 우리가 이미 상술한 대로 천사들이 항상 인간을 돌아본다(에녹상 104:1). 또는 죽은 성도들이 이 일을 담당하는 경우도 있다. 천사들과 거룩한 자들이 천국에서 인간을 위하여 중보 기도를 한다(에녹상 39:6). 사람들의 기도를 하나님께 드리는 하늘의 중보사상은 이와 같이 후기 유대 사상에서 매우 보편화된 것이다. 이 신앙에 대하여 몇 가지 언급할 것이 있다.

I. 어떤 관점에서 볼 때 이것은 고무시키는 사상이다. 우리는 혼자 기도하게 내버려져 있는 것이 아니다. 하늘의 천군과 보이지 않는 구름 같은 증인들이 우리 기도를 도와주고 있다. 어느 기도든지 그 기도의 배후에 하늘의 모든 시민이 있기 때문에 그 기도의 발과 날개가 무거워서 하나님께 올라가지 못하는 기도는 없다.

II. 다른 관점에서 볼 때 이것은 전혀 불필요한 것이다. 우리의 기도는 중보가 필요 없다. 우리 앞에는 아무도 닫을 수 없는 문이 하나 열려 있다. 우리에게는 아무도 장벽을 쌓아 막을 수 없는 지성소로 들어가는 새롭고 살아 있는 길이 열려 있는 것이다. 어떤 기도라도 도움이 필요하지는 않다. 하나님의 귀는 가장 작은 소리의 호소라도 들을 수 있게 열려 있기 때문이다.

III. 중보의 전 개념은 우리가 전에도 설명한 대로 해를 거듭함에 따라 유대인은 점점 더 하나님의 초월성, 하나님과의 거리감, 천사와의 격차를 더욱더 느끼게 되었다. 그 차이를 심하게 느끼게 되어 결국 그들은 하나님과 사람 사이에는 어떤 유형의 직접 접촉이나 대화가 절대로 있을 수 없다고 생각하기 시작했다. 그러므로 이 넓고 끝없는 간격을 다리 놓을 천사의 중보가 필요하다고 느끼게 되었다. 그것이 바로 예수 그리스도께서 오셔서 없애 버리려 하신 것이다. 예수께서는 우리에게 하나님은 "숨 쉬는 것보다 더 가깝고 손이나 발보다 우리에게 더 가깝다"는 것을 알려 주려고 오셨다. 그리스도는 살아 있는 길이요, 이 길을 통하는 자는 아무리 천한 자라도 하나님께 나아갈 수가 있다.

우리는 천사의 손이 우리의 기도를 하나님께 드린다는 생각에서 위로를 찾을 수 있으나 그보다 더 좋은 것은 우리에게는 그런 도움이 필요하지 않다는 것을 확신하는 것이다.

새 노래

요한계시록 5:9

9그들이 새 노래를 불러 이르되 두루마리를 가지시고 그 인봉을 떼기에 합당
하시도다 일찍이 죽임을 당하사 각 족속과 방언과 백성과 나라 가운데에서
사람들을 피로 사서 하나님께 드리시고

네 생물과 24장로가 부른 노래는 **새 노래**였다. **새 노래**는 시편에서 흔히 볼 수 있으며 그것은 항상 하나님의 새로운 자비를 위한 노래였다. "새 노래로 그를 노래하며"라고 했다(시 33:3). 하나님은 시편 저자를 무서운 웅덩이와 진흙 수렁에서 건져내 그의 발을 반석 위에 두고서 그의 입에 새 노래를 주어 하나님을 노래하게 하셨다(시 40:3). "새 노래로 여호와께 찬송하라 그는 기이한 일을 행하사"(시 98:1, 참고 96:1)라고 시인은 읊었다. "하나님이여 내가 주께 새 노래로 노래하며"(시 144:9). "할렐루야 새 노래로 여호와께 노래하며 성도의 모임 가운데에서 찬양할지어다"(시 149:1). 그러나 구약에서 가장 근사한 것은 이사야에서 찾을 수 있다. 거기에는 하나님이 새 일을 선포하시며 선지자는 여호와께 새 노래를 부르라고 이른다(사 42:9–10). 그 새 노래는 새 창조의 결과다.

새 노래는 항상 하나님의 자비를 구하는 노래이며 그 노래가 예수 그리스도 안에 있는 하나님의 자비를 구하면 세상에서 가장 장엄한 노래가 된다.

요한계시록의 특징 중 하나는 새로운 것을 기록했다는 것이다. 거기에는 새 이름이 있고(2:17, 3:12), 새 예루살렘이 있고(3:12, 21:2), 새 노래가 있으며(5:9, 14:3) 새 하늘과 새 땅이 있으며(21:1), 하나님께서 모든 것을 새롭게 하신다는 일대 언약이 있다(21:5).

한 가지 중요한 것을 여기에서 주의해야겠다. 헬라어에는 **새롭다**는 말에 두 가지 단어가 있다. **네오스**(neos)가 있는데 그것은 **시간적으로 새로운 것**을 의미하나 구태여 질적으로 새로운 것을 의미하지는 않는다. **네오스**한 것은 최근에 만들어진 것이기는 하나 벌써 오래 전부터 있었던 종류의 한 가지로서 새로 만

든 것일 수가 있다. **카이노스**(kainos)란 단어가 있는데 그것은 **질적으로 새로운** 것을 의미한다. **카이노스**는 최근에 만들어진 것일 뿐 아니라 전에는 전혀 존재하지 않았던 아주 새로운 것의 하나를 의미한다.

이곳에서 의미는 예수 그리스도는 우리 생애에 전혀 존재하지 않았던 새로운 것을 가져오신다는 뜻이다. 그는 우리 생애에 새 기쁨, 새 감동, 새 힘, 새 평화를 가져오신다. 이 세상과 우리 생애에는 그리스도를 모시지 않은 사람들은 전혀 보지도 못하고 볼 수도 없는 그 무엇이 살아 움직이기 시작하는 것이다.

그것이 기독교인의 최고 특징은 밝음과 빛남이 되는 이유다. "기독교 세계와 대조적인 것은 생기를 잃어버리니 슬픈 세계다"라고 말한 사람이 있다. 기독교인의 생애에는 항상 영원한 젊음과 기쁨이 있으니 이는 하나님께서 항상 그 생애에 오직 하나님만이 예수 그리스도를 통해 줄 수 있는 새로운 생애 자체를 가져오시기 때문이다.

생물과 장로들의 노래

요한계시록 5:9-10

[9]그들이 새 노래를 불러 이르되 두루마리를 가지시고 그 인봉을 떼기에 합당
하시도다 일찍이 죽임을 당하사 각 족속과 방언과 백성과 나라 가운데에서
사람들을 피로 사서 하나님께 드리시고 [10]그들로 우리 하나님 앞에서 나라와
제사장들을 삼으셨으니 그들이 땅에서 왕 노릇 하리로다 하더라

이 노래를 한번 적어 가며 생각해 보자.

책을 가지시고 인봉을 떼기에 합당하시도다. 일찍 죽음을 당하사 각 족속과 방언과 백성과 나라 가운데서 사람들을 피로 사서 하나님께 드리시고 그들로 우리 하나님 앞에서 나라와 제사장을 삼으셨으니 그들이 땅에서 왕 노릇 하리라.

어린양에게 네 생물과 24장로가 드린 찬양은 그가 일찍이 죽었기 때문에 그에게 드린 것이다. 이 노래에는 예수 그리스도의 죽음이 우리에게 어떤 의미를 가져오는지가 요약되어 있다.

I. 예수 그리스도의 죽음은 "희생"의 죽음이었다. 그것은 그 안에 목적이 있는 죽음이란 뜻이다. 예수 그리스도의 죽음은 역사상 우연한 사건이 아니다. 그것은 의와 하나님을 위한 선하거나 영웅적인 사람의 비극적 죽음도 아니다. 그것은 단지 인간의 죄나 반역으로 생긴 비극만도 아니며 이것은 희생의 죽음이었다. 그 희생의 목적은 하나님과 인간 사이의 잃어버린 관계를 희생시키려는 것이다. 예수 그리스도가 죽은 것은 그 때문이며 그 목적을 위한 것이며 그러한 **결과를 가져온 것이다**.

II. 예수 그리스도의 죽음은 "해방시키는" 죽음이었다. 신약은 시종 예수 그리스도가 성취한 인류의 해방 개념으로 가득 차 있다. 그는 자기 목숨을 많은 사람의 **대속물**(lutron)로 주셨다(마 10:45). 그가 모든 사람을 위하여 자기를 **속전**(antilutron)으로 주셨다(딤전 2:6). 그는 우리를 율법의 저주에서 **속량**(exagorazein)—문자대로라면 ~**으로부터 몸을 사다**는 뜻이다—하셨다(갈 3:13). 우리는 인간의 재물로 구속된 것이 아니요, 오직 그리스도의 보배로운 피로 **구속**(lutrousthai)되었다(벧전 1:19). 예수 그리스도는 우리를 **사신**(agorazein) 주시다(벧후 2:1). 우리는 **값으로 산 것이 되었다**(agorazein, 고전 6:20, 7:23). 신약은 계속해서 인간을 죄가 끌어넣은 골짜기와 종 된 것에서 구원하기 위해서는 예수 그리스도의 죽음이 있어야 했다고 주장한다. 신약에는 인간의 해방을 어떻게 가져왔는지를 "공식" 적으로 설명하는 이론은 기록되어 있지 않지만 결과 그 자체에 대해서는 아무런 의심할 여지가 없다.

III. 예수 그리스도의 죽음은 그 혜택에서 누구에게나 "평등"했다. 그것은 종족과 남녀의 구분 없이 모든 사람을 위한 것이었다. 유대인은 하나님이 지상의 모든 민족 중 유대인만을 생각하셨고, 다른 민족은 버리고 잊어버리시는 것뿐이라고 생각했다. 그러나 예수 그리스도 안에서 우리는 **이 세상**을 이처럼 사랑하시는 하나님을 만나게 된다. 예수 그리스도의 죽음은 모든 사람을 위한 것이었으므로 모든 사람에게 이에 대하여 말하는 것은 교회의 임무다.

IV. 예수 그리스도의 죽음은 "승리를 주는" 죽음이었다. 예수 그리스도는 무의미하게 목적 없이 죽지는 않으셨다. 이 노래에서 예수 그리스도의 사업의 세 가지 면이 두드러져 있다.

1. 그는 우리를 **왕**으로 만드셨다. 그는 인간에게 하나님의 아들 됨의 권위의 길을 열어 주셨다. 인간은 창조되었다는 뜻에서 누구나 하나님의 아들이긴 했으나 이제 모든 사람에게 은혜로 새로운 아들 됨이 열렸고, 인간성 위에 하나님의 신성의 위엄으로 옷 입혀진다.

2. 그는 우리를 **제사장**으로 만드셨다. 옛날에는 오직 제사장만이 하나님께 접근할 권리를 가지고 있었다. 이스라엘 남자가 성전에 들어갈 때 그는 이방인의 뜰과 여자의 뜰을 지나 이스라엘의 뜰까지는 들어갈 수는 있으나 제사장의 뜰에는 들어갈 수가 없었다. 일반 사람에게는 그곳은 멀고도 먼 곳이었다. 그러나 예수 그리스도께서 모든 사람이 하나님께 들어가는 새롭고 살아 있는 길을 열어 주셨다. 모든 사람이 하나님께 직접 접촉할 권리가 있다는 의미에서 모든 사람이 제사장이 된다.

3. 그는 우리에게 승리를 주셨다. 그의 백성이 땅을 지배하리라. 이것은 정치적 승리나 물질적 지배를 뜻하는 것이 아니다. 이것은 여하한 환경 속에서도 누릴 수 있는 승리의 생활이다. "세상에서는 너희가 환난을 당하나 담대하라 내가 세상을 이기었노라"(요 16:33). 그리스도 안에서는 자신에 대한 승리가 있고 환경에 대한 승리, 죄에 대한 승리가 있다.

우리가 예수 그리스도의 삶과 죽음이 인간에게 무엇을 했는지 생각해 보면 네 생물과 24장로들이 그 어린양을 소리 높여 찬송하는 것이 당연하다고 부르짖을 것이다.

천사들의 노래

요한계시록 5:11-12

11내가 또 보고 들으매 보좌와 생물들과 장로들을 둘러선 많은 천사의 음성
이 있으니 그 수가 만만이요 천천이라 12큰 음성으로 이르되 죽임을 당하신
어린양은 능력과 부와 지혜와 힘과 존귀와 영광과 찬송을 받으시기에 합당
하도다 하더라

이제 찬양의 노래는 하늘의 무수한 천군 천사들의 합창까지 퍼져 간다. 보좌와 네 생물과 24장로의 주위로 큰 원을 그리며 많은 천사가 서 있어 노래를 시작한다. 우리는 요한이 어떻게 구약에서 인용하고 있는지를 누차 보았다. 여기에서는 하나님에 대한 다윗의 찬송과 감사가 생각났을 것이다.

"우리 조상 이스라엘의 하나님 여호와여 주는 영원히 송축을 받으시옵소서 여호와여 위대하심과 권능과 영광과 승리와 위엄이 다 주께 속하였사오니 천지에 있는 것이 다 주의 것이로소이다 여호와여 주권도 주께 속하였사오니 주는 높으사 만물의 머리심이니이다(대상 29:10-11).

옛날의 대감사와 송축이 천사들의 노래에서 다시 들린다.

네 생물과 24장로들의 노래가 죽음에서 그리스도의 업적을 말하고 있는 반면 천사들은 영광 가운데서 그리스도의 소유를 노래한다. 그것을 하나하나 검토해 보면 거기에는 부활하신 주님께 속하는 일곱 가지 소유물이 있다.

I. 그에게 "능력"이 속해 있다. 바울은 예수를 "그리스도는 하나님의 능력이요 하나님의 지혜니라"(고전 1:24)고 불렀다. 여기에 예수 그리스도의 실행력에 대한 신뢰가 있다. 그는 계획을 하고 결코 성취하지 못하는 자가 아니다. 그는 꿈 꾸고 그 꿈을 실현시키지 못하는 자가 아니다. 능력은 그의 것이다. 우리는 그에 대하여 자신 있게 "그는 하실 수 있다"고 말할 수 있다.

II. 그에게 "부요함"이 속해 있다. 바울은 "그는 부요하신 자로서 너희를 위하여 가난하게 되었다"고 말했다(고후 8:9). 바울은 또 "측량할 수 없는 풍성함"에 대하여 언급한다(엡 3:8). 예수 그리스도가 한 약속 중에는 그가 이행할 만한 힘이 없는 것은 하나도 없다. 그에게는 그가 만족하게 하실 수 없는 것이란 하나도 없다. 그에게 가져오지 못할 만큼 큰 요구나 소원은 없다. 그에게는 모든 요구를 들어줄 만한 자원이 있는 것이다.

III. 그에게 "지혜"가 속해 있다. 바울은 예수 그리스도를 "하나님의 지혜"라고 부른다(고전 1:24). 예수 그리스도는 하나님의 비밀을 알 만한 지혜가 있다. 그는 인생의 길을 알 만한 지혜가 있고, 하나님에 대한 하늘의 지혜가 있을 뿐 아니라 인생의 문제를 해결하는 실질적인 지혜가 있다.

IV. 그에게 "힘"이 속해 있다. 그리스도는 악의 세력을 해체하고 사탄을 꺾을 수 있는 힘센 분이시다(눅 11:22). 현대적 표현으로는 예수 그리스도가 이기지 못할 상황이라고는 없다는 말이다. 그의 힘은 그를 대항하는 모든 권세를 다 이길 수 있다.

V. 그에게 "존귀"가 속해 있다. 모든 무릎이 그에게 꿇고 모든 입으로 예수 그리스도를 주라 시인하게 할 날이 올 것이다(빌 2:11). 그가 사람들의 마음에 왕 노릇 할 때가 온다. 참으로 이상한 것은 기독교인이 아닌 사람들까지도 이 어지러운 세상의 희망은 오직 그의 교훈에서만 찾을 수 있다고 자발적으로 시인하는 것이다.

VI. 그에게 "영광"이 속해 있다. 요한이 말한 대로 "우리가 그의 영광을 보니 아버지의 독생자의 영광이요 은혜와 진리가 충만하더라"(요 1:14). 영광이란 하나님께 속한 것이요, 그에게만 속한 것이다. 예수 그리스도가 영광을 가졌다는 것은 그가 신이시며 하나님의 권리와 특권을 다 같이 누린다고 하는 말과 결코 다를 것이 없다.

VII. 그에게 "찬송"이 속해 있다. 이것이야말로 그리스도가 가지신 최고의 것이다. 예수 그리스도는 소유하신 모든 것을 인간을 위하여 사용하고, 자신은 인간을 위하여 살고 죽으신 것이다. 그는 자신의 소유를 그에게만 부쳐두지 않으며 자기 자신을 위해 사용하지 않고 그 모든 것을 사람을 위하여 쏟으신다. 그러므로 모든 구원 받은 자는 그가 행하신 것에 대하여 찬송과 감사를 드리는 것이다. 그리고 그 찬송과 감사는 아무것도 갖고 있지 않은 우리가 모든 것을 소유하신 그분에게 드릴 수 있는 단 하나의 선물이다.

모든 피조물의 노래

요한계시록 5:13-14

[13]내가 또 들으니 하늘 위에와 땅 위에와 땅 아래와 바다 위에와 또 그 가운
데 모든 피조물이 이르되 보좌에 앉으신 이와 어린양에게 찬송과 존귀와 영
광과 권능을 세세토록 돌릴지어다 하니 [14]네 생물이 이르되 아멘 하고 장로
들은 엎드려 경배하더라

이제 그 찬양의 노래는 더 갈 수 없는 데까지 온 우주와 피조물에 이르렀다. 전 세계에 걸쳐 어린양을 찬양하는 대합창이 있을 뿐이다. 이 합창에서는 하나님과 어린양이 하나로 합친다. 함께 찬송을 받으신다. 아무것도 요한의 이 예수 그리스도에 대한 개념보다 더 높은 것을 보여 주지는 못한다. 피조물의 찬송에서 요한은 그리스도를 하나님과 동격으로 생각한다.

이 노래 자체에는 두 가지 주의할 점이 있다.

하늘에 있는 피조물들이 찬양에 합세한다. 도대체 그들은 누구인가? 몇 개 설명이 있는데 그들 하나하나가 다 훌륭한 것이다. 첫째, 공중의 새들이라고 하는 설이 있다. 그 새들이 노래 부르는 것 그 자체가 곧 찬송이다.

다음은 하늘의 해와 달과 뭇별이라는 설이 있다. 이들 전체가 밤과 낮으로 빛

을 발할 때 하나님을 찬양하고 있다.

그리고 다음으로는 미생물 24장로, 천사들, 기타 하늘에 있는 존재들을 다 포함하고 있다고 하는 설도 있다. 우리가 이 구절을 구태여 따지려고 하지 말고 그저 모든 것을 포함하는 것으로 보는 것이 좋을 것이다.

땅 밑에 있는 피조물들도 찬송에 합세한다. 그것은 음부 속에 있는 죽은 자들을 지칭하는 것인데 이것은 완전히 새로운 것이다. 구약에서는 스올과 지옥과 음부 등에 있는 죽은 사람들은 하나님과 사람에게서 완전히 떨어져 있으며 어둡고 유령과 같은 삶을 산다고 생각했다. "사망 중에서는 주를 기억하는 일이 없사오니 스올에서 주께 감사할 자 누구리이까"(시 6:5). "내가 무덤에 내려갈 때에 나의 피가 무슨 유익이 있으리요 진토가 어떻게 주를 찬송하며 주의 진리를 선포하리이까"(시 30:9). "주께서 죽은 자에게 기이한 일을 보이시겠나이까 유령들이 일어나 주를 찬송하리이까 주의 인자하심을 무덤에서, 주의 성실하심을 멸망 중에서 선포할 수 있으리이까 흑암 중에서 주의 기적과 잊음의 땅에서 주의 공의를 알 수 있으리이까"(시 88:10-12). "스올이 주께 감사하지 못하며 사망이 주를 찬양하지 못하며 구덩이에 들어간 자가 주의 신실을 바라지 못하되"(사 38:18).

요한계시록에서는 이 모든 것을 깨끗이 씻어 버리는 한 이상이 있다. 죽은 자의 땅도 부활하신 그리스도의 통치 밖이 아니다. 심지어는 죽음의 저편에서도 예수에게 찬송이 들려온다.

이 장면은 하나님을 찬양하는 자연계의 모든 것을 포함하는 것이다. 성경에는 자연계의 장엄한 하나님을 찬양하는 장면이 여럿 있다. 구약 자체에서만도 시편 148편이 있다. 그러나 가장 고상한 찬양은 외경에서 발견된다. 헬라어 구약성경에는 다니엘서에 부록이 있다. 그것은 〈세 자녀의 노래〉라는 것인데 이 노래는 사드락과 메삭과 아벳느고, 즉 히브리 이름으로 하나냐와 미사엘과 아사랴가 풀무불 속에 들어가기 전에 부른 것이다. 이 노래는 길지만 세상에서 가장 훌륭한 시요, 여기에서 그들이 자연을 불러 하나님을 찬송하라고 한 부분을 인용해야만 하겠다.

오, 너희 해와 달아, 주를 송축하고,
영원히 그를 모든 것보다 찬양하고 높일지라.
오, 너희 하늘의 별들아, 주를 송축하고,
영원히 그를 모든 것보다 찬양하고 높일지라.
오, 모든 소나기와 이슬아, 주를 송축하고,
영원히 그를 모든 것보다 찬양하고 높일지라.
오, 너희 모든 바람아, 주를 송축하고,
영원히 그를 모든 것보다 찬양하고 높일지라.
오, 너희 불과 뜨거움아, 주를 송축하고,
영원히 그를 모든 것보다 찬양하고 높일지라.
오, 너희 겨울과 여름아, 주를 송축하고,
영원히 그를 모든 것보다 찬양하고 높일지라.
오, 너희 이슬과 눈보라야, 주를 송축하고,
영원히 그를 모든 것보다 찬양하고 높일지라.
오, 너희 밤과 낮들아, 주를 송축하고,
영원히 그를 모든 것보다 찬양하고 높일지라.
오, 너희 빛과 어둠아, 주를 송축하고,
영원히 그를 모든 것보다 찬양하고 높일지라.
오, 너희 추위와 더위야, 주를 송축하고,
영원히 그를 모든 것보다 찬양하고 높일지라.
오, 너희 얼음과 추위야, 주를 송축하고,
영원히 그를 모든 것보다 찬양하고 높일지라.
오, 너희 서리와 눈아, 주를 송축하고,
영원히 그를 모든 것보다 찬양하고 높일지라.
오, 너희 번개와 구름아, 주를 송축하고,
영원히 그를 모든 것보다 찬양하고 높일지라.
오, 땅아, 주를 송축하고,
영원히 그를 모든 것보다 찬양하고 높일지라.

오, 너희 산들과 작은 언덕들아, 주를 송축하고,
영원히 그를 모든 것보다 찬양하고 높일지라.
오, 너희 들의 모든 초목아, 주를 송축하고,
영원히 그를 모든 것보다 찬양하고 높일지라.
오, 땅 위에 자라는 만물아, 주를 송축하고,
영원히 그를 모든 것보다 찬양하고 높일지라.
오, 너희 샘들아, 주를 송축하고,
영원히 그를 모든 것보다 찬양하고 높일지라.
오, 너희 바다와 강들아, 주를 송축하고,
영원히 그를 모든 것보다 찬양하고 높일지라.
오, 너희 고래와 물속에 움직이는 자들아, 주를 송축하고,
영원히 그를 모든 것보다 찬양하고 높일지라.
오, 너희 공중의 모든 새야, 주를 송축하고,
영원히 그를 모든 것보다 찬양하고 높일지라.
오, 너희 모든 짐승과 생축들아, 주를 송축하고,
영원히 그를 모든 것보다 찬양하고 높일지라.
오, 너희 땅의 기는 모든 자들아, 주를 송축하고,
영원히 그를 모든 것보다 찬양하고 높일지라.
오, 너희 사람의 자녀들아, 주를 송축하고,
영원히 그를 모든 것보다 찬양하고 높일지라.

이와 아주 흡사한 시로서 우리가 아는 성 프란시스의 찬송이 있다.

우리 하나님 곧 우리 왕의 모든 피조물아,
네 목소리를 높여 우리와 함께 노래하자.
할렐루야, 할렐루야!
너 황금빛으로 타는 해야,
너 부드러운 빛의 은빛 달아,

주를 찬송하라, 주를 찬송하라.
할렐루야, 할렐루야, 할렐루야!

너 강하고 급한 바람아,
너희 하늘에 떠다니는 구름아,
주를 찬양하라, 할렐루야!
너 뜨는 해야, 찬양하며 기뻐하라.
너희 저녁 빛들아, 목소리를 낼지어다.

너 흐르는 물, 깨끗하고 맑은 물아,
주가 들으시게 노래를 부를지어다.
할렐루야, 할렐루야!
너 교묘하고 밝은 불아,
사람에게 더움과 빛을 주는도다.

매일매일 우리 가는 길에
축복하는 사랑스러운 너 땅아,
주를 찬양하라, 할렐루야!

주 안에서 자라는 꽃들과 열매들아,
주의 영광도 보여 주게 하라.
주를 찬양하라, 주를 찬양하라.
할렐루야, 할렐루야!

요한이 본 이상은 모든 피조물에서 나오는 하나님과 어린양에게 드리는 찬양의 노래였다.

The Revelation of John 06

인을 개봉함

이제 우리는 두루마리의 인봉이 하나하나 열리고 그 인이 열릴 때마다 요한의 눈앞에 역사가 펼쳐지는 장면을 보게 된다.

우리가 이 부분을 연구할 때 이를 이해하는 데 그 기초가 되는 사실을 이해하고 넘어가야 한다. 전술한 바와 같이 유대인은 시간을 두 세대로 나누었다. 즉, 악마의 지배하에 있으며 전적으로 악하며 개혁이나 구제의 여지가 없는 **현세대**와 하나님의 황금기인 **장차 올 세대가** 있다. 이 두 세대 중간에 심판과 전멸의 무서운 시간이 온다. 그런 시간이 올 때까지는 이 세상의 마지막 징표인 무서운 시간이 오는 것이다. 요한이 이상(異像)에서 본 것은 바로 이 마지막 시간이다. 그에게 미리 전개된 것은 새 세계가 오기 전에 다 없어지는 과정에 있는 때 일어날 모든 것이었다. 이 몇 개 이상에서 그는 우리가 시간을 알고 있듯이 시간의 마지막을 보고 있는 것이다.

세부로 들어가기 전에 한 가지 공통점을 찾아볼 수 있다. 이상의 처음 부분에서, 즉 6장 1–8절에서 영어판 KJV는 한 가지 오류를 계속해서 반복하고 있다. 거기에 보면 "와서 보라"(1, 3, 5, 7절)는 말을 네 생물이 차례차례로 하는 헬라어 성경의 형태를 계속해서 따르고 있다. 가장 잘 된 헬라어 사본에는 "보라"는 말이 없고 다만 "오라!"는 말뿐이다. 이 말은 요한에게 와서 보라고 하는 뜻이 아니다. 이것은 네 말과 그 위에 탄 자들에게 하나씩하나씩 역사의 무대 위로 나오라는 호출이다. 보좌에 둘러선 그룹들인 네 생물이 하나님의 드라마에 우주의 드라마의 마지막 장의 무대 위로 나오라고 호출하는 임무를 띠고 있다.

네 말과 말 탄 자들

요한계시록 6:1-8

1내가 보매 어린양이 일곱 인 중의 하나를 떼시는데 그때에 내가 들으니 네
생물 중의 하나가 우렛소리같이 말하되 오라 하기로 2이에 내가 보니 흰 말
이 있는데 그 탄 자가 활을 가졌고 면류관을 받고 나아가서 이기고 또 이기
려고 하더라 3둘째 인을 떼실 때에 내가 들으니 둘째 생물이 말하되 오라 하
니 4이에 다른 붉은 말이 나오더라 그 탄 자가 허락을 받아 땅에서 화평을 제
하여 버리며 서로 죽이게 하고 또 큰 칼을 받았더라 5셋째 인을 떼실 때에 내
가 들으니 셋째 생물이 말하되 오라 하기로 내가 보니 검은 말이 나오는데
그 탄 자가 손에 저울을 가졌더라 6내가 네 생물 사이로부터 나는 듯한 음성
을 들으니 이르되 한 데나리온에 밀 한 되요 한 데나리온에 보리 석 되로다
또 감람유와 포도주는 해치지 말라 하더라 7넷째 인을 떼실 때에 내가 넷째
생물의 음성을 들으니 말하되 오라 하기로 8내가 보매 청황색 말이 나오는데
그 탄 자의 이름은 사망이니 음부가 그 뒤를 따르더라 그들이 땅 사분의 일
의 권세를 얻어 검과 흉년과 사망과 땅의 짐승들로써 죽이더라

이 이상을 상세히 설명하기 전에 두 가지 중요한 점을 우선 생각해 보기로 하자.

1. 이 이상의 근원을 찾아볼 수 있다. 그 근원은 스가랴 6장 1-8절이다. 거

기에서 스가랴는 네 말을 보았다. 이 말들은 바빌론과 애굽 등 하나님의 백성을 압박한 민족을 보복하기 위해 이 땅에 풀어 놓은 것이다. 말들은 "하늘의 네 바람인데 온 세상의 주 앞에 서 있다가 나가는 것이라"(슥 6:5). 스가랴에서는 말들은 힘센 네 바람으로서 하나님이 무서운 파괴력을 가지고 이 땅 위에 풀어 놓으시려 하는 것이다. 많은 인간에 대한 하나님의 진노와 복수의 사자다. 스가랴의 묘사에서 우리는 요한의 이상의 근원을 찾아야 한다. 항상 그렇듯이 요한은 세부적인 사항은 똑같이 취급하지 않는다. 그에게는 옛날 이상이 새로운 형태로 나타난다. 그러나 그 모든 것에 통하는 원칙은 똑같다는 것을 기억해야만 한다. 요한에게도 말과 그 위에 탄 자들은 하나님의 진노의 심판의 도구다.

II. 우리가 마땅히 사용해야 하고 해석할 방법에 대하여 설명해야겠다. 네 말과 그 위에 탄 자들은 강력한 네 개 파괴력을 지닌 것으로서 마지막 날이 오기 전에 하나님의 진노로 악한 세상에 보내어질 것이다. 그러나 우리가 알듯이 요한은 이 힘을 그가 알고 있는 세계에서 실제로 일어나고 있는 사건과 관련해 보고 있다. 그는 삶이 혼돈 상태인 듯한 시대에 살고 있었고 세계가 붕괴되어 가는 듯한 시대에 살았고 공포와 전율이 지구에 가득 찬 듯한 시대에 살았다. 장차 올 공포와 두려움을 그는 이미 과거부터 있어 온 공포와 두려움으로 표현하게 되었다. 말과 그 위에 탄 자들은 파괴하는 능력과 진노의 사자이며 그들은 어느 역사적 존재와도 동일시할 수는 없는 것이다. 그러나 요한이 비극적이며 혼란한 역사 속에서 특정의 사건과 인물들을 생각한 것은 사실이며, 거기에서 요한은 장차 올 파괴의 징조와 형태 등을 보았다.

그러므로 우리가 설명하는 방법은 그 말들이 각각 어떤 파괴력을 대표하는지 정의하고 가능한 경우에는 인류 역사와 요한 시대의 사건에서 장차 올 파괴를 묘사해 주는 환경을 찾아보는 것이다. 그리고 더 나아감에 따라 요한이 몇 번이고 말세의 환상을 기술하는 작가들의 방법과 마찬가지로 상징이나 개념을 다루고 있는 것을 보게 될 것이다.

승리의 백마

요한계시록 6:1-2

[1]내가 보매 어린양이 일곱 인 중의 하나를 떼시는데 그때에 내가 들으니 네
생물 중의 하나가 우렛소리같이 말하되 오라 하기로 [2]이에 내가 보니 흰 말
이 있는데 그 탄 자가 활을 가졌고 면류관을 받고 나아가서 이기고 또 이기
려고 하더라

일곱 개 인이 하나씩 떼어지는 대로 새로운 공포가 지구에 쏟아진다. 첫째 공포는 백마와 그 탄 자의 형태로 기술되었다. 그러면 이 백마와 그 탄 자는 무엇을 대표하는 것일까? 두 가지 해석이 있는데 그 중 하나는 잘못이라는 것이 명백하다.

I. 백마를 탄 자는 승리하신 그리스도 자신이라는 설명이 있다. 이 결론은 몇몇 주석가들이 요한계시록 19장 11-12절과 관련시켰는데, 거기서 그 탄 자는 충성되고 진실한 자라고 불렸고 그는 많은 면류관을 쓴 승리의 그리스도다. 주의할 점은 6장의 면류관은 19장의 것과 다르다는 것이다. 여기에서는 **개선자**의 면류관인 **스테파노스**(stephanos)이고 19장에서는 왕관인 **디아데마**(diadēma)다. 우리가 지금 다루고 있는 이 구절은 저주 위에 저주와 재앙 위에 재앙을 선포하고 있는데 부활하시고 승리하신 그리스도의 모습은 이와는 전혀 상관없다. 이 구절은 승리하신 그리스도의 재림을 말하지 않고 지상에 대한 하나님의 진노의 두려움이 온다는 것을 말하고 있다.

II. 의심할 것 없이 백마와 그 탄 자는 전쟁에서 승리를 의미한다. 로마의 한 장군이 전쟁에서 승리하여 로마 거리에서 개선행진을 할 때 자기 휘하 장병과 포로, 노획물을 이끌고 행진하며 그의 마차는 백마들이 끌게 하는데 이 백마는 승리의 상징이기 때문이다. 백마는 승리의 군국 정신을 의미하며 욕망이 큰 제국의

특징이었던—하기는 지금도 그런 것을 볼 수 있지만—정복욕을 뜻하는 것이다.

이 구절 초두에 말했듯이 요한은 장래의 예언을 당대의 것으로 입히는데 그것은 당시 독자들이 이해할 수 있게 하기 위함이다. 말 탄 자는 그의 손에 활을 가지고 있었다. 구약에서 활은 항상 군사력을 상징했다. 바빌론의 최후 패배에서 그 나라의 힘센 자들은 포로가 되고 그들의 활, 즉 그들의 군사력은 꺾이었다(렘 51:56). 하나님이 이스르엘 골짜기에서 이스라엘의 활을 꺾으실 것이다(호 1:5). 하나님은 활을 꺾고 창을 끊으며 수레를 불사르시는 분이요, 어떤 인간적인 군사력이 대항할 수 없는 하나님이다(시편 46:9). 그러므로 활은 언제나 군사력을 의미한다. 그러나 로마인이나 아시아 지방에 사는 주민들이 즉시 알 수 있는 것이 하나 있다. 로마인들이 겁을 내던 것은 파르티아의 세력이었다. 파르티아인은 로마 제국의 동쪽 변방에 거주하며 로마 정부의 고통거리였다. 주후 62년에 전례 없던 사건이 터졌다. 로마 군대는 파르티아의 볼로게제(Vologeses) 왕에 실질적으로 항복하게 되었다. 역사상 로마 군대가 그런 치욕과 수치를 당한 적은 거의 없었다. 그때 파르티아인들은 백마를 탔고 세계에서 가장 활 잘 쏘기로 유명했다. 파르티아의 활 쏘는 사람들은 세계적으로 공포의 대상이었고 심지어는 상승하고 있는 로마 군인들에게도 그러하였다. "파르티아 화살(Parthian shot)" 이란 말이 지금도 있는데 이는 반격할 수 없는 최종적이고 파멸적인 공격을 뜻한다. 그러므로 백마와 그 위에 활을 가지고 탄 자는 군사와 승리를 뜻한다.

여기에 인류가 인식하고 배우기에 오래 걸린 것이 있다. 군사적 승리는 항상 매력과 낭만적인 것으로 인정되어 왔으나 그것은 항상 비극을 가져왔다. 에우리피데스가 무대 위에서 전쟁을 묘사하려고 할 때 총검을 든 군대를 끌어들이지는 않았다. 그는 양친을 잃어 울고 있는 어린아이의 손을 잡고 방황하는 허리 굽은 노파를 등장시켰다. 스페인 내란 때 신문기자가 전쟁이 무엇인지를 어떻게 갑자기 깨닫게 되었는지 말해 주고 있다. "그는 적군이 게릴라전을 펴고 있는 도시에 있었다. 그는 도로를 따라 걷는 작은 소년을 보았는데 그는 분명히 길을 잃고 방황하며 겁에 질려 있었고 바퀴가 떨어져 나간 장난감차를 질질 끌고 있었다. 그때 총소리가 들려왔다. 그 소년은 땅 위에 쭉 늘어져 죽어 버렸다." 이것이 전쟁이다. 공포 시대의 비극적 공포 중에 요한은 처음으로 백마와 그 위에 활을 가진 말 탄 사람을 그렸는데 이는 군사적으로 승리한 비극적 환상이다.

전쟁의 적색 말

요한계시록 6:3-4

[3]둘째 인을 떼실 때에 내가 들으니 둘째 생물이 말하되 오라 하니 [4]이에 다른
붉은 말이 나오더라 그 탄 자가 허락을 받아 땅에서 화평을 제하여 버리며
서로 죽이게 하고 또 큰 칼을 받았더라

둘째 말과 그 위에 탄 자는 지구에서 화평을 빼앗는 것이다. 이 말과 그 탄 자는 피비린내 나는 전쟁을 의미하는데 그 파괴적인 전쟁은 사람과 사람을, 나라와 나라를 비극적인 혼란에 몰아넣는다. 이런 설명에는 두 가지 이면적인 이야기가 있다.

I. 요한이 요한계시록을 기록할 때 세계는 전쟁으로 산산조각 나고 있었다. 헤롯 대왕이 통치하기 30년 전, 즉 주전 67년부터 37년에 팔레스타인에서만 적어도 10만 명 이상이 반란과 혁명으로 죽어 갔다. 주후 61년에 영국에서는 보아디게아(Boadicea) 여왕과 관련된 반란이 있었다. 로마인들은 이를 진압했으나 그 진압에서 보아디게아는 자살했고 15만 명이 이슬같이 사라졌다. 내란과 피비린내 나는 전쟁 그리고 반란과 혁명을 일으키는 붉은 말이 실제로 온 세계에 풀어진 것이다.

II. 말세에 대한 유대적 개념에서 보면 사람들이 아는 대로 이 세상 마지막 날에는 그 기본 요소인 인간관계가 모두 완전히 파멸한다. 형제가 형제와 싸울 것이고 이웃이 이웃을 대항할 것이며 도시가 도시를 대항하며 나라가 나라를 대항해 싸울 것이다(사 19:2). 모든 사람의 손이 자기 이웃의 손을 대항할 것이다(슥 14:13). 새

벽부터 해질 때까지 사람들은 서로 죽일 것이다(에녹서 100:12). 친구간에 싸울 것이며 그들이 서로 갑자기 기습공격을 할 것이다(에스드라4서 5:9, 6:24). 그들은 서로 미워할 것이며 서로 싸우도록 충동할 것이다. 어떤 이들은 전장에서 죽을 것이며 어떤 이는 걱정 중에 사라져 갈 것이며 어떤 이들은 그들 스스로 자멸할 것이다(바룩2서 70:2-8). 자신에 대한 생각을 하지 않던 사람들 중에 시기가 일어날 것이며 평화로운 자들 중에 비애가 일어날 것이다. 많은 사람이 분을 내어 남을 해하려는 충동을 받을 것이며 피를 흘리기 위해 모든 사람을 충동할 것이며 결국에는 그들은 모두 함께 망할 것이다(바룩2서 48:37).

마지막 날의 환상은 모든 인간관계가 파손되는 때며 세계는 극심한 증오가 소용돌이 치는 때다.

사람과 사람 사이에, 계급과 계급 사이에 분열이 있고 경쟁적 야심과 이기적인 욕망에 근거한 증오가 있는 국가는 망할 수밖에 없는 것은 지금도 사실이다. 민족과 민족이 서로 싸우는 세계는 종말을 재촉하는 것이다.

기근의 검은 말

요한계시록 6:5-6

5셋째 인을 떼실 때에 내가 들으니 셋째 생물이 말하되 오라 하기로 내가 보니 검은 말이 나오는데 그 탄 자가 손에 저울을 가졌더라 6내가 네 생물 사이로부터 나는 듯한 음성을 들으니 이르되 한 데나리온에 밀 한 되요 한 데나리온에 보리 석 되로다 또 감람유와 포도주는 해치지 말라 하더라

우리가 요한이 말하고 있는 것이 세상의 마지막에 대한 설명이 아니라 그 마지막 이전에 선행될 표적과 사건으로서 마지막에 대한 경고를 하고 있다는 것을 기억하면 이 구절 배후에 있는 개념을 이해하는 데 도움이 될 것이다. 이같이 이곳의 검은 말과 그 탄 자는 극심한 기근이요, 많은 고통을 주기도 하지만 인간을

죽일 만큼 절망적인 것은 아니다. 값이 비싸기는 하지만 밀은 있으며 포도주와 기름은 영향을 받지 않기 때문이다.

팔레스타인의 세 가지 주요 농산물은 곡식과 포도주와 기름이었다. 이 땅의 열매와 수확물이 언급될 때는 항상 이 세 가지가 언급되었다(신 7:13, 11:13, 28:51; 호 2:8, 22). 이 말을 탄 자는 그 손에 저울대를 가지고 있었다. 구약에서 **떡을 달아서 먹는다**는 것은 양식이 귀한 것을 뜻한다. "…너희 떡을 구워 저울에 달아 주리니…"(레 26:26). 이것은 또한 에스겔에게 하신 하나님의 위협이기도 하다. "내가 예루살렘에서 의뢰하는 양식을 끊으리니 백성이 근심 중에 떡을 달아 먹고…"(겔 4:16).

곡물이 핍절할 때 포도주와 기름이 있다고 하는 것이 결코 비정상적인 것만은 아니다. 감람나무와 포도 넝쿨은 보통 곡식보다 뿌리가 길다. 그러므로 곡식을 다 쓸어 버리는 가뭄이라도 견뎌 나갈 수가 있다. 요셉 시대에 흉년이 들어 야곱이 애굽으로 곡식을 구하려 내려보냈을 때 그 아들에게 "그 땅의 아름다운 소산"의 선물을 주어 보낼 수 있었다(창 43:11). 포도주와 기름은 넉넉하고 곡식은 말할 수 없이 귀한 경우는 사치품은 넉넉하고 필수품은 드물고 구하기 힘든 때와 같을 것이다.

우리는 네 생물들 사이에서 나오는 말로 식량이 얼마나 귀한지를 실제로 알 수가 있다. 밀 한 되, 보리 석 되에 한 데나리온이다. 그때의 되는 **코이닉스**(Choinix)인데, 이는 6홉 정도이며 고대에는 이것이 사람의 하루 양식 분량이라고 한다. 그리고 한 데나리온은 하루의 품삯이었다. 보통 때는 한 데나리온으로 곡식을 5되 내지 1말을 살 수 있었고 보리는 그 값이 쌌기 때문에 그의 3, 4배를 살 수 있었다. 여기서 요한이 말하고 있는 것은 사람의 하루의 품삯이 겨우 자기 혼자의 하루 양식밖에는 아무것도 살 수 없고 그가 기혼자이면 처자를 위해서는 아무것도 살 돈이 없는 그러한 때를 그려 주고 있는 것이다. 밀 대신 훨씬 값싼 보리를 산다면 그는 그의 처자를 위해 보리를 살 수는 있을지 모르나 여전히 그 밖에는 아무것도 살 수 없게 된다. 여기에 기술된 정황은 사람이 자기 자신을 거의 아사 상태 이상으로는 유지할 수 없는 때를 말해 주고 있다.

우리는 요한이 마지막 날 전에 있을 표징에 대해 말하고 있을지라도 그는 사람들이 이해할 수 있는 실제로 있었던 역사적 사건으로 묘사하고 있다는 것을 앞서 언급했다. 네로 황제 시대에 극심한 흉년이 있었는데 그때에는 부유층이 사치하는 데에는 영향을 주지 않았다. 네로 황제 시대에 알렉산드리아에서 이탈리아에 배가 들어온 일이 있었다. 모든 양식선은 알렉산드리아에서 오기 때문에 굶주린 백성은 그 배가 양식선인 줄로 알았다. 그러나 그것이 검투사들의 연기를 보려고 궁정 뜰에 깔기 위해 나일 강 삼각주에서 실어 온 특수한 모래라는 것을 알았을 때 폭동을 일으켰다. 그러나 이 구절은 요한이 이 묵시를 기록하던 당시의 도미티아누스 치하에 있었던 어떤 사건과 그렇게도 일치할 수가 없다. 그때 양식은 심히 모자랐지만 포도주는 넘쳐흐른 때가 있었다. 도미티아누스 황제는 새로운 포도밭 만들기를 금지하고 지방에 있는 포도원의 절반은 잘라 버리라는 영을 내렸다. 요한이 기거했던 곳인 아시아도의 백성은 이 칙령을 듣자 거의 반란을 일으킬 뻔했는데 이는 포도원이야말로 그들의 수입의 주요 원천이었기 때문이다. 아시아도의 백성의 이런 극단적인 반응을 보고 도미티아누스 황제는 그의 칙령을 철회했다. 그리고 포도원을 경작하지 못할 정도로 내버려 두는 자는 처벌하도록 했다. 이것이 바로 양식은 귀하지만 포도주와 기름 생산을 방해하지 못하게 한 정황이다.

그리하여 이것이 흉년이기는 하나 사치한 생활이 아직 가능한 그런 흉년의 묘사다. 어떤 사람들은 너무 많이 소유하고 있는 반면에 다른 사람들은 너무 없는 그리고 어떤 이들은 사치하고 다른 사람들은 가난 속에 살아가는 그런 경우에는 항상 무엇인가 몹시 잘못되어 가는 것이다. 그런 것이 일어나고 있는 사회는 종말과 멸망을 재촉하고 있다는 표징이기도 하다. 부요한 자들이 가난한 자에 대한 책임감을 상실했을 때는 반드시 비극이 일어나는 것이다. 이 구절에는 또 하나의 흥미 있는 설명이 있다. 흉년 때 곡식의 결핍을 고하는 소리가 네 생물 사이에서 나온다. 전술한 대로 네 생물은 자연계의 가장 좋은 것들을 상징하고 있다. 그리고 이 경우는 인간 사이의 흉년에 대한 자연계의 반항이라고 이해할 수 있다. 인류의 비극은 대개 여기에 있다. 즉, 자연은 우리에게 넉넉하게 그리고 그 이상으로 주지만 그 풍요함이 닿지 않는 사람이 너무 많다. 우리 생활에서 부족한 것은 생산 부족 때문이 아니라, 그 생산된 것의 공급 부족과 이기적이고 불공평한 데서 기인하는 것이다. 이것은 마치 요한이 자연계는 그가 제공하는 선물이 이기적으로 그리고 무책임하게 사용되고 많은 사람의 희생의 대가로 몇 사람의 사치를 위해 사용될 때 항의하는 것이라는 것을 상징적으로 표현하고 있는 것 같다. 지구의 구조 자체가 사치를 좋아하고 무책임한 소수의 극단적인 이기적인 것에 항거하는 것이다.

사망의 청황색 말

요한계시록 6:7-8

[7]넷째 인을 떼실 때에 내가 넷째 생물의 음성을 들으니 말하되 오라 하기로 [8]내
가 보매 청황색 말이 나오는데 그 탄 자의 이름은 사망이니 음부가 그 뒤를 따
르더라 그들이 땅 사분의 일의 권세를 얻어 검과 흉년과 사망과 땅의 짐승들
로써 죽이더라

우리가 이 구절을 접할 때 이것이 마지막에 대한 것이 아니라 그 이전에 있을 표징들에 대한 것이라는 것을 기억해야 한다. 그렇기 때문에 사망과 고통에 말려든 것이 지구 전체가 아니라 사분의 일이라는 것이다. 이때는 공포의 시기지만 최종적이고 전체적인 파괴는 아니다. 그것은 무서운 때이기는 하지만 거기에는 한계가 있다. 그로써 모든 인류가 궁극적으로 파멸되지는 않는다.

이 묘사는 무서운 것이다. 말은 그 색이 **청황색**이다. 헬라어로는 **클로로스**(chlōros)인데 이는 잿빛이라는 의미에서 청황색을 말한다(영역에서 창백하다는 pale을 쓰고 있음-옮긴이주). 이 단어는 겁에 질린 사람의 얼굴에 대해 사용된다. 이 구절은 헬라어 **타나토스**(thanatos)가 이중 의미로 사용되었기 때문에 복잡해졌다. **타나토스**는 **사망**과 **전염병**을 모두 뜻한다. 10절에는 이 단어가 **사망**이라는 의미로 사용되었고 11절에는 **전염병**이라는 의미로 사용되었다.

요한은 이 글을 기근과 온역이 온 세상을 뒤덮고 있는 때 쓰고 있었다. 그러나

이 경우에는 그는 구약에 주어진 표현과 개념으로 생각하고 있다. 구약에는 한 번 이상 "네 가지 중한 벌"에 대해 언급하고 있다. 에스겔은 하나님이 당신의 "네 가지 중한 벌을 예루살렘에" 보내는 데에 대하여 하나님의 말씀을 들었다. 그 네 가지 벌은 칼과 기근과 사나운 짐승과 전염병이다(겔 14:21). 레위기에는 하나님이 자기 백성의 불순종으로 그들에게 보낼 형벌에 대해 말하는 곳이 있다. 사나운 짐승들이 그들의 자녀들을 앗아 갈 것이요, 그들의 가축을 죽일 것이며, 그들을 죽여 조금밖에 남기지 않을 것이다. 칼이 그들의 배약을 징벌할 것이다. 그들이 도성에 모이면 그들 중에는 전염병이 있을 것이다. 하나님은 그들이 의뢰하는 양식을 끊을 것이며 그들이 먹으나 만족하지 않으리라(레 26:21-26). 여기에 요한은 하나님이 불순종한 백성에게 진노하실 때 어떤 일이 일어나는지를 전통적으로 묘사하고 있다.

순교자의 영

요한계시록 6:9-11

9다섯째 인을 떼실 때에 내가 보니 하나님의 말씀과 그들이 가진 증거로 말
미암아 죽임을 당한 영혼들이 제단 아래에 있어 10큰 소리로 불러 이르되 거
룩하고 참되신 대주재여 땅에 거하는 자들을 심판하여 우리 피를 갚아 주지
아니하시기를 어느 때까지 하시려 하나이까 하니 11각각 그들에게 흰 두루마
기를 주시며 이르시되 아직 잠시 동안 쉬되 그들의 동무 종들과 형제들도 자
기처럼 죽임을 당하여 그 수가 차기까지 하라 하시더라

다섯째 인을 뗄 때 요한에게는 자신들의 믿음을 위해 죽은 순교자들의 영이 환상으로 나타났다.

예수는 제자들에게 그들이 견뎌야 할 고통과 순교에 대하여 명확히 가르치셨다. "그때에 사람들이 너희를 환난에 넘겨주겠으며 너희를 죽이리니 너희가 내

이름을 위하여 모든 민족에게 미움을 받으리라"(마 24:9; 막 13:9-13; 눅 21:12-18). 기독교인을 죽이는 사람들이 스스로 하나님을 섬기는 것이라고 생각하는 날이 올 것이다(요 16:2). 예수 그리스도의 제자들은 자신들이 어떤 일이 닥쳐오리라는 것에 대하여 경고를 받은 일이 없다고 불평할 수는 없다.

이제 여기에 순교자들의 영에 대한 묘사가 있다. 하늘의 제단에 대한 개념은 요한계시록에서 한 번 이상 나오는 것이다(8:5, 14:18). 이것은 결코 새로운 개념이 아니다. 성막의 장식물들이 만들어질 때 그것들은 하나님이 가지고 계셨고 보여 주신 모양대로 만들어져야 하는 것이다(출 25:9, 40; 민 8:4; 히 8:5, 9:23). 성막에 대해 기록한 사람들은 누구나 그 안의 성물의 모양은 이미 하늘에 있었다고 생각한 것이다. 그렇다면 하늘 어느 곳에 제단이 있다고 생각하는 데는 무리가 없다.

죽음을 당한 영들은 그곳 제단 밑에 있었다. 이 묘사는 성전의 제사 의식에서 직접 인용한 것이다. 유대인에게는 희생물 중 가장 거룩한 부분은 피였고, 피는 곧 생명이라고 생각되었으며, 생명은 하나님께 속해 있고 다른 아무에게도 속한 것이 아니기 때문이다(레 17:11-14). 그렇기 때문에 피의 제사에는 특별한 규례가 있었다.

"제사장은 그 송아지의 피를 회막문 앞 번제단 밑에 쏟을 것이며"(레 4:7). 이는 다른 말로 말하면 피, 즉 생명은 제단 밑에 바쳐진다는 것이다.

이것이 우리가 다루고 있는 요한계시록의 이 구절에 의미를 부여해 준다. 순교자들의 영은 **제단 밑에** 있다. 그 말은 순교자들의 생명인 피가 하나님께 제물로 부어졌다는 뜻이다. 순교자의 생명이 하나님에 대한 제물이라는 개념은 바울의 생각에도 있었다. 바울은 빌립보인들의 믿음의 제물과 봉사 위에 **관제로 드리워질지라도 기뻐할 것**이라고 했다(빌 2:17). "전제와 같이 내가 벌써 부어지고…"(딤후 4:6)라고 말했다. 마카비 시대에 유대인은 그들의 믿음 때문에 심한 고통을 당했다. 어떤 부인은 그의 일곱 아들들이 그들의 유대 신앙에 대한 불굴의 충성으로 죽음을 당할 것이라는 위협을 받은 일이 있다. 그 부인은 굽히지 말라고 권했다. 그는 아들들에게 아브라함이 이삭 바치기를 거절하지 않은 것을 상기시켰다. 그 어머니는 그들에게 "너희가 영광에 이르게 되면 아브라함에게 말하기를 아브라함은 한 개 제단을 쌓았지만 너희의 어머니는 일곱 개 제단을 쌓았다고 말하라" 고 했다. 후기 유대교에서는 천사장 미가엘이 하늘의 제단에 의로운 자와 율법을 충실히 지킨 자들의 영혼을 제물로 드렸다고 한다. 안디옥의 이그나시우스가 화형을 받으려고 로마로 가고 있을 때 그의 기도는 자신이 하나님께 속한 제물로 받으실 수 있도록 해 달라는 것이었다.

여기에 위대한 진리가 있다. 어떤 선한 사람이 선을 위해 죽을 때 그것은 비극과 불운같이 보일 수 있고 훌륭한 인생의 쓸데없는 낭비 같고, 사악한 사람들의 행위 같다고 생각할지 모른다. 이것이 모두 맞았다고 하더라도 정의와 진리와 하나님을 위해 바쳐진 생명은 이상의 어느 것보다 더 나은 것이다. 이것은 하나님께서 받으실 만한 하나님께 바쳐진 제물과 관제다.

순교자들의 부르짖음

요한계시록 6:9-11(계속)

우리가 주의해야 할 점이 세 가지 있다.

I. 여기에 고난 받는 의로운 자의 영원한 부르짖음인 "어느 때까지 하시려 하나이까"라는 절규가 있다. 이것은 구약 시편 저자의 부르짖음이기도 하다. 이방인이 언제까지 하나님의 의로운 백성을 괴롭히고 핍박하도록 방임할 것입니까? 이방인이 언제까지 하나님이 어디 있느냐, 하나님이 무엇을 하고 있느냐고 말하게 하므로 하나님의 백성을 욕하게 내버려 두시겠습니까?(시 79:5-10). 여기서 기억할 것은 하나님의 성도가 이런 소리를 부르짖은 것은 그들은 하나님이 움직이시지 않는 것같이 보이는 것 때문에 당황했지만 하나님의 최종 행동과 외로운 자의 마지막 변호를 의심하지는 않았다.

II. 여기에 우리가 비평하기 쉬운 묘사가 있다. 성도들은 실제로 그들의 박해

자들이 벌 받는 것을 **보기** 원했다. 한 가지 이해하기 곤란한 것은 하늘의 기쁨 가운데 하나는 지옥에서 죄인들의 징벌을 보는 것이다. 《모세의 승천》(10:10)에서 유대 저작자는 하나님이 약속하시는 것을 듣는다.

> 너는 높은 데서 볼 것이며 지옥에 있는 네 원수들을 볼 것이로다.
> 그리고 너는 그들을 알아보고 기뻐할 것이며
> 하나님께 감사하고 창조주를 고백할 것이다.

후년에 터툴리아누스는 기독교인이 가장 기대했던 구경거리는 이방인들을 그들이 좋아하는 구경거리로 조롱하고 전에 그의 박해자가 지옥에서 몸부림치는 것을 보는 것이라고 말했다.

> "너희는 구경거리를 좋아하고 있으나, 모든 구경거리 중 가장 장관인 우주의 최후의 영원한 심판을 기대하라. 내가 그렇게 많은 거만한 왕들과 멋있는 신들이 암흑의 바닷속에서 신음하고, 주의 이름을 박해했던 그렇게 많은 장관들이 기독교인들을 불태웠던 것보다 더 맹렬한 불 속에서 녹아지고, 현명한 철인들이 그들의 꾐에 빠진 학자들과 더불어 뜨거운 불꽃 속에서 부끄러워하고, 유명한 시인들이 미노스의 재판이 아니라 그리스도의 재판석 앞에서 떨고 있고, 많은 비극 배우들이 남의 고통보다도 한층 그들 자신의 고통을 표현하고 있고, 많은 무희들이 불꽃 속에서 고통하고 있는 것을 볼 때, 나는 얼마나 감격하고 웃고 즐거워하고 감탄하랴"(구경거리에 대하려 10).

위와 같이 쓰고 말할 수 있는 그런 복수심에 쉽사리 놀라지 않을 수 없다. 그러나 우리는 이 사람들이 어떤 것들을 경험했는지 기억해야 한다. 우리는 불꽃과 극장과 맹수, 그들이 겪었던 미친 듯한 극치의 고문의 고통을 기억해야만 한다. 피를 흘리기까지 저항해 보지 못한 세대가 그런 말에 괴망하게 놀라기는 어려운 일이 아니다. 우리는 그와 똑같은 고통을 다 겪고 난 후에야 그런 것을 비평할 권리가 있다.

III. 여기에 또 하나의 유대 사상이 있다. 순교자들은 순교자의 수가 차도록 좀 오랫동안 기다려야 한다는 것이다. 유대인은 역사의 드라마가 그 마지막이 다 공연된 다음에야 세상의 끝이 온다고 하는 확신을 가지고 있었다. 하나님은 지정된 처치 방법이 다 이루어지기 전에는 움직이지 않으신다(에스드라4서 4:36). 의인의 수가 먼저 바쳐져야 한다(에녹서 47:4).

메시아는 이 세상에 나타날 영혼들이 다 태어나기 전에는 오시지 않을 것이다. 이와 같은 사상이 영국 성공회 기도서에도 있다. 거기에 보면 "잠시 후에 당신의 선택한 자의 수를 채우시고 속히 당신의 나라가 임하소서"라고 했다.

이것은 이상한 생각이기는 하나 그 배후에는 모든 역사는 하나님의 장중에 있고, 그 안에 그리고 그 모든 것을 통하여 하나님은 당신의 최종적이고 확실한 종말까지 그 목적을 다 달성하신다는 사상이다.

분쇄된 우주

요한계시록 6:12-14

[12]내가 보니 여섯째 인을 떼실 때에 큰 지진이 나며 해가 검은 털로 짠 상복
같이 검어지고 달은 온통 피같이 되며 [13]하늘의 별들이 무화과나무가 대풍에
흔들려 설익은 열매가 떨어지는 것같이 땅에 떨어지며 [14]하늘은 두루마리가
말리는 것같이 떠나가고 각 산과 섬이 제 자리에서 옮겨지매

여기에서 요한은 당시 유대인 독자들에게는 낯익은 묘사 방법을 사용했다. 유대인은 이미 마지막 때를 지구가 모두 부숴지고 우주적인 혼란과 파멸이 있는 때라고 생각해 왔다. 그의 묘사에는 다섯 가지 요소가 있는데 그것들은 모두 구약이나 중간기에 쓰인 책에서 충분히 인용될 수 있는 것이다.

I. "지진"이 있다. 주께서 오실 때에는 땅이 진동할 것이다(암 8:8). 이스라

엘의 땅에는 큰 지진이 있을 것이다(겔 38:19). 땅이 진동하고 하늘이 떨 것이다(욜 2:10). 하나님이 하늘과 땅과 바다와 육지를 진동시키실 것이다(학 2:6). 땅이 그 끝까지 떨며 흔들리고 언덕이 흔들려 넘어지리라(모세의 승천 10:4). 땅이 열릴 것이며 불이 터져 나오리라(에스드라4서 5:8). 전쟁에서 살아남는 자는 지진으로 죽을 것이며 지진에서 살아남는 자는 불로 죽을 것이며 불에서 살아남은 자는 기근으로 죽으리라(바룩2서 70:8). 유대 선지자들과 선견자들은 환상 가운데서 지구가 부숴지고 파괴의 물결이 새 세계가 오기 전에 낡은 세계에 덮칠 것이다.

II. **"해와 달이 어두워진다."** 태양이 한낮에, 지구는 밝은 대낮에 점점 어두워지리라(암 8:9). 별들과 별 떨기가 그 빛을 내지 아니하며 해가 돋아도 어두워지며 달이 그 빛을 비취지 아니하리라(사 13:10). 하나님이 흑암으로 하늘을 입히시며 굵은 베로 덮으시리라(사 50:3). 하나님이 별들을 어둡게 하시며 해를 구름으로 덮으시리라(겔 32:7). 해가 어두워지고 달이 핏빛으로 변하리라(욜 2:31). 해의 불들이 꺾일 것이며 해는 암흑으로 변할 것이며 달은 빛을 발하지 않을 것이며 피로 변할 것이며 별의 궤도는 흩어질 것이다(모세의 승천 10:4-5). 해가 어두워지며 달이 빛을 내지 아니하리라(마 24:29; 막 13:24; 눅 23:45). 마지막 날에는 선견자들이 환상을 보는 대로 지구 위에는 무시무시한 어둠이 있을 것이다.

III. **"별들이 떨어지리라."** 유대인에게는 이 개념은 특히 더 무서운 것이다. 유대인에게 하늘의 질서는 하나님의 불변성의 증거이며 보증이었기 때문이다. 하늘의 신빙성을 빼놓으면 혼돈 이외에는 아무것도 없다. 천사가 에녹에게 하늘을 바라보라고 한다. 천체들이 그들의 궤도를 바꾸지 않으며 그들의 지정된 질서를 어기지 않는 것을 보라고 한다(에녹서 2:1). 에녹은 해와 달의 방을 보았고 어떻게 그들이 나가고 들어가며 그 궤도를 절대로 떠나지 않는지를 그리고 거기에 아무것도 더하지도 않고 빼내지도 않는 것을 보았다(에녹서 41:5). 유대인에게는 혼돈의 마지막 날이 별들이 떨어지는 세계다. 그러나 마지막 날에 하늘의 만상이 사라지고 포도나무 잎이 마름 같고 무화과가 나무에서 떨어지듯 할 것이라(사 34:4). 별들이 하늘에서 떨어지며 하늘의 권능들이 흔들리리라(마 24:29). 궁창이 바다 위에 떨어질 것이며 큰 불이 하늘을 작게 할 것이며 별들을 녹여 버리리라(시빌라의 신탁 3:83). 별들은 그 질서를 범하여 궤도를 바꿀 것이다(에녹서 80:5-6). 별들의 나감이 바뀔 것이다(에스드라4서 4:5). 마지막 날이란 이 세상의 가장 확실하고 신뢰할 만한 것들이 무질서하고 무시무시한 혼돈 상태가 되는 때다.

IV. "하늘이 말릴 것이다." 이 구절에 나타난 요한의 표현은 종이 두루마리가 펴서 열려져 있다가 한복판이 갑자기 쪼개져서 오랫동안 감아 두었던 종이가 그 잡고 있는 것이 놓일 때와 같이 반쪽이 각각 다시 말려들어가는 것을 말한다. 하나님이 하늘을 진동시키실 것이다(사 13:13). 하늘이 두루마리같이 말릴 것이다(사 34:4). 하늘은 다 옷같이 낡아지고(시 102:26) 말릴 것이다.

마지막 날에는 영원한 하늘이 둘로 쪼개질 것이다.

V. "산과 바다의 섬들이 옮기우리라." 산들이 떨고 작은 산들이 옮기우리라(렘 4:24). 빛들이 진동하며 작은 산들이 녹으리라(나 1:5). 요한은 가장 흔들리지 않을 것들이 흔들리고 밧모 섬과 같은 바위 섬도 그 기초에서 들리는 그런 때를 보았다.

요한의 묘사가 아무리 우리에게 이상하게 보여도 이 모든 것에서 다음 사실을 알 수 있다. 즉, 구약과 중간기에 쓰인 책에서 나오지 않은 것은 하나도 없다는 것이다. 우리는 이 묘사한 것들을 문자 그대로 이해해서는 안 된다. 그들의 요점은 선견자, 선지자, 요한도 그들이 상상할 수 있는 모든 무서운 것을 취하여 공포 위에 공포를, 혼돈 위에 혼돈을 쌓아 올리는 것은 마지막 날의 공포에 대한 묘사를 하려고 하는 것뿐이다. 오늘날 우리는 많은 과학적 지식을 가지고 좀 다른 말로 표현할 수 있으나 그 본질은 같다. 문제가 되는 것은 요한이나 유대 선지자들이 세상 마지막이 가까워 올 때 하나님이 이 땅을 공격해 오시는 그러한 때 본 공포다.

공포의 시기

요한계시록 6:15-17

[15]땅의 임금들과 왕족들과 장군들과 부자들과 강한 자들과 모든 종과 자유인
이 굴과 산들의 바위 틈에 숨어 [16]산들과 바위에게 말하되 우리 위에 떨어져
보좌에 앉으신 이의 얼굴에서와 그 어린양의 진노에서 우리를 가리라 [17]그들
의 진노의 큰 날이 이르렀으니 누가 능히 서리요 하더라

요한이 그의 환상에서 본 것처럼 그 마지막 날은 세계적인 공포의 시기다. 여기에서도 요한은 또다시 구약과 후기 유대교 작품을 아는 사람들에게는 친숙한 표현들을 가지고 설명한다. 여호와의 날이 오면 사람들은 놀라며 괴로움과 슬픔에 잡히며 임신한 여인같이 고통하며 서로 보고 놀랄 것이다(사 13:6, 8). 그때에는 용사라도 심히 애곡하리라(습 1:14). 그 땅 거인으로 다 떨게 할지라(욜 2:1). 그들은 두려움으로 떨 것이며 도망하여 숨을 곳이 없으며 이 땅의 자손들이 떨며 진동하리라(에녹서 102:1, 3). 하나님은 그의 범죄하는 백성에게 증인으로 오시리라(미 1:1-4). 그는 연단하는 자의 불같을 것이니 누가 능히 그의 오시는 날을 당하리오(말 3:1-3). 여호와의 날은 크고 무서운 날이니 누가 그날을 당하리오(욜 2:11). 사람들이 산더러 "우리를 가리라" 할 것이요, 작은 산더러 "우리 위에 무너지라"(호 10:8)고 할 것이며, 이는 예수께서 십자가를 지러 가실 때 인용하신 말씀이다(눅 23:30).

이 구절은 두려움에 대하여 세 가지 의미 있는 일을 말해 주고 있다.

1. 이것은 세계적인 두려움이다. 15절은 임금들과 왕족들과 장군들과 부자들과 강한 자들과 종들과 자주자들에 대하여 언급한다. 이 일곱 개 단어는 그 자체에 "인간 사회의 모든 조직"을 말한다고 전술한 바 있다. 아무도 하나님의 심판에서 제외될 수는 없다. 왕족들은 교회를 핍박한 로마 정부의 지방 총독들일 것이며 장군들은 군대 고관들일 것이다. 그 총독이 제아무리 위대하고 많은 권

력을 가지고 있어도 그는 하나님의 심판을 받을 수밖에 없다. 사람이 제아무리 부요하고 강하다 할지라도 그는 하나님의 심판을 받을 수밖에 없다. 사람이 스스로 자유인이라고는 생각할 수 있으나 그는 하나님의 장중에 그리고 그의 지시하에 있는 것이다. 사람이 남의 종이 되고 스스로 별로 대단하지 않은 존재라고 생각할 수 있으나 아무도 하나님의 심판을 피할 수 있을 만큼 무의미하지는 않다. 이 절은 인간 사회의 모든 조직이 맨 위에서 바닥까지 하나님의 심판과 두려움 밑에 있는 것이라고 규정하고 있는 것이다.

II. 주의 날이 올 때 요한은 환상에서 사람들이 어디엔가 숨을 곳을 찾는 것을 본다. 여기에 진리가 있으니 죄의 최초 충동은 숨는 것이다. 에덴동산에서 아담과 하와는 자신들을 감추려고 했다(창 3:8). 스위트는 "죄인들이 가장 두려워하는 것은 죽음이 아니라 드러난 하나님의 임재"라고 말했다. 죄의 무서운 점은 사람이 하나님에게서 도피하게 만드는 것이다. 그리고 예수 그리스도의 사업에서 가장 위대한 업적은 사람이 더 이상 숨으려고 할 필요가 없는 하나님과의 관계에 돌입하게 해 주는 것이다. 그런 관계에서 그는 하나님의 사랑과 자비에 자신을 전적으로 맡길 수 있다.

III. 마지막으로 사람들이 피하려고 하는 것은 "어린양의 진노"다. 여기에 이율배반적인 것이 있다. 우리는 진노와 어린양을 쉽게 결부시키지 못한다. 어린양은 대개 온순함과 친절함을 뜻한다. 그러나 여기에는 하나님의 진노란 사랑의 진노라는 사실이 밝혀져 있다. 하나님의 진노는 증오에서 나온 파괴적인 진노가 아니다. 하나님의 진노는 사랑의 진노인데 이는 노하여서도 그가 사랑하는 자를 구해 내고 고치고 구속하려고 하는 것이다.

The Revelation of John

07

구속과 상

요한계시록 7:1-3

[1]이 일 후에 내가 네 천사가 땅 네 모퉁이에 선 것을 보니 땅의 사방의 바람
을 붙잡아 바람으로 하여금 땅에나 바다에나 각종 나무에 불지 못하게 하더
라 [2]또 보매 다른 천사가 살아 계신 하나님의 인을 가지고 해 돋는 데로부터
올라와서 땅과 바다를 해롭게 할 권세를 받은 네 천사를 향하여 큰 소리로
외쳐 [3]이르되 우리가 우리 하나님의 종들의 이마에 인치기까지 땅이나 바다
나 나무들을 해하지 말라 하더라

7장 전체를 자세히 다루기 전에 그 배경에 있는 일반적인 것을 생각해 보는 편이 좋겠다.

요한은 마지막의 무서운 날에 일어날 일에 대한 환상을 보고 있다. 특히 그는 장차 올 큰 재난을 보고 있는 것이다. 그날에는 창세에서 지금까지 있지 않았던 그런 큰 재난이 있을 것이다(마 24:21; 막 13:19). 이 장차 올 재난에는 모든 악마와 악의 세력이 마지막 공격을 할 것이다. 그리고 지구의 최종적 황폐와 폐허와 파멸이 있을 것이다. 이 파멸을 위해 바람들이 기다리고 있으나 잠시 동안 불지 못

하게 해 놓은 것이다.

이 공포와 황폐의 시기가 오기 전에 충성된 자들은 그 파멸을 면하기 위하여 하나님의 인치심을 받아야 한다. 이것은 그들이 이 재난에서 제외된다는 뜻이 아니고 그들이 이 재난을 안전하게 통과하여 나가는 것같이 구출되는 것도 아니다. 다만 그들은 재난을 함께 겪을 것이나 세계를 훼파할 그 철저한 파멸에 말려들지는 않을 것이다.

이것은 무서운 묘사다. 충성된 자들이 이 무서운 기간을 무사히 빠져나간다고 할지라도 그들은 그것을 겪으며 지나가지 않으면 안 된다. 그리고 이것은 가장 용맹한 사람까지도 떨게 하는 것이다.

이렇게 9절에서는 요한의 환상은 그보다 더 확장된다. 거기에서 요한은 재난이 지나가고 성도들이 그 재난을 다 거쳐 나온 후의 상태를 보고 있다. 그들은 온전한 화평과 기쁨과 완전한 만족 속에서 바로 하나님 앞에 있는 것이다. 마지막 때가 그들에게 말 못할 공포를 가져오겠으나 그들이 그것을 다 겪고 난 후에는 필설로 표현하지 못할 정도의 즐거움을 경험하게 될 것이다.

그리하여 이 묘사에는 정말로 세 가지 요소가 있는 것이다.

I. "경고"가 있다. 최후의 비교할 수 없고 믿을 수 없는 재난의 때가 온다.

II. "보증"이 있다. 그 황폐한 날에 성도들은 심한 고통을 받게 될 것이나 하나님의 인치심을 받았으므로 그 파멸의 저편으로 빠져나오게 될 것이다.

III. "약속"이 있다. 그들이 그때를 다 지나고 나면 모든 고통과 괴로움이 영원히 지나가고 평화와 영원한 기쁨 이외에는 다른 것이 없는 희열과 축복에 도달하게 될 것이다.

그러므로 이것은 근본적으로 격려의 말씀이다. 충성스러운 자가 다가오는 공포의 때에서 피할 수는 없어도 그 속에서 축복이 기다리고 있기 때문이다.

하나님의 바람들

요한계시록 7:1-3(계속)

이 전체 환상은 요한이 이 글을 쓰고 있던 당시의 배경과 사상을 반영하고 있다.

대지는 네모나고 평평하며 그 네 모퉁이에는 그들이 명을 받으면 파괴의 바람들을 풀어놓기를 기다리는 네 천사가 있다. 당시 사람들은 원형인 지구에 대하여는 아무것도 몰랐고 단지 지구를 정사각형이나 직사각형이며 평평하다고 생각했고 물 위에 그저 떠 있다고 생각했다. 이사야는 유다의 내쫓긴 자를 지구의 네 모퉁이에서 모으시리라고 말한다(사 11:12). 에스겔의 환상에서는 지구의 네 모퉁이에 종말이 왔다(겔 7:2). 우리는 현대 과학이 존재하지 않았던 시대에서 현대 과학을 찾을 수는 없다. 여기의 이 그림은 옛날의 사각형 모퉁이 같은 네 모퉁이를 가진 평평한 지구의 그림이다.

고대인들의 신앙으로는 정동서남북에서 불어오는 바람은 좋은 바람이요 대각선으로 질러 불어오는 바람은 악하고 해로운 바람으로 생각했다. 그들은 바야흐로 대각선으로 불어올 바람을 풀어놓으려고 하고 있다. 자연의 모든 힘은 천사의 책임과 관리하에 있다고 하는 것이 일반적인 신념이었다. 이와 같이 우리는 불의 천사에 대한 기록을 본다(계 14:18). 그리고 물의 천사에 대한 기록도 본다(계 16:5). 이 천사들은 "봉사의 천사들"이라고 불렸다. 그들은 천사의 최하급에 속했다. 왜냐하면 그들의 임무는 계속적으로 근무를 해야 하므로 안식일을 쉬는 날로 지킬 수가 없었다. 안식일 규례를 성실히 그리고 엄격히 지킨 경건한 이스라엘인들은 이 봉사하는 천사들보다도 높은 계급에 속한다고 했다.

여기에 나오는 천사들은 성도들의 인치는 일이 다 끝날 때까지 바람을 제어하라는 명을 받고 있었다. 이 개념은 유대교 문헌 한 군데 이상에서 찾아볼 수 있다. 에녹서에서는 물의 천사들이 노아가 방주를 짓고 피신할 수 있을 때까지 물을 잡아 두라는 하나님의 명을 받고 있다(에녹서 66:1-2). 바룩2서에서 불을 가진 천사들은 바빌론 군대가 예루살렘을 약탈했을 때 성전의 거룩한 그릇들이 감추어져 침략자들의 노략에서 벗어날 수 있게 될 때까지 그들의 불을 삼가라는 명을 받고 있었다(바룩2서 6:4). 우리는 여러 번 성도들의 안전이 확보될 때까지 천사들이 파괴의 힘을 제어한다는 그림을 보아 왔다.

구약의 하나 흥미 있고 그림 같은 생각은 바람을 하나님의 종과 대리자로 본 것이다. 이것은 특히 무서운 남동풍인 열풍(Sirocco)인 경우 더욱 그러한데 이 바람은 풀무에서 나오는 뜨거운 바람같이 불어오고 이 땅의 모든 식물을 마르게 하고 파멸시킨다. 스가랴는 바람의 병거 환상을 보았는데 이는 온 세상이 주 앞에 모셨다가 나가는 것이라고 했다(슥 6:1-5). 나훔 선지는 회오리바람(연풍)과 광풍에 자기 길을 가지고 있는 여호와에 대하여 언급하고 있다(나 1:3). 여호와는 남방 회오리바람을 타고 행하신다(슥 9:14). 바람은 하나님의 병거다(렘 4:13). 하나님은 회오리바람 같은 수레를 타고 오신다(사 66:15). 바람은 하나님의 입김이다(욥 37:9-10). 바람은 산들을 가르고(왕상 19:11) 풀을 마르게 하고(사 40:7, 24), 냇물과 강과 바다를 말린다(나 1:4; 시 18:15).

열풍의 영향이 얼마나 컸던지 이 바람은 마지막 날의 묘사된 그림에 한자리를 차지하게 되었다. 종말 이전에 있을 공포 중 하나는 무서운 폭풍이다. 하나님은 그의 원수를 바람에 나는 초개같이 멸하시리라(시 83:13). 하나님의 날은 회오리바람의 날과 같으리라(암 1:14). 여호와의 회오리바람은 노하여 나가며 악인의 머리 위에 떨어지리라(렘 23:19, 30:23). 여호와의 바람, 즉 열풍은 광야에서 불어오고 근원과 샘을 마르게 하리라(호 13:15). 하나님께서 엘람 위에 당신의 네 바람을 보내실 것이며 백성을 흩으리신다(렘 49:36).

여기에 우리가 이해하기 곤란한 것들이 있다. 도시에서 사는 사람들과 온대지방의 사람들은 바람의 두려움을 알지 못한다. 그러나 여기에는 그보다 훨씬 오묘한 것이 있고 그보다 더 깊은 유대 사상의 특징이 있다. 지금까지 이렇게 이해되어 왔다. 즉, 유대인은 부차적인 원인에 대해서는 전혀 몰랐다. 우리는 어떤 기상조건이나 온도의 변화, 기압의 변화, 땅과 산의 지형 등이 자연계에 어떤 변화를 가져오게 한다는 것을 알고 있다. 그런 경우에 유대인은 이 모든 것을 하나님의 직접적인 행동으로 돌렸다. 우리는 비와 바람과 뇌성과 번개 등에 대해 과학적인 원인을 끄집어내어 설명한다. 그러나 유대인은 아주 단순히 하나님이 비를 보냈다, 하나님이 바람 불게 하셨다, 하나님이 뇌성을 발하셨고 번개를 보내셨다고 말했다. 유대 사상에는 모든 것을 하나님의 직접적인 행동으로 돌렸고 우리는 이 모든 것을 부차적인 원인에 돌린다.

고대인들은 하나님이 가득 찬 세계에서 살았고 그들은 하나님의 손이 모든 사물에서 역사하는 것을 보았고 하나님의 직접적인 행동을 어디서나 보았다. 그러나 이 두 가지 견해는 다 옳다. 우리는 하나님이 당신의 우주가 지배되고 질서를 지켜나가는 자연법을 통해 역사하신다고 믿고 있기 때문이다.

살아 계시는 하나님

요한계시록 7:1-3(계속)

대재난이 지구를 치기 전에 성도들은 하나님의 인침을 받게 되어 있다. 여기에 두 가지 주의할 점이 있다.

I. 인을 가진 천사는 해 뜨는 곳, 즉 동쪽에서 온다. 요한의 모든 환상에는 무엇인가 의미하는 바가 있기 때문에 그는 천사가 동쪽에서부터 온다고 하는 것도 무엇인가를 뜻하고 있을 것이다. 이 배후에는 두 가지 뜻이 있을 수 있다.

1. 지구상에 최고의 빛과 생명을 주는 천체인 태양은 동쪽에서 뜬다. 그러므로 그 천사는 하나님이 그의 백성에게 흑암의 시대라도 그리고 사망과 파괴가 세계를 뒤덮고 있는 때라도 주시는 생명과 빛을 의미할 수 있다.

2. 요한은 예수의 탄생 이야기에서 무엇인가 생각하고 있을 수도 있다. 그 이야기에서 박사들이 장차 나실 왕을 찾으며 팔레스타인에 온다. 이는 그들이 말한 대로 "우리가 동방에서 그의 별을 보았도다"(마 2:2)라고 한 것을 보아 알 수 있다. 구속해 주는 천사가 구세주의 탄생을 알려준 별과 같은 방향에서 올라온다는 것은 매우 자연스러운 것이다.

II. 그 천사는 "살아 계시는 하나님께" 속한 인을 가지고 있다. 살아 계신 하나님이란 말은 성경 저자들이 기쁘게 사용하는 말이다. 그들이 자주 그랬듯이 그 말을 사용할 때는 그들의 마음에는 몇 가지가 들어 있다.

1. 그들은 이방의 죽은 신에 반대하여 살아 계신 하나님을 생각했다. 이사야서에는 이방과 그들의 손으로 만든 죽은 신에 대해 무도하게 조롱한 문장이 퍽 많다. 이사야는 신을 만드는 이방인의 모습을 잘 그려 내고 있다(사 44:9-17). 장인은 한 덩이의 금속을 취하여 망치와 집게, 숯을 가지고 땀을 흘리며 일하고 그의 신을 만드는 일에 열중한다. 목수는 나아가 나무를 자른다. 그는 줄과 대패 등 연장을 가지고 일한다. 그 나무의 일부는 불을 짚이기도 하고 일부는 빵을 굽고 고기를 굽는 데 쓰고 나머지는 신을 만드는 데 사용한다. 사람이 만든 쇳조각이나 돌조각과 **살아 계신 하나님**은 비교가 안 된다! 이방 신들은 죽어 있고 사람이 만든 것이다. 우리 하나님은 살아 계시며 만물을 지으신 창조주이시다.

2. 살아 계신 하나님의 개념은 격려하는 말로 사용되었다. 이방 민족과의 싸움 중에서 여호수아는 백성에게 살아 계신 하나님이 계시며 하나님이 그들의 원수와의 싸움에서 하나님의 능력을 보여 주실 것이라고 했다(수 3:10). 사람이 곤경에 빠지고 어려운 일을 당하게 될 때 살아 계신 하나님이 그와 함께하실 것이다.

3. 오직 살아 계신 하나님 안에만 만족이 있다. 시편 기자는 내 영이 갈급해 하는 것같이 하나님을 사모한다(시 42:2)고 했다. 인간은 물질에서는 만족을 찾을 수 없다. 그리고 우상은 물질이다. 인간은 오직 살아 있는 인간과의 교제에서만 만족을 구할 수 있고 최고의 만족은 살아 계신 하나님과의 교제에서 찾을 수 있다.

4. 성경 저자들은 살아 계신 하나님을 아는 것과 그에게 소속되는 특권을 강조하고 있다. 호세아는 이스라엘 백성에게 그들이 한때는 백성이 아니었으나 하나님의 자비로 살아 계신 하나님의 자녀가 되었다(호 1:10)고 했다. 우리의 특권이란 우리에게는 살아 계신 하나님과의 친교와 교제, 도우심과 능력과 임재가 열려 있다는 것이다.

5. 살아 계신 하나님의 개념에는 약속과 위협이 동시에 있다. 열왕기하는 대왕 산헤립이 어떻게 그의 장군 랍사게를 보내어 히스기야 왕에게 이스라엘 민족을 쓸어 버리겠다고 말하게 했는지를 말해 주고 있다. 인간적으로 말하면 앗수

르의 군사력이 유대에 대항하여 움직이기만 한다면 유대같이 작은 나라는 살아 날 가망이 전혀 없다. 그러나 이스라엘에게는 살아 계신 하나님이 있고 살아 계신 하나님은 앗수르의 무신론에게는 위협이 되고 이스라엘의 성도들에게는 승리를 약속하셨다(왕하 18:17-37). 살아 계신 하나님 개념에는 하나님을 무시하는 사람에게는 위협이 있고 하나님을 신뢰하는 사람에게는 고귀한 약속이 있다.

하나님의 인

요한계시록 7:4-8

[4]내가 인침을 받은 자의 수를 들으니 이스라엘 자손의 각 지파 중에서 인침을
받은 자들이 십사만 사천이니 [5]유다 지파 중에 인침을 받은 자가 일만 이천이
요 르우벤 지파 중에 일만 이천이요 갓 지파 중에 일만 이천이요 [6]아셀 지파
중에 일만 이천이요 납달리 지파 중에 일만 이천이요 므낫세 지파 중에 일만
이천이요 [7]시므온 지파 중에 일만 이천이요 레위 지파 중에 일만 이천이요 잇
사갈 지파 중에 일만 이천이요 [8]스불론 지파 중에 일만 이천이요 요셉 지파
중에 일만 이천이요 베냐민 지파 중에 인침을 받은 자가 일만 이천이라

큰 재난을 안전하게 통과해 나갈 사람들은 이마에 인을 맞는다. 이 묘사의 기원은 에스겔 9장에 있는 것 같다. 에스겔의 표현에는 마지막 대살륙이 있기 전에 먹 그릇을 가진 사람이 충성된 자들의 이마에 표를 한다. 복수자들에게는 이마에 표를 한 사람들은 아무도 다치지 말라고 말해 주었다(겔 9:1-7).

동양에서는 왕의 인장이란 개념에 특별한 의미가 있다. 동방의 왕들은 옥쇄 반지를 끼었다. 이 옥쇄 인장은 어떤 문서가 정말로 왕의 손에서부터 온 것이라는 것을 확증하고 왕의 개인 소유에 대한 표시로 사용하였다. 옥쇄는 권위를 주는 표요, 왕권과 능력과 왕의 소유의 보증이기도 하다. 바로가 요셉을 자신의 국무총리와 대리자로 임명했을 때 그에게 주어진 권위의 표시로서 왕의 인장 반지

를 주었다(창 41:42). 그와 같이 아하수에로 왕도 자신의 인장 반지를 먼저는 하만에게, 그리고 하만의 악한 계획이 드러나자 모르드개에게 주었다(에 3:10, 8:2). 다니엘을 잡아넣은 사자 굴의 돌문은 인봉했다(단 6:17). 마치 유대인이 예수의 무덤을 안전하게 하기 위하여 놓은 돌과 같다(마 27:66).

아주 일반적으로 인장은 원천이나 소유를 표시했다. 상인은 상품을 포장하고서 그것이 자신에게 속하였다고 증명하기 위하여 인장을 치었다. 포도원 주인은 포도주 항아리에 그것이 자신의 포도원에서 나왔다는 의미와 보증으로 인장을 치었다. 이같이 백성이 인치심을 받았을 때 그 인은 그들이 하나님께 속하였고 하나님의 능력과 권위 밑에 있다는 표증이다.

초대교회에서 인치심은 특히 두 가지와 관련되었다.

I. 세례와 관련되었다. 세례는 의례히 인치심으로 표현되었다. 그것은 어떤 사람이 세례를 받았을 때 그는 하나님의 소유물이 되었다고 하는 뜻으로 표를 주었다고 하는 것과 같다.

II. 바울은 정례적으로 기독교인은 성령의 은혜로 인치심을 받은 것이라고 말한다. 성령의 소유란 그 사람이 하나님께 속한 표징과 증명과 보증이다. 성령이 사람에게 지혜와 지식 그리고 인도와 힘을 주시되 그 사람이 하나님의 사람이라는 것을 표시해 주는 방법으로 하신다. 참 기독교인은 성령의 인으로 표를 받는데 이로써 다른 사람들이 할 수 없는 방법으로 인생을 살아 나갈 지혜와 힘을 가질 수 있게 한다.

성도의 수

요한계시록 7:4-8(계속)

이 구절을 해석하는 데 크게 도움이 될 몇 가지 사항이 있다.

I. 십사만 사천이란 숫자에 대하여 두 가지를 말할 수 있다.

1. 그 숫자가 모든 세대에 걸친 성도 수가 아니라는 것은 확실하다. 십사만 사천이란 수는 요한이 살고 있던 시대에 곧 닥쳐올 대재난에서 인침을 받아 생존한 자들을 의미한다. 때가 차면 우리가 9절에서 보듯이 그들은 지상의 모든 나라와 민족에게서 나와 헤아릴 수 없이 많은 큰 무리로 모일 것이다. 십사만 사천은 요한이 보는 대로는 지상에 곧 닥쳐올 공포와 환난에서 안전하게 빠져나온 사람들이다.

2. 십사만 사천이란 수는 한정된 것을 의미하는 것이 아니라 이는 완전성을 뜻한다. 이는 12의 12는 완전수의 배수로, 그것을 1천 배 해서 전부를 포괄하는 완전성을 나타내고 있다. 한정되고 선택적인 수와는 거리가 멀게 유대적 상상 세계에서는 이 수는 모든 것을 포함하는 포괄적이요, 온전하고, 완전한 수다. 이 말은 구원 받은 자의 수가 매우 적은 것이 아니라 이와는 정반대로 구원 받은 자의 수가 매우 크리라는 뜻이다.

II. 이스라엘의 12지파 이름으로 수를 헤아리는 것은 순전히 유대적 개념으로 이해되어야 한다는 것을 뜻하지는 않는다. 신약의 기본 사상 중의 하나는 교회가 참 이스라엘이며 민족으로서 이스라엘은 교회의 모든 특전과 약속을 상실하리라는 것이다. 바울은 "표면적 유대인이 유대인이 아니요 표면적 육신의 할례가 할례가 아니니라 오직 이면적 유대인이 유대인이며 할례는 마음에 할지니 영에 있고 율법 의문에 있지 아니한 것이라 그 칭찬이 사람에게서가 아니요 다만 하나님에게서니라"(롬 2:28-29), "이스라엘에게서 난 그들이 다 이스라엘이 아니요"(롬 9:6-7)라고 했다. 또한 참 자녀는 육적으로 아브라함의 씨로 낳은 자녀가 아니다. 사람이 그리스도의 소유이면 그는 아브라함의 씨요, 약속을 따른 후사다(갈 3:29). 하나님의 이스라엘이 곧 교회다(갈 6:16). 기독교인이 참 할례파요, 신령으로 하나님을 예배하는 자요, 그리스도 예수 안에서 즐거워하는 자요, 육체를 의뢰하지 않는 자다(빌 3:3). 그리고 이 구절이 이스라엘의 12지파가 쓰였다 하더라도 이것은 새 이스라엘이요, 하나님의 이스라엘인 하나님의 교회를 뜻하는 것이다.

III. 12지파 이름의 순서에 중점을 두는 것은 잘못이다. 12지파를 기록한 순서가 늘 다르기 때문이다. 그러나 두 가지는 특출하게 보인다.

1. 유다가 맨 처음에 온다. 그리하여 야곱의 장자인 르우벤을 대신한다. 이 사실은 메시아가 난 것이 유다 지파라는 점에서 간단히 설명된다.

2. 그보다 더 흥미 있는 것은 단이 빠진 것이다. 거기에도 설명이 있다. 구약에서 단은 그리 높은 지위를 차지하지 못하고 있다. 그리고 자주 우상과 연관된다. 야곱이 그의 아들들에 대한 유언에서 단에 대하여 말하기를 "단은 길섶의 뱀이요 샛길의 독사로다 말굽을 물어서 그 탄 자로 뒤로 떨어지게 하리로다"(창 49:17)라고 했다. 사사기에는 단 자손이 새긴 신상을 세운 것으로 기록되어 있다(삿 18:30). 금송아지를 벧엘과 단에 세웠는데 이는 후에 죄가 되었다(왕상 12:29). 랍비적 상징주의에서 단은 우상 숭배를 의미하기 시작했다. 거기서 끝나는 것은 아니다. 예레미야 8장 16절에 흥미 있는 말이 있다. "그 말의 부르짖음이 단에서부터 들리고 그 준마들이 우는 소리에 온 땅이 진동하며 그들이 이르러 이 땅과 그 소유와 성읍과 그 중의 주민을 삼켰도다." 그 말은 후에 올 악의 화신인 적그리스도를 의미하는 것으로 인식하게 되었다. 그리고 차차로 유대 랍비간에는, 적그리스도가 단 지파에서 나올 것으로 믿게 되었다. 히폴리투스(적그리스도에 대하여 14)는 "그리스도가 유다에서 나듯이 적그리스도도 단 지파에서 나게 될 것이다"라고 말했다. 그래서 단이 이 명단에서 빠졌고 이 명단이 일반적으로 요셉 지파에 포함되는 므낫세를 넣어 완성된 것이다.

순교자들의 영광

요한계시록 7:9-10

9이 일 후에 내가 보니 각 나라와 족속과 백성과 방언에서 아무도 능히 셀 수
없는 큰 무리가 나와 흰옷을 입고 손에 종려 가지를 들고 보좌 앞과 어린양
앞에 서서 10큰 소리로 외쳐 이르되 구원하심이 보좌에 앉으신 우리 하나님

과 어린양에게 있도다 하니

여기서 우리는 순교자들의 미래를 축복하는 환상이 시작되는 것을 보게 된다.

I. 여기에 권면이 있다. 요한이 역사를 보는 대로 장차 성도들에게 임할 시험의 때와 세상에 아직 없었던 그런 공포의 시기가 올 것이다. 성도들은 그것에서 피할 수가 없다. 그들은 그에 말려들게 되어 있다. 요한은 그들에게 그들이 끝까지 견디면 영광이 그 모든 고통의 대가 이상이 될 것이라고 말한다. 이를 간단히 말하면, 요한은 결국 충성심을 가지고 견뎌야 할 순교와 관련된 어려움을 다 받으면 그 가치란 무한한 것이라고 말하고 있다. 하나님은 아무에게도 빚지지 않으신다. 하나님은 하나님으로써 그리고 하나님의 이름을 위해 고통을 받는 자들에게 꼭 갚으실 것이다.

II. 순교자들의 수는 셀 수도 없이 많다. 이는 하나님이 아브라함에게 그의 자손이 언젠가는 하늘의 별과 같이(창 15:5) 많아지고 바다의 모래같이 되리라(창 32:12)고 약속하신 것을 기억나게 할 수도 있다. 결국 참 약속이 성취되는 것이니 이는 참 이스라엘, 즉 하나님의 이스라엘 수가 셀 수 없게 되겠기 때문이다.

III. 요한은 여기서 그가 극히 좋아하는 귀결을 사용하고 있다. 그는 하나님의 성도들은 각 족속과 방언과 백성과 나라 가운데서 올 것이라고 했다(계 5:9, 11:9, 13:7, 14:6, 17:15 참조). 스위트는 "광장이나 아시아 지방의 항구 도시 선창에 몰려든 다국어의 세계주의적 군중"에 대해 말하고 있다. 아시아의 어느 항구나 시장에는 여러 다른 말을 하는 여러 나라와 민족에게서 사람들이 모여 든다.

어떤 전도자라도 이 커다란 각종 민족에게 그리스도의 메시지를 들려주려고 마음이 뜨거워질 것이다.

IV. 성도들이 하나님과 어린양의 존전에 이를 때는 지치거나 힘들어 보이지 않고 정복하고 승리자로서 도착한다. 흰옷은 승리의 상징이다. 로마의 장군은 흰옷을 입고 승전을 축하한다. 종려나무도 승리의 표시다.

마카비 치하에서 예루살렘이 안티오코스 에피파네스의 모독에서 해방되었을 때 백성이 종려나무의 아름다운 가지를 손에 들고 노래를 부르며 입성했다(마카비2서 10:7). 마지막까지 참는 기독교인에게는 그 결말이 승리다.

V. 승리한 성도들의 부르짖음은 자신들의 구원은 하나님으로 인한 것이라고 한다. 그들을 그 시험과 재난과 고통에서 무사히 빠져나오게 한 이는 하나님이시다. 그들을 완전히 붙들어 준 것은 하나님의 능력이요, 이제 그들이 함께 나누고 받는 것은 주님의 영광이다. 하나님은 위대하신 구주이며 구속자요 자기 백성의 위대하신 구원자이시다. 하나님이 주시는 구원은 모든 구원 중 가장 위대한 것인데 이는 피신하는 정도의 구원이 아니라 승리의 구원이기 때문이다. 이것은 사람을 환난에서 구해 내는 것이 아니라 사람들에게 그 환난을 이겨 나가게 해 주는 구원이다. 이것은 인생을 쉽게 하는 것이 아니라 확실히 위대하게 만든다. 사람이 모든 환난과 고통에서 구원 받기를 기대하는 것은 기독교인의 한 소망이 아니다. 기독교인의 소망은 환난과 고통에서 구출되기를 기대하는 것이 아니라 그리스도 안에 있는 사람은 어떤 종류의 환난이나 고통도 견디며 굳세게 서서 피안의 영광을 바라보는 것이다.

천사들의 찬양

요한계시록 7:11-12

11모든 천사가 보좌와 장로들과 네 생물의 주위에 서 있다가 보좌 앞에 엎드려 얼굴을 대고 하나님께 경배하여 12이르되 아멘 찬송과 영광과 지혜와 감사와 존귀와 권능과 힘이 우리 하나님께 세세토록 있을지어다 아멘

이 표현은 하늘의 보좌를 중심으로 한 큰 원의 한 부분이다. 가장 밖으로는 천

사들이 둥글게 원을 그리고 서 있다. 그보다 보좌 안쪽으로는 24장로가 있고, 그 안으로는 네 생물이, 보좌 앞에는 흰옷을 입은 순교자들이 있다. 순교자들은 이제 막 하나님께 큰 소리로 찬양을 했다.

천사들은 그 찬양하는 노래에 "아멘" 하고 응답한다. 그 뒤에 천사들은 자신들의 찬미를 노래한다. 그리고 천사들의 한마디 한마디가 뜻이 있고 그 찬양의 한 구절 한 구절이 하나님의 존재의 위대함을 나타내는 것이다.

그들은 **찬송**을 하나님께 돌린다. 그리고 하나님의 모든 피조물은 항상 하나님의 창조하신 모든 것과 구속과 섭리에서 하나님의 선하심과 인자하심을 송축해야 한다고 했다. 하나님이 창조하시고 구속하시고 그 백성을 영원히 보호하신다. 성자가 말했듯이 "당신께서 우리를 지으셨으며 우리는 당신의 것이며 당신께서 우리를 구속하셨으며 우리는 갑절이나 당신의 소유입니다." 확실히 하나님의 피조물은 영원히 하나님을 송축해야 한다.

그들은 **영광**을 하나님께 돌린다. 하나님은 왕 중의 왕이시요, 만유의 주시다. 그러므로 그에게 영광을 돌려야만 한다. 인간은 하나님의 위엄을 잊어서는 안 된다. 하나님은 우리 아버지시요, 하나님은 사랑이시지만 그 아버지 되심과 그 사랑이 값싼 감상주의로 흘러서는 안 된다. 하나님께 그가 마땅히 받으실 존귀와 영광을 돌려야만 한다.

그들은 **지혜**를 하나님께 돌린다. 하나님은 모든 지혜의 근원이시며 모든 진리의 근거가 되신다. 하나님은 모든 지식을 주신다. 사람들이 지혜를 구할진대 오직 두 가지 길을 통해서만 구할 수 있다. 그것은 자신의 마음을 추구함으로 그리고 다른 하나는 하나님을 기다림으로 할 수 있다. 그런데 그 길은 둘 다 중요하다. 지혜를 얻으려는 데는 구하려는 결단이 필요하고 경청하고 기다리는 시간도 필요하다.

그들은 하나님께 **감사**를 드린다. 하나님은 구원을 주시는 분이요, 계속적으로 은혜를 주시는 분이다. 그는 이 세상의 창조주요, 이 세상에 있는 만물의 계속적인 지속자이시다. 시편 저자는 "내 영혼아 여호와를 송축하며 그의 모든 은택을 잊지 말지어다"(시 103:2)라고 부르짖었다. 셰익스피어는 "고마움을 모르는 자식은 독사의 이보다 더 예리하게 마음을 상케 한다"고 말했다. 우리는 모든 죄 중 가장 심하게 구제 받기 어려운 죄인 감사할 줄 모르는 죄를 범하지 않도록 해야겠다.

그들은 **존귀**를 하나님께 돌린다. 하나님은 하나님이므로 경배를 받아야 한다. 간혹 우리는 무의식적으로 하나님을 우리가 이용하려고 혹은 그에게서 무엇인가를 얻어내고 요구하는 대상으로 생각할 수가 있다. 우리는 하나님을 경배하라는 명령을 잊지 말아야 한다. 우리가 하나님의 면전에 겸손히 절할 때 그리고 우리가 그에게 무엇인가를 요구하는 대신에 우리가 우리 자신과 가지고 있는 것 전부를 그에게 바치지 않으면 안 된다.

그들은 **권능**을 하나님께 돌린다. 하나님의 팔은 결코 짧아지지 않고 하나님의 권능은 약화되지 않는다. 놀라운 일은 하나님의 권능은 인간을 사랑하는 데 사용된다. 하나님에게는 속수무책이 없다. 하나님은 당신의 목적을 모든 세대에 걸쳐 완성하신다. 그리고 결국 그의 뜻이 이루어질 것이요, 그의 왕국이 임할 것이다.

그들은 **힘**을 하나님께 돌린다. 인생의 문제는 생을 위한 힘을 찾는 것이고 생의 임무를 위한 힘과 생의 책임을 위한 힘, 생의 요구를 위한 힘을 찾는 데 있다. 그 힘은 하나님에게서 발견되는 것이다. 그 이유는 기독교인은 "나의 주의 힘 안에서 행하리라"고 말할 수 있는 사람이다.

신앙생활에서 이 천사들의 찬송을 명상하고 우리가 그렇게 할 때 그 안에 있는 모든 것을 우리의 것으로 만드는 것보다 더 큰 일은 없다.

죄를 씻음

요한계시록 7:13-14

13장로 중 하나가 응답하여 나에게 이르되 이 흰옷 입은 자들이 누구며 또 어
디서 왔느냐 14내가 말하기를 내 주여 당신이 아시나이다 하니 그가 나에게
이르되 이는 큰 환난에서 나오는 자들인데 어린양의 피에 그 옷을 씻어 희게

하였느니라

우리가 세부적으로 검토하기 전에 한 가지 주의할 일이 있다. KJV는 이 구절을 다음과 같이 번역함으로써 뜻을 보편화시키고 말았다. "이들은 큰 환난(great tribulation)에서 나온 자들이라." 올바른 번역은 "이들은 그(the) 큰 환난에서 나온 자들이다"이다. 우리는 요한이 무엇을 보고 있는지를 기억해야 한다. 요한은 자기 자신과 그 백성이 역사의 마지막 날에 살리라는 것이 그의 확신이며 그 마지막 때는 도저히 상상도 못할 정도의 공포의 때라는 것을 확실히 믿었다. 그의 환상의 초점은 그는 공포의 시기 이후의 것을 볼 수 있게 허가되었다는 것과 그 후에 뒤따라올 영광을 볼 수 있게 허락되었다는 것이다. 그가 말하는 것은 일반적인 재난이 아니다. 마지막 날의 재난이다. 그 재난은 복음서에 예수께서 우리에게 다음과 같이 말씀하신 것이다. "이는 그날들이 환난의 날이 되겠음이라 하나님께서 창조하신 시초부터 지금까지 이런 환난이 없었고 후에도 없으리라"(막 13:19; 마 24:21). 요한은 일반적인 말로 쓰고 있는 것이 아니다. 그는 그의 세대에 곧 임박할 것이라고 믿고 있는 여건하에 힘과 용기를 불어넣어 주려고 하고 있다. 오늘날 우리는 이 구절이 일반적인 재난에 대해 언급하고 있는 것으로 이해하고 있는데 그런 의미로 보면 우리는 이 구절이 매우 값진 것이라는 것을 알게 될 것이며, 하나님의 약속은 영원한 것이고 변치 않는 것이기 때문에 그렇게 하는 것이 옳다. 그러나 이는 원래 요한의 글을 받아 볼 사람들에게 곧 닥쳐올 역경에 대해 말했다는 것도 기억해야 할 것이다.

이 구절에는 성경에서 가장 보편적으로 볼 수 있는 두 가지 개념이 있다. 이 묘사한 것을 따로따로 검토해 보고 난 후 이 구절의 전체적 뜻이 무엇인지를 알아볼 수 있게 하나로 묶어 보도록 하자.

축복 받은 자의 큰 무리는 **흰옷**을 입었다. 성경에는 흰옷과 더러운 옷에 대해 많이 언급하고 있다. 구시대에는 이것은 매우 자연스러운 장면이다. 왜냐하면 그때에는 더러운 옷을 입고 신전에 들어가거나 신에게 가까이 나가는 것이 금지되어 있었다. 이런 그림은 다음 사실로 더욱 그 뜻이 강조되는 것이니 기독교인이 침례를 받을 때 흰옷을 입은 일이 많았다. 그리고 이 흰옷은 자신의 새 생명을 상징하며 이 옷을 더럽힌다는 것은 침례 때 서약을 그대로 지키지 못한다는 것을 표현하는 상징적인 방법이었다.

이사야는 "대저 우리는 다 부정한 자 같아서 우리의 의는 다 더러운 옷 같으며"(사 64:6)라고 말했다. 스가랴는 대제사장 여호수아가 더러운 옷을 입고 있는 것을 보고 하나님께서 이같이 말씀하시는 것을 들었다. "그 더러운 옷을 벗기라… 내가 네 죄악을 제거하여 버렸으니 네게 아름다운 옷을 입히리라"(슥 3:4). 하나님께로 율법을 받는데 그 준비로서 모세는 그 백성에게 성결케 하고 그 입을 깨끗이 하라고 명했다(출 19:10, 14). 시편 저자는 하나님께 자신의 죄과를 도말하여 달라고 기도하고 우슬초로 깨끗하게 하고 눈보다 더 희게 될 때까지 씻어 달라고 했다(시 51:1-7). 이사야 선지자는 죄가 주홍 같을지라도 눈과 같이 희어질 것이요, 진홍같이 붉을지라도 양털같이 되리라는 약속을 들었다(사 1:18). 바울은 고린도에 있는 자기 사람들에게 그들은 씻기웠고 거룩하게 되었다고 말했다(고전 6:11).

성경 전체를 통하여 죄로 자기 옷을 더럽힌 사람과 하나님의 능력과 자비와 은혜로 깨끗해지고 정결케 된 사람의 모습을 그린 것과 같은 것이 여기 있다. 이 하나님의 사랑이 그 옷이 더러워진 사람을 용서해 줄 뿐 아니라, 그 옷을 깨끗하게 한다는 것은 가장 중요한 일이다. 하나님의 사랑과 은혜는 과거를 용서하는 것뿐 아니라 앞날에 깨끗한 생활을 하도록 새롭게 하고 깨끗하게 하는 것이다.

예수 그리스도의 피

요한계시록 7:13-14(계속)

이 구절은 **어린양의 피**에 대해 언급하고 있다. 신약에는 예수의 피에 대해 여러 군데 언급하고 있다. 이런 표현을 들을 때 우리는 그 뜻을 충분히 이해하도록 노력해야 한다. 우리는 **피**라면 곧 **죽음**을 연상한다. 그리고 예수 그리스도의 피는 확실히 예수 그리스도의 죽음을 의미한다. 그러나 히브리인들에게 **피**는 **생명**을 의미한다는 것을 기억해야 한다. 그들은 피와 생명을 동일시했다. 그것이 바로 정통적인 유대인은 피가 섞인 것은 아무것도 먹지 않는—지금도 그렇지만—이유다(창 9:4). 피는 생명이요, 생명은 하나님께 속하므로 피는 항상 하나님께 바쳐져야 한다. 피와 생명을 동일시하는 것은 부자연스러운 것이 아니다. 사람이 다쳤을 때 피가 흘러 나가고 그에 따라 생명도 흘러 나가는 것이다. 그러므로 피와 생명을 동일시하는 것은 퍽 자연스러운 것이다. 그러나 우리는 신약성경이 예수 그리스도의 피에 대하여 언급할 때는 그리스도의 죽음뿐 아니라 예수 그리스도의 **생애와 죽음**을 의미하며, 예수께서 그의 생애와 죽음에서 행한 모든 것을 의미한다는 것을 기억해야 한다. 따라서 예수의 생애와 죽음을 분리할 수는 없다. 그 둘은 같이 행하는 것이고 그의 죽음은 그 앞에 있는 그의 생애가 없이는 무의미한 것이다. 그것을 머리에 넣고 신약이 예수 그리스도의 피에 대하여 무엇을 말하고 있는지 알아보기로 하자.

우리를 모든 죄에서 깨끗하게 하는 것은 예수 그리스도의 피다(요일 1:7). 또한 우리를 위해 화해를 해 주는 것은 예수 그리스도의 피다(롬 3:25). 그리고 우리가 의인(義認)되는 것은 그리스도의 피를 통하여 이루어진다(롬 5:9). 우리가 죄 사함을 받는 것은 그리스도의 피를 통해서다(엡 1:7). 그리고 우리는 흠과 점 없는 어린양 같은 그리스도의 보배로운 피로써 구속함을 받았다(벧전 1:19). 우리가 하나님과 평화를 갖는 것은 그리스도의 피를 통하여 된다(골 1:20). 그리스도의 피는 살아 계신 하나님을 섬기기 위하여 우리의 양심을 죽은 행실에서 깨끗하게 한다(히 9:14).

여기에 네 가지 개념이 내포되어 있는데 그 중 맨 처음 것이 가장 주된 것이요, 나머지는 거기서 나온 것이다.

I. 주된 개념은 "희생"에 기초하고 있다. 희생은 본질적으로 단절되고 상실된 하나님과의 관계를 회복시키는 데 그 목적이 있다. 하나님은 인간에게 율법을 주시고 인간은 그 율법을 범하고 그 파계가 하나님과 인간과의 관계를 단절시킨다. 그런데 희생은 그 율법의 파계를 대속하고 하나님과 인간 간의 상실된 관계를 회복하기 위한 것이다. 이로부터 우리는 예수 그리스도의 생애와 죽음의 위대한 업적이 하나님과 인간의 상실된 관계를 회복시키는 것이라는 것을 알게

된다. 그것은 인간을 하나님께 화해시킨다. 이것은 인간이 하나님과 단절되지 않은 밀접한 교제에 들어 갈 수 있게 만들어 준다.

II. 그리스도의 이 업적은 "우리의 과거"와 무엇인가 관련이 있다. 이것은 과거 인간의 죄를 용서해 준다. 이것은 인간을 죄에 대한 노예적인 상태에서 해방시켜 준다. 동시에 죄의 형벌과 권세를 꺾어 버린다.

III. 그리스도의 이 업적은 "우리의 현재"와 관련이 있다. 이것은 인간에게 하나님과의 평화를 준다. 이것은 인간을 하나님과 새로운 관계에 놓는다. 이것은 인간에게 현재 지상에 있는 동안 비록 실패와 죄에도 불구하고 하나님과의 새롭고 가까운 관계를 주는 것인데 이 관계 안에서는 두려움이 사라지고 인간과 하나님을 사랑의 줄로 묶는다.

IV. 그리스도의 이 업적은 "우리의 미래"와 관련이 있다. 이것은 인간을 악의 권세에서 자유롭게 하고 깨끗하게 하며 살아 계신 하나님을 의로써 섬길 수 있게 해 준다. 그리스도의 업적은 인간의 과거 생활의 결과에서 구출해 주는 단순히 소극적인 효과를 가져다주는 것뿐 아니라 앞으로 새로운 생활을 할 수 있게 하는 적극적인 효과도 가지고 있다.

예수 그리스도의 피는 그의 생애와 죽음에서 예수 그리스도가 행하신 것 전부와 그의 인격 그대로를 의미하는데 그로써 우리는 과거 생활에서 자유롭게 되며, 이해하기 어려운 현재의 평화를 받으며, 미래 생활의 쇄신을 갖추게 된다.

어린양의 피에 옷을 빤 성도

요한계시록 7:13-14(계속)

우리가 앞서 생각해 본 두 가지 생각을 이제 합쳐 보자. 축복 받은 자들은 어린양의 피에 그 옷을 빨아 희게 했다. 먼저 그것이 무엇을 뜻하는지 가능한 한 단순하게 표현해 보자.

축복 받은 자들은 그들의 옷을 빨아 하얗다. 흰옷은 언제나 두 가지를 의미했다. 첫째로 **순결**을 의미한다. 그것은 과거의 죄의 더러움과 현재의 죄의 감염과 미래의 죄의 공격에서 깨끗한 생활을 말하는 것이다.

다음은 **승리**를 의미한다. 그것은 악의 모든 권세를 제압하는 승리의 생활이며, 승리의 생활의 비밀과 힘을 발견한 특성을 뜻한다. 그래서 가장 단순한 의미로 본다면 이 말은 축복 받은 자들은 예수 그리스도께서 당신의 생애와 죽음에서 그들을 위하여 행하신 모든 것 안에서 순결과 승리의 비결을 발견하였다는 것을 의미한다.

이제 **어린양의 피 안에서**라는 표현의 뜻이 무엇인지를 살펴보자. 여기에 두 가지 가능성이 있다.

I. 이것은 "어린양의 피"의 "권세 안에서 혹은 어린양의 피의 대가로"라는 것을 의미할 수 있다. 그렇다면 이것은, 순결과 이 승리는 예수께서 자신의 생애와 죽음에서 인간을 위해 행하신 모든 것의 권능과 대가로 얻어진 것이라는 것을 생생하게 말하는 방법일 것이다.

II. 한편 더 가능성이 있지만 이렇게도 이해할 수 있다. 즉, 이 표현은 글자 그대로 이해할 수 있다. 요한은 복 받은 자들이 예수 그리스도의 상처에서 흘러 내려오는 피에 그들의 옷을 빨은 것으로 이해했을 것이라는 것이다. 우리에게는 그것은 이상하고 무서운 표현이고 도저히 받아들일 수 없는 그림이기도 하며 그 옷을 붉은 피에 빨았는데 희게 된다고 생각하는 것은 이율배반적일 수도 있다. 요한의 시대 사람들에게는 전혀 이상하게 보이지 않았다. 이것은 오히려 많은 사람이 문자 그대로 잘 알고 있는 표현이기도 하다.

요한의 시대에 가장 큰 종교적 힘은 밀의종교(密議宗教)였다. 이들은 극적인 종교로서 깊은 감동적 의식을 가지고 사람에게 재생과 영생의 약속을 제공해 주었다. 그중 가장 유명했던 것이 미트라교(Mithraism, 태양 숭배)였을 것이다. 이것은 그 종교의 중심에 미트라(Mithra) 신이 있었다. 미트라교는 그 성도가 세계 도처에 있었다. 이것은 로마 군대가 좋아하는 종교였고 영국 내에도 로마 군대가 모여 예배드린 유적이 있다. 미트라교의 가장 성스러운 여신은 황소의 피로 세례를 베푸는 **타우로볼리움**(taurobolium)이었다. 기독교 시인 프로덴티우스(Prudentius)의 기술에 의하면 그 예식은 다음과 같다. "도랑을 파고 그 위에 구멍 뚫린 두꺼운 판자로 단을 세우고 이 단 위에서 희생의 소를 잡는다. 그 단 밑에 입문할 예배자가 무릎을 꿇고 앉아 있다. 죽음을 당한 소의 피가 그 밑에 있는 예배자 위로 떨어진다. 그는 머리를 내어놓으며 그의 옷은 온통 피로 적셔진다. 그러고는 그는 몸을 돌이켜 목을 위로 내밀어 피가 그의 입술과 귀와 코에 흘러내리게 하며 피로 혀를 축이고 다음에는 성례적 행위로 그 피를 마셨다. 그러고는 밖으로 나옴으로써 그는 영원히 재생한 것(renatus in aeternum)이다."

이것은 고대 세계가 잘 알고 있었고 요한은 기독교인들이 문자 그대로 어린양의 피로 옷을 빠는 것을 생각했는지도 모른다.

이것은 우리에게 무서운 이야기로 들린다. 그러나 궁극적으로 문제가 되는 것은 그 표현된 그림이 아니라 그 뒤에 있는 진리다. 위대하고 값지고 불변하는 진리는 예수 그리스도의 생애와 죽음을 통하여 그리고 예수 그리스도의 피를 통하여 기독교인에게 그 순결과 승리가 임하였으니, 이는 자기 스스로는 도저히 얻을 수 없는 것이며, 오직 예수 그리스도만이 주실 수 있는 것이다.

그리스도의 희생과 인간의 책임

요한계시록 7:13-14(계속)

이 구절에서 아직 한 가지 생각하지 않은 것이 있는데 사실 가장 중요한 것이다. 축복 받은 자들에 대하여 "그들은 어린양의 피에 그 옷을 빨아 희게 하였다"고 말하고 있다.

여기에 인간의 구원에서 인간 자신이 할 일을 상징적으로 표현하고 있다. 축복 받은 자들은 그들의 옷을 빨았다. 이 말은 인간의 구속 사업은 그리스도의 것이다. 피를 흘려 희생된 것은 그리스도다. 그러나 그 결과는 피동적이 아니다. 인간은 이를 자신의 것으로 해야 한다. 요한의 비유에 의하면 인간은 어린양의 피에 그 옷을 빨아야만 한다. 깨끗하게 하는 정화 방법이 갖추어 있다. 그러나 인간은 그것을 사용해야 할 책임이 있다. 인간에게 스스로 옷을 깨끗하게 할 수 있게 하는 데 필요한 것은 준비되어 있으나 인간이 그것을 자기를 위하여 사용하기 전까지는 아무 효력이 없는 것이다.

그러면 인간은 어떻게 그리스도의 희생을 자신의 것으로 할 수 있을까?

회개를 통하여 할 수 있다. 인간은 자신의 죄에 대한 신성한 참회에서 시작해야 한다. 그리고 그 마음속에 그것을 고치려는 욕망이 있어야 한다. 인간은 **신앙**을 통해 그렇게 할 수 있다. 온 마음을 다하여 예수 그리스도께서 인간을 위하여 그리고 우리 구원을 위해 사시고 죽으셨다는 것과 그리스도의 희생은 우리를 구원하기에 충분한 능력이 있다는 것을 믿어야만 한다. 다음으로 **은혜의 수단**을 사용함으로써 할 수 있다. **성경**은 그의 회개하는 마음을 일깨울 것이고, 그의 신앙을 새롭게 할 것이요, 그의 마음을 불붙일 것이다. **기도**가 그를 그리스도와 항상 가까이하게 할 것이요, **성례**는 새로운 생명을 주시는 하나님의 은혜가 그에게 흘러가는 통로가 될 것이다. 날마다 그리스도에게 충성을 바치고, 항상 깨어서 기도하고, 매일 그리스도와 함께 사는 자가 그리스도의 희생을 자신의 것으로 받을 수가 있는 것이다.

그리스도의 희생은 이미 드려졌다. 요한의 표현을 이용하면 피가 이미 흘려졌다. 그러나 인간이 그 희생을 자신의 것으로 하고 그 혜택을 자신의 것으로 하는 일이 남아 있다. 인간은 자신의 옷을 빨아 희게 해야 하며, 그때에는 예수 그리스도께서 자신의 고난이 헛되지 않았음을 알고 만족하실 것이다.

영광 중에 섬김

요한계시록 7:15

15 그러므로 그들이 하나님의 보좌 앞에 있고 또 그의 성전에서 밤낮 하나님
을 섬기매 보좌에 앉으신 이가 그들 위에 장막을 치시리니

충성된 자들은 하나님의 존전에 들어가게 될 것이다. 예수께서 말씀하셨다. "마음이 청결한 자는 복이 있나니 그들이 하나님을 볼 것임이요"(마 5:8). 이 세상에서 하나님께 성실한 자는 장차 올 세계에서 하나님의 존전에 더 가까이 나아갈 권리를 갖게 될 것이다.

여기에 의미심장한 숨겨진 사실이 있다. 밤낮 하나님을 섬기는 일은 레위인과 제사장들의 일이었다(대상 9:33). 이제 이 환상에서 하나님의 보좌 앞에 서 있는 사람들은 우리가 이미 9절에서 보았듯이 세계 모든 종족과 민족과 백성에서부터 모은 사람들이다. 이것은 실로 근본적인 변혁을 의미한다. 이 지상의 예루살렘 성전에서는 이방 사람은 아무도 이방인의 뜰 이상으로 들어갈 수 없다. 이 울타리를 넘어간다는 것은 죽을죄를 짓는 것이고, 그 울타리에는 그렇게 쓴 표지판이 있었다. 이스라엘 남자는 더 나아가 여자의 뜰을 지나 이스라엘의 뜰까지 들어갈 수가 있다. 그러나 그 이상은 이스라엘 남자라도 범할 수가 없다. 그 너머는 제사장의 뜰이며 그 뜰에는 보통 사람은 아무도 못 들어간다. 그곳은 제사장들을 위한 곳이며 제사장만을 위한 곳이다. 그러나 하늘의 성전에는 유대인이나 이방인의 구별이 없다. 하나님의 존전에 들어가는 길은 모든 이방인과 종족에게 열려 있다. 제사장 이외는 지성소에 들어갈 수 없다는 규정은 없어지고 모든 충성된 자들은 하나님의 깊은 임재에 들어갈 수 있다. 여기에 담이 없는 하늘의 그림이 있다. 종족과 계급이 다시는 차별 없고 하나님의 존전에 들어가는 길이 모든 충성된 자에게 열려 있다. 이것이 천국의 보편성을 나타낸다.

여기에 절반쯤 감추어진 사실 하나가 있다. 15절에 KJV에 의하면 보좌 위에 앉으신 분은 그들과 함께 살 것이다. 그것은 틀림없는 번역이지만 거기에는 다

만 산다는 것 이상의 뜻이 있다. 헬라어에서 **산다**는 말은 **스케누운**(skēnoun)인데 이는 **텐트**라는 뜻인 **스케네**(skēnē)라는 데서 온 것이다. 이것은 사도 요한이 "말씀이 육신이 되어 우리 중에 거했다(dwelt)" (요 1:14)라고 한 말과 동일한 단어다. 유대인은 이 단어를 언제나 자기네 히브리어의 한 단어와 연관지어 생각한다. 의미상으로는 아무런 관련이 없으나 발음상 매우 비슷한 데가 있다. 유대인은 **스케누운**이란 단어를 들었을 때, 특히 그것이 하나님에 대하여 사용되었을 때 그의 생각을 자기들의 말로 돌린다. 히브리어는 **쉐키나**(shechinah)인데 유대인에게 **쉐키나**는 눈으로 볼 수 있는 하나님의 영광의 임재를 뜻한다. 보통 그 임재는 번쩍이고 빛나는 구름의 형태를 취하였다. 그러한 방법으로 십계명이 주어졌다. "여호와의 영광이 시내 산 위에 머무르고 구름이 엿새 동안 산을 가리더니… 산 위의 여호와의 영광이 이스라엘 자손의 눈에 맹렬한 불같이 보였고" (출 24:16–17). 성막의 경우도 마찬가지였다. 구름이 회중의 장막을 덮었고 여호와의 영광이 성막에 가득 찼다. 모세는 여호와의 영광 때문에 성막 안에 들어갈 수가 없었다. 이스라엘을 낮에 인도한 것이 구름이었고 밤에 인도한 것이 불이었다(출 40:34–38). 솔로몬의 성전 봉헌식 때도 그러하였다. 여호와의 영광이 그 안에 가득 차 있어서 제사장들이 그리로 들어갈 수가 없었다(대하 7:1–3).

그러므로 **스케누운**이란 단어는 유대인의 생각을 **쉐키나**로 돌리게 했고, 하나님이 어느 장소에 **거하셨다**고 말하는 것은 하나님의 영광이 거기에 있었다고 말하는 것이었다.

유대인의 생각은 날이 갈수록 더욱더 그렇게 되어 갔다. 시간이 흐름에 따라 유대인은 점차 하나님을 먼 존재로 생각하게 되었고, 하나님이 이 세상에 계신 것같이 생각하는 것부터가 너무 인간적인 말이라고 생각하고 하나님이라는 이름 대신에 **쉐키나**, 즉 하나님의 영광으로 바꾸기까지 했다. 구약에서 우리는 벧엘에서 야곱의 말을 읽을 수 있다. "여호와께서 과연 여기 계시거늘" (창 28:16)이라 한 것을 랍비들은 그것을 "**쉐키나**, 즉 여호와의 영광이 여기 있다"라고 바꾸었다. 구약 하박국에는 "오직 여호와는 그 성전에 계시니" (합 2:20)라고 했다. 그러나 후기의 유대인은 하나님이 성전 안에 계신다고 말하지 않고 그 대신 그들은 "하나님은 당신의 **쉐키나**, 즉 영광이 성전 안에 거하게 하시기를 즐거워 하신다" 고 말했다. 이사야서에는 "만군의 여호와이신 왕을 뵈었음이로다" 라고 쓰여 있으나(사 6:5), 그 후 유대인은 어느 누구라도 하나님을 보았다고 감히 말할 수 없어 이를 "내 눈이 세상의 왕의 **쉐키나**, 즉 영광을 보았다" 라고 바꾸었다.

여기서 이곳의 **스케누운**이란 단어를 읽은 유대인은 반드시 동시에 **쉐키나**를 생각했으므로 이 구절의 참 뜻은 하나님께서는 자신의 영광으로 자신의 사랑하는 자들의 주위를 덮도록 하신다는 것이다. 그들은 하나님의 영광스러운 빛과 광채 속에서 섬기고 살아갈 것이다.

이것은 지구에서도 그럴 수 있다. 하나님을 위해 충성되게 일하고 증거하는 자는 항상 자기 일 위에 하나님의 영광을 간직하고 있는 것이고, 하나님을 위해 행한 일에는 아직도 하나님의 영광인 **쉐키나**가 그 위에 입혀져 있는 것이다.

복 있는 자의 기쁨

요한계시록 7:16-17

16그들이 다시는 주리지도 아니하며 목마르지도 아니하고 해나 아무 뜨거운
기운에 상하지도 아니하리니 17이는 보좌 가운데에 계신 어린양이 그들의 목
자가 되사 생명수 샘으로 인도하시고 하나님께서 그들의 눈에서 모든 눈물
을 씻어 주실 것임이라

이 구절이 있기 때문에 요한계시록을 읽는다는 사람이 많다. 슬피 우는 집과 죽음의 시간에 이 구절에서 위로를 발견한 사람을 헤아린다는 것은 불가능하리만치 많을 것이다.

여기에는 영적 약속이 있다. 인간 영혼의 주림과 목마름의 최종적 충족의 약속이 있다. 이것은 신약에서 여러 번 되풀이하여 나오는 약속이요, 특히 예수의 말씀에서이다. "의에 주리고 목마른 자는 복이 있나니 그들이 배부를 것임이요" (마 5:6). 예수께서 "나는 생명의 떡이니 내게 오는 자는 결코 주리지 아니할 터이

요 나를 믿는 자는 영원히 목마르지 아니하리라"(요 6:35)고 하셨다. "내가 주는 물을 마시는 자는 영원히 목마르지 아니하리니 내가 주는 물은 그 속에서 영생하도록 솟아나는 샘물이 되리라"(요 4:14). 누구든지 목마르거든 내게로 와서 마시라"(요 7:37). 예수 그리스도 안에 인간 영혼의 영원한 주림의 만족이 있는 것이다. 어거스틴이 말했듯이 하나님께서 당신 자신을 위하여 우리를 지으셨고 우리의 마음은 그에게서 평안을 누릴 때까지는 불안한 것이다. 찬송가에 있듯이,

> 오 주여, 내 영혼이 당신 안에서
> 그리고 오직 당신 안에서만
> 내가 찾던 평강과 기쁨을 찾았네
> 지금까지 알지 못했던 기쁨일세.
>
> 주님밖에는 아무도 채우지 못하네
> 그 밖의 아무 이름도 필요 없네
> 거기엔 사랑과 생명과 영원한 기쁨이 있네
> 주 예수여, 주에게만 있나이다.

그러나 이 구절과 약속을 전적으로 영적으로만 해석하지 않는 것이 좋다. 초대교회에는 교인들 중에 노예가 많이 있었다. 그들은 언제나 못 먹어서 배고픈 것이 무엇이라는 것을 잘 알고 있었다. 그들은 목마름이 어떠하였다는 것을 알고 있었다. 그들은 쉬지도 못하고 일할 때 그들의 등에 무자비한 햇볕이 내리쪼이는 것이 어떠하였음을 알고 있었다. 진실로 그들에게는 천국이란 주림을 채우고 목마름이 시원함을 얻고 해의 뜨거움이 더 이상 상하지 않는 장소였던 것이다. 이 구절의 위대함은 이 약속에서부터 인간의 마음이 가장 갈망하는 것을 찾아낼 수 있다는 것이다. 그 약속이란 그리스도 안에 이 세상의 주림과 세상의 고통과 세상의 슬픔이 끝이 난다는 것이다. 육신과 마음과 영혼의 고통이 그 안에서 어루만져진다는 것이다.

요한이 이 구절을 스스로 생각해 낸 것이 아니라는 것을 기억하는 것이 좋겠

다. 요한은 이 구절의 근원을 이사야서에서 찾았다. "그들이 주리거나 목마르지 아니할 것이며 더위와 볕이 그들을 상하지 아니하리니 이는 그들을 긍휼히 여기는 이가 그들을 이끌되 샘물 근원으로 인도할 것임이라"(사 49:10). 이것이 구약의 꿈이 그 완전한 완성을 예수 그리스도 안에서 발견하는 가장 빛나는 한 예다.

참 목자

요한계시록 7:16-17(계속)

여기에 참 목자가 양 떼를 위해 사랑으로 보살핀다는 약속이 있다. 목자의 묘사는 신·구약이 다 같이 즐겨 사용하는 것이다.

"여호와는 나의 목자시니"라는 말로 시편 기자는 모든 사람이 가장 좋아하는 시를 시작한다(시 23:1). 다른 시편 서두에도 "이스라엘의 목자여"(시 80:1)라고 했다. 이사야는 하나님에 대한 표현으로 그는 목자같이 양 무리를 먹이시며 어린 양을 그 팔로 모아 품에 안으신다고 했다(사 40:11). 메시아적 왕에게 선지자가 줄 수 있는 최고의 칭호는 자기 백성의 목자로 표현하는 것이다(겔 34:23, 37:24).

이것이 예수께서 자신에게 부치신 칭호다. "나는 선한 목자라"(요 10:11, 14). 베드로는 예수를 우리 영혼의 목자와 감독(벧전 2:25)이라고 불렀고, 히브리서 저자는 예수를 양의 큰 목자라고 말하고 있다(히 13:20).

이것은 어떤 세대에나 귀한 표현이지만 도시에 사는 사람들에게보다는 팔레스타인에서 한층 의미심장한 것이다. 유대는 양쪽에 위험한 고장을 끼고 있는 좁은 고원 지대다. 폭은 겨우 몇 킬로미터밖에 안 되고 한쪽에는 사해까지 이르는 무서운 절벽과 협곡이 있었고 다른 한편은 쉐펠라(Shephelah)의 미개지로 뚝 떨어졌다. 울타리나 담이 없었으므로 목자는 양이 길을 잃지 않게 하기 위하여 항상 지켜야 했다. 조지 아담 스미스(George Adam Smith) 경은 동방의 목자에 대하여 기술하면서 영국의 목자와 비교를 잘 했다. "우리 고장에서 양 떼는 흔히 저희끼리 내버려 두지만 동방에서는 한 번도 목자 없는 양 떼를 본 기억이 없다.

유대와 같은 지형에서, 그리고 울타리 없는 길을 따라 풀이 엷게 퍼져 있고, 길이 여러 갈래 나고, 들짐승들을 자주 만나고, 사막으로 굴러 들어가는 곳에서는 사람이 절대로 없어서는 안 될 것이다. 밤이면 맹수가 울부짖는 고원 지대에서 목자를 만났는데 그가 졸지도 않고, 앞을 내다보면서 비바람에 시달리고, 무장을 하고서 지팡이에 기대면서 흩어져 있는 양을 내다보고, 한 마리 한 마리 다 그의 마음속에 두고 있다. 이것을 보면 왜 유대 지방의 목자가 그 민족의 역사의 맨 앞에 나오게 되는지를 알 수 있고, 그들이 그 이름을 그들의 왕에게 주며 그를 하나님의 상징으로 삼고, 그리스도께서 그를 자기희생의 형태로 여기셨는지를 알 수 있다."

여기에 참 목자의 두 가지 큰 기능이 있다. 그는 생명수의 샘으로 인도한다. 시편에 이른 대로 "그가 나를 푸른 풀밭에 누이시며 쉴 만한 물가로 인도하시는도다"(시 23:2). "생명의 원천이 주께 있사오니"(시 36:9)이다. 물이 없다면 양 떼는 죽어갈 것이다. 팔레스타인 지방에는 우물이 드물고 그 거리가 서로 멀다. 참 목자가 샘물로 인도하신다는 것은 주께서는 그것이 없이는 생명이 지속될 수 없는 것을 우리에게 주신다는 것을 상징한다.

그는 우리의 모든 눈에서 눈물을 씻으신다. 주께서 우리의 육신에 영양을 주시듯, 우리의 마음을 위로해 주신다. 왜냐하면 하나님의 도우심과 임재와 위로가 없이는 인생의 괴로움을 견딜 수 없고 하나님께서 주시는 능력이 없이는 우리가 살아 나가는 데 우리가 더 이상 지탱할 수 없을 때가 있다.

참 목자는 우리의 육신을 먹이시고 우리의 마음을 위로해 주신다. 목자이신 예수 그리스도와 함께 있으면 우리가 견딜 수 없는 일이란 아무것도 일어날 수 없다.

The Revelation of John 08

고요와 뇌성 같은 기도 소리

요한계시록 8:1-5

[1]일곱째 인을 떼실 때에 하늘이 반 시간쯤 고요하더니 [2]내가 보매 하나님 앞
에 일곱 천사가 서 있어 일곱 나팔을 받았더라 [3]또 다른 천사가 와서 제단 곁
에 서서 금 향로를 가지고 많은 향을 받았으니 이는 모든 성도의 기도와 합
하여 보좌 앞 금 제단에 드리고자 함이라 [4]향연이 성도의 기도와 함께 천사
의 손으로부터 하나님 앞으로 올라가는지라 [5]천사가 향로를 가지고 제단의
불을 담아다가 땅에 쏟으매 우레와 음성과 번개와 지진이 나더라

이 구절을 자세히 살피기 전에 우리는 이 구절의 배열에 눈을 돌려야 하겠다. 일곱 나팔을 가진 일곱 천사에 대한 기사가 있는 2절은 이곳에 맞지 않는다. 현재 자리를 잡고 있는 그곳에서는 이 구절의 의미를 제대로 나타내 주지 못한다. 오히려 7절 바로 앞에 있어야 적절할 것이다. 여기에 사본을 만든 사람의 오류를 볼 수 있고 올바른 이해를 위해 7절 바로 앞으로 가져가야 하겠다.

이 구절은 하늘에서 약 반 시간 동안의 아주 극적인 고요함으로 시작한다. 완벽한 적막은 뇌성과 번개보다도 더 효과적이다. 이 적막은 두 가지 의미를 내포

한다.

I. 이것은 이야기 중에 숨 쉬는 시간일 것이며 다음의 무서운 계시가 나타나기 전 준비하는 기간일 것이다. 이것은 다음의 계시의 물결이 일기 전 숨 막히는 기다림의 시간일 수도 있다.

II. 이 고요함의 개념에는 그보다 훨씬 아름다운 것이 있을 수 있다. 성도의 기도가 이제 막 하나님께로 올라가려는 찰나다. 이것은 성도의 기도가 하늘에 상달되기 위해서는 하늘의 모든 것이 멈춘다는 생각일 수도 있다. 찰스가 이렇게 말했다. "하나님은 하늘의 모든 합창보다도 성도들의 소원에 귀를 기울이신다." 여기에 진정으로 놀라운 생각이 있다. 하늘의 음악도, 계시의 뇌성 같은 소리도 잠잠해졌다. 그리하여 하나님의 귀가 그 기도하고 의지하는 백성의 겸손한 기도의 속삭임을 들을 수 있게 하기 위해서다.

이 구절의 표현은 두 부분으로 갈라져 있다. 첫 부분에서 천사는 성도의 기도를 하나님께 드린다. 그 천사의 이름이 나타나 있지 않다. 유대 사상에 이스라엘 백성을 위해 대신 기도하는 것은 천사장 미가엘이며 화평의 천사라고 불리는 무명의 천사가 있으니 그의 임무는 이스라엘이 "최후의 멸망으로 떨어지지 않게" 보살피는 것이며 그는 이스라엘과 모든 의로운 자를 위하여 중재해 주는 천사다.

그 천사는 제단 앞에 서 있다. 요한계시록에서는 제단이 자주 하늘을 묘사하는 데 등장한다(6:9, 9:13, 14:18, 16:17). 이 제단은 하늘에서는 동물을 잡아 제사 지내는 것이 있을 수 없기 때문에 번제의 제단이 될 수는 없다. 이 제단은 향단임에 틀림없다. 분향하는 단이 성전의 성소 앞에 있었다(레 16:12; 민 16:46). 그것은 금으로 만들어졌고 사방 한 자 반에 석 자 높이였다. 매 귀마다 뿔이 있었다. 이것은 우묵했고 그 위에는 금으로 쌌다. 전체를 둘러서 작은 난간 손잡이 같은 모양의 턱이 있어 타는 숯이 떨어져 나가지 못하게 했다. 성전에서 분향은 그날의 첫 제사가 드려지기 전과 마지막 제사가 드려진 후에 행해진다. 이것은 마치 백성의 재물이 향으로 둘러싸여 하나님께 올라가는 것 같다.

여기서 우리는 기도는 하나님께 드리는 제물이라는 것을 알게 되고 성도들의 기도가 제단 위에서 하나님께 드려지고 다른 모든 제물과 마찬가지로 그 기도가 하나님께 상달될 때는 분향하는 향으로 휩싸여진다는 것을 알았다. 인간이 하나님께 드릴 수 있는 제사란 기도밖에는 다른 것이 아무것도 없을 것이다. 사람이 너무 가난해서 아무것도 가져올 것이 없고 너무 죄로 많이 물들어 아무것도 하나님께 드릴 만한 것이 없을 수도 있다. 그러나 사람은 언제나 그의 겸손하고 감사하는 그리고 굳게 믿는 기도를 하나님께 드릴 수 있고 천사의 손이 항상 그 기도를 하나님께 드리려고 기다리고 있는 것이다.

이 장면의 다른 쪽이 이제 나온다. 그 천사가 향료를 취하여 제단 위에서 거기에 숯을 담아다가 땅에 쏟았다. 이것은 앞으로 더 많은 공포를 가져올 뇌성과 지진의 전주곡이다. 이 표현은 에스겔에서 빌려 온 것이니 그곳(겔 10:2)에서는 흰 세마포 옷을 입은 사람이 그룹 사이에서 숯불을 취하여 성읍 위에 흩어 버린다. 그리고 이것은 이사야의 입술에 핀 숯을 대는 이사야의 환상과 비슷하다(사 6:6).

그러나 이곳에서는 새로운 것을 가져온다. 향로에서 가져온 숯불은 새로운 공포와 저주를 가져온다. 스위트는 이것을 이렇게 표현하고 있다. "성도들의 기도가 지구에 저주로 되돌아온다." 요한의 생각에 나타난 것은 성도들의 기도가 그들을 학대하거나 핍박한 사람들과 하나님과 그의 백성의 원수였던 사람들에게 원수를 갚든지 그 원한을 풀어 주는 역할을 하게 되었다는 것이다.

두 가지 묘사 장면은 첫째, 성도들의 기도로서 천사들의 손에 들려 하나님께 올라가는 향내와 같은 것의 장면이며, 동시에 그것은 하나님이 그의 원수들을 향한 분노를 풀어 놓는 장면이다. 우리는 기독교인에게 원수 갚게 해 달라는 기도는 적당하지 않다고 판단하거나 비판하기 전에 우선 요한계시록이 저술된 때 기독교회가 겪었던 핍박과 고통을 기억할 필요가 있다.

나팔 가진 일곱 천사

요한계시록 8:2, 6

2내가 보매 하나님 앞에 일곱 천사가 서 있어 일곱 나팔을 받았더라
6일곱 나팔을 가진 일곱 천사가 나팔 불기를 준비하더라

여기서 요한은 하나님 앞에 시위한 일곱 천사를 본다. 시위 천사라고 알려진 천사들은 천사장들과 마찬가지다. 그들의 이름은 우리엘, 자라엘, 라구엘, 미가엘, 사라지엘, 가브리엘, 르미엘(토빗서 12:15)이다.

저들이 시위하는 천사라고 불린 것은 두 가지 뜻을 내포하고 있다. 첫째, 저들은 특별한 명예를 누렸다. 동양의 조정에서는 항상 왕 앞에 서는 특권을 가진 사람들은 왕에게 가장 은혜를 입은 신하들뿐이었다. 왕 앞에 서는 신하 혹은 조언자가 되는 것이 특전이다. 둘째, 여기에는 명예 이외의 것이 있다. 왕을 모시고 서는 것이 특별한 명예이기는 할지라도 그보다 더한 것은 하나님을 섬기려고 보냄을 받기 위해 준비해 있는 것이다. 엘리야와 엘리사 두 사람은 여러 번 "내가 모시는 만군의 여호와 하나님"에 대해 언급했다(왕상 17:1, 18:15; 왕하 3:14, 5:16). 그러므로 이 구절이 참으로 뜻하는 것은 "내가 모시는 이스라엘의 하나님 여호와"라는 것이다.

천국의 질서에서는 가장 큰 명예는 하나님을 위하여 보내심을 받기 위하여 항상 예비해 있는 것인데 이것이 천사들이 가지고 있는 명예다.

일곱 천사는 일곱 나팔을 가졌다. 신·구약의 계시에서 나팔은 항상 역사 속에서 하나님이 개입한다는 상징이었다. 우리가 다른 곳에서도 많이 볼 수 있는 이 모든 장면은 시내 산의 장면으로 되돌아가는데 그때는 계명이 백성에게 주어졌다. 구약에 보면 산 위에 뇌성과 번개와 빽빽한 구름과 심히 큰 나팔 소리가 있었다(창 19:16, 19). 이 나팔 소리는 하나님이 시간과 역사 속으로 오시는 때인 주의 날의 불변하는 방편의 일부가 되어 버렸다. 그날에는 큰 나팔 소리가 날 것이요, 흩어진 자들은 모든 나라에서 불러 모을 것이다(사 27:13). 여호와의 날에는

시온에서 나팔을 불며 거룩한 산에서 경고의 소리를 지르리라(욜 2:1). 그날은 나팔과 경고의 날이 될 것이다(습 1:16). 여호와께서 나팔을 불 것이며 회오리바람과 함께 나가실 것이다(슥 9:14).

이 장면은 신약의 마지막 날의 환상으로 전개되었는데 그것도 그럴 것이 신약의 저자들은 유대인이었고 유대적인 표현에서 사물을 보았기 때문이다. 바울은 나팔 소리가 울려나오고 썩어질 것이 썩지 않을 것을 입을 날에 대하여 말하고 있다(고전 15:52–53). 그는 그리스도께서 재림하실 때 울릴 하나님의 나팔에 대해 말하고 있다(살전 4:16). 마태는 성도들이 모여드는 때 그 나팔의 소리에 대하여 말하고 있다(마 24:31).

이 모든 기록은 문자 그대로 해석하여 하나님께서 실제로 나팔을 부시리라는 생각은 잘못일 것이다. 그러나 이러한 기사에는 상징적인 진리가 있다. 나팔 소리는 다음 세 가지를 뜻할 수 있다.

I. 이것은 경고를 말할 수 있다. 이것은 잠에서 깨우거나 위험을 경고할 수 있다. 이런 뜻에서 하나님은 인간의 귀에 당신의 경고를 항상 말씀하고 계신다.

II. 왕의 행차를 알리는 큰 나팔 소리일 수 있다. 이것은 영원한 왕께서 시간 속으로 들어오시는 것을 상징하는 데 적합하다.

III. 이것은 전장으로 부르는 소리일 수 있다. 하나님은 항상 자기 백성에게 진실과 허위 간의 싸움에서 진용을 가다듬으라고 하시고 왕 중의 왕의 군인이 되라고 부르고 계신다.

재앙을 풀어 놓음

요한계시록 8:7-12

7첫째 천사가 나팔을 부니 피 섞인 우박과 불이 나와서 땅에 쏟아지매 땅의
삼분의 일이 타 버리고 수목의 삼분의 일도 타 버리고 각종 푸른 풀도 타 버
렸더라 8둘째 천사가 나팔을 부니 불 붙는 큰 산과 같은 것이 바다에 던져지
매 바다의 삼분의 일이 피가 되고 9바다 가운데 생명 가진 피조물들의 삼분
의 일이 죽고 배들의 삼분의 일이 깨지더라 10셋째 천사가 나팔을 부니 횃불
같이 타는 큰 별이 하늘에서 떨어져 강들의 삼분의 일과 여러 물샘에 떨어지
니 11이 별 이름은 쓴 쑥이라 물의 삼분의 일이 쓴 쑥이 되매 그 물이 쓴 물이
됨으로 많은 사람이 죽더라 12넷째 천사가 나팔을 부니 해 삼분의 일과 달 삼
분의 일과 별들의 삼분의 일이 타격을 받아 그 삼분의 일이 어두워지니 낮
삼분의 일은 비추임이 없고 밤도 그러하더라

여기에서 우리는 이 세상의 심판에서 자연의 모든 4대 요소들이 떨어지는 것을 볼 수 있다. 한 나팔을 불 때마다 세계의 다른 부분 하나가 침공을 받고 그 뒤에 따르는 파괴는 부분적이지 전면적은 아니다. 이것은 아직 세상 끝이 아니라 그 시작이기 때문이다. 첫째, 파멸의 타격이 지구 위에 오고(7절), 다음으로 바다에(8, 9절), 다음으로는 강물과 샘에(10, 11절), 다음으로 천체에 오는 것이다(12절). 파괴의 물결이 이 세상에 어느 곳에나 가리지 않고 문이 열려 있는 것이다.

우리는 더 나아가 요한이 어디에서 이런 상상과 장면을 발견하였는지 눈여겨봐야겠다. 대부분은 그 장면들이 출애굽기에서 바로 왕이 백성을 보내기를 거절했을 때 애굽 땅에 내려진 재앙의 기사에서 그 원천을 찾고 있는 것이다.

요한의 장면에서는 우박과 불과 피가 마른 땅에 떨어진다. 출애굽기 9장 24절에서 우리는 애굽에 전무후무한 파멸의 우박이 섞인 불이 어떻게 내렸는지를 읽어 보게 된다. 출애굽기에서는 모세가 그의 지팡이를 들어 물을 치니 나일 강의 물이 피로 변하고 그 강의 물고기들이 죽었다(출 7:20-21) 스바냐의 주의 날에 대

한 기사에서는 하나님의 위협이 "내가 사람과 짐승을 진멸하고 공중의 새와 바다의 고기와 거치게 하는 것과 악인들을 아울러 진멸할 것이라"(습 1:3)고 했다. 불 타는 별의 떨어짐은 성경 다른 곳에서 발견되지 않지만 물이 쓴 쑥으로 변하는 생각에 대한 것은 다른 곳에서도 찾을 수 있다.

쓴 쑥(wormwood)은 학명으로도 쓴 쑥(artemisia)이라고 알려진 식물의 일반적인 이름인데 그 쑥의 특성은 맛이 쓰다는 것이다. 그 쑥은 유해하기는 하나 치명적이라는 의미에서 볼 때는 그렇게 유독한 것이 아니다. 그러나 이스라엘 민족은 그 쓴 맛을 겁냈다. 쓴 쑥은 우상 숭배의 결과요(신 29:17-18), 예레미야를 통해 말씀하신 하나님의 경고로서 하나님께서 그 백성에게 쑥을 먹이며 독한 물을 마시게 하겠다고 하신 것이다(렘 9:14-15, 23:15). 쓴 쑥의 맛은 항상 불순종하는 자들에 대한 하나님의 심판의 쓴 맛을 의미했다.

요한의 환상에는 하늘의 빛들의 삼분의 일이 어두워지는 장면이 나타났다. 출애굽기 기사에 보면 재앙 중의 하나가 흑암이었는데 그것은 온 지면에서 느낄 수 있는 것이었다(출 10:21-23).

우리가 자주 말한 대로 사도 요한은 구약을 너무 깊이 알고 있어서 구약의 환상이나 장면 그리고 그 말들이 그에게는 그가 보고 말하려는 모든 것의 자연스러운 배경으로 임하는 것이다.

전기 장면들의 경우에는 사도 요한이 자신의 표현을 자신이 실제로 본 것이거나 들은 적이 있는 사건에서 추출해 냈다고 하는 것이 전혀 불가능하지는 않다. 피 같은 비에 대하여 지중해 연안 지방에서는 적어도 한 번 이상 보도된 일이 있다. 예컨대 1901년에 이탈리아와 동남 유럽 지방에 그런 비가 내렸다는 기록이 있다. 그 이유는 사하라 사막의 세미한 붉은 모래가 바람을 타고 고공까지 올라갔다가 비가 와서 비와 그 세미한 모래가 땅 위로 떨어질 때는 피 같은 비같이 보인다. 요한은 이런 것을 보았든지 들었든지 했을 것이다.

더 나아가 요한은 불꽃이 바닷속으로 떨어지는 것에 대해 언급하고 있다. 이것은 화산의 분출같이 들린다. 주후 79년 8월에 베스비우스(Vesuvius) 산의 화산 폭발이 있었는데 이때 나폴리와 그 항구를 삼켜 버렸다. 그것은 요한계시록을 기록하기 얼마 전이었을 것이며, 이것이 요한에게 이 장면을 그리는데 그 색채와 생생함을 주었을 것이다. 에게해에는 화산 섬들이 있는데 화산들은 바다 밑에 깔려 있는 것이다. 그리스의 지리학자 스트라보(Strabo)는 주전 196년에 밧모섬이 있는 에게해에 화산 폭발이 있었다고 기록하고 있는데 이 폭발로 실제로 팔라이아 카우메네(Palaia Kaumene)라는 새로운 섬이 생겨났다. 그런 사건도 요한의 머릿속에 있었을 것이다.

그러므로 이 공포의 장면에서 요한은 대자연의 기초적인 힘을 사람에게 앞으로 닥쳐올 마지막 멸망에 대한 하나님의 경고로서 사용하는 하나님의 환상을 보았다.

날아가는 독수리

요한계시록 8:13

13내가 또 보고 들으니 공중에 날아가는 독수리가 큰 소리로 이르되 땅에 사는 자들에게 화, 화, 화가 있으리니 이는 세 천사들이 불어야 할 나팔 소리가 남아 있음이로다 하더라

여기에서 우리는 요한계시록 저자가 아주 효과적으로 사용하는 휴지(休止)를 볼 수 있다. 세 천사들이 마지막 나팔을 불 때 이 지구 위에는 세 가지 무시무시한 저주가 오게 되어 있는 것이다. 그러나 여기에 잠시 동안 최후의 결정이 있기 전에 잠시 동안 휴지가 있는데 의는 최후의 파멸을 위한 준비의 휴지 기간이다.

이 휴지 기간 동안 요한은 독수리 하나를 본다(KJV에는 천사라고 번역되어 있다). 이 그리스의 단어가 "한 독존하는 독수리"를 뜻할 수 있다는 것도 가능한 일이다. "공중(mid-heaven)"이란 표현은 하늘의 정상을 뜻하여 대낮에 해가 걸려 있는 하늘의 위치를 의미한다. 여기에 보면 극적이고 무시무시한 낯선 장면이 있는데 그 장면은 빈 하늘과 홀로 있는 독수리가(KJV에는 천사로 되어 있음-옮긴이주) 하늘 한복판을 가로 질러 날아가며 장차 다가올 운명을 예고하는 장면이 있다.

여기서도 요한은 또다시 전혀 새로운 것이 아닌 아이디어와 장면을 사용하고 있다. 이와 똑같은 장면을 바룩2서에서 발견할 수 있다. 그 책의 저자가 그 환상을 보고 그 환상을 유프라테스 강변에 살고 있는 바빌론에 포로 된 유대인에게 써 보내려고 했을 때 그는 다음과 같이 기록했다. "또 내가 독수리를 불러 이 말들을 그에게 했노라. 지고자(至高者)께서 너는 모든 새보다도 더 높아야 하게끔 지으셨도다. 자, 가거라. 그리고 아무 곳에서도 지체하지 마라. 집에도 들지 말고, 아무 나무에도 정착하지 말기를. 네가 유프라테스 강의 많은 물들을 건너고 거기 사는 백성에게 가서 이 편지를 던져 줄 때까지니라"(바룩2서 77:21-22).

이 장면도 문자 그대로 취할 곳이 아니다. 오히려 이 장면의 배경에 있는 상징은 하나님께서는 당신의 메시지와 경고의 말씀을 사람들에게 보내는데 자연을 이용하신다는 것이다. 하나님은 빈번히 당신이 만드신 세계 속에서 그리고 그것을 통하여 말씀하신다.

The Revelation of John

09

무저갱을 열음

요한계시록 9:1-2

[1]다섯째 천사가 나팔을 불매 내가 보니 하늘에서 땅에 떨어진 별 하나가 있
는데 그가 무저갱의 열쇠를 받았더라 [2]그가 무저갱을 여니 그 구멍에서 큰
화덕의 연기 같은 연기가 올라오매 해와 공기가 그 구멍의 연기로 말미암아
어두워지며

공포의 장면은 그 잔인성과 위엄의 도가 더해 간다. 이제 지구상에 오려는 공포는 자연적인 것을 지나친다. 그것들은 단지 자연의 기존적인 힘에서 오는 그런 공포에 불과한 것이 아니다. 그 공포는 가히 악마적이며 무저갱이 열렸으니 이제 악마적이고 초인적인 공포가 이 세상에 다가오게 되는 것이다.

요한은 별을 물건으로가 아니라 살아 있는 영물로 생각한다는 것을 우리가 기억한다면 그 장면은 더욱 명확해질 것이다. 이런 표현은 에녹서에 더 흔한데, 예를 들면 유리하며 불순종하는 별들이 손과 발이 묶여 무저갱 속으로 던져지는 것이다(에녹서 86:1, 88:1). 유대인의 사상에는 별은 신적 존재이며 이들은 불순종으로 악마적인 존재가 되었다고 생각했다.

여기에는 무저갱(abyss or pit)의 개념과 그 장면이 있다. 요한계시록에서 우리는 아주 빈번히 무저갱(abyss or bottomless pit)에 대하여 읽을 수 있다. 요한계시록에서 무저갱은 타락한 천사, 마귀, 짐승, 거짓 선지자, 사탄의 형벌을 받는 중간지대다(9:1–2, 11, 11:7, 20:1, 3). 최종의 형벌 장소는 불과 유황 못이다(20:10, 14, 15). 이 공포의 장면을 완전히 그려 보기 위해 우리는 게헨나—요한계시록에서는 언급이 안 되어 있지만—가 악인들의 처벌 장소라는 사실을 더 추가해 보는 것도 좋을 것이다. 자, 이렇게 되고 보면 인간에게 닥쳐오는 공포는 인간적인 것 이상이라는 점이 확실하다. 그들은 악마적이고 그 악랄한 마귀의 능력을 가진 자들이 풀려나서 전대미문의 악행을 할 것이라는 사실이 분명하다.

무저갱의 개념 또한 처음보다 발전하였다. 처음에는 이곳은 물들의 묶인 장소였다. 창세기에서 초기의 물들은 지구를 둘러쌌었는데 하나님은 창공을 만들어 물과 지구를 갈라놓았다(창 1:6–7). 처음에 무저갱은 밀려 닥쳐오는 묶인 홍수를 하나님이 땅 밑에 가두어 두신 곳이었다. 이것은 거대한 지하 바다인데 그곳은 묶인 물들이 있다가 지구와 마른 땅으로 나가는 길을 찾기 위한 곳이다. 다음 단계로 무저갱은 하나님의 능력과 주관을 벗어나지는 못하나 하나님의 원수들의 거주지가 되었다(암 9:3; 사 51:9; 시 74:13). 무저갱에는 하나님의 원수들이 숨겨진 아니 갇힌 권세들이 있는 곳이었다.

그 후 무저갱은 지구상에 있는 커다란 틈바구니라고 생각되었다. 이런 사상은 이사야 24장 21–22절에서 찾아볼 수 있는데 거기에 나타난 환상은 하늘의 불순종하는 천군들과 땅 위의 임금들이 죄수로 붙들려 있는 깊은 감옥 같은 것이었다.

이런 장면에서는 불가피하게 공포에 공포를 더하게 마련이다. 가장 상세하게 기록되어 있는 것은 신·구약 중간기에 가장 많은 영향을 끼친 에녹서다. 에녹서에 보면 무저갱이란 타락하여 이 지구로 내려와서 죽은 인간의 여인들을 유혹했고, 인간에게 참 하나님 대신에 마귀를 섬기게 가르친(창 6:1–4) 천사들의 감옥으로 되어 있다. 이에 대한 처참한 기록이 있다. 위로는 궁창이 없고 밑으로는 든든한 땅이 없다. 물도 없고, 새도 없고, 황폐하고 무서운 곳이며 하늘과 땅의 끝이다(에녹서 18:12–16). 이곳은 혼돈된 장소다. 거기에는 불이 타며 불꽃이 충천

하는 불이 있고 무저갱 속으로 떨어지는 땅이 갈라진 틈이 있는데 그 무저갱의 길이와 크기는 모든 상상을 초월하는 것이다(에녹서 21:1-10).

이것들은 모든 공포를 나열해 놓은 것으로서 문자 그대로 이해해서는 안 된다. 요는 요한이 본 대로 지상에 다가오는 엄청난 파멸의 시기에는 그 공포는 우리 자연계에서 볼 수 있는 것이 아니고 이 세상 것이 아니며, 그들은 악마적이며 무저갱에서 오는데 그곳은 악한 별들과 천사들과 영들이 투옥되었으며 악의 세력에게 최후의 무서운 공포스러운 일을 행할 기회가 주어졌다는 것이다.

무저갱에서 나온 황충

요한계시록 9:3-12

3또 황충이 연기 가운데로부터 땅 위에 나오매 그들이 땅에 있는 전갈의 권
세와 같은 권세를 받았더라 4그들에게 이르시되 땅의 풀이나 푸른 것이나 각
종 수목은 해하지 말고 오직 이마에 하나님의 인침을 받지 아니한 사람들만
해하라 하시더라 5그러나 그들을 죽이지는 못하게 하시고 다섯 달 동안 괴롭
게만 하게 하시는데 그 괴롭게 함은 전갈이 사람을 쏠 때에 괴롭게 함과 같
더라 6그날에는 사람들이 죽기를 구하여도 죽지 못하고 죽고 싶으나 죽음이
그들을 피하리로다 7황충들의 모양은 전쟁을 위하여 준비한 말들 같고 그 머
리에 금 같은 관 비슷한 것을 썼으며 그 얼굴은 사람의 얼굴 같고 8또 여자의
머리털 같은 머리털이 있고 그 이빨은 사자의 이빨 같으며 9또 철 호심경 같
은 호심경이 있고 그 날개들의 소리는 병거와 많은 말들이 전쟁터로 달려 들
어가는 소리 같으며 10또 전갈과 같은 꼬리와 쏘는 살이 있어 그 꼬리에는 다
섯 달 동안 사람들을 해하는 권세가 있더라 11그들에게 왕이 있으니 무저갱
의 사자라 히브리어로는 그 이름이 아바돈이요 헬라어로는 그 이름이 아볼
루온이더라 12첫째 화는 지나갔으나 보라 아직도 이후에 화 둘이 이르리로다

무저갱의 굴뚝에서 나온 연기에서 무서운 황충의 습격이 왔다. 이 황충이 일으킬 수 있는 황폐와 공포는 가히 믿기 어려울 정도다. 구약 전반을 통해 황충은 파괴의 상징이었는데 그 중에서도 황충과 그 파괴력에 대한 가장 생생한 기록은 요엘서 1, 2장이고, 이 두 장에는 황충의 공략에 대한 기록이 있다. 아마도 요한이 그의 자료의 대부분을 이 두 장에서 찾아냈을 것이다. 황충들은 포도원을 황폐케 하고 나무껍질을 전부 벗기고 들은 폐허가 되고 양식은 다 못쓰게 하고 들의 모든 나무는 남김없이 말라 버리니, 초원이 없기 때문에 짐승의 떼가 굶는다(욜 1:7-18). 그들은 마치 하늘을 어둡게 하는 강한 백성 같고, 그들은 불꽃만큼이나 파괴적이며 그들을 피하여 남을 것이 없다. 그들은 많은 말과 같고 불꽃이 그루터기를 삼키듯이 요란한 소리를 내며 달리는 병거와 같다. 그들은 용감한 군인같이 행진하며 기어오르고 집 안으로 기어 들어오고 창문을 통해 들어오되 이 온 지구가 그들을 무서워 떨 때까지 그러하리라(욜 2:1-11). 이 요엘서 두 장을 완전히 읽고 요한계시록의 이 기록과 비교해야 할 것이다.

드라이버(G. R. Driver)는 그가 쓴 케임브리지 성경의 요엘서 주석에서 황충에 대한 사실을 각 주와 특별 부록에 많이 모아 놓았는데 거기에서 그는 요엘서와 요한계시록의 기록들이 결코 과장된 표현이 아니라는 것을 보여 주었다.

황충은 메마른 곳에서 번식하여 식량을 찾아 농경지를 습격한다. 그들은 크기가 약 5센티미터이며 날개는 10센티미터나 그 이상이 된다. 그들은 귀뚜라미와 같은 종족에 속한다. 그들은 종대로 날아가는데 그 두께는 25미터 정도요 앞뒤 거리는 약 6킬로미터까지 된다. 이런 황충의 구름이 나타나면 이것은 마치 일식이 일어나는 것 같다. 그래서 60미터 미만에 있는 큰 건물들도 알아볼 수 없게 된다. 그들은 지구 위에 검은 암흑의 구름을 몰고 오는 것 같다.

그들이 일으키는 파괴는 믿기지 않을 정도다. 그들이 다녀가고 나면 풀잎파리 하나도 남아나지 않는다. 나무는 껍질이 다 벗겨지고, 땅은 마치 불타서 재만 남은 것 같다. 황충이 머물렀던 땅은 마치 산불로 그은 것 같다. 산 것이라고는 하나도 남아나지 않는다. 이 황충의 파괴력은 다음 사실로써 가장 잘 알게 될 것이다. 기록에 의하여 1866년에 황충의 떼가 알지에를 엄습하였는데 그 피해가 얼마나 철저했던지 그 후 얼마 후 20만 명의 사람이 기근으로 죽어갔다.

무수히 많은 그들의 날갯소리는 여러 가지로 묘사되고 있다. 그 소리는 물레방앗간의 물 떨어지는 소리 같다고도 하며 커다란 폭포 소리 같다고도 한다. 수백만 마리의 황충이 앉아 갉아 먹는 소리는 대초원에서 불이 나서 풀을 태우는 소리 같다고 전한다. 그들이 지나갈 때 나는 소리는 마치 숲에 큰 비가 오는 소리 같다.

황충의 머리는 사실 말의 작은 머리 같다고 한다. 그런 이유로 황충이란 말이 이탈리아어로는 **까발레따**(cavaletta)라고 하며 독일어로는 **호이페르트**(Heupferd)이다. 그들이 이동을 할 때는 차근차근히 그리고 사정없이 움직이는 것이 지휘자가 있는 군대같이 움직인다. 그들을 정지시키려고 사람들은 도랑을 파고 불을 지르고 심지어는 화포(火砲)까지 쏘아도 멈추지를 않는다. 그들은 계속적인 종대로 전진하며 언덕을 오르고 집으로 들어가며 그 뒤에는 꺼멓게 타 버린 땅만 남긴다.

이 세상에서 황충의 형벌보다 더 파괴적인 형벌은 없다. 그리고 이 가공할 장면이 바로 사도 요한이 본 환상인데 여기에 나오는 황충은 다만 버러지가 아니라 무저갱에서 올라오는 악마적인 황충이다.

악마적 황충

요한계시록 9:3-12(계속)

히브리어로는 황충의 이름이 여러 가지 있는데 이름들이 그 곤충의 파괴적이고 폐허화하는 힘을 나타낸다. 첫째, **가잠**(gazam)이라고 하는데 **가위**라는 뜻이며 이것은 황충이 어떻게 지상의 모든 초목을 잘라 버리는지를 나타낸다. 다음은 **아아벨**(arbel)이란 말이 있는데 **떼 짓는 것**이란 뜻이며 그 수가 많은 것을 표현한 말이다. **하실**(hasil)이라고도 했는데 그 뜻은 **끝장내는 자**이며 이는 황충이 가져오는 황폐를 지칭한 말이다. **솔람**(solam)이란 이름도 있는데 그 뜻은 **삼키는 자** 혹은 **멸절시키는 자**란 뜻이다. 하아골(hargol)이란 이름은 **뛰는 말**이란 뜻이며,

이것은 땅 위로 빨리 움직이는 양상에서 나온 말이다. **첼라첼**(tzelatzel)이라는 이름도 있는데 **삐걱거리는 자**란 뜻이며 황충이 내는 소리를 나타낸 말이다. 그 곤충의 공포가 그 이름으로 나타났다. 그러나 전술한 대로 무저갱에서 나온 이 악마적 황충은 지구상의 황충과는 다른 것이다.

그들이 공격할 대상은 지상의 초목이 아니다. 사실상 그들은 그렇게 못하게 금지되어 있다(4절). 그들의 공격은 이마에 하나님의 인을 맞지 못한 사람들에게 개시될 것이다.

보통 황충은 초목을 황폐케 하나 사람에게는 직접적 피해를 주지 않는다. 그러나 이 악마적 황충은 전갈처럼 쏘는 것을 갖고 있다. 전갈은 팔레스타인의 재앙 중의 하나다. 그 모양은 작은 바다가재같이 생겼다. 전갈은 가재와 마찬가지로 집게발을 가지고 있으며 그 발로 먹이를 잡는다. 전갈은 긴 꼬리를 가지고 있는데 그 꼬리는 등을 지나 머리 위까지 꺾어 올릴 수 있다. 그 꼬리 끝에 구부러진 집게가 있는데 전갈이 때리는 것은 바로 이 꼬리집게로 그때 독을 뿌린다. 전갈은 15센티미터 되는 것도 있다. 이것은 벽의 갈라진 틈으로 기어다닌다. 그리고 대부분 돌 밑에도 있다. 캠퍼스(Campers)가 말하기를, 천막을 칠 때는 혹시 돌 밑에 전갈이 있을까 봐 모든 돌은 치워야 했다고 한다. 전갈이 쏘는 것은 왕호박벌이 쏘는 것보다 더하다. 그 쏘는 것이 반드시 치명적이지는 않지만 사람을 죽게 할 수도 있다. 이 악마적 황충은 그들에게 전갈의 권세를 받았다. 황충들은 두 배 세 배의 재앙을 가지고 있다.

그들의 공격은 5개월간 계속하게 되어 있다. 5개월에 대한 설명은 황충이 나서 유충기를 지나 죽음까지 5개월간이라고 하는 것이 가장 그럴싸하다. 이것은 마치 한 세대의 황충이 지구에 덮친다고 말할 수 있을 것 같다.

황충으로 고충이 얼마나 큰지 사람들은 죽음을 갈구하나 죽을 수가 없을 것이다. 욥이 죽기를 원하나 죽음이 오지 않는 사람들의 최악의 참상에 대해 말하고 있다(욥 3:21). 예레미야는 사람들이 사는 것보다도 죽음을 택할 날에 대해 언급하고 있다(렘 8:3). 코넬리우스 갈루스(Cornelius Galus)라는 라틴 저자는 "죽기를 원해도 그렇게도 못하는 것이 가장 격심한 고통이다"라고 했다. 그날에는 사람들이 이런 상태에 처하게 되어 죽음마저 위안이 되고 위로가 될 것이다.

이 황충의 왕은 히브리어로 아밧돈(Abaddon)이고 헬라어로는 아플리온(Apollyon)이라고 불린다. **아밧돈**은 히브리어로 **멸망**이라는 뜻이며 "사망과 멸망" 그리고 "음부와 멸망"(욥 26:6, 28:22, 31:12; 시 88:11; 잠 15:11, 27:20)이라는 구에서 가장 빈번히 사용되었다. **아플리온**은 파괴한다는 헬라어 동사의 현재 분사형이다. 그래서 이 단어는 **파괴자**라는 뜻이다. 그러므로 이 악마적 황충의 왕은 "멸망"과 "멸망시키는 자"라고 불리는 것이 마땅하다.

복수의 기수

요한계시록 9:13-21

[13]여섯째 천사가 나팔을 불매 내가 들으니 하나님 앞 금 제단 네 뿔에서 한
음성이 나서 [14]나팔 가진 여섯째 천사에게 말하기를 큰 강 유브라데에 결박
한 네 천사를 놓아 주라 하매 [15]네 천사가 놓였으니 그들은 그 연 월 일 시에
이르러 사람 삼분의 일을 죽이기로 준비된 자들이더라 [16]마병대의 수는 이만
만이니 내가 그들의 수를 들었노라 [17]이 같은 환상 가운데 그 말들과 그 위에
탄 자들을 보니 불빛과 자줏빛과 유황빛 호심경이 있고 또 말들의 머리는 사
자 머리 같고 그 입에서는 불과 연기와 유황이 나오더라 [18]이 세 재앙 곧 자
기들의 입에서 나오는 불과 연기와 유황으로 말미암아 사람 삼분의 일이 죽
임을 당하니라 [19]이 말들의 힘은 입과 꼬리에 있으니 꼬리는 뱀 같고 또 꼬리
에 머리가 있어 이것으로 해하더라 [20]이 재앙에 죽지 않고 남은 사람들은 손
으로 행한 일을 회개하지 아니하고 오히려 여러 귀신과 또는 보거나 듣거나
다니거나 하지 못하는 금, 은, 동과 목석의 우상에게 절하고 [21]또 그 살인과
복술과 음행과 도둑질을 회개하지 아니하더라

이 장면에서 공포는 더해 간다. 악마적인 황충은 죽이지는 못하고 해하는 것은 허락되었으나 이제는 악마적인 마병들의 일단이 인류의 삼분의 일을 멸절하

러 나타났다.

이곳은 그 환상이 신비에 쌓인 곳이고 아무도 이를 세밀히 설명할 수 있었던 사람은 아직 없었다. 아무도 유프라테스 강에 결박되어 있는 네 천사가 누구인지 모른다. 우리는 단지 우리가 알고 있는 것과 상상할 수 있는 것만을 말할 수 있다. 유프라테스 강은 이상적인 이스라엘의 국경이었다. 아브라함에게 하나님이 이렇게 약속했다. "내가 이 땅을 애굽 땅에서부터 그 큰 강 유브라데까지 네 자손에게 주노니"(창 15:18). 그러므로 네 천사가 오되 먼 땅에서 오고, 낯설고, 외국적이며 원수의 땅에서 오며, 과거에 앗수르와 바빌론에서 이스라엘 위에 멸망을 가져온 바로 그곳에서 오는 것이다. 그러면 천사들이 과거에 하나님의 백성 이스라엘 위에 재난이 임했던 바로 그곳에서 오는 것이다.

더 나아가 에녹서에서 우리는 천사들을 형벌의 천사로 묘사한 곳을 많이 발견하게 된다. 이들은 정한 때 하나님의 진노를 사람들 위에 퍼붓는 일을 하게 되어 있는 천사들이었다. 틀림없이 이 네 천사들은 이들 형벌의 천사들 중에 포함되어 있을 것이다.

이 모든 것 위에 또 다른 것을 보태어 보자. 우리는 사도 요한의 환상이 그 세부적인 면에서 자주 실제적인 역사적 사실로 기술되는 것을 보아 왔다. 세계에서 가장 파멸적이고 가공할 군사들은 파르티아(Parthia) 기마대였는데 파르티아인들은 유프라테스 강 저편에 살고 있었다. 요한은 파르티아 기병대가 인류에게 덮치는 무서운 장면을 눈으로 보고 있는지도 모르겠다.

네 천사들은 형벌을 담당한 천사들이다. 그들은 옛날 죽음과 재앙과 노예화가 자주 온 지구상의 그 지역에서부터 온다. 그런데 여기에 파르티아 기병대의 공포가 더해진 것이다.

요한은 공포에 공포를 더한다. 무서운 기병대의 수는 2억 명인데 이 숫자는 단지 하나님의 전차(시 68:17)와 같이 헤아릴 수 없다는 뜻이다. 그들은 불꽃으로 무장한 것같이 보인다. 왜냐하면 그들의 흉패는 불타는 용광로의 빛같이 새빨갛다. 그리고 불에서 올라오는 연기 모양으로 검푸른 색깔과 음부의 무저갱에서 올라오는 유황불 같은 유황색으로 보였다. 그 말들은 사자와 같은 머리를 가지고 있으며 독사와 같은 꼬리를 가지고 있으며 파멸적인 불과 연기와 유황을 내

뿜으며 그들의 독사 꼬리는 사람에게 고통을 준다. 이 모든 것의 결과는 인류의 삼분의 일이 파멸되는 것이다.

이와 같은 비극이 일어나면 살아남은 삼분의 이의 사람들은 당연히 반성할 것이지만 그들은 그렇게 하지 않았다. 그들은 그들 안에 거하는 우상과 마귀 섬기기를 계속했다. 그리고 그들이 행하던 죄악에 그대로 머물러 있었다. 성경 저자들은 우상 숭배는 마귀와 악마 숭배와 전혀 다를 것이 없다고 믿었다. 그리고 그 숭배는 악하고 부도덕을 초래할 수밖에 없다고 확신했다.

The Revelation of John 10

형언할 수 없는 계시

요한계시록 10:1-4

[1]내가 또 보니 힘 센 다른 천사가 구름을 입고 하늘에서 내려오는데 그 머리
위에 무지개가 있고 그 얼굴은 해 같고 그 발은 불기둥 같으며 [2]그 손에는 펴
놓인 작은 두루마리를 들고 그 오른발은 바다를 밟고 왼발은 땅을 밟고 [3]사
자가 부르짖는 것같이 큰 소리로 외치니 그가 외칠 때에 일곱 우레가 그 소
리를 내어 말하더라 [4]일곱 우레가 말을 할 때에 내가 기록하려고 하다가 곧
들으니 하늘에서 소리가 나서 말하기를 일곱 우레가 말한 것을 인봉하고 기
록하지 말라 하더라

10장 1절부터 11장 14절까지 부분은 여섯째와 일곱째 나팔 사이에 있는 일종의 중간 대사다. 여섯째 나팔은 이미 울렸다. 그러나 일곱째 나팔은 요한계시록 11장 15절 전까지는 울리지 않는다. 그리고 그 중간에 무서운 일들이 일어난다.

이 구절에서 힘 있는 천사는 그가 하나님과 부활하신 그리스도 앞에서 직접 왔다고 기술되었다. 그 천사는 구름으로 둘리었고 구름은 하나님의 수레다. "하나님은 구름으로 자기 수레를 삼으셨기" 때문이다(시 104:3). 그 천사는 머리에

무지개를 가지고 있는데 무지개는 하나님의 보좌의 영광의 한 부분이다(겔 1:28). 무지개는 구름 사이를 뚫고 비치는 천사의 얼굴빛으로 생긴다. 천사의 얼굴은 해와 같다. 그것이 변화산상의 예수의 얼굴을 표현한 것이다(마 17:2). 그 천사의 소리는 사자가 우는 소리 같다. 사자가 우는 소리는 하나님의 목소리에 비유되었다. "여호와가 시온에서 부르짖고 예루살렘에서 목소리를 발하리니"(엘 3:16; 호 11:10; 암 3:8). 우리가 볼 수 있듯이 이 묘사의 부분 부분은 차츰 하나님과 예수 그리스도의 묘사다. 분명히 이 천사는 하나님 면전에서 왔다. 사실상 여기서 말하는 천사는 영광을 받으신 그리스도 자신 이외에 아무도 아니라고 생각하는 사람이 있다.

이 천사의 한 발은 바다를, 다른 한 발은 땅을 딛고 있었다. 이것은 천사의 크기와 권세를 표시하는데 바다와 땅은 전 우주의 전체를 뜻한다. 또한 이것은 하나님의 능력은 땅에서와 마찬가지로 바다에서도 확고하시다는 것을 보여 준다. 천사의 손에는 작은 두루마리를 가지고 있는데 풀어져 있고 열려져 있었다. 다시 말해 이 말은 하나님은 요한에게 아주 작은 기간 동안에 대한 제한된 계시를 주고 있는 것이다. 그 천사가 소리를 내었을 때 일곱 뇌성이 울렸다. 일곱 뇌성은 틀림없이 시편 29편의 하나님의 일곱 음성을 지칭하는 것 같다. 거기에서 하나님의 음성이 시인의 시에 잘 나타나 있다.

자연히 요한이 그 열린 두루마리를 보고 천사의 소리를 들었을 때 그것을 기록하기 위해 준비하려 했다. 그러나 이번은 그렇게 하지 말라고 했다. 이 말의 뜻은 그는 계시를 받되 당시는 다른 사람들에게 전해서는 안 될 계시를 그에게 준 것이다. 어떤 때는 누구에게 한 계시가 주어졌을 때 그것은 타인에게 전할 수 없는 것이다. 우리는 이와 똑같은 생각을 바울이 우리에게 말하기를 그가 삼층천에 올라가 "사람이 말하면 안 될 말할 수 없는 말들을 들었다"(고후 12:4)고 했을 때 찾아볼 수 있다. 우리는 그 비밀스러운 계시가 무엇인지 의심조차 할 필요가 없다. 우리가 단지 아는 것은 요한은 하나님의 계시를 받기는 했으나 형언할 수 없고 남에게 말할 수 없는 경험을 했다는 것이다. 하나님은 어떤 때 사람에게 그가 말할 수 있는 것 이상으로 말씀하시거나 당 세대가 받아들이거나 이해할 수 있는 것 이상으로 말씀하시는 것이다.

마지막에 대한 하나님의 선포

요한계시록 10:5-7

5내가 본 바 바다와 땅을 밟고 서 있는 천사가 하늘을 향하여 오른손을 들고
6세세토록 살아 계신 이 곧 하늘과 그 가운데에 있는 물건이며 땅과 그 가운
데에 있는 물건이며 바다와 그 가운데에 있는 물건을 창조하신 이를 가리켜
맹세하여 이르되 지체하지 아니하리니 7일곱째 천사가 소리 내는 날 그의 나
팔을 불려고 할 때에 하나님이 그의 종 선지자들에게 전하신 복음과 같이 하
나님의 그 비밀이 이루어지리라 하더라

천사는 이제 소리를 발하여 선서를 하고 있다. 그 선포 내용이 무엇일까? 어떤 때는 그 선포는 "그때가 다시 있지 아니하리라", 즉 우리가 아는 대로 그때가 이제 끝나게 되었고 이제는 영원한 세계가 시작하게 되었다는 의미로 해석된다. 아마도 그 뜻은 남은 시간이 없고 지체할 시간이 없으며 적그리스도가 자신의 전력을 다해 이제 막 나타나려는 찰나라는 것이리라. 히브리서 저자는 "잠시 잠깐 후면 오실 이가 오시리니 지체하지 아니하시리라"(히 10:37)고 기록하고 있다. 바울이 기록한 대로 불법의 사람이 나타날 때가 다가온 것이다(살후 2:3). 그 뜻이 무엇이건 간에 그 메시지는 그때가 임했고 적그리스도가 지구를 엄습하게 된다는 사실은 확실하다. 이제 마지막 장면이 벌어지게 되어 있다.

이렇게 되면 KJV에 있는 대로 하나님의 비밀이 끝나게 될 것이다. 그 뜻은 인류 역사에서 하나님의 모든 경륜이 완전히 나타날 것이며 보일 것이다. 우리 인생에는 이해하기 어려운 것이 많이 있다. 악의 세력은 헤아릴 수 없이 위협적이고, 사악함이 좌지우지하는 것 같다. 그러나 요한이 본 대로 현대 말로 표현하면 최후의 결전(Show-down)이 있을 것이다. 그 결전에서 하나님과 적그리스도, 선과 악이 서로 마주 대할 것이다. 최종의 그리고 완전한 승리가 있을 것이요, 온갖 질문에는 해답이 나올 것이고, 문제거리는 해결책을 찾을 것이고 잘못된 것들이 바로 잡힐 것이다. 모든 불가사의함과 이상함을 지나서 역사는 하나님의

궁극적인 승리에로 움직이고 있다는 것과 비록 악이 창궐할지라도 이는 종국적으로는 승리를 가질 수 없다는 진리가 입증된다.

하나님의 사자의 기쁨과 슬픔

요한계시록 10:8-11

8하늘에서 나서 내게 들리던 음성이 또 내게 말하여 이르되 네가 가서 바다
와 땅을 밟고 서 있는 천사의 손에 펴 놓인 두루마리를 가지라 하기로 9내가
천사에게 나아가 작은 두루마리를 달라 한즉 천사가 이르되 갖다 먹어 버리
라 네 배에는 쓰나 네 입에는 꿀같이 달리라 하거늘 10내가 천사의 손에서 작
은 두루마리를 갖다 먹어 버리니 내 입에는 꿀같이 다나 먹은 후에 내 배에
서는 쓰게 되더라 11그가 내게 말하기를 네가 많은 백성과 나라와 방언과 임
금에게 다시 예언하여야 하리라 하더라

상세히 연구하기 전에 그 안에서 한 가지 사실을 주목할 수 있다. 우리는 요한이 어떻게 두 번이나 그 두루마리를 **가지라**는 명을 받았는지 알 수 있다. 이 책은 그에게 주어지지 않았고 그가 천사에게 책을 달라고 말했을 때도 주어지지 않은 대신 대답이 그것을 가져가라는 것이었다. 여기에 큰 뜻이 있다. 그 뜻은 하나님의 계시는 아무에게도 강요되지 않으며 사람이 그것을 취해야 한다는 것이다. 하나님의 사자는 결국 징집된 자가 아니라 지원한 자라야 하며 자기 손을 그 일에 뻗친 사람이어야 한다.

이 장면의 원천에 대해서는 의심의 여지가 없다. 이것은 에스겔의 경험에서 온 것인데 에스겔은 두루마리를 먹고 그것으로 배를 채우라는 명을 받았다(겔 3:1, 3). 두 경우에 생각은 다 같다. 하나님의 사자는 하나님의 메시지에 동화되어야 하고 그것을 소화시켜야 하며 자신의 인생과 존재 속으로 받아들여야 하며 하나님의 메시지는 그 사람 자신의 일부분이 되어야 한다.

두루마리의 달콤함은 성경에서 자주 나오는 개념이다. 시편 저자에게 하나님의 심판은 꿀과 꿀송이보다 더 달고(시 19:10), "주의 말씀의 맛이 내게 어찌 그리 단지요 내 입에 꿀보다 더 다니이다"(시 119:103)라고 했다. 이런 말 뒤에는 재미나는 유대 교육 풍습이 있다고 할 수 있다. 유대 소년이 글자를 배울 때 글자의 자모를 밀가루와 꿀의 반죽으로 만든 판에 썼다. 그리고 그 글자가 무엇이며 어떻게 발음하는지를 배운다. 초보적 교수가 끝나면 선생은 글자를 가리키며 묻기를 "저 글자가 무엇이지? 그리고 어떻게 발음하지?"라고 묻는다. 그 아이가 대답을 하면 상으로서 그 판의 글자를 빨아 먹을 수 있다! 글자는 아이 입에는 꿀과 같은 것이다! 선지자와 시편 저자가 하나님의 말씀이나 심판이 꿀보다 더 달다고 했을 때 아마도 이 풍습을 생각하고 있었을 것이다.

그러나 요한은 여기에 새로운 생각을 추가한다. 그에게는 그 두루마리가 달콤한 동시에 쓰다. 그가 의미하는 것은 바로 이것이다. 하나님의 메시지는 그의 종에게 단 동시에 쓴 것이다. 그것이 달다고 하는 것은 다음과 같다. 하나님의 메시지를 받고 하나님의 사자로 선택된다는 것은 위대한 일이기 때문이다. 그것은 확실히 기분을 좋게 한다. 한편 메시지 자체가 경고와 흉조와 멸망의 예고이며 그렇기 때문에 그 메시지는 쓴 것이다. 그러므로 요한에게 하늘의 비밀에 들어갈 수 있고 하나님의 메시지를 받을 수 있다는 것은 무한한 특권이었다. 그러나 그와 동시에 비록 승리가 최후에 약속되어 있다 하더라도 공포의 시기를 예고해야 한다는 것은 쓴 일이다. 하나님의 사자가 된다는 사실에는 달콤함과 쓴 맛이 함께 섞여 있는 것이다.

적그리스도

우리가 곧 다루어야 할 요한계시록의 구절들에서 우리는 많은 경우에 적그리스도의 모습을 발견하게 된다. 이 적그리스도의 모습은 사람들 머릿속에 이상한 매력을 던져 준 존재였다. 적그리스도에 대하여 많은 억측과 이상한 학설과 사상이 있었다. 그러므로 지금 이 단계에서 적그리스도에 대한 자료를 따로 모아 서로 연관된 전체로서 꿰매어 보는 것도 좋으리라고 생각된다.

여기서 적그리스도란 우주 안에서 하나님께 반항하는 모든 권세를 의미한다는 원칙을 세워도 무방하다. 그리스도가 거룩한 자요, 하나님의 기름 부음 받은 왕인 것처럼 적그리스도는 거룩하지 아니한 자요, 모든 악의 왕이다. 그리스도, 즉 메시아가 하나님과 선의 화신인 것과 마찬가지로 적그리스도는 마귀와 악의 화신이다. 그리스도가 하나님의 챔피언인 것처럼 적그리스도는 이 우주인에서 하나님께 반대되는 모든 권세의 챔피언이다.

하나님께 반대되는 권세란 사상은 새로운 것이 아니다. 적그리스도는 신약 시대보다 훨씬 전에 그 기원을 두고 있다. 그러므로 좀 더 오래 전 기록 등을 살펴보는 것이 퍽 도움이 될 것이다. 그들은 신약에 영향을 끼쳤기 때문이다.

I. 바빌론 사람들은 창세에 대한 신화가 있었는데 이것은 모든 샘족이 같이 가지고 있었고 유대인이 그 신화에 접하게 되었을 것이다. 이 신화는 창조 설화를 창조자인 마르둑(Marduk)과 태초의 혼돈의 대표인 용(龍) 티아마트(Tiamat) 간의 싸움으로 엮었다. 마르둑은 질서와 창조의 힘이었다. 한편 티아마트는 마르둑이 이와 싸워야 하고 창조를 하기 전에 정복을 했어야 할 혼돈과 무질서였다. 이 신앙은 더 발전하여 하나님과 혼돈 간의 싸움은 세상이 종언을 고하기 전에 다시 한 번 반복될 것이라고 하는 설도 있다. 이 오래된 창조 신과 혼돈의 용과의 싸움이 구약에 도입된 것이다. 그리고 이것으로 창조 설화의 이상한 부분이 설명된다. 이사야는 하나님이 **리워야단**(leviathan), 곧 꼬불꼬불한 뱀과 바다에 있는 용을 죽이실 날에 대하여 언급하고 있다(사 27:1). 유대 사상에서는 이 옛 혼돈의 용이 라합(Rahab)으로 알려지게 되었다. 이사야는 "라합을 저미시고 용을 찌르신 이가 어찌 주라 아니시며"(사 51:9)라고 했다. 시편 저자가 하나님의 승리를 재음미하고 있을 때 "나는 라합과 바빌론이 나를 아는 자 중에 있다 말하리라"(시 87:4)고 했다. 또 "주께서 라합을 죽임당한 자같이 깨뜨리시고"(시 89:10)라고 했다. 분명히 하나님과 혼돈 간의 태초의 싸움은 신화적이며 구약에 영향을 끼쳤다. 그런데 이 싸움은 마지막 날에 또다시 반복될 싸움이다. 이것이 적그리스도 사상의 고

대 형태 중 하나이며 그래서 그 용의 사상이 다시 요한계시록(12:9)에 등장한다.

II. 벨리알(벨리아르라고도 불림) 사상이 있었다. 벨리알이란 단어는 구약에서 빈번히 악이라는 뜻과 동일한 뜻으로 나타난다. 악한 남자나 여자는 벨리알의 아들이나 딸이라고 불렀다. 엘리의 악한 아들들은 벨리알의 아들들이라고 했다(삼상 2:12). 한나가 성막 안에서 속으로 아들을 달라고 기도하고 있을 때 엘리는 그가 술 취한 줄로 생각했다. 그러나 한나는 자기는 벨리알의 딸이 아니라고 말했다(삼상 1:16). 악한 나발은 벨리알의 아들이라고 불렀다(삼상 25:17, 25). 시므이의 욕 중의 하나는 다윗을 벨리알의 아들이라고 부른 것이었다(삼하 16:7). 이세벨이 내세운 나봇에 대한 거짓 증인들은 벨리알의 아들들이었고(왕상 21:10, 13) 여로보암의 추종자들도 그러하였다(대하 13:7). 벨리알의 정확한 의미는 모른다. 공중의 왕자요, 절망적인 파멸의 왕자는 무가치성의 왕자라고만 이해되어 왔다. 중간기에 와서는 벨리알은 악마와 귀신들의 왕으로 이해되었다. 신약에서는 단지 한 번밖에 안 나온다. "그리스도와 벨리알이 어찌 조화며" (고후 6:15). 거기에서는 벨리알은 그리스도의 대조어로서 사용되었다. 이 아이디어는 아마도 일부는 유대인이 접촉하게 된 페르시아 종교에서 온 것 같다. 페르시아 종교인 조로아스터교(Zoroastrianism)에서는 전 우주를 빛의 시인 오르무즈(Ormuzd)와 암흑의 신인 아리만(Ahriman) 사이의 싸움의 전장으로 이해했다. 여기에서도 이 세상에 하나님께 반대되어 하나님과 싸우는 세력에 대한 관념이 있다.

III. 명확한 적그리스도는 사탄, 즉 마귀라는 느낌이 있다. 사탄은 어떤 때는 루시퍼와 동일시되는데 그는 아침의 아들이요, 하늘에서 하나님을 배역하여 지옥으로 떨어져 버린 천사다. "너 아침의 아들 계명성(Lucifer)이여 어찌 그리 하늘에서 떨어졌으며" (사 14:12). 사탄—그 이름이 악마, 즉 적대자란 뜻—이 하나님의 계획과 목적을 뒤집어엎도록 행동한 경우를 찾기는 어렵지 않다. 사탄의 본성이 그렇게 하도록 되어 있다. 그 한 예는 다윗이 하나님의 명령에 정면으로 반대하여 백성을 계수하도록 꼬였던 경우가 그것이다(대하 21:1). 확실히 사탄은 하나님에게 정면으로 반대하는 자지만, 다른 점은 사탄은 비록 악하기는 하지만 천사인 데 반해 적그리스도는 악의 기본 요소가 성육한 지구상에 나타난 존재다.

IV. 메시아 사상의 발전이 적그리스도 사상의 발전을 불가피하게 만든 것 같다. 메시아는 하나님의 기름 부음 받은 자로서 언젠가는 반드시 반대를 당하게 되어 있다. 그런데 그 반대는 전체가 하나의 악의 최고 형태로 결정(結晶)될 것이 당연하다고 한다. 우리는 **메시아**라는 단어와 **그리스도**라는 단어가 한 단어라는 것을 기억해야 한다. **메시아**는 **기름 부음 받은** 자라는 뜻의 히브리어요, **그리스도**라는 단어도 같은 뜻의 헬라어다. 그리스도가 있는 곳에는 필연적으로 적그리스도가 있게 마련인데, 이는 죄가 있는 곳에는 반드시 하나님에 대한 적과 원수와 저항이 있기 때문이다.

V. 구약에서는 하나님과 집합된 반대파와의 전쟁 기록이 여러 곳에 있다. 하나님과 마곡 간의 싸움에서 그런 장면을 볼 수 있고(겔 38장), 예루살렘 파손자들의 멸망에서 그런 것을 볼 수 있다(슥 14장).

그러나 후기 유대인에게 순수한 악의 표현의 절정은 그들의 역사 속의 무서운 사건과 관련되어 있다. 이야기는 다니엘서의 작은 뿔에 대한 기사에 잘 나타나 있는데 그 뿔은 하늘을 향해 심히 커졌고 매일 드리는 제사를 중지시켰고 그 성소를 헐었다(단 8:9-12). 그 작은 뿔은 수리아의 안티오코스 에피파네스(Antiocus Epiphanes)를 지칭한다. 안티오코스 에피파네스는 자신이 헬라 문화의 전파자라고 생각했기 때문에 헬라 양식과 언어, 헬라 풍습과 종교를 팔레스타인에 소개하려고 결심했다. 유대인이 반항했더니 안티오코스 에피파네스는 팔레스타인을 침략하여 예루살렘을 정복하였다. 8만 명의 유대인이 학살당했든지 노예로 팔려 갔다고 한다. 할례를 행하든지 율법책의 한 장이라도 소유하고 있는 것은 사형에 해당하는 죄였다. 역사상 그렇게 의식적으로 전 민족의 신앙이나 종교를 없애 버리려고 노력한 예는 거의 없다. 그는 성소를 모독했다. 그는 그 성소에 올림푸스의 제우스 신을 위한 제단을 건축했다. 그리고 그 위에 돼지고기를 제물로 드렸다. 그 성전의 방들을 공창의 방으로 만들어 버렸다. 결국 마카비의 군대가 성전을 되찾고 안티오코스를 패배시켰으나 유대인에게는 안티오코스가 모든 악의 화신이었고 그는 다니엘서의 참람한 작은 뿔이며 그는 적그리스도의 인간 형태로서는 가장 근사한 존재였다.

구약에서 이미 적그리스도의 모습이 갖추어져 가는 것을 볼 수 있다. 악의 화신, 즉 하나님의 원수 중 최고의 원수라고 생각되어 있었다.

이제 신약의 적그리스도 사상에 대하여 생각해 보기로 하자.

Ⅰ. 공관복음에는 적그리스도에 대한 기록이 무척 적다. 실질적으로 나타나는 것은 마지막 날과 마지막 징조를 다룬 장에서만이다. 거기에 보면 예수가 다음과 같이 말씀하신 것으로 기록되어 있다. "그때에 사람이 너희에게 말하되 보라 그리스도가 여기 있다 혹은 저기 있다 하여도 믿지 말라 거짓 그리스도들과 거짓 선지자들이 일어나 큰 표적과 기사를 보여 할 수만 있으면 택하신 자들도 미혹하리라"(마 24:23-24; 막 13:6, 22; 눅 21:8). 제4복음서에서는 예수가 다음과 같이 말씀하신 것으로 기록되어 있다. "나는 내 아버지의 이름으로 왔으매 너희가 영접하지 아니하나 만일 다른 사람이 자기 이름으로 오면 영접하리라"(요 5:43). 이곳에서 적그리스도 개념은 오히려 거짓 교훈으로 나타났다. 여기에 나오는 인물은 참 신앙과 예수 그리스도에 대한 충성에서 사람들을 떼낸다. 이곳의 개념은 오히려 이단과 관련된 것이다. 이것은 앞으로 신약에서 다시 나오게 될 개념의 일부분이다.

Ⅱ. 적그리스도의 기사 중 중요한 것은 데살로니가후서 2장에 나오는 불법의 사람에 대한 기사다. 이곳에서 사도 바울이 중요한 부분이 되는 것에 대하여 깨우쳐 주고 있는 것이 확실하다. 그는 "내가 너희와 함께 있을 때에 이 일을 너희에게 말한 것을 기억하지 못하느냐"(살후 2:5)라고 했다. 이 기사에서 보면 첫째 많은 사람이 떨어져 나가는 일이 있을 것이요, 그 다음에 불법의 사람이 와서, 자신을 하나님보다 높게 올릴 것이요, 그는 하나님께 마땅히 드려야 할 예배를 요구할 것이며 그는 많은 사람을 미혹할 표적과 이적을 거짓으로 보이며 역사할 것이다. 바울이 이 편지를 쓰고 있었던 때 이 악의 최후 표현을 나타내지 못하고 방해하고 있는 무엇이 있는 것이다(살후 2:7). 가장 가까운 것은 바울은 로마 제국을

의미했다고 하는 것이며 바울에게는 로마 제국이 온 세계의 최후의 혼돈으로 다 파괴되어 버리는 것을 못하게 막아 주는 힘이었다. 여기서는 적그리스도가 악 자체인 그 한 사람에게 집중되고 화신되었다. 이것은 오히려 이 문제를 구약의 벨리알 개념과 연결시키는 것 같으며 페르시아 세계의 관념으로 빛과 어둠의 혼란과 관련시키는 것 같다. 확실히 이 경우에는 적그리스도가 인격화되어 있다.

III. 적그리스도의 개념이 요한 서신에 나타난다. 사실상 문자 그대로 적그리스도라는 말은 오직 이 서신에서뿐이다. 마지막 날에 적그리스도가 오게 되어 있다. 요한이 이 서신들을 쓰고 있었던 시대에 많은 적그리스도가 이미 와 있었다. 요한은 위와 같은 이유로 적그리스도가 마지막 날에 살고 있다는 것을 알고 있다(요일 2:18)고 말했다. 아버지와 아들을 부인하는 자는 적그리스도다(요일 2:22). 특히 예수 그리스도가 육으로 오신 것을 부인하는 자는 적그리스도다(요일 4:3; 요이 1:7). 적그리스도의 최고의 특징은 성육신의 사실성을 부인하는 것이다.

여기에서도 적그리스도의 주요 관계는 이단과의 관계다. 적그리스도는 사람들을 진리에서 유혹하고 기독교 신앙의 파멸인 잘못된 사상으로 인도하는 거짓 영이다.

IV. 적그리스도가 완전하게 묘사되는 것은 요한계시록에서다. 요한계시록에서는 적그리스도는 단순한 형태가 아니다. 여러 모양으로 나타난다.

1. 11장 7절에 보면 예루살렘에서 두 증인을 죽이고 42개월간 통치를 할 무저갱에서 올라온 짐승에 대한 기록이 있다. 이곳을 보면 적그리스도가 지옥에서 나온 권세 잡은 자로 나타난다. 그는 비록 제한되기는 하나 무섭고 파멸적인 권세의 기간을 가진다. 이 경우에는 작은 뿔로서 나타난 다니엘의 안티오코스 에피파네스의 묘사와 적어도 얼마간 관련이 있다. 그것이 확실히 우리가 주석에서 본 대로 42개월, 즉 3년 반이란 기간의 출처요, 그 기간은 안티오코스의 공포 정치와 예루살렘 성전의 모독이 계속된 기간이다.

2. 12장에는 해를 옷 입고, 남자 아기를 낳은 여인을 박해하는 큰 붉은 용의 기록이 있다. 그 용은 결국 패배하고 하늘에서 쫓겨난다. 이 경우에 용은 악마인

옛 뱀(12:9)과 동일시하고 있다. 이것은 확실히 하나님의 원수인 암흑의 용의 신화와 모종의 관계가 있다.

3. 13장에는 바다에서 올라온 일곱 마리의 열 개 뿔이 있는 짐승의 기록이 있고 땅에서 오는 다른 두 개 뿔이 있는 짐승이 있다. 앞으로 설명하겠지만 요한의 머릿속에 있는 것은 공포와 가이사 숭배의 야만성이었다. 그리고 이 경우에는 적그리스도가 기독교를 강력히 박해하는 자다. 여기에서 개념은 허위와 거짓과 이단을 전파하는 유혹의 세력이 아니고 그리스도와 교회의 최종 파멸을 계획하고 있는 잔인하고 무섭게 핍박하는 세력이다.

4. 17장 3절에 보면 바빌론이라고 불리는 여인이 탄 일곱 머리와 열 개 뿔을 가진 붉은색의 짐승이 있다. 또 그 일곱 머리는 여인이 앉아 있는 일곱 산이라고 기록되어 있다. 요한계시록에서 바빌론은 로마 시를 상징하며 로마 시는 일곱 언덕 위에 세워졌기 때문에 명백히 로마 시를 의미한다. 이 장면에서 적그리스도는 로마가 기독교에 퍼붓는 박해의 세력이다.

여기서 로마에 대한 생각이 변화를 가져온 것을 볼 때 매우 흥미 있는 일이다. 우리가 성경에서 읽는 대로 바울이 데살로니가후서를 썼을 때 그는 로마를 적그리스도의 출현을 막는 유일의 권력이라고 생각했다. 로마서 13장 1-7절에서 바울은 국가는 하나님께로부터 온 권세라고 말하고 있으며, 모든 기독교인은 선량하고 충실한 그리고 충성스러운 시민이 되라고 촉구하고 있다. 베드로전서 2장 13-17절에서 기독교인들에게 주어진 명령은 솔선해서 국가 정부에 복종해야 하며 하나님을 두려워하고 왕을 존경하라는 것이다. 요한계시록에서는 전혀 다른 입장이 나온다. 요한에게 로마는 적그리스도 이외에는 아무것도 아니며 교회의 대적이요, 하나님의 원수이며, 마귀의 동맹이다. 세태가 변하여 이제는 박해의 불이 붙기 시작했고 그리하여 요한에게 로마는 적그리스도로 바뀐 것이다.

V. 적그리스도의 설명에서 한 가지 더 중요한 것을 찾아볼 수 있다. 이러한 반신(反神)의 유대교적 개념과 예수가 선의 화신(化身)인 것과 마찬가지로 악의 화신인 한 권세라고 하는 기독교적 개념으로서 그리스, 로마의 세계에서부터 하나의 새로운 개념이 생겨나게 된 것이다. 초기 로마 황제 중 최악의 황제는 네로였

다. 네로는 기독교인뿐 아니라 로마인에게도 악의 최첨단이라고 생각되었다.

네로는 주후 68년에 자살했고 백성은 안도의 한숨을 내쉬었다. 그러나 그 직후 다른 신앙이 퍼져 갔다. 네로는 죽은 것이 아니라 그의 죄악 속에서는 불사적이며 파르티아에서 파괴와 공포를 가지고 나타날 파르티아인들의 무서운 집단과 더불어 이 세상에 내려오기를 기다리고 있는 것이라는 생각이 일어났다. 이것은 소위 **네로 부활**(Nero redivious) 신화라고 한다. 당시에는 네로가 죽은 지 20년이 지나서도 널리 퍼져 있었다.

기독교인들에게 네로는 악의 뭉치였다. 로마 시의 대화재를 기독교인들에게 누명을 씌운 자가 바로 네로였고 박해를 시작한 것도 그였다. 박해의 가장 야만적인 방법을 생각해 낸 것도 그였다. 그는 기독교인들에게 야생동물들의 가죽을 입히고 자신의 사냥개들을 풀어 놓아 그들을 갈기갈기 찢게 했다. 또 그는 기독교인들을 자루 속에 넣어 커다란 돌을 매단 후 티베르 강물에 던져 넣었다. 또 그는 기독교인들을 역청 속에 뒹굴려서 그들이 아직 죽기 전에 자기 마당에 어둠을 밝히는 불로 사용했던 것이다. 네로는 로마인들에게는 죄악의 괴물이요, 기독교인들에게는 잔인한 악마의 화신이라는 생각을 깊이 넣어 주었다. 많은 기독교인이 네로 부활 신화를 긍정적으로 받아들이고 믿었다. 요한계시록 어떤 부분에서는 그렇듯이 흔히 네로 부활과 적그리스도가 동일시되었고 기독교인들은 적그리스도의 내림을 악한 네로의 귀환으로 이해했다.

The Revelation of John

11

장차 올 것들에 대한 환상

본 11장은 세부적으로 관찰하기 전에 전체적으로 보는 것이 더 유익할 것이다. 이 11장은 요한계시록 중에서도 가장 난해한 동시에 중요한 장으로 알려져 왔다. 그 난해한 점은 해석하는 데 문제점들을 내포하고 있고 그것은 아무런 확실한 해결점을 찾을 수 없다는 점이다. 이 장의 중요성은 이 장에 이후에 나올 것들이 종합되어 수록해 있기 때문이다. 이 환상을 보는 자는 두루마리를 먹었다. 그는 그의 마음에 하나님의 메시지와 진리를 받아들인 것이다. 그리고 그 내용을 아직은 세밀하게 진술하지 않고 개략적으로 말하고 있다. 사건의 발전이 아주 확실하므로 그는 11절부터는 화법의 시제를 바꾸어 아직 미래에 있을 일들을 과거에 있었던 것같이 말하고 있다. 본 11장의 시제가 과거일지라도 그 사건들은 미래의 일이라는 것을 기억해야 한다. 요한은 얼마나 확실한지 장차 올 일을 마치 그것들이 이미 일어난 것같이 말할 수 있는 것이다. 이제 이 장의 개요를 살펴보자. 또한 이것은 요한계시록의 남은 부분의 개략이기도 하다.

I. 1-2절. 성전을 측량하는 장면이 나온다. 앞에 나오겠지만 측량은 봉인과 아주 흡사하다. 측량의 목적은 악마의 공포가 세상에 내려올 때 보호하기 위

한 것이다.

II. 3–6절. 두 증인의 설교가 있는데 그들은 마지막 날의 선구자들이다.

III. 7–10절. 여기에 무저갱에서 나온 짐승의 형태로 적그리스도의 첫 번 출현과 적그리스도의 잠정적 승리로 두 증인의 사망을 초래하게 된다.

IV. 11–13절. 두 증인의 소생과 유대인의 마지막 회개와 개종이 온다.

V. 11–19절. 끝으로 그리스도의 최후 승리가 처음으로 그려지고 그의 처음 통치의 천 년, 마지막 날 국가의 생성, 그 국가의 멸망과 죽은 자의 심판과 하나님과 그의 기름 부음 받은 자가 나라를 건설하는 것이 뒤따른다.

이 11장이 간략하게 그리고 대략 다루고 있는 것은 이런 사건들이며 이 사건들은 요한계시록의 나머지 부분의 자료다. 이제 세부적으로 다루어 보기로 한다.

성전의 측량

요한계시록 11:1-2

1또 내게 지팡이 같은 갈대를 주며 말하기를 일어나서 하나님의 성전과 제단
과 그 안에서 경배하는 자들을 측량하되 2성전 바깥마당은 측량하지 말고 그
냥 두라 이것은 이방인에게 주었은즉 그들이 거룩한 성을 마흔두 달 동안 짓
밟으리라

요한에게 막대기와 같은 재는 자가 주어졌다. **재는 자**란 말은 직역하면 **갈대**(reed)라는 뜻이다. 옛날에 대나무 줄기와 같이 2.5–3미터까지 자라는 풀이 있었다. 이 키가 큰 풀의 줄기가 측량하는 자로 사용되었다 **막대**(rod)라는 단어는 실

제로 유대인의 측량 단위를 말하는데 그것은 6큐빗에 해당한다. 큐빗은 원래 팔꿈치 끝에서 가운뎃손가락 끝까지 거리로서 43-45센티미터이므로 **막대**(rod)는 9미터 70센티미터 정도였다.

측량하는 장면은 환상을 보는 사람들과 선견자들에게는 흔히 있는 일이다. 에스겔과 스가랴, 아모스에서(겔 40:3, 6; 슥 2:1; 암 7:7-9) 볼 수 있는데 이런 환상들이 요한의 생각에 있었고 그에게 이 장면의 개략을 제공해 준 것에는 의심의 여지가 없다.

그러면 이 측량의 목적은 무엇이며 무엇을 위해서인가? 측량의 개념이 한 가지 이상의 방법으로 쓰이고 있음을 볼 수 있다. 이것은 건축과 개축의 준비로 그리고 파괴와 인멸의 준비로 사용되었다. 그러나 여기에서는 어느 것 하나에도 관련이 없고 보존에 그 뜻이 있다. 그 측량을 받은 것은 보존되는 것이다. 이곳의 측량은 7장 2-3절에 있는 인침과 같은 것이며 인침과 측량은 하나님의 신실한 자들을 이 지구상에 올 악마의 날에서 보호하기 위해서다.

요한은 성전을 재야 했다. 그러나 그는 이미 이방인들에게 주어진 바깥마당은 측량에서 제외해야 했다. 예루살렘 성전은 네 뜰로 나뉘어 있고 이들은 다 지성소로 모인다. 이방인의 뜰이 있는데 그곳에는 이방인들이 들어갈 수 있으되 그 이상을 넘어 들어가면 죽음을 처벌 받게 된다. 이곳과 다음 뜰 중간에는 난간이 있는데 거기에는 더 이상 들어오는 이방인은 즉시 처형한다는 경고가 쓰여 있는 작은 판을 끼워 놓았다. 다음에 여인의 뜰이 있는데 그 이상은 여자는 들어갈 수 없다. 다음에 이스라엘의 뜰이 있는데 그 이상은 보통 남자는 들어갈 수 없다. 끝으로 제사장의 뜰이 있는데 거기에는 놋으로 만든 번제단이 있고, 금으로 만든 향단이 있으며 성소가 있는데 이 뜰에는 오직 제사장들만 들어올 수 있는 곳이다.

이곳의 장면에서는 요한이 성전을 측량하게 되어 있다. 여기에 한 가지 난제가 있는데 우리가 그 환경을 이해한다면 풀리는 문제다. 난점이란 요한계시록의 연대다. 그것은 우리가 아는 대로 주후 90년경이다. 그리고 예루살렘의 성전은 주후 70년에 다 괴멸되었는데 예루살렘은 그때 완전히 초토화되었다. 그렇다면 어떻게 성전을 측량할 수 있겠는가?

해답은 이렇게 얻어진다. 거의 확실하게 요한은 여기에서 이미 사용된 장면을 취하여 자기 자신의 목적을 위해 사용하고 있는 것이다. 이 부분은 **원래** 예루살렘이 마지막으로 포위되었던 주후 70년에 쓰였을 것이다. 그 최후의 포위 기간에 패망을 절대로 수락하지 않으려고 했던 파는 열심당이었다. 그들은 패망을 수락하는 것보다는 차라리 남자답게 죽기를 원했고 사실 그리했다. 예루살렘시가 유린되었을 때 열심당들은 성전으로 퇴각하여 거기서 최후의 처절한 항거를 했다. 그때 그들의 선견자들 중 어떤 사람은 다음과 같이 말했을 것이다. "기뻐하라; 겁내지 말라. 이방 침략자들은 바깥 이방인의 뜰까지는 올 수 있을는지 모른다. 그리고 거기를 짓밟고 모독할 수 있으나 그들은 성전의 안쪽과 가장 거룩한 뜰까지는 결코 들어갈 수 없을 것이다. 하나님께서는 그것을 결코 용납지 않으실 것이다." 그러나 희망과 꿈과 신뢰는 실망으로 끝났다. 열심당은 패잔했고 성전은 파괴되었다. 그러나 **원래** 안쪽의 뜰은 측량하고 바깥뜰을 버리는 것은 마지막 두려운 날에서 열심당적인 희망을 의미하는 것이었다.

요한은 여기에서 이 장면을 취해 완전히 영적 의미로 만들어 버렸다. 그가 성전에 대해 말할 때 그는 성전 건물에 대해서는 전혀 생각하지도 않았다. 이유인즉 그 건물은 이미 형체도 없어진 지 20여 년이 되었다. 그에게 성전은 기독교, 하나님의 백성을 의미하고 있었다. 이런 묘사는 신약에서 누차 나오는 방법이다. 기독교인들은 영적 집을 짓는 살아 있는 돌들이었다(벧전 2:5). 교회는 사도들과 선지자들 위에 세워졌다. 예수는 모퉁잇돌이요, 전체 교회는 주 안에서 점점 거룩한 성전으로 자라나고 있다(엡 2:20-21). 바울은 "너희가 하나님의 성전인 것과 하나님의 성령이 너희 안에 계시는 것을 알지 못하느냐"(고전 3:16; 고후 6:16: 비교)라고 말했다.

이 모든 구절에서 성전은 백성, 즉 하나님의 백성이었고 여기서도 그러하다. 성전 측량은 하나님의 백성이 인침과 같다. 그들은 두려운 시험의 날에 보존을 받게 되어 있다. 그러나 나머지, 즉 영적으로 이방인들, 다시 말해 교회 밖에 있는 자들은 파멸을 당할 것이다.

공포의 기간

요한계시록 11:1-2(계속)

이 공포의 기간은 42개월이었다. 그 증인들의 증거는 1,260일이었고, 그들의 시체는 거리에 43일 반 동안 방치될 것이다. 이런 일은 자주 일어났다(13:5, 12:6 비교). 이것이 12장 14절에서는 더 다른 형태로 나타나는데 그 기간은 **한 때와 두 때 그리고 반 때**라는 형태를 취한다.

이 구절의 뜻은 3년 반이다. 그것이 42개월이요, 유대식으로 1,260일이라는 것이다. 한 때, 두 때, 그리고 반 때라는 것은 1년에 2년을 더하고 반년을 더한다는 것과 똑같다. 그러므로 이것이 이 구절의 뜻인데 비록 때라는 말과 해(年)라는 말이 둘 다 상상적으로 해석된다고 해도 이 구절의 뜻이며 비유적인 뜻이 부가되는 것이다.

이 구절의 원리는 유대 역사상 가장 무서운 데에서부터 비롯된 것이다. 주전 168년경 안티오코스 에피파네스는 수리아 왕이었다. 그는 그리스적이라면 무엇이건 좋아해서 헬라어와 그리스문화와 그리스의 종교를 유대인 사이에 소개하려고 결심했다. 그는 가장 완강한 저항을 받게 되었다. 사건은 팔레스타인이 서로 앙숙인 수리아와 애굽의 중간에 위치해 있기 때문에 더욱 복잡해졌다. 그리고 안티오코스는 유대인이 그들에게 일어나는 이런 결과로 자기네 원수인 애굽의 수중에 들어갈 수 있다는 사실을 잘 알고 있었다. 그는 평화적 수단으로 침투하지 못하는 것은 폭력과 힘으로 하려고 마음먹었다. 안티오코스 에피파네스의 행동에서 우리는 한 민족과 그 종교를 의식적으로 말살하려는 독특한 행위를 볼 수 있다. 그는 예루살렘을 공략했다. 거의 8만 명의 유대인이 죽거나 노예로 팔려 갔다. 율법을 한 장이라도 소유하는 것은 사형에 처할 중대한 범죄였다. 그리하여 집집마다 관헌에 의해 율법 책을 찾기 위한 가택 수색을 받았다. 어린아이를 할례하는 것은 사형에 해당했다. 성전은 모독되었다. 올림푸스 산에 제우스 신을 위한 큰 제단이 세워졌다. 그리고 돼지고기 제물이 드려졌고 성전의 방들은 신전 전용인 공창의 방이 되어 버렸다. 그는 심한 반발을 받았고 순교자들이 속출했다. 유대인은 죽음을 택했고 죽어 갔다. 이 가공한 일은 용감한 영웅적인 유다 마카비와 그의 추종자들의 출현으로 결국 끝나고 말았다.

유대와 그의 군인들은 게릴라전을 폈다. 그리고 가장 감격적인 승리를 거두었다. 결국 안티오코스와 그의 군사들은 추방되고 성전은 재건되어 청결하게 되었다. 요는 무시무시한 고난과 성전이 모독된 이 기간이 주전 168년 6월부터 165년 12월까지 계속되었다는 것이다. 오늘날까지도 유대인은 12월에 하누카절을 지키는데 이는 성전의 재건과 청결을 기념하는 절기다. 이 말은 무서운 시간이 거의 정확하게 3년 반, 즉 한 때와 두 때 그리고 반 때를 지속했다는 것이다. 다니엘서가 기록된 것은 이 기간 동안이었고 다니엘서에 이런 구절이 삽입되어 그 때부터는 그 구절은 유대인 마음에 공포와 수난과 고통과 순교와 죽음의 기간을 나타내고 의미하는 것이 되어 왔다.

여기에 바로 이 3년 반 그리고 한 때, 두 때와 반 때라는 구절의 뜻이 있는 것이다.

두 증인

요한계시록 11:3-6

3내가 나의 두 증인에게 권세를 주리니 그들이 굵은 베옷을 입고 천이백육십
일을 예언하리라 4그들은 이 땅의 주 앞에 서 있는 두 감람나무와 두 촛대니
5만일 누구든지 그들을 해하고자 하면 그들의 입에서 불이 나와서 그들의 원
수를 삼켜 버릴 것이요 누구든지 그들을 해하고자 하면 반드시 그와 같이 죽
임을 당하리라 6그들이 권능을 가지고 하늘을 닫아 그 예언을 하는 날 동안
비가 오지 못하게 하고 또 권능을 가지고 물을 피로 변하게 하고 아무 때든
지 원하는 대로 여러 가지 재앙으로 땅을 치리로다

유대인의 신앙 중에는 마지막 주의 날이 임하기 전에 하나님께서 자신의 특별

한 사자를 보내시리라는 생각이 늘 있었다. 말라기에 보면 하나님께서 "보라 내가 내 사자를 보내리니 그가 내 앞에서 길을 준비할 것이요"(말 3:1)라고 말씀하셨다. 말라기는 그 사자를 엘리야로 보았다. "보라 여호와의 크고 두려운 날이 이르기 전에 내가 선지자 엘리야를 너희에게 보내리니"(말 4:5). 이렇게 이 구절에서 마지막 고통이 있기 전에 하나님의 사자들이 올 것이라고 하는 기록을 보았다.

이 사자들은 예언하는 직책을 가졌다. 저들은 1,260일간 예언을 한다. 그것은 3년 반이며 우리가 본 대로 그것은 항상 앞으로 닥쳐올 공포와 파멸과 관련 있는 기간이다. 그들의 메시지는 우울해서 베옷을 입었다. 그것은 저주의 메시지요, 그것을 경청하고 있다는 것 자체가 고통이 될 것이다. 그러니 백성은 저들 증인들이 죽음을 당했을 때 기뻐할 것이다(10절). 그러면 도대체 이 두 증인은 누구인가? 요한의 머리에 생각하고 있는 사람들은 누구인가?

I. 어떤 학자들은 이 구절을 완전히 비유화했다. 그들은 이 두 증인을 율법과 선지자로 혹은 율법과 복음으로 또는 신·구약일 것이라고 한다. 또 어떤 이는 두 증인을 교회라고도 한다. 예수님께서 자기 제자들에게 그들은 예루살렘과 유대와 사마리아와 땅 끝까지 이르러 당신의 증인이 되라고 말씀하셨다(행 1:8). 이 두 증인을 교회의 증인으로 설명하는 사람들은 이 둘이라는 수를 신명기 19장 15절을 인용하여 설명하는데 거기에는 누구에게나 어떤 혐의가 있거든 그것은 두 증인의 증거로 확증해야 한다고 했다. 그러나 이 장면은 비유에 지나지 않는 것 같지는 않고 어떤 특정한 사람을 지칭하는 것같이 보일 정도로 분명하고 확실하다.

II. 이 두 증인은 에녹과 엘리야라고 생각되었다. 구전에 의하면 에녹과 엘리야는 둘 다 죽지 않았다고 한다. "에녹이 하나님과 동행하더니 하나님이 그를 데려가시므로 세상에 있지 아니하였더라"(창 5:24). 엘리야는 회오리바람과 불수레를 타고 하늘로 들려 갔다(왕하 2:11). 터툴리아누스는 그의 저서(영혼에 대하여 50)에서 그들 두 사람은 적그리스도를 죽게 하기 위하여 하나님으로 말미암아 하늘에 간직되었다고 믿는 것에 대해 언급하고 있다.

III. 그보다 더 그럴싸한 것은 이 증인들이 엘리야와 모세라고 한다. 엘리야는 선지자 중 가장 큰 자로 알려져 왔는데 이는 마치 모세가 가장 높은 율법을 준 자로 숭앙을 받는 것과 같다. 그리고 이스라엘 종교 역사상 가장 위대한 두 사람이 마지막 날에 하나님의 사자가 되어야 한다는 것은 이치상 잘 맞는 말이다. 변화산상에 나타났던 사람들이 바로 이 두 사람이다(막 9:4). 그보다 그들에 대하여 말한 것이 그 어느 누구보다도 모세와 엘리야에게 잘 맞는다. 6절에는 그들은 물을 피로 만들고 땅을 재앙으로 칠 권세가 주어졌다고 했는데 그것이 바로 모세가 애굽에 재앙을 내리게 하는 중간 역할을 했을 때 행했던 것이다(특히 출 7:14-19 비교). 또 말하기를 불이 그들의 입에서 나가 그들의 적을 태워 버린다고 하고 그들은 하늘을 닫아 비가 내리지 않게 할 권한이 있다고 했다. 그것이 바로 엘리야가 그를 잡으러 보냄을 받은 군사들에게 행했던 것이며(왕하 1:9-10), 그가 아합에게 땅 위에 비가 오지 않을 것이라고 말했을 때 행한 것이다(왕상 17:1). 또 우리는 엘리야가 실제로 마지막 날이 다가오는 것을 알리러 돌아오리라고 기대되었다는 것을 들었다. 그러므로 하나님께서 모세 자신이 돌아오리라는 증거로 모세와 같은 선지자를 일으키시리라(신 18:18)는 하나님의 약속으로 이해하기는 어렵지 않다. 그러므로 이 두 증인은 모세와 엘리야로 보는 것이 가장 좋은 방법이다.

세상을 구하는 두 증인의 죽음

요한계시록 11:7-13

7그들이 그 증언을 마칠 때에 무저갱으로부터 올라오는 짐승이 그들과 더불
어 전쟁을 일으켜 그들을 이기고 그들을 죽일 터인즉 8그들의 시체가 큰 성
길에 있으리니 그 성은 영적으로 하면 소돔이라고도 하고 애굽이라고도 하
니 곧 그들의 주께서 십자가에 못 박히신 곳이라 9백성과 족속과 방언과 나

라 중에서 사람들이 그 시체를 사흘 반 동안을 보며 무덤에 장사하지 못하게 하리로다 [10]이 두 선지자가 땅에 사는 자들을 괴롭게 한 고로 땅에 사는 자들이 그들의 죽음을 즐거워하고 기뻐하여 서로 예물을 보내리라 하더라 [11]삼일 반 후에 하나님께로부터 생기가 그들 속에 들어가매 그들이 발로 일어서니 구경하는 자들이 크게 두려워하더라 [12]하늘로부터 큰 음성이 있어 이리로 올라오라 함을 그들이 듣고 구름을 타고 하늘로 올라가니 그들의 원수들도 구경하더라 [13]그때에 큰 지진이 나서 성 십분의 일이 무너지고 지진에 죽은 사람이 칠천이라 그 남은 자들이 두려워하여 영광을 하늘의 하나님께 돌리더라

두 증인은 그들에게 허락된 시간 동안 증거하게 되어 있고 그런 후에 적그리스도가 무저갱에서부터 짐승의 형상으로 올라와서 두 증인을 비참하게 죽일 것이다.

이것은 예루살렘에서 일어나게 되어 있는데 거룩한 성 예루살렘은 소돔과 애굽의 무서운 이름으로 불렸다. 옛날에 이사야가 예루살렘의 통치자들에게 소돔의 통치자를 향해 말하듯 했고 예루살렘 거민에게 말하는 것을 고모라 백성에게 말하는 듯했다(사 1:9-10). 소돔과 고모라는 죄의 유형들을 뜻하는 것이며 나그네를 받아들이지 않았던 자들의 상징(창 19:4-11 비교)과 그들의 은인을 종으로 바꾸어 버린 자들을 상징(지혜서 19:14-15)했다.

예루살렘의 백성이 그 두 증인을 얼마나 싫어했던지 그들은 시체를 매장하지 않고 길거리에 놓아두었다. 유대 사상에서는 묻히지 못한다고 하는 것은 실로 두려운 일이었다. 이방인이 하나님의 백성을 공략했을 때 최대의 비극은 저들을 묻을 사람이 없다는 것이라고 시편 기자는 기록했다(시 79:3). 불순종한 선지자에 대한 경고가 그대로 이루어졌으니 그것은 그의 시체가 그의 열조의 묘실에 들어가지 못하리라고 한 것이다(왕상 13:22). 이보다 더욱 두려운 것은 하나님의 증인들에 대한 백성의 증오감이 얼마나 컸으며 그들의 죽음을 즐거워하며 경축했다는 것이다.

그러나 거기서 끝난 것은 아니다. 3일 반 후에—여기 또 같은 기간이 나온다

—생기가 그들 피살된 증인에게 다시 들어가 그들은 그들의 발로 다시 일어난다. 그리고 더 놀랄 일들이 일어난다. 모든 사람의 목전에서 그 두 증인들은 하늘로 불려 올라갔는데 엘리야의 처음 승천과 같이 회오리바람과 불 수레를 타고 올라갔다(왕하 2:11).

더 한층 공포를 가져온 것은 파괴적인 지진이 일어나 그 시의 십분의 일을 부수고 그 주민 칠천 명을 삼켜 버렸다. 그 결과 이 무서운 일련의 사건들을 보고 살아남은 사람들은 하나님께 영광을 돌렸다. 저들이 악한 길에서 돌이켜 회개하였으니 이는 그렇게 하는 것만이 진정으로 하나님께 영광을 돌리는 길이기 때문이다.

이 구절의 초점은 불신자들이 이 증인들의 희생적인 죽음과 증인에 대한 하나님의 옹호로 구원을 얻게 되었다는 사실에 있는 것이다. 여기에 십자가와 부활의 이야기가 완전히 되풀이되었다. 악을 정복하고 사람을 구원하는 일이 있다면 그것은 어떤 힘으로 하는 것이 아니고 오직 그리스도의 이름을 위하여 고난을 받고 하나님의 최후적인 원수 갚는 일을 기다리는 것으로만 가능하다.

장차 올 일의 예고

요한계시록 11:14-19

14둘째 화는 지나갔으나 보라 셋째 화가 속히 이르는도다 15일곱째 천사가 나
팔을 불매 하늘에 큰 음성들이 나서 이르되 세상 나라가 우리 주와 그의 그
리스도의 나라가 되어 그가 세세토록 왕 노릇 하시리로다 하니 16하나님 앞
에서 자기 보좌에 앉아 있던 이십사 장로가 엎드려 얼굴을 땅에 대고 하나님
께 경배하여 17이르되 감사하옵나니 옛적에도 계셨고 지금도 계신 주 하나님
곧 전능하신 이여 친히 큰 권능을 잡으시고 왕 노릇 하시도다 18이방들이 분
노하매 주의 진노가 내려 죽은 자를 심판하시며 종 선지자들과 성도들과 또
작은 자든지 큰 자든지 주의 이름을 경외하는 자들에게 상 주시며 또 땅을

망하게 하는 자들을 멸망시키실 때로소이다 하더라 [19]이에 하늘에 있는 하나님의 성전이 열리니 성전 안에 하나님의 언약궤가 보이며 또 번개와 음성들과 우레와 지진과 큰 우박이 있더라

이 구절을 난해하고 곤란하게 만드는 것은 요한계시록이 아직 절반이 남아 있고 내용으로도 절반이 남아 있는데 최후의 승리로 세상의 종말이 온 것 같은 인상을 주는 것이다. 처음 설명에서 이에 대해 이미 언급한 바 있다. 이 구절은 장차 올 모든 일의 요약이라는 것으로 설명된다. 여기에 나와 있는 예언들은 다음과 같다.

I. 승리의 때가 와서 이 세상의 나라들이 하나님과 그리스도의 나라가 된다. 그 승리는 하나님의 영원한 통치의 시작이다. 이것은 실은 시편 22편의 인용인데 메시아의 통치가 시작되었다고 표현하는 또 하나의 다른 방법이다. 이 승리를 보고 24장로, 즉 전 교회가 큰 소리로 감사를 드리는 것이다.

II. 이 승리는 하나님께서 최고의 권위를 잡으시는 시기로 연결된다(17절). 그 말은 하나님의 천 년간의 통치, 즉 천년왕국(Millenium)으로 연결된다는 것이다. 천년왕국은 천 년간의 평화와 번영의 기간이다.

III. 천년왕국 끝에 모든 적의 권세의 마지막 전면 공격이 있게 되어 있다(18절). 그 적의 세력은 최종적으로 완전히 그리고 영원히 패배하고 정말 마지막 최후의 심판이 행해진다.

이 환상의 요점은 이 모든 것이 아직 일어나지는 않았으니 곧 일어나려고 한다. 이런 것들이 정말로 요한계시록의 나머지 부분의 자료라고 말할 수 있고 여기서는 그저 간단히 약술한 것뿐이다.

19절에서 다시 현재로 돌아온다. 19절은 난해한 구절이다. 하늘 성전이 열려 있는 환상과 언약궤의 환상이 있다. 이것은 무슨 뜻일까? 두 가지가 이 환상에 관련되어 있다.

I. 성전이 열려 있다. 그러나 그것 이상의 무엇이 있다. 언약궤가 보인다. 언약궤는 지성소 안에 있는 것으로서 그 지성소 안은 보통 사람은 아무도 본 일이 없으며 대제사장도 1년 중 속죄일에만 들어간 곳이다. 이 환상은 성전을 여는 것뿐 아니라 심지어는 지성소의 개방까지 보여 주고 있다. 이것은 단지 한 가지, 즉 이제 하나님의 영광이 완전히 나타나리라고 하는 뜻이다. 비밀인 것이 나타날 것이요 아무도 보지 못하였던 것이 사람의 눈에 보이려는 것이다. 하나님의 온전하신 영광이 사람에게 일시에 나타날 것이다.

II. 그러면 왜 특별히 언약궤에 대한 언급이 있는가? 이것은 사람들에게 하나님이 그의 백성과의 특별한 언약을 상기시켜 주기 위해서다. 그 언약은 원래 하나님의 백성 이스라엘과 행한 것인데 새로운 언약은 예수를 사랑하고 믿는 모든 백성과 행한 것이다. 이것은 하나님의 영광의 완전한 현현과 하나님의 원수의 소멸에서 하나님은 당신의 언약을 기억하시고 자기 백성에게 신실하시리라는 것이다. 여하한 공포와 파멸이 와도 하나님은 자기 백성과 세운 언약을 파기하지 않으실 것이며 자기 약속에 충실하시리라는 것이다.

그래서 이 장면은 하나님의 온전한 영광이 나타나리라는 것이며, 그것은 하나님의 원수들에게는 공포의 두려움이 될 것이나 하나님이 언약하신 백성에게는 고무적인 약속이다.

The Revelation of John 12

여인과 짐승

세부적으로 연구하기 전에 12장을 다 읽을 필요가 있다.

아이를 밴 여인

요한계시록 12:1-2

1하늘에 큰 이적이 보이니 해를 옷 입은 한 여자가 있는데 그 발아래에는 달
이 있고 그 머리에는 열두 별의 관을 썼더라 2이 여자가 아이를 배어 해산하
게 되매 아파서 애를 쓰며 부르짖더라

요한은 하늘에 펼쳐진 한 폭의 그림 같은 놀라운 환상을 보았다. 그는 여기에서도 다른 곳에서 자주 한 것같이 한다. 그는 자신의 환상의 세부 사항을 다른 많은 자료에서 끄집어낸다. 그 여인은 해(태양)를 입었고 달은 그 여인의 발 잔등이요, 그 여인은 열두 별의 면류관을 썼다. 시편 기자는 하나님에 대하여 말하기

를 그분은 빛으로 옷같이 두루셨다고 했다(시 104:2). 아가서를 쓴 시인은 자기 애인을 달같이 아름답고 아침 해같이 뚜렷하다고 했다(아 6:10).

요한은 적어도 자신의 환상의 일부를 구약에서 끄집어냈다. 그러나 그는 여기에 소아시아의 이방인들이면 누구나 쉽사리 알 수 있는 옛 바빌론 신의 일부로 인식할 수 있는 것을 더 첨가했다. 그들은 흔히 자기네 여신들은 12궁도의 표상들로 관을 썼다고 생각했는데 그것이 요한의 생각에 들어 있었다. 이것은 마치 그는 온갖 신의 묘사와 아름다움의 상징을 그가 찾을 수 있는 한 모든 것을 찾아내서 자신의 표현 속에 한데 섞어 버린 것 같다. 이 여인은 해산할 고통 중에 있는 것이다. 그러면 이 여인은 누구인가? 이 문제에 대한 해답의 실마리를 그 어린아이는 기독교인 메시아라는 사실에서 찾아야 한다. 그것은 5절의 어린아이의 표현으로 매우 확실해졌다. 거기에 보면 그는 세상을 철장으로 다스리듯 하리라고 되어 있다. 그것은 시편 2장 9절의 인용구이며 메시아에 대한 공인된 묘사다. 그러면 그 여인은 메시아의 모친이다. 그러면 그 여인은 누구라고 생각할 수 있는가?

I. 그 여인이 메시아의 "모친"이라면 그 여인은 분명히 마리아와 동일시되어야 하나 그 여인은 분명히 초인간적이어서 인간과 동일시할 수는 없다.

II. 용이 그 여인을 박해하는 것을 볼 때 그 여인은 기독교회라고 생각할 수 있다. 이 견해에 대한 반대 이론은 기독교회는 메시아의 어머니라고는 불릴 수 없다는 것이다.

III. 구약에서 선민, 즉 우리가 이상적인 이스라엘, 다시 말해 하나님의 백성의 공동체는 흔히 하나님의 신부라고 불렸다. "너를 지으신 이가 네 남편이시라"(사 54:5). 예레미야의 슬픈 이야기로서는 이스라엘은 하나님에 대한 반역으로 창기 노릇을 했다고 한다(렘 3:6-10). 호세아는 하나님의 음성을 들었다. "내가 네게 장가 들어 영원히 살되"(호 2:19-20). 요한계시록에서 우리는 어린양과 어린양의 신부와의 혼인 잔치 기록을 볼 수 있다(계 19:7, 21:9). "내가 너희를 정결한 처녀로 한 남편인 그리스도께 드리려고 중매함이로다"(고후 11:2)라고 사도 바울은 고린도 교회에 보낸 편지에 쓰고 있다.

이것으로 접근하는 방법을 찾게 된다. 예수 그리스도가 인간적인 계보로 볼 때 그가 난 것은 선민, 이상적인 이스라엘, 하나님의 백성의 공동체에서이다. 그 하나님의 공동체는 그리스도가 세상에 오시기 전에 있었던 하나님의 모든 선택된 백성을 그리고 그가 오신 후에는 교회를 포함하는 것이다. 그 여인이 상징하는 것은 하나님의 선택된 자들의 이상적인 공동체다. 거기에서 그리스도가 나왔고, 적의 세력의 손에 무서운 시련을 겪는 것도 이 공동체였다. 우리가 교회가 **모든**(every) 세대에서 하나님의 백성의 공동체라는 것을 기억한다면 이것을 바로 교회라고 부를 수 있다.

그러므로 이 표현에서 우리는 하나님의 공동체인 교회에 대하여 커다란 세 가지를 배울 수 있다. 첫째, 그리스도가 오신 것은 이것에서였다. 교회는 하나님께서 이 목적을 위해 쓰셨다. 교회는 하나님께서 오직 이 목적을 위해 만드신 것이다. 그리고 그리스도는 아직도 계속해서 그를 전에 알지 못하던 자들을 위하여 장차 거기에서 나오셔야 한다. 둘째, 초인간과 인간을 포함한 하나님의 교회를 파괴하려 하고 있다는 것이다. 세상에 있는 악마의 세력은 그리고 심지어는 이 세상의 보통 사람들까지도 하나님의 교회와 그의 메시아가 파멸되는 것을 기뻐한다. 셋째, 그에 대한 대항 세력이 제아무리 크다 할지라도 그리고 그 고통이 제아무리 쓰라리다 할지라도 하나님의 공동체는 하나님의 보호하심 밑에 있는 이유로 교회는 절대로 영원히 멸망하지는 않는다.

용의 미워함

요한계시록 12:3-4

[3]하늘에 또 다른 이적이 보이니 보라 한 큰 붉은 용이 있어 머리가 일곱이요 뿔이 열이라 그 여러 머리에 일곱 왕관이 있는데 [4]그 꼬리가 하늘의 별 삼분

의 일을 끌어다가 땅에 던지더라 용이 해산하려는 여자 앞에서 그가 해산하면 그 아이를 삼키고자 하더니

여기에 크고 붉고 불길 같은 용의 모습이 있다. 전술한 적그리스도에 대하여 논할 때 우리는 다음과 같은 사실을 언급했다. 즉, 동양인들은 우주 창조를 혼돈의 용과 광명의 하나님 간의 투쟁의 입장에서 보았다. 바빌론의 창조 신인 마르둑(Marduk) 신전에는 "빛나는 붉은 뱀"의 커다란 그림이 그려 있었는데 그 뱀은 패배한 혼돈의 용을 뜻하는 것이었다. 요한이 그의 환상을 여기서 끄집어냈다고 하는 데는 의심할 여지가 없다. 그는 고대 사상의 배경에서 생각해 낸 것인데 그것은 동방 민족들의 종교적 유산의 일부였다. 이 용은 구약에서 여러 형태로 나타났다. **라합**(Rahab)으로 나타난다. "라합을 저미시고 용을 찌르신 이가 어찌 주가 아니시며"(사 51:9)라고 했다. **악어**(leviathan)로 나타난다. "주께서 주의 능력으로 바다를 나누시고 물 가운데 용들의 머리를 깨뜨리셨으며 리워야단의 머리를 부수시고"(시 74:13-14)라고 했다. 주의 날에 하나님께서는 주의 그 견고하고 크고 강한 칼로 날랜 뱀 리워야단을 벌하실 것이다(사 27:1). 리워야단은 욥기 40장 15-24절에 **큰 소**(behemoth)로서 나타난다. 하나님의 대원수인 용은 동양인의 사상의 배경에는 공통적이고 무서운 존재다. 이것은 용과 바다의 연결로서 그 여인을 이기려고 용이 강물처럼 토하여 내었다(15절).

용은 일곱 머리와 열 뿔을 가지고 있다. 이것은 용의 큰 힘을 의미하는 것이다. 이 용은 일곱 개 왕관을 가지고 있다. 이것은 하나님 나라에 대항한 이 세상의 왕국에 대한 용의 완전한 권세를 나타내는 말이다. 꼬리로 하늘에서 별 삼분의 일을 쓸어 버리는 용의 모습은 다니엘서에서 별들을 땅에 던져 버리고 밟아 버리는 작은 뿔의 표현에서 찾아낸 것이다(단 48:10). 아이를 삼키려고 기다리는 용의 모습은 예레미야에서 온 것인데 거기에서는 느브갓네살에 대하여 언급되었는데 "큰 뱀같이 나를 삼키며"(렘 51:34)라고 했다.

스위트도 이 장면에서 인간 처지에 대한 영원한 진리의 상징을 찾아본다. 기독교의 역사가 보여 주는 대로 인간의 삶에는 두 종류의 중심적인 힘이 보인다. 하나는, 인간은 타락해 죄를 범했고, 악한 세력이 피격하는 위험을 늘 받고 있으나 항상 더 높은 삶을 살려고 투쟁하는 인간이다. 또 하나는, 이 세상에는 악의 세력이 있는데 항상 인간이 향상하려는 노력을 무위로 돌아가게 하려고 기회를 찾고 있는 것이다. 이 두 힘의 대결이야말로 십자가다.

아이를 올려 감

요한계시록 12:5

[5]**여자가 아들을 낳으니 이는 장차 철장으로 만국을 다스릴 남자라 그 아이를 하나님** 앞과 그 보좌 앞으로 올려 가더라

그 여인이 낳은 아이는 이 세상을 철창으로 다스리게 되어 있다. 우리가 본 대로 이것은 시편 2편 9절에서 인용한 것인데 그곳은 항상 메시아의 활동을 예언하였으므로 그 아이는 메시아라고 할 수 있다.

아이가 출생했을 때 하늘에 계시는 하나님의 보좌로 올려 감으로써 용에게서 구출되었다. 여기에서 그 아이가 **들려 올라**(snatched up)갔다는 표현에 쓴 단어가 데살로니가전서 4장 17절에서 기독교인들이 공중에서 주를 만나려고 **끌어 올려**(caught up) 간다는 단어와 같다는 사실을 보면 흥미 있는 일이다(고린도후서 1장 2절에서 바울은 이 단어를 자기 자신이 삼층천에 이끌려 간 것에 대하여 언급할 때 사용했다).

어떤 의미로 이것은 참으로 이해하기 어려운 구절이다. 우리가 아는 대로 이것은 메시아인 예수 그리스도를 지칭한 것으로서 요한이 말한 대로 그 이야기는 예수의 탄생에서 승천으로 직접 연결된다. 들려 올라간다는 것은 그의 승천을 의미하는 것이 틀림없다. 사도행전에서 "그들이 보는데 올려져 가시니"(행 1:9)라고 했다. 이상한 것은 예수의 지상 생활의 생략이다. 이 생략은 다음 두 가지에서 기인된 것이리라.

첫째는, 이때 요한의 관심은 예수 그리스도가 항상 공략해 오던 원수의 세력에서 구원 받았다는 것, 그리고 그 구원은 하나님의 직접적인 행동과 능력으로

구원 받은 것이다. 당시 요한의 유일한 관심은 하나님의 독생자 메시아를 구하려는 승리의 개입이었다.

다음으로는, 요한계시록 전체를 통하여 요한의 관심은 지상에서 팔레스타인의 길을 걸으셨고 갈릴리에 사셨던 육적인 예수가 아니라, 영광 받으시고 승리하신 그리스도에 있다는 사실에 기인하고 있다. 예수 그리스도가 들려 올라간 곳은 하늘뿐이 아니며 실제로 하나님의 보좌였다. 요한의 관심은 예수께서 지상에서 사신 이야기를 하려는 데 있지 않고 그의 백성을 환난 날에 구원하실 수 있는 승천하신 그리스도의 모습을 그리는 것이었다.

광야로 피신하다

요한계시록 12:6

6그 여자가 광야로 도망하매 거기서 천이백육십 일 동안 그를 양육하기 위하여 하나님께서 예비하신 곳이 있더라

여기에는 용의 공격을 피하여 광야로 피신하는 여인에 대하여 기록하고 있다. 하나님의 도움으로 그 여인은 도움을 받고 그녀를 위해 준비된 곳으로 도망을 했다.

요한이 이것을 쓰고 있었을 때 그의 머릿속에는 많은 장면이 떠올랐으리라고 하는 것은 의심할 여지가 없다. 엘리야가 그릿 시냇가로 도망하여 거기서 까마귀에게 양육을 받았던 장면이 있을 것이요(왕상 17:1–7), 이세벨이 그를 찾아 죽이려 했을 때 광야로 도망하여 천사의 양육을 받은 장면도 떠올랐을 것이다(왕상 19:1–8). 또 마리아와 요셉이 그들의 아기 예수와 더불어 헤롯의 살인 계획을 피하려고 애굽으로 도망한 장면도 있었다(마 2:13). 그러나 요한의 생각에 특별히 떠오른 것 두 가지가 있었다.

I. 안티오코스 에피파네스 시대에 율법을 지키고 참 하나님을 경배하는 것이 곧 사형을 자초하는 것이었을 때 "공의와 심판을 구하는 많은 사람이 광야로 내려가 거기서 거하니라"(마카비1서 2:29)는 기록을 볼 수 있다. 이스라엘의 역사에는 하나님의 백성이 그들을 위해 마련되어 있는 광야로 물러갔었던 시대가 여러 번 있었다.

II. 그것보다도 기독교에서 밀접한 관계가 있는 것이 있다. 예루살렘은 주후 70년에 파괴되었다. 그 직전 몇 해 동안은 유혈과 반란의 기간으로서 누구나 볼 눈이 있고 알아 들을 마음이 있는 사람들은 어떤 일이 일어날 것인지를 예측할 수 있었다. 기독교 역사가 유세비우스는 우리에게 이렇게 전해 주고 있다. 그 마지막 비극이 오기 전에 예루살렘에 있는 기독교회의 교인들은 교회에서 인정을 받은 사람에게 내려진 계시로 경고를 받았는데 그것은 예루살렘을 떠나 요단강을 건너 베뢰아로 가서 펠라(pella)라고 하는 고장에서 거하라는 분부였다(유세비우스, 교회사 3:5). 이것은 실제로 예수께서 제자들에게 하신 마지막 날에 대한 설명에 관계되는 것이다. 그들이 이런 마지막 공포가 닥쳐오는 것을 보거든 그들은 산으로 도망하라는 것이었다(막 13:14). 기독교인들은 바로 이렇게 했던 것이다. 요한이 이것을 썼을 때 그는 항상 기독교인들이 하나님의 인도하심을 받아 광야와 사막으로 도망하여 박해의 두려움을 피하는 장면을 생각하였던 것이다.

스위트는 여기서 또다시 상징적인 것을 찾고 있다. 교회는 광야로 피난해야 하는데 광야는 외로운 곳이다. 왜냐하면 초기 기독교인의 생애는 외로운 것이었다. 그들은 이방 세계 속에서 고립되어 있었다. 그들은 주일에 함께 모이기는 했어도 한 주일 내내 외로운 전도를 하지 않으면 안 될 때가 많이 있었다. 기독교인의 전도 행위가 꼭 외로운 일이 될 때가 없지 않아 있다. 그러나 이런 인간적인 고독 속에서도 하나님이 같이하시는 법이다.

1,260일은 또다시 수난의 표준적 기간으로서 3년 반, 한 때, 두 때와 반 때, 그 기간은 우리가 전술한 대로 안티오코스 에피파네스 시대로 되돌아가는데 유대교를 없애려는 그의 의도에서 예루살렘의 성전을 모독했던 기간이다.

하나님의 원수, 사탄

요한계시록 12:7-9

[7]하늘에 전쟁이 있으니 미가엘과 그의 사자들이 용과 더불어 싸울새 용과 그
의 사자들도 싸우나 [8]이기지 못하여 다시 하늘에서 그들이 있을 곳을 얻지
못한지라 [9]큰 용이 내쫓기니 옛 뱀 곧 마귀라고도 하고 사탄이라고도 하며
온 천하를 꾀는 자라 그가 땅으로 내쫓기니 그의 사자들도 그와 함께 내쫓기
니라

하늘에서 용, 곧 옛 뱀, 곧 마귀이자 사탄—이 이름들은 모두 한 가지 악한 존재를 일컫는다—과 천사의 군대를 거느린 미가엘 사이에 일어난 전쟁 장면을 보게 된다. 그 의미는 이러한 것 같다. 즉, 용의 증오심이 얼마나 컸던지 그는 메시아를 찾아 하늘까지 올라갔다. 그런데 거기서 그는 천군들과 함께한 미가엘과 마주쳐 결국 쫓겨난 것이다. 여기에서 성경이 사탄, 즉 마귀에 대하여 무엇이라고 하는지를 다 모아 보는 것은 바람직하다. 우리가 이런 자료를 모아 보려 할 때 그 안에는 상당히 여러 가지 계통이 있다는 것과 악한 자에 대한 성경의 입장은 퍽 복잡하다는 것을 알게 된다.

1. 성경에는 하늘에서 있었던 태초의 전쟁이야기를 반복해 볼 수 있다. 이 이야기에서 사탄은 심지어는 하나님보다 더 커지려는 야망이 있는 천사였다. 그는 하나님의 보좌보다 더 높은 자리에 자기 보좌를 놓으려는 "불가능한 생각"을 품게 되었다(에녹2서 29:4-5). 그 결과 그는 하늘에서 쫓겨났다. 바빌론 사람들도 이와 흡사한 이쉬타르(Ishtar)의 이야기가 있는데 그는 계명성의 신이었다. 그도 교만하여 신에게 반란하여 하늘에서 쫓겨났다. 구약의 이 이야기와 아주 관련 있는 점이 있다. 이사야서에 보면 "너 아침의 아들 계명성(Lucifer)이여 어찌 그리 하늘에서 떨어졌으며"(사 14:12)라고 했다. 루시퍼는 계명성이란 뜻도 있다. 이것은 광명의 천사가 어떻게 하나님에게 반란하였는가 하는 옛날이야기의 반

복이다. 이 경우에 배반과 하늘에서 떨어지게 한 죄는 교만한 죄다. 디모데전서 3장 6절에 이에 대한 구절이 있다. 거기에 보면 교회의 설교자는 교만하여서는 안 된다고 하고 있고, 그도 마귀와 같은 저주를 받지 않도록 하기 위해서다. 여기 이야기에서 사탄은 하나님에 대한 하늘의 반역에서 자신의 생애를 시작하였다. 이야기는 더 계속해서 그 사탄이 하늘에서 쫓겨났을 때 그의 거처는 그가 유리하고 다닐 공중이었다. 그래서 사탄은 간혹 공중의 권세 잡은 자(엡 2:2)라고도 불렸다.

II. 구약에는 사탄이 아직도 천사이며 하나님의 명령하에 있으며 하나님 앞에 나갈 수 있다는 뚜렷한 사상이 있다. 욥기에 보면 사탄이 하나님의 아들에 속했으며 하나님의 존전에 출입할 수 있었다(욥 1:6-9, 2:1-6). 스가랴에도 사탄이 하나님 앞에 있는 것을 볼 수 있다(슥 3:1-2). 여기에서 우리는 사탄에 대한 좀 다른 견해를 접하게 되지만 이것은 구약의 사탄에 대한 주요한 개념이기도 하다.

사탄에 대한 이 개념을 이해하려면 우리는 먼저 **사탄**(Satan)이란 말의 뜻을 이해해야 할 것이다. **사탄**이란 단어는 원래 고유명사도 아니며 나쁜 이름도 아니다. 원래 이 단어는 단지 **반대자**(adversary)란 뜻이었다. 발람이 그의 악한 계획을 못하게 하려고 길에 막아선 천사까지도 하나님의 **사탄**이라고 불리고 있다(민 22:22). 블레셋 사람들은 다윗이 그들의 **사탄**, 즉 대적이 될까 두려워했다(삼상 29:4). 솔로몬이 왕이 되매 그에게 **사탄**, 즉 대적이 없도록까지 축복을 받았다(왕상 5:4). 그러나 후에 일어난 외국 왕들, 즉 하닷과 르손은 그의 **사탄**, 즉 그의 대적자가 되게끔 되어 있었다(왕상 11:14, 23). 그러므로 이 단어는 대적자 이외에는 다른 뜻이 없었다.

그러므로 사탄이란 단어의 올바른 뜻은 적대자다. 그리고 구약에서 사탄은 하나님 밑에서 인간을 송사하는 직무를 맡았었는데, 이 경우 사탄은 인간의 적대자였다. 그리하여 사탄은 욥을 송사하며 하나님께 비꼬아서 "욥은 무엇인가 얻는 것이 있어서 하나님을 섬기므로 불행에 빠지면 섬김과 충성은 곧 사라질 것이라"라고 말했을 때 하나님께로부터 욥을 시험하기 위해 죽음 이외에는 여하한 방법을 써도 좋다는 허락을 받았다(욥 2:1-12). 스가랴에서도 마찬가지로 사탄은 대제사장 여호수아를 고소하였다(슥 3:1-2). 시편 109편 6절에서 KJV는 **사탄**이란 단어를 사실상 이런 뜻으로 사용하고 있다. "대적(우리말 성경의 각주를 참조-옮긴이주)으로 그 오른편에 서게 하소서"라고 했다. 미국 표준개역 성경에는 이 말을 옳게 번역하였다. "**송사하는 자**에게 그를 재판에 데리고 오게 하라"고 했다.

이와 같이 구약에서 사탄은 하나님의 본래 계획 가운데 주어진 직책이 있었다. 사람이 하나님 앞에서 심판을 받을 때 사탄은 그를 기소하는 자였고, 그 사람에게 불리한 모든 말을 하는 천사인 것이다. 다른 한편 이런 경우에 미가엘은 변호하는 상담역이었으며 그의 임무는 사람들이 하나님 앞에 서 있을 때 그들을 위하여 탄원하는 일이다. 중간기에는 인간의 송사에 관여하는 사탄이 하나 이상인 것 같다. 그리고 사탄들을 지키며 땅 위에 사는 인간을 송사하기 위하여 하나님 앞에 오지 못하게 금하는 직책을 가진 천사장에 대한 기록이 있다(에녹1서 40:6).

구약의 경우 대부분 사탄은 하나님의 통치하에 있었다.

III. 이제 우리는 신약에서 명백해진 제3단계에 이른다. 구약에서는 마귀라는 것을 찾아볼 수 없다. 물론 가끔 마귀라는 단어가 나오긴 하지만, 신약에서 사탄은 완전히 마귀가 되어 버린다. 헬라어로 **마귀**란 단어는 **디아볼로스**(diabolos)인데 직역하면 **비방자**(slanderer)다. 인간에 대한 송사에 하문역을 하는 것과 사람에게 불리한 비난을 하거나 그런 비난을 꾸며내어 그런 비난이 곧 다가오게 하는 환경이나 행동을 하게끔 사람들을 유혹하고 유인하는 것 사이에는 그렇게 커다란 차이점이 있는 것은 아니다. 그러므로 신약에서 사탄은 송사하는 자가 아니라 사람을 유혹하는 자요, 타락하게 하는 자요, 길을 잃게 하는 자가 되었다. 그러므로 예수를 시험하는 기사에서 이 세 가지 이름이 구별 없이 사용되었다. 이 악마의 권세는 사탄이었고(마 4:10; 눅 4:8; 막 1:13), 마귀(마 4:1, 5, 8, 11; 눅 4:2, 3, 5, 6, 13) 그리고 시험하는 자(마 4:3)였다. 사탄은 사람의 송사자 이상이 되었다. 그는 이제 사람의 원수가 되었다. 그는 이제 하나님의 고소인일 뿐만 아니라 하나님의 목적을 방해하는 자가 되었다.

사태가 이렇게 된 후 우리는 신약에서 사탄이 몇몇 흉계에 관련되었음을 보게 된다. 그는 죄로 사람을 유혹하는 자다. 그는 예수의 시험에서 예수를 유혹하려고 한다. 유다의 마음에 무서운 배신의 계획을 넣은 자요, 유다에게 들어간 자다(요 13:2, 13:27; 눅 22:3). 또 베드로에게 실수하게 만든 자였다(눅 22:31). 아나니아에게 재산을 판 돈의 일부를 감추어 죄를 짓게 한 자다(행 5:3). 그는 자신의 유혹하는 목적을 달성하기 위해 모든 간계(엡 6:11)와 계책을 사용한다(고후 2:11). 병과 고통의 원인이 사탄에게 있다(눅 13:16; 행 10:38; 고후 12:7). 좋은 씨를 숨 막히게 하는 가라지를 뿌림으로 복음의 역사를 방해하는 것이 사탄이며, 그 씨가 마음에 들어박히기 전에 사람의 마음에서 말씀의 씨를 앗아 감으로써 복음의 확장을 방해한다(막 4:15; 눅 8:12).

이와 같이 사탄은 하나님과 인간의 원수가 되었고, 특히 뛰어나게 악한 자가 되었다. 이는 주가 가르치신 기도에서도 찾아볼 수 있다. "우리를 시험에 들게 하지 마옵시고 다만 악에서 구하시옵소서"(마 6:13). 그는 하늘에서 쫓겨났으므로 그의 악한 영향력을 인간 사이에서 최대한으로 발휘해야 했기 때문에 그는 가히 이 세상의 왕이라고 할 수 있다(요 12:31, 14:30, 16:11). 그는 창세기 3장의 타락한 이야기 때문에 이제는 그 뱀과 동일시되었다.

IV. 참으로 이상한 일은 우리가 사탄의 역사(歷史)를 살펴볼 때 우리가 어떤 이야기를 택해 보아도 그 역사는 비극의 역사라는 사실이다. 한 예를 들면 사탄은 빛의 천사로서 한때는 모든 천사 중 가장 큰 자였고, 그의 교만이 그에게 하나님보다 자신이 더 높게 되려는 마음을 갖게 했고, 결국 하늘에서 쫓겨났다. 다른 이야기에서 사탄은 하나님과 하나님의 심판의 참 종이었는데 봉사하는 기회를 범죄하는 기회로 악용했다. 사탄은 최선의 것이 최악의 것이 될 수 있다는 비극의 최상의 예인 것이다. 그는 그의 속에 하늘의 가장 높은 위치에 올라갈 수 있는 것을 가지고 있었으나 지옥의 왕자가 되었다. 그는 하나님의 가장 큰 종이 될 수 있는 여건을 가지고 있었으나 하나님의 원수 가운데서도 가장 악한 자가 되었다. 사탄은 하나님의 길보다 자신의 길을 희구하는 교만의 좋은 예다.

영광 중에 있는 순교자의 노래

요한계시록 12:10-12

10내가 또 들으니 하늘에 큰 음성이 있어 이르되 이제 우리 하나님의 구원과
능력과 나라와 또 그의 그리스도의 권세가 나타났으니 우리 형제들을 참소
하던 자 곧 우리 하나님 앞에서 밤낮 참소하던 자가 쫓겨났고 11또 우리 형제
들이 어린양의 피와 자기들이 증언하는 말씀으로써 그를 이겼으니 그들은
죽기까지 자기들의 생명을 아끼지 아니하였도다 12그러므로 하늘과 그 가운
데에 거하는 자들은 즐거워하라 그러나 땅과 바다는 화 있을진저 이는 마귀
가 자기의 때가 얼마 남지 않은 줄 알므로 크게 분내어 너희에게 내려갔음이
라 하더라

이 몇 구절에서는 사탄이 하늘에서 쫓겨났을 때 영광을 받은 순교자들의 노래를 볼 수 있다.

I. 여기에서 사탄이 강력한 송사자로서 나타나 있다. 중간기 유대인의 하늘에 대한 묘사에서 사탄은 송사자요, 사람의 영혼을 송사하는 고발자이고, 미가엘은 사람의 변호자였다. 사탄을 영원한 사람의 송사자로 보는 데는 불변의 진리와 상징이 있다. 스위트가 말한 바에 의하면 사탄은 "하나님이 만드신 모든 것을 냉소적으로 중상하는 자"다. 레난(Renan)은 "사탄은 창조물에 대하여 악의적으로 비판하는 자"라고 했다. 사탄은 이상과 같이 선에 대항하는 쉬지 않는 악의 상징이다. 이 세상에는 선을 파괴하려는 것을 일삼는 세력이 있다. 그리고 순수성까지도 불순하게 하고 더럽히려고 일삼는 세력이다. 우리는 때때로 생각이 굽고 비꼬여서 어떤 행위 속에서도 악한 나쁜 것을 보며, 가장 좋은 것까지도 곡해하는 사람들을 만나지만, 이런 사람들은 가장 숭고한 행위에 대해서도 가장 저속한 동기가 스며 있다고 중상한다. 이것이야말로 사탄의 모습이다.

더 나아가 사탄의 묘사에 생생함과 날카로움을 주는 것으로 요한계시록 기록

당시의 역사적 배경의 설명도 있다. 당시는 **밀고자**(delator)가 대유행했고 폭군들의 시대였다. 그때에는 관계 당국에 다른 사람들에 대한 불리한 정보만을 제공하는 것을 업으로 삼고 있는 사람들도 있었다. 국민들은 끊임없이 체포되고 고문당해 죽었는데 어떤 사람이 그들에게 불리한 정보를 제공했기 때문이다. 이 유급 정보원들은 당시 로마 제국에서는 악명이 높았다. 파시터스가 그 전에 기록하기를 "적이 없는 자는 자신의 친구가 배신한다"고 했다. 고대 사회는 이런 악독하고 냉소적이고 금전에 매수된 송사자들이 어떠하였는지는 너무도 잘 알고 있다.

II. 이 장면은 우리에게 하늘을 깨끗하게 한다고 할 수 있는 것이 무엇인지를 보여 주고 있다. 그 간악한 참소자 사탄은 영원히 쫓겨났다. 하나님과 그의 기름 부음 받은 자는 이제 하늘에 상대자가 없어졌다. 그래서 영광 받은 순교자들이 승리의 노래를 부르고 있는 것이다.

순교자들은 사탄을 이긴 자들이다. 그 뜻이 무엇인지 살펴보자.

1. 순교는 그 자체가 사탄을 정복하는 것이다. 자신의 신앙을 부인하거나 자기 충성에서 일점이라도 옮기기보다는 고난을 당하기로 결정한 순교자는 사탄의 모든 유혹보다 그리고 사탄의 모든 위협과 심지어는 사탄의 폭력보다도 더 강하다는 것을 증명한 사람이다. 여기에 인생의 극적인 진리가 있으니, 즉 사람이 옳은 길을 택했을 때 사탄은 패배하는 것이다.

2. 순교자들의 승리는 어린양의 피로 얻어진 것이다. 여기에 두 가지 뜻이 있다. 첫째로, 그의 십자가와 부활을 통하여 예수를 죄와 악이 당신에게 가할 수 있는 최악의 것을 영원히 이기신 것이다. 그는 악의 전면 공격을 받았으니 이를 이겨 냈다. 그리고 그들의 인생을 그에게 맡긴 자들은 그 승리에 같이 참여한다. 그리스도와 하나 된 자들은 그 악에 대한 승리에 함께 참여하는데 그것에 대해서는 부활이 흔들리지 않는 증명인 것이다. 둘째로, 예수 그리스도의 십자가상의 제사를 통하여 죄에 대한 제사가 드려진 것이다. 그 제사로 용서를 받았다. 사람이 그리스도께서 자신을 위하여 행하신 것을 받아들일 때 그의 죄는 말끔히 씻어진 것이다. **그리고 그가 용서를 받고 나면 참소 받을 아무것도 남지 않는다.**

십자가 안에서 용서는 참소자인 사탄에게 참소할 여지를 조금도 주지 않았다. 찰스 웨슬리는 다음과 같이 말했다.

> 어떤 저주도 나는 이제 두려워하지 않으니
> 예수와 그 안에 있는 모든 것이 내 것이라!
> 그 안에서 살아 있고 나의 삶은 성부 안에,
> 그리고 하늘의 의로 옷 입고,
> 용감히 나는 영원한 보좌에 이르러
> 내 주 그리스도의 손에서 면류관을 받으리.

3. 더 나아가 순교자들은 그들이 복음의 대원리를 인식하고 받아들였고 지켜 살았기 때문에 승리한 것이다. 그들은 그들의 생명이 충성보다 더 중요하다고 생각하지는 않았다. "자기의 생명을 사랑하는 자는 잃어버린 것이요, 이 세상에서 자기의 생명을 미워하는 자는 영생하도록 보존하리라"(요 12:25). 이것은 전 복음서를 통하여 있는 하나의 원리다(마 10:39, 16:25; 막 8:35; 눅 9:24, 17:33). 이것은 반드시 신앙을 위하여 죽어야 한다는 것은 아니다. 이것은 예수 그리스도에 대한 충성을 자신의 안전과 보안과 편안한 길보다 더 중요시한다는 것이다.

III. 이 구절은 사탄이 하늘에서 쫓겨난다는 것으로 끝난다. 그것은 그가 땅에 내려왔다는 것이다. 하늘에서 그의 권세를 잃었지만, 지상에서는 아직도 권세를 가지고 있다. 그리고 땅 위에서 그는 자기 시간이 제한되어 있고 그의 끝이 정해져 있다는 것을 알고 있기 때문에 전력을 다해 악한 활동을 하고 있다. 이 이상한 구절이 말하려고 하는 것은 다음과 같다. 즉, 사탄은 결국 멸망될 운명에 있다는 것과 하늘에서 쫓겨났으므로 이제 그에게 남아 있는 것은 단지 그가 영원히 멸망되기 전에 이 땅에서 극히 노할 수 있는 짧은 시간밖에는 없다는 것이다. 요한은 사탄이 그의 마지막 투쟁에서 마지막이고 무서운 분노에 대해 이야기하고 있다.

용의 공격

요한계시록 12:13-17

13용이 자기가 땅으로 내쫓긴 것을 보고 남자를 낳은 여자를 박해하는지라
14그 여자가 큰 독수리의 두 날개를 받아 광야 자기 곳으로 날아가 거기서 그
뱀의 낯을 피하여 한 때와 두 때와 반 때를 양육 받으매 15여자의 뒤에서 뱀
이 그 입으로 물을 강같이 토하여 여자를 물에 떠내려 가게 하려 하되 16땅이
여자를 도와 그 입을 벌려 용의 입에서 토한 강물을 삼키니 17용이 여자에게
분노하여 돌아가서 그 여자의 남은 자손 곧 하나님의 계명을 지키며 예수의
증거를 가진 자들과 더불어 싸우려고 바다 모래 위에 서 있더라

마귀인 용이 하늘에서 쫓겨나 땅으로 내려오자 그 아들의 어미인 여인을 공격했다. 우리는 위에서 그 여인은 하나님의 백성을 뜻하며 하나님의 기름 부음 받은 자가 나온 하나님의 택한 백성의 의미에서 교회를 의미한다는 것을 밝혔다.

이제 여기에 하나의 상징이 있다. 그 용은 그 어미를 상하게 함으로 그 아이를 상하게 할 수 있다. 그것은 교회를 상하게 하는 것은 예수 그리스도를 상하게 할 수 있다는 말이 된다. 바울이 다메섹 도상에서 그리스도를 만났을 때 부활하신 그리스도는 바울에게 "사울아 사울아 네가 어찌하여 나를 핍박하느냐"(행 9:4)라고 말씀하셨다. 그때까지 바울의 분노와 핍박은 **교회**를 겨냥했던 것이다. 그러나 부활하신 그리스도는 자기 교회에 대한 핍박은 곧 당신 자신에 대한 핍박이라는 것을 명백히 하셨다. 우리가 교회를 훼손하고, 교회에 바쳐야 할 봉사를 게을리 한다면 그것은 우리가 예수 그리스도를 훼손하고 상하게 하는 것이며 예수에 대한 봉사를 게을리 하는 결과가 된다. 그러나 우리가 교회에 봉사하고 돕는 것은 예수 그리스도에게 봉사하고 돕는 것이 된다.

우리는 앞에서(6절) 그 여인의 광야로의 피난은 예루살렘의 최종 파괴 전에 있었던 교회의 요단강 건너편 펠라 지방으로의 피난에서 왔다는 것을 고찰해 보았다. 그러나 여인의 피난과 용의 공격에서 요한은 구약을 알고 있는 사람들에게

는 잘 알려진 두 가지 표현을 이용하고 있다.

그 여인은 큰 독수리의 두 날개를 타고 피했다. 구약에서는 누차에 걸쳐 독수리의 날개는 하나님의 들어 오리시는 팔을 의미했다. "내가 애굽 사람에게 어떻게 행하였음과 내가 어떻게 독수리 날개로 너희를 업어 내게로 인도하였음을 너희가 보았느니라"(출 19:4)고 하나님이 이스라엘에게 말씀하셨다. "마치 독수리가 자기의 보금자리를 어지럽게 하며 자기의 새끼 위에 너풀거리며 그의 날개를 펴서 새끼를 받으며 그의 날개 위에 그것을 업는 것같이 여호와께서 홀로 그를(이스라엘 백성) 인도하셨고"(신 32:11-12). 스코틀랜드의 의역 성경에 이사야 40장 31절을 의역한 것을 보면 다음과 같다.

독수리의 날개 위에 그들은 올라가고
그들은 위로 치솟으니
그들의 날개는 신앙과 사랑이다.
여기 구름 낀 곳을 지나도록
그들은 하늘 위로 올라가도다.

독수리의 날개를 하나님의 도우시는 팔로 보는 표현은 구약의 저자들이 잘 알고 있었고 좋아했던 표현이다. 우리는 사람들이 성경을 비유화하려 할 때 히폴리토스(Hippolytus)가 독수리의 두 날개에서 "십자가에 못 박힌 그리스도의 펼친 거룩한 두 팔"의 상징을 찾고 있음을 알게 된다.

둘째 장면은 그 뱀이 내뿜은 홍수의 장면이다. 우리는 옛날의 묘사에서 그 혼돈의 용은 바다의 용이었음을 알고 있고, 따라서 홍수와 용을 연관시킨다는 것은 퍽 자연스러운 것이다. 그러나 여기에서 또다시 구약의 표현을 생각해 보자. 구약에서는 수없이 시험과 시련 그리고 핍박을 넘치는 홍수에 비교했다. "주의 모든 파도와 물결이 나를 휩쓸었나이다"(시 42:7). 또한 시편 기자는 "불의의 창수"에 대해 언급하고 있다. 시편 기자에 대한 하나님의 약속은 "홍수가 범람할지라도" 그에게 미치지 못하리라는 것이다(시 32:6). 하나님 여호와가 도우시지 않으셨다면 그때 물이 그들을 휩쓸며 시내가 그 영혼을 삼켰을 것이다(시 124:4).

그가 물 가운데로 지나갈지라도 하나님이 그와 함께하실 것이라는 약속이 주어졌다(사 43:2). 요한이 이런 것을 인용하는 형태는 기발한 것 같으나 실은 구약에 이미 잘 알려졌고, 여러 번 나타난 것에서 온 것이다.

이 장은 그 다음 두어 가지를 더하고 끝난다.

그 뱀, 즉 용이 홍수를 내뿜었을 때 땅이 그것을 삼켜 버려서 그 여인은 안전하였다. 요한이 어디에서 이 장면을 인용하였는지는 알기 쉽다. 소아시아에서는 강이 툭하면 사막의 모래 속으로 자취를 감추었다가 얼마 후 다시 나타나곤 했다. 요한이 잘 알고 있었을 골로새 근처에서 있었던 일이다. 그는 시냇물이 어떻게 땅에 잠기는지 잘 알고 있었다. 그러나 이것이 어디서 왔는지를 알기는 쉬워도 그것이 무엇을 뜻하는지는 알기 어렵다. 땅이 그 홍수를 삼켜 버려 그 여인은 안전하였다. 그것이 상징적으로 뜻하는 것은 이와 같다. 자연은 그 자체가 예수 그리스도에게 신실하고 충성된 자의 편이다. 우주 전제가 그의 편이다. 결국 세상과 자연은 선을 파괴하기 위해서가 아니라 돕기 위해 만들어졌다. 그래서 그 상징적 뜻은 가장 요긴하게 필요로 할 때 자연은 선을 돕게 된다는 뜻이다.

역사가 프라우드(Froude)가 지적한 대로 이 세상에는 도덕적 질서가 있고 그것은 결국 선한 자에게는 좋고 악한 자에게는 나쁘다는 것이다.

끝으로 17절에서 요한은 그 용이 여인의 남은 가족과 하나님의 계명을 지키는 자들과 자신들의 증거 활동에 충실한 교회의 남은 자들과 싸우려는 장면을 그린다. 이것은 단지 모든 교회 위에 닥쳐올 핍박이 임박했다는 이야기에 불과하다. 우선 요한은 자신이 세운 교회들이 있는 소아시아 지방을 생각하고 있으나 여기에는 온 땅 위에 퍼져 나갈 교회가 핍박당하는 장면이 있으니 그 말대로 진실로 그렇게 되었다.

우리는 요한이 본 대로 사탄이 지구로 쫓겨나서 이제는 그의 마지막 발악의 단계에 있고 그 발악은 교회의 모든 사람을 핍박의 도가니 속으로 몰아넣게 될 것이다.

The Revelation of John

13

짐승의 권세

우선 전체적으로 살펴보는 것이 이해하는 데 도움이 될 것이다. 그것은 특히 이 장이 요한계시록의 중심이요, 진수이기 때문이다.

13장의 대략적인 의미는 이러하다. 우리는 12장에서 사탄이 어떻게 마지막으로 하늘에서 쫓겨났는지를 배웠다. 그래서 사탄은 지구로 내려오되 분노하여 내려왔다. 그는 남은 시간이 얼마 되지 않는 것을 알고 있다. 그리고 그 제한된 기간 내에 자신이 할 수 있는 한 많은 상해와 피해를 입히려고 굳게 결심하고 있다. 이런 피해를 지구에 주기 위해 그는 자신의 권세를 두 짐승에게 주었는데 이 두 짐승은 13장의 중심 존재다. 이 두 짐승은 사탄의 흉악한 권세가 지구 위에 실현되게 하는 대행자다.

첫째, 바다에서 나온 짐승은 로마 제국을 의미한다. 요한에게 로마 제국은 악과 사탄의 권세의 화신이다. 이 짐승은 다니엘서에서 인용한 말로 기술되었다. 다니엘 7장 3-7절에 보면 바다에서 나오는 큰 네 짐승의 환상이 있다. 다니엘서에는 이 짐승들은 세계의 권력을 잡았던 대제국들과 특히 다니엘서가 기록된 때 세계를 장악한 제국을 상징하는 것이다. 사자와 같고 독수리의 날개를 가진 짐승은 바빌론이다. 곰과 같은 짐승은 메대를 의미한다. 네 날개가 있는 표범은 바사를 의미한다. 그리고 네 번째 큰 짐승은 알렉산더 대왕의 제국을 표시한다. 다니엘서의 저자가 본 대로 이 제국들은 야만적이고 잔인하며 비인간적이어서 짐승과 동물적인 형상으로밖에는 상징화할 수가 없다. 어느 유대인에게도 그가 처해 있는 때 하나님의 백성을 위협하는 또 하나의 사탄의 제국을 상징하는 것을 찾을 때 과거의 이 짐승의 제국에서 찾는 것이 자연스러울 것이다.

요한계시록의 요한의 표현은 과거의 네 짐승의 모든 요소를 한 짐승에다 합해 버렸다는 것이 눈에 띈다. 요한이 표현한 짐승은 표범 같고 곰의 발과 사자의 입을 가진 짐승이다. 그것은 요한에게 로마 제국은 아주 악마적이요, 무시무시한 존재여서 그 한 제국에 과거에 있었던 악한 제국들의 공포를 다 내포하고 있었다. 로마는 모든 악의 집대성이었다.

이 짐승은 **일곱 머리와 열 뿔**을 가지고 있다. 이 머리와 뿔들은 로마의 지배 계급과 황제들을 상징했다. 로마의 초대 황제 아우구스투스 이후 요한계시록을 기록할 당시까지 일곱 황제가 있었다. 그 연대표는 다음과 같다. 티베리우스 주후 4-37년, 칼리굴라 주후 37-41년, 클라우디우스 주후 41-54년, 네로 주후 55-68년, 베스파시아누스 주후 69-79년, 티투스 주후 79-81년, 도미티아누스 주후 81-96년. 이 일곱 황제들은 그 짐승의 일곱 머리다. 그러나 그 밖에 이 짐승은 열 뿔이 있었다고 했다. 이 둘째 모습의 설명은 다음과 같다. 네로가 사망한 후 잠시 동안 거의 완전한 혼란 시대가 있었다. 18개월 동안 세 사람이 왕권을 잡았다. 이들은 갈바(Galba), 오토(Otho), 비텔리우스(Vitellius)였다. 이들 세 명의 통치 기간은 합쳐서 2년도 못 되었다. 그러므로 그들은 요한의 일곱 머리의 명단에는 들지 못했다. 그러나 그들은 잠시 동안이라도 왕권을 잡았었기 때문에 열 뿔에는 포함되었다. 그러므로 일곱 머리와 열 뿔은 다 함께 아우구스투스 황제가 사망한 이후 요한이 요한계시록을 쓰고 있을 때까지 로마 제국의 통치자들을 의미한다.

더 나아가 그 머리들 위에는 **참람한 이름들**이 있었다고 했다. 이 이름들은 그 황제들이 스스로 취한 이름들이었다. 모든 황제는 제각기 **디부스**(divus) 혹은 **세바스토스**(sebastos)라고 했는데 이는 **신격**(divine)이라는 뜻이다. 또 흔히 황제들에게는 **하나님** 혹은 **하나님의 아들**이란 이름 자체가 주어지기도 했다. 그리고 적어도 네로 황제는 화폐에다 자신이 **세상의 구주**라는 명칭을 넣었다. 인간이 자신을 신이라고 자칭해서 하나님이나 하나님의 아들이라고 부르게 하고 스스로 "세상의 구주"라는 칭호를 받는다는 것은 하나님을 모독하는 것이었다. 그보다 더 나아가 후기 황제들은 그들 자신을 라틴어로 **도미누스**(dominus)혹은 헬라어로 **퀴리오스**(kuros), 즉 **주님**(lord)이라는 칭호로 불렀는데 이것은 구약에서는 하나님의 특별한 칭호였고 신약에서는 예수 그리스도의 특별한 칭호였다. 이것들이 참람한 이름들이요, 그 짐승의 머리 위에 있었던 참람한 이름들이었다.

황제 경배의 사악

이제 우리는 로마 제국에서 "무엇이 그 제국과 황제들에게 요한을 그렇듯 사악하게 느끼게 한 것일까?"라는 질문을 던지게 된다. 그 대답은 전국적이요 의무적인 시저(caesar) 숭배의 점차적인 도입이었다. 시간이 흐름에 따라 로마 황제들은 공식적으로 신으로 인정되었고, 그 제국 내에 있는 사람은 누구나 예외 없이 황제를 경배해야 하며, 그렇지 않으면 죽음을 면치 못했다. 요한계시록의 그 무서운 배경을 이해하려면 시저 숭배가 어떻게 시작되었고, 어떻게 발전했으며, 종국에는 어떻게 국민의 의무가 되었는지를 아는 것이 중요하다.

한 가지 특이한 사실은 로마 제국의 시저 숭배는 위에서 내려진 것이 아니라 밑에서부터 자라나기 시작했다는 것이다. 아주 초기에 로마 제국은 백성에게 신성시되었다. 로마는 그 나라를 전부 전쟁에서 정복해 얻은 것이 아니다. 사실상 어떤 왕들은 자신들의 통치권을 로마에 자진해서 바친 자들도 있었으니 그 제국에서 얻는 혜택이 퍽 귀중했기 때문이다. 로마가 한 나라를 정복했을 때 거기에는 공의가 실현되었다. 공정한 로마 정부의 공의가 이기적이고 예측할 수 없는 폭군들의 변덕스럽고 때로는 유혈적인 정권을 대신했다. 로마가 정복한 나라에는 산적과 해적이 길과 바다에서 사라졌다. **팍스 로마나**(Pax Romana), 즉 로마의 평화는 세계가 일찍이 보지 못했고 온 세계가 깊이 감사하는 대상이었다. 새로운 공의와 안전이 생활 속에 찾아 왔다. 굿스피드(E. J. Goodspeed)가 기록한 대로 "로마 정권하에 있는 시골 사람들은 자신의 볼일을 보고, 가족을 위해 일하고, 편지를 보내고, 안전하게 여행을 할 수 있는 입장이 되어 로마의 강력한 권력에 감사하였다."

그 결과 사람들은 이 로마의 정신을 무엇이라고 부르면 될까 하고 생각하기 시작했다. 다음에는 로마의 여신이라는 것을 생각하게 되었고, 여신의 은총이 로마의 지배에 퍼져 나갔다고 생각하게 되었다. 그래서 이미 주전 150년경에 로마 여신을 위한 신전이 소아시아의 서머나에 세워졌다. 이 새로운 숭배 사상을 가져온 것은 로마 정부가 아니라 그들에게 많은 혜택을 가져다 준 로마에 대한 자발적인 감사의 표시로 나타난 것이다.

둘째 단계에 이르기까지는 150년 이상이나 걸렸으나 그것은 당연히 일어날 수 있는 일이었다. 인간의 마음과 생각은 어떤 상징을 구한다. 이 로마를 상징할 수 있는 자는 도대체 누구일까? 로마와 로마의 정신과 로마의 신격이 화신(化身)된 것은 누구일까? 물론 로마 황제다. 그래서 황제는 점차 신으로 인식되기 시작했다. 황제의 신성을 위해 처음으로 지어진 신전은 주전 29년 버가모에서였다. 이렇게 해서 시저 숭배는 시작된 것이다.

다시 한 번 부연하지만 이 시저 숭배는 로마가 그들에게 해 준 모든 일에 대한 감사의 뜻으로 자발적으로 나타난 결과였다는 것을 기억해야 한다. 또 더 주목할 만한 것은 초기에는 로마 황제들은 이 시저 숭배를 어색하게 생각하였다는 것이다. 그들은 이 경배를 받아야 할지 말아야 할지 참으로 당황했다. 그러면서 그들은 극히 제한된 범위 내에서 받아들이기 시작했다. 이것은 처음에는 엄격하게 지방 도시에 한하였다. 그들의 입장은 흥분하기 쉽고 약간 히스테리컬한 아시아인이나 그 비슷한 사람들에게는 용납될 수 있으나 이것은 존엄하고 양식이 있는 로마 시민들에게는 맞지 않는 것이라고 했다. 더욱이 어느 도시건 이 시저 신을 위한 신전을 건축할 수 있는 것은 오직 특별한 허가를 받아야만 했는데 이 허가는 가볍게 혹은 쉽거나 널리 주어진 것은 아니다. 아우구스투스는 그 문제를 전혀 찬성하지 않았고, 클라우디우스와 티베리우스는 모두 어느 인간이든지 신으로 대우를 받는 것은 오히려 "불법적"이라고 생각했다. 칼리굴라는 반미치광이로서 자신의 신성을 심각하게 생각한 사람이었으나 네로와 베스파시아누스와 티투스는 모두 이 신성 문제를 별로 생각하지 않았다.

그러나 이제는 막을 수 없는 일이 일어나고 있었다. 차츰 이 시저 숭배는 온 로마 제국을 덮어 나갔다. 그리하여 이 숭배의 가치가 중요하다는 것을 갑자기 로마 정권에서 의식하게 되었다. 로마 제국이 가장 필요로 하는 것은 통일의 원리였다. 제국의 넓은 영토는 유프라테스에서 영국까지 그리고 다뉴브 강에서부터 북아프리카까지 뻗쳐 있었다. 또 온갖 민족과 언어와 전통과 유전을 포함하고 있었다. 이들 모두가 어떻게 하나로 만들어질 수 있을까? 더 말할 나위도 없이 종교가 통일에 큰 영향을 줄 수 있다. 그것은 여러 나라 민족과 종족과 문화와 인종들이 어떻게 기독교의 보편적인 유대성으로 뭉쳐져 있는지를 봄으로써 쉽게 알 수 있다. 그 이전의 여하한 종교도 단독으로 세계적인 것이 될 수는 없었다. **그러나 시저 숭배만은 가능했다**. 여기에 로마가 찾고 있었던 바로 그 통일의 영향력과 유대를 발견하게 된 것이며 멈센(mommsen)이 말한 대로 시저 숭배는 "로마 제국의 정책의 골자"가 되어 버렸다.

이리하여 마지막 단계에 돌입했다. **시저 숭배는 모든 로마 시민에게 의무가 되었다**. 이 일은 도미티아누스 황제 때 일어났다. 도미티아누스는 자신을 "주와 하나님"으로 부르라고 요구하였다. 그의 칙서는 이렇게 시작했다. "우리 주시며 신이신 도미티아누스는 명하신다." 전 세계적인 조직이 만들어졌다. 매년 로마 시민은 한 번씩 시저 신에게 향을 피우며 "시저는 주시다"라고 말해야만 했다. 모든 도(道)는 시저 숭배를 위해 필요한 교구로 분리되고 거기에 필요한 관리와 사제가 배치되었다. 사람들이 예배를 한 후에는 그 의무를 다했다고 하는 증명서를 신청하지 않으면 안 되게 되었다. 지금까지도 이 신청서와 증명서가 남아 있다.

> 제사를 관장하도록 임명된 사람들에게,
>
> 테옥세니스 마을에서 온 이나레스 아케우스는, 테아델피아 마을에 사는 그의 자녀 아이 아스와 헤라와 더불어 문안합니다. 우리는 언제나 신들에게 제사를 드려 왔고 이제 당신의 면전에서 규칙에 따라 제사를 지냈고 제주를 들려 그것

을 맛보았으며 이제 우리에게 그렇게 행했다는 증명서를 발행해 주시기 바랍니다. 안녕히 계십시오.

증명서 내용은 이러하다.

황제의 대리인인 우리 세레노와 헤르마는
당신이 제사 드리는 것을 증명합니다.

그래서 시저 숭배는 세계적인 것이 되었고 의무화되었다. 그리고 국민들은 이제 자신의 의무를 다했다는 증명이 없이는 아무도 시민권을 가질 수도 없게 되었다.

몇 가지 사실을 주목해야 할 것이다. 첫째, 이 시저 숭배는 종교적이라기보다는 훨씬 정치적이라는 것을 쉽사리 알 수 있다. 예배 행위는 정치적 충성의 보증이었고 예배 행위의 거절은 불충성하고 불평분자가 되는 것이다. 둘째, 이렇게 말하기는 이상하지만 로마 정부는 무척 관용하였다. 로마 정부는 시저 숭배를 유일한 것으로 만들 의향은 전혀 없었다. 사람이 한 번 시저 예배를 한 다음에는 그가 좋아하는 어느 신이라도 예배할 수 있었다. 그 예배가 공중 예의와 공중 질서에 어긋나지 않는 한 허용되었다. 기독교와 로마가 맞부딪치는 것이 바로 여기에서다. 어떤 기독교인도 "시저는 주"라고 말할 사람은 없다. 기독교인의 유일한 신조는 "예수 그리스도가 주"시라고 하는 것이다. "주"라는 칭호를 이 지구상이나 하늘에나 돌릴 수 있게 할 수 없다. 그래서 기독교인들은 "시저는 주"라고 말하든지 아니면 죽든지 해야 하는 양자택일의 입장에 놓이게 되었다. 로마 정권은 기독교인들을 이단자로 보지 않고 제국에 충성을 선서하지 않는 위험한 혁명 단체로 보았다. 그 결과 기독교인은 누구나 자동적으로 불법화되었다. 사실상 핍박은 언제나 있었던 것은 아니나 항상 다모클레스(Damocles)의 칼같이 영영히 기독교인의 머리 위에 걸려 있었다. 기독교인들은 늘 "시저냐 그리스도냐"하는 선택을 해야만 했다.

이제 땅에서 올라온 짐승으로 13장에 나타나는 둘째 짐승을 설명하겠다. 첫째 짐승은 로마 제국이었다. 이 둘째 땅에서 올라온 짐승이 첫째 짐승의 모든 권세를 행사한다. 둘째 짐승은 시저 숭배의 조직을 말한다. 이것은 지방 장관과 사제들로 구성된 전체 지방 조직으로서 시저 숭배를 강행하게 하기 위한 것이다. 이 조직이 기독교인들에게 "시저는 주"라고 하든지 죽음을 택하라고 요구하는 조직이다.

이제 우리가 다루는 장면이 제자리에 들어오는 것 같다. 바다에서 올라온 짐승은 사탄의 권세를 가진 로마 제국이요, 땅에서 올라온 짐승은 시저 숭배를 위한 조직으로서 신실한 기독교인들에게 핍박과 죽음을 가져온 조직이다. 이 두 야만적인 짐승, 즉 로마의 권세와 시저 숭배의 조직은 기독교인들에게 합동 공세를 취했다. 그런데 지상의 어떤 나라도 로마의 세력을 견뎌 내지는 못했다. 로마의 무자비한 세력이 기독교인들에게 칼을 휘두를 때 불쌍하고 무방비하고 세력이 없고 불법화된 기독교인들은 무슨 희망이 있을 것인가?

머리가 다쳤다가 나음

본 13장의 배경 설명이 다 끝나기 전에 우리는 자주 나오는 문제에 대하여 한 가지 더 설명할 것이 남아 있다. 일곱 마리 중에 하나가 죽기까지 부상을 당했다가 다시 살아난 것이다(3절). 그리고 이 머리가 다른 어느 것보다도 경배를 받아야 하는 것이며(12, 14절), 그리스도의 최고의 원수요 최고의 악마다.

위에서 일곱 머리는 로마의 일곱 황제를 의미한다고 했다. 그러므로 부상당해 죽었다가 다시 살아난 머리는 의심할 것 없이 황제를 의미할 것이다. 1세기 중엽 후반에 이방인과 기독교인들의 생각에 깊숙이 파고들었던 신앙이 상징적으로 나타나 있다. 이 생각은 **네로 부활**(Nero redioivus)설이라고 하는 것이다. 이 생각을 확대하여 설명하겠으나 이것이 내포하고 있는 것을 간략하게 살펴보겠다. 네로는 죄악의 괴수였다. 그가 주후 68년에 죽었을 때 사람들은 실제로 길에서 춤을 추었다. 그러나 차차 그가 죽은 것이 아니라 극동에 있는 파르티아(Parthia)

에 갔는데 파르티아의 무서운 군대를 이끌고 돌아와 그 후 권좌를 다시 차지할 것이라는 소문이 떠돌았다. 그 생각은 네로는 그의 사악함에서 불멸이라는 것이다. 로마 사람들도 이 생각을 떨쳐 버릴 수가 없었었다. 그런데 주후 80년에 자칭 네로가 파르티아에서 일어났는데 그는 파르티아인들에게 자신의 지휘하에 유럽을 정벌하도록 설득하는 데 거의 성공한 적이 있다. 기독교인들은 이 네로 부활설을 적그리스도라는 생각으로 대하였다. 그리고 적그리스도와 이 부활한 네로를 동일시하였다. 《시빌라의 신탁》에 보면 마지막 날에 모든 사람이 싫어하고 증오하는 왕, 그는 두렵고 수치를 모르고 몹시 미워하는 혈통을 가진 왕이 바빌론에서 나오리라는 예언이 기록되어 있다(5:143-148). 어머니를 죽인 자가 동방에서 나와 지상을 황폐케 하리라(5:361-364). 어머니를 죽이는 타락된 행위로 감히 행하는 자가 동방에서 올 것이다(4:119-122). 무수한 칼을 가진 로마에서 유배된 자가 유프라테스 강 건너편에서 올 것이다(4:137-139).

네로의 생애와 특징을 간략하게 정리하면 부상을 입었다가 나은 머리인 적그리스도, 네로 부활 사상의 내용을 이해하는 데 도움이 될 것이다. 네로가 누구였느냐 하는 것을 이해할 때에만 어떻게 그가 되돌아온 것이 적그리스도가 임하는 것같이 보이는지를 알게 될 것이다.

이 세상의 아무도 네로보다 더 나쁜 집안에서 태어난 사람은 없었다. 그의 아버지는 크네우스 도미티우스 아헤노바아부스(Cnaeus Domitius Ahenobarbus)였는데 그는 사악하기로 유명했다. 그는 노예에서 해방된 사람 하나를 단지 술을 더 마시지 않는다는 이유만으로 죽인 일이 있다. 또 그는 아피안(Appian) 노상에서 자기 마차로 의식적으로 어린아이 하나를 즉사시켰다. 그는 공회장에서 언쟁 끝에 로마 기사의 눈 하나를 도려 냈다. 그러다가 결국 주색으로 생긴 수종으로 죽고 말았다. 그의 어머니는 아그리피나(Agrippina)로 역사상 가장 무서운 여인 중의 하나였다. 아헤노바아부스가 아그리피나가 곧 아기를 갖게 될 것이라는 것을 알았을 때 그는 비꼬는 말로 자신과 아그리피나 사이에서는 극악무도한 몹쓸 놈 밖에는 나올 것이 없을 것이라고 했다. 네로가 세 살 때 그의 어머니는 칼리굴라 황제에게 유배당했다. 그리하여 네로는 그의 숙모 레피다(Lepida)에게 맡겼는데 그 숙모는 그의 교육을 하나는 이발사요 다른 하나는 댄서인 못된 두 노예에게 맡겨 버렸다.

클라우디우스 황제 때 아그리피나는 유배에서 풀려났다. 그녀는 이제 오직 하나의 욕망밖에는 없었다. 그것은 어떻게 하든지 자기 아들 네로를 황제로 만드는 것이었다. 점쟁이와 신탁들이 그녀에게 네로가 황제가 되기만 하면 그 결과는 그녀에게 비극일 것이라고 했다. 그러나 그녀의 대답은 "그가 통치를 하는 한 나를 죽여도 좋다"고 대답하였다.

아그리피나는 온갖 열정과 포악한 성품의 음모로 진행해 나갔다. 황제 클라우디우스는 이미 옥타비아(Octavia)와 브리타니쿠스(Britannicus)라는 두 아이가 있었다. 그러나 아그리피나는 네로가 11세에 네로를 그의 양자로 삼게 했다. 또 그녀는 클라우디우스가 그녀의 아저씨인데도 자신과 결혼하게 하는 데 성공했다. 그러자 아그리피나는 유명한 철학자 세네카와 위대한 장군 아프라니우스 부루스(Afranius Burrus)를 네로의 개인 교수로 불렀다. 차츰 세자 브리타니쿠스는 뒤로 밀려나고 네로에게 서광이 비쳐 왔다.

결혼은 5년간 지속되었는데 클라우디우스는 아직 너무 정정한 편이었다. 그리하여 그녀는 독약을 넣은 버섯으로 그를 독살하게 했다. 그런데 그 독약의 효과가 더디어지자 그가 혼수 상태였을 때 독약을 그의 목구멍 속으로 밀어넣었다. 클라우디우스가 죽기 무섭게 네로가 황제로서 추대되었으니 군대는 이미 그를 지지하기로 매수당해 있었다.

그러자 이상한 일이 발생했다. 그 후 5년간은 그보다 더 좋은 정치를 보지 못했다. 네로는 그림 그리기와 조각, 음악, 연극 등을 즐기느라고 바빴다. 그는 완전히 애호가였다. 그때 제국을 통치한 것은 현명한 세네카와 의로운 부루스였기 때문이다.

그 후 사건이 벌어졌다. 네로는 갑자기 교양 있는 예술을 애호하는 데 종지부를 찍고 악독한 죄 된 생애를 시작하였다. 밤이면 잘 치장한 다른 젊은이들과 어울려 길에서 만나는 사람을 닥치는 대로 때려눕히며 쏘다녔다. 그보다 더 악한 것은 그는 브리타니쿠스를 있을지도 모를 라이벌로 생각하여 죽여 버렸다.

아무 젊은 남자나 여자나 그의 욕정에서 배겨나지 못했다. 그는 유명한 동성연애자였다. 그는 사실 공개적으로 국가 결혼식에서 스포루스(Sporus)라는 한 젊은 청년과 결혼했는데 그때 마차를 타고 로마 시를 누비었고 그리스로 신혼여행을 갈 때 그를 데리고 갔다. 또 그는 도리포루스(Doryphorus)라는 노예에서 해방된 자와 결혼했다. 그는 그의 가장 가까운 친구 오토(Otho)의 처 포파에아 사비나(Poppaea Sabina)를 빼앗아 정부로 삼았고 그녀가 임신을 하자 발로 차서 죽여 버렸다.

그는 사치와 낭비벽이 있었다. 그리하여 모든 사람에게서 돈을 끄집어냈다. 왕국은 살인과 부도덕과 범죄와 도덕질과 강도의 소굴이 되었다.

네로의 욕망 중의 하나는 건축하는 것이었다. 주후 64년에 로마 시에 대화재가 발생했다. 불은 일주일간 탔다. 네로가 방화했다는 데는 추호도 의심할 여지가 없다. 그리고 그는 그 불을 끄려는 것을 모든 방법을 동원해 방해했다는 데도 의심할 여지가 없다. 그는 재건의 영광을 누리기 위해 고의로 불을 질렀다. 백성은 이 화재가 누구의 소행인지 잘 알고 있었으나 그 책임을 기독교인들에게 돌린 것은 네로였다. 그리고 모든 핍박 중 가장 의식적인 사악이 시작된 것이 그때였다. 그는 기독교인들을 들짐승의 가죽 속에 꿰매고 난 후 자신의 사나운 사냥개 무리 속에 풀어 놓기도 하고, 돌과 함께 자루 속에 기독교인들을 집어넣어 티베르 강 속에 던져 넣기도 했고, 역청을 그들에게 발라 그들이 아직 죽기도 전에 불을 붙여서 왕국의 뜰을 비추게 했다.

악마의 발광증은 날로 거칠어 갔다. 세네카에게는 자살을 감행하게 했고, 부루스는 목병이 났을 때 네로가 그에게 약이라고 속여 독약을 보내서 도살했다. 누구나 조금이라도 불쾌함을 사면 살해되고 말았다.

아그리피나가 그를 조종해 보려고 노력했으나 그는 결국 어머니에게 적의를 가졌다. 그는 그 여자를 수차에 걸쳐 독약으로, 그 거처의 지붕이 내려앉게 함으로, 물에 빠져 죽게 고안된 배를 타고 바다로 보냄으로써 죽이려 했다. 마지막으로 그는 노예에서 해방된 아니케투스(Anicetus)를 보내서 그녀를 찔러 죽이게 했다. 그가 그녀의 방에 들어섰을 때 아그리피나가 자객을 보자 옷을 벗고 "이 배가 네로란 놈을 배었으니 내 배를 찔러라" 고 외쳤다.

이런 일이 언제까지 계속될 리는 없었다. 첫째, 고울(Gaul)에서 율리우스 빈덱스(Julius Vindex)가 반란을 일으켰고, 스페인에서 갈바가 일어났다. 결국 원로원은 용기를 내어 네로는 공적이라고 선언했다. 결국 네로는 파온(Phaon)이라고 하는 노예에서 해방된 자의 초라한 집에서 자살하고 말았다.

인류 역사상 그런 잔학무도한 죄악 된 생애는 유례가 없다. 전술한 대로 그의 죽음이 알려지자 백성은 안도의 숨을 돌리고 길에 나와 춤까지 추었다. 그러고 나서 네로는 죽은 것이 아니라 파르티아로 갔는데 다시 돌아올 것이라는 소문이 퍼졌다. 이것이 상했다가 나은 짐승의 머리요 요한이 생각했던 적그리스도는 부활한 네로였다.

이제 13장에서 가장 핵심이 되는 것이 있다. 바다에서 올라온 짐승은 로마의 사악한 권세요, 땅에서 올라온 짐승은 시저 숭배를 강제하여 그 결과 기독교인들에게 죽음을 초래케 하는 조직이다. 다쳤다가 나은 머리는 네로요, 마귀의 악의 화신으로 되살아날 것이라는 악한 괴물이다.

이제는 본 장을 좀 더 세부적으로 나누어 생각해 보아야겠다. 이렇게 하면 필경 일부분은 중복될 것이다. 그러나 요한계시록의 핵심이요, 그렇듯 난해한 본 장에서는 오히려 중복이 뜻을 명확히 해 줄 것이다.

마귀와 짐승

요한계시록 13:1-5

[1]내가 보니 바다에서 한 짐승이 나오는데 뿔이 열이요 머리가 일곱이라 그
뿔에는 열 왕관이 있고 그 머리들에는 신성 모독하는 이름들이 있더라 [2]내가
본 짐승은 표범과 비슷하고 그 발은 곰의 발 같고 그 입은 사자의 입 같은데
용이 자기의 능력과 보좌와 큰 권세를 그에게 주었더라 [3]그의 머리 하나가
상하여 죽게 된 것 같더니 그 죽게 되었던 상처가 나으매 온 땅이 놀랍게 여
겨 짐승을 따르고 [4]용이 짐승에게 권세를 주므로 용에게 경배하며 짐승에게
경배하여 이르되 누가 이 짐승과 같으냐 누가 능히 이와 더불어 싸우리요 하
더라 [5]또 짐승이 과장되고 신성 모독을 말하는 입을 받고 또 마흔두 달 동안

일할 권세를 받으니라

우선 본 13장 서론에서 이미 밝힌 사실들을 요약해 보자. 짐승은 온갖 사탄의 권세를 가진 로마 제국이다. 일곱 머리는 일곱 황제로서, 즉 티베리우스, 칼리굴라, 클라우디우스, 네로, 베스파시아누스, 티투스, 도미티아누스가 제위 때 시저 숭배가 하나의 권세로서 등장한다. 열 뿔은(원문에는 머리-옮긴이주)이 일곱 황제와 다른 세 통치자, 즉 갈바, 오토, 비텔리우스 등을 합친 것인데 이들 셋은 네로가 죽은 후 18개월 동안 혼란기에 통치를 했다. 다쳤다가 다시 살아난 머리는 **네로 부활** 개념을 상징한 것으로 네로는 죽은 것이 아니라 파르티아에서 훗날 파르티아 군대를 동원하여 로마에 무서운 공격을 가하여 왕권을 다시 되찾으려고 기다리고 있다는 생각이다. 그리하여 이 경우에 로마 제국은 곰의 발과 사자의 입을 가진 표범으로 상징되었다.

전술한 대로 이것은 로마에 대한 태도가 완전히 변화된 것을 나타낸다. 바울은 로마 정부에서 도움을 많이 받았다. 수차에 걸쳐 로마 관헌의 개입과 그가 로마 시민권을 가졌다는 사실은 그를 유대인의 분노에서 건져 냈던 것이다. 빌립보에서 그러했고(행 16장), 고린도(행 18장)와 에베소(행 19장)와 예루살렘(행 21, 22장) 등지에서 그러했다. 모든 권세는 하나님이 내려주신 것이요, 그러므로 모든 기독교인들은 그들에게 양심적인 복종을 해야 한다(롬 13:1-6). 목회 서신에서 임금과 정사자들을 위해 기도를 해야 한다고 했다(딤전 2:2). 베드로전서에서 명령은 선량한 시민이 되라는 것이요, 총독에게 복종하고 하나님을 두려워하고 황제를 존대하라고 했다(벧전 2:13-17). 데살로니가후서 2장 6-7절에서 가장 그럴듯한 설명은 로마 제국은 이 세상이 혼란으로 빠지지 않게 하고 죄인이 통치를 못하게 하는 능력이라는 것이다.

그러나 요한계시록에서는 모든 사정이 바뀌었다. 시저 숭배가 등장했다. 황제들은 자신들을 신, 하나님의 아들, 구세주, 주라는 참람한 이름으로 불렀다. 로마의 권세는 기독교 신앙을 진멸하는 것으로 변모되었고, 로마는 이제 마귀의 하수인이 되었다.

짐승을 묘사하는 데 스위트는 로마 권세를 상징적으로 표현한 것으로 보고 있다. 그 제국은 소리 없는 경계와 언제라도 그 먹이에게 달려들 수 있는 준비가 되어 있는 표범의 재주와 잔인성을 가지고 있다. 또 두 발로 꽉 쥐어서 잡은 먹이를 죽일 수 있는 곰의 파괴력을 가지고 있다. 그리고 짐승 떼를 겁에 질리게 하고 그 소리만 들어도 죽을 것 같은 사자의 울음소리를 가지고 있다. 스위트는 이런 상징들이 교회를 핍박하는 데 꼭 들어맞는 말이라고 했다.

4절에 어둡고 무서운 모방한 표현이 있다. "누가 이 짐승과 같으뇨." 이 말은 "여호와여 신 중에 주와 같은 자가 누구니이까"(출 15:11)라는 구약의 말을 모방한 것이다. 스위트는 그 짐승이 탁월하다고 주장하는 근거를 지적해 내기를 "누가 능히 이로 더불어 싸우리요"라고 했다. 이 짐승의 위대함은 도덕적인 면에 있는 것이 아니라 그의 잔인성에 있는 것이다. 어느 나라이건 야수적인 힘으로 건립되고, 도덕적 포대 위에 세워지지 않은 나라는 그것은 반신적(反神的)이다. 짐승이 거만하고 불손한 말을 하는 것같이 표현한 것은(5절) 다니엘서의 작은 뿔의 표현에서 온 것인데 그곳의 뿔도 하나님에게 교만하고 불손한 말들을 했다(단 7:8, 20).

이 구절과 이 13장 전체를 통하여 보면 한 가지 크고 영원한 진리가 있다. 사탄은 항상 이 세상에서 자신을 대신할 앞잡이를 찾고 있다. 이 세상에서는 사람이든 민족이든 간에 사탄의 앞잡이가 되든지 하나님의 종이 되든지 선택하지 않으면 안 된다.

하나님을 비방하는 자

요한계시록 13:6-9

6짐승이 입을 벌려 하나님을 향하여 비방하되 그의 이름과 그의 장막 곧 하
늘에 사는 자들을 비방하더라 7또 권세를 받아 성도들과 싸워 이기게 되고
각 족속과 백성과 방언과 나라를 다스리는 권세를 받으니 8죽임을 당한 어린
양의 생명책에 창세 이후로 이름이 기록되지 못하고 이 땅에 사는 자들은 다

그 짐승에게 경배하리라 [9]누구든지 귀가 있거든 들을지어다

6절은 난해한 구절이다. 그 짐승에 대하여 말하는데 그 입을 벌려 하나님을 향해 비방하되 그의 이름과 장막과 하늘에 사는 자들을 비방하였다.

이 6절을 이해하는 데 두 가지 방법이 있다.

I. 아주 보편적으로 이해할 수 있다. 제국의 권세와 시저 숭배를 위한 조직이 하나님의 거처인 하늘과 하늘에 사는 천사들을 비방한다는 것이다. 이 문제를 조금 더 넓게 생각해 보면 하나님의 **거처**라는 뜻을 가진 단어를 광의적으로 생각해 볼 수 있는데, 이는 헬라어로 **스케네**(skēnē)라는 단어로 **천막** 혹은 **장막**, **거주**, **장소**라는 뜻이다. 한 가지 이상한 것은 전혀 관련이 없고 아무 관계도 없지만 **스케네**라고 하는 헬라어 단어는 항상 유대인에게는 **하나님의 영광**이라고 하는 히브리어 **쉐키나**(shechinah)를 생각나게 해 주었다. **스케네**와 **쉐키나**는 서로 얼마나 비슷했던지 유대인은 하나님의 장막을 하나님의 영광과 연관시켜서 생각했다. 그러므로 요한이 말하고 있는 것은 로마 제국의 전체 행동 특히 시저 숭배 제도화는 하나님의 영광에 대한 모독이라고 말하고 있는 것이라고 할 수 있으며 이것은 사실이다.

II. 이 구절은 좀 더 한정해서 해석할 수 있다. 그 짐승은 로마 제국이다. 요한은 당시 시대의 방법만이 아니라 그때까지 로마가 하나님과 그의 거처를 모독한 **모든** 방법을 생각하고 있다고 할 수 있다. 우리가 로마 황제들의 시저 숭배에 대한 태도를 관찰했을 때 그들은 대부분 쑥스럽게 생각했다는 것을 배웠다. 그러나 그 중 하나는 예외였다. 그 하나는 주후 37−41년간 통치한 칼리굴라였다. 칼리굴라는 무척 비정상이었다. 그는 간질병자였고 미치광이였다. 그는 자신의 신성을 심각하게 생각했다. 그는 자신이 신이기 때문에 전국에서 자기 신성을 위하여 제단을 만들어야 한다고 주장했고 전 세계적으로 경배 받아야 한다고 했다. 그가 정신병자인 것은 널리 인정되어 있었다.

칼리굴라는 로마의 다른 어느 황제도 시도해 보지도 않은 조치를 취했다. 유

대인은 항상 시저 숭배에서 제외되었다. 로마인들은 이 세상 아무것도 유대인을 유일신 숭배에서 떠나게 할 수 없다는 것을 알고 있으며, 따라서 그들 자신의 종교를 지키고 하나님을 그들 방법대로 경배할 수 있는 특권을 주었다. 또 이것은 전국에서 유대인만은 그들의 엄격한 음식 규칙의 준수와 안식일의 엄수 등을 이유로 군복무에서 제외된 사실과 매우 흡사하다. 이러한 것들이 유대인을 로마 군대에 받아들일 수 없게 했다. 그러나 칼리굴라는 유대인의 권리를 인정하려 하지 않았다. 그보다 더 나아가 예루살렘 성전 지성소에 자신의 동상을 세울 것을 요구했다. 이에 대한 유대인의 반응을 짐작하기는 어렵지 않다. 그들은 그러한 성소의 세속화를 받아들이느니 차라리 죽음을 택했을 것이다. 칼리굴라는 미친 듯이 자신의 동상을 받아들일 것을 강력히 요구했다. 그는 실제적으로 이 요구를 집행하기 위해 군대를 소집하기까지 했다(요세푸스, 유대인의 풍물 18:18). 다행히 그는 자신의 계획을 실천에 옮기기 전에 죽었다. 그것이 실행되었다고 하면 이것은 역사상 가장 처절한 전쟁이 되었을 것이다.

하나님의 장막과 성전과 거처에 대한 모독이 있었다고 하면 이 칼리굴라의 행동은 그런 모독이었다. 여기서 요한이 하나님의 거처에 대하여 이 짐승이 펼친 모독에 대하여 말하고 있을 때는 과거의 잊을 수 없는 사건을 생각하고 있었을 것이 아니겠는가.

땅의 위험과 하늘의 안전

요한계시록 13:6-9(계속)

생명책에 기록되지 못한 자들을 이길 힘이 그 짐승에게 주어졌다. 요한계시록에는 생명책에 대해 여러 번 나온다(2:7, 11, 17, 29, 3:5, 12, 22). 그 해석은 이러하다. 고대의 통치자들은 자기 영역 내의 시민들의 명단을 가지고 있었다. 그 시민이 살아 있고 선량한 시민이면 그의 이름은 그 명단에 남아 있고, 그가 죽거나 시민의 권리를 상실하면 제명됐다. 생명책은 하나님께 속한 자들의 명단을 적어

놓은 책이다.

8절에는 번역에 문제되는 것이 있다. 그 점에는 헬라어대로 하면 두 가지 번역이 가능하다. 그 번역은 첫째, "세상 창조 때부터 어린양—죽음을 당한—의 생명책에 그 이름이 기록된 자들"이라고 하든지, "세상 창조 때부터 이미 죽음을 당한 어린양의 생명책에 그 이름이 기록된 자들"이라고 할 수 있다. 좀 더 자세히 연구해 보자.

I. 첫째 번역은 말할 나위도 없이 요한계시록 17장 8절의 한 구절의 번역과 같다. 거기에서 보면 아무런 의심이 없다. 또 에베소 1장 4절과 아주 흡사한 평행절로서 거기에서 바울은 하나님께서 우리를 세상 창조 이전부터 이미 택하셨다고 했다. 그 의미는 하나님께서 자기 백성을 시간이 있기 이전부터 택하셨다. 그러므로 생명이나 죽음 안의 어떤 것도, 시간 내와 영원 내의 어떤 것도, 마귀나 로마 제국이 할 수 있는 어떤 것도 하나님의 손에서 선택된 자들을 빼앗아 낼 수 없다는 뜻이다. 이것이 미국 표준역 성경과 최근 번역판의 번역이다.

II. 둘째 번역은 예수 그리스도를 세상 창조 이전부터 죽음을 당한 어린양이라고 말하고 있다. 이와 아주 비슷한 구절이 베드로전서 1장 19-20절인데 베드로는 예수와 그의 희생에 대하여 세상 창조 이전에 예정된 것으로 말하고 있다. 유대인은 천사장 미가엘은 이스라엘과 하나님 사이의 중보자가 되기 위해 창세 이전에 지음을 받았다는 것을 믿고 있었다. 그리고 하나님과 이스라엘 간의 언약의 중보자가 되기 위해 창세 이전에 지음 받았다고도 믿었다. 그러므로 유대 사상에서는 예수가 구세주와 인류의 구속자가 되기 위해 창세 이전에 지음 받았다고 말하는 것은 결코 낯선 말이 아니다.

이 두 번역에서 우리는 두 가지 똑같이 값진 진리를 찾을 수 있다. 첫째 번역은 하나님께서는 자기 백성을 창세 이전부터 알고 계셨으므로 아무것도 그의 보호와 그의 손에서 빼앗아 낼 것이 없다는 뜻이다. 둘째 번역은 하나님의 구속의 사랑은 그의 창조 역사보다도 더 오래 된 것이며, 언젠가 예수 그리스도에게서 나타날 하나님의 구속의 사랑은 시간의 시작보다 더 오랜 것이라는 뜻이다.

둘째 번역이 KJV의 번역이요, 첫째 번역이 최근의 것이다. 두 가지가 모두 매우 사랑스럽고 귀하고 아주 사실적이지만 그 중 하나를 택해야 한다면 우리는 첫째 번역을 택해야 한다. 그 이유는 요한이 이것을 요한계시록 17장 8절에서 다시 반복해 사용할 때 그런 방법으로 사용하였다는 데는 의심의 여지가 없다. 그러므로 그 의미는 하나님은 자신의 백성을 영원 전부터 영원까지 알고 계시므로 이 세상의 여하한 위험도 그의 손에 있는 그 하늘의 안전을 깨뜨리지는 못할 것이라는 것이다.

기독교인의 유일한 무기

요한계시록 13:10

[10]사로잡힐 자는 사로잡혀 갈 것이요 칼에 죽을 자는 마땅히 칼에 죽을 것이니 성도들의 인내와 믿음이 여기 있느니라

첫눈에 보기에도 난해한 구절이다. 이 절은 두 개 인용구로 되어 있다. 처음에 예레미야 15장 2절을 인용했는데 거기에서 예레미야는 사망할 자는 사망으로 나아가고 칼을 받을 자는 칼로 나아가고 기근을 당할 자는 기근으로 나아가고 포로 될 자는 포로 됨으로 나아가라고 백성에게 전하라는 여호와의 말씀을 듣는다. 그곳의 뜻은 하나님의 섭리는 피할 수는 없으며 하나님이 결정하신 그대로 각 사람에게 일어나리라고 하는 것이다. 그 다음의 인용은 마태복음 26장 52절의 예수의 말씀이다. 겟세마네 동산에서 폭도들이 예수를 잡으러 왔을 때 베드로가 자신의 선생을 보호하려고 칼을 뽑았다. 그때 예수의 말씀은 "네 검을 도로 집에 꽂으라. 검을 가지는 자는 다 검으로 망하느니라" 고 하신 것이다. 그러면 이 말의 뜻은 무엇인가? 거기에는 세 가지가 있다.

1. 하나님이 어떤 사람을 위해 무엇이건 예정해 놓으신 것, 그것을 그는 그대로

받아야만 하는 것이다. 그 무서운 박해의 시대가 올 때 기독교를 신앙한다는 것이 체포와 투옥을 의미한다면 기독교인은 불평과 주저함이 없이 받아들여야 한다는 것이다. 그러므로 첫째 의미는 기독교인은 그가 기독교인이 됨으로써 발생하는 모든 것을 그대로 받아들여야 한다. 그는 이미 기독교인이 된다는 것은 십자가를 짊어져야 한다는 경고를 받고 있으며 우리의 가장 가깝고 친한 사람들의 미움도 받게 될 것이며 재판과 비방과 투옥과 죽음까지도 가져올 수 있다는 것을 알고 있는 것이다. 그리스도를 따름으로 일어나는 일은 무엇이건 다 그대로 받아야 한다.

II. 둘째 의미는 기독교는 결코 힘으로 방어하는 것이 아니라는 것이다. 검을 가지는 자는 검과 함께 망하리라. 사랑의 복음은 결코 폭력으로 보호를 받을 수 없다. 한 가지 늘 기억해야 할 일은 로마 정부가 박해를 시작했을 때 기독교인은 수십만을 헤아렸을 것이나 그들은 결코 힘으로 저항하려 하지 않았다. 여기에 진리가 있다. 그리고 그것은 지금도 진리다. 즉, 의인은 잘못을 저지름으로써 보호를 받을 수는 없는 것이다. 그리고 기독교가 힘으로 자신을 보호하기 시작하면 그 기독교는 본질을 잃어버린다. 그러므로 하나님의 사랑의 복음을 인간의 폭력을 사용하여 보호하려는 것은 용인될 수 없는 모순이다.

III. 기독교인이 사용할 수 있는 무기가 있으니 이 무기는 동요하지 않는 인내와 믿음(loyalty)이다. 인내(steadfastness)에 해당하는 헬라어 단어는 **휘포모네**(hupomone)인데 그것은 마지못해 수동적으로 어떤 일을 견디기만 하는 것이 아니라 용감하게 인생의 최악의 경우를 그대로 받아들여 이를 영광으로 바꾸는 것이다. 믿음(loyalty)에 해당하는 헬라어 단어는 피스티스(pistis)인데 자기 주인에 대한 최상의 충성을 절대로 포기하지 않을 신의를 말한다.

기독교인은 기독교인이 됨으로써 일어나는 어떠한 일이라도 받아들여야 한다. 기독교인은 사랑의 신앙을 동물적인 무기의 힘으로 보호할 수가 없다. 기독교인은 세상과의 싸움에서 모든 사람에게 인간에 대한 두려움이나 좋아함으로써는 움직여지지 않는 인내와 믿음을 보여 주어 이겨야 한다.

둘째 짐승의 권세

요한계시록 13:11-17

11내가 보매 또 다른 짐승이 땅에서 올라오니 어린양같이 두 뿔이 있고 용처
럼 말을 하더라 12그가 먼저 나온 짐승의 모든 권세를 그 앞에서 행하고 땅과
땅에 사는 자들을 처음 짐승에게 경배하게 하니 곧 죽게 되었던 상처가 나은
자니라 13큰 이적을 행하되 심지어 사람들 앞에서 불이 하늘로부터 땅에 내
려오게 하고 14짐승 앞에서 받은바 이적을 행함으로 땅에 거하는 자들을 미
혹하며 땅에 거하는 자들에게 이르기를 칼에 상하였다가 살아난 짐승을 위
하여 우상을 만들라 하더라 15그가 권세를 받아 그 짐승의 우상에게 생기를
주어 그 짐승의 우상으로 말하게 하고 또 짐승의 우상에게 경배하지 아니하
는 자는 몇이든지 다 죽이게 하더라 16그가 모든 자 곧 작은 자나 큰 자나 부
자나 가난한 자나 자유인이나 종들에게 그 오른손에나 이마에 표를 받게 하
고 17누구든지 이 표를 가진 자 외에는 매매를 못하게 하니 이 표는 곧 짐승
의 이름이나 그 이름의 수라

이 구절은 둘째 짐승, 즉 땅에서 올라온 짐승의 권세를 다루고 있다. 이 짐승은 서론에서 언급한 대로 시저 숭배를 보급하고 온 땅에서 그 숭배를 강요하기 위해 교구나 노회 비슷한 것으로 모든 지방에 조직되었는데 그곳은 관리들과 무수한 사제들로 구성되어 전국의 모든 국민에게 시저 숭배를 강요하였다. 이들의 권세에 대하여 몇 가지 언급할 것이 있다.

1. 이것은 하늘에서 불이 내려오게 하고 짐승의 상이 말을 하게 하는 기사와 이적을 행한다. 황제의 상이나 동상이 있는 곳이면 어디에서나 공식적인 예배 의식이 행해진다. 고대 종교에서는 모든 사제가 어떻게 기사와 이적을 행하는지 알고 있었다. 그들은 어떻게 말하는 상의 효과를 내는지 잘 알고 있었다. 사람들을 놀라게 하기 위해서는 온갖 기교와 장치와 사술이 동원되었다. 바로도 모세 당시

에 마술사들을 데리고 있었듯이 로마 제국의 사제들 중에는 마술이나 복화술법 같은 요술 전문가가 있었다.

이 모든 것이 오도와 유혹의 세력이다. 11절에 보면 흥미 있는 말이 있다. 이 땅에서 올라온 짐승은 어린양과 같이 두 개 뿔을 가지고 있다고 했는데 이는 이 말의 기독교적 의미로 어린양의 흉내를 낸 것이다. 그러나 이 짐승은 **용처럼** 말했다. 이 맨 마지막 말(용처럼)은 **뱀처럼**(like a serpent)이라는 의미도 있다. 그러면 그것은 에덴동산에서 하와를 유혹한 뱀을 연상케 할 것이다. 뱀은 하와를 유혹해 그 과일은 좋고 아름다우며 그를 지혜롭게 만들어 줄 것이라고 말함으로 그것을 따 먹도록 했다. 왕의 녹을 먹는 사제들은 거뜬히 유혹하는 말을 할 수 있었을 것이다. "자, 보시오, 로마가 여러분을 위해 무슨 일을 해 놓았는지, 당신들이 누리는 이 화평과 번영을 보시오! 황제보다 더 위대한 은인을 본 일이 있습니까? 자 이제, 그저 감사한 마음으로 그에게 공식 예배를 드릴 수 있을 것입니다." 이런 모든 말은 아주 설득력 있게 만들어질 수가 있을 것이다. 교회가 왜 세상과 타협하지 않으면 안 되는가 하는 아주 멋있는 이론이 있을 수 있으나 그것은 모든 시험 중에서도 가장 교활한 방법이다. 그러나 사실은 교회가 세상과 타협하면 세상이 되어 버리는 것이지 그 이상 교회일 수는 없고, 자연히 그리스도를 또 배반하는 것이 된다. 이 사실은 지금도 변함이 없다.

II. 이 짐승은 경배하려 하지 않는 자는 죽음을 당하게 만든다. 그것은 사실 법률이었다. 어떤 기독교인이 황제에게 경배하기를 거부한다면 그는 사형감이다. 그 사형이 반드시 집행된 것은 아니다. 그러나 기독교인이 짐승의 표를 갖고 있지 못하면 그는 사고팔 수가 없다. 다시 말해 누구든지 황제를 경배하지 않으면 그는 틀림없이 직업을 상실하게 될 것이고 그의 사업은 거부될 것이며 경제적 압력이 가해져서 비록 목숨은 건졌을지라도 경제적으로 파탄에 이르게 된다. 지금도 이 세상은 그의 기준을 수락하지 않는 자들에게 압력을 가하는 사실에는 변함이 없다. 그리고 지금도 물질적인 성공과 예수 그리스도에 대한 충성 간에 어느 쪽이든 택해야 할 경우가 생기는 것이다.

짐승의 표

요한계시록 13:11-17(계속)

황제에게 경배를 한 자들은 그들의 **짐승의 표**를 가지고 있었다. 이 표는 그들의 오른손과 이마에 있었다. 요한이 이 장면을 어디에서부터 생각해 냈는지는 알기 쉽다. 이 짐승의 표는 본 장에서 나오는 모방 중의 하나로서 유대인의 거룩한 풍습을 모방한 것이다. 유대인은 기도를 할 때 그의 왼팔과 이마에 부적을 갖는다. 그 부적은 출애굽기 13장 1-10절, 13장 11-16절, 신명기 6장 4-9절, 11장 13-21절을 기록한 양피지가 들어 있는 작은 가죽함이었다. 이 작은 함을 가지고 다니는 것은 신실한 유대인이라는 증표였다. 짐승의 표는 이 성스러운 유대 풍습의 가공할 모방이었다.

그러면 짐승의 표는 무엇이었는가? 거기에 쓰인 단어는 **카라그마**(charagma)인데 몇 가지 고대 풍습에서 나온 것이다.

I. 어느 집의 종들은 그 집주인의 표인 인을 찍었다. 그러나 그것은 그들이 도망을 쳤거나 큰 잘못을 저질렀을 때만 인을 찍었다. 그런 표를 **스티그마**(stigma)라 했다. 오늘날 영어에서는 아직도 이 말이 살아 있고 지금도 어떤 불명예스러운 행위에 대하여 붙이는 **스티그마**에 대하여 말한다. 그 표가 이것과 연관이 있다면 그것은 짐승에게 경배하는 자는 그 짐승의 종이요, 소유물이라는 뜻이다.

II. 군인들 중 자신의 장군에게 극히 충성스러운 자는 스스로 그 장군의 이름으로 인을 찍는다. 이 풍습은 오늘날 특별히 좋아하는 사람의 이름을 몸에 문신하는 것과 맞먹는 것이다. 그 표가 이런 것과 관련이 있다면 그것은 짐승에게 경배하는 자는 짐승의 충성스러운 추종자라는 뜻이 될 것이다.

III. 모든 매매 계약에는 황제의 이름과 날짜가 있는 도장, 즉 "카라그마(charagma)"를 찍었다. 황제의 도장은 계약이 이루어졌으며 합의된 것을 말한다. 짐승의 표가 이것과 관련이 있다면 짐승에게 경배하는 자들은 짐승의 법률과 권위로 그대로 수락하는 것을 의미할 것이다.

Ⅳ. 모든 동전에는 황제의 머리와 글자가 찍혀 있었는데 황제의 소유라는 것을 나타내기 위한 것이다. 그 표가 이것과 관련이 있다면 이 표를 지닌 자들은 짐승의 소유자라는 것을 뜻할 것이다.

Ⅴ. 짐승의 표는 우리가 서론에서 본 것과 같은 풍습과 관련이 있을 것이다. 누구든지 향을 피우고 황제에게 경배를 하고 난 후에는 그것을 이행했다는 증서를 받았다는 것을 알았다. 그 증서는 박해의 죽음에서 그를 보호해 주었으며 생업을 영위할 권리를 주었다. 이 짐승의 표는 경배의 증서로서 기독교인이라면 자기 신앙을 부인하고 그리스도에게 거짓을 행하기 전에는 믿을 수 없는 것이다. 그 표를 한 번 가지게 되면 그는 황제의 경배자요, 그리스도의 배반자라는 낙인을 받게 된다.

짐승의 숫자

요한계시록 13:18

18지혜가 여기 있으니 총명한 자는 그 짐승의 수를 세어 보라 그것은 사람의 수니 그의 수는 육백육십육이니라

그 짐승의 수는 666이라고 되어 있다. 그리고 성경의 어느 절보다도 이 절을 해석하는 데 많은 사고와 노력이 경주되었다. 666이라는 숫자로 표시된 이 악마와 사탄의 동물은 도대체 누구인가? 한 가지 기억해야 할 것은 고대인들은 숫자가 따로 없었고 다만 자모가 그 역할을 했다. 이것은 마치 영어에서도 1, 2, 3, 4 등과 같은 숫자가 따로 없이 A는 1, B는 2, C는 3, D는 4… 이렇게 사용한 것과

같다. 이제 그것이 곧 단어였기 때문에 그리고 경우에 따라서는 어떤 고유명사가 될 수도 있는 것이다. 그 명사의 글자들은 이름만을 말하는 것이 아니라 숫자적 의미를 갖게 되면 전체의 합계가 나오기도 한다. 그 글자들이 숫자적 의미를 갖고 사용된 아름답고 로맨틱한 방법 하나를 다이스만(Deissmann)이 인용한 일이 있다. 폼페이의 성벽에 "나는 그 수가 545인 여인을 사랑한다"라고 어떤 사람이 써 놓았다. 이렇게 그는 자신의 사랑하는 자를 나타낼 뿐 아니라 남에게 감추어 버렸다.

666이란 수에 대한 해석 방법은 무한하다. 이것이 짐승의 수이므로 각자가 자신의 적에게 해당되게 해석하였다. 그래서 666은 교황, 존 낙스, 마틴 루터, 나폴레옹과 기타 많은 사람이 해석하곤 했다. 이 수로써 어떤 사고력을 발휘하게 되는지를 살펴보는 것은 참으로 재미있는 일이다. 케플러(Kepler) 박사가 제2차 세계대전 중에 생각해 낸 한 예를 보여 주고 있다. A를 100, B를 101, C를 102, D를 103… 이렇게 가정하자. 그러면 다음과 같은 수의 합이 나온다.

H=107

I=108

T=119

L=111

E=104

R=117

그 합은 666이다!(히틀러-저자주)

처음에 우리는 요한계시록은 암호로 쓰였다는 말을 했다. 이것은 그 메시지가 그것을 늘 가까이 하는 사람에게는 명확해지고 외부인에게는 감추어지게 기록되었다. 이 수보다 더 암호를 철저하게 그리고 조심스레 감추고 있는 곳은 없다. 그 수는 교회의 최대의 원수, 즉 모든 악과 마귀적인 것의 화신을 의미한다. 분명히 이것은 가장 조심스레 그 비밀을 지키고 있다. 한 가지 이상한 것은 이 수에 대한 해석의 열쇠는 매우 이른 시대에는 잃어버려진 것 같다. 왜냐하면 2세기에 있었던 이레나이우스(Irenaeus) 같은 대학자도 그것이 정확히 무엇인지 모르고 추측만 할 수 있었다. 아래에 몇 가지 제시하겠는데 그 중 넷이 특이하다. 이레나이우스는 에운타스(Euanthas)를 의미했을 것이라고 추정했다. 헬라 수에서 E는 5, U는 400, A는 1, N은 50, TH(O)는 9, A는 1, S는 200, 그 합은 666이다. 그러나 에운타스가 무슨 뜻이었는지에 대해서는 이레나이우스는 언급하지 않아 결국 또 다른 수수께끼를 낳은 것뿐이다.

아주 흔했던 것으로서는 그 수가 **라테이노스**(Lateinos)라는 헬라어 단어일 것이라는 해석이 있다. L은 30, A는 1, T는 300, E는 5,000, I는 10, N은 50, O는 70, S는 200, 그 합은 666이다. **라테이노스**는 라틴(Latin)을 의미할 수 있고, 그렇다면 곧 로마 제국을 뜻한다.

또 다른 하나는 헬라어로 **타이탄**(Teitan)이라는 것이다. T는 300, E는 5, I는 10, T는 300, A는 1, N은 50, 그 합은 666이다. **타이탄**은 두 가지 뜻을 나타낼 수 있으니 첫째, 그리스 신화에서 타이탄들은 하나님의 대반역자들이었다. 둘째, 베스파시아누스, 티투스, 도미티아누스 황제들은 가명(家名)이 티투스였는데 이것을 총칭해서 타이탄 가족(Titans)이라고 부를 수 있다.

그보다 다른 하나는 그 수는 **아르누메**(arnoume)일 것이라는 해석이다. A는 1, R은 100, N은 50, O는 70, U는 400, M은 40, E는 5, 그 합은 666이다. 아르누메는 "부인한다"는 뜻의 **아르누마이**(arnoumai)라는 헬라어 단어의 한 변형으로 생각될 수 있다. 이리하여 이 수는 그리스도의 이름을 부인하는 것을 의미한다.

이상 어느 것 하나도 타당성이 없다. 다만 13장 자체가 훨씬 나은 해답의 열쇠를 주고 있다. 이 장에는 여러 번 되풀이하여 죽도록 부상당하였다가 다시 나은 머리 이야기가 나온다. 결국 경배될 대상은 그 머리요, 그 짐승에게 실행하게 하고 강제할 것이 바로 그 머리의 경배다. 앞서 우리는 이 머리는 네로가 권세와 공포로 다시 살아나리라는 전설을 상징한다는 것을 말했다. 그러므로 그 수는 네로와 어떤 관련이 있을 것이라고 추정하는 것도 괜찮을 듯싶다. 좀 더 자세히 말하기 전에 우리는 미국 표준개역 성경이 각주에 표기했듯이 여러 고대 사본에는 이 수가 616이었다는 점을 주목해야 한다. 그리고 네로의 이름을 라틴어로 쓰고 그것을 숫자로 표시하면 다음과 같다.

N=50

E=6

R=500

O=60

N=50

그 합계는 666이다. 그리고 그 이름은 맨 마지막의 N이 없이도 사용될 수 있으며 그 마지막 N을 생략하면 그 수는 616이다. 또 히브리어로 네로 황제(Nero Caesar)라는 글자의 수의 합도 666이 된다는 것도 흥미 있는 일이다.

이제 그 수가 네로를 뜻한다는 데는 별 의문이 없다. 그리고 여기에서 요한은 적그리스도가 네로의 형태로, 즉 악의 화신으로 이 세상에 다시 되돌아오는 자로 내다보았다는 데는 의심할 여지가 없다.

The Revelation of John

14

아버지 자신의 것

요한계시록 14:1

[1]또 내가 보니 보라 어린양이 시온 산에 섰고 그와 함께 십사만 사천이 서 있는데 그들의 이마에는 어린양의 이름과 그 아버지의 이름을 쓴 것이 있더라

요한의 다음 환상은 시온 산 위에 승리자로 선 어린양과 그의 곁에 있는 144,000명의 사람들로 시작된다. 이 사람들은 이미 7장에 나와 있다. 그들의 이마에는 어린양의 이름과 그 아버지의 이름을 쓴 것이 있다. 우리는 그 인침에 대하여 이미 연구한 바 있지만 여기서 다시 한 번 살펴보기로 하자. 고대 사회에서는 사람에게 인친다는 것은 적어도 다음 다섯 가지 뜻을 가지고 있다.

I. "소유권(ownership)"을 뜻할 수 있다. 노예들은 간혹 그 주인의 표로 인을 치는데 양과 짐승들이 그렇게 인침을 받는 것과 같이 했다. 어린양의 표를 한 무리는 하나님께 속해 있는 자들이다.

II. "충성(loyalty)"을 뜻할 수 있다. 군인들은 간혹 그가 좋아하고 어느 전장에나 함께 나아갈 용의가 있는 장군의 이름으로 손에 인을 칠 때가 있다. 어린양의 무리는 그들의 충정으로 충성심을 증명한 베테랑들이다.

III. "안전(security)"을 뜻할 수 있다. 주후 3, 4세기경 아들이 아버지 아폴로라는 사람에게 보낸 흥미 있는 파피루스 편지가 남아 있다. 당시는 위험한 시대였으며 부자간은 서로 떨어져 있게 되었다. 그 아들은 먼저 부친께 문안을 드리고 나서 계속하기를 "저는 아버님이 우리와 함께 계시지 않은 데 대한 걱정과 어떤 무서운 일이 아버님께 일어나 아버님의 시신을 찾을 수 없을까 두렵다는 말씀을 드린 적이 있습니다. 사실 저는 안전을 깊이 생각한 나머지 아버님 몸에 **어떤 일을 쳤으면** 했었습니다"(P. Oxy 680). 이 아들은 아버지가 안전하기 위해 그 몸에 인을 치기 원했던 것이다. 어린양의 무리는 생사간에 안전을 위해 인을 친 사람들이다.

IV. "의존 관계(dependence)"를 뜻할 수 있다. 로벗슨 스미스(Robertson Smith)는 재미있는 한 예를 인용하고 있다. 아랍의 대추장들은 그들을 전적으로 의지하며 그들의 관대함과 호의에 의존하고 있는 소박한 추종자와 식객을 가지고 있었다. 추장은 간혹 그 식객들에게 그들이 추장에게 속해 있다는 것을 보여주기 위해 그의 낙타에게 인을 치는 때가 있다. 어린양의 무리는 어린양의 사랑과 은혜에 전적으로 의존하는 사람들이다.

V. "안전(safety)"을 뜻한다. 고대 세계에서는 어떤 신의 추종자와 열성분자들은 그 신의 표로 인을 치는 것이 보통이다. 어떤 때는 퍽 잔인하기도 했다. 플루타크가 전하는 바에 의하면 아테네가 시실리 섬의 니키아스(Nicias)에 의해 무참히 패배했을 때 시실리인들은 포로를 잡아다가 시실리의 표식인 뛰는 말의 인을 이마에 찍어 주었다(플루타크, 니시아스 29). 인은 완전한 소유와 예속의 표시다. 마카비3서에 의하면 애굽의 톨레미 4세는 "유대인을 최저 계급으로 강등시켜 노예가 되게 하라"고 명령했다. 그리고 "이를 반대하는 말을 하는 자는 강제로 잡아다가 죽일 것이며 그들이 등록되고 나면 그들의 몸에 담쟁이 잎과 박카

스(Bacchus)의 표시로 인을 칠지니라" 고 했다(마카비3서 2:28-29).

이 경우는 모두 자유 격하와 잔인성이 연관되어 있다. 그러나 또 다른 것들도 있다. 고대 시리아인들은 팔목이나 목덜미에 그들의 신의 표로 문신을 하는 것이 일반적이었다. 그러나 어느 것보다도 더 적절한 예가 하나 있다. 헤로도토스(Herodotus 2:113)는 전하기를 나일 강 하구에 헤라클레스(Heracles) 신전이 있었다고 한다. 그 신전은 도피권을 가지고 있었다. 종이거나 자유인이거나 어떤 죄인이라도 그 신전에 도착한 사람은 복수나 법의 추적에서 안전히 피할 수 있었다. 그런 도망자가 그 신전에 도착하면 그는 자신이 그 신에게 바쳐졌고 이제는 아무도 건드릴 수 없다는 표로서 어떤 거룩한 인을 치게 된다. 그 표는 완전한 보호와 안전을 의미한다. 어린양과 함께 있는 자는 이와 같이 예수 그리스도 안에 있는 하나님의 자비에 몸을 전적으로 내맡겨 버려서 영원히 안전한 자들이다.

이상 우리는 고대 풍습의 예를 들었지만 여기에는 모든 세대에 맞는 진리가 있는 것이다. 하나님께 속한 자들은 아직도 하나님의 표를 지니고 있다. 스위트가 말했듯이 그들은 "하나님의 마음과 일치하는 성격을 가지고 있으며 하나님을 섬기는 데 헌신하는 자들이다." 은혜의 배지(표시)는 하나님께 속한 자들의 배지인 것이다.

구속 받은 자만이 배울 수 있는 노래

요한계시록 14:2-3

2내가 하늘에서 나는 소리를 들으니 많은 물 소리와도 같고 큰 우렛소리와도
같은데 내가 들은 소리는 거문고 타는 자들이 그 거문고를 타는 것 같더라
3그들이 보좌 앞과 네 생물과 장로들 앞에서 새 노래를 부르니 땅에서 속량
함을 받은 십사만 사천밖에는 능히 이 노래를 배울 자가 없더라

이 구절은 하나님의 음성을 표현하는 것으로 시작되는데 매우 훌륭한 묘사이

기도 하다. 요한은 하나님의 음성에 대해 세 가지를 말하고 있다.

I. 그것은 많은 물들의 소리와 같다. 여기에서 우리는 하나님의 음성의 **위력**(power)을 기억하게 한다. 산더미 같은 파도가 해안과 절벽에 부딪쳐 깨지는 소리는 인간의 손이 만든 모든 작품을 산산조각 내는 위력을 연상하게 한다.

II. 그것은 큰 우렛소리와 같다. 여기에서는 하나님의 음성에 **명백성**(unmistakableness)을 말하고 있다. 아무도 번개 치는 소리를 못 들을 사람은 없다. 여기에는 꼭 들려야 하는 그 무엇이 있다고 주장하고 이것은 사람이 그 귀를 틀어막을 수 없는 소리다.

III. 여러 거문고 켜는 소리와 같다. 여기에서는 하나님의 음성의 **멜로디**(melody)를 이야기하고 있다. 세상에서 불안한 마음을 위로하고 가라앉힐 수 있는 것은 음악의 위력보다 더한 것은 없다. 불안한 사울의 마음에 잠시나마 평온을 가져다준 것은 다윗의 음악이었다. 하나님의 음성에는 깨어지는 파도의 위력과 귀를 찢는 듯한 뇌성 같은 명백함이 있다. 그러나 또 하나님의 음성에는 불안한 마음을 가라앉히는 좋은 음악의 우아함도 있다.

어린양의 무리는 오직 그들만이 배울 수 있는 노래를 부르고 있었다. 여기에는 전 생애를 통해 변치 않는 진리가 있다. 즉, 어떤 것을 배우려면 먼저 자격 있는 사람이 되어야 한다. 어린양의 무리는 그들이 어떤 경험을 이미 다했으므로 새 노래를 부를 수 있었다.

1. 그들은 고통을 경험했고 참아냈다. 그들은 큰 환난에서 빠져 나왔다. 왜냐하면 그들은 그리스도의 순교자들이었다. 오직 고난만이 우리에게 교훈을 준다. 어떤 시인이 읊은 것같이 “우리가 노래 중에 가르치는 것을 우리는 고통 중에 배웠다.” 고통을 통해 평온함과 우아함과 부동의 신앙과 아무것도 뗄 수 없는 하나님의 친밀함을 느끼게 마련이다. 고난은 비통함과 원망을 낳기도 하지만 믿음과 평온과 새 노래를 낳기도 한다.

2. 그들은 신실하게 살아 왔다. 해가 거듭함에 따라 리더는 자신의 추종자들

에게 더욱더 가까이 하게 되고 추종자들은 리더에게 가까워지게 마련이다. 그러면 그는 그들에게 마음을 탁 털어놓을 수 있게 되고 불신자들이나 발작적인 추종자들은 절대로 배울 수 없는 것들을 가르칠 수 있게 될 것이다.

3. 어린양의 무리는 영적 성장에서 착실한 진보를 한 자들이다. 선생은 미숙한 초보자보다는 완숙한 학생에게 훨씬 크고 어려우며 심오한 것을 가르칠 수 있듯이 예수 그리스도는 날마다 신앙이 성장하는 사람에게는 더 많은 지혜와 지식의 보고를 드러내 줄 수 있다. 성장하지 않는 정체된 신앙은 기독교인 중에 너무나 많이 보이는 비극이다. 기독교인은 누구나 그리스도에게 더욱더 가까이 나가야 하며 그렇게 하는 데서 오직 어린양의 무리만이 부를 수 있는 노래를 배울 수 있는 것이다.

가장 아름다운 꽃

요한계시록 14:4상

[4]이 사람들은 여자와 더불어 더럽히지 아니하고 순결한 자라

이 반 절을 따로 내세운 것은 이 구절이 요한계시록에서 가장 난해한 구절 중의 하나이기 때문이다. 그리고 그 명확한 뜻을 얻기란 참 어렵다. 물론 이것은 어린양과 함께 있는 자들의 더러움이 없는 순결을 나타내고 있다. 그렇다면 문제는 어떠한 의미로 저들은 순결하다는 것일까? 세 가지 해석이 있다. 이 문제가 난해하기 때문에 이 문제를 질문의 입장에서 취급하고 해답의 입장에서 취급하고자 한다.

1. 이것은 육적 음행에서 자신을 깨끗이 한 자들을 뜻하는가? 이것은 성생활에서 방정하고 명예롭고 순결한 자들을 말하는 것일까? 결코 그렇다고는 생각지 않는다. 왜냐하면 여기에 표현된 사람들은 **순결**(pure)할 뿐 아니라 **동정**(virgins),

즉 성관계를 전혀 경험하지 않은 자들인 것같이 말하고 있다.

II. 이것은 영적 음행, 즉 예수 그리스도에 대한 모든 불충함과 거짓 신들과의 음행에서 자신들을 깨끗이 지킨 자들을 말하는 것일까? 이스라엘이 그리스도의 신부였기 때문에 구약에서는 영적 불충성을 음란이란 말로 표현한 것은 보통이다. 구약에서 여러 번 되풀이하여 이스라엘 백성에 대하여 그들이 알지 못하는 신들에게 음란히 쫓아다닌다고 말하는 것을 흔히 보았다(출 34:15; 신 31:16; 삿 2:17, 8:27, 33; 호 9:1). 그러나 여기에 기록되어 있는 구절은 비유라기보다는 좀 더 현실적인 인상을 주는 것으로 이해하는 것이 옳다고는 생각되지 않는다.

III. 이것은 남녀간에 독신으로 남아 있고 상호간의 육체적인 관계를 모두 물리친 사람들을 말하는 것일까?

이 문제를 대답하는 것은 아주 중요하다. 그 후 오래 되지 않아 교회는 독신과 동정을 높이고 결혼을 멸시하며 가장 고상한 기독교인의 생활은 오직 결혼을 완전히 물리친 사람에게만 가능하다고 생각한 날이 온 것이 확실하기 때문이다. 그런 입장은 이교도들간에 흔히 있었다. 그노스틱파는 "결혼과 생식은 사탄에게서 온 것"이라고 생각했다. 타티안(Titian)은 "결혼은 부패와 행음"이라고 생각했다. 마르키온(Marcion)은 독신자들을 위한 교회를 세우고 다른 사람들은 얼씬거리지 못하게 했다. 초기 교부 중 유명한 오리겐네스(Origenes)는 자진해서 거세를 해 영원한 동정을 보장하려 했다. 얼마 후 더 열정적인 기독교 목사들은 기독교는 독신과 동정이 관여되어 있다고 주장한 것이 확실하다. 《바울과 델카 행적(*Acts of Paul and Thelca*)》에서 데마(Demas)는 바울을 비난하기를, "바울은 정결하게 남아 있고 육신을 깨끗이 지키지 않는 한 너희에게는 부활이 있을 수 없다고 말함으로써 청년들에게서 부인을 그리고 젊은 처녀들에게서 남편을 빼앗았다"라고 했다. 물론 《바울과 델카 행적》은 위경이지만 이 책이 바울의 입에 넣어 준 교훈은 그러한 것이다. 로마의 한 재판 기록이 있는데(루이나르트〈Ruinart〉, 순교자들의 행적〈Acts of the Martyrs〉, 304년 4월 27일), 거기에 보면 기독교인들은 "어리석은 여인들을 속여 그들에게 결혼하면 안 되며 환상적인 동정을 택하도록 설득시키는 자들"이라고 되어 있다. 이러한 분위기가 수도원과 수도단과 수녀원 등을 가능케 했으므로 성과 육체에 관련된 것은 어느 것이나 다 그릇된 것이라고 하는 전제에서 서 있는 것이다.

이 구절에 대해 어떤 결론에 이르든지 그것은 다 신약성경의 교훈과는 거리가 멀다. 예수는 결혼을 높이 평가했고 이로써 남자가 자신의 부모를 떠나 자기 부인과 한 몸이 되었으니 하나님이 결합시킨 것을 아무도 갈라놓을 수 없다고 말씀하셨다(마 19:4-6). 이것은 확실히 결혼이란 하늘에서 내려진 것이라는 뜻이다. 바울은 자신의 최고의 교훈에서 결혼을 높이 평가하여 그리스도와 그의 교회의 관계를 남자와 여자의 관계에 비교하였다(엡 5:22-33). 히브리서 저자는 이렇게 썼다. "모든 사람은 결혼을 귀히 여기라"(히 13:4). 신약의 교훈에는 독신의 교리를 정당화할 만한 것이 거의 없다.

그렇다면 우리는 이 구절에 대하여 무엇이라고 해야 할까? 우리가 솔직하게 이 문제를 다룬다면 이 구절이 독신과 동정을 칭찬하고 결혼을 천시한다는 결론을 피할 수는 없는 것이다. 그렇다면 이를 어떻게 설명할 것인가? 여기에는 두 가지 설명이 가능하다.

1. 요한계시록의 저자는 사실상 독신과 동정을 높이 평가했다는 설명이 정말로 가능하다. 가장 근사한 설명은 그는 주후 90년경에 그것을 썼으며 이런 경향이 이미 교회 내에 들어와 있었다. 그렇다면 요한계시록의 저자는 신약의 교훈 밖에 서 있으며 신약 자체 내에서 결혼을 천시하고 독신과 동정을 존귀히 여기는 그런 이단의 기미를 갖게 되는 것이다. 그런 경우라면 전체 신약의 교훈으로 시험하여 본 결과 이런 것은 기독교 윤리의 올바른 해석이 아니므로 이 구절을 따로 제쳐 놓아야겠다.

2. 다른 설명도 가능하다. 서기관들이 신약을 베낄 때 그들은 종종 여백에 써넣는 버릇이 있었다. 이 관주는 본문의 뜻을 설명하고 그 뜻을 확대하자는 의도다. 아마도 후대의 서기관 중 한 명이 이 구절을 베끼면서 이 144,000명이 누구인가 하는 것에 대한 **자신의**(his) 의견을 써 넣고 싶었을 것이다. 그는 독신과 동정이 높임을 받을 때 살고 있었고 그는 다음과 같이 썼을 것이다. "이것은 자신을 여인으로 더불어 더럽히지 않고 동정으로 남아 있는 자라는 뜻이다." 이것

은 후대의 서기관들은 대개가 수도승이었다는 데서 더욱 그런 것이 가능하다. 이 사본이 다시 베껴질 때 그 주가 본문에 끼어들기 쉬웠을 것이다. 그런 것은 흔하게 일어났다. 이것은 그렇다면 4절 상반절은 요한의 말이 아니라 처음에는 주 난에 기록되었다가 후에 잘못하여 본문에 포함된 한 서기관의 의견에 불과하다.

우리 자신도 이 둘째 설명을 취하겠다. 그러나 어느 설명을 취하든 간에 우리는 독신과 동정의 칭찬은 신약의 보편적인 가르침이 아니라는 점만은 동의해야 한다.

그리스도를 본받는 자

요한계시록 14:4하

[4]어린양이 어디로 인도하든지 따라가는 자며 사람 가운데에서 속량함을 받아 처음 익은 열매로 하나님과 어린양에게 속한 자들이니

이곳에 있는 어린양의 무리에 대한 설명에 대해서는 문제가 전혀 없다.

어린양의 무리는 그 어린양이 어디를 가나 그를 따라다니는 자들이다. 기독교인이 된다는 것은 단순히 예수 그리스도를 따라다니는 것이라고 말하는 것이다. 이것이 가장 단적인 정의다. "나를 따르라"고 한 것은 예수의 입술에 항상 있었던 명령이다. "나를 따르라"고 빌립에게(요 1:43) 말씀하셨고 마태에게 (막 2:14) 말씀했다. "나를 따르라"고 젊은 관원에게(막 10:21) 그리고 익명의 제자에게(눅 9:59) 말씀하셨다. 베드로가 요한에게 어떤 일이 일어나겠느냐고 물었을 때 예수께서는 남에게 어떤 일이 일어나겠는가에 대하여 걱정하지 말고 주를 따르는 데만 전념하라고 하셨다(요 21:19-22). 주는 우리에게 좋은 본을 보여 주셨다. 베드로에 의하면 우리는 그의 발자취를 따라가야 한다고 말했다(벧전 2:21). 근본적으로 기독교인의 생활은 계속적으로 예수 그리스도를 본받는 것이어야 한다.

요한은 어린양의 무리를 세 가지로 불렀다.

I. 그는 그들이 하나님과 어린양에 대한 제물이라고 말했다. 제물이란 말은 헬라어로 **아파르케**(aparchē)다. 이것은 처음 열매의 제물이다. 첫 열매는 수확에서 가장 좋은 것이다. 그것은 시식이며 앞으로 올 수확의 상징이기도 하다. 그들은 하나님께 드릴 모든 수확의 상징적 헌물이다. 그러므로 기독교인은 하나님께 바쳐질 수 있는 것 중 가장 좋은 것이다. 기독교인 각자는 온 세계가 하나님께 바쳐질 날에 대한 시식이라고 할 수 있다. 기독교인은 자기 생을 하나님께 바치고 헌신한 사람이다.

II. 그는 그들의 입에는 거짓이 없다고 말했다. 이것은 성경에서 좋아하는 개념이다. "마음에 간사가 없는 자는 복이 있도다"라고 시편은 말하고 있다(시 32:2). 이사야는 여호와의 종에 대하여 언급하고 있다. "그의 입에 거짓이 없었으나"(사 53:9)라고 했다. 스바냐는 이스라엘의 남은 자들에 대해 "입에 거짓된 혀가 없으며"(습 3:13)라고 했고, 베드로는 주의 종에 대한 말들을 가져다가 그것들을 예수 자신에게 적용했다. "그 입에 거짓도 없으시며"(벧전 2:22)라고 말했다. 이것은 이해하기 어려운 것이 아니다. 우리도 불성실과 위선을 가장 불쾌한 것으로 여기고, 친구에게는 성실함과 정직함을 구한다. 우리는 미끈한 말로 책임을 회피하는 것이나, 거짓된 의견을 말하는 자를 돌보지 않는다. 우리가 성실한 친구를 원하듯이 예수 그리스도도 그런 자를 원하신다.

III. 그는 그들이 흠이 없다고 말했다. 그 단어는 헬라어로 **아모모스**(amomos)이고 이 단어는 특별히 제사적인 단어다. 이 구절은 점과 흠과 결함이 없는 하나님께 드릴 제물에 적합한 동물을 의미하고 있다. 이 단어가 얼마나 자주 기독교인에 대하여 사용되었는지를 알아보는 것도 재미있다. 하나님께서는 우리를 택하사 그 앞에 거룩하고 **흠이 없게** 하려 하신다(엡 1:4; 골 1:22 참조). 교회는 영광스러워야 하며 **티나** 주름 잡힌 것 등이 없어야 한다(엡 5:27). 베드로는 예수 그리스도를 **흠이 없고** 점이 없는 어린양으로 말하고 있다(벧전 1:19). 우리가 생명을 받은 것은 그 생명으로 하나님께 바칠 선물과 제물과 헌물이 되게 하기 위함이며, 하나님께 바쳐진 것은 반드시 흠과 점이 없어야 한다.

다음에 세 천사의 환상이 뒤따른다. 한 천사는 참 하나님을 경배하라는 소리를 외치고 있다(6-7절). 로마의 멸망을 예언하는 천사가 있다(8절). 다음에 자신들의 믿음을 배반하고 짐승을 경배한 자들의 심판과 멸망을 예언하는 천사가 있다(9-12절). 이 환상들을 하나하나 살펴보자.

하나님을 경배하라

요한계시록 14:6-7

[6]또 보니 다른 천사가 공중에 날아가는데 땅에 거주하는 자들 곧 모든 민족과 종족과 방언과 백성에게 전할 영원한 복음을 가졌더라 [7]그가 큰 음성으로 이르되 하나님을 두려워하며 그에게 영광을 돌리라 이는 그의 심판의 시간이 이르렀음이니 하늘과 땅과 바다와 물들의 근원을 만드신 이를 경배하라 하더라

첫 번째 천사가 모든 사람에게 하나님을 경배하라는 명령을 가지고 왔다.

우리가 한 가지 기억해야 할 것은 세상 마지막 전에 있을 징조 중 하나는 모든 민족에게 증거하기 위하여 온 세상에 전파되어야 할 것이다(마 29:14). 여기에 그 예언의 완성이 있다. 그 천사는 모든 민족과 종족과 방언과 백성에게 복음의 메시지를 가지고 온다. 지구는 다시 한 번 예수 그리스도를 받아들이든지 배척할 기회를 갖게 되는 것이다.

그 천사는 **영원한** 복음을 가지고 온다. 여기서 "**영원한**"이란 말의 뜻은 무엇일까? 이것은 복음이란 영원토록 유효하며 멸망으로 치닫는 세상일지라도 복음의 진리는 아직 넘어지지 않는다는 것이다. 이것은 복음이 영원 전부터 있었다는 뜻도 있다. 바울은 로마서의 유명한 축도에서 예수 그리스도를 세상 창조 때

부터 감추어졌던 비밀의 계시라고 말하고 있다(롬 16:25). 복음은 인간을 위한 하나님의 영원한 섭리이기 때문에 영원할 수 있는 복음이다. 또 이것은 영원한 것들을 다루는 복음이요, 복음이 와서 전하는 것은 잠정적이거나 임시적이거나 곧 지나가는 것이 아니라 진리요, 영원의 실체들이라는 것을 의미할 수 있다.

복음의 천사 바로 뒤에 멸망의 천사가 따라온다는 것은 이상할는지 모르겠다. 그러나 복음은 필연코 양면성을 지니고 있다. 복음은 그것을 받아들이고 환영하고 거기에 복종하는 자에게는 좋은 소식이요, 이것을 거절하고 불순종하고 일축해 버리는 자들에게는 심판이다. 이것을 거절하는 자들의 저주는 더 큰 것이니 그들에게는 이 복음을 받아들일 수 있는 기회가 주어졌기 때문이다.

이 천사의 말은 무척 재미있다. 이것은 모든 것의 창조자요, 유지자이신 하나님을 경배하고 경외하고 두려워하라는 명령이다. 이 메시지는 특별히 기독교적인 데는 없다. 이 메시지는 모든 종교의 바탕이요, 기초가 되는 것이다. 이것은 바울과 바나바가 루스드라 백성에게 가져온 것과 일치하는데 거기에서 그들에게 "이런 헛된 일을 버리고 천지와 바다와 그 가운데 만물을 지으시고 살아 계신 하나님께로 돌아오라"고 했다(행 14:15). 스위트는 이것을 일컬어 "배우지 못하고 아직 다른 아무것도 이해할 수 없는 이교의 양심에게 호소한 것"이라고 했다. 이것은 하나님의 피조물들에게 그들의 조물주를 기억하고 그가 만드신 세상에서 창조주를 보라는 호소다. 종교는 먼저 우리는 피조물이요, 하나님은 창조주라는 것을 발견하는 데서 시작된다. 종교는 세상에서 출발해서 이 세상의 조물주를 아는 것이야말로 종교의 시작이다. 사람에게 죄책감과 구세주가 필요하다는 것을 인식하는 것은 인간이 창조주 앞에서는 피조물에 지나지 않는다는 것을 이해할 때에만 가능한 것이다. 그 천사의 메시지는 종교의 기본적인 가르침이요, 본질로서 모든 종교의 출발점이다.

바빌론의 멸망

요한계시록 14:8

[8]또 다른 천사 곧 둘째가 그 뒤를 따라 말하되 무너졌도다 무너졌도다 큰 성 바빌론이여 모든 나라에게 그의 음행으로 말미암아 진노의 포도주를 먹이던 자로다 하더라

여기에 로마의 멸망이 예언되어 있다. 모든 요한계시록을 통해 로마는 바빌론으로 표현되었다. 로마를 이렇게 표현한 것은 신·구약 중간기에 흔히 있는 일이었다. 바룩2서의 저자는 로마에 반대하는 그의 선언으로 시작했다. “나 바룩은 이것을 너 바빌론에 대하여 말하노라”(바룩2서 11:1). 시빌라의 신탁은 로마에서 네로의 도피를 상상하여 기록할 때 이렇게 말했다. “다음에 바빌론에서 염치없고 겁 없는 왕이 도망할 것인데 그는 모든 인간과 가장 선한 사람들이 다 미워하는 자다”(시빌라의 신탁 5:143). 고대 세계에서 선지자들은 바빌론을 권세와 욕망과 사치와 죄의 화신이라고 생각했다. 그런데 초대 기독교인들은 바빌론이 로마의 탐욕과 사치와 부도덕성으로 다시 출현했다고 생각했다.

페르시아인 고레스에게 바빌론이 넘어가게 된 것은 고대 역사에서는 충격적인 사건이었다. 요한계시록이 사용하고 있는 바로 그 단어들은 과거의 선지자들이 고대 바빌론의 멸망을 예고한 말을 모방한 것이다. “함락되었도다 함락되었도다 바빌론이여 그들이 조각한 신상들이 다 부서져 땅에 떨어졌도다”(사 21:9)라고 이사야가 말했다. “바빌론이 갑자기 넘어져 파멸되니”(렘 51:8)라고 예레미야는 말했다. 기독교인들에게는 로마가 욕망과 사치면에서 볼 때 현대판 바빌론이요, 로마의 멸망은 바빌론의 멸망이 예고된 바로 그 단어로 다시 예언되었다.

바빌론은 모든 나라에게 그 음행한 진노의 포도주를 마시게 했다고 했다. 이 구절에서 구약의 두 가지 개념과 표현이 하나로 되었다. 예레미야 51장 7절에서 바빌론에 대하여 “바빌론은 여호와의 손에 잡혀 있어 온 세계가 취하게 하는 금잔이라 뭇 민족이 그 포도주를 마심으로 미쳤도다”라고 말하고 있다. 이곳에서 말하고자 하는 것은 바빌론의 권세와 영향력은 부패와 유혹의 세력으로서 모든 나라에게 어떤 종류의 미친 듯한 부도덕으로 몰아넣은 것이다. 이 장면의 배경은 창녀가 한 남자를 유혹하고 설득하여 그에게 포도주로 만취하고 도취하게 해 그 사람에게 더 이상 그 여자의 궤계를 물리칠 수 없게 함으로써 부도덕과 간음과 음란에 빠지게 하는 것이다. 다른 하나의 장면은 구약에서는 흔한 것으로서 하나님의 진노의 잔이다. 욥이 악인에 대하여 "전능자의 진노를 마시게 할 것이니라"(욥 21:20)고 했다. 시편 기자는 악인에 대하여 말하기를 실로 여호와의 손의 붉은 잔의 찌꺼기라도 기울여 마실 것이라고 했다(시 75:8). 이사야는 예루살렘이 하나님의 분노의 잔을 마신다고 했다(사 51:17). 여호와께서 예레미야에게 당신의 손에서 진노의 잔을 받아 가지고 모든 나라로 마시게 하라고 지시하셨다(렘 25:15).

이 모든 것의 배후에는 다음과 같은 진리가 숨어 있다. 즉, 국가건 개인이건 간에 그의 영향력이 악을 행하게 하고 도덕률을 규제하는 것을 헤이하게 하고 악은 더 매력 있게 하고 죄를 더 쉽게 하며 덕행은 더 어렵게 하는 자는 그것이 국가거나 개인이거나 간에 하나님의 진노를 결코 피할 수 없다고 하는 것이다.

주를 부정하는 자의 운명

요한계시록 14:9-12

9또 다른 천사 곧 셋째가 그 뒤를 따라 큰 음성으로 이르되 만일 누구든지 짐
승과 그의 우상에게 경배하고 이마에나 손에 표를 받으면 10그도 하나님의 진
노의 포도주를 마시리니 그 진노의 잔에 섞인 것이 없이 부은 포도주라 거룩
한 천사들 앞과 어린양 앞에서 불과 유황으로 고난을 받으리니 11그 고난의
연기가 세세토록 올라가리로다 짐승과 그의 우상에게 경배하고 그의 이름
표를 받는 자는 누구든지 밤낮 쉼을 얻지 못하리라 하더라 12성도들의 인내가
여기 있나니 그들은 하나님의 계명과 예수에 대한 믿음을 지키는 자니라

짐승과 그 우상이 모든 사람에게 줄 표에 대한 경고는 이미 했다(13장). 이제는 그 시험 때 실패하는 자에 대한 경고가 여기 있다.

이 경고가 모든 경고 중 가장 엄하다는 것은 의미심장하다. 요한계시록에서는 모든 운명 중에서 배교자의 운명이 가장 비참한 것이다. 그 이유는 요한 당시에 교회는 그 존재 자체를 위해 싸우고 있었다. 교회가 계속 존재하려면 기독교인 개개인이 환난과 시험과 투옥되고 죽음까지도 받아들일 각오가 서 있어야 했다. 각 기독교인이 항복하고 들어가면 교회는 죽는다. 각 기독교인이 죽기까지 충성한 것에 달려 있기 때문에 신앙을 배신한 자에게 오는 운명이 그렇게 무섭고 비참한 것이다. 오늘날 우리 세대는 신앙을 위해 죽는 것이 아니라 신앙을 위해 산다. 오늘날 우리 세대에는 각 기독교인이 가장 중요한 위치에 있으나 지금 그의 기능은 신앙을 위해 죽을 준비를 함으로써 신앙을 지키는 것이 아니라 그 신앙을 위해 열심히 삶으로써 신앙을 사람들에게 권하는 것이다.

배교자의 운명은 이 지구상에 지금까지 내려진 것 중 가장 혹심한 재판의 기록에서 생각해 볼 수 있다. 즉, 소돔과 고모라의 심판이다. "눈을 들어 연기가 옹기가마의 연기같이 치솟음을 보았더라"(창 19:28). 요한은 이사야가 여호와가 보복하는 날에 대해 이사야가 표현한 그대로 반복하여 사용하고 있다. "에돔의 시내들은 변하여 역청이 되고 그 티끌은 유황이 되고 그 땅은 불 붙는 역청이 되며 낮에나 밤에나 꺼지지 아니하고 그 연기가 끊임없이 떠오를 것이며 세세에 황무하여 그리로 지날 자가 영영히 없겠고"(사 34:8-10). 요한계시록은 배교자의 운명을 성경의 이야기와 예언이 그릴 수 있는 가장 무서운 말로 표현하고 있다.

여기에서 우리는 앞서 보았던 그런 것을 다시 한 번 보게 된다. 악인은 거룩한 천사와 어린양의 면전에서 멸망하리라. 전술한 바와 같이 하늘의 축복 중에는 지옥에 있는 죄인의 고통을 보는 것이 있다. 에스드라4서에 보면 "지옥의 풀무가 보일 것이며 그 건너편에 즐거운 낙원이 보일 것이다"(에스드라4서 7:36)라고 했다. 에녹서에도 같은 개념이 있다. "내가 그들(악인)을 내 택한 자들의 손에 넘겨줄 것이라. 불 속의 지푸라기같이 그들은 거룩한 자의 면전에서 타리라. 그리고 물속의 납같이 의인들 앞에서 빠지리라. 그리고 그들의 자취는 다시 찾아볼 수 없게 되리라"(에녹서 48:9). 마지막 날들의 장면은 "의인들 면전에서 의로운 심판의 장면이다"(에녹서 27:2-3). 크리소스토무스가 올림피아스를 격려했을 때 그는 "때가 이르면 아브라함의 품 안에 있는 나사로가 부자가 불꽃 속에서 고초를 당하는 것을 본 것같이 당신도 당신을 괴롭힌 자가 고통당하는 것을 보게 될 것이다"라고 말하고 있다.

우리는 이런 식의 사고방식을 싫어할 수도 있고 경망스럽게 이것을 비기독교적이라고 저주할 수도 있을 것이며 사실 그러하다. 그러나 우리는 우리가 초대 기독교인들 같은 환난을 당하고 나기 전까지는 결코 그런 말을 할 권리가 없다. 흔히 이방인은 원형극장의 혼잡한 좌석에서 기독교인들이 고난당하는 것을 내려다보았는데, 기독교인들은 관중이 성도들이 되고 하늘의 천군들이 되며 희생자들이 세상에서 박해자가 되어 지상에서 담당 역할이 하늘에서는 바뀌는 날을 고대했다. 의심할 것 없이 이것은 비기독교적이다. 그러나 초대 기독교인들은 언젠가는 하늘의 심판이 지상에서 불의의 차이를 메우어 주시리라는 생각으로 유지되었다.

신실한 영혼의 안식

요한계시록 14:13

13 또 내가 들으니 하늘에서 음성이 나서 이르되 기록하라 지금 이후로 주 안에서 죽는 자들은 복이 있도다 하시매 성령이 이르시되 그러하다 그들이 수고를 그치고 쉬리니 이는 그들의 행한 일이 따름이라 하시더라

앞으로 닥쳐올 두려운 일의 예언과 거짓된 자들에 대한 무서운 경고가 있고 나서는 은혜스러운 약속이 따르고 있다. 여기에 격려의 말씀과 참된 자들에게 주시는 약속이 있다.

주 안에서 죽은 자들은 복이 있을 것이다. 주 안에서 죽는다는 생각은 신약에서 한 번 이상 나온다. 바울은 그리스도 안에서 죽은 자들에 대해 말하고 있고(살

전 4:16), 그리스도 안에서 잠든 사람들에 대해 말하고 있다(고전 15:18). 이 구절들의 뜻은 **마지막 생명이 다할 때 그들은 그리스도와 하나로 융화된다는 것이다**. 이 세상 온갖 것이 인간을 그리스도에게서 떼어 놓으려 했다. 인간은 온갖 두려운 것이 그들에게 그리스도를 내버리고 그에 대한 충성을 내동댕이치게끔 하는 세상에 살고 있었다. 그러나 지상의 행복은 죽을 때 그리스도와 하나 되고 그와 떼어 놓을 수 없게 녹아서 하나 되고 그들이 사랑한 주요, 구주이신 그분에게서 떨어지지 않게 하나 되고 끝까지 충성한 자에게 오는 것이다.

그 약속은 안식의 약속이다. 그들은 그들의 수고함에서 해방된다. 안식은 수고해서 얻었을 때만큼 귀할 때가 없다. 안식이란 가장 힘든 일을 하고 난 후만큼 달콤한 때가 없다. 스펜서는 이렇게 말했다.

> 힘써 일한 후의 수면, 풍랑 후의 정박, 전쟁 후의 평화,
> 삶 후에 죽는 것, 그것은 얼마나 즐거운 것이냐?

엘리스테어 맥클린(Alistair Maclean)이 산지(山地)의 한 여인이 자기 잘못이 아니라 타의에 의하여 도시의 빈민굴의 어려움 속에 살게 된 이야기를 어디에선가 전해 주고 있다. 한 사람이 그 여자에게 가서 동정하여 말하기를, 인생이 그에게 불공평하게 대했다고 하자 그녀는 "하나님께서는 나에게 갚아 주실 것입니다. 나는 다시 밝은 날을 보게 될 것입니다"라고 대답했다. 마지막 죽을 때 그리스도와 하나 되는 사람들의 회상의 희열과 기쁨에는 의심할 여지가 없다. 싸움이 격심하면 할수록, 슬픔으로 마음이 아프면 아플수록, 수고가 기진하면 할수록 이 모든 것 후에 올 즐거움과 희열이 더할 것이다.

"그들의 행한 일이 그들을 따르리라." 얼른 보기에는 요한계시록의 요한이 행위로써 구원을 가르치는 것 같다. 그러나 우리는 요한이 행한 일이라고 할 때 무엇을 뜻하는지 조심해 보아야 한다. 그는 에베소인들의 행한 일, 즉 수고와 인내(2:2)를 말하고 두아디라인들의 행한 일, 즉 그들의 자비와 봉사와 믿음(2:19)을 말한다. 행한 일이란 말로써 요한은 절대로 율법주의적 행위를 의미하지 않았고 이 말이 그에게는 **성품**(character)을 의미했다. 여기서 그는 실질적으로 "너희가

이 세상을 떠날 때 너희가 가지고 갈 수 있는 것이라곤 너희 자신과 그 성품뿐이다. 너희가 이 세상에서 죽을 때 그리스도와 하나 되면 금과 같이 연단 받은 성품을 가지고 가게 될 것이다. 그 성품이란 너희가 그리스도와 함께 살아왔기 때문에 그 안에 일종의 그리스도의 반사체를 가지고 있다. 그리고 너희가 저 세상으로 그런 성품을 가지고 가게 되면 너희는 복이 있도다"라고 말하고 있는 것이다. 행함이란 말로써 요한은 선행의 수지계산서를 뜻하는 것이 아니라 그리스도가 다시 한 번 살아오신 성품을 뜻한다.

심판의 추수

요한계시록 14:14-20

[14]또 내가 보니 흰 구름이 있고 구름 위에 인자와 같은 이가 앉으셨는데 그
머리에는 금 면류관이 있고 그 손에는 예리한 낫을 가졌더라 [15]또 다른 천사
가 성전으로부터 나와 구름 위에 앉은 이를 향하여 큰 음성으로 외쳐 이르되
당신의 낫을 휘둘러 거두소서 땅의 곡식이 다 익어 거둘 때가 이르렀음이니
이다 하니 [16]구름 위에 앉으신 이가 낫을 땅에 휘두르매 땅의 곡식이 거두어
지니라 [17]또 다른 천사가 하늘에 있는 성전에서 나오는데 역시 예리한 낫을
가졌더라 [18]또 불을 다스리는 다른 천사가 제단으로부터 나와 예리한 낫 가
진 자를 향하여 큰 음성으로 불러 이르되 네 예리한 낫을 휘둘러 땅의 포도
송이를 거두라 그 포도가 익었느니라 하더라 [19]천사가 낫을 땅에 휘둘러 땅
의 포도를 거두어 하나님의 진노의 큰 포도주 틀에 던지매 [20]성 밖에서 그 틀
이 밟히니 틀에서 피가 나서 말 굴레에까지 닿았고 천육백 스다디온에 퍼졌
더라

14장의 마지막은 심판의 환상으로서 유대 사상에는 매우 잘 알려진 장면에 표현되어 있는 것이다.

이것은 인자 같은 사람으로서 승리한 자의 장면으로 시작한다. 이 장면은 다니엘 7장 13-14절에서 온 것이다. "내가 또 밤 환상 중에 보니 인자 같은 이가 하늘 구름을 타고 와서 옛적부터 항상 계신 이에게 나아와 그 앞으로 인도되매 그에게 권세와 영광과 나라를 주고 모든 백성과 나라들과 다른 언어를 말하는 모든 자들이 그를 섬기게 하였으니." 이와 같이 요한계시록에서 우리는 승리하신 그리스도가 이런 모양으로 표현되어 심판하러 오시는 것을 보게 된다.

이것은 심판을 **추수로** 나타냈다. 요엘이 심판이 임박했다는 말을 하고 싶어 했을 때 그는 "너희는 낫을 쓰라 곡식이 익었도다"(욜 3:13)라고 했고, "열매가 익으면 곧 낫을 대나니 이는 추수 때가 이르렀음이라"(막 4:29)고 예수께서는 말씀하셨다. 씨와 가라지 비유에서 예수는 심판 장면에 추수 장면을 사용하셨다(마 13:24-30, 37-43). 추수는 자연의 심판 장면이다. 왜냐하면 그때에는 들에서 추수가 되고 좋은 것은 보관하고 사용할 수 없는 것은 내버리는 것이다.

또 이것은 포도주 틀을 비유로 기술했다. 팔레스타인에서는 포도주 틀은 위와 아래 통으로 되어 있는데 그것은 관으로 연결되어 있다. 그 통들은 바위에 팔 수 있고 벽돌로 만들어질 수도 있다. 포도를 약간 높이 맨 윗간에 넣고 발로 밟는데 포도액이 나오도록 한다. 포도액은 그 다음에 서서히 연결 쇠 있는 쪽으로 내려가고 낮은 통에 고이게 된다. 구약에서 보면 하나님의 심판을 자주 이 포도 밟기에 비유하고 있다. "주께서 내 영토 안 나의 모든 용사들을 없는 것같이 여기시고(KJV에는 "밟으시고"로 번역되었음-옮긴이주) …처녀 딸 유다를 내 주께서 술틀에 밟으셨도다"(애 1:15). "만민 가운데 나와 함께한 자가 없이 내가 홀로 포도즙 틀을 밟았는데 내가 노함으로 말미암아 무리를 밟았고 분함으로 말미암아 짓밟았으므로 그들의 선혈이 내 옷에 튀어 내 의복을 다 더럽혔음이니"(사 63:3).

이와 같이 심판을 우리가 잘 아는 두 가지, 즉 추수와 포도주 틀로 표현하고 있다. 포도주 틀은 성 밖에서 밟는다. 이 성이란 예루살렘이다. 구약과 중간기 작품들에는 이방인들이 예루살렘으로 와서 거기서 심판을 받게 된다는 생각이 약간씩 있었다. 요엘은 만국이 여호사밧 골짜기에 모여 거기서 심판을 받으리라는 말을 하고 있다(욜 3:2, 12). 스가랴는 이방인들의 예루살렘에 대한 최후의 공격과 거기에서 심판 받으리라고 했다(슥 14:1-4). 이런 말의 뜻은 예루살렘은 거룩한 성이며 참 하나님 경배의 중심지요 선민의 수도이므로 이방인들의 최후의 심판은 거기서 이루어지리라는 것이다. 그것이 바로 요한계시록에 나타난 장면이다. 이 지구의 최후 심판은 예루살렘 밖에서 이루어지리라.

이 구절에는 두 가지 난해한 것이 있다. 첫째, 여기에는 인자 같은 이가 추수하는 장면과 천사가 추수하는 장면이 나온다. 이것은 인자 같은 이, 즉 부활하시고 승리하신 주께서는 자신의 백성 가운데서 추수를 하시고, 다른 천사는 예리한 낫을 가지고 심판 받을 자들 중에서 추수하는 것이라고 말할 수 있다. 그렇다면 부활하신 주님은 구원 얻을 자들을 추수하시는 것이요, 천사는 저주 받을 자들을 추수하는 것이다.

둘째, 피가 말굴레까지 닿았고 1,600스다디온에 퍼졌다고 했다. 아무도 참으로 만족할 만한 설명을 한 사람이 없다. 가장 그럴듯한 설명으로는 1,600스다디온은 팔레스타인의 남북 길이와 거의 맞먹으며 심판의 물결이 넘치고 흘러서 온 땅을 뒤덮을 것이라고 말할 수 있다. 그런 경우 이 장면은 상징적으로 심판의 완전성을 기술한 것이 될 것이다.

이 심판의 장면은 우리가 잘 아는 추수와 포도주 틀의 비유로 설명되고 있다. 이 심판은 예루살렘 밖에서 있을 것인데 거기에서 이방인이 심판 받을 것이다. 거기에서 부활하신 그리스도는 구원의 영광을 주시려고 자신의 백성을 거두시고, 원수 갚는 천사는 악인들을 심판하기 위해 거둔다. 그리고 그 심판은 전면적이어서 그 결과는 온 땅을 덮을 것이다.

The Revelation of John

15

그리스도의 승리자들

요한계시록 15:1-2

[1]또 하늘에 크고 이상한 다른 이적을 보매 일곱 천사가 일곱 재앙을 가졌으
니 곧 마지막 재앙이라 하나님의 진노가 이것으로 마치리로다 [2]또 내가 보니
불이 섞인 유리바다 같은 것이 있고 짐승과 그의 우상과 그의 이름의 수를
이기고 벗어난 자들이 유리바다 가에 서서 하나님의 거문고를 가지고

요한은 심판에 대한 기사를 썼을 때 그것이 요한계시록에 적합한 결론이었을는지도 모른다. 그러나 그는 아직도 할 말이 많이 남아 있었다. 그는 아직도 최후의 공포와 성도의 천년 통치와 마지막 전쟁과 마지막 축복에 대하여 말해야 했다.

이 환상에서 요한은 공포에 공포를 더한다. 그는 일곱 인을 떼는 것과 일곱 나팔 소리에 대해 말했고 이제 그는 하나님의 진노의 일곱 대접을 쏟는 것을 말하지 않으면 안 된다. 그가 기록한 방법은 묵시문학의 저자들이 쓴 것과 완전히 일치한다. 그들은 그 자료로 일곱과 셋의 그룹으로 묶어 쓰기를 좋아했고 일곱의 세 그룹은 이런 저자들의 생각에는 완전을 뜻한다.

그 광경은 하늘에서 일어나고 있는 것이다. 요한이 일곱 진노의 대접을 가진 일곱 천사에 대하여 말하기 전에 그리스도를 위하여 순교를 당한 사람들에 대해 언급하고 있다. 그들은 마치 유리바다 같은 것의 곁에 서 있었다. 우리는 이런 장면을 이미 4장 6절에서 본 일이 있는데 이번에는 유리가 불과 함께 등장한다. 전의 바다와 달라서 불이 섞여 있는 것은 상황이 달라져서 지금의 심판에 대해 말하고 있기 때문이다. 성경에서 불은 심판의 상징으로 많이 사용되었다. 우박에 불덩이가 섞여 애굽에 내렸고(출 9:29), 쭉정이는 불에 던져 태워 버리리라(마 3:12). 하나님은 소멸하는 불이심이니라(히 12:29). 여기 이 장면 전체가 장차 지구상에 내려올 심판의 불빛으로 희미하게나마 비쳐지고 있다.

이 직후에 모세의 노래가 나온다. 이 노래는 이스라엘 족속들이 홍해의 온갖 위험을 지나 승리하여 나왔을 때 부른 모세의 노래다. 스위트의 말에 의하면, 이들 순교자들은 순교의 바다를 안전히 건너서 하늘의 수정 바닷가에 도착한 것이다. 여기에 옛날 지상의 이스라엘 민족이 홍해를 건너 바다 저편에 가 닿은 것을 지금은 영적 이스라엘, 즉 하나님의 이스라엘이 재연하는 장면이 나온다.

순교자들은 적그리스도의 세력과 싸움에서 승리하여 정복자로 등장하는 것이다. 여기에 참으로 의미 깊은 것이 있다. 순교자들은 죽었다. 더욱이 가장 잔인하고 야만적인 죽음을 당했는데도 **그들은 승리자로 나타났다고 기록되었다**. 그들은 죽었다고 하는 사실로 승리자가 된 것이다. 그들이 신앙을 배반하고 살아 있었다고 한다면 그들은 패배자가 되었을 것이다. 초대교회의 기록에 보면 순교의 날은 승리의 날로 기록한 것이 많이 나온다. 성 퍼페투아(Saint Perpetua)의 순교 기록에 보면 "그들의 승리의 날이 밝았고 그들은 하늘로 가는 것처럼 얼굴은 기쁘고 평화스러운 모습으로 형무소에서 원형극장으로 걸어갔다"고 기록되어 있다. 죽음이 살아남는 것보다 더 큰 승리요, 생존이 곧 패배가 되는 경우가 있다. 예수는 "누구든지 제 목숨을 구원하고자 하면 잃을 것이요 누구든지 나를 위하여 제 목숨을 잃으면 찾으리라"(마 16:25)고 말씀하셨다. 진정한 승리는 안전하게 살아가고, 고난을 피하며, 조심스레 그리고 타산적으로 생명을 유지하려는 것이 아니라 악마가 할 수 있는 최악의 것을 정면으로 대하고 필요하다면 죽도록 충성하는 것이다. 스페인의 신비가 우나무노(Unamuno)는 "하나님이 네게 평안을 주는 것이 아니라 영광 주시기를 원하노라" 고 말했다.

그리스도의 승리자들의 노래

요한계시록 15:3-4

[3]하나님의 종 모세의 노래, 어린양의 노래를 불러 이르되 주 하나님 곧 전능
하신 이시여 하시는 일이 크고 놀라우시도다 만국의 왕이시여 주의 길이 의
롭고 참되시도다 [4]주여 누가 주의 이름을 두려워하지 아니하며 영화롭게 하
지 아니하오리까 오직 주만 거룩하시니이다 주의 의로우신 일이 나타났으매
만국이 와서 주께 경배하리이다 하더라

승리한 순교자들이 두 가지 노래를 부르고 있었다. 하나는 어린양의 노래를 불렀는데 그것은 우리가 이미 본 대로 그 노래는 오직 그들만이 알고 배울 수 있는 것이다(14:3). 또 하나는 하나님의 종 모세의 노래가 있다. 이 모세의 노래는 모세가 홍해를 안전하게 건넌 후 하나님을 향해 부른 노래다. 그 노래는 출애굽기 15장 1-18절에 있다. "여호와는 나의 힘이요 노래시며 나의 구원이시로다… 여호와께서 영원무궁하도록 다스리시도다 하였더라." 이 모세의 노래는 유대인의 기억에 영원히 새겨져 있다. 이것은 매 안식일 밤 예배 때 회당에서 불렸다. 유대인의 예배 때마다 **쉐마**(Shema), 즉 이스라엘의 신조 암송 다음에 두 가지 기도가 뒤따랐는데(오늘날도 그러하다) 그 기도 중 하나가 이 노래와 관련된 것이다. "당신은 진정으로 여호와 우리 하나님이시며 우리 조상들의 하나님이시라. 우리의 왕이시며 우리 조상의 왕이시라. 우리의 구주시며 우리 조상들의 구주시라. 우리의 창조주시며 구원의 반석이시며 우리의 도움과 구속자시라. 당신의 이름은 영원 전부터 있으며 당신 밖에는 신이 없나이다. 구원 받은 자들이 바닷가에서 새 노래를 당신의 이름을 위해 불렀나이다. 그뿐 아니라 모든 사람이 왕이신 당신을 찬양하고 왕이라 고백하였나이다." "여호와께서 이 세상을 끝없이 다스리라 하

시리라. 이스라엘을 구원하시는 주를 송축할지어다." 모세의 노래는 하나님의 백성 이스라엘 역사상 가장 큰 구원을 축하하는 것이다. 박해의 바다를 통과해 하늘의 약속한 땅에 나간 승리한 순교자들은 그 노래를 부르는 것이다.

그러나 순교자들은 그들 자신의 노래를 가지고 있었는데 이들 순교자들의 노래는 두 가지 특별한 것이 있다.

1. 이것은 거의 완전히 구약의 인용구로 되어 있다. 이제 요한계시록의 가사를 쓰고 다음에 구약에서 이와 같은 것을 써 보기로 하자.

주 하나님 곧 전능하신 이시여 하시는 일이 크고 놀라우시도다.

여호와여 주께서 행하신 일이 어찌 그리 크신지요(시 92:5). 여호와께서 행하신 일들이 크시오니(시 111:2). 대저 그는 기이한 일을 행하사(시 98:1) 주께서 하시는 일이 기이함을 내 영혼이 잘 아나이다(시 139:14).

주의 길이 의롭고 참되시도다.

여호와께서는 그 모든 행위에 의로우시며 그 모든 일에 은혜로우시도다(시 145:17).

주여 누가 주의 이름을 두려워하지 아니하며 영화롭게 하지 아니하오리이까.

주여 주께서 지으신 모든 민족이 와서 주의 앞에 경배하며 주의 이름에 영광을 돌리리이다(시 86:9).

오직 주만 거룩하시니이다.

여호와같이 거룩하신 이가 없으시니(삼상 2:2), 주의 크고 두려운 이름을 찬송할지니 그는 거룩하심이로다(시 99:3). 그 이름이 거룩하고 지존하시도다(시 111:9).

만국이 와서 주께 경배하리이다.

주여 주께서 지으신 모든 민족이 와서 주의 앞에 경배하며(시 86:9).

주의 의로우신 일이 나타났으매.

여호와께서 그의 구원을 알게 하시며 그의 공의를 뭇 나라의 목전에서 명백히 나타내셨도다(시 98:2).

요한이 구약에 대하여 얼마나 깊이 알고 있었는지는 이런 구절에서 알 수 있다. 순교자들이 하나님의 선하심과 위대하심을 찬양하려 할 때 그 노래를 성경에서 찾은 것이다.

II. 이 승리한 순교자들의 노래에 대하여 누구나 놀라지 않을 수 없는 점이 있다. 그것은 이 노래에는 그들 자신의 승리와 그들의 공적에 대해서는 일언반구도 없고 그들의 정복에 대해서도 한마디도 없이 처음부터 끝까지 그 노래는 전부가 하나님의 위대하심에 대한 서정적인 부르짖음이다.

하늘이란 인간이 자기 자신을 망각하게 되며 자신의 공적을 잊어버리며 오직 하나님만 기억하게 되는 곳이다. 찰스가 아주 잘 표현했듯이 "하나님을 완전하게 보는 데선 자신이란 완전히 잊혀진다." 스위트는 이것을 다음과 같이 설명했다. "하나님 존전에서 순교자들은 자기 자신을 잊고 있다. 그들의 마음은 그들을 둘러싼 새로운 놀라움에 빼앗기고 있다. 그들은 하나님의 영광이 나타났을 때 그들 자신의 고통은 하나님의 위대한 계획 중에서 작기는 하지만 어떤 역할을 했다는 것을 알게 된 것이다. 그들은 이제 세계 드라마의 위대한 주제를 아는 것이 허락되었다. 하나님과 그 역사를 처음으로 흐리지 않는 눈으로 바라보고 찬미하는 사람들, 이 찬미가 우리에게도 들려오지 않는가."

하늘에서는 사람이 하나님의 위대하신 목적과 계획을 보게 되며 그는 그가 행한 작은 역할을 깨닫게 될 것이며 결국 그는 하나님의 위대하심 앞에서 자신의 작음을 보게 될 것이다. 하늘에서 그는 하나님의 위대하심이 완전하게 나타나는 것을 알게 될 것이며 결국 하나님밖에는 아무것도 문제되지 않는다는 것을 기억하게 될 것이다. 모든 자아와 자존심이 하나님의 위대하심과 영광에서는 자취를 감추는 곳, 그곳이 천국이다.

보복하는 천사들

요한계시록 15:5-7

5또 이 일 후에 내가 보니 하늘에 증거 장막의 성전이 열리며 6일곱 재앙을 가진 일곱 천사가 성전으로부터 나와 맑고 빛난 세마포 옷을 입고 가슴에 금 띠를 띠고 [7]네 생물 중의 하나가 영원토록 살아 계신 하나님의 진노를 가득히 담은 금 대접 일곱을 그 일곱 천사들에게 주니

하늘에서 새로운 장면들이 펼쳐지는데 요한은 이른바 증거 장막의 성전이 열리고 일곱 천사들이 나오는 것을 보게 되었다. **증거 장막**이란 구약에서는 광야에 있는 성막의 이름으로 자주 나오는 이름이었다(민 9:15, 17:7, 18:2). 그러므로 요한은 예루살렘 성전이 아니라 구약의 성막이 나오는 장면을 보고 있음이 확실하다.

일곱 명의 보복하는 천사들은 이 성막 안에서 나온 것이다. 성막 안에서부터 이 천사들의 출현은 어떤 의미를 내포하고 있을까? 성막 안 성소의 중앙에 놓여 있는 것이 무엇일까? 저기에 놓여 있는 것으로서 중요한 것은 율법의 정수인 십계명의 돌판이 들어 있는 언약궤다. 다시 말해 이 천사들은 하나님의 율법이 있는 곳에서 나온다는 말이다. 그렇다면 그 천사들은 하나님의 의로우신 율법을 나타내려고 하는 것이요, 그들의 보복 행위로써 개인이나 국가나 하나님의 율법을 무시하면 벌을 받지 않을 수 없다는 것을 보여 주기 위해서다. 성막에서 천사들이 나오는 것은 율법의 의가 증명되고, 율법이 무시될 수 없다는 것이 분명해진 것이다.

그들은 빛나는 세마포 옷을 입고 가슴에는 황금 띠를 띠고 있었다. 천사들의 세마포 옷은 세 가지를 상징하고 있다.

1. 그들의 옷은 제사장의 옷이다. 대제사장의 옷은 흰 세마포에 황금실로 수놓은 띠를 가슴에 두른다. 대제사장은 인간 사이에서 하나님의 대표자라고 할 수 있다. 그러므로 이 천사들은 보복하는 하나님의 대리자라고 할 수 있다.

2. 그들이 입은 옷은 왕의 옷이다. 흰 세마포와 높게 띤 띠는 왕의 옷이다. 그러므로 이 천사들은 왕중 왕의 권위를 가지고 나오는 것이다.

3. 빛나는 흰옷은 하늘에서 온 자의 옷이다. 그리스도의 빈 무덤에 있었던 젊은이가 긴 흰옷을 입고 있었다(막 16:5; 마 28:3). 이 천사들은 하늘에 사는 자들로서 하나님의 명령을 땅에서 시행하기 위해 내려온 자들이다.

하나님의 진노의 대접을 주는 자는 네 생물 중 하나다. 네 생물이 처음 등장했을 때(4:7절) 그 첫째는 사자 같고, 둘째는 황소 같고, 셋째는 사람 같고, 넷째는 독수리 같다는 것을 공부한 적이 있다. 네 생물이 그룹이지만 자연계와 세상에서 가장 힘세고 용감하고 영리하고 빠른 존재를 상징한다고도 배웠다. 그렇다면 네 생물 중 하나가 진노의 대접을 일곱 천사에게 주는 것이 아주 타당하다. 진노의 대접들은 자연계에서 이 세상에 재난을 가져오게 되어 있다. 그리고 이 장면이 상징하는 것은 아마도 자연계는 하나님의 섭리에 부응하도록 자신을 하나님께 드린다는 것이다. 자연의 모든 것, 그리고 하나님의 모든 피조물은 하나님의 목적과 계획과 의도에 맞게 행한다는 의미를 가지고 있다.

접근할 수 없는 영광

요한계시록 15:8

8 하나님의 영광과 능력으로 말미암아 성전에 연기가 가득 차매 일곱 천사의 일곱 재앙이 마치기까지는 성전에 능히 들어갈 자가 없더라

하나님의 영광을 연기나 구름으로 상징하는 것은 구약에서는 흔히 있는 일이다. 이사야가 거룩하신 하나님을 본 환상에서 그 집 전부가 연기로 가득 차 있었다(사 6:4).

더 나아가 연기와 구름이 거기에 있을 때는 아무도 접근할 수 없다는 생각도 구약에서는 흔히 있는 일이다. 이것은 성막이나 성전의 두 경우에 다 그러했다. 성막에 대해서는 "구름이 회막에 덮이고 여호와의 영광이 성막에 충만하매 모세가 회막에 들어갈 수 없었으니 이는 구름이 회막 위에 덮이고 여호와의 영광이 성막에 충만함이었으며"(출 40:34-35)라고 언급되었다. 그리고 솔로몬의 성전 봉헌식에 대해 다음과 같이 말했다. "제사장이 성소에서 나올 때에 구름이 여호와의 성전에 가득하매 제사장이 그 구름으로 말미암아 능히 서서 섬기지 못하였으니 이는 여호와의 영광이 여호와의 성전에 가득함이었더라"(왕상 8:10-11).

여기에는 두 가지 의미가 내포되어 있다. 첫째, 하나님의 계획과 목적은 간혹 아무도 하나님의 뜻을 알아볼 수 없게 하기 위해 구름으로 가리고 그들에게 가려지지 않으면 안 되는 것이었다. 둘째, 하나님의 거룩함과 영광은 인간이 자신의 권리나 공적으로는 결코 접근할 수 없는 것이라는 뜻이다.

그러나 찰스는 여기에서 그 이상의 것을 보았다. 일곱 천사의 일곱 재앙이 다 끝나기 전에는 아무도 성전 안으로 들어올 수 없는 것이다. 그러므로 성전은 재앙이 그들의 심판의 작업을 끝낼 때까지는 닫혀 있다는 것이다. 찰스는 이 광경에서 하나의 상징적인 표현을 발견했는데 그것은 하나님께 드리는 인간의 어떤 기도도, 그리고 인간의 어떤 접근도 하나님의 진노를 중지할 수는 없다고 해석했다. 하나님의 공의는 심판을 집행할 것이요, 그 목적이 달성될 때까지는 이 세상의 어떤 것도 심판을 중지시키지 못하는 것이다.

The Revelation of John 16

하나님의 진노의 일곱 대접

세부적으로 들어가기 전에 앞의 장을 다시 한 번 읽어 보는 것이 나을 것이다.

여기에 무서운 마지막 재앙이 기록되어 있다. 이 재앙들은 다음 두 가지와 어떤 관계를 갖고 있다. 첫째, 애굽의 열 재앙과 둘째, 요한계시록 8-11장에서 일곱 나팔소리 다음에 따라 나온 공포와 관계가 있다. 그 유사점들을 보기 위해서는 세 가지 목록을 써 보는 것도 좋다.

우선 애굽에서 바로가 이스라엘 백성을 보내지 않으려 하자 모세가 하나님의 진노를 가지고 바로 왕과 대항하였을 때 열 가지 재앙을 열거해 보자.

I. 물이 피로 변하다(출애굽기 7:20-25).

II. 개구리가 올라오다(8:5-14).

III. 티끌이 이가 되다(8:16-18).

IV. 파리가 가득하다(8:20-24).

V. 가축이 병에 걸려 죽다(9:3-6).

VI. 악성 종기가 생기다(9:8-11).

VII. 우박이 내리다(9:22-26).

VIII. 메뚜기가 땅을 덮다(10:12-19).

IX. 흑암이 땅에 있다(10:21-23).

X. 처음 난 것들이 죽다(12:29-30).

둘째, 일곱 나팔 다음에 온 공포를 열거해 본다.

I. 피 섞인 우박과 불이 내려와 그로써 수목의 삼분의 일과 각종 푸른 풀이 타 버린다(계 8:7).

II. 불 붙는 큰 산이 바다에 던져져 바다의 삼분의 일이 피가 된다(8:8).

III. 큰 별들이 하늘에서 떨어져 쓴 물이 되어 많은 사람이 죽는다(8:10-11).

IV. 해와 달과 별의 삼분의 일이 타격을 받아 밤낮 삼분의 일이 어두워진다(8:12).

V. 무저갱을 여는 별이 와서 거기서 연기가 나오고 악독한 황충이 나오게 된다(9:1-12).

VI. 유브라데에 결박된 네 천사의 놓임과 악한 마병대가 동방에서 온다(9:13-21).

Ⅶ. 하나님의 최후의 승리 선포와 이방들의 분노를 선포한다(11:15-18).

셋째, 본 장의 재앙들을 열거해 보자.

Ⅰ. 악하고 독한 종기가 사람에게 임한다(16:2).

Ⅱ. 바다가 죽은 사람의 피같이 변한다(16:3).

Ⅲ. 강과 물 근원이 피가 된다(16:4).

Ⅳ. 해가 불로 태우듯 뜨거워진다(16:8).

Ⅴ. 짐승의 나라 위에 덮인 암흑과 그 고통이 있다(16:10).

Ⅵ. 유브라데 강물이 말라 동방에서 오는 왕들의 길을 예비한다(16:12).

Ⅶ. 공기의 오염과 자연계에서 공포와 뇌성과 지진과 번개와 우박이 따라온다(16:17-19).

우리가 이 세 개 목록을 놓고 보면 그들간에는 얼마나 공통점이 있는지 쉽사리 알 수 있다. 즉, 우박, 암흑, 물 가운데의 피, 악독한 독정, 유프라테스 강 너머에서 무서운 군대의 내도 등. 그러나 요한계시록에는 나팔 소리 뒤에 오는 공포와 대접을 쏟은 후에 오는 것 사이에 이런 차이가 있는 것이다. 나팔 소리 후에 오는 공포에서 파괴는 땅의 삼분의 일같이 항상 제한되어 있었는데, 대접을 쏟은 후에 오는 공포에서 하나님의 원수에게 가하는 파괴는 완벽한 것이다.

이 마지막 재앙에서 요한은 하나님의 진노의 이야기에서 무서운 것과 두려운 것들을 다 모아 놓은 것 같다. 그리고 그것들을 불신 세계에 모든 재앙의 마지막 홍수로 뭉쳐서 던져 넣은 것 같다.

하나님이 내리신 재앙

요한계시록 16:1-11

[1]또 내가 들으니 성전에서 큰 음성이 나서 일곱 천사에게 말하되 너희는 가서
하나님의 진노의 일곱 대접을 땅에 쏟으라 하더라 [2]첫째 천사가 가서 그 대접
을 땅에 쏟으매 짐승의 표를 받은 사람들과 그 우상에게 경배하는 자들에게
악하고 독한 종기가 나더라 [3]둘째 천사가 그 대접을 바다에 쏟으매 바다가 곧
죽은 자의 피같이 되니 바다 가운데 모든 생물이 죽더라 [4]셋째 천사가 그 대
접을 강과 물 근원에 쏟으매 피가 되더라 [5]내가 들으니 물을 차지한 천사가
이르되 전에도 계셨고 지금도 계신 거룩하신 이여 이렇게 심판하시니 의로
우시도다 [6]그들이 성도들과 선지자들의 피를 흘렸으므로 그들에게 피를 마
시게 하신 것이 합당하니이다 하더라 [7]또 내가 들으니 제단이 말하기를 그러
하다 주 하나님 곧 전능하신 이시여 심판하시는 것이 참되시고 의로우시도
다 하더라 [8]넷째 천사가 그 대접을 해에 쏟으매 해가 권세를 받아 불로 사람
들을 태우니 [9]사람들이 크게 태움에 태워진지라 이 재앙들을 행하는 권세를
가지신 하나님의 이름을 비방하며 또 회개하지 아니하고 주께 영광을 돌리
지 아니하더라 [10]또 다섯째 천사가 그 대접을 짐승의 왕좌에 쏟으니 그 나라
가 곧 어두워지며 사람들이 아파서 자기 혀를 깨물고 [11]아픈 것과 종기로 말
미암아 하늘의 하나님을 비방하고 그들의 행위를 회개하지 아니하더라

성전에서 하나님의 음성이 들리고 하나님은 천사들을 통해 사람들에게 퍼부을 재앙을 주신다.

첫 번째 재앙은 악하고 독한 종기 재앙이다. 여기에 쓰인 단어는 애굽에서 재앙 중 독종을 표현한 단어(출 9:8-11)와 하나님께 불순종한 다음에 따라오는 고통(신 28:35)과 고통을 당하는 욥의 종기(욥 2:7)와 같은 단어다.

두 번째 재앙은 바닷물을 피로 변화시키는 것이다. 이것과 다음에 계속되는 강과 샘을 피로 변화시키는 것은 애굽의 열 가지 재앙 때 나일 강물을 피로 변화

시키는(출 7:17-21) 것의 재판이다. 피로 변한 바다는 밧모 섬에서 해가 질 때 석양에 빛나는 바다가 피같이 붉은 것을 여러 번 보고서 이렇게 생각했을 것이다.

히브리 사상에는 모든 자연적 힘, 즉 바람, 해, 비, 물 등을 주관하는 천사가 있다고 생각했다. 이 천사들은 하나님을 모시는 천사들로서 우주의 자연계 여러 분야에서 하나님으로부터 책임을 맡은 천사들이다. 아마도 물의 천사는 물이 피로 변화되는 것을 보고서 화가 났을 것이다. 하나님의 행동의 공정성을 인정하지 않고서는 견딜 수 없었을 것이다. 6절에서는 로마 제국하의 실제적인 박해를 말한다. 하나님의 충성된 자들은 기독교회의 일원이며 선지자들은 구약의 선지자들이 아니라 기독교회의 선지자들이다(고전 2:28, 13:1; 엡 4:11). 선지자들은 교회의 지도자들이었고 언제나 박해 때에는 가장 먼저 박해를 받게 마련이다. 이 지도자들과 일반 성도들의 피를 흘린 자들에 대한 하나님의 무서운 처벌은 땅에서 물이 사라질 것이요, 그들이 마실 수 있는 것은 피밖에는 아무것도 없는 상태다.

7절에서 우리는 제단이 말하는 것을 본다. 제단의 음성은 하나님의 심판의 공정성을 찬양한다. 제단의 음성은 다음 두 가지 중 하나일 수 있다. 첫째는 제단 천사의 음성일 수 있다. 그것은 제단도 주관하는 천사가 있었기 때문이다. 둘째는 이런 뜻일 것이다. 하늘의 제단은 하나님의 백성의 기도와 하나님의 순교자들의 목숨을 하나님께 향한 제물로서 바친 곳이다. 그리고 제단의 음성은 기도하며 고난당하는 그리스도의 교회의 음성으로서 하나님의 진노가 그들의 박해자들 위에 내려질 때 하나님의 공의를 찬양하는 것일 수 있다.

네 번째 재앙은 해가 세상을 태우는 것이요, 다섯 번째 공포는 심한 암흑이 닥쳐오는데 그것은 애굽 위에 내려온 어둠의 재현이다(출 10:21-23).

9, 11, 21절에서 우리는 본 16장 전체에 흐르는 반복되는 말을 보게 된다. 여러 재앙이 그 위에 떨어진 자들은 회개치 않고 하나님을 저주하고 모독했다. 이들은 하나님의 선하심이나 엄하심에 다 같이 둔감한 자들이다(롬 11:22). 모든 것이 순조로운 환경에서 편안할 때 하나님께 감사하지 않는 자는 고난이 닥쳐왔을 때 하나님의 엄하심에도 회개하지 않는다. 이것은 참으로 이상한 장면이다. 이것은 하나님을 알고 있으며, 하나님이 계시다는 것을 의심치 않으며, 심지어는 하

나님의 역사하심을 여러 사건이나 인류 역사에서 보면서도 자신의 생활을 고치려 하지 않고, 하나님의 호소를 듣고 하나님의 벌을 받으면서도 그들은 하나님께 순종하려 하지 않는다. 우리는 스스로가 그러한 자와 얼마나 다른지 살펴보아야 한다. 우리는 하나님의 존재를 의심하지 않는다. 우리는 하나님께서 우리 자신과 당신이 창조하신 이 세계에 대하여 관심이 있으시다는 것을 알고 있다. 우리는 하나님의 법을 잘 알고 있다. 우리는 하나님의 선하심과 우리 마음 깊은 곳에서 죄는 벌을 받을 수밖에 없다는 것을 알고 있으나 우리는 반복해서 하나님을 떠나 우리의 길로 가고 있는 것이다. 우리의 생애나 이 세계의 비극은 인간이 하나님을 모른다는 것이 아니라 하나님을 알면서도 자기 중심의 생활을 계속하는 데 있는 것이다.

동방에서 오는 왕들

요한계시록 16:12

[12]또 여섯째 천사가 그 대접을 큰 강 유브라데에 쏟으매 강물이 말라서 동방에서 오는 왕들의 길이 예비되었더라

여기서는 유프라테스 강이 말라서 동방에서 왕들이 공격해 오는 길이 열리는 것을 볼 수 있다.

구약에서 이런 장면의 기이한 특징 중 하나는 물의 마름이 하나님의 능력의 표징과 행동으로 나타난 경우의 횟수다. 홍해의 경우에 그러하였다. "여호와께서… 바닷물을 물러가게 하시니 물이 갈라져 바다가 마른 땅이 된지라"(출 14:21). 요단에서 백성이 여호수아의 영도하에 강을 건널 때도 그러하였다. "모든 이스라엘은 마른 땅으로 건너갔더라"(수 3:17). 이사야에서는 하나님의 능력은 주께서 백성에게 애굽의 바다를 마른 땅같이 통과하게 하시리라는 것이다(사 11:6). 예레미야에서 보복의 경고는 "내가… 그의 바다를 말리며 그의 샘을 말리

리니"(렘 51:36)라고 하셨다. "나일의 깊은 곳이 다 마르겠고"(슥 10:11)라고 스가랴는 말했다. 여기에서는 하나님이 유프라테스 강의 물을 말려서 동방의 왕들이 서방으로 물밀듯 밀려온다는 것이다.

여기에서 요한은 실제로 역사상 유명한 사건을 생각하고 있는지도 모르겠다. 헤로도토스(Herodotus)가 전하는 바에 의하면(1:191) 고레스 왕이 바빌론을 정복했을 때 그는 유프라테스 강을 말려 버림으로써 정복했다고 한다. 유프라테스 강은 바빌론의 한복판을 관통하여 흐르고 있다. 고레스가 바빌론에 도달했을 때 그 성의 방어가 어찌나 철통같았던지 정복이 불가능한 것같이 보였다. 고레스는 기가 막힌 전략을 짜내었다. 그는 군대의 일부를 바빌론에 남겨두고 나머지는 유프라테스 강으로 데리고 갔다. 그는 놀라운 공법으로 강줄기를 호수로 바꾸어 놓았다. 그것은 강의 수위가 차차 낮아져 결국에는 바빌론 성을 통과하는 수로는 마른 땅이 되었고 그 길을 따라서 이 성의 방어에 차질이 생기게 되었다. 그리고 그 길을 통해 페르시아 군대가 바빌론 성으로 들어가는 통로를 강바닥에서 얻게 되고 끝내는 그 성이 함락되었다. 역사적으로 강을 말린다는 것이 침략자들에게 길을 열어 주는 결과가 된다는 것이 증명되었다.

요한은 당대의 모든 사람의 머릿속에 인상 깊이 박혀 있는 사건을 여기에서 사용하고 있다. 로마의 최대 강적으로 로마가 가장 두려워하는 적이며 로마가 정복할 수 없었던 민족은 유프라테스 강 저편에 사는 파르티아인들이었다. 그들의 기병대는 전 세계에서 가장 두려워하는 존재였다. 왜냐하면 파르티아 기병대가 유프라테스 강을 건너 밀려오는 것은 가장 용감한 사람에게마저 공포를 가져다주는 환상이요, 생각이었다. 전술한 대로 더 나아가 네로가 간 곳이 이 파르티아라는 곳이다. **네로 부활**(Nero redivivus)이 실현되는 것도 이곳에서라고 한다. 즉, 적그리스도의 공략이 유프라테스 강을 건너서 올 것이라고 예상되었던 것이다.

이 유프라테스 강이 마르는 것과 동방에서 기병대가 내습한다는 환상에서 요한은 이방인과 기독교인 모두에게 공포를 일으키는 장면을 사용하고 있다.

개구리같이 더러운 영들

요한계시록 16:13-16

[13]또 내가 보매 개구리 같은 세 더러운 영이 용의 입과 짐승의 입과 거짓 선
지자의 입에서 나오니 [14]그들은 귀신의 영이라 이적을 행하여 온 천하 왕들
에게 가서 하나님 곧 전능하신 이의 큰 날에 있을 전쟁을 위하여 그들을 모
으더라 [15]보라 내가 도둑같이 오리니 누구든지 깨어 자기 옷을 지켜 벌거벗
고 다니지 아니하며 자기의 부끄러움을 보이지 아니하는 자는 복이 있도다
[16]세 영이 히브리어로 아마겟돈이라 하는 곳으로 왕들을 모으더라

이 네 구절은 그 뜻을 비교적 명확히 하려면 반드시 해결해야 할 문제들을 내포하고 있는 부분이다.

개구리와 같은 더러운 영들이 짐승과 거짓 선지자와 용의 입에서 나온다. 우선 더러운 영들을 다루어 보자.

여기에서 헬라어의 말장난이 있음을 보게 된다. 더러운 영들은 악한 세력의 입에서 나왔다. 입은 말하는 기관(器官)이며 언어(speech)는 이 세상에서 가장 강력한 영향력 중의 하나다. 영(spirit)이란 말의 원어는 **프뉴마**(pneuma)이고 **프뉴마**는 헬라어로 **호흡**(breath)이라는 뜻도 있다. 그러므로 악령이 사람의 입에서 나왔다고 말하는 것은 악한 호흡이 사람의 입에서 나왔다고 말하는 것과 같다. 그러므로 이 구절을 현대적인 의미로 바꾸어 놓으면 스위트가 말했듯이 우리는 그 용, 그 짐승 곧 그 거짓 선지자는 "악한 영향을 내뿜었다"라고 말할 수 있다는 것이다. 그들의 말과 교훈은 사람들과 민족들에게 악하고 분쇄하는 그리고 반신적(反神的)인 영향을 주는 것이다.

다음으로 더러운 영, 즉 악한 영향력을 가진 존재는 개구리 같다고 전해 왔다. 우리는 여러 방향에서 이 말의 참뜻에 도달할 수 있지만 이것이 모두 요한의 생각에 내포되어 있을 수 있다.

I. 개구리는 재앙과 관련되어 있다. 애굽에서 재앙 중 하나는 개구리 재앙이었다(출 8:5-11). "개구리를 보내어 해하게 하셨으며"(시 78:45), "그 땅에 개구리가 많아져서 왕의 궁실에도 있었도다"(시 105:30). 개구리 재앙은 히브리 설화에서는 항상 잊혀지지 않았던 것이기도 하다.

II. 개구리는 더러운 동물이다. 그 이름으로 밝히지는 않았으나 개구리는 레위기 11장 10절에서 물과 바닷속의 더러운 것들의 명단에 나와 있는 것에 포함되어 있다. 개구리는 더러운 영향력을 뜻한다.

III. 개구리는 무의미하고 계속적인 개굴개굴하는 소리로 유명한데 아리스토파네스가 소리를 적은 것을 보면 "브레케케켁스 코악스 코악스(brekekekex coax coax)"라고 했다. 어거스틴은 "가장 수다스러운 동물이다"(시강해 77:27)라고 했다. 개구리가 내는 소리는 무익하고 무의미함의 상징이다.

IV. 조로아스터교나 페르시아 종교에서는 개구리는 재앙을 가져오며, 아리만(Ahriman), 즉 흑암의 권세의 대리자로서 광명의 권세인 오르무드(Ormuzd)와 싸운다. 요한이 이 페르시아의 설화를 알고 있었으리라는 것은 확실하다.

그러므로 개구리가 그 용, 그 짐승 그리고 거짓 선지자의 입에서 나왔다고 말하거나 그들의 입에서 나온 영이나 호흡이 개구리 같다고 말하는 것은 그들의 말이 재앙 같고, 그들은 불결하고, 무익할 뿐이며, 암흑의 권세의 동맹이라고 말하는 것과 같다. 이것이 개구리 같은 영의 의미다.

거짓 선지자

요한계시록 16:13-16(계속)

우리의 다음 문제는 거짓 선지자의 정체를 밝히는 것이다. 용은 사탄과 마귀라고 인정되었다(12:3, 9). 짐승, 즉 시저 숭배를 동반한 로마 제국은 이미 13장 1절에서 나타났다. 그러나 거짓 선지자가 등장한 것은 이번이 처음이다. 아무런 설명 없이 나타난 것으로 보아서 요한은 독자들이 이 문제에 대해 이미 해결의 열쇠를 갖고 있는 것으로 믿고 있다고 가정해야 할 것이다.

거짓 선지자는 기독교인들이 올 것이라는 경고를 이미 받고 있는 처지다. 신·구약에서 모두 그런 경고를 받고 있는 것이다. 구약에서 백성은 아무리 그 기사가 인상적일지라도 거짓 선지자에게 귀를 기울이지 말라는 경고를 받았고 그런 거짓 선지자들에 대한 벌은 사형으로 규정되어 있다(신 13:1-5). 선지자들을 시험하고 거짓 선지자를 다루어 그런 자를 사형 선고하는 것은 산헤드린의 일반 정규 직무 중의 일부다. 교회는 거짓 그리스도와 거짓 선지자가 일어나 믿는 자들을 속이고 유혹하기 위해 그럴듯한 이적을 행할 것이라는 경고를 받고 있다(막 13:22). 스위트는 이 거짓 선지자들에 대해 말하기를 그 명칭이 다음 사람들 전체를 지칭한다고 했다. "요술사들, 종교 사기꾼들, 광신자들, 기만자들이거나 기만당하는 자들이건 간에 그들은 하나님의 생각을 거짓으로 해석하는 자들이라고 생각되었다. 진정한 종교에서 이 이상의 원수가 없고 사탄은 이보다 더 좋은 친구가 없을 것이다." 이와 같이 거짓 선지자는 신·구약이 다 같이 올 것이라고 얘기했던 존재다.

그러나 요한계시록에서 거짓 선지자는 누구인가? 거짓 선지자는 19장 20절 그리고 20장 10절에 나타난다. 이 두 군데의 것을 함께 놓고 보면 우리는 거짓 선지자의 정체를 규명하는 데 아주 확실한 실마리를 찾을 수 있다. 19장 20절에 의하면 결국 거짓 선지자는 짐승과 함께 잡힌다. 거짓 선지자는 짐승 앞에서 표적을 행하던 자요 그 표적으로 짐승의 표를 가진 자와 그 우상을 경배한 자들을 미혹했다. 13장 13-14절에서 우리는 땅에서 올라온 짐승인 둘째 짐승에 대한 기사를 찾아보게 된다. 두 번째 짐승은 큰 이적을 행할 것이며 땅 위에 사는 자들을 기만하되 그 짐승 앞에서 그렇게 행할 권세를 가져 이적을 행할 것이다. 이 말은 거짓 선지자의 행위와 둘째 짐승, 즉 땅에서 올라온 짐승의 행위가 똑같다는 것을 알게 된다. 그러므로 거짓 선지자와 땅에서 올라온 짐승은 동일한 존재다. 그렇다면 땅에서 올라온 짐승인 둘째 짐승은 누구이며 무엇일까? 우리는 이미 그 짐승을 지방 정권과 시저 숭배의 확장과 집행을 위한 사제들과 지방 장관과 관리들의 전체 기구와 동일시했다는 것을 살핀 적이 있다. 거짓 선지자는 백성에게 시저 숭배를 하도록 만들고 진정한 하나님과 그의 아들 예수 그리스도를 경배하는 것을 버리도록 종용하는 기관이라고 할 수 있다.

아마겟돈

요한계시록 16:13-16(계속)

본 구절에서 하나 더 해결할 문제가 있다. 악하고 더러운 영들이 나아가 지구상의 모든 왕을 전장으로 끌어들이도록 선동했다. 하나님과 악의 세력 간의 최종 전쟁은 오래 전부터 있어 온 생각이다. 시편 2편 2절에서 찾아볼 수 있다. "세상의 군왕들이 나서며 관원들이 서로 꾀하여 여호와와 그의 기름 부음 받은 자를 대적하며"라고 했다. 여기에서 우리는 마지막이고 최후의 전쟁의 예고를 보게 된다.

이 전쟁은 KJV에서 **아마겟돈**이라고 부르는 곳에서 일어나게 된다. 미국 표준역 성경에서는 이 단어를 그대로 사용하고 있으나 모팻은 **하마게돈**(Harmagedon)이라고 번역했다. 영어 개역성경에서는 **하아-마게돈**(Harmagedon)이라고 했다. 이 이름조차도 확실하지 않은 것이다.

이 명칭의 후반을 먼저 생각해 보기로 하자. **마게돈 혹은 마겟돈**(Magedon of Mageddon)은 아마 메깃도와 연관이 있는 이름일 것이다. 메깃도는 에스드렐론 평야(Plain of Esdraelon)에 있었다. 이 평야는 애굽에서 다메섹으로 가는 대로상에 있었다. 그런데 아주 고대에서 나폴레옹 시대에 이르기까지 세계의 가장 큰 전쟁터 중의 하나였다. 이곳은 바락과 드보라가 시스라와 그의 병거를 쳐부순 곳이며(삿 5:19-21), 아하시아 왕이 예후의 화살에 맞아 죽은 곳이며(왕하 9:27), 선한 요시아 왕이 애굽 왕 이바로느고와 싸움에서 죽어 간 곳인데 이 전쟁은 유대인의 마음속 깊은 곳까지 파고들어 결코 잊을 수 없는 비극으로 남아 있는 것이다(슥

12:11). 메깃도와 에스드렐론 평야는 역사상 많은 결정적인 전쟁터 중의 하나였으므로 이곳을 역사의 최대 최후의 전장으로 생각하는 것은 퍽 자연스러운 것이다. 이곳은 스위트가 말했듯이 "히브리 역사를 연구하는 사람에게 낯설지 않은" 전쟁터다.

그러나 번역판에 따라 **아마겟돈**이라고도 하고 **하마게돈**이라고도 하는데 그 이유는 무엇인가? **아마겟돈**은 **메깃도** 성을 뜻할 것이며 **하마게돈**은 **메깃도**의 산을 의미할 것이다. 후자가 옳을 것같이 생각되나 평야가 산보다는 전쟁터로서 적합할 것 같다. 그러나 한 가지 더 추가할 것이 있다. 에스겔 선지자가 곡과 마곡의 마지막 전쟁을 서술했을 때 최후의 승리는 **이스라엘 산**(겔 38:8, 21, 39:2, 4, 17)에서 있을 것이라고 말했다. 그러므로 요한으로서는 그의 이야기를 과거의 예언과 맞게 메깃도 산에 대해 말하였을는지도 모른다.

그러나 가장 근사한 설명은 거기에 맞는 단어는 하아-마게돈일 것이며 이 단어는 이미 많은 승패의 전장이 되어 왔고 유대 역사상 가장 자주 입에 오르내린 대전쟁터로서 유명한 장소인 에스드렐론 평야에 있는 메깃도 근방의 지방을 가리킨다.

여기를 떠나기 전에 우리는 이 이상한 단어에 대해 두 가지 다른 견해를 말하지 않을 수 없다. 군켈(Gunkel)은 이 단어는 고대 바빌론 신화의 창조주 마르둑(Marduk)과 혼돈의 세력인 티아마트(Tiamat)와의 싸움으로까지 소급된다고 했다. 그는 이 장면에서 옛 바빌론 창조 설화를 생각해 냈는데 그것은 하나님과 이 세계가 창조되어 나온 혼돈과의 마지막 싸움이다. 그러나 요한이 그 설화를 알고 있었는지는 의심스럽다.

다른 견해는 이사야서의 이상한 구절과 연결하여 생각한다. 이사야 14장 13절에서 루시퍼(아침의 아들 계명성)는 "내가 하늘에 올라 하나님의 뭇별 위에 내 자리를 높이리라 내가 북극 **집회의 산** 위에 앉으리라" 고 말하는 것으로 되어 있다. 이것은 분명히 바빌론 설화와 관련 있는 것이다. 바빌론 사람들은 북극에 아랄루(Aralu)라는 산이 있다고 믿었는데 그것은 오히려 그리스의 올림푸스같이 여러 신들의 본 고장이며 출생지라고 믿었다. 루시퍼는 신들 사이에 자기 자리를 정할 것이다. 마겟돈의 산은 이 산이며 그 장면은 각각 자기 거처에 모여 있는 신들간에 최후의 전쟁이라는 설명이 있다.

아마겟돈이라는 단어는 이런 단어들 중 하나인데 성경 해석학자들의 생각과 특히 더 편향적인 해석자들의 생각에 이상한 매력을 던져 준 것이다. 그러나 우리는 이것을 메깃도 산을 뜻한다고 해도 좋고, 하나님과 적대 세계들이 역사상 유명하고 결정적인 전쟁들이 있었던 장소에서 다시 마지막 싸움이 있을 것이라고 요한이 내다보았다고 생각해도 좋다.

자연계의 전쟁

요한계시록 16:17-21

17일곱째 천사가 그 대접을 공중에 쏟으매 큰 음성이 성전에서 보좌로부터
나서 이르되 되었다 하시니 18번개와 음성들과 우렛소리가 있고 또 큰 지진
이 있어 얼마나 큰지 사람이 땅에 있어 온 이래로 이같이 큰 지진이 없었더
라 19큰 성이 세 갈래로 갈라지고 만국의 성들도 무너지니 큰 성 바벨론이 하
나님 앞에 기억하신바 되어 그의 맹렬한 진노의 포도주 잔을 받으매 20각 섬
도 없어지고 산악도 간 데 없더라 21또 무게가 한 달란트나 되는 큰 우박이
하늘로부터 사람들에게 내리매 사람들이 그 우박의 재앙 때문에 하나님을
비방하니 그 재앙이 심히 큼이러라

일곱째 대접이 공중 가운데 쏟아졌다. 스위트는 "그 공중은 모든 인류가 호흡하는 공기"라고 말했다. 공기가 오염되었다면 인류의 생명 그 자체가 원천에서부터 침략을 받은 것이다. 자연계가 인류와 대치하게 된 것이다. 그것이 바로 일어난 일이다. 번개와 뇌성과 지진이 일어났다. 우연히도 1세기는 지진이 많기로 알려진 세기였으나 요한은 조심스레, 당시의 세대에 어떤 무서운 지진이 일어났더라도 장차 올 지진에는 비교가 안 될 것이라고 말했다.

그 큰 성 바벨론 성, 즉 로마 시는 셋으로 쪼개졌다. 로마는 하나님이 잊어버

리신 것이 아니다. 하나님의 손이 멈춰졌고 하나님의 등이 그들에게 돌려졌으므로 로마는 이제 하고 싶은 대로 할 수 있다고 생각했을지도 모르나, 그들의 죄가 기억되고 그 멸망의 날이 다가오고 있다. 하나님의 맷돌은 서서히 갈을는지는 몰라도 종국에는 죄가 많이 남아 있을 여유가 없다.

지진으로 섬들이 가라앉고 산들이 평평해졌다. 이 재앙의 맨 마지막은 살인적인 우박으로 그 하나의 무게가 약 한 달란트나 되는 것이다. 여기에도 하나님의 진노의 표현 방법 중 하나가 재현되는 것이 있다. 심히 파괴적이고 무서운 우박이 애굽의 재앙 중의 하나였다(출 9:24). 여호수아 시대에 벳호론에서 다섯 아모레 왕들과 전쟁에서 이스라엘의 적 위에 큰 우박이 내려 칼에 죽은 자들보다 우박에 죽은 자의 수가 더 많았다(수 10:11). 이사야는 우박의 대소동과 파괴하는 광풍을 심판 날에 보내시리라고 말하고 있다(사 28:2). 에스겔도 하나님이 전염병과 피로 심판하며 쏟아지는 폭우와 큰 우박덩이와 불과 유황을 보내신다고 말한다(겔 38:22).

마지막 진노의 대접은 전 자연계가 인간과 전쟁 상태로 되게 했다. 우리는 이상에 말한 것을 문자 그대로 생각할 필요가 없다. 다만 한 가지 상징적으로 보여주는 것을 생각해 보자. 즉, 사람이 하나님께 범죄하면 온 우주가 자신의 원수가 된다는 의미가 있다.

진노의 일곱 대접을 지구상에 쏟아 놓는 장면은 전 16장에 흐르는 합창으로 끝난다. 그것은 이런 일들이 일어나도 사람들은 아직 회개하지 않고 하나님의 사랑의 호소에도, 하나님의 진노에도 무감각해졌다는 것이다.

인생에서 가장 슬픈 비극은 하나님의 전능하신 능력을 가지고도 인간의 마음의 본바탕에 들어갈 수가 없다는 것이다. 하나님께서는 인간이 그 마음을 하나님께 닫아 버릴 수도 있는 놀라운 자유를 인간에게 주셨기 때문이다.

17장과 18장은 바빌론의 멸망, 즉 로마의 멸망을 기술하고 있다. 17장은 요한계시록에서도 난해한 장으로 알려져 있다. 이 장을 연구하는 데 가장 좋은 방법은 전체를 다 읽고 난 후 전체 장면과 관련된 일반적인 설명을 하고 그 안에서 어떤 상징적인 것을 찾은 다음, 끝으로 세부적으로 파고드는 것이 좋다. 이렇게 하면 얼마간 반복이 있을 것이고 이와 같은 곳에서는 반복이 필요하다.

The Revelation of John 17

로마의 멸망

17장을 조금이라도 이해하려면 세부적으로 다루려고 하기 전에 넓은 의미를 찾아내는 길밖에 없다. 이 장에는 두 주요 인물이 등장하는데 그것은 여인과 짐승이다. 이 두 등장 인물에 대한 의미를 찾아보자.

짐승을 탄 여인

그 여인은 바빌론, 즉 로마다. 맨 처음에는 약간의 복잡한 문제가 있으나 쉽게 설명된다. 그 여인은 많은 물 위에 앉아 있다고 기록되었다(1절). 바빌론이라는 상징하에 나타난 로마의 장면에서 요한은 과거의 역사적 바빌론에 대해 선지자들이 말한 여러 가지를 인용하고 있다.

예레미야 51장 13절에 바빌론은 "많은 물 가에 살면서 재물이 많은 자여"라고 불렸는데 이 역사적 바빌론의 경우에는 문자 그대로다. 유프라테스 강은 고대 바빌론 성의 한복판을 꿰뚫고 흐르고 있었고 그 도성은 모든 방향으로 뻗어 나가 농사에 물을 대는 관개의 중심지였다. 고대 세계에서 바빌론에 대한 가장 보편적이고 정확한 표현은 바빌론이 많은 물 위에 앉아 있다고 말하는 것이다. 그것을 가져다가 로마에 적용하였을 때는 의미가 없어진다. 후에 15절에 가서 그것을 깨닫게 되어 요한은 여기에서 새로운 해석을 부여한다. 그 물들은 로마가 통치하는 많은 나라와 백성과 방언들이다. 이런 해석 방법도 그 원천을 구약에서 찾지 않으면 안 된다. 앗수르가 팔레스타인을 침공할 것을 이사야가 예언했을 때 그는 "그러므로 주 내가 흉용하고 창일한 큰 하수 곧 앗수르 왕과 그의 모든 위력으로 그들을 덮을 것이라 그 모든 골짜기에 차고 모든 언덕에 넘쳐흘러 유다에 들어와서 가득하여 목에까지 미치리라"(사 8:7–8)고 했다.

또 예레미야가 다가오는 침략을 예언했을 때 그도 같은 표현을 쓰고 있다. "보라 물이 북쪽에서 일어나 물결치는 시내를 이루어 그 땅과 그 중에 있는 모든 것과 그 성읍과 거기에 사는 자들을 휩쓸리니"(렘 47:2). 한 나라를 물이 가득 차는 물결로 보는 방법은 이미 흔히 사용되었던 것이다. 그리하여 그 여인이 많은 물들 위에 앉아 있는 것으로 표현했을 때 그는 문자 그대로 고대 바빌론에 대한 옛날 기록을 인용하고 있다. 이것은 로마의 경우에는 맞지 않는다. 그래서 그 물들은 여러 나라에 대한 상징으로 다시 해석되었는데 이런 상징은 구약에서 흔히 볼 수 있다.

4절에서 그 여인은 자줏빛과 붉은 빛 옷을 입고 온갖 장식품으로 꾸몄다고 했다. 이것은 로마의 부요함과 사치를 상징한 것이고 그 부요함을 음란하고 음탕하게 사용한 것의 상징이기도 하다. 이것은 돈 많고 이름 있는 창녀가 남자를 유혹하고 그녀의 부도덕한 생활 속으로 끌어들이기 위해 온갖 좋은 것으로 장식한 것을 표현하는 것이다.

다음으로 4절에서 그 여인은 손에 금잔을 가지고 있는 것으로 되어 있는데 거기에는 그의 음행이 가득 찼다고 했다. 여기에 구약의 역사적 바빌론에 대한 선지자적 저주에서 직접 인용한 또 다른 바빌론의 장면을 볼 수 있다. 예레미야는 고대 바빌론에 대해 "바빌론은 여호와의 손에 잡혀 있어 온 세계가 취하게 하는 금잔이라 뭇 민족이 그 포도주를 마심으로 미쳤도다"(렘 51:7)라고 했다. 그와 같이 로마도 그의 날과 세대에 온 지구 위에 음란과 부도덕을 퍼뜨린 유혹의 힘이 있는 금잔을 쥐고 있는 것으로 기록되었다.

그 여인은 이마에 이름이 기록되어 있다고 했다(5절). 이것은 실제로 있었던 로마의 풍습이다. 로마에서는 유곽에 있는 창녀들은 이마에 이름을 쓴 띠를 띠고 있었다. 이마에 이름을 쓴 머리띠는 로마 창녀의 공식적인 표시다. 이것은 단순히 여러 나라를 타락케 하는 로마를 그려 낸 표시다.

6절에 보면 그 여인은 성도들과 증인들의 피로 취하여 있다고 했다. 이것은 로마 제국 내에서 기독교인의 박해를 지칭한 것이다. 그러나 이것은 로마를 한낱 박해자로 낙인하는 것 이상의 의미를 가지고 있다. 그 여인은 증인들의 피로 취하여 있다. 이 말은 두 가지를 말하는 것이다.

첫째는 로마가 학살로 만족하고 있는 것, 둘째는 마치 술주정꾼들이 술에 빠지는 것과 같이 살인을 기뻐하고 있다는 것이다. 로마의 기독교인에 대한 박해는 필요에 따라서 할 수 없이 법률을 적용하고 있는 것이 아니다. 그 여인은 순교자들의 피를 쏟는 데 잔인한 쾌락을 느꼈다. 그 피를 쏟을 때 여인은 술주정뱅이가 술병을 기울여 다 쏟되 자못 만족스럽게 여기며 하는 것같이 만족스러워했다.

16절에서 여왕의 침공을 받아 그 여인이 죽는다. 이 문제는 짐승의 상징을 연구할 때 더 자세히 설명하려고 한다. 다만 여기에서는 이 구절이 그때 로마의 속국으로 있는 나라와 지상의 여러 민족들의 반항으로 멸망하게 되는 것을 예언하는 것으로 충분할 줄 안다. 이것은 마치 이름 있는 창녀가 과거에 사랑했던 남자를 배반하여 그 손에 의해 죽게 될 것이라고 말하는 것과 같다.

짐승

여인의 의미를 정의하는 것보다 짐승의 의미를 정의하는 것이 더 힘든데 주로 짐승의 뜻은 일정하지 않기 때문이다. 짐승의 의미는 획일적인 것이 아니다. 짐승은 일련의 연관성 있는 의미를 가지고 있는데 그것은 로마와 그 제국과 밀접히 관련되어 있다는 것이다.

I. 그 여인은 짐승을 타고 있으며 그 짐승은 하나님을 모독하는 이름으로 가득 차 있다(3절). 그 여자가 로마라면 그리고 그 여자가 짐승을 타고 앉았다면 일차적으로 그 짐승을 로마 제국이라고 말할 수 있다. 그 짐승은 참람한 이름으로 가득 차 있다. 이것은 두 가지를 내포하고 있다.

첫째, 이것은 로마 제국에 가득한 수많은 신들과 관계된 것이다. 로마에는 정말로 신이 많고 주도 많았으며 그들은 모두 경배를 받았다. 이 모든 이름은 하나님께 모독적이었으니 그들은 모두 하나님의 지고하시고 유일하신 권능과 위엄을 손상시키는 것들이기 때문이다. 우리의 참 하나님 외에는 이 세상에서 신의 이름을 가질 권리가 없다.

둘째, 이것은 황제들의 많은 칭호와 관련된 것인데 그 황제들은 **세바스토스**(Sebastos)나 **아우구스투스**(Augustus)로서 **존경을 받는다**는 뜻인데 존경은 하나님께만 속한 것이다. 다른 황제는 **디우스**(Divus) 또는 **데이오스**(Theios)였는데 첫째 것은 라틴어요, 둘째 것은 헬라어로서 둘 다 **신성의**(divine)라는 뜻이며 하나님에게만 그 **신성**(神性)**의**라는 형용사를 사용할 수 있다. 황제들을 **소테르**(sōtēr)라고 많이 불렀는데 이것은 **구주**라는 뜻으로 예수 그리스도에게만 적용되는 칭호였다. 가장 흔히 쓰인 이름은 황제가 라틴어로 **도미누스**(dominus)요, 헬라어로 **큐리오스**(kurios)였는데 둘 다 **주**(主)라는 뜻이며 바로 하나님의 이름이다. 그 짐승은 첫째로 제국이었고 참람한 이름들은 로마와 그 종속국들의 많은 신의 이름이며 황제 칭호로서 하나하나가 하나님의 권한에 손상을 입히는 것이다.

II. 그 짐승은 일곱 머리와 열 뿔이 있었다(3절). 이것은 13장 1절의 짐승에 대한 것의 반복이며 이제 곧 그 뜻을 다시 한 번 살펴보게 될 것이다.

III. 그 짐승은 과거에 있었고 현재에는 없으나 장차 나올 것이다(8절). 이것은 13장 3, 12, 14절로 돌아가는 것인데 거기에 보면 부상을 입어 죽게 되었다가 다시 살아나 다시 오게 될 머리에 대한 기록을 보게 된다.

이것은 분명히 **네로 부활** 전설을 지칭하는데 요한의 생각에서 떠나지 않은 것을 나타낼 것이다. 그 전설에 의하면 우리가 누차 상고해 본 대로 네로는 죽지 않았고 그는 심히 다쳤으나 동방의 파르티아로 도피하였다가 거기서부터 파르티아의 군대를 이끌고 황제를 항복시키고 로마를 정복하기 위하여 그의 때를 기다리고 있는 것이다.

우리는 네로 부활설과 적그리스도 개념이 불가분 밀접한 관계가 있다는 것을 보았다. 그러므로 이 구절에서 짐승은 부활한 네로를 의미하고 적그리스도는 이 세상에 내려올 악과 죄의 화신(化身)을 뜻하고 모든 반신적(反神的)인 것을 뜻한다.

IV. 그 짐승은 일곱 머리를 가지고 있다. 이 머리들은 두 가지로 해석할 수 있다.

1. 9절에서 일곱 머리는 일곱 산이라고 했다. 여기에서는 아주 쉬운 설명을 할 수가 있다. 로마는 일곱 언덕에 세워진 도시다. 고전문학 작품에서 일곱 언덕 위에 앉아 있는 로마를 묘사한 것보다 더 흔히 볼 수 있는 것은 없다. 일곱 언덕이 있는 도시는 로마 시의 표준적인 묘사 방법이다. 이것으로 또다시 그 짐승은 로마의 권세와 동일시되고 있다.

2. 요한계시록에서 수수께끼와 같은 것은 둘째 해석인데 이것을 10, 11절과 같이 나열해 보자.

그 일곱 산들은 일곱 왕들이다. 다섯은 지나갔고 하나는 현존하고 있으며 하나는 아직 오지 않았다. 그리고 그가 올 때면 그는 반드시 잠시 동안만 머무를 것이다. 전에는 있었고 지금은 없는 그 짐승은 그 자신이 여덟 번째다. 이것은 일곱의 무리 중의 하나이며 마침내는 멸망할 것이다.

우리가 13장에서 짐승의 비밀에 대하여 취급했을 때 우리는 짐승의 머리는 로마의 황제들이라고 했고 상처를 입었다가 다시 살아난 머리는 네로라고 했는데 그는 상처를 입었어도 다시 올 때를 기다리고 있다. 이것이 해결의 열쇠를 우리에게 준다. 이것을 조금씩 나누어 생각해 보자.

다섯은 지나갔다. 로마 제국은 아우구스투스 때부터 시작했다. 그리고 그 처음 다섯 황제는 아우구스투스, 티베리우스, 칼리굴라, 클라우디우스, 네로였다. 그러므로 이들은 이미 지나간 다섯이다. 앞에서 우리는 네로 사망 후 갈바와 오토, 비텔리우스가 아주 짧은 기간씩 재위했던 2년간이 있었다는 것을 상고한 적이 있다. 그런데 이들 셋은 진정한 의미의 황제가 아니므로 황제 명단에 포함될 수가 없다.

하나는 현존한다. 이것은 네로의 사후에 따라왔던 혼란의 시기 다음에 로마 제국에 안정을 되찾게 하고, 주후 69–79년간 통치한 베스파시아누스 황제임이 틀림없다.

다른 하나는 아직 오지 않았으나 그가 올 때는 반드시 잠시 동안 있을 것이다. 베스파시아누스 황제 다음에는 티투스가 즉위했는데 그는 79–81년까지 겨우 2년밖에 통치하지 못했다. 이것은 티투스가 아주 잠시만 재위했으므로 잘 맞는 해석이다.

전에 있었고 지금은 있지 않은 것은 그것이 여덟째다. 이것은 일곱의 무리에서 나오고 이것은 파멸되려는 중이다. 이 말은 티투스 다음 황제는 부활한 네로와 동일시되며 그는 적그리스도요, 악의 화신이요, 그 안에서 로마 제국의 모든 악이 절정에 달하고 요약되었다. 그러면 티투스 후임에는 어느 황제일까? 그 황제는 도미티아누스였다.

도미티아누스 황제는 부활한 네로로서 나타난 그 악의 권세와 이론적으로 동일시될 수 있을까? 이제 로마의 전기작가 수에토니우스(Suetonius)가 쓴 도미티아누스 황제의 생애를 살펴보겠는데 수에토니우스는 기독교인이 아니요, 하나의 로마인에 불과했다는 것을 기억해야 한다.

수에토니우스가 전한 대로 도미티아누스는 모든 사람에게 공포와 혐오의 대상이었다. 그의 통치 초기에 이미 그의 어두운 그림을 찾아볼 수 있다. "그는 매일 몇 시간씩 숨어서 파리를 잡아 날카로운 철필 끝으로 찔러 죽이는 짓밖에는 하지 않았다." 심리학자라면 쉽게 그것이 이상한 정경이라는 것을 알 수 있다. 그는 미친 듯이 질투심과 의심이 많았다. 그는 파리스라고 하는 유명한 배우에게 동성애를 느껴서 파리스의 제자 중 한 명이 파리스와 매우 닮은 것을 알고서 분명히 파리스의 아들일 것이라고 추측해 그 젊은이를 즉각 죽여 버렸다. 역사가 헤르모게네스(Hermogenes)는 도미티아누스가 좋아하지 않는 것을 썼다가 처형되었고, 그의 원고를 받아 쓴 서기는 십자가형을 받았다.

원로원 의원들이 도처에서 학살당했고 영국의 지방 장관이었던 살루스티우스 루쿨루스(Sallustius Lucullus)는 새로운 형태의 창에 자기 이름을 따라 루쿨창이라고 이름 붙였다가 처형되었다. 그는 죄인들을 벌거벗겨 목에 칼을 씌워 죽도록 곤장을 치는 처벌 방법을 부활시켰다. 각 지방에서 반란이 일어났다.

수에토니우스에 의하면 "내란 진압 후 그는 더 잔혹해졌다. 그리고 숨어 있는 주모자들을 찾아내고 반대하는 자에 대해서는 그들의 국부에 불을 넣어 지지는 새로운 고문 방법을 썼다. 그리고 어떤 경우에는 수족을 자르기도 했다"고 한다. 이런 것들은 읽기에 유쾌한 것이 아니다. 그러나 이것이 도미티아누스였다.

그는 통치 초기에 주피터의 제사장을 데리고 주피터와 주노 그리고 미네르바의 묘약을 새긴 황금관을 쓰고 외출했으며, 이혼한 처와 재혼했을 때 그녀가 신의 자리로 되돌아왔다고 선포하기도 했다. 그가 원형극장에 들어설 때는 "우리 주와 그의 부인이 오시니 행운이로다"라는 인사말을 듣기 좋아했다. 그의 고문서의 서두에는 이렇게 시작했다. "우리 주 또한 신이 이것을 명한다"라고 시작하며 곧 그것이 그의 유일한 호칭이 되었다.

그는 의심이 얼마나 많았던지 절대로 혼자 죄수의 변호를 듣지 않았고 그의 호위병들이 있는 데서 들을 때일지라도 그를 쇠사슬로 묶은 채로 했다. 그는 자기 자신의 생명에 겁을 집어 먹은 나머지 자신이 다니는 통로나 복도에는 거울과 같이 반사가 잘 되는 돌(phlengite)을 붙여서 자신의 뒤에서 움직이는 것을 볼 수 있게 했었다. 결국 주후 69년 9월 18일에 그는 가장 비참하고 유혈적인 상황에서 살해되었으니 스스로 멸망의 길을 자초한 것이다.

이 모든 것에 한 가지 더 추가할 수 있다. 그는 시저 숭배를 처음으로 의무화시킨 자였으므로 기독교회에 대한 대대적인 박해를 풀어 놓은 책임을 면치 못한다.

아마도 요한은 도미티아누스에게서 네로가 재출현한 것을 보았을 것이다. 다른 사람들도 그와 똑같이 생각했다. 도미티아누스 시대에 로마의 풍자가 유베날리스는 로마를 가리켜 "대머리 네로라는 자의 종이 되었다"(도미티아누스는 대머리였다)라고 한 대담한 발언 때문에 유배되어 결국 암살당하고 말았다. 터툴리아누스는 도미티아누스를 "네로의 잔인성을 타고 난 사람" 그리고 "네로 이하(a sub-Nero)"라고 부르고 있는데 이 표현은 유세비우스도 사용한 말이다. 도미티아누스는 네로가 다시 살아난 것으로 인정될 정도로 그와 잘 부합된다.

한 가지 난점은 이렇게 하면 요한이 이것을 베스파시아누스 시대에 기록한 것 같이 보인다는 것이다. 이 내용은 당시의 황제는 베스파시아누스라는 것이 되는데 요한이 실제로 이것을 기록한 시대는 도미티아누스 치하였다. 여기에는 두 가지 설명이 있다. 요한은 이 환상을 몇 해 전인 베스파시아누스 시대에 기록했으나 이 예언이 무섭게도 들어맞는 것을 보았을 것이다. 그러고는 그의 요한계시록의 최종 초안에 함께 집어넣었을 것이다. 또는 그가 이 모든 것을 도미티아누스 시대에 기록했는데 그 자신을 베스파시아누스 시대에 비춰 보았을 것이며 역사에서 이루어지는 무서운 사실을 추억에서 더듬었을 것이다.

어떻게 해석하든 요한이 도미티아누스에게서 로마의 죄악과 하나님을 모독하는 데 최고 화신인 네로의 재등장을 보았다는 설명을 택하면 그 장면은 설명된다. 요한이 도미티아누스와 적그리스도를 동일시했다는 말을 덧붙여 말할 필요는 없다. 단지 도미티아누스에게서 장차 올 마지막 적그리스도의 한 형태와 상징을 발견했다는 것으로 충분하다.

등장인물의 확인에서 한 가지 문제가 아직 남아 있는데 이것은 다른 어느 것보다도 정확한 해결을 내리기 어려울 것이다. 12장 17절에서 열 뿔은 열 왕이라고 했는데 그들은 아직 그 왕위를 받지 못하였다. 그들은 왕권을 받을 것이고 그렇게 될 때는 두 가지가 일어날 것이다. 그들은 만장일치로 자신들의 권세를 그 짐승에게 넘겨주고 그 짐승과 함께 음녀를 대항하여 일어나 어린양을 대하여 싸우나 그들은 결국 멸망하게 될 것이다.

이것보다 훨씬 그럴싸한 해석은 열 왕은 파르티안 군대의 지방 장관과 지휘관들인데 재생한 네로와 함께 협력할 것이며 그의 지휘 아래에서 최후의 결전을 하나 결국 로마가 멸망하고 어린양이 이 세상의 모든 반대 세력을 굴복시킨다는 것이다.

음녀가 된 도성

요한계시록 17:1-2

1또 일곱 대접을 가진 일곱 천사 중 하나가 와서 내게 말하여 이르되 이리로
오라 많은 물 위에 앉은 큰 음녀가 받을 심판을 네게 보이리라 2땅의 임금들
도 그와 더불어 음행하였고 땅에 사는 자들도 그 음행의 포도주에 취하였다
하고

이 두 절에서 로마는 큰 음녀로 기술되어 있다. 구약에서는 부도덕하고 하나님 없고 불순종한 이방 도성들을 음녀라고 기술했다. 나훔이 니느웨를 그렇게 기술했는데 거기에서 그는 아리따운 기생의 놀라운 마력과 많은 음행에 대해 말했다(나 3:4). 이사야가 두로를 그렇게 말했다(사 23:16-17). 예루살렘까지도 그렇게 불렀다. "신실하던 성읍이 어찌하여 창기가 되었는고"(사 1:21). 그리고 에스겔은 "그러나 네가 네 화려함을 믿고 네 명성을 행음하되"(겔 16:15)라고 공박했다.

이 방법은 현대인에게는 생소하고 욕되게 보일 수 있으나 그 배후에는 큰 상징이 숨어 있다.

I. 거기에는 하나님은 자기 백성의 영혼을 사랑하신다는 사상과 나라와 교회가 그리스도의 신부라는 깊은 사상이 있다. 옛날 라틴의 주석가인 프리마시우스(Primasius)는 로마가 기생이라고 불린 이유는 "로마는 자기 창조주를 떠나 마귀에게 몸을 팔았기 때문"이라고 했다. 그 배경에는 우리가 하나님께 불순종할 때, 우리가 하나님을 무시할 때, 우리가 하나님에게서 돌아설 때, 우리가 하나님 이외의 다른 것에 우리 생의 최고 지위를 부여할 때 이것은 율법을 어긴 죄라기보다는 이것은 사랑을 어긴 죄다. 이것은 불성실이다. 여기서 생각하고 있는 하나님은 심판자나 입법자로서가 아니고 왕이나 주권자도 아니고 오직 사랑을 하는 자로서 하나님이다.

II. 그 뒤에는 또 다른 사상이 있다. 베크위트(Beckwith)는 로마가 큰 창녀라고 불리는 이유는 로마는 "무신(武神)과 부도덕으로 유혹하기" 때문이라고 했다. 창녀의 죄는 자기 자신만이 범죄하는 것이 아니라 의식적으로 다른 사람들을 범죄하도록 유인하고 유혹하고 설득하여 범죄하게 하는 것이다. 하나님은 다른 사람들이 범죄하기 쉽게 하거나 타인을 범죄하도록 유혹하는 사람은 개인이거나 국가이거나 간에 하나님 앞에서 무죄하다고 하시지는 않을 것이다.

이 구절의 배후 사상은 여러 나라들이 로마의 우상 숭배와 죄악에 동참했는데 그 이유는 로마가 그들에게 범죄케 했으며 그렇기 때문에 로마의 저주는 가차 없이 가장 엄하다는 것이다.

광야에서 환상

요한계시록 17:3

3곧 성령으로 나를 데리고 광야로 가니라 내가 보니 여자가 붉은 빛 짐승을 탔는데 그 짐승의 몸에 하나님을 모독하는 이름들이 가득하고 일곱 머리와 열 뿔이 있으며

요한은 성령 안에서 광야로 이끌려 나갔다고 말했다. 선지자는 성령 안에서 사는 사람이다. 에스겔은 "주의 영이 나를 들어올려 데리고 가시는데"(겔 3:14)라고 했고, "주의 영이 나를 들어 천지 사이로 올리시고 하나님의 환상 가운데에 나를 이끌어 예루살렘으로 가서"(겔 8:3)라고 했다. 그는 또 "주의 신이 나를 들어 하나님의 영의 환상 중에 데리고 갈대아에 있는 사로잡힌 자 중에 이르시더니"(겔 11:24)라고 기록하고 있다. 성령께서 글자 그대로 그리고 실제적으로 사람을 이곳에서 저곳으로 옮기는 것이 아니라 사람이 하나님의 영 안에서 살 때 그의 수평 한계는 늘어나고 그가 시간 내에 살지라도 영원을 보는 자가 될 것이라는 뜻이다. 그는 먼 지점의 땅, 아주 멀리 떨어져 있는 나라도 볼 수 있을 것이다.

선지자들은 하나님의 영 안에서 살아왔기 때문에 희미한 장래의 역사적 흐름을 볼 수 있다.

요한은 광야로 이끌려 나가 그의 환상을 보았다. 성경 말씀에서 계속 반복하여 나오는 것은 하나님의 위대한 사람들이 광야에서 환상을 보았다는 것이다. 모세가 하나님을 만난 곳이 광야 서편에서였다(출 3:1). 엘리야가 하나님을 만나고 용기와 신앙을 다시 얻은 것은 그가 광야로 하룻길을 걸어간 후였다(왕상 19:4). 세례 요한이 자라났고 하나님께 메시지를 받은 곳은 광야에서였다(눅 1:80). 아시시의 프란시스(Francis)는 산을 사랑한 사람으로 그는 산꼭대기에 올라서 영적 능력을 다시 받고 불꽃을 다시 부치고 하나님의 환상을 다시 보았다고 한다. 예수 그리스도께서도 선교와 전도를 시작하기 전, 인류와 하나님을 위하여 목숨을 바치기 전에 그가 나갈 길을 결정하기 위하여 간 곳은 광야였다(마 4:1).

하나님께서 우리에게 주시기를 갈망하는 메시지를 우리가 받기에는 일상생활 속에 고요함과 한적함이 부족한 것이 사실이다.

큰 음녀

요한계시록 17:4-5

[4]그 여자는 자줏빛과 붉은 빛 옷을 입고 금과 보석과 진주로 꾸미고 손에 금
잔을 가졌는데 가증한 물건과 그의 음행의 더러운 것들이 가득하더라 [5]그의
이마에 이름이 기록되었으니 비밀이라, 큰 바벨론이라, 땅의 음녀들과 가증
한 것들의 어미라 하였더라

이 두 구절에는 큰 음녀의 생생한 표현이 있다. 그녀는 자줏빛과 붉은 빛 옷을 입었는데 이는 황실의 색깔이요, 사치와 위엄을 나타내는 색깔이다. 그 여자는 금과 보석과 진주로 꾸몄다. 그 여자는 그의 애인에게 마셔 취하게 하는 금잔을

가지고 있다. 그 여자는 이마에 자기 이름을 쓴 머리띠를 두르고 있다. 그 이름은 **비밀**이다. 헬라어에서 **무스테리온**(mustérion)이란 구태여 알기 어렵고 신비스러운 것을 의미하는 것이 아니고 다만 교육을 받지 못한 사람은 이해할 수 없으나 교육 받은 사람에게는 분명한 것을 뜻한다. 이 경우에 **비밀**이라 함은 바빌론이란 이름으로 로마를 의미한다. 그것은 외부인은 모르지만 기독교인들은 아는 것으로서 이야기가 표면상으로는 바빌론이란 이름으로 말해지지만 실제 내막은 모든 것이 로마를 말하고 있다는 사실이다. 요한은 그 음녀의 생생한 표현을 어디에서 가져왔을까? 두 가지 가능한 출처가 있다.

I. 그는 소아시아 지방의 사원 창녀에서 가져왔을 수 있다. 고대 종교의 이상한 특징 중 하나는 많은 사원에 소위 성(聖) 창녀들이 있었다는 것이다. 원래 그들은 여자 사제들이었다. 예를 들면 고린도의 아프로디테 사원에는 그런 여자들이 1천 명이나 소속해 있었다. 그들과 성적 관계를 가지는 섹스는 출산과 생사 안에 있는 생명력에 존경을 표하는 행위라는 의미에서 일종의 예배였다. 모든 헬라와 아시아 도시에도 이러한 여사제들이 수백명씩 있었다.

II. 요한이 모든 로마 황후 중 악명이 가장 높은 황후를 알고 있었고 그것을 생각하고 있었는지도 모른다. 그 이름은 메살리나(Messalina)였다. 그녀는 허약하고 저능아라고도 할 수 있는 클라우디우스의 아내였다. 황후가 밤이면 공창에 나가 여느 창녀들처럼 몸을 바치곤 했다는 것이 이 여자에 대한 이야기다. 유명한 로마 해학자 유베날리스는 아주 생생하게 표현하고 있다(해학 6:114-132). “클라우디우스가 견디어낸 것을 들을지어다. 남편이 잠든 것을 알아차리자마자 이 지존의 음녀는 왕의 잠자리보다는 평민의 자리를 택할 정도로 파렴치해진다. 밤꼬깔을 쓰고 시녀 하나만 데리고 밖으로 나간다. 새까만 머리털은 엷은 가발로 감추고, 낡고 불결한 침구가 놓인 유곽에 들어가서 루키스카(Lycisca)라는 가명으로 방에 들어가 찾아오는 사람을 기다린다. 젖꼭지는 가리지도 않고 장식을 했고, 오, 고귀한 몸인 브리타니쿠스(Britanicus)여, 그 여인에게서 당신은 태어나지 않았는가! 여기에서 그녀는 점잖게 손님들을 받았고 각각 돈을 요구했다. 그리고 드디어 주인이 모든 창녀를 돌려보낼 때도 그녀는 자기 방에서 맨 마지막까지 남아 있다가 욕정이 아직 가라앉지 않은 채 쓸쓸히 돌아가는 것이었다. 남자들에게 시달리나 만족하지는 못하고 더러워진 볼과 등잔의 그으름으로 검어진 모습으로 그녀는 창녀의 악취를 왕의 침소에 옮기는 것이다."

이것은 참으로 가공할 이야기다. 그러나 황후까지도 이렇게 타락해 있다면 요한이 로마 도성을 창녀로 생각한 것은 당연한 것이다.

음녀 로마의 잔은 온갖 가증하고 더러운 것으로 가득 차 있었다. 이것은 어떤 속이 좁은 기독교인의 편견이 아니다. 로마 역사가 타키투스(Tacitus)가 로마를 일러 "세계 도처에서 온갖 잔학하고 추악한 것들이 흘러 들어오고 그런 것이 환영 받는 곳"이라고 했고, 로마의 대철학가 세네카도 로마를 "냄새 나는 하수도"라고 불렀다는 것을 기억하는 것이 좋다. 로마에 대한 요한의 표현은 전혀 과장이 아니다. 실제로 로마인 스스로 그들의 문명에 대해 언급한 것에 비교하면 오히려 억제한 것이다. 이 문명으로 기독교가 들어간 것이다. 이런 환경 속에서부터 사람들이 단정한 행위로 돌아서게 된 것이다. 이것이야말로 십자가의 기적이요, 승리라고 말할 수 있다.

성도와 순교자의 피에 취한 자

요한계시록 17:6

6또 내가 보매 이 여자가 성도들의 피와 예수의 증인들의 피에 취한지라 내가 그 여자를 보고 놀랍게 여기고 크게 놀랍게 여기니

17장 서론에서 이미 지적한 바와 같이 요한이 로마의 박해를 기술하는 방법은 특이하다. 그는 로마가 성도와 예수의 증인들의 피로 취해 있다고 말했다. 그 의미는 로마가 기독교인들을 박해하는 것은 치안 문제나 법률적인 필요성에서가 아니라 기독교인들을 죽음으로 몰아치는 데 악마 같은 환희를 느꼈다는 것이다.

로마는 박해에서 오는 무서운 환희에 취해 있었다.

요한은 틀림없이 네로 시대에 있었던 박해를 생각하고 있는 것이다. 네로 황제의 박해는 주후 64년에 있었던 로마 시의 대화재에서 일어났다. 그 화재는 일주일간 탔고 로마 시를 황량하게 만들었다. 일반 주택과 사원과 공공건물들이 모두 타 버렸다. 로마 시의 백성은 그 화재는 우연한 사고가 아니라는 것을 확신했다. 그리고 불을 끄려고 했던 사람들은 방해를 받았고 진화되면 또다시 방화되었고 그 불을 고의로 지른 자가 네로라는 것도 확신하고 있었다. 네로는 건축에 열광적이었고 백성은 네로가 로마 도시를 재건하려고 고의로 태워 버렸다는 것도 믿고 있었다.

그런 경우에 네로는 의심을 자신에게서 다른 곳으로 돌리려고 대속할 양을 찾아야 했다. 그는 기독교인을 희생물로 생각해 냈다. 그러나 그는 의심을 타인에게로 돌리는 데는 성공하지 못했다. 왜냐하면 백성은 기독교인들이 네로의 죄를 대신해서 고통을 당하고 있다는 것을 잘 알고 있었다. 이것은 대규모적인 최초의 박해였고 여러 면에서 어떤 박해보다도 가장 잔인한 것이었다. 타키투스는 이에 대해 기록하였는데 이는 이방 문학과 역사에서 그리스도의 이름이 나타나는 몇 개 안 되는 곳 중의 하나이므로 여기에 전문을 인용해 보자(타키투스, 연대기 15:44).

> 모든 인간의 노력과 황제(네로)의 온갖 후한 상급도, 여러 신의 화해의 노력도 이 대화재가 명령에 의한 결과라는 불길한 생각을 털어 버리지는 못했다. 결국 그런 보고가 들리지 않게 하기 위하여 네로는 미워하는 행위 때문에 혐오를 받아 오던 한 계급, 즉 기독교인이라고 불리는 민중에게 그 죄를 씌워 고문을 했다. 기독교인이란 이름의 근원이 된 그리스도는 티베리우스 황제 치하에 우리의 총독 본디오 빌라도의 손에 의해 극형을 받았다. 그리하여 악질적인 미신이 지금 당장은 좀 억압되었지만 이제 그 악의 첫 번 근원이었던 유대에서만이 아니라 로마에도 전파되었다. 이 로마는 온 세계의 소름끼치는 그리고 부끄러운 온갖 것들의 중심지가 되고 그것으로 유명해진 중심지였다. 그 결과 최초에 죄가 있다고 하는 모든 사람에게 체포의 선풍이 불었다. 그리고 그들의 정보에 의

> 거하여 무수한 사람들이 유죄 판결을 받았는데 로마 시의 방화 죄목보다는 인류 증오의 죄 때문이었다. 그들이 죽음을 당할 때 온갖 조롱을 했다. 짐승의 가죽을 씌워서 개들이 찢어 죽이든지, 십자가 형틀에 못 박히든지, 햇빛이 없는 밤에는 어둠을 밝히려고 불에 태워 죽이든지 하는 운명에 처하게 되었다… 그래서 극형이나 일벌백계적 처벌을 받을 사람들을 위해서도 동정심이 일어났다. 그 이유는 그들이 죽음을 당한 것은 공공의 유익을 위한 것이 아니라 단지 한 사람의 잔인성을 만족시켜 주는 데 불과했기 때문이다.

타키투스는 기독교는 아무 가치도 없는 것이지만 네로 시대에 로마는 예수의 증인들(순교자들)의 피로 취해 있었다는 사실을 증언하고 있다. 요한이 로마에 대해 말하고 있는 것은 상상하여 만든 비난이 아니다.

악마의 재현

요한계시록 17:7-11

[7]천사가 이르되 왜 놀랍게 여기느냐 내가 여자와 그가 탄 일곱 머리와 열 뿔
가진 짐승의 비밀을 네게 이르리라 [8]네가 본 짐승은 전에 있었다가 지금은
없으나 장차 무저갱으로부터 올라와 멸망으로 들어갈 자니 땅에 사는 자들
로서 창세 이후로 그 이름이 생명책에 기록되지 못한 자들이 이전에 있었다
가 지금은 없으나 장차 나올 짐승을 보고 놀랍게 여기리라 [9]지혜 있는 뜻이
여기 있으니 그 일곱 머리는 여자가 앉은 일곱 산이요 [10]또 일곱 왕이라 다섯
은 망하였고 하나는 있고 다른 하나는 아직 이르지 아니하였으나 이르면 반
드시 잠시 동안 머무르리라 [11]전에 있었다가 지금 없어진 짐승은 여덟째 왕
이니 일곱 중에 속한 자라 그가 멸망으로 들어가리라

서론에서 가장 근사한 설명은 요한이 베스파시아누스 통치 시대로 자신을 후

퇴시키고 있는 것 같다고 말했다. 이미 있었던 다섯 왕은 아우구스투스, 티베리우스, 칼리굴라, 클라우디우스, 네로이고 현재 있는 자는 베스파시아누스이고 장차 올 한 왕, 즉 잠시 동안만 제위한 왕은 티투스이고 머리를 다쳤다가 나아서 전적으로 네로의 재판이 될 왕은 도미티아누스인데 그는 야만적이고 잔인한 인물이다. 이 모든 상상의 뒤에는 항상 영구적이고 불변하는 세 가지 진리가 있다.

I. 모든 사람은 누구나 이 세상에서 떠날 때 무엇인가 남겨 놓게 마련이다. 이 경우에 네로가 남긴 것은 이 세상에 무서운 죄악을 가져왔다는 것이다. 네로가 죽은 후에도 그 죄악은 살아남아 있었고 요한은 그 죄악이 새로운 네로인 도미티아누스에게서 다시 나타남을 보았다. 우리는 누구나 이 세상에 무엇인가 남겨 놓는다. 그것은 착한 모든 것의 감화력이거나 생각일 수도 있고, 앞으로 올 여러 세대에 계속될 불행한 자국을 남길 악한 영향력일 수도 있다. 인간은 자기 후손에게 육체적인 특성만을 유전시키는 것이 아니라 도덕적이고 영적인 영향도 전해 주는 것이다. 사람은 누구나 존재의 사슬에서 하나의 링크(link)이며 각자는 자신이 좋은 링크가 되게 할 의무가 있다. 각자의 생에는 무엇인가를 지향하고 있기 때문에 선을, 하나님을 지향하도록 힘쓰지 않으면 안 된다.

II. 8절에서 우리는 그 이름이 생명책에 기록되지 못한 사람들은 악마의 출현에 현혹될 것이라는 것을 읽었다. 세상에는 언제나 악마에게 현혹될 사람이 있는 법이다. 악과 악한 일에 마음이 움직이는 사람이 있기 때문에 악인에게 추종자가 생기는 것이다. 악마의 매혹을 피할 한 가지 길은 우리의 눈을 예수 그리스도에게서 떼지 않는 것이다. 우리가 그렇게 할 때 악마는 그리스도의 빛 가운데서 그대로 적나라하게 보이고 창부와 같은 마력과 매력의 정체가 벗겨질 것이다.

III. 11절에서 우리는 짐승이 그가 파괴하는 길에 있다고 읽었다. 악마의 성공과 승리가 제아무리 크다고 할지라도 그것은 그 자체 안에 자멸의 씨를 내포하고 있다. 악마와 하나가 되는 사람은 결국 지는 편을 선택한 결과다.

인간의 목적과 하나님의 목적

요한계시록 17:12-18

[12]네가 보던 열 뿔은 열 왕이니 아직 나라를 얻지 못하였으나 다만 짐승과 더
불어 임금처럼 한동안 권세를 받으리라 [13]그들이 한 뜻을 가지고 자기의 능
력과 권세를 짐승에게 주더라 [14]그들이 어린양과 더불어 싸우려니와 어린양
은 만주의 주시오 만왕의 왕이시므로 그들을 이기실 터이요 또 그와 함께 있
는 자들 곧 부르심을 받고 택하심을 받은 진실한 자들도 이기리로다 [15]또 천
사가 내게 말하되 네가 본바 음녀가 앉아 있는 물은 백성과 무리와 열국과
방언들이니라 [16]네가 본바 이 열 뿔과 짐승은 음녀를 미워하여 망하게 하고
벌거벗게 하고 그의 살을 먹고 불로 아주 사르리라 [17]이는 하나님이 자기 뜻
대로 할 마음을 그들에게 주사 한 뜻을 이루게 하시고 그들의 나라를 그 짐
승에게 주게 하시되 하나님의 말씀이 응하기까지 하심이라 [18]또 네가 본 그
여자는 땅의 왕들을 다스리는 큰 성이라 하더라

이 구절은 열 뿔이 의미하는 열 왕에 대하여 언급하고 있다. 열왕이 누구인지는 정확하지 않다. 그러나 이들이 동방의 나라와 부활한 네로, 즉 적그리스도가 로마를 대항하여 영도할 파르티아의 총독과 권세자들일 것이라는 의견이 될 수 있다. 혹은 그들은 단순히 종국에 가서 로마에 반기를 들고 일어나 로마를 멸망시킬 모든 지상 권세를 말할 수 있다. 다음 몇 가지로 여기서 생각해 볼 수 있다.

I. 14절에는 이 세상의 권세들이 어린양과 싸움을 걸어 오되 어린양이 그들을 다 쳐부순다는 말씀과 부름을 받은 자, 선택을 받은 자, 충성된 자들이 어린양의 승리에 동참한다는 말씀이 기록되어 있다. 유대교의 위대한 사상 중 하나는 성도들과 순교자들은 하나님의 전쟁과 그의 최후 승리에 동참하게 된다는 것이다. "죄인들은 의로운 자들의 손에 건네게 될 것이다"(에녹서 99:12)라고 했다. 또 에녹은 말하기를 "너희 의로운 자들이여, 희망을 가질지어다. 이는 죄인들이 갑자기 너희 앞에서

멸망할 것이며 너희는 너희 원하는 대로 그들 위에 주인이 될 것이니라"(에녹서 96:1)고 했다. 또 에녹서는 무서운 말로 다음과 같이 말하고 있다. "불의한 자들의 행위를 좋아하는 너희는 저주를 받을지며… 너희는 의로운 자들의 손에 넘겨져 그들이 너희 목을 벨 것이며 너희를 죽이고 긍휼을 베풀지 않으리라는 것을 알라"(에녹서 98:12). 솔로몬의 지혜에서도 하나님을 위해 살고 고난 받고 죽은 자들을 위해 그와 같은 약속이 있음을 보게 된다. "작은 시련을 받고 나면 그들은 큰 이익을 받으리니 이는 하나님께서 그들을 시험하신 후 하나님에게 합당하다고 인정을 받았기 때문이다. 그가 풀무 속의 금과 같이 그들을 증명하셨고, 온전한 번제와 같이 그들을 받으셨느니라. 하나님이 저들을 찾으실 때 저들은 빛이 나서 이리저리 날 것이다. 그들은 나라들을 심판하고 백성을 다스릴 것이니라"(지혜서 3:5-8). 요한과 야고보가 예수에게 와서 주께서 그의 나라에 들어가실 때 그의 오른편과 왼편 자리를 달라고 말했을 때(마 20:21; 막 10:37), 그들의 생각에 있던 것이 바로 이것이었다는 데는 의심할 여지가 없다.

이 유대인의 사상에는 두 가지 면이 있는데 그 중 하나는 숭고한 면이고 다른 하나는 비기독교적인 면이다. 비기독교적인 것은 이것이 복수를 위한 갈망과 욕구 이외에는 아무것도 아니라고 하는 것인데 실제로 박해를 받는 자들이 가해자와 피해자의 입장이 영원히 반대로 되는 날이 오기를 고대한다고 하더라도 비난할 사람이 누가 있겠는가? 숭고한 면이란 성도와 순교자들이 그리스도의 그릇으로 쓰여 승리하는 그리스도를 도와 그리스도의 영광과 승리에 참여한다는 것이다. 이것은 우리에게도 십자가 다음에는 면류관이 있다는 보증이다.

II. 16절은 우리에게 열 뿔이 음녀를 대항하여 일어나는 광경을 보여 준다. 그들은 과거에 그들의 주인이었던 그녀에게 대항하여 난폭하게 변할 것이다. 그들이 행할 두 가지는 모두 구약에서 인용한 것이다. 그들은 그녀의 살을 삼킬 것이다. 구약에서 그것은 가장 야만적이고 힘센 원수의 행동으로 그려져 있다. 악한 자들이 자신의 살을 먹어 버렸다고 하는 것이 시편 기자의 불평이었다(시 27:2). 이스라엘의 악한 자들이 그들의 탐욕적인 압박으로 하나님의 백성의 살을 먹었다(미 3:3). 이것은 무서운 복수의 장면이다. 또한 여자를 불로 아주 살라 버린다는 것은 가장 흉악한 죄에 대한 형벌이다(레 20:14). 그리고 무엇보다도 성적으로 부도덕한 죄를 지은 제사장의 딸에 대한 형벌이었다(레 21:9). 그 큰 음녀는 잘 알고 있으면서도 음녀가 된 여인에게 합당한 벌을 받아야 마땅하다.

여기서 주목할 것은 그 음녀의 과거 정부들이 이제는 등을 돌렸다는 사실이다. 악은 그 자체에 분열의 능력을 가지고 있으며 악의 교제를 깨뜨려 버린다. 악한 동맹은 결국 그들 자체 내에서 분열할 것이며, 이리하여 자신을 파멸되게 할 것이다.

III. 12절과 13절에서 우리는 열 왕이 짐승과 한 뜻을 이루는 것을 읽어 보았고 17절에서는 하나님이 이 뜻을 그들의 마음에 두시어 그의 뜻이 이루어지고 그의 말씀이 완성되게 하신 것을 읽게 된다. 여기에 이상한 것이 있다. 이 악한 권세자들은 생각하기를 그들은 그들 자신의 뜻을 위하고 이루어 나가는 줄로 알았지만 사실은 하나님의 목적을 이루어 나간 것이다. 찰스는 "인간의 진노까지도 하나님을 찬양하게 만들어져 있다"고 말했다. 이 장면의 숨겨진 진의는 하나님은 결코 인간의 지배를 놓쳐 버리지 않으신다는 것이다. 하나님을 배반하는 그들도 그들 자신의 파멸을 가져오게 할 때에도 하나님의 뜻을 이행해 나간다고 말하고 있다. 심지어는 하나님을 쫓아냈다고 하는 그도 아직 하나님의 수하에 있는 것이다. 결국 모든 일이 협력하여 유익하게 되도록 하나님이 인도하신다는 것이다.

The Revelation of John

18

로마 성의 심판

요한계시록 18:1-3

[1]이 일 후에 다른 천사가 하늘에서 내려오는 것을 보니 큰 권세를 가졌는데
그의 영광으로 땅이 환하여지더라 [2]힘찬 음성으로 외쳐 이르되 무너졌도다
무너졌도다 큰 성 바벨론이여 귀신의 처소와 각종 더러운 영이 모이는 곳과
각종 더럽고 가증한 새들이 모이는 곳이 되었도다 [3]그 음행의 진노의 포도주
로 말미암아 만국이 무너졌으며 또 땅의 왕들이 그와 더불어 음행하였으며
땅의 상인들도 그 사치의 세력으로 치부하였도다 하더라

18장에는 구약의 선지서에서 흔히 나타나는 선지문학의 형식이 있다. 이것이 "심판의 노래"라고 불리는 것이다. 이 구절은 로마를 심판한 노래다. 구약에서 이와 유사한 구절을 찾아볼 수 있다. 이사야 13장 19-22절에는 고대 바벨론을 심판한 노래가 있다.

"열국의 영광이요 갈대아 사람의 자랑하는 노리개가 된 바벨론이 하나님께 멸망당한 소돔과 고모라같이 되리니 그곳에 거주할 자가 없겠고 거처할 사람이

대대에 없을 것이며 아라비아 사람도 거기에 장막을 치지 아니하며 목자들도 그 곳에 그들의 양 떼를 쉬게 하지 아니할 것이요 오직 들짐승들이 거기에 엎드리고 부르짖는 짐승이 그들의 가옥에 가득하며 타조가 거기에 깃들이며 들양이 거기에서 뛸 것이요 그의 궁성에는 승냥이가 부르짖을 것이요 화려하던 궁전에는 들개가 울 것이라 그의 때가 가까우며 그의 날이 오래지 아니하리라"

이사야 34장 11-15절에는 에돔을 심판한 노래가 있다.

"당아새와 고슴도치가 그 땅을 차지하며 부엉이와 까마귀가 거기에 살 것이라 여호와께서 그 위에 혼란의 줄과 공허의 추를 드리우실 것인즉 그들이 국가를 이으려 하여 귀인들을 부르되 아무도 없겠고 그 모든 방백도 없게 될 것이요 그 궁궐에는 가시나무가 나며 그 견고한 성에는 엉겅퀴와 새품이 자라서 승냥이의 굴과 타조의 처소가 될 것이니 들짐승이 이리와 만나며 숫염소가 그 동류를 부르며 올빼미가 거기에 살면서 쉬는 처소로 삼으며 부엉이가 거기에 깃들이고 알을 낳아 까서 그 그늘에 모으며 솔개들도 각각 제 짝과 함께 거기에 모이리라"

예레미야 50장 39절과 51장 37절에는 바빌론을 심판한 노래의 한 구절이 있다.

"그러므로 사막의 들짐승이 승냥이와 함께 거기에 살겠고 타조도 그 가운데에 살 것이요 영원히 주민이 없으며 대대에 살 자가 없으리라… 바빌론이 돌무더기가 되어서 승냥이의 거처와 혐오의 대상과 탄식거리가 되고 주민이 없으리라"

스바냐 2장 13-15절에는 니느웨를 심판한 노래가 있다.

"여호와가 북쪽을 향하여 손을 펴서 앗수르를 멸하며 니느웨를 황폐하게 하여 사막같이 메마르게 하리니 각종 짐승이 그 가운데에 떼로 누울 것이며 당아와 고슴도치가 그 기둥 꼭대기에 깃들이고 그것들이 창에서 울 것이며 문턱이 적막하리니 백향목으로 지은 것이 벗겨졌음이라 이는 기쁜 성이라 염려 없이 거

> 주하며 마음속에 이르기를 오직 나만 있고 나 외에는 다른 이가 없다 하더니 어찌 이와 같이 황폐하여 들짐승이 엎드릴 곳이 되었는고 지나가는 자마다 비웃으며 손을 흔들리로다"

멸망을 예고하는 슬픈 이야기들인데도 이 구절들은 모두 훌륭한 시다. 이들은 모두 마음과 영의 열정과 강렬함의 시이기 때문이다. 이것들은 곤경에 처해서 하나님의 복수하는 손이 그들의 압제자들 위에 임하기를 진심으로 기다리는 사람들의 시다. 혹시 이것은 기독교의 용서하는 교리에서 거리가 먼 것이 있어도 인간의 마음에는 강박해 오는 것이다.

이 구절에서 심판의 메시지를 가진 천사가 특히 훌륭하다. 그는 빛으로 옷 입듯 하신 하나님의 바로 그 빛을 두르고 온다. 요한은 틀림없이 에스겔 43장 1–2절을 생각하고 있었을 것이다. "그 후에 그가 나를 데리고 문에 이르니 곧 동쪽을 향한 문이라 이스라엘 하나님의 영광이 동편에서부터 오는데 하나님의 음성이 많은 물소리 같고 땅은 그 영광으로 말미암아 빛나니." 스위트는 이 천사에 대하여 이렇게 말하고 있다. "그는 하나님의 존전에서 나온 지 극히 얼마 되지 않으므로 그는 어두운 지구에 넓은 빛의 띠를 가져오게 했다."

여기에서 주목할 것은 요한은 로마의 멸망에 대하여 자신만만하였기 때문에 그는 그것이 이미 일어난 것같이 말하고 있다. 그는 이에 대하여 앞으로 일어날 일이지만 기정사실같이 말하고 있다.

또 다른 편을 살펴보자. 이상에서도 가장 생생한 장면은 악령들이 그 폐허에 출몰하는 장면임에는 틀림없다. 여기에 이방 신들이 그들의 권좌에서 쫓겨나고 추방당하고 축출되어 그들이 한때는 최고의 권력을 누렸던 신전의 폐허를 쓸쓸히 이리저리 배회하는 장면이 있다.

떠나가라!

요한계시록 18:4-5

**[4]또 내가 들으니 하늘로부터 다른 음성이 나서 이르되 내 백성아, 거기서 나
와 그의 죄에 참여하지 말고 그가 받을 재앙들을 받지 말라 [5]그의 죄는 하늘
에 사무쳤으며 하나님은 그의 불의한 일을 기억하신지라**

기독교인들은 파멸하는 날이 오기 전에 로마에서 나오라고 명령을 받았다. "기독교인은 그 여자의 죄에 동참하다가 그녀의 멸망에도 동참할까 보아 그녀와의 관계를 단절해야 한다." 스위트는 이 명령이 히브리 역사를 통해 간단없이 울려 왔다고 한다. 하나님은 항상 자기 백성에게 그들의 죄와의 관계를 끊고 나와서 하나님과 함께 그리고 하나님을 위해 살라고 부르고 계신다.

"떠나가라." 이것은 유대 역사 바로 초기에 들려온 소리다. 이것은 아브라함에게 들려온 음성이었다. "여호와께서 아브람에게 이르시되 너는 너의 고향과 친척과 아버지의 집을 떠나 내가 네게 보여줄 땅으로 가라"(창 12:1). 소돔과 고모라 멸망 직전에 롯에게 임한 부르심도 이러한 것이었다. "여호와께서 이 성을 멸하실 터이니 너희는 일어나 이곳에서 떠나라"(창 19:14). 고라와 다단과 아비람의 범죄 때 모세에게 임한 부르심도 이런 것이었다. "너희는 고라와 다단과 아비람의 장막 사방에서 떠나라… 모세가 회중에게 말하여 이르되 이 악인들의 장막에서 떠나고"(민 16:23-26). "너희는 바벨론에서 나와서 갈대아인을 피하고"(사 48:20)라고 이사야는 말하고 있다. 예레미야는 전하기를 "너희는 바벨론 가운데에서 도망하라 갈대아 사람의 땅에서 나오라"(렘 50:8)고 했다. 그는 계속해 말하였다. "바벨론 가운데서 도망하여 나와서 각기 생명을 구원하고"(렘 51:6). "나의 백성아 너희는 그 중에서 나와 각기 여호와의 진노를 피하라"(렘 51:45). 신약에서도 이와 같은 구절을 찾아볼 수 있다. 바울이 고린도에 보낸 서신 중에 "너희는 믿지 않는 자와 멍에를 함께 메지 말라 의와 불법이 어찌 함께 하며 빛과 어둠이 어찌 사귀며 그리스도와 벨리알이 어찌 조회되며"(고후 6:14-

15)라고 했다. "다른 사람의 죄에 간섭하지(partakers) 말며 네 자신을 지켜 정결케 하라"(딤전 5:22). 저들 가운데서 나오라는 이 말씀은 성경에서 되풀이하여 들리는 소리다.

스위트는 이 부르심과 요구는 어느 특정한 순간에 있을 특정한 나옴을 가리키지 않는다고 설명했다. 이것은 "지상의 빈번한 교류의 한복판에서도 유지되는 영의 무관심함"을 의미한다. 전에 여러 번 관찰한 대로 신약에서 기독교인이란 뜻으로 가장 빈번히 사용되는 단어는 헬라어인 **하기오스**(hagios)인데 이 **하기오스**의 근본 뜻은 분리, 다른, 이 세상과 별개의 것이란 뜻이다. 기독교인은 세상과 타협하지 않고 이 세상을 변화시키지 않으면 안 된다(롬 12:2). 기독교인은 자신이 섬길 분을 결단하여 하나님을 택한 사람이다. 기독교인은 이 세상과 그 일에서 은퇴하는 것이 아니라 이 세상 안에 있으면서 다른 사람과 다르게 사는 것이다. 엔드윈 로버슨이 브라질과 같은 나라에서 살아 있는 신교의 신앙이 어떻게 퍼져 나가는지에 대하여 우리에게 전해 주고 있다. 한 신교 교인이 어떤 집에 일을 하러 왔다. 그는 그 일을 어찌나 잘하였든지 그 주인이 필경은 다음과 같이 묻게 되었다. "당신은 어째서 그렇게 다릅니까? 무엇이 당신을 다른 사람보다 다르게 만듭니까?" 그러면 그 사람은 자기 신앙을 말하게 된다. 다른 사람과 다름이 새로운 사람에게 믿게 만들었다.

그들에게서 떠나라는 명령은 지금도 모든 기독교인에게 임하는 부르심이다.

교만의 마지막

요한계시록 18:6-8

6그가 준 그대로 그에게 주고 그의 행위대로 갑절을 갚아 주고 그가 섞은 잔
에도 갑절이나 섞어 그에게 주라 7그가 얼마나 자기를 영화롭게 하였으며 사
치하였든지 그만큼 고통과 애통함으로 갚아 주라 그가 마음에 말하기를 나
는 여왕으로 앉은 자요 과부가 아니라 결단코 애통함을 당하지 아니하리라

하니 [8]그러므로 하루 동안에 그 재앙들이 이르리니 곧 사망과 애통함과 흉년이라 그가 또한 불에 살라지리니 그를 심판하시는 주 하나님은 강하신 자이심이라

이 구절은 형벌과 복수로 표현하고 있다. 그러나 로마에 대한 복수를 강요하는 이 명령은 사람에게 주는 명령이 아니라는 것을 명심해야 한다. 로마에 대한 유혈적이고 복수하는 진노에 불타라는 이 명령은 사람과 기독교인들에게 명령하시는 것이 아니라 이것은 공의의 집행자인 천사들을 향한 명령이다. 보복은 하나님에게만 있다. 인간이 심판하는 것이 아니다. 여기에 우리가 기억해야 하는 두 가지 진리가 있다.

I. 우리에게는 자신이 심은 대로 거둔다는 법칙이 있다. 산상보훈에서도 우리는 그 법칙에 접하게 된다. "너희가 비판하는 그 비판으로 너희가 비판을 받을 것이요"(마 7:2). 두 배의 벌과 보상은 흔히 유대 율법에서 손실에 책임이 있는 장본인은 누구나 그 손실의 두 배를 갚아야 한다는 사실에서 온 것이다(출 22:4, 7, 9). "멸망할 딸 바빌론아 네가 우리에게 행한 대로 네게 갚는 자가 복이 있으리로다"(시 137:8)라고 시인은 말하고 있다. 예레미야도 이같이 말하고 있다. "그가 일한 대로 갚고 그가 행한 대로 그에게 갚으라 그가 이스라엘의 거룩한 자 여호와를 향하여 교만하였음이라"(렘 50:29). 범죄 후에는 형벌이 따른다는 사실에서 벗어날 수는 없다. 특히 그 죄가 동료들을 잔인하고 오만하고 무자비하게 대한 죄라면 더욱 그러하다. 그러므로 이 구절은 무시무시하고 야만적이고 잔혹하고 보복적인 율법이나 재판이 아니라 다만 모든 사람이 자신의 심판을 가져오게 한다는 일대 진리를 표현한 것에 불과하다. 무엇이나 그가 타인에게 준 그것을 하나님께로부터 받을 것이라는 뜻이다. 인간의 눈으로 봐서 죄인이라도 그가 겸허하고 착하다면 소위 인간이 말하는 많은 죄를 덮을 수 있을 것이다.

II. 우리는 여기에서 모든 교만과 오만은 언젠가는 굴욕을 당할 것이라는 진리를 만나게 된다. 로마의 최고의 죄는 교만이었다. 그 교만은 하나님 없이 로마가 살아갈

수 있고 로마는 안전하였고 부요하고 강력하여서 아무것도 로마를 건드릴 수 없으며 로마는 어떤 처지에서도 무난히 빠져나갈 수 있으리라는 생각이었다. 요한이 말하고 있는 것은 구약의 용어와 표현이다. 그는 고대 바빌론의 심판을 재등장시키고 있다.

> "말하기를 내가 영영히 주모가 되리라 하고 이 일을 네 마음에 두지도 아니하며 그 종말도 생각지 않았도다 그러므로 사치하고 평안히 지내며 마음에 이르기를 나뿐이라 나 외에 다른 이가 없도다. 나는 과부로 지내지도 아니하며 자녀를 잃어버리는 일도 모르리라 하는 자여 너는 이제 들을지어다 한 날에 홀연히 자녀를 잃으며 과부가 되는 이 두 일이 네게 임할 것이라 네가 무수한 사술과 많은 진언을 베풀지라도 이 일이 온전히 네게 임하리라"(사 47:7-9).

인생에게 교만과 오만과 자기만족만큼 큰 저주를 일으키는 것도 없다. 이사야는 슬프게 말하고 있다. "시온의 딸들이 교만하여 늘인 목, 정을 통하는 눈으로 다니며 아기작거려 걸으며 발로는 쟁쟁한 소리를 낸다 하시도다 그러므로 주께서 시온의 딸들의 정수리에 딱지가 생기게 하시며"(사 3:16-17). 두로는 그가 "나는 온전히 아름답다"(겔 27:3)라고 했기 때문에 저주를 받았다.

헬라어로 **후브리스**(hubris)라고 하는 죄가 있다. **후브리스**는 오만한 죄로서 풍요와 번창과 성공에서 나오는 것이요, 하나님이 필요하지 않다고 느끼게 되는 것이요, 생에서 하나님을 제거해 버리는 것이다. 그 죄에 대한 형벌은 철저한 굴욕이다. 교만은 언제나 넘어지게 마련이다.

왕들의 애곡

요한계시록 18:9-10

9그와 함께 음행하고 사치하던 땅의 왕들이 그가 불타는 연기를 보고 위하여 울고 가슴을 치며 [10]그의 고통을 무서워하여 멀리 서서 이르되 화 있도다 화 있도다 큰 성, 견고한 성 바벨론이여 한 시간에 네 심판이 이르렀다 하리로다

18장의 나머지는 모두 로마에 대한 만가로서 왕들이 노래한 만가(9-10절), 상인들이 부른 만가(11-16절), 선장과 선인들이 부른 만가(17-19절)들이다. 이 장에서 여러 번 로마의 위대함과 풍요와 음란한 사치에 대하여 듣게 된다. 첫 번째로 만가를 부르는 자들은 로마의 각 분봉왕들이다. 그들은 로마가 그의 사치와 음란과 죄에 동참하도록 가르친 자들이다.

우리는 요한의 이 고발이 정당성을 지녔는지 혹은 그가 단지 아무런 실질적 타당성 없이 멸망을 소리치는 미친 사람인지 물어 볼 수 있다. 로마의 풍요와 사치 그리고 폭식과 음란성에 대한 기록을 찾고 싶으면 다음과 같은 책에서 찾을 수 있다. 사무엘 딜(Samusl Dill)가 쓴 《네로 시대부터 마르쿠스 아우렐리우스 시대의 로마 사회(*Roman Society from Nero to Marcus Aurellius*)》, 루드비히 프리들렌더(Ludwig Friedlander) 가 쓴 《로마 생활과 풍습(*Roman Life and Manners*)》, 특히 유베날리스의 해학(Satires)에서 그리고 수에토니우스(Suetonius)의 《로마 황제들의 생애(*Lives of Caesars*)》, 그리고 타키투스(Tacitus)의 작품들이다. 이 저자들은 모두 로마인이며 그들이 쓴 것에 대해 몹시 놀랄 것이다. 이들 문헌은 로마의 번영과 무궤도한 낭비를 전하는데 이것으로써 요한이 정상을 벗어난 광신자가 아니라 로마의 실정을 과장 없이 전하고 있음을 알 수 있다.

《탈무드(*Tolmud*)》에 보면 이런 말이 있다. 이 세상에 10의 부요함이 내려왔는데 그 중 로마가 9를 받았고 나머지 1을 전 세계가 겨우 차지했다고 한다. 유명한 학자가 말하기를 "현대에 사는 우리는 고대 사람들과 비교해 볼 때 행락(行樂)에서 어린애와 같다" 고 했고, 또 다른 사람은 "고대 로마의 낭비성과 비교해 볼 때 우리에게 최고의 화려한 사치는 빈곤에 불과하다" 고 지적했다.

고대 로마 시대에는 사치와 겉치레에서 일종의 무절제하고 결사적인 경쟁이 있었다. 칼리굴라에 대하여 다음과 같은 말이 있다. "그는 인간이 무엇을 불가능하다고 생각했는지를 깨닫기 위해 온갖 노력을 다했다." "불가사의 욕구" 가

네로 황제의 일대 특징이란 말도 있다. 딜(Dill)은 "원로원 의원으로서 너무 값이 싼 집세를 내거나 아피안(Appian) 거리나 플라미니아(Flaminia) 거리로 시종자를 너무 적게 거닐고 마차로 다니는 자는 낙인찍힌 사람이 되고 곧 그 신분을 잃었다"고 했다.

1세기 세계는 그들의 모든 부와 보화를 로마의 무릎에 쏟았다. 딜이 말한 대로 "오랫동안의 평화와 바닷길의 안전과 무역의 자유 등이 영국 해협에서 겐지스 강까지 각 지방의 특산물과 훌륭한 것들의 창고가 되어 버렸다". 플리니우스는 한 식사에 대하여 이야기하고 있는데 그 식탁에서 한 접시는 인도가 공세로 바쳤고, 다른 접시는 애굽, 그리고 구레네와 그레데 그 밖의 나라는 각각 요리를 일품씩 공세로 바치게 되어 있었다고 했다.

유베날리스는 바다에는 대형 선박으로 이윤을 얻기 위해 모든 나라로 탐험을 가는 것에 대해 이야기했다. 연설가 아리스티데스(Aristides)는 많은 물건들이 로마로 흘러 들어가는 도로에 대한 훌륭한 글을 썼다. 이것은 상당히 길지만 다 인용할 가치가 있다.

"온갖 육산물, 해산물, 각 계절, 각 나라의 산물, 강과 호수의 산물, 헬라인과 미개인의 예술품 모두가 로마에 몰려 들었다. 그리하여 누구든지 이 모든 것을 보고자 하면 사람이 사는 온 세상을 찾아가든지 로마를 찾아가야 했다. 큰 배들이 어느 계절에나 시시각각으로 얼마나 많이 세계 도처에서 들어오고 있는지 로마는 세계 공유의 공장 같았다. 왜냐하면 인도 제도에서 오는 많은 화물도 볼 수 있고 아라비아에서 오는 광대한 화물도 볼 수 있으므로 본 고장의 나무들은 발가벗겨졌다고 추측할 수 있을 정도였다. 바빌론의 의복, 미개국들의 장신구 등 이런 모든 것이 로마로 흘러 들어왔다. 상품과 화물, 각국의 산물, 광산을 다 캐내고 현재 있거나 과거에 있었던 모든 기술로 만들어진 물건, 어미가 낳은 모든 것 그리고 자라나는 모든 것을 포함하고 있다. 로마에서 볼 수 없는 것이 있다면 그것은 존재하지 않거나 존재한 일이 없는 것이다."

당시 인도에서 수입하는 향료, 방향제, 향수 등이 연간 60만 파운드에 달했고 아라비아와 중국에서 수입하는 비단과 옷감과 보석은 연간 1백만 파운드를 상회했다.

그들이 소유했고 사용한 돈은 천문학적인 숫자였다. 네로가 해방시켜 준 사람은 65만 2천 파운드를 가진 사람을 가난뱅이라고 생각했다.

아피키우스(Apicius)라는 사람은 1백만 파운드를 주색에 낭비하고는 10만 파운드가 남았을 때 그런 적은 돈으로는 살 수 없다고 해 자살해 버렸다. 칼리굴라 황제는 하루에 10만 파운드에 달하는 세 지방의 세금을 낭비했고, 한 해 동안 2천만 파운드를 허랑방탕하게 써 버렸다. 네로 황제는 돈의 유일한 용도는 낭비하기 위한 것이라고 선언했으며, 몇 해 안 되는 동안 1천8백만 파운드를 낭비했다. 그는 연회를 베풀었는데 그 연회에 사용한 애굽의 장미 값이 3만 5천 파운드나 되었다.

이제 로마의 역사가 수에토니우스가 자기네 황제들에 대해 무엇이라고 했는가 살펴보자. 그리고 이는 기독교 목사의 선지자적 통박이 아니라 이교의 역사가라는 점을 기억해 둘 필요가 있다. 칼리굴라 황제에 대하여 "무모한 낭비 속에서 그는 역사상 어떤 탕아보다도 더 지나쳐 새로운 것을 고안해 내는 재간이 있어서 새로운 목욕법과 자연적이 아닌 음식과 잔치를 생각해 냈다. 그는 향수를 끓인 온탕이나 냉탕에서 목욕하곤 했고, 값비싼 진주를 초에 녹여 마시곤 했으며, 손님들 앞에 황금으로 만든 빵과 고기를 내놓곤 했다." 그는 심지어 선미를 진주로 장식한 유람선까지 만들었다. 수에토니우스는 네로 황제에 대해 전하기를 네로는 백성에게 한 번에 2만 파운드나 되는 잔치를 베풀게도 했다. "그는 절대로 같은 옷을 두 번 입지 않았고, 주사위 한 점에 2천 파운드씩 걸고 노름도 했다. 그는 자주색과 붉은색 실로 짠 밧줄로 끄는 황금 어망으로 고기를 잡기도 했다. 또 그는 마차 1천 개 이하로는 여행한 일이 없었고 노새들은 은으로 발디디개를 만들게 했다."

우리는 칼리굴라가 진주를 식초에 녹여 마셨다고 했는데 이것은 흔히 있는 걸치레였다. 클레오파트라는 하나에 8만 파운드나 되는 진주를 녹여서 먹었다고 한다. 호레스(Horace)가 전하는 바에 의하면 발레리우스 막시무스(Valerius Maximus)는 한 잔치에서 모든 내빈 앞에 진주 하나씩을 내놓고 자신은 메탈라(Metalla)의 귀걸이에서 진주를 떼어내어 포도주에 녹여 삼켜 버렸는데 이것은 그가 백만 세스터스(로마의 화폐 단위)를 한 모금에 삼켰다고 호언할 수 있게 하기 위해서였다.

당시는 극히 호식 시대였다. 잔칫상에는 공작의 뇌와 꾀꼬리의 혀로 만든 요리들이 나오기도 했다. 1년도 못 되는 동안 재위했던 비텔리우스(Vitellius)는 음식에 7백만 파운드나 사용하는 데 성공했다. 수에토니우스는 그가 즐겨 먹는 음식을 나열했는데 "그 음식은 꼬치고기의 간과 꿩과 공작의 뇌, 그리고 홍학의 혀와 칠성장어의 젓 등을 섞어 만든 것으로서, 황제의 육군과 해군이 제국 끝인 파르티아에서부터 스페인 해협에 이른 넓은 땅에서 가져온 것들이었다." 페트로니우스(Petronius)는 트리말치오(Trimalchio)의 잔치 광경을 기록하고 있다. "한 번에 나오는 음식이 12궁을 나타냈고… 다른 요리는 큰 산돼지였는데 그 송곳니에 과자를 한 양동이씩 걸어 놓았다. 몸집이 큰 수염 난 사냥꾼이 그 산돼지의 옆구리를 사냥칼로 찌르니 그 상처 난 곳에서 개똥지빠귀가 나와서 날아다닌다. 그것을 저들은 그물로 잡는다. 잔치가 끝날 무렵 손님들은 천정에서 들리는 이상한 소리와 방 전체가 흔들리는 데 놀랐다. 그들이 눈을 둥그렇게 뜰 때 천장이 열리고 커다란 둥근 접시가 내려왔는데 남근 모양이었고 온갖 과일과 과자가 가득했다." 그런 연회에서는 모든 손님에게 각종 선물을 주는 것이 상례인데 루시우스 베루스(Lucius Verus)는 63,750파운드나 든 연회를 연 적이 있다. 비교적 수수하였던 도미티아누스 황제도 왕궁 안에 있는 사원의 지붕을 도금하는 데 240만 파운드를 썼다.

모든 상인이 로마로 가져오는 상품에 대한 다음의 기록에서 로마의 지나친 사치에 대하여 더 공부할 기회가 있을 것이다. 이로써 요한이 요한계시록을 기록하고 있을 때 역사상 그 예를 찾아볼 수 없는 일종의 지나친 사치와 낭비가 로마를 휩쓸고 있었다는 것을 알 수 있다. 요한의 비난은 단순히 어떤 기독교 금욕주의자의 규탄이 아니라 로마의 도덕가들도 기독교인들과 같이 로마를 비난하고 있었던 것이다.

상인들의 애곡

요한계시록 18:11-16

[11]땅의 상인들이 그를 위하여 울고 애통하는 것은 다시 그들의 상품을 사는
자가 없음이라 [12]그 상품은 금과 은과 보석과 진주와 세마포와 자주 옷감과
비단과 붉은 옷감이요 각종 향목과 각종 상아 그릇이요 값진 나무와 구리와
철과 대리석으로 만든 각종 그릇이요 [13]계피와 향료와 향과 향유와 유향과
포도주와 감람유와 고운 밀가루와 밀이요 소와 양과 말과 수레와 종들과 사
람의 영혼들이라 [14]바벨론아 네 영혼이 탐하던 과일이 네게서 떠났으며 맛있
는 것들과 빛난 것들이 다 없어졌으니 사람들이 결코 이것들을 다시 보지 못
하리로다 [15]바벨론으로 말미암아 치부한 이 상품의 상인들이 그의 고통을 무
서워하여 멀리 서서 울고 애통하여 [16]이르되 화 있도다 화 있도다 큰 성이여
세마포 옷과 자주 옷과 붉은 옷을 입고 금과 보석과 진주로 꾸민 것인데

제왕과 상인들의 애곡은 에스겔 26, 27장에 있는 두로에 대한 애가와 함께 읽어야 하는데 이곳에는 유사점이 많다.

이 상인들의 애곡은 순전히 이기적이라는 것을 알 수 있다. 그들의 슬픔은 그들이 그와 같이 많은 치부를 하게 했던 시장과 그들의 상역의 원천이 없어졌다는 것뿐이다. 제왕과 상인들이 서로 서서 바라보고 있었다는 것은 의미 있는 일이다. 그들은 로마의 마지막 고통 중에도 손을 뻗쳐 도우려 하지 않는다. 그들은 로마와 사랑으로 묶여져 있지 않았다. 그들을 묶었던 것은 단지 로마가 원했던 사치와 그 사치가 가져다준 상역이었던 것이다.

로마로 들어오는 화물 중 적어도 몇 가지를 더 세밀히 관찰해 보면 우리는 로마의 사치에 대하여 더 많이 배울 수 있을 것이다.

요한이 요한계시록을 쓰고 있었을 때는 로마는 온 접시에 대한 욕심이 불일듯했다. 은은 주로 스페인의 칼타게나(Carthagena)에서 왔는데 거기에서는 4만 명이나 되는 사람이 은광에서 노동하고 있었다. 접시, 대접, 주전자, 과일 그릇, 조각

상 등 식탁용 모든 그릇이 순은으로 만들어졌다. 크라수스(Crassus)는 1파운드에 50파운드나 하는 은으로 접시들을 만들었다. 심지어는 폼페이우스 파울리누스(Pompeius Paullinus) 같은 장군도 1만 2천 파운드나 되는 세공한 은 접시들을 가지고 전장에 나갔는데 그가 대항하여 싸웠던 게르만족에게 전쟁이 패배해 대부분 빼앗겼다. 플리니우스에 의하면 여인들은 은 목욕탕이 아니면 목욕을 하지 않았고 심지어는 병정들도 손잡이와 칼집의 줄이 은이었던 칼을 가지고 있었고, 가난한 여인일지라도 은 발찌를 가졌고, 노예들도 은 거울을 가졌다고 한다. 기독교의 크리스마스와 닮은 농신제(Saturnalia)라는 명절에는 선물을 주는데 흔히 그 선물이 작은 은 수저나 그와 비슷한 것들이며, 주는 사람이 부자면 부자일수록 그 선물은 더 사치스러웠다. 로마는 은의 도성이었다.

또 보석과 진주를 아주 좋아했던 시대였다. 보석이 서양에 오게 된 것은 주로 알렉산더 대왕의 정복으로 인해서다. 보석의 매력은 자연계의 장엄한 모습이 보석이라는 제한된 면적에 집결되어 있기 때문이라고 플리니우스는 전해 주고 있다. 그리고 그 보석에 대한 경탄은 범세계적으로 퍼져 나갔다고 한다.

보석의 일반적인 순위는 다이아몬드가 첫째요, 둘째는 주로 스구디아에서 온 에메랄드요, 여자들의 장신구로 쓰이는 녹주석과 담백석이 셋째요, 인장 반지로 쓰이는 마노가 넷째다.

고대 신앙 중 한 가지 이상한 것은 이런 보석들에는 의약적이고 치유적인 요소가 들어 있다고 믿었던 것이다. 자수정은 주벽을 고칠 수 있다고 한다. 그 색깔은 포도주 색이요 **자수정**(amethyst)이란 말이 헬라어에서 유래되었다고 하는데 a는 **부정**(否定)하는 말이요, methuskein이란 단어는 술 취하게 한다는 뜻이다. 즉, 자수정은 술 취하지 않게 하는 돌이었다. 벽옥 혹은 혈석은 출혈을 고칠 수 있다고 믿었다. 녹벽옥은 다산(多産)을 가져온다고 믿었다. 다이아몬드는 독을 중화시키고 정신착란증을 고친다고 했고, 목에 지닌 호박은 열병과 기타 질병을 고칠 수 있다고 믿었다.

그러나 모든 보석보다도 로마인들은 진주를 가장 좋아했다. 앞서 본 것과 같이 진주는 포도주에 녹여 마셨다. 스트루마 노니우스(Struma Nonius)라는 사람은 개암열매만큼 큰 21,250파운드나 되는 커다란 담백옥이 들어 있는 반지를 가지고 있었는데 그것은 줄리어스 시저가 세르빌리아(Servilia)에게 준 65,250파운드짜리 진주에 비하면 아무것도 아니다. 플리니우스는 칼리굴라의 처첩 중 한 명인 롤리아 파울리나(Lollia Paulina)가 약혼식에서 에메랄드와 진주로 만든 장신구를 지닌 것을 보았는데 그것은 온통 그녀의 머리와 머리칼, 귀, 목, 손가락 등을 뒤덮었고 그것들은 무려 42만 5천 파운드나 되었다고 한다. 로마의 보석은 전 세계를 통하여 유명하였다.

상인들의 애가

요한계시록 18:11-16(계속)

세마포는 주로 애굽에서 들어왔다. 이것은 사제와 제왕의 옷감으로 매우 비쌌는데, 예를 들면 사제의 옷 한 벌이 40-50파운드나 되었다. 부자 이외에는 입을 수 없었다. 성경에서 비유로 나오는 부자 한 사람이 자색옷과 고운 베옷을 입었던 것을 기억할 것이다(눅 16:19).

자주 옷감은 주로 뵈니게에서 왔다. 뵈니게(Phoenicia)란 말 자체도 아마 **피같이 붉은**(Blood-red)이란 뜻을 가진 phoinos란 말에서 유래되었는지도 모른다. 뵈니게 사람들은 그들이 자주 장사를 했기 때문에 "자주 장수"라고 불렸는지도 모른다. 옛날의 자주는 현대의 자주보다 훨씬 빨갰다. 이것은 왕실의 색깔이요, 부자들의 옷이었다. 자주 물감은 한 종류의 조개에서 나온다. 조개 하나에서 겨우 한 방울밖에 나오지 않는다. 그리고 그 조개는 죽자마자 열어야 하는데 자주 물감은 죽으면 곧 말라 버리는 작은 혈관에서 나오기 때문이다. 이중 염색된 자주색 털실 한 파운드는 거의 50파운드나 했고, 짧은 자주색 코트 한 벌은 백 파운드 정도나 되었다. 플리니우스는 그때 로마에는 "자주를 갖기 위한 미친 듯한 욕망"이 파다했다고 전하고 있다.

비단이 오늘날에는 흔하지만 요한계시록 시대의 로마에서는 그 값을 헤아릴 수가 없었다. 비단은 먼 중국에서 수입해 와야 했기 때문이다. 그 값이 얼마나 비쌌던지 한 근의 비단은 금 한 근에 거래되었다. 디베료(Tiberius) 치하에 한 법령이 통과되었는데 그것은 식탁에 순금 그릇을 사용하는 것을 금했고 "뻔뻔스럽게도 비단옷을 입는 사람들"에게 제약을 가했다(타키투스 연대기 2:23). 비단은 금만큼 귀했다.

붉은색은 자주색과 같이 많이 찾는 물감이었다. 섬유라고 하면 로마의 가장 호화스런 가구는 연회용의 긴 의자에 걸치는 바빌론의 덮개로서, 그런 덮개는 보통 하나에 7천 파운드나 되었고, 네로는 자신의 의자 덮개로 하나에 4만 3천 파운드 이상이나 되는 것을 가졌었다고 한다.

이 구절에서 언급된 모든 나무 가운데 가장 흥미 있는 것은 향목이다. 라틴어로는 감귤류(citrus)나무라고 하고 학명으로는 thuia articulata이다. 이것은 북아프리카의 아틀라스(Atlas) 지방에서 왔다. 이것은 방향성(芳香性)이요, 달콤한 냄새가 난다. 이것은 아름답게 물들일 수 있고 잘 염색되면 공작의 꼬리나 호랑이나 표범의 가죽같이 된다. 이것은 특히 식탁으로 사용되었다. 그런데 감귤류나무가 별로 크지 않기 때문에 식탁으로 쓰일 만큼 큰 나무는 드물었다. 이 향목으로 만든 식탁은 적어도 1만 내지 1만 5천 파운드 이상 값이 나갔다. 네로의 총리대신이었던 세네카는 대리석 다리가 붙은 그런 식탁을 3백 개 이상이나 가지고 있었다고 한다. 이 향목도 비단과 마찬가지로 금과 맞먹는 것이었다.

상아는 대개 장식용으로 쓰였고, 특히 겉치레로 자랑하려는 사람들이 많이 사용했다. 이것은 조각하여 상이나, 칼자루, 조각한 가구, 예식 때 쓰는 의자나 문과 심지어는 집안의 가구에도 사용되었다. 유베날리스는 한 부자에 대해 기록해 놓았다. "요사이 부자들은 폭이 넓은 테이블 판에서 입을 열고 뒷발로 서 있는 상아의 표범 위에 타지 않고서는 새 고기도, 사슴의 고기도 맛이 없고 향유도, 장미도 썩은 냄새가 난다고 생각한다. 로마인의 부자는 상아 테이블 위에 음식물을 놓고 먹었다."

고린도의 놋이나 구리 조각상은 세계적으로 유명했고 말할 수 없이 비쌌다. 철은 흑해와 스페인에서 가져왔다. 바빌론에서는 오랫동안 대리석이 건축에 사용되었으나 로마에서는 그렇지 않았다. 그러나 아우구스투스 황제는 자신이 벽돌로 된 로마를 대리석으로 바꾸어 놓았다고 자랑했다. 결국 실제로 비례 대리석관(ratio marmorum)이라는 기관까지 생겼는데 그 임무는 로마에 있는 건물들을 장식하기 위해 전 세계에서 고운 대리석을 찾아내는 것이었다.

육계는 인도와 잔지발(Zanzibar)에서 나는 사치품이었는데 로마에서는 파운드당 65파운드나 했다.

향료(Spice, 양념이란 의미에서-저자주)라는 단어는 여기에서 잘못 이해되었다. 헬라어로는 아모몬(amōmon)이며 위클리프는 단순히 아모메(amome)라고 번역했다. 성경에서는 향료라는 말이 현대의 의미(영어에서-저자주)와 같이 음식의 양념으로 쓰이는 조미료라는 뜻으로 사용된 적이 없다. **아모몬**은 달콤한 냄새를 풍기고 방향성 향료이며, 특히 머리에 바르거나 장례식에 사용하는 것이었다.

구약에서 향(분향용-저자주)은 성전 안에서 드리는 제사에서 함께 드리는 것으로서 전적으로 종교적 목적에 소용되는 것이었다. 출애굽기 30장 34-38절에 의하면 성전의 향은 소합향과 나감향과 풍자향과 유향 등으로 규정되고, 어느 것이나 좋은 냄새가 나는 수액(樹液)이나 방향유였다. 《탈무드》에 의하면 일곱 가지 원료가 더 추가된다. 즉, 물약, 계피, 감송, 기부란, 코스투스(costus), 말린 육두구 껍질, 계피 등이다. 로마에서는 이 향이 손님을 맞이하는 데 쓰는 향과 식사 후에 방의 냄새를 없애게 하는 데 사용되었다.

고대 세계에서 포도주는 누구나 마셨지만 술 취하는 것은 대단한 실례로 여겨졌다. 포도주는 대개 아주 묽게 타는데 그 비율은 포도주 2에 물 5의 비율로 한다. 포도는 눌러서 즙을 짜내어 젤리가 되게 하며 그 젤리는 저급의 포도주의 주요 부분과 맛을 이룬다. 나머지는 큰 항아리에 넣어서 9일 동안 발효되게 내버려 두고 그 후에는 뚜껑을 덮어 두어 한 달에 한 번씩 포도주가 얼마나 되었나 열어 본다. 노예들까지도 하루 식량으로 많은 포도주를 받았는데 포도주는 두 되에 2-6페니 정도밖에 안 되기 때문이다.

몰약은 예멘이나 북부 아프리카에서 주로 자라는 관목의 진액이다. 이것은 의학적으로 수렴제와 자극제와 방부제로 사용되었다. 또 이것은 여자들이 정결한 기간에 향으로 사용하였고 미라를 만드는 데도 사용되었다.

유향은 보스웰리아(Boswellia)라는 나무에서 나오는 수지다. 무의 한 군데를 깎아내고 그 밑의 껍질 한 조각을 떼어낸다. 그러면 수지가 나무에서 우유같이 스며 나온다. 10 내지 12주간이 지나면 작은 덩어리로 뭉치는데 그런 상태로 매매가 된다. 이것은 몸에 사용하는 향으로 사용되었다.

이곳에 언급된 수레—헬라어로 **레데**(redē)—는 경주나 군사용 수레가 아니다. 그것은 네 바퀴로 말이 끄는 개인용 수레다. 로마의 부유한 귀족들은 자주 은으로 씌운 수레를 타고 시가지를 지나갔다.

이 긴 목록은 종들과 사람들의 영혼으로 끝난다. 여기에 **종**(slave)이라고 쓴 말의 헬라어는 직역하면 **몸**(body)이라고 하는 뜻을 가진 **쏘마**(sōma)라고 생각해 보는 것도 재미있다. 노예 시장은 **쏘마템포로스**(sōmatemporos)라고 했는데 직역하면 **몸뚱이를 파는 장소**라는 뜻이다. 이 의미는 노예는 몸과 혼이 그 주인에게 팔리는 것이며 그는 들에 있는 가축보다 나을 것이 없다는 뜻이다.

로마 문명이 얼마나 노예 제도에 근거하고 있었는지를 우리가 이해하는 것은 거의 불가능하다. 로마 제국 안에는 약 6천만 명의 노예가 있었다. 한 사람이 4백 명 이상의 종을 거느린 것은 흔히 있는 일이었다. 무엇을 하는 데도, 어떤 것을 만드는 데도 반드시 노예가 필요했다. 로마의 작가는 "네 종을 네 몸의 사지와 같이 사용하라. 각각 하나의 목적을 위해"라고 기록하고 있다. 물론 천한 일을 하는 노예가 있고 노예들간에는 작업이 세분화되어 있다. 각각의 특정한 봉사와 행위에다 다른 노예가 붙어 있다. 기록에 의하면 횃불 드는 자, 초롱불 드는 자, 가마 메는 자, 도로 수행원, 외출복 간수자 등이 있다고 한다. 어떤 노예들은 비서와 속기사가 있었고 독서해 주는 노예와 책이나 소책자를 쓰는 사람을 위해 필요한 조사를 해 주는 노예도 있었다. 노예들은 주인의 생각하는 것도 대신하는 수가 있다. **노멘클라토레스**(nomenclatores)라고 하는 노예가 있었는데 그들의 임무는 찾아오는 고객들과 식구들의 이름을 일러 주는 것이었다. 로마의 작가는 "우리는 타인을 통해 기억한다"라고 말했다. 심지어는 식사하고 취침하라고 일러 주는 노예까지 있었다. "그들은 배고프다는 것을 아는 것조차도 지쳐서 알지 못할 정도였다." 또 앞서 가면서 주인이 직접 인사를 받기에 너무 지쳤거나 건방진 사람들 대신 친구들의 인사에 답례하는 노예도 있었다. 어떤 무식한 사람이 아무것도 배울 수도 없고 기억할 수도 없어 많은 종을 거느렸다. 한 노예는 호머를 외웠고 다른 노예는 서정시들을 외웠다. 그들의 임무는 주인이 식사할 때 뒤에 서서 그에게 적당한 인용구를 읊어내는 일이다. 그는 한 사람 앞에 1천 파운드씩 지불했다. 어떤 노예들은 "아시아의 꽃" 이라고 하는 미청년들이었는데 그들은 단지 연회할 때 방에 여기저기 서 있어서 눈을 즐겁게 하는 것뿐이다. 어떤 노예는 잔 나르는 사람이요, 어떤 노예는 알렉산드리아인들로서 때로는 음탕한 말에 대꾸하도록 훈련되었다. 어떤 손님들은 더러워진 손을 그 종들의 머리에 닦기를 좋아하는 사람도 있다. 그런 미모의 소년 노예들은 적어도 1천 내지 2천 파운드는 간다. 어떤 노예들은 기형으로 난쟁이, 거인, 백치, 남녀 양성(兩性) 등이 있었다. 실제로 기형 시장도 있었다. "정강이 없는 사람, 짧은 팔을 가진 사람, 세눈박이, 뾰족한 머리를 한 사람" 등이다. 어떤 때는 팔아먹기 위해 난쟁이를 인공적으로 만들기도 했다. 사람의 몸과 혼을 모두 타인의 봉사와 즐거움을 위해 사용해야 한다는 것은 슬픈 장면이 아닐 수 없다.

이때 상인들이 매우 슬퍼하는 세상은 이러한 곳이요, 그들이 잃어버린 시장과 돈 때문에 슬퍼하는 세상은 이러한 상태였다. 이것이야말로 요한이 멸망을 예언하는 로마의 모습이었다. 요한의 말은 진실한 것이다. 사치와 음란과 교만과 인간의 생명과 인격을 무시한 채 세워진 사회는 인간적인 관점에서 보더라도 필경은 망하고 말 것이기 때문이다.

선장들의 애곡

요한계시록 18:17-19

[17]그러한 부가 한 시간에 망하였도다 모든 선장과 각처를 다니는 선객들과
선원들과 바다에서 일하는 자들이 멀리 서서 [18]그가 불타는 연기를 보고 외
쳐 이르되 이 큰 성과 같은 성이 어디 있느냐 하며 [19]티끌을 자기 머리에 뿌
리고 울며 애통하여 외쳐 이르되 화 있도다 화 있도다 이 큰 성이여 바다에
서 배 부리는 모든 자들이 너의 보배로운 상품으로 치부하였더니 한 시간에
망하였도다

첫째 제왕이 로마를 향해 애곡했고 다음으로 상인들이었다. 이제는 선장들 차례다. 요한은 이 장면을 에스겔서의 두로가 멸망하는 장면에서 인용했는데 본 장의 많은 부분이 거기에서 왔다. "네 선장이 부르짖는 소리에 물결(다른 사본에는 들로 되어 있음-저자주)이 흔들리리로다 노를 잡은 모든 자와 사공과 바다의 선장들이 다 배에서 내려 언덕에 서서 너를 위하여 크게 소리 질러 통곡하고 티끌을 머리에 덮어쓰며 재 가운데 뒹굴며"(겔 27:28-30).

로마는 물론 해변에 위치해 있지 않지만 항구는 오스티아(Ostia)였고 전에 본 대로 전 세계의 상품이 로마 항구로 흘러 들어오고 있었다. 향과 보석과 향료 등은 인도에서 왔고 비단은 중국에서, 호박은 발틱 해에서, 은과 철은 스페인에서, 진주는 영국에서, 계피는 아프리카에서 왔는데, 이 모든 것 그리고 그 이상의 것들이 지구의 구석구석에서 로마의 사치를 만족시키기 위해 들어왔다.

선장들과 선원들이 통곡한다는 것은 결코 놀랄 일이 아니다. 그들에게 그 많은 부를 가져다준 상역이 없어져 버렸기 때문이다.

이 애곡들에는 거의 애상적인 점도 있을 정도다. 모든 경우에 애곡이 로마를 위한 것은 아니다. 그 애곡은 진정한 슬픔과 동정의 애곡이 아니다. 모든 경우에 애곡하는 자들은 자신들을 위해 애곡하는 것이다. 그들을 슬프게 하는 것은 로마의 슬픈 처지가 아니라 그들의 시장을 잃었다는 것이다. 사람이 자신의 모든 행복을 물질적인 것에 두든가, 부요함을 사치와 소유, 금, 은으로 생각한다면 그는 모든 것 중 가장 큰 것인 사랑과 친교 그리고 자기 이웃과의 사귐을 상실한다는 것이 인생의 한 법칙이다. 만약 내가 다른 사람들에게서 무엇을 얻어낼 수 있을까 하는 것밖에는 아무것도 생각지 않는다면 그 사람들도 내게서 무엇을 얻어낼 수 있을까 하는 것만 생각할 것이다. 물질을 숭상하고 인간을 천시하거나 인간을 단지 사용할 물건으로 생각한다는 것은 결국 가장 큰 비극이다.

애곡 중의 기쁨

요한계시록 18:20

[20]하늘과 성도들과 사도들과 선지자들아, 그로 말미암아 즐거워하라 하나님이 너희를 위하여 그에게 심판을 행하셨음이라 하더라

이 모든 애곡 가운데 즐거워하는 소리가 들려온다. 그 소리는 하나님의 복수가 하나님의 원수와 자신들을 박해하던 자들 위에 임하는 것을 보고 기뻐하는 자들의 소리다.

이것은 우리 성경에서 몇 번 나오는 가사다. "너희 민족들아 주의 백성과 즐거워하라 주께서 그 종들의 피를 갚으사 그 대적들에게 복수하시고 자기 땅과 백성을 위하여 속죄하시리로다"(신 32:43). 예레미야는 고대 바빌론의 심판에 대해 다음과 같이 말하고 있다. "하늘과 땅과 그 안에 있는 모든 것이 바빌론으로 말미암아 기뻐 노래하리니 이는 파멸시키는 자가 북쪽에서 그에게 옴이라 여호와의 말씀이니라"(렘 51:48).

여기서 원수를 용서하고 우리를 학대하고 박해하는 자들을 위해 기도하는 것과는 거리가 먼 것을 찾아보자. 그러나 두 가지를 기억해야 한다. 첫째로, 이렇게 기록한 사람들은 심하게 고통을 받았다. 이 복수의 소리에 대해 어떻게 느낄지라도 이것은 그래도 신앙의 소리다. 이 사람들은, 하나님 편에 있는 사람은 아무도 종국적으로 패배의 편이 될 수 없으며 하나님의 승리와 하나님의 백성의 변호는 확실하다는 완전한 확신을 가지고 있었다.

둘째로, 여기에는 개인적인 악감정이 거의 없다는 것을 기억해야 한다. 멸망한 사람들은 하나님의 원수인 것만큼 개인적인 원수가 된 것은 아니다. 이것은 개인적인 악한 감정이나 증오의 사건이 아니라 하나님의 성결에 대한 깊은 신앙의 경우인데 그 성결은 복수하는 진노를 발할 수밖에 없다고 그들은 보았다.

그런데도 이것은 예수께서 가르치신 보다 훌륭한 길에는 도달하지 못했다. 에이브러햄 링컨이 그의 정적에게 너무 너그럽다는 것과 그의 임무는 그 정적들을

쳐부수는 일이라는 말을 들었을 때 "내가 그들을 나의 친구로 만들 때 내가 내 정적들을 쳐부수는 게 아니냐?"라고 그는 대답했다. 진정한 기독교적 태도는 하나님의 원수들을 쳐부수려는 것이 아니라 그들을 하나님의 친구로 만들려는 욕망이다. 기독교인은 악으로가 아니라 사랑의 권능으로만 원수 쳐부수기를 구할 수밖에 없다. 그 사랑의 능력이 십자가의 승리를 가져오게 한 것이다.

최후의 비극

요한계시록 18:21-24

[21]이에 한 힘 센 천사가 큰 맷돌 같은 돌을 들어 바다에 던져 이르되 큰 성 바
빌론이 이같이 비참하게 던져져 결코 다시 보이지 아니하리로다 [22]또 거문고
타는 자와 풍류하는 자와 퉁소 부는 자와 나팔 부는 자들의 소리가 결코 다
시 네 안에서 들리지 아니하고 어떠한 세공업자든지 결코 다시 네 안에서 보
이지 아니하고 또 맷돌 소리가 결코 다시 네 안에서 들리지 아니하고 [23]등불
빛이 결코 다시 네 안에서 비치지 아니하고 신랑과 신부의 음성이 결코 다시
네 안에서 들리지 아니하리로다 너의 상인들은 땅의 왕족들이라 네 복술로
말미암아 만국이 미혹되었도다 [24]선지자들과 성도들과 및 땅 위에서 죽임을
당한 모든 자의 피가 그 성 중에서 발견되었느니라 하더라

여기에 로마 시의 최후의 비극과 말살이 기록되어 있다.

이것은 상징적인 행동으로 시작된다. 힘센 한 천사가 큰 맷돌을 들어 바다에 던져 버린다. 그리고 바다는 전혀 존재하지 않았던 것같이 그 돌 위에 덮여 버린다. 이와 같이 로마도 파멸될 것이다. 요한은 이 표현을 고대 바빌론의 파괴에서 인용했다. 하나님의 말씀이 예레미야에게 임했다. "너는 이 책 읽기를 다한 후에 책에 돌을 매어 유브라데 강 속에 던지며 말하기를 바빌론이 나의 재난 때문에 이같이 몰락하여 다시 일어서지 못하리니 그들이 피폐하리라 하라 하니라"

(렘 51:63-64). 후일에 헬라의 지리학자 스트라보(Strabo)는 고대 바벨론에 대해 말하기를 그 성이 얼마나 완전히 폐허되었던지 "아무도 이 황야에 한때 큰 도시가 서 있었다고 감히 말할 사람이 없다"고 했다. 로마는 황량해지고 말살될 것이다.

다시는 거기에 기쁨의 소리가 없을 것이다. 두로에 대한 에스겔의 심판은 다음과 같다. "내가 네 노래 소리로 그치게 하며 네 수금 소리를 다시 들리지 않게 하고"(겔 26:13). 수금 타는 자들과 음송 시인들이 기쁠 때는 수금을 타고 노래를 했다. 퉁소는 잔치와 장례식에서 사용되었다. 나팔 소리는 운동 경기와 음악회 때 울렸으나 이제 모든 음악이란 단번에 그리고 영원히 잠잠해져야 했다.

다시는 장인들이 자기 일에 열중하는 소리가 있지 않을 것이다. 쇠붙이 위에 망치소리, 나무 위에 톱 소리 등 모두가 영원히 잠잠해질 것이다.

집안일하는 소리도 다시는 들리지 않을 것이다. 맷돌질은 집 안에서 여자들이 했다. 맷돌은 두 개 커다란 둥근 돌을 포개 놓고 한다. 곡식을 윗돌에 있는 구멍으로 넣고 두 돌 사이에서 갈아지고 아랫돌을 통해 빠져 나갔다. 돌과 돌에서 나는 삐걱거리는 소리는 모든 집에서도 들려 왔으나 이제는 더 이상 들을 수가 없다.

혼인 잔치의 기쁜 소리도 다시는 들리지 않으리니 이는 사랑마저도 죽을 것이기 때문이다. 예레미야도 그 마지막을 예언하고 똑같이 표현하고 있다. "내가 그들 중에서 기뻐하는 소리와 즐거워하는 소리와 신랑의 소리와 신부의 소리와 맷돌 소리와 등불 빛이 끊어지게 하리니"(렘 25:10, 7:34, 16:9).

로마는 무섭게 황량한 곳이 될 것이다. 그리고 이 형벌은 어떤 확실한 이유 때문에 오는 것이다. 그 비극이 오는 것은 다음과 같은 이유 때문이다. 로마의 상인들은 부유하고 물질적 풍부한 생활에 마음이 들뜨고, 사치에 취하고, 물질만에서 기쁨을 찾았던 것이다.

로마는 많은 사람을 그의 마술로 미혹했다. 나훔은 니느웨를 불러서 "마술에 능숙한 미모의 음녀"(나 3:4)라고 했다. 로마는 악한 세계를 만들려고 악의 세력으로 농락했다.

로마는 유혈의 죄가 있기 때문에 비극이 올 것이다. "화 있을진저 피를 흘린"

(겔 24:6)이라고 에스겔은 두로에 대해 말하고 있다. 로마 시내에서 순교자들이 사라져 갔고 박해가 거기서부터 시작해 나갔고 사람들이 지구상 도처에서 목숨을 잃었다.

심판 날이 나가온다. 붐비는 거리가 조용해질 것이요, 그 모든 중요함과 웅대함에서 남는 것이 없으리라. 밝은 불빛이 어두워질 것이요, 모든 기쁨이 사라질 것이다. 이것이 하나님 없이 문명을 쌓아 올린 도성의 운명이다.

요한계시록의 마지막 장을 세부적으로 연구하기 전에 거기에 예언되어 있는 사건들의 일반적인 순서와 개요를 사전에 간결하게 간추려 보는 것이 좋을 것이다.

그 사건들은 큰 음녀인 바빌론, 즉 로마 정권의 몰락에 대한 전 우주적인 기쁨으로 시작된다(19:1–10). 그 다음에 백마와 그 위에 타신 충실하고 진실하신 분의 출현이 뒤따른다(19:11–13). 다음은 승리하신 그리스도를 대항하기 위해 원수의 세력이 규합한다(19:19). 그러고는 반대 세력의 패배와 짐승과 거짓 선지자가 불 연못으로 던져지고 나머지 참살이 기록되어 있다(19:20–21).

20장은 마귀를 1천 년간 무저갱에 묶어 두는 것으로 시작된다(20:1–3). 계속해서 순교자들이 그리스도와 함께 1천 년간 다스리기 위해 부활하는 것이 나오는데 나머지 죽은 자들은 아직 부활하지 않고 있다(20:4–6).

1천 년 끝에 사탄은 다시 한 번 잠시 동안 풀려 나와 그리스도의 원수들은 마지막 싸움을 해 보지만 그들은 하늘에서 내려오는 불로 망하고 사탄은 불과 유황못에 영원히 던져질 것이다(20:7–10). 그 후에 우주의 부활과 심판이 뒤따른다(20:11–14).

끝으로 새 하늘과 새 땅이 나타나고, 옛것들은 모두 지나가고 새 예루살렘이 출현한다(21:1–22:5).

이상이 마지막 사건들로서 하나님의 신실하고 충성된 자들이 최후에 축복 받고, 하나님의 원수, 즉 마귀의 세력이 마지막에 멸망되며, 옛 세상 대신 새 세계가 축복 가운데 재창조되는 것이다.

The Revelation of John

19

천사들의 환희

요한계시록 19:1-2

[1]이 일 후에 내가 들으니 하늘에 허다한 무리의 큰 음성 같은 것이 있어 이르
되 할렐루야 구원과 영광과 능력이 우리 하나님께 있도다 [2]그의 심판은 참되
고 의로운지라 음행으로 땅을 더럽게 한 큰 음녀를 심판하사 자기 종들의 피
를 그 음녀의 손에 갚으셨도다 하고

바빌론, 즉 로마가 멸망했을 때 "하늘과 성도들과 사도들과 선지자들아, 그로 말미암아 즐거워하라 하나님이 너희를 위하여 그에게 심판을 행하셨음이라"(18:20)고 하는 말씀이 들렸다.

이것은 수많은 천군의 부르짖음이다. 우리는 이미 하늘에서 두 큰 무리를 보았다. 순교자의 큰 무리가 있었고(7:9), 천사들의 큰 무리가 있었다. 여기에서 큰 무리는 천사들의 큰 무리임이 거의 틀림없다. 성도들과 순교자들의 찬미는 6-8절에서 나오므로 여기에서는 찬양의 환희 중 첫째인 천사들의 외침이 분명할 것이다.

감사와 즐거워함의 외침은 **할렐루야**로 시작된다. **할렐루야**는 종교 용어에서는 가장 흔한 단어다. 그러므로 19장에서는 겨우 4회 밖에 나오지 않는다는 것

은 흥미 있는 일이다. **호산나**라는 단어와 함께 이 단어는 히브리어 중에서 일반 종교 용어에 뿌리를 깊이 박은 극히 몇 개 안 되는 단어 중 하나다. 아마 이 단어는 교회의 부활절 예배에서 찬양의 회답으로서 많이 사용해 교회의 초보자들에게까지도 극히 잘 알려져 내려왔을 것이다.

할렐루야는 직역하면 **하나님을 찬양하라**는 뜻으로 두 히브리 단어에서 유래된 것이다. **찬양한다**는 뜻의 **할랄**(halal)과 하나님의 이름인 **야**(jah)라는 단어의 복합어다. 할렐루야라는 히브리어는 전 성경에서 여기에만 나타나지만 번역한 형태로는 자주 나타나고 있다. 사실 시편 106, 111, 112, 113, 117, 135, 146, 148, 149, 150편의 처음 말은 "주를 찬양하라"다. 113-118편의 시편은 **할렐**(Hallel)이라고 부르는데 이는 **하나님을 찬양하라**는 뜻이며 유대 청소년 교육의 중요 부분을 이루고 있다. 구약에서는 **할렐루야**가 나오는 곳에는 언제나 **하나님을 찬양하라**는 말로 나타나지만 여기 이 장에서는 히브리어 원형이 단지 헬라 문자로 음역되어 유지되었다.

하나님이 찬양을 받는 이유는 **구원과 영광과 능력**이 그분에게 있기 때문이다. 이 거대한 세 가지 하나님의 속성은 제각기 사람의 마음에 그에 해당하는 공감을 불러일으키며, 그 공감이 참된 찬양이 된다. 하나님의 **구원**은 사람의 **감사**를 불러일으킬 것이며, 하나님의 영광은 사람의 **경외심**을 불러일으킬 것이고, 하나님의 능력은 항상 하나님의 사랑 안에서 행해지며, 따라서 사람의 **믿음**을 불러일으킬 것이다. 감사, 경외, 믿음, 이 세 가지는 참 찬양의 근본 요소들이다.

여기에서는 그 큰 음녀에게 당신의 공의롭고 신실하신 심판을 내리셨으므로 찬양을 받는 것이다. 심판은 죄악의 불가피한 결과다. 케플러(T. S. Kepler)는 다음과 같이 평가하고 있다. "인력의 법칙이 파괴될 수 없듯이 도덕률을 깨뜨릴 수 없다. 이것은 단지 설명될 수 있을 뿐이다." 여기에서 하나님의 심판은 **참되고 공의로우시다고** 했다. 하나님만이 심판에서 세 가지 이유로 온전하시다. 첫째, 오직 하나님만이 어떤 인간이든 그의 가장 깊은 생각과 욕망을 꿰뚫어볼 수 있으시다. 하나님에게만 우리의 행위뿐만 아니라 우리의 생각과 의도까지도 다 공개되어 있다. 둘째, 하나님 한 분만이 편견 없이 그리고 편파심 없이 심판하실 수 있는 의로우신 순수성을 가지고 계신다. 단지 완전한 선만이 완전한 판결을 할 수 있다. 셋째, 오직 하나님만이 올바른 심판과 그것을 적용할 지혜를 찾을 수 있으시다. 하나님의 심판은 온전하신 심판이다.

그 큰 음녀는 그가 세계를 부패하게 했기 때문에 심판을 받는 것이다. 모든 죄 중에 가장 악한 것은 남이 범죄하게 가르치거나 남이 범죄하기 쉽게 하는 것이다. 요한이 본 대로는 로마에 대한 하나님의 심판은 결코 피할 수 없으며 무엇보다도 엄격하셨으니, 로마는 사람들에게 하나님을 잊게 하고 거짓 신들을 섬기게 유혹하였기 때문이다.

우리는 온갖 금지된 것을 찾아 헤맸고
우리는 온갖 잘못만을 저질렀고
다른 사람에게 온갖 죄를 가르쳤으니
주여, 용서하소서.
예수의 이름으로 기도하나이다.

환희와 감사가 하나님께 상달되는 또 다른 이유가 있다. 바빌론의 심판, 즉 로마의 심판은 하나님이 자기 백성을 신원하시며 핍박자와 가해자 그리고 압박자들은 결코 피하지 못했으며, 하나님은 결국 그의 백성을 내버리지 않으신다는 증명과 보증이다.

자연과 교회의 환희

요한계시록 19:3-5

3두 번째로 할렐루야 하니 그 연기가 세세토록 올라가더라 4또 이십사 장로
와 네 생물이 엎드려 보좌에 앉으신 하나님께 경배하여 이르되 아멘 할렐루
야 하니 5보좌에서 음성이 나서 이르시되 하나님의 종들 곧 그를 경외하는
너희들아 작은 자나 큰 자나 다 우리 하나님께 찬송하라 하더라

천군들이 두 번째 할렐루야를 노래한다. 그들의 노래는 바벨론, 즉 로마의 연기가 영원히 치솟으리라는 것이다. 이 말은 그 파괴가 최종적인 것이며 영원한 것이어서 결코 다시는 그 폐허에서 재기하지 못하리라는 뜻이다. 연기가 영원히 치솟는 장면은 이사야 선지자의 에돔에 대한 심판의 예언에서 왔다. "에돔의 시내들은 변하여 역청이 되고 그 티끌은 유황이 되고 그 땅은 불 붙는 역청이 되며 낮에나 밤에나 꺼지지 아니하고 그 연기가 끊임없이 떠오를 것이며 세세에 황무하여 그리로 지날 자가 영영히 없겠고"(사 34:9-10). 요한은 자신보다 전에 있었던 선지자의 예언을 인용하여 자신의 것으로 만들었다.

이제 두 번째 환성이 터져 나온다. 이 찬양은 24장로와 네 생물들의 찬양이다. 24장로는 초기 환상에서 특히 잘 알려진 것이다(4:4, 10, 5:6, 11, 14, 7:11, 16, 14:3). 네 생물도 이 환상들에서 잘 알려져 있는 것이다(4:6-9, 5:6-14, 6:1-7, 7:11, 14:3, 15:7). 앞에서 우리는 24장로는 12족장과 12사도들을 대표한다고 생각해 본 적이 있다. 그러므로 교회 전체를 의미한다. 사자, 소, 사람, 독수리와 비슷한 이 네 생물은 두 가지를 의미한다. 그들은 자연계에서 가장 힘세고, 용감하고, 지혜롭고, 빠른 것들을 대표한다. 그들은 그룹들이다. 그러므로 24장로와 네 생물들의 찬양은 전 교회와 전 자연계의 환희다. 교회와 자연계가 하나님을 찬양하려고 하나로 뭉친다.

보좌에서 나오는 한 소리는 그룹 중 하나의 소리라고 이해하는 것이 가장 타당하다. 그 소리는 "하나님의 종들 곧 그를 경외하는 너희들아… 우리 하나님께 찬양하라"고 말했다. 이번에도 또다시 요한은 구약에서 자신의 말을 끄집어냈으니 이 말은 시편 135편 1, 20절의 인용이다.

두 부류의 사람들이 하나님을 찬양하라는 지시를 받고 있다. 첫째, 그들은 그의 **종**들이다. 요한계시록에서는 두 가지 종류의 사람들이 **하나님의 종**이라고 불렀는데 **선지자들**(10:7, 11:18, 12:6)과 **순교자들**(7:3, 19:2)이다. 그렇다면 첫째로 이것은 하나님을 위하여 자신들의 음성과 생활로 증거한 선지자와 순교자들의 찬양이다. 둘째, **작고 큰 자들**이 있다. 이 구절은 "지식적으로 모든 계층과, 사회의 모든 계층에서 모든 종류의 기독교인을 포함하고 동시에 신앙생활의 모든 계급의 사람들을 포함한다"고 스위트는 말했다. 이것은 인간 역사에서 하나님의 능력 있는 역사와 자기 백성과 교회를 구원하시려고 펴신 팔을 찬양하라는 우주적인 부르심이다. 이것은 마치 "너희 승리의 때가 왔다! 너희는 고난을 당했으나 이제는 신원하심을 받았도다! 하나님께 찬양하라"고 하는 것과 같다.

구속 받은 자들의 환희

요한계시록 19:6-8

[6]또 내가 들으니 허다한 무리의 음성과도 같고 많은 물 소리와도 같고 큰 우
렛소리와도 같은 소리로 이르되 할렐루야 주 우리 하나님 곧 전능하신 이가
통치하시도다 [7]우리가 즐거워하고 크게 기뻐하며 그에게 영광을 돌리세 어
린양의 혼인 기약이 이르렀고 그의 아내가 자신을 준비하였으므로 [8]그에게
빛나고 깨끗한 세마포 옷을 입도록 허락하셨으니 이 세마포 옷은 성도들의
옳은 행실이로다 하더라

일련의 찬양 중 그 마지막은 구원 받은 무리의 찬양이다. 요한은 그 소리를 표현하기 위하여 많은 비유를 들기까지 한다. 그것은 스위트가 말했듯이 "많은 군마의 폭주 소리, 폭포 소리, 번개 소리" 같을 것이다.

여기서도 요한은 성경에서 자신의 표현을 찾아본다. 그의 머릿속에는 두 가지가 있다. 첫째, 그는 시편 97편 1절을 기억해 내고 있다. "여호와께서 다스리시나니 땅은 즐거워하며." 둘째, 그는 "즐거워하고 크게 기뻐하라"고 한다. 신약성경에서 단지 다른 한 곳에서만이 두 동사(chairein과 agallian)가 함께 나온다. 이 두 동사가 함께 사용된 것은 예수께서 핍박당하는 자들에게 하신 약속에서 "기뻐하고 즐거워하라 하늘에서 너희의 상이 큼이라"(마 5:12)고 하신 곳이다. 이것은 마치 구원 받은 무리가 그리스도께서 그의 핍박 받는 자들에게 행하신 약속이 이제 그대로 이루어졌기 때문에 울리는 찬양 소리인 것 같다.

다음에 어린양과 그의 신부의 혼인 장면이 온다. 이 장면은 예수 그리스도와

그의 교회의 최종적이고 완전한 결합을 의미한다. 찰스가 이것을 아주 잘 표현하고 있다. 이 결혼의 상징은 "그리스도와 그가 자신의 피로 사신 백성과의 아주 친근하고 나눌 수 없는 친교"이며, "이 친교를 처음에 경험한 것은 순교자들의 무리다"고 말했다.

하나님과 그의 백성 간의 관계를 결혼으로 보는 것은 구약 시대로 소급된다. 선지자들은 여러 번 이스라엘을 하나님의 선택된 신부로 보았다. 호세아는 하나님이 "내가 네게 장가들어 영원히 살되… 진실함으로 네게 장가들리니"(호 2:19-20)라고 말씀하시는 것을 들었다. "너를 지으신 이가 네 남편이시라 그의 이름은 만군의 여호와이시며"(사 54:5)라고 이사야는 말했다. 또 예레미야는 하나님께서 "배역한 자식들아 돌아오라 나는 너희 남편임이라"(렘 3:14)고 말씀하시며 호소하시는 소리를 들었다. 에스겔이야말로 에스겔 16장에서 그런 광경을 가장 완벽하게 그려 내고 있다.

결혼의 상징은 복음서 전체를 통해서도 흐르고 있다. 혼인 잔치와(마 22:2), 혼인집과 결혼 예복(마 22:10-11), 혼인집 아들(막 2:19)과 신랑에 대하여(막 2:19; 마 25:1), 신랑의 친구들(요 3:29)에 대한 기록을 찾아볼 수 있다. 바울은 자신이 고린도 교회를 정결한 처녀로 그리스도에게 중매하는 것같이 말하고 있다(고후 11:2). 그리고 그리스도와 교회의 관계야말로 남편과 아내의 관계에서 최고의 모범이라고 말했다(엡 5:21-33).

오늘날 이것은 우리에게 이상한 표현과 비유같이 들릴지 모르나 이 표현은 아주 중요한 진리를 보유하고 있다. 어떤 결혼이라도 진정한 것이 되려면 거기에는 네 가지 요소가 있어야 하며, 이 네 가지 요소는 기독교인과 그리스도 간의 관계에도 반드시 있어야 할 것이다.

I. "사랑"이 있어야 한다. 결혼이란 그 모두가 사랑에 근거하고 있다. 사랑이 없는 결혼이란 그 조건에 위배되는 것이기 때문이다.

II. "깊은 교제"가 있어야 한다. 남편과 아내 사이의 관계는 얼마나 가까운지 그들은 한 몸(육체)이 된다. 기독교인과 그리스도 간의 관계는 이 세상 모든 일 중에서 가장 가까운 것이어야 한다.

III. "즐거움"이 있어야 한다. 이 세상에는 남을 사랑하고 사랑을 받는 것보다 더 큰 즐거움은 없다. 기독교의 신앙이 즐거움을 가져오지 않는다면 아무 의미도 없는 것이다.

IV. "믿음"이 있어야 한다. 믿음이 없는 결혼은 어떤 결혼도 참될 수가 없고 오래 지속될 수가 없다. 기독교인은 모름지기 예수 그리스도가 신실하신 것같이 예수 그리스도에게 신실하여야 할 것이다.

전능하신 하나님과 그의 나라

요한계시록 19:6-8(계속)

여기에서는 하나님을 부르는 이름과 하나님께 대한 몇 가지 것이 기록되어 있다. 하나님은 그의 통치권을 발하셨다고 했다. 로마에서 사탄의 권세의 최후 멸망과 함께 하나님을 반대하는 자들은 인멸되고 하나님은 자기 나라를 통치하신다.

이 구절에서는 하나님을 **전능하신 자**라고 부른다. 헬라어로 **판토크라토르** (pantokratōr)인데 직역하면 모든 것을 지배하는 자, 모든 것을 자기 손아귀에 넣은 자, 모든 것을 인도하고 지시하는 능력을 가진 자를 뜻한다. 이 큰 단어에 대한 의미 있는 일은 이 단어가 신약에서 열 번 나타난다는 사실이다. 단지 한 번 구약의 인용구로 고린도후서 6장 18절에 나타나고 다른 아홉 번은 다 요한계시록에 있다(1:18, 4:8, 11:17, 15:3, 17:7, 14, 19:6, 15, 21:22). 다시 말해 이것은 요한계시록에서 하나님에 대한 특이한 특징 있는 칭호라는 것이다.

역사상 요한계시록이 쓰일 때만큼 기독교에 무서운 세력이 닥쳐온 때는 없었다. 그것은 교회를 적대시하는 세력이 다름 아닌 로마 제국이었기 때문이다. 또

한 이 시대만큼 기독교인이 그런 고난을 겪어야 하고 그렇게 계속해서 무시무시한 죽음을 내다보아야만 했던 때도 없었다. 이런 와중에서도 요한은 하나님을 **판토크라토르**, 즉 모든 것을 당신의 손아귀에 잡고 계신 자라고 부르고 있다. 요한에게는 하나님께서 모든 환경의 지배를 잃어버리셨다고 하는 것은 도저히 생각할 수도 없었다.

이것이 신앙이요, 확신이다. 이 구절의 의미는 그 신앙과 확신은 정당한 것이고 정당성이 인정되었다는 것이다. 악은 승리하는 것 같으나 결국 맨 마지막은 하나님의 것이다.

우리는 이 구절에서 마지막으로 한 가지 주목할 필요가 있다. 그리스도의 신부인 교회는 세마포 옷을 입었는데 희고 맑고 빛나는 것이다. 큰 음녀의 자주와 금 등과는 대조적이다. 흰옷은 하나님의 충성된 자들의 선한 행위를 말하고 있다. 그것은 그리스도의 신부에게 입히는 옷이 이룩하는 특징이다.

위대한 경배

요한계시록 19:9-10

9천사가 내게 말하기를 기록하라 어린양의 혼인 잔치에 청함을 받은 자들은
복이 있도다 하고 또 내게 말하되 이것은 하나님의 참되신 말씀이라 하기로
10내가 그 발 앞에 엎드려 경배하려 하니 그가 나에게 말하기를 나는 너와 및
예수의 증언을 받은 네 형제들과 같이 된 종이니 삼가 그리하지 말고 오직
하나님께 경배하라

이 구절은 어린양의 혼인 잔치에 대한 것이다. 이 개념 배후에는 오래된 고대의 유대 사상이 깃들어 있다. 유대인에게는 메시아의 잔치 사상이 있었다. 그들은 메시아가 오실 때 하나님의 백성은 메시아의 큰 잔치에서 하나님의 대접을 받게 될 것이라고 믿었다. 이사야는 하나님께서 그의 백성을 위해 "기름진 것과

오래 저장하였던 포도주를 가지고 잔치를 베푸시리니 곧 골수가 가득한 기름진 것과 오래 저장하였던 맑은 포도주"(사 25:6)를 마련하셨다고 했다. 예수께서는 동서남북에서 많은 사람이 이르러 족장들과 함께 천국에 앉으리라고 말씀하셨다(마 8:11). **앉으리라**고 한 헬라어의 본래 뜻은 식탁에서 비스듬히 기대앉는 것을 뜻한다. 이 장면은 모든 사람이 하나님의 메시아 잔치에 앉아 있는 장면이다. 예수께서 그의 제자들과 최후의 만찬을 잡수셨을 때 예수께서는 잔을 가져다가 마셨고, 아버지의 나라에서 새것으로 마실 때까지는 다시는 마시지 않으리라고 말씀하셨다(마 26:29). 이것은 예수께서 하나님 나라에서 메시아의 잔치를 기대하신 것이다.

어린양의 혼인 잔치 개념과 표현이 온 것은 아마도 오래된 유대 사상에서 왔을 것이요, 그것이 진정으로 메시아 잔치다. 이것은 단순한 장면이고 문자 그대로 어떤 음식을 먹고 즐기는 것으로 이해되어서는 안 된다. 이것은 단순히 하나님 나라에서는 모든 사람이 하나님의 충성하심을 누릴 것이고 아름답게 표현했을 뿐이다.

그러나 이 구절은 교회의 예배에서 매우 중요하게 된 것을 우리에게 제기하여 준다. 요한은 엎드려 천사에게 경배하려 했다. 그러나 그 천사는 그것을 금한다. 어떤 천사도 경배를 받을 수 없다. 왜냐하면 천사들은 사람들과 같이 된 종에 불과했다. 경배는 하나님께 할 것이요, 오직 하나님에게만 할 것이다. 요한의 이 말은 천사 경배를 금한 것인데, 그것은 초대교회에서는 천사 경배 경향이 있었기 때문에 매우 중요한 금령이었다. 이 천사 예배 경향은 오늘까지도 완전히 사라지지는 않았지만, 초대교회에서는 천사 경배 경향이 있었기 때문에 매우 중요한 금령이었다. 이 천사 예배 경향은 오늘까지도 완전히 사라지지는 않았지만, 초대교회에서 그런 경향은 다음의 이유에서 거의 불가피한 것이었다.

1. 유대교의 어떤 파에서 천사는 매우 큰 위치를 차지하고 있었다. 라파엘은 토빗에게 자신은 토빗의 기도를 하나님 앞으로 가져가는 천사라고 말했다(토빗서 13:12-15). 단의 언약서(6:2)에 보면 사람의 중보를 서는 천사에 대해 언급되어 있다. 그리고 그는 하나님과 사람 사이의 중보자라고 했다. 레위의 언약서(5:5)에

서 미가엘은 이스라엘을 위해 중보하는 천사라고 했다. 주후 4세기에 랍비 예후다(Jehuda)는 실제로 천사들이 아랍어를 이해하지 못하기 때문에 아랍어로 기도하지 말라는 이상한 지시를 했을 정도였다. 유대교에서 이런 모든 유행은 다음과 같은 사실로 더 확실해졌다. 즉, 어떤 랍비들은 기도란 미가엘이나 가브리엘이 아니라 항상 하나님께 직접 드려야 한다고 주장했다.

유대교에서는 하나님의 초월성, 즉 하나님과 사람 사이의 거리감이 점점 더 강조되었다. 그런 이유로 인간은 어떤 중보자가 필요하고 하나님은 너무 멀고 사람이 접근하기에는 너무 거룩하다고 느끼기 시작했다. 그래서 천사의 탁월성이 등장했다.

유대인이 기독교로 넘어온 후에 이 천사에 대한 그들의 특별한 경외심을 함께 가지고 들어왔다. 그들은 예수 그리스도의 강림으로 그리스도 이외에는 하나님과 인간 사이에 다른 중보자가 있을 필요가 없다는 것을 잊었었다.

II. 헬라인이 기독교에 들어옴에 따라서 천사 경배가 교회를 해칠 위험이 생겼다. 첫째, 헬라인은 제우스, 헤라, 아폴로, 아프로디테, 그 밖에도 많은 신을 믿고 있었으므로 이들의 신을 천사로서 계속하여 예배의 대상으로 삼았다. 둘째, 헬라인은 하나님은 이 세상에 직접적으로 관여하시지 않고 **다이몬**을 통하여 간접으로 접촉하고, 자연계를 지배하고, 인간에게 역사하신다고 생각했다. 이러한 세계관이 유대인의 세계관과 만나서 천사 경배로 기울어지게 만들었다.

요한은 여기에서 천사들도 하나님의 종들이므로 경배할 수 없으며 오직 하나님만을 경배해야 한다고 주장한다. 하나님과 인간 사이에 예수 그리스도 이외의 여하한 중보자도 이는 배격되어야 한다. 하나님과 인간 사이의 중보자로 천사가 등장한 원인이 하나님에 대한 경외심과 성결감 그리고 하나님의 거리감일 수 있으나 이것은 잘못된 경외심이다. "내가 길"이라고 말씀하셨고 하나님께 가는 오직 유일한 길은 예수 그리스도의 자리를 천사에게 침범하게 하는 것보다는 차라리 천사를 전혀 믿지 않는 것이 좋을 것이다.

대언의 영

요한계시록 19:10하

10 예수의 증언은 예언의 영이라 하더라

이 구절을 따로 취급하는 것은 이 구절이 매우 중요한 부분이고 난해한 구절이기 때문이다.

모호성은 예수의 증언이 다음 두 가지 의미를 가지는 구절이라는 데서 기인되었다.

I. 이것은 "기독교인"의 "예수 그리스도에게 향한 증거일" 수 있다. 그것은 스위트가 주장한 것이다. 그는 "예언자적 영을 가짐으로써 진정한 예언자가 된다. 이 영은 예수를 증거하는 생활 가운데서 스스로 나타나고 예수께서 아버지 되신 하나님과 자신에 대한 그의 증거를 영속화시키는 것이다"라고 말했다. 이 말은 참 선지자는 자신의 말과 생활로 예수에 대하여 증거하는 자라는 뜻이다.

선지자의 증거는 자기 말로 증거하는 것보다는 자기 생활에서 몸으로 증거하는 데 있는 것이다. 그러므로 참 선지자, 즉 진정으로 예언의 영을 소유하고 있는 자는 자신의 말과 행실이 예수에 대하여 증거하는 자요, 그 언행으로 예수 자신에 대하여 하나님께 계속적으로 증거를 하는 자다.

II. 이 구절은 그와 동등하게 "예수 그리스도가 그들에게 행하시는 증거를 의미한다." 그 뜻을 취한다면 이 구절의 뜻은 아무도 먼저 예수 그리스도에게 귀를 기울이기 전에는 사람에게 말할 수 없다고 하는 뜻이 된다. 그리고 참 선지자가 사람들에게 가져오는 메시지는 그가 먼저 예수 그리스도에게서 받은 그것이요, 아무도 예수 그리스도의 증거를 받기까지는 사람에게 증거할 수 없다는 뜻이 된다. 대설교가에 대하여 이렇게 말한 것이 있다. "그는 먼저 하나님께 귀를 기울이고 나서 사람들에게 말했다."

이것이 바로 헬라어에서만 가능한 이중 의미의 일종이다. 요한은 이 이중 의미를 **의식적으로** 한 것 같다. 그리고 우리는 이 둘 중 어느 하나를 택할 것이 아니라 그 둘을 다 취하여야 할 것이다. 그렇게 해석한다면 우리는 참 선지자의 의미를 다음과 같이 정의할 수 있을 것이다. 진정한 선지자란 사람들에게 전하는 메시지를 먼저 그리스도에게 받은 자요, 자신의 일상 언행이 동시에 예수 그리스도에 대해 증거를 하는 자다.

승리하시는 그리스도

요한계시록 19:11

11 또 내가 하늘이 열린 것을 보니 보라 백마와 그것을 탄 자가 있으니 그 이름은 충신과 진실이라 그가 공의로 심판하며 싸우더라

여기에 요한계시록에서 가장 극적인 순간이 있다. 그것은 승리하시는 그리스도의 출현 장면이다. 여기에 요한이 본 대로 그리스도에 대한 세 가지 사실을 보게 된다.

I. 요한은 그리스도를 정복자로, 그리고 그의 원수들을 패배시키고 파괴하는 전투적인 왕으로 보고 있다. 스위트는 "눈부신 시종들을 데리고 다니는 왕"이라고 말했다. 이 장면의 배경은 본질적으로 유대교적이다. 유대인의 꿈은 하나님의 백성을 승리로 이끌고, 그의 원수들을 패배시키는 승리하는 전투적 메시아로 꽉 차 있었다. 솔로몬의 시편에서 우리는 그런 것을 발견할 수 있다.

> 보소서 주여 이스라엘 백성을 위해서 다윗의 아들을 들어 올리소서
> 하나님이여, 그가 당신의 종 이스라엘을 다스릴 수 있게 돌보아 주소서
> 그리고 그가 불의한 통치자들을 분쇄할 수 있게 힘으로 띠 띠우소서

그리고 예루살렘을 짓밟아 파괴하는 나라들에서
예루살렘을 깨끗이 할 수 있게 하소서
그가 지혜롭고 의롭게 죄인들을 그 유업의 땅에서 쫓아 낼 것이요
그는 토기장의 그릇같이 죄인의 교만을 쳐부술 것이며
철장으로 그는 그 모든 것을 산산이 부술 것이요
그의 입의 말씀으로 하나님 없는 나라들을 쳐부셔 주소서
그가 공격할 때 나라들이 그의 앞에서 도망케 하고
그에게 죄인의 마음의 생각을 꾸짖게 해 주소서(솔로몬의 시편 17:23-27).

여기에 메시아에 대한 랍비적 개념이 있다. "유다의 집에서 곧 일어날 왕 메시아는 그 얼마나 아름다운지! 그는 허리를 매고 그를 증오하는 자들과 싸우려고 나아갔도다. 왕들과 왕자들이 거꾸러질 것이요, 죽은 자들의 피로 강들을 붉게 만들 것이며, 그의 겉옷은 피에 담그리라."

백마는 승리한 자의 상징이다. 로마의 장군이 승리를 축하할 때는 백마를 탔기 때문이다.

이 개념의 배후 사상은 유대인의 미래에 대한 기대이며, 마음이 겸손하고 온유한 복음서의 그리스도와는 거리가 멀다는 것을 기억하는 것이 좋다.

II. 그의 이름은 "충신과 진실"이다. 다른 한편, 여기에 언제나 보편적인 진리가 포함되어 있다. 그리스도는 여기에 두 가지 단어로 기술되어 있다.

1. 그는 **충신**(형용사로서 신실하다라는 뜻이 적합하다-저자주)이다. 헬라어로는 **피스토스**(pistos)이며, 전적으로 신임을 받고 신뢰되어야 한다는 뜻이다. 우리가 그리스도에게 전 생애를 맡길 수 있는 것은 성실성이 있기 때문이다.

2. 그는 **진실**하시다. 원어는 **알레티노스**(alēthinos)다. 이 단어는 두 가지 의미가 있다. 이 단어는 예수 그리스도는 진리를 가져오시는 분이요, 어떤 때에도 그가 말씀하시는 것에는 조금도 거짓이 없다는 의미에서 **진실**하다는 뜻이다. 예수 그리스도와 그의 말씀에서 우리는 **절대 진실**을 만난다. 그러나 이 **알레티노스**란 단어는 또 다른 뜻이 있다. 이것은 **진실**을 의미할 뿐 아니라 가짜에 반하여 **진짜**

라는 뜻이 있다. 예수 그리스도 안에서 우리는 본체를 만난다. 그 안에서 우리는 그림자와 대치물의 시대가 끝나고 진정한 삶과 본체와 진리와 생을 사실 그대로 발견하게 된다.

III. 그는 의 안에서 심판하시고 전쟁을 하신다. 요한은 또다시 그의 표현을 하나님의 선택된 왕에 대한 기록이 있는 구약의 예언서에서 찾고 있다. "공의로 가난한 자를 심판하며"(사 11:4). 요한의 시대 사람들은 모두 사법의 타락성을 알고 있었다. 아무도 변덕스러운 이방 폭군들에게서 공의를 기대하지 않았다. 소아시아에서는, 심지어 지방 총독의 재판까지도 뇌물과 비위의 대상이 되었다. 전쟁이란 공의보다는 야심과 폭정과 압제로 인한 것이다. 그러나 승리하시는 그리스도께서 오실 때 그의 심판은 공의로우시며 그의 권력은 공의로 집행될 것이다.

아무도 모르는 이름

요한계시록 19:12

[12]그 눈은 불꽃 같고 그 머리에는 많은 관들이 있고 또 이름 쓴 것 하나가 있으니 자기밖에 아는 자가 없고

여기서부터 승리하시는 그리스도의 묘사가 시작된다.

그의 눈은 불꽃이다. 이런 표현은 이미 1장 14절과 2장 18절에서 나왔다. 이것은 승리하신 그리스도의 파괴하는 권능을 뜻한다. 그의 머리에는 많은 면류관이 있다. 여기 **면류관**이란 말의 원어는 **다이아데마**(diadēma)인데 그것은 **승리의 면류관**이란 뜻의 **스테파노스**(stephanos)에 반대되는 **왕관**(royal crown)이란 뜻이다. 한 개 이상의 관을 쓴다는 것은 이상하게 보일 수 있으나 요한의 시대에는 매우 자연스러운 광경이다. 옛날 군주는 자신이 한 나라 이상의 군주라는 것을 나타내기 위해 한 개 이상의 관을 쓰는 것은 흔히 있었던 일이다. 예를 들면 톨레미(Ptolemy)가 안디옥에 입성할 때 두 개의 관, 즉 다이아데마를 썼는데 그 하나는 아시아의 왕이요, 다른 하나는 애굽의 왕이라는 것을 보여 주기 위한 것이었다(마카비1서 11:13). 승리하신 그리스도의 머리에는 그가 지상의 모든 나라의 군주라는 것을 보여 주기 위한 많은 관이 있다.

그는 자기밖에는 아무에게도 알려지지 않은 이름을 가지고 있었다. 이 구절은 그 뜻을 아무도 정확히 알 수 없다. 그 이름은 무엇일까? 이에 대해 많은 해답과 의견이 나왔다.

I. 그 이름은 "퀴리오스(Kurios)", 즉 주라는 의견이 있다. 빌립보서 2장 9-11절에서 우리는 하나님께서 예수 그리스도를 지극히 높여 모든 이름 위에 뛰어난 이름을 주셨다고 했는데 그때 그 이름은 **주**(Lord)라는 이름임에 거의 틀림없다.

II. 그 이름은 IHWH라는 의견이 있다. 그것은 유대인의 하나님 이름이었다. 히브리어에서는 모음이 없다. I는 그 발음에서 I 대신 Y다. 모음은 독자가 적당히 넣어서 소리 내게 되어 있다. 아무도 IHWH의 발음이 무엇인지를 모른다. 그 이름은 너무 거룩하여서 실제로 발음되지 않았다. 우리는 보통 여호와(Jehovah)라고 발음하는데 여호와의 모음은 히브리어의 **주**라는 뜻의 **아도나이**(Adonai)의 모음으로 이 단어는 유대인이 하나님을 부를 때 거룩한 이름을 부르지 않기 위해 사용한 것이다. 많은 학자들이 그 이름이 IAHWEH(야훼)라고 생각하고 있다. IHWH는 성사문자(聖四文字)라고 불린다. 아마 그 비밀의 이름이 아무도 알 수 없는 하나님의 참 이름인지도 모른다.

III. 이것은 그리스도와 교회의 최후의 완전한 결합에나 나타날 이름인지도 모른다. 이사야의 승천(Ascension of Isaiah 9:5)에 이런 말이 있다. "그대는 그대가 육체에서 빠져나와 올라가기 전에는 그 이름을 지닐 수 없다." 유대 사상 중에는 하나님의 이름은 사람이 하늘나라의 생활에 들어가기 전에는 아무도 알 수 없다고 하는 견해가 있었다. 이것은 하나님의 참 이름이란 하늘의 비밀로서 땅에서는 절대로 알려질 수 없는 것이라는 뜻일 것이다.

IV. 여기에는 어떤 신의 이름을 안다고 하는 것은 그 신을 제어할 수 있는 힘을 갖게 되고 자신의 목적대로 하게끔 설득시킬 수 있다고 하는 사라지지 않는 옛날의 마술적인 생각이 깃들어 있는지도 모른다. 구약의 두 이야기에서 브니엘에서 야곱과 씨름(창 32:19)과 기드온에게 나타난 천사(삿 13:18)의 경우 하늘에서 내려온 천사들은 자신의 이름 대기를 거부했다. 세계에서 가장 오래된 신앙 중의 하나는 신의 이름을 안다고 하는 것은 그 이름을 가진 신보다 강한 힘을 갖는 것이라고 생각했기 때문에 그 이름은 영원한 비밀이다.

V. 우리는 아무도 모르는 이름의 상징이 무엇인지는 전혀 알 수 없지만 스위트가 이에 대해 참으로 훌륭하고 좋은 생각을 가지고 있다. 피조물은 아무도 예수 그리스도를 완전히 알 수 없으며 그리스도의 존재의 본질에는 무엇인가 신비에 쌓이고 인간의 이해를 초월하는 것이 항상 남아 있을 것이라는 생각이다. 그의 속성은 우리가 알 수 있고, 그의 은혜는 우리가 받을 수 있고 영광을 돌릴 수 있으나 그의 근본적 본질은 항상 신비로 남아 있을 것이다. "교회가 제시하는 교의적 도움에도 그리스도의 인성의 심오한 의미를 이해할 수는 없다. 그것은 인간의 지식의 한계를 초월한 것이다. 오직 하나님의 아들만이 자기 자신의 존재의 비밀을 알 수 있는 것이다."

아무도 모르는 이름은 예수 그리스도의 궁극적 비밀을 뜻한다고 할 수 있다. 그의 사랑은 우리가 체험할 수 있고, 그의 구원은 우리가 차지할 수 있고, 그의 도우심은 우리가 요구할 수 있으되, 성육신의 하늘의 비밀이 그 안에 남아 있는데 그 성육신은 우리가 이해할 수 없는 것이요, 그것은 다만 경배와 찬양을 할 수밖에 없는 것이다.

역사하시는 하나님의 말씀

요한계시록 19:13

13 또 그가 피 뿌린 옷을 입었는데 그 이름은 하나님의 말씀이라 칭하더라

여기에 용사 그리스도의 또 다른 두 가지 표현이 있다.

I. 그는 피 뿌린 옷을 입었다. 여기의 피는 그리스도의 피, 죽음을 당한 어린양의 피가 아니라 자기 원수들의 피다. 찰스가 말한 대로 하늘의 리더가 이번에는 죽음을 당한 자가 아니라 죽이는 자라는 것을 기억하는 것이 중요한 일이다. 늘 그랬듯이 요한은 이 표현을 이사야 63장 1-3절의 무서운 장면에서 끄집어냈다. 거기에서 선지자는 하나님께서 에돔의 훼파에서 돌아오시는 것으로 묘사했다. "내가 노함으로 말미암아 무리를 밟았고 분함으로 말미암아 짓밟았으므로 그들의 선혈이 내 옷에 뛰어 내 의복을 다 더럽혔음이니." 여기에 용사 그리스도가 죽음을 당한 그의 원수들의 피로 물들인 무서운 장면이 있다. 또다시 이것은 기독교적이라기보다는 유대교적 배경에서 나온 것을 발견하게 된다. 이것은 예수 그리스도가 주장했던 그 메시아라기보다는 훨씬 유대교의 묵시적 기대에서 나온 메시아다.

II. 그의 이름은 하나님의 말씀이다. 비록 그 단어들은 제4복음서의 제1장과 같지만 그 뜻은 퍽 다르고 간단하다. 여기서 하나님의 말씀에 대한 순수한 유대적 개념을 찾아볼 수 있다. 유대인에게 말씀이란 단지 소리에 지나지 않는 것이 아니라 행동하는 것으로 생각을 했다. 존 패터슨은 《살아 있는 책》에서 다음과 같이 말하고 있다. 히브리에서 입으로 하는 말씀은 무서울 정도로 생명력을 가지고 있다. 그것은 단지 생각하지 않는 입술에서 부주의하게 떨어지는 무의미한 말이나 소리가 아니라, 그것은 **능력으로 채워진 활동력의 단위**이며, 행복이나 저주를 가져오는 힘이었다. 그 한 예를 들면 야곱이 이삭에게서 축복을 속여서

빼앗은 옛날이야기에서 알 수 있다(창 27장). 한 번 주어진 축복은 다시 빼앗을 수 없는 것이다. 한 번 토해 낸 말은 그 후부터는 활동을 계속할 것이다.

인간의 말이 그렇다면 하나님의 말씀은 얼마나 더 그러하랴! 하나님이 천지와 그 안에 있는 모든 것을 지으신 것은 그의 말씀으로 하신 것이다. **하나님이 가라사대**라는 말은 창세기에서 자주 나타나는 말이다(창 1:3, 6, 9, 14, 26). 예레미야가 하나님의 말씀은 바위를 쳐서 부스러뜨리는 방망이 같다고 했다(렘 23:29).

지혜서에는 애굽의 재앙에 대한 기록이 있는데 특히 애굽인들의 처음 난 아들들이 죽음을 당하는 이야기다. "당신의 힘 있는 말씀은 하늘의 당신의 보좌에서 뛰어 내려왔나이다. 그것은 무서운 전쟁의 용사같이 파괴의 땅에 왔나이다. 그리고 당신의 거짓 없는 계명을 날선 칼과 같이 가져왔고 멈춰 서서는 모든 것을 죽음으로 채웠나이다. 그것은 하늘에 닿았으나 땅에서 있나이다"(지혜서 18:15-16).

하나님의 계명을 집행한 것은 행동적이고 능력 있는 말씀이다. 히브리서 4장 12절에서 그 열쇠를 찾을 수 있다. "하나님의 말씀은 살아 있고 활력이 있어 좌우에 날 선 어떤 검보다도 예리하여". 요한이 여기에서 용사 그리스도를 하나님의 말씀이라고 불렀을 때 그는 능력 있는 하나님의 말씀, 창조의 말씀, 저주의 말씀, 심판의 말씀, 약속의 말씀, 이 모든 살아 있는 말씀이 모두 승리하신 그리스도 안에서 구현된다는 뜻이다. 하나님이 말씀하시고, 경고하시고, 약속하신 모든 것이 그리스도 안에 구현되어 있다. 그 안에서 하나님의 말씀은 모두 성취된 것이다.

복수의 진노

요한계시록 19:14-16

14하늘에 있는 군대들이 희고 깨끗한 세마포 옷을 입고 백마를 타고 그를 따
르더라 15그의 입에서 예리한 검이 나오니 그것으로 만국을 치겠고 친히 그

들을 철장으로 다스리며 또 친히 하나님 곧 전능하신 이의 맹렬한 진노의 포
도주 틀을 밟겠고 [16]그 옷과 그 다리에 이름을 쓴 것이 있으니 만왕의 왕이요
만주의 주라 하였더라

여기에 용사 그리스도에 대한 묘사가 더 계속된다.

그는 하늘의 군대를 가지고 있다. 우리는 이것과 예수께서 잡히셨을 때 그가 원하시면 열두 군단이 더 되는 천사로 자신을 위해 싸우게 할 수 있다고 하신 말씀을 비교할 수 있다(마 26:53). 하늘의 군대는 천사를 말한다.

그의 입에서는 예리한 어떤 검이 나온다. 이런 표현은 이미 1장 16절에서 나왔었다. 용사 그리스도의 행동에 대한 기록은 구약의 두 구절을 함께 나열한 데서 나온 것이다. 이사야는 하늘의 왕에 대하여 "그의 입의 막대기로 세상을 치며 그의 입술의 기운으로 악인을 죽일 것이며"(사 11:4)라고 했고, 시편에는 메시아적 왕에 대하여 "네가 철장으로 그들을 깨뜨림이여 질그릇같이 부수리라"(시 2:9)고 하셨다. 여기에서 요한은 구약의 메시아적 왕의 역사에 대해 온갖 무서운 것을 모두 가져와 용사 그리스도에게 적용하였다. 재언하거니와 이 표현은 완전히 유대교 용어로 잘 채택된 것이다.

그는 하나님의 맹렬한 진노의 포도주 틀을 밟을 것이다. 포도주 틀은 두 개 돌통으로 되어 있다. 하나는 약간 높은 데 있으면서 두 통이 물받이 같은 홈통으로 연결되어 있다. 포도는 위통에 넣고 발로 밟아 짜여진 즙은 흘러내려 아래통에 모인다.

이 장면은 용사 그리스도가 그의 원수들이 마시고 죽을 하나님의 진노의 포도주를 짜내기 위하여 포도를 밟는 장면이다.

이 구절에서 가장 어려운 일은 용사 그리스도가 **그 옷과 그 다리에** 쓰인 만왕의 왕이요, 만유의 주라는 이름을 가지고 있다는 진술의 배후에 있는 것을 찾아내는 것이다. 여러 가지 해석이 시도되었다. 그 이름이 그의 띠에 수놓였다든가 칼자루에 새겨져 있다고 하는 해석이 있다. 또는 그의 이름이 장군의 겉옷 끝자락에 있다고 하는 생각인데 말을 탔을 때 그곳이 가장 쉽게 읽을 수 있기 때문이다. 또 다른 의견은 그의 이름이 실제로 다리에 쓰였다는 것인데 그것은 동상의

이름을 그 동상의 다리에 새기는 풍습이 있었기 때문이다. 정확한 장면은 알 수 없으나 그 이름은 모든 사람이 볼 수 있는 것이므로 가장 그럴싸한 해결은 그 이름이 용사 그리스도의 겉옷의 끝자락에 쓰였다는 것이며, 그가 백마를 타고 있을 때 그것이 그의 다리 위에 놓여 있는 것같이 보일 것이다. 여하튼 그 이름이 그를 만주의 주로, 모든 통치자 중 통치자로 그리고 유일하신 하나님의 아들이요, 우주의 왕으로 나타내는 것이다.

그리스도의 원수들의 운명

요한계시록 19:17-21

[17]또 내가 보니 한 천사가 태양 안에 서서 공중에 나는 모든 새를 향하여 큰
음성으로 외쳐 이르되 와서 하나님의 큰 잔치에 모여 [18]왕들의 살과 장군들
의 살과 장사들의 살과 말들과 그것을 탄 자들의 살과 자유인들이나 종들이
나 작은 자나 큰 자나 모든 자의 살을 먹으라 하더라 [19]또 내가 보매 그 짐승
과 땅의 임금들과 그들의 군대들이 모여 그 말 탄 자와 그의 군대와 더불어
전쟁을 일으키다가 [20]짐승이 잡히고 그 앞에서 표적을 행하던 거짓 선지자도
함께 잡혔으니 이는 짐승의 표를 받고 그의 우상에게 경배하던 자들을 표적
으로 미혹하던 자라 이 둘이 산 채로 유황불 붙는 못에 던져지고 [21]그 나머지
는 말 탄 자의 입으로부터 나오는 검에 죽으매 모든 새가 그들의 살로 배불
리더라

여기에 또다시 무섭고 두려운 장면이 있다. 주검이 있는 곳에 독수리들이 모여 든다(마 24:28)고 했는데 여기서는 새들이 모든 곳에서부터 잔치에 와서 죽음을 당한 자들의 시체로 배 불리리라고 외치는 소리가 있다. 이것은 구약에서 직접 인용한 것이라는 점을 기억하는 게 좋다. 이것은 에스겔의 곡과 마곡의 군대의 죽음과 멸망에 대한 기록에서 나온 것이다. "주 여호와께서 이같이 말씀하셨

느니라 너 인자야 너는 각종 새와 들의 각종 짐승에게 이르기를… 너희가 용사의 살을 먹으며 세상 왕들의 피를 마시기를 바산의 살진 짐승 곧 숫양이나 어린 양이나 염소나 수송아지를 먹듯 할지라 내가 너희를 위하여 예비한 잔치의 기름을 너희가 배불리 먹으며 그 피를 취하도록 마시되 내 상에서 말과 기병과 용사와 모든 군사를 배부르게 먹일지니라 하라"(겔 39:17-20). 이 피를 찾는 장면은 예수 그리스도의 복음보다는 구약의 계시문학적 기대와 더 잘 맞는다.

여기에 우리는 13장의 표현을 부연한 것을 볼 수 있다. 그 짐승은 부활한 네로 황제요, 네로는 다시 살아난다. 그것이 적그리스도의 현현이다. 거짓 선지자는 황제 경배를 관장하고 확장한 지방의 행적 조직과 사제들이다. 짐승의 표를 가지고 있는 자들은 황제 사원에서 경배한 자들이며 그의 신격을 인정한 자들이다. 세상의 왕과 그들의 군대는 파르티아의 군대로서 네로가 로마와 이 세계를 대항하여 다시 영도하고 나올 군대들이다.

그래서 하나님께 반항하는 모든 세력은 함께 모인다. 그러나 용사 그리스도가 승리하신다. 짐승과 적그리스도와 그의 추종자들은 불못에 던져지며 그들의 모든 지지자도 죽음을 당할 것이요, 스올에서 최후의 심판만을 기다리고 있을 것이다.

이 우주의 무대는 막을 내릴 때가 가까웠다. 사탄, 즉 악마 자신에 대해서도 아직 아무것도 언급이 없다. 그러나 그 운명을 보게 될 것이다.

The Revelation of John

20

그리스도의 천년 통치와 성도들

본 장의 중요성이 천년왕국설의 기초 문서라고 할 수 있는 것이므로 세부적으로 공부하기 전에 전체를 읽어 보는 것이 좋다.

전술한 대로 본 장은 천년왕국설의 기초가 되는 장이다. **밀레니움**(millennium)은 **1천 년간**이란 뜻이요, **킬리아즘**(chiliasm)은 헬라어의 **1천**의 의미를 가진 **킬리오스**(chilios)에서 유래된 말이다. 간단히 말하면 일반적인 천년왕국설은 종말이 오기 전에 그리스도께서 이 지상에서 자신의 성도들의 왕국에서 1천 년간을 다스릴 것이고 그 후에는 마지막 전쟁, 전체적 부활, 최후의 심판, 최후의 멸망이 따라온다는 것이다.

여기에서 두 가지 일반적인 사실을 발견할 수 있다. 첫째, 이것은 근대 교회에서는 매우 보편화되어 있던 신앙이며 아직도 신봉자들이 있다. 둘째, 이 천년왕국설을 명확히 가르치는 것은 신약에서 이곳뿐이다. 이 구절의 묘사는 첫째로 악마는 무저갱에 1천 년간 묶여 있을 것이다. 그리고 나서 그리스도를 위해 순교한 자들과 사람들 앞에서 그리스도의 이름을 시인한 사람들은 부활할 것이고, 다른 사람들, 또한 기독교인이라 할지라도 순교하지 않은 자는 아직 부활하지 않을 것이다. 그리고 그리스도와 성도들이 다스리는 1천 년간의 기간이 있을 것이다. 그 후 악마는 잠시 동안 놓일 것이다. 그 후 최후의 전쟁이 있은 다음 모든 사람의 전체적 부활이 있을 것이다. 이때 악마는 결국 패배하고 불못에 던져질 것이다. 그의 추종자들은 하늘에서 내리는 불로 불탈 것이다. 생명책에 녹명된 자들은 축복을 받게 될 것이나, 생명책에 이름이 녹명되지 못한 자들은 불못에 던져진다.

이 교리는 신약의 다른 곳에서 나타나지 않는 것이라고 전술했다. 그러면 이것은 어디서 왔을까? 초대교회에는 널리 퍼져 있었다고 말했으나 몇 가지 더 첨가할 것이 있다. 이것은 유대교적 배경을 가진 유대적 기독교를 받아들인 사람들 사이에 더욱 그러하였다. 이것이 바로 열쇠다. 이 교리의 근원은 기독교 독자적인 것은 절대로 아니다. 그 근원은 주전 1세기 이후에 널리 유행했는데, 메시아 시대에 대한 어떤 유대인의 생각에서 찾아야 할 것이다.

유대인의 메시아 신앙은 절대 불가변의 것이 아니었다. 그 신앙은 시대에 따라 그리고 학자에 따라 달랐다. 모든 메시아 신앙의 근본은 언젠가는 메시아가 오셔서 지구상에 새 시대를 세울 것인데 그때는 유대 민족이 최고 위치에 있게 된다는 것이다. 그러나 여러 세기가 지남에 따라 한 가지 확실한 변화가 오기 시작했다.

초기의 일반적인 개념은 메시아에 의해 건설될 왕국은 영원한 것이며 영원히 계속될 것이라고 하는 것이었다. 메시아의 통치는 끝나는 것이 아니다. 하나님은 절대로 멸망치 않을 왕국을 세우실 것이다. 그 나라는 다른 나라들을 산산조각나게 할 것이다. 그러나 그 나라는 영원히 있을 것이다(단 2:44). 그것은 영원히 계속되는 통치일 것이다(단 7:14, 27). 그보다 더 초기 신앙에서는 그 왕국은 이 지상에 있을 것으로 되어 있다.

그러나 주전 100년경부터는 변화가 오기 시작했다. 그 변화는 이 세상에 대하여 점차 커 가는 비관론 때문에 일어났다. 이 세상은 극히 돌이킬 수 없이 그리고 근본적으로 악하기 때문에 이 세상에는 하나님 나라가 임할 수가 없다고 생각되어 메시아는 이 세상에서는 제한된 통치를 할 것이고, 그 후 지구의 최후가 올 것이라는 생각이 일어났다. 예를 들면 바룩의 묵시는 악의 세력이 패망할 것을 예견했고 메시아 정치는 **부패한 세상이 끝날 때까지 계속될 것이다**(바룩2서 40:3).

에녹서의 한 부분에서는 역사를 주간(週間)의 계속으로 보고 있다. 이 세계의 역사는 7주간으로 되어 있고 그것은 과거의 7주간이다. 제8주는 의인의 주간으로서 의인들에게 검이 주어지고 악인은 의인의 손에 넘겨지며 하나님의 집이 건립되는 때다. 제9주에는 심판이 있을 것이요, 그때서야 비로소 그리고 그때에만 선과 하나님의 영원한 시대가 도래할 것이라고 했다(에녹서 93:3-10).

이 메시아 시대가 끝나고 세상 종말이 오기까지 얼마나 오래 계속될 것인가 하는 것에 대하여 랍비적인 논란이 퍽 많이 있었다. 어떤 이들은 40년, 1백 년, 6백 년, 1천 년, 2천 년, 7천 년이라고 했다.

여러 가지 설 중 두 가지에 특히 주의를 할 필요가 있다. 에스드라4서는 아주 명확히 말한다. 거기에 보면 하나님께서 다음과 같이 말씀하고 계신다. "내 아들 메시아는 자기와 함께 있는 자들과 더불어 나타날 것이요, 남아 있는 자들을 4백 년간 기쁘게 할 것이며, 이 일 후에 나의 아들 메시아와 인간의 혼이 들어 있는 모든 자들이 죽을 것이다. 그러고 나면 이 세상은 최초의 고요함으로 7일간 돌아갈 것인데 그것은 창조 때와 같은 것이며 그리하여 아무도 살아남지 못할 것이다. 그러고 난 후에야 새 시대가 시작된다"(에스드라4서 7:28-29). 이 구절은 메시아의 통치 기간의 제한된 시간뿐만 아니라 심지어는 메시아의 사망을 예언한 것으로 퍽 특이하다. 4백 년이란 기간의 설정은 구약의 두 구절을 함께 생각함으로써 된 것이다. 창세기 15장 13절에 하나님은 아브라함에게 이스라엘의 곤고의 기간이 4백 년이 될 것이라고 말씀하시고, 시편 90편 15절의 기도에 "우리를 괴롭게 하신 날수대로와 우리가 화를 당한 연수대로 우리를 기쁘게 하소서"라고 했다. 그러므로 희열의 기간은 곤고의 날같이 4백 년간 계속될 것이라고 생각했다.

그보다 더 보편적인 것은 이 세계는 창조 기간과 맞먹을 것이라고 하는 것이다. 창조 기간이 6천 년이라는 설이 있었다. "주의 목전에는 천 년이 지나간 어제 같으며"(시 90:4), "주께는 하루가 천 년 같고 천 년이 하루 같다"(벧후 3:8). 창조의 하루하루가 1천 년이라고 했다. 그러므로 메시아는 여섯째 1천 년 기간에 오실 것이라고 했고, 일곱째 1천 년은 창조 설화의 안식일에 해당하며 그것이 메시아의 통치일 것이라고 했다. 지상에서 메시아의 통치가 1천 년 된다는 것은 이런 계산에서 나온 것이다.

물론 이 메시아 통치가 의의 통치일 것이나 간혹 이 메시아 시대를 물질적 축복의 기간으로 생각하기도 했다. "땅도 그 열매를 일만 배 맺을 것이요 한 줄기에 일천 가지가 날 것이며 매 가지마다 일천송이가 날 것이며 매 송이마다 일천 포도알을 낼 것이며 매 포도알은 일곱 말의 포도주를 낼 것이라"(바룩2서 29:5-6). "그때 다시는 질병이 없을 것이며 생명이 다하기 전에 죽는 일이 없을 것이며 짐승은 사람과 친해질 것이며 여인들은 해산 때 고통이 없을 것이다"(바룩2서 73장).

이제 천년왕국설의 배후가 드러났다. 유대인은 이미 제한된 메시아 통치를 생각하게 되었고 그 통치는 의의 승리의 기간이요, 영적으로 물질적으로 축복의 기간이 될 것이라는 생각이었다.

요한계시록의 이 구절에 근거하여 천년왕국설은 초대교회 내에서는 하나의 신앙으로 매우 널리 그리고 잘 알려져 있었다. 물론 그것은 전 세계적인 것은 아니었다.

이 천년왕국설은 비록 잘 믿는 성도들도, 이것을 받아들이지 않은 사람들이 있다고 하더라도 이것은 전통 신앙의 기본적인 부분이라고 저스틴 마터는 말했다. "모든 점에서 올바르게 생각하는 기독교인은 나를 포함해서 이를 확신하고 있다. 즉, 죽은 사람이 부활하는 것, 1천 년의 기간, 예루살렘이 에스겔, 이사야, 기타 선지자의 예언처럼 아름답게 세워져 확장되는 것이다"(트리포와의 대화 80). 이레나이우스도 지상의 천년왕국을 굳게 믿었다(이단을 격하며 5:32). 그가 믿는 이유 중 하나는 성도들과 순교자들이 지상에서 곤고를 당하였으므로 그들이 지상에서 그들의 신실함과 상과 축복을 거두는 것이 공정하다는 확신 때문이다. 터툴리아누스도 천년왕국의 강림을 주장하였다. 2세기 복음서에 대한 많은 자료를 수집하고 기록한 파피아스(Papias)는 예수께서 천년왕국 교리를 가르치셨다고 주장했고, 그는 예수의 말씀이라고 한 구절을 남겨 주었는데 그것은 지상에 놀라운 풍요가 올 것이라고 예언했다. "그날이 오리니 그때에는 포도나무가 자랄 것인데 한 나무에 일만 개 순과 각 순에는 일만의 가지가 날 것이며 매 가지마다 또다시 일만 개 작은 가지가 날 것이며 매 작은 가지마다 일만 송이가 날 것이며 송이마다 일만 포도가 날 것이요 각 포도 알은 짰을 때 25말의 포도주를 낼 것이다." 그리고 성도 중 누구든지 그들 중 한 송이를 잡으면 다른 송이가 부르짖기를 내가 더 나은 송이요 나를 따 가고 나를 통하여 여호와를 찬송하라고 소리 칠 것이다. 마찬가지로 "밀알 하나에서 일만 이삭이 나오고 매 이삭마다 일만 알이 열릴 것이요 매 밀알마다 맑고 깨끗한 고운 가루 일만 근을 낼 것이며 다른 열매와 씨와 풀들도 이와 비슷한 비율로 낼 것이고 농부는 열매들을 먹는 동물들과 싸우지 않고 조화를 이루고 사람에게 모든 면에서 순종할 것이다." 파피어스는 이 구절을 예수의 실언이라고 전하나 우리가 이미 인용한 바룩2서의 구절과 매우 흡사하다는 것을 알 수 있다.

앞에서 천년왕국설을 정통주의의 한 부분으로 받아들이는 사람이 초대교회에는 많았지만 그렇지 않은 자도 많다는 것을 말했다. 유세비우스는 파피어스의 주장을 거의 경멸조로 부정하고 있다. "내 생각에는 그의 이런 개념들은 계시 저서들을 오해한 데서 온 것 같고, 그 계시문학에서 말한 것들은 신비적인 비유로 말해졌다는 것을 알지 못한 것 같다. 그의 이해력은 매우 제한된 것 같다"(유세비우스, 교회사 3:38).

천년왕국설이 비판을 초래하게 한 것은, 여기에 약속되어 있는 축복에 정신적인 것과 물질적인 것이 있어서 해석이 물질적에 기울어지는 경향이 있기 때문이다. 유세비우스는 "디오니시우스라는 유명한 학자가 애굽에서 천 년간의 지상의 육체적 향락을 가르친 네포스라는 존경 받는 장로를 상대하지 않으면 안 되었다" 고 기록하고 있다(유세비우스, 교회사 7:24). 세린투스(Cerinthus)라는 이단자는 고의로 욕정과 쾌락과 혼인 잔치의 천년왕국을 "배부름과 성욕과 먹고 마시고 결혼하는 즐거움" 으로 가르쳤다(유세비우스, 교회사 3:28). 제롬은 경멸적으로 "이반(半)유대인은 하늘에서 내려오는 황금과 보석의 예루살렘과 모든 만국이 이스라엘을 섬기게 될 미래의 천년왕국을 기대하는 자들" 이라고 말했다(이사야서 주석 60:1). 이 천년왕국에서 일종의 모하메드적인 하늘을 만들어 버리려고 하는 자들이 있었다는 것이 확실하다.

교회의 두 대학자들이 육체적이고 물질적인 개념을 꾸짖었다. 오리게네스는 천년왕국에서 육체적인 쾌락과 사치를 기대하는 자들을 꾸짖었다. "성도들이 먹을 것은 생명의 떡이요, 그들이 마실 것은 지혜의 잔이다"(원리에 대하여 2:11:2-3). 천년왕국설에 일격을 가했다고 말할 수 있는 사람은 어거스틴이다. 한때 그는 천년왕국을 믿고 정신적인 축복을 기대했었다. 스위트가 어거스틴의 입장을 잘 요약하고 있다. "그는 사탄의 결박이라는 것은 예수께서 이미 말씀하신 대로 강한 자보다 더 강한 자가 그를 결박하는 것(막 3:27; 눅 11:22)을 뜻하고, 1천 년간이란 예수의 초림과 최후의 고난의 때의 기간을, 그리고 성도들의 통치란 하나님 나라의 전 과정을, 그들에게 주어진 심판이란 죄인들을 매고 풀어 주는 것을, 첫 번 부활이란 세례 받은 자들이 그리스도의 부활에 영적으로 참여하는 것이다"(어거스틴, 하나님의 도성 20:7). 어거스틴은 천년왕국을 문자 그대로 이해하려 하지 않고 그 전체를 영적으로 생각했다.

천년왕국설은 그렇다고 해서 교회 내에서 완전히 없어진 것은 아니다. 아직도 철저하게 그것을 믿는 사람들이 있다. 그러나 쉽사리 알 수 있는 것은 모든 교회에서 전체적으로 받아들여진 개념이 결코 아니라는 것이다. 이것을 분명하게 가르치고 있는 것은 신약성경 전체 중 요한계시록에서 다만 이곳뿐이라는 것이며, 그 배경은 실상 유대교적이지 기독교적이 아니라는 것과 이 설의 문자 그대로의 해석은 항상 지나친 위험을 내포하고 있다는 것을 알아야 한다. 이 천년왕국설은 기독교 사상의 주류에서 떨어진 지 오래된 교리라고 말하는 것이 타당할 것이며, 이제는 기독교 신앙의 한 이상한 조류에 속한다고 하는 것이 좋을 것이다.

사탄의 결박

요한계시록 20:1-3

1 또 내가 보매 천사가 무저갱의 열쇠와 큰 쇠사슬을 그의 손에 가지고 하늘로
부터 내려와서 2 용을 잡으니 곧 옛 뱀이요 마귀요 사탄이라 잡아서 천 년 동
안 결박하여 3 무저갱에 던져 넣어 잠그고 그 위에 인봉하여 천 년이 차도록

다시는 만국을 미혹하지 못하게 하였는데 그 후에는 반드시 잠깐 놓이리라

무저갱은 땅 밑의 큰 굴로서 어떤 때는 모든 죽은 사람이 가는 곳으로, 때로는 어느 특정한 죄인만이 가 있다가 처형을 기다리는 곳으로 나타난다. 이곳은 땅 속으로 내려가 있는 좁은 틈바구니 같은 통로를 통하여 내려갈 수 있다. 천사가 사탄을 무저갱에 가두어 두려고 틈바구니를 막아 버렸다.

마귀들이 가장 겁내고 있던 것이 바로 이 무저갱이었다는 것을 기억하는 것이 중요하다. 거라사의 귀신 들린 사람의 이야기에서 악귀들의 요구는 예수께서 그 사람에게서 떠나 깊은 곳, 즉 무저갱으로 가라고 명하지 말기를 요구했던 것이다(눅 8:31).

그 입구에 인봉했는데 그것은 마치 예수의 무덤에 인봉하여 그에게 도망치지 못하게 했던 것과 똑같이(마 27:66) 그 갇힌 자를 굳게 가두어 두기 위한 것이다.

악마는 1천 년간을 무저갱에 있어야 한다. **1천**이란 단어가 성경에서 사용된 방법까지도 우리가 이것을 문자 그대로 이해하는 것을 경고할 것이다. 시편 50편 10절에서 일천 산의 생축이 하나님께 속한다고 했다. 그리고 욥기 9장 3절에서 천 마디에 한마디도 대답하지 못하리라고 했다. 일천이라는 말은 단순히 많은 수나 긴 기간을 표현하는 데 사용했다는 것이 극히 분명하다. 이것 자체가 이 구절을 이해하는 데 우리가 너무 문자대로만 취하여서는 안 된다고 경고하는 것이다.

그 기간 끝에 마귀는 잠시 동안 풀려 나온다. 이것은 무엇을 뜻하는 것일까? 이 뒤에 있는 영원한 진리는 무엇일까? 스위트는 악마를 마지막에 풀어 주는 이유는 이러하다고 했다. 평화와 의의 기간 동안에, 말하자면 반대파가 없는 기간에 사람들은 그들의 신앙을 경솔히 취급하게 되고 그저 전에 하던 대로 그리고 의당 그런 것으로 받아들이기 쉽다고 말했다. 마귀가 풀려나는 것은 기독교인에게 시험의 기간을 뜻하며 신앙의 진수가 보존되려면 시험의 기간이 중요한 때가 있는 것이다.

심판의 특권

요한계시록 20:4-5

[4]또 내가 보좌들을 보니 거기에 앉은 자들이 있어 심판하는 권세를 받았더라
또 내가 보니 예수를 증언함과 하나님의 말씀 때문에 목 베임을 당한 자들의
영혼들과 또 짐승과 그의 우상에게 경배하지 아니하고 그들의 이마와 손에
그의 표를 받지 아니한 자들이 살아서 그리스도와 더불어 천 년 동안 왕 노
릇 하니 [5](그 나머지 죽은 자들은 그 천 년이 차기까지 살지 못하더라) 이는
첫째 부활이라

이 표현에 따르면 첫째 부활에서는 믿음으로 인하여 죽고 고난 받은 자들만이 죽음에서 일어나게 된다는 것이다. 전체 부활은 지상에서 1천 년의 그리스도의 통치가 지날 때까지는 있지 않을 것이다. 그리스도에게 특별한 충성심을 보인 자들에게는 특별한 특권이 주어진다.

이 특권을 누릴 사람들은 다음 두 종류다. 첫째, 그리스도를 향한 그들의 신실함 때문에 실제로 순교를 한 사람들이 있다. 그들이 죽음을 당한 방법을 기술한 단어는 **도끼로 머리를 베다**는 뜻으로 가장 거칠고 잔인하고 난폭한 죽음을 의미한다. 이들은 진실로 죽도록 충성한 자들이다. 둘째, 짐승에게 경배하지 않은 자들과 그 짐승의 표를 그 머리와 이마에 맞지 않은 자들이 있다. 스위트는 비록 실제로 순교를 하지는 않았어도 예수 그리스도를 위하여 기꺼이 고난을 당하고 치욕을 당하고 배척과 투옥과 재산이 상실되고 가정이 파멸되며 인간관계에서 파멸당하는 사람들을 동일시했다.

초대교회의 박해 시대에 두 용어가 사용되었다. **순교자**는 신앙 때문에 실제로 죽는 사람이요, **고백자**는 예수 그리스도에 대한 충성 때문에 죽음을 제외한 온갖 고난을 당하는 사람들이다. 그리스도를 위해 죽는 사람이나 그리스도를 위해 사는 사람이 다 같이 그의 상을 받을 것이다.

그리스도에게 충성스러운 자들은 재판의 특권을 받게 될 것이다. 이것은 신약

에서 한 번 이상 나타나는 개념이다. 예수께서는 당신이 자기 영광으로 재림하여 보좌에 앉을 때 그의 열두 제자들은 보좌에 앉아 이스라엘의 12지파를 심판할 것이라고 말씀하셨다(마 19:28). 바울은 논쟁하기를 좋아하는 고린도인들에게 성도들은 장차 세계를 심판할 것이라고 말했다(고전 6:2). 여기서도 우리는 문자대로 취할 수가 없다. 이 표현에서 상징된 개념은 장차 올 세계는 이 세상에서 차이를 보상 받고 교정할 것이라는 뜻이다. 이 세상에서 기독교인은 박해와 사람들의 심판 아래 있을 수 있으나 장차 올 세상에서는 그 사정이 반대로 되며 심판자라고 생각했던 자들이 심판을 받는 자들이 될 것이다.

그리스도 증인들의 특권

요한계시록 20:6

[6]이 첫째 부활에 참여하는 자들은 복이 있고 거룩하도다 둘째 사망이 그들을 다스리는 권세가 없고 도리어 그들이 하나님과 그리스도의 제사장이 되어 천 년 동안 그리스도와 더불어 왕 노릇 하리라

6절은 충성을 지킨다는 것이 비싼 대가를 지불했다 하더라도 그리스도에게 신실한 기독교인들은 다음의 세 가지 특권을 받는다는 것이다.

I. 그들에게는 죽음이 완전히 정복되었다. 둘째 죽음은 그들 위에 권한이 없다. 자신을 그리스에게 맡겨 버린 사람들은 죽음이 해치지 못한다. 그와 하나가 되었으므로 그들은 그의 부활과 죽음에 대한 승리에 동참한다. 육체적 죽음은 그들에게는 겁낼 것이 못 된다. 그것이 영원한 생명의 문이기 때문이다.

II. 그들은 하나님과 그리스도의 제사장이 될 것이다. 라틴어로 제사장이란 단어는 **폰티펙스**(pontifex)인데 그 뜻은 **다리 놓는 자**다. 제사장이란 하나님과 인간

사이에 다리를 놓는 자다. 제사장은 다른 사람들을 하나님의 존전으로 소개하는 사람이다. 제사장은 하나님과 인간 사이의 연락 장교다. 더 나아가 유대인이 보는 대로 제사장은 하나님의 존전에 직접 나아갈 수 있는 권리를 가진 사람이다. 예수 그리스도에게 신실한 자들의 특권은 두 가지다. 그들은 자신을 위하여 하나님의 존전에 자유로이 나아갈 권리가 있고 동시에 타인을 위해서는 모든 특권 중에 가장 큰 특권인 다른 사람들을 예수 그리스도에게 데려오고 소개하는 특권을 가지고 있다.

III. 그들은 그리스도와 함께 다스리게 될 것이다. 그들은 그들 자신의 삶 위에 예수 그리스도의 왕권을 받은 것이며, 그리스도 안에서는 가장 평범한 사람도 왕이 되는 것이다.

영생의 선물, 하나님께 나아갈 수 있는 선물, 타인을 예수 그리스도에게 데려올 특권, 왕권의 선물, 이것들이 예수 그리스도가 자기 사람들에게 주시는 선물이다.

최후의 고난

요한계시록 20:7-10

7천 년이 차매 사탄이 그 옥에서 놓여 8나와서 땅의 사방 백성 곧 곡과 마곡을
미혹하고 모아 싸움을 붙이리니 그 수가 바다의 모래 같으리라 9그들이 지면
에 널리 퍼져 성도들의 진과 사랑하시는 성을 두르매 하늘에서 불이 내려와
그들을 태워 버리고 10또 그들을 미혹하는 마귀가 불과 유황 못에 던져지니
거기는 그 짐승과 거짓 선지자도 있어 세세토록 밤낮 괴로움을 받으리라

1천 년 끝에 마귀는 놓일 것이요, 그 후 마지막 고난이 있을 것이다. 사탄이 다시 놓였을 때 그는 전보다 나아진 것이 없다. 그는 아직도 크게 사람을 속이는

자요, 중단했던 일을 바로 거기서 재출발하는 것이다. 그는 하나님에 대한 마지막 공격을 하려고 나라들을 모을 것이다.

예루살렘에 대한 적대국들의 최후 공격은 유대인의 전형적인 종말 사상으로서 이것은 특히 다니엘 11장과 스가랴 14장 1-11절에서 찾을 수 있다. 《시빌라의 신탁》(3:663-672)에서는 여러 나라의 왕들이 군대를 동원하여 성지를 공격하고 최후에는 하나님에 의해 격파되는 모양을 기록하고 있다.

그러나 이 구절에서 우리는 신비적일지는 모르나 유대 사상에 깊이 파고 들어 있는 곡과 마곡의 장면을 보게 된다. 이것은 처음에 에스겔 38장과 39장에 나온다. 거기에 보면 마곡 땅에 있는 곡, 즉 메섹과 두발의 왕이 이스라엘에게 큰 공격을 가해 오나 결국에는 전멸한다. 원래 곡이란 모든 사람이 겁내는 침략을 하는 무서운 스구디아인들을 뜻하는지도 모르겠다.

시간이 흐름에 따라 유대 사상에서는 곡과 마곡은 상징적으로 하나님에게 반대하는 모든 것을 뜻하게끔 되었다. 랍비들은 곡과 마곡이 그들 자신과 그들의 군대를 모아 예루살렘을 칠 것이나 결국 메시아의 손에 넘어지고 말 것이라고 가르친다. 랍비의 유전에 보면 곡과 마곡과 메시아 간의 대화가 있다. 메시아가 그들에게 왜 왔느냐고 묻자 그들은 "우리는 여호와와 그의 그리스도를 대적하러 왔도다"라고 대답한다. 요한이 곡과 마곡을 이 장면에 끄집어 넣을 때 에스겔서로 되돌아가서 자신들은 하나님에게 대적하기는 하나 결국 전멸하는 세상의 모든 세력을 나타내는 상징적인 존재로 소개하고 있다.

마귀의 지휘하에 있는 군대는 하나님의 백성의 진과 사랑 받는 도성, 즉 예루살렘을 대적하여 온다. 그러나 그 군대들은 하늘에서 내려오는 불에 삼킨바 되고 마귀는 불과 유황 못에 던져져서 짐승과 거짓 선지자의 운명과 같이 되며 하나님의 승리는 완전하게 되는 것이다.

최후의 심판(1)

요한계시록 20:11-15

11또 내가 크고 흰 보좌와 그 위에 앉으신 이를 보니 땅과 하늘이 그 앞에서
피하여 간 데 없더라 12또 내가 보니 죽은 자들이 큰 자나 작은 자나 그 보좌
앞에 서 있는데 책들이 펴 있고 또 다른 책이 펴졌으니 곧 생명책이라 죽은
자들이 자기 행위를 따라 책들에 기록된 대로 심판을 받으니 13바다가 그 가
운데에서 죽은 자들을 내주고 또 사망과 음부도 그 가운데에서 죽은 자들을
내주매 각 사람이 자기의 행위대로 심판을 받고 14사망과 음부도 불못에 던
져지니 이것은 둘째 사망 곧 불못이라 15누구든지 생명책에 기록되지 못한
자는 불못에 던져지더라

이제 최후의 심판이 온다. 재판장인 하나님은 크고 흰 보좌에 앉으셨다. 흰 보좌는 하나님의 접근할 수 없는 순결성을 상징한다.

어떤 학자들은 여기에서 문제점을 찾아내기도 한다. 신약에서는 언제나 예수 그리스도가 재판장이다. 요한복음 5장 22절은 예수께서 "아버지께서 아무도 심판하지 아니하시고 심판을 다 아들에게 맡기셨으니"라고 말씀하셨다. 양과 염소의 비유에서 심판하시는 자는 영광을 받은 그리스도다(마 25:31-48). 바울은 아덴의 연설에서 하나님께서 예수로 세상을 심판할 날을 정하셨다고 했다(행 17:31). 디모데후서 4장 1절에서 예수는 산 자와 죽은 자를 이제 곧 심판하려 하시는 분으로 묘사되었다.

이 명백한 차이점에 대해서는 두 가지 대답이 있다.

첫째, 아버지와 아들이 얼마나 일치하는지 한쪽의 행위를 다른 쪽의 것이라고 쉽게 말할 수 있다. 그것이 사실상 바울이 말하고 있는 것이다. 로마서 14장 10절에서 바울은 이같이 쓰고 있다. "우리가 다 하나님의 심판대 앞에 서리라"(미국 표준 개역 성경도 이렇게 번역되었다). 그러나 고린도후서 5장 10절에서 그는 "이는 우리가 다 반드시 그리스도의 심판대 앞에 나타나게 되어"라고 말하고 있다.

바울은 두 가지 표현으로 한 가지를 의미한다. 아버지와 아들은 완전히 하나 같아서 한편에 대한 표현이 곧 다른 편에 대해서도 적용된다.

둘째, 요한계시록에서 왜 하나님이 심판자가 되셨는가 하는 진짜 이유는 이 책의 배경이 유대적이기 때문일는지 모른다. 그리고 유대인에게 전능하신 하나님의 그 두려운 위엄은 아무도 추락시킬 수 없는 것이다. 유대인은 그가 비록 기독교인이 되었을지라도 하나님은 특별히 뛰어나시며 그에게는 하나님이 심판주가 되시는 것이 자연스러울 것이다.

요한의 기록대로 보면 이 심판은 이 세상이 지나갈 때 시작된다. 땅과 하늘이 그의 앞에서 피하여 간다. 여기에서 요한은 구약에서 매우 친근하게 알려져 있는 것을 생각하고 있다. 하나님이 땅의 기초를 닦으셨고 하늘은 그 손으로 지으신 바다. 그런데도 "천지는 없어지려니와 주는 영존하시겠고 그것들은 다 옷같이 낡으리니 의복같이 바꾸시면 바뀌려니와"(시 102:25-26)라는 것도 사실이다. "하늘이 연기같이 사라지고 땅이 옷같이 해어지며"(사 51:6). "천지는 없어지겠으나"(막 13:31), "그날에는 하늘이 큰 소리로 떠나가고 물질이 뜨거운 불에 풀어지고 땅과 그 중에 있는 모든 일이 드러나리로다"(벧후 3:10). 재생한 인간에게는 재생된 세상이 있어야 하며 그리스도 안의 새 사람은 그리스도 안의 새 세상이 있어야 한다.

최후의 심판(2)

요한계시록 20:11-15(계속)

이제 인류의 심판이 임한다.

이것은 큰 자와 작은 자의 심판이다. 이제는 피해자와 총독이 다 함께 하나님의 보좌 앞에 섰다. 하나님의 심판을 피할 수 있을 정도로 위대한 자도 없고 하나님의 변호를 못 받을 정도로 보잘것없는 사람도 없다. 하나님의 심판대가 평등하게 하는 역할을 할 것이다.

두 가지 종류의 책이 등장한다. 첫째는 인간의 행위를 기록해 놓은 책이다. 이것은 성경에 있는 보편적인 개념이다. 다니엘은 "왕좌가 놓이고… 책들이 펴 놓였더라"(단 7:9-10)고 말한다. 에녹서에 보면 봉인한 책들이 여호와 앞에서 펴졌다고 했다(에녹서 90:20). 바룩의 요한계시록은 예언하기를 "죄를 지은 모든 자들의 죄가 기록되어 있고 창조에서 의로웠던 모든 자의 의가 모아진 보고도 열릴 때"를 예언하고 있다(바룩2서 24:1). 이 세대가 지나가면 책들이 하늘에 펼쳐질 것이고 모든 사람이 함께 볼 수 있다(에스드라 2서 6:20).

여기의 개념은 매우 간단하다. 그것은 모든 사람의 행위를 기록한 것이 하나님에 의해 보존된다는 것이다. 그 상징은 평생 동안 우리는 우리의 운명을 기록하고 있다고 할 수 있다. 사람의 성공 또는 실패의 기록은 하나님 앞에 모여져서 그것이 보좌 앞에서 명예와 수치를 결정한다. 모든 사람은 각자 자신의 자서전 작가다. 심판이란 하나님이 하시는 것보다는 오히려 사람이 자신의 심판을 써서 둔다고 할 수 있다.

둘째는 생명의 책이다. 생명의 책은 성경에 자주 나타난다. 모세는 자기 백성을 구원할 수 있다면 자기는 생명책에서 지워지기라도 하겠다고 했다(출 32:32). 악한 자들을 생명책에서 도말하여 의인과 함께 기록되지 않기를 바라는 것(시 69:28)이 시인의 기도였다. 이사야는 산 자들 사이에 기록된 자들에 대하여 언급하고 있다(사 4:3). 바울은 생명책에 그들의 이름이 있는 동역자들에 대해 말하고 있다(빌 4:3). 사데 교회에 대한 부활하신 그리스도의 약속은 이기는 자의 이름이 생명책에 도말되지 아니하리라는 것이다(계 3:5). 생명책에 이름이 기록되지 않은 자들은 멸망에 넘겨진다(계 13:8). 이것의 배경은 모든 도시와 그 통치자는 자기 통치하에서 생존하는 시민들의 명부를 가지고 있어 누가 죽으면 그의 이름은 그 명부에서 지워 버리는 것이다. 생명책에 그 이름이 있는 자는 하나님 나라의 살아 있는 실질적 시민이다.

심판 때에는 바다가 그 죽은 자들을 내놓으리라고 한다. 여기에는 두 가지 요점이 있다. 첫째, 고대 세계에서는 매장이 아주 중요했다. 죽은 사람에게 가장 비참한 일은 매장되지 못하는 것이다. 그가 매장되지 못하면 그의 혼은 하늘이나 땅에서 고아와 같이 집 없이 쫓겨나 떠돌아다닐 것이다. 물론 바다에서 죽은 사람은 매장되지 못한다. 요한이 의미하는 것은 이런 자들까지도 하나님의 심판대 앞에 나타나리라는 것이다. 둘째, 스위트는 이것을 더 보편화된 형태로 표현하고 있다. "사고로 죽은 사람들도 모두 심판대 앞에 서는 것이다." 사람이 어떻게 죽든지 간에 모든 바다와 땅이 하나님 손안에 있기 때문에 자기 벌을 피하거나 자기 상을 놓칠 수는 없다.

끝으로 죽음과 지옥은 불 연못으로 던짐을 받는다. 스위트가 말했듯이 그렇게도 많은 사람을 삼킨 이 거대한 괴물이 결국에는 자신도 죽고 만다. 심판 때에는 요한이 보는 대로 생명책에 기록되지 않은 사람들은 그들의 주인 마귀와 함께 불못에 던져질 것이나, 생명책에 이름이 기록된 자들은 죽음이 영원히 사라져 버리고 다시는 존재하지 않는다.

The Revelation of John

21

새 창조

요한계시록 21:1

1또 내가 새 하늘과 새 땅을 보니 처음 하늘과 처음 땅이 없어졌고 바다도 다시 있지 않더라

요한은 앞서 악한 자들의 멸망을 보았고 이제는 축복 받은 자들의 희열에 찬 환상을 본다.

신천신지의 꿈은 유대 사상에 깊이 뿌리 박혀 있다. 이사야서에서 하나님은 "보라 내가 새 하늘과 새 땅을 창조하나니 이전 것은 기억되거나 마음에 생각나지 아니할 것이라"(사 65:17). 옛날의 슬픔이 다 잊혀질 날이 올 것이다. 이사야는 하나님이 만드실 새 하늘과 새 땅에 대해 언급했는데 그곳에서는 사는 것이 하나님에 대한 하나의 계속된 경배가 될 것이다(사 66:22-23). 이 개념은 중간기에도 매우 강했다. 하나님의 약속은 "내가 하늘을 변화시켜 영원한 축복과 빛이 되게 하리라"(에녹서 45:4)는 것이다. 새로운 창조가 완성될 것인데 그것은 영원히 있을 것이다(에녹서 72:1). 첫째 하늘은 떠나 지나고 새 하늘이 나타난다. 하늘의 빛은 일곱 배나 밝을 것이며, 그 새로 창조된 것은 영원히 계속될 것이다(에녹

서 91:16). 능력 있는 자가 천지를 흔들어 새 것을 만들 것이라(바룩2서 32:6). 하나님께서 당신의 피조물을 새롭게 하실 것이다(에스드라4서 7:75).

그러한 표현은 늘 있었고 그때 요소는 늘 똑같다. 슬픔이 잊혀질 것이요, 죄는 없어질 것이며, 어둠이 종말을 고할 것이며, 시간의 임시성은 영원의 지속성으로 바뀔 것이다. 이 끊이지 않는 신앙은 세 가지 것에 대한 증거다. 첫째는 사람의 마음속에 있는 꺼지지 않는 불멸의 갈망에 대한 증거다. 이 세상에서는 사람이 제아무리 많이 소유해도 그가 더 갖고 싶어 하는 갈망도 계속된다. 둘째는 사람의 타고난 죄 의식에 대한 증거다. 본능적으로 변화되어야 할 필요성을 느낀다. 그러나 이승의 불충분성 때문에 오직 새 창조라고 불릴 수밖에 없는 그것을 갈망하게 된다. 셋째는 하나님에 대한 인간의 신앙의 증거다. 새 세계를 꿈꾸는 사람들은 하나님께서 사람이나 세계를 지금 이대로 내버려 두지 않으시리라는 것과 비록 죄와 슬픔이 전적으로 사람의 잘못으로 인한 것이지만 창조하신 그분이 반드시 새 천지를 창조하신다는 것을 확신하고 있다.

이 미래의 희열에 대한 환상에서 우리는 요한계시록에서 가장 유명한 한 구절을 만나게 된다. "바다도 다시 있지 않더라." 이 구절은 두 가지 배경을 가지고 있다.

I. 요한 시대의 모든 동방 사람의 신앙이었던 신화적 배경을 가지고 있다. 우리는 이미 바빌론의 세계 창조 설화는 질서의 창조신인 마르둑(Marduk)과 고대 혼돈의 용 티아마트(Tiamat) 간의 오랜 싸움의 설화라는 것을 밝혔다. 바다는 항상 원수다. 애굽 사람들에게 바다는 나일 강의 물을 집어 삼켜서 물이 모자라게 해 농토를 불모로 만들고 열매 맺지 못하게 만들어 버렸다고 생각했다. 고대 신화와 전설에서 바다는 항상 원수이며 사람에게 적대적이었고 혼돈과 파괴의 능력을 품고 있는 것으로 생각되었다.

II. 이것은 더 인간적인 배경을 갖고 있다. 고대인들은 바다를 싫어했다. 사실상 요한의 시대에는 먼 지방을 배로 갈 수 있게 되었다고 하더라도 바다를 두려워하고 증오했다. 그들은 아직 나침반을 갖고 있지 못했으므로 가능한 한 연안만 항해하고 깊은 곳으로 가지는 않았다. 항해를 즐기게 된 것은 비교적 최근의 일이다.

매튜 아놀드(Matthew Arnold)는 "짜고 사이를 멀리 하는 바다"라고 했고, 존슨 박사는 "바다냐 감옥이냐를 택하지 않으면 안 될 경우, 지혜 있는 사람은 감옥을 택할 것이다"라고 했다. 옛날에 바다를 건너고 있었으나 물결과 싸워 지쳐 버린 사람에 대한 옛날이야기가 있다. 그는 자신의 노를 어깨에 메고 바다에서 아주 멀리 갔는데 사람들이 바다에 대하여 거의 아는 바가 없어 어깨에 메고 온 것이 무엇이냐고 물어 볼 정도로 먼 곳으로 갔다.

《시빌라의 신탁》(5:447)에 마지막 날에는 바다가 말라 버린다고 했다. 모세의 승천(20:6)에서는 바다는 깊은 심연으로 변할 것이라고 말했다. 유대인은 바다가 없어지는 것은 하나님과 인간을 적대하는 권력이 없어지는 것이라고 생각했다.

새 예루살렘

요한계시록 21:2

[2]또 내가 보매 거룩한 성 새 예루살렘이 하나님께로부터 하늘에서 내려오니 그 준비한 것이 신부가 남편을 위하여 단장한 것 같더라

여기에도 유대인의 꿈이 있는데 거룩한 성 예루살렘의 부흥과 재건으로 이것은 옛날부터 오늘까지 유대인의 마음에 깃들어 있다. 이 꿈도 두 가지 배경을 가지고 있다.

I. 이것은 원래 헬라적인 배경을 갖고 있다. 세계 철학 사상에 대한 큰 공헌의 하나는 플라톤의 **이데아** 설이다. 플라톤은 가르치기를 무형의 세계에는 이 지구상의 모든 것의 완전형이 있다고 했다. 그리고 지상에 있는 것은 모두 하늘의 실재의 그림자요, 불완전한 복사에 불과하다고 했다. 이미 모든 것이 완전한

형태로 존재하는 이상 세계라고 부를 수 있는 것이 있다는 것이다. 그렇다면 지상의 예루살렘이 그림자가 된 하늘에는 완전하고 이상적인 예루살렘이 이미 존재해 있을 것이다. 그것이 바울이 위에 있는 예루살렘에 대한 이야기를 할 때 생각한 것이며(갈 4:26), 히브리 저자가 하늘의 예루살렘에 대하여 언급했을 때 그의 생각에 있었던 것이다(히 12:22).

그런 사고방식이 중간기의 유대인의 꿈과 환상에 영향을 주었다. 메시아 시대에는 보이지 않는 예루살렘이 나타나리라고 에스드라4서는 말하고 있다(에스드라4서 7:26). 이 저자는 인간의 눈이 하늘의 영광을 감당할 수 있을 정도로 예루살렘의 환상을 보았다고 한다(에스드라4서 10:44-59). 바룩2서에는 하나님께서 낙원을 만들기 전에 하늘의 예루살렘을 지으셨고, 아담이 범죄하기 전에 그것을 보았다고 했으며, 아브라함에게 환상 중에 보여 주었고, 모세가 시내 산 위에서 보았고, 지금은 하나님과 함께 있다고 했다(바룩2서 4:2-6).

요한이 하늘의 예루살렘이 하늘에서 내려온다고 말했을 때 그는 모든 것이 완전한 형, 이데아, 모양이 존재하는 보이지 않는 세계를 믿는 사람들에게 잘 알려진 개념을 사용했다.

이 선재 형태의 개념은 우리에게 이해하기 곤란하고 어려운 사상이라고 하더라도 거기에는 큰 진리가 포함되어 있다. 그 진리란 **이상적인 것은 실재이며** 이상은 실지로 존재한다는 것이다. 우리의 꿈은 실재를 가지고 있다. 또 이상은 하나님의 손과 마음과 은총이며 하나님은 모든 이상의 큰 원천이요, 근원이다. 모든 이상은 하나님께로부터 온다는 것을 의미한다. 이것은 꿈이나 이상은 이루어지지 못할 수도 있지만 그것은 현실이기 때문에 그들은 뇌리에서 떨어지지 않는 실패감이 아니라 비록 이 세상에서는 이루어지지는 않을는지 모르나 장차 올 세상에서는 이루어질 수 있는 도전이다.

II. 새 예루살렘 사상의 두 번째 배경은 온전히 유대적이다. 새 예루살렘의 꿈은 유대 사상의 중심에 있어 왔으며 앞으로도 영원히 있을 것이다. 유대인은 지금도 회당의 기도 형식에서 이렇게 기도하고 있다.

당신의 도성 예루살렘으로 사랑을 가지고 돌아가서 당신이 약속한 대로 그곳에서 살게 하소서. 그 도성을 우리의 날에 급속히 재건하고 다윗의 보좌를 거기에 속히 세우소서. 오, 주여, 예루살렘의 건축자 당신을 송축할지니라.

우리가 요한의 새 예루살렘의 환상을 읽을 때 실제로 선지자들이 이미 가지고 있었던 새 예루살렘의 많은 꿈의 재현이고 확대라고 할 수 있다. 이제 이 꿈 몇 개를 나열해 보겠다. 그리고 즉시로 구약의 인용구가 요한계시록에 얼마나 많이 나오는지를 찾아낼 수 있다.

이사야는 이런 꿈을 꾸었다.

"너 곤고하며 광풍에 요동하여 안위를 받지 못한 자여 보라 내가 화려한 채색으로 네 돌 사이에 더하며 청옥으로 네 기초를 쌓으며 홍보석으로 네 성벽을 지으며 석류석으로 네 성문을 만들고 네 지경을 다 보석으로 꾸밀 것이며"(사 54:11-12).

"내가 노하여 너를 쳤으나 이제는 나의 은혜로 너를 불쌍히 여겼은즉 이방인들이 네 성벽을 쌓을 것이요 그들의 왕들이 너를 섬길 것이며 네 성문이 항상 열려 주야로 닫히지 아니하리니… 네가 이방 나라들의 젖을 빨며 뭇 왕의 젖을 빨고… 내가 금을 가지고 놋을 대신하며 은을 가지고 철을 대신하며 놋으로 나무를 대신하며 철로 돌을 대신하며… 다시는 강포한 일이 네 땅에 들리지 않을 것이요 황폐와 파멸이 네 국경 안에 다시 없을 것이며 네가 네 성벽을 구원이라, 네 성문을 찬송이라 부를 것이라 다시는 낮에 해가 네 빛이 되지 아니하며 달도 네게 빛을 비추지 않을 것이요 오직 여호와가 네게 영원한 빛이 되며 네 하나님이 네 영광이 되리니 다시는 네 해가 지지 아니하며 네 달이 물러가지 아니할 것은 여호와가 네 영원한 빛이 되고 네 슬픔의 날이 끝날 것임이라"(사 60:10-20).

학개도 꿈이 있었다.

> "이 성전의 나중 영광이 이전 영광보다 크리라 만군의 여호와의 말이니라 내가 이곳에 평강을 주리라 만군의 여호와의 말이니라"(학 2:9).

에스겔은 재건되고 다시 창조된 예루살렘의 꿈을 가지고 있었는데(40, 48장), 이곳에 보면 심지어는 12대문까지 등장한다(겔 48:31-35).

중간기의 저자들도 그들의 꿈이 있었다.

> "하나님이 사랑하신 도성은 그가 별과 해와 달보다 더 빛나게 하셨도다. 그는 이곳을 세계의 보석으로 세우시고 성전을 만드시고 그 지성소는 훨씬 아름답게 하셨으며 그 모양을 아주 크게 하셨고 큰 탑을 세우되 구름에 닿으며 모든 사람이 볼 수 있게 세웠으니 그리하여 모든 믿는 자와 의로운 자가 보이지 않는 하나님의 영광과 기쁨의 환상을 볼 수 있게 하셨다"(시빌라의 신탁 5:420-427).

> "예루살렘의 대문들은 청옥과 취옥으로 만들어질 것이며
> 네 모든 벽들은 귀한 돌로 할 것이니라.
> 예루살렘의 탑들은 금으로 그리고 그들의 흉벽은 순금으로 지을 것이다.
> 예루살렘의 거리는 오빌의 홍옥과 돌로 포장될 것이며
> 예루살렘의 대문들은 기쁨의 찬송을 발하여
> 그의 모든 집이 할렐루야 할 것인가"(토빗서 13:16-18).

새 예루살렘에 대한 꿈은 끊임없이 사람의 마음에 있었으므로 요한은 기꺼이 그 꿈의 다른 환상과 아름다움을 모았다는 것을 쉽게 알 수 있다. 그것들은 보석과 금으로 된 거리와 건물들, 항상 열려 있는 대문, 해와 달의 빛을 불필요하게 만든 하나님의 빛, 열방이 조공을 가지고 오는 이 모든 것은 이미 여러 사람이 본 환상이었으므로 요한이 이들에서 모은 것이다.

여기에는 신앙이 있다. 심지어는 예루살렘이 무너지고 말살되었을 때도 유대인은 하나님께서 예루살렘을 재건하게 되리라는 믿음을 절대로 버리지 않았다. 사실 그들은 그들의 꿈을 황금과 보석과 번영과 풍요 등 물질적인 달로 나타냈

다. 그러나 이런 것들은 단지 하나님의 신실한 백성에게 영원한 축복을 반드시 주신다고 하는 확신을 나타내는 것이다.

하나님과 교제

요한계시록 21:3-4

3내가 들으니 보좌에서 큰 음성이 나서 이르되 보라 하나님의 장막이 사람들
과 함께 있으매 하나님이 그들과 함께 계시리니 그들은 하나님의 백성이 되
고 하나님은 친히 그들과 함께 계셔서 4모든 눈물을 그 눈에서 닦아 주시니
다시는 사망이 없고 애통하는 것이나 곡하는 것이나 아픈 것이 다시 있지 아
니하리니 처음 것들이 다 지나갔음이러라

여기에는 하나님과 사귐이 약속되고 그것이 얼마나 고귀한 것인지 나타나 있다. 그 소리는 하나님 앞에 모여 있는 천사 중 하나의 소리다.

하나님이 사람과 함께 그의 **장막**이 계신다는 것이다. 장막이란 단어는 **스케네**(skēnē)인데 문자대로 원래는 **천막**이라는 뜻이다. 그러나 종교적인 용법에서는 이 단어가 영구적이 아니고 지나가는 거처라는 뜻을 상실한 지가 오래되었다. 두 가지 주요한 뜻이 있다.

1. "스케네"는 "장막"이란 뜻으로 사용되었다. 원래 광야에서는 장막은 천막이었다. 장막은 **탁월한 스케네**였다. 이것은 그렇다면 하나님께서 인간과 영원히 거처를 같이하실 것이라는 뜻이다. 다른 말로 말하면 하나님께서는 영원히 인간에게 그의 임재를 나타내신다는 뜻이다. 이 세상에서 시간의 세계 속에서 바쁘게 살 때에는 하나님을 가깝게 느끼고 경험하는 것은 단속적(斷續的)이고 지나가 버리는 것이며 생활이 환경과 변화에 좌우되지만, 하늘에서 생은 언제나 변하는 일이 없이 영구히 하나님과 함께 있게 되는 것이다.

II. 그 의미나 어원에서는 아무런 관계가 없으면서도 그 음은 매우 같은 두 단어가 있는데 그것은 초대교회 사상에서는 매우 긴밀한 관계를 가지고 사용되었다. 헬라어인 **스케네**는 **천막**을 뜻하며 특히 광야의 성전을 의미했다. 또 하나는 **쉐키나**는 **하나님의 영광**을 뜻하는 히브리어다. 스케네와 쉐키나 이 두 단어는 발음이 비슷하다는 이외에는 아무 관련이 없었으나 이 음의 관계는 사람들에게 한 단어를 다른 단어를 생각하지 않고는 들을 수 없게 했다. 그 결과는 하나님의 **장막**이 사람과 함께 있다고 말하는 것은 하나님의 **영광**이 인간과 함께 있다고 하는 생각을 즉시 가져오게 했다. 하나님의 거처가 인간과 함께 있다는 것은 하나님의 영광이 인간과 함께 있다고 하는 뜻이 되었다. 고대에는 **쉐키나**는 왔다가 지나가는 광채 나는 구름의 형태를 취하였다. 예를 들면 우리는 솔로몬의 성전 헌당에서 그 집을 가득 채운 구름에 대하여 읽을 수 있다(왕상 8:10-11). 새 시대, 앞으로 올 시대에는 하나님의 영광은 뜬구름이나 쉬 지나가는 것이 아니라 하나님의 백성과 더불어 영구히 그리고 계속해서 있을 것이다.

하나님과 사귐

요한계시록 21:3-4(계속)

이스라엘을 당신의 백성으로 만드시고 그들의 하나님이 되시겠다는 약속은 구약을 통해 계속 반복되었다. "내가 내 성막을 너희 중에 세우리니… 나는 너희 중에 행하여 너희의 하나님이 되고 너희는 내 백성이 될 것이니라"(레 26:11-12). 하나님의 새 언약에 대한 예레미야의 설명은 "나는 그들의 하나님이 되고 그들은 내 백성이 될 것이라"(렘 31:33)는 것이다. 에스겔에게 주어진 약속은 "내 처소가 그들 가운데에 있을 것이며 나는 그들의 하나님이 되고 그들은 내 백성이 되리라"(겔 37:27)는 것이었다. 모든 것 중 가장 고귀한 약속은 하나님과 긴밀한 사귐이며 그 사귐 안에서 우리는 하나님께 속하여 "나는 내 사랑하는 자에게 속하였고 내 사랑하는 자는 내게 속하였으며"(아 6:3)라고 말할 수 있는 그런 사권이다.

황금시대에서 하나님과 사귈 때 눈물과 슬픔과 우는 것과 고통은 없어진다. 그것도 옛날 선지자들의 꿈이었다. "그들의 머리 위에 영영한 희락을 띠고 기쁨과 즐거움을 얻으리니 슬픔과 탄식이 사라지리로다"(사 35:10)라고 이사야는 천국행의 순례에 대하여 말하고 있다. "내가 예루살렘을 즐거워하며 나의 백성을 기뻐하리니 우는 소리와 부르짖는 소리가 그 가운데에서 다시는 들리지 아니할 것이며"(사 65:19). 이것도 옛날 선지자들의 꿈이었다. "사망을 영원히 멸하실 것이라 주 여호와께서 모든 얼굴에서 눈물을 씻기시며"(사 25:8).

이것은 장래를 위한 약속이다. 아직은 슬픔과 눈물과 죽음이 더 있지 않은 세계와 세대가 도달하지 못했다. 그러나 현세계에서라도 슬퍼하는 자는 복이 있는 자니 저들은 위로의 축복을 받을 것이며 그리스도의 고난에 참예하는 자가 부활의 능력을 받는다는 사실은, 이 약속이 지금도 진실하다는 것이다(마 5:4; 빌 3:10).

모든 것이 새로움

요한계시록 21:5-6

5보좌에 앉으신 이가 이르시되 보라 내가 만물을 새롭게 하노라 하시고 또
이르시되 이 말은 신실하고 참되니 기록하라 하시고 6또 내게 말씀하시되 이
루었도다 나는 알파와 오메가요 처음과 마지막이라 내가 생명수 샘물을 목
마른 자에게 값없이 주리니

요한계시록에서는 여기에서 처음으로 하나님이 직접 말씀하신다. 하나님은 모든 것을 새롭게 하실 수 있는 분이다. 여기서도 옛날 선지자들의 말씀으로 되돌아간다. 이사야는 하나님께서 "너희는 이전 일을 기억하지 말며 옛날 일을 생각하지 말라 보라 내가 새 일을 행하리니"(사 43:18-19)라고 하시는 것을 들었다. 이것이 사실이라는 것이 바울의 증거다. "누구든지 그리스도 안에 있으면 새로

운 피조물이라"(고후 5:17). 하나님은 사람을 취하여 그를 중생시킬 수 있는 분이요, 인생을 취하여 새롭게 하실 수 있는 분이요, 요한이 본 대로 그분은 언젠가는 그가 중생시키신 성도들을 위하여 새로운 우주를 만드실 것이다.

기록하라고 명령한 것은 하나님이 아니라 하나님의 천사다. 이 말들은 믿음직하고 진실하기 때문에 기록해서 기억해야만 한다. 스위트가 말한 대로 "그 말들은 진실하고 놀라운 힘을 가지고 있다".

"나는 알파와 오메가요, 처음과 나중이라"고 하나님이 요한에게 말씀하신다. 우리는 이미 이와 같은 말을 1장 8절에서 부활하신 예수가 말씀하신 것을 보았다. 여기에서 또다시 요한은 대선지자들이 들었던 음성을 듣는다. 왜냐하면 이사야는 하나님이 "나는 처음이요 나는 마지막이다 나 외에 다른 신이 없느니라"(사 44:6)고 하신 말씀을 들었다. **알파**(Alpha)는 헬라어 문자의 첫 글자요 **오메가**(Omega)는 마지막 글자다. 하나님은 **처음**이요 **나중**이시다. **처음**이란 단어는 **아르케**(archē)요, 단순히 어떤 것이 그 순서에서 가장 처음인 것과 같이 시점의 처음을 뜻하는 것만은 아니다. 이것은 모든 것의 **원천**과 **기원**이란 의미에서 첫째를 뜻한다. 이것은 하나님이 모든 존재의 원천과 기원이라는 뜻이다. 그리고 만물이 그 시작과 출생과 창조와 기원과 존재를 얻은 것이 다 하나님 안에서 그리고 하나님을 통하여 이루어졌다는 뜻이다. **마지막**이라는 단어는 **텔로스**(telos)인데 이것은 시점의 마지막이나 순서의 마지막만을 뜻하지 않는다. 이것은 **목표**와 **완성**을 의미한다. 그때에는 만물이 완성과 종국에 이르는 것이다. 요한이 말하고 있는 것은 모든 생명은 하나님 안에서 시작되고 하나님 안에서 모든 생이 끝난다는 것이다. 인간은 하나님에게서 나와서 하나님께로 가는 것이다. 바울도 좀 더 철학적으로 말했을 때 그와 똑같은 말을 했다. "주에게서 나오고 주로 말미암고 주에게로 돌아감이라"(롬 11:36). 그리고 "하나님도 한 분이시니 곧 만유의 아버지시라 만유 위에 계시고 만유를 통일하시고 만유 가운데 계시도다"(엡 4:6)라고 말했을 때 그리했다. 모든 사람에게 하나님은 존재의 원천이요, 그 안에서 시작되었고 그들이 불가피하게 갈 최후의 목적지다.

하나님에 대하여 그것보다 더 장엄한 말을 할 수가 없다. 얼른 보기에는 하나님을 저 높이 저 멀리 초월한 존재로 생각하여 그 앞에서 우리는 창문의 파리에 지나지 않는 것같이 생각된다. 그러나 그 다음에 "내가 생명수 샘물로 목마른 자에게 값없이 주리니"라는 말씀이 계속된다. 하나님의 모든 위대한 것이 인간이 원하는 대로 주어지고 사용된다. "하나님이 세상을 이처럼 사랑하사 독생자를 주셨으니"(요 3:16). 하나님의 영광은 목마른 마음의 갈증을 채워 주실 수가 있다. 하나님은 그 위대함을 인간에게 주는 데 사용하시고 인간 영혼의 갈망을 만족시키는 하나님의 선물이란 실로 하나님 자신인 것이다.

영광과 수치

요한계시록 21:7-8

7이기는 자는 이것들을 상속으로 받으리라 나는 그의 하나님이 되고 그는 내
아들이 되리라 8그러나 두려워하는 자들과 믿지 아니하는 자들과 흉악한 자
들과 살인자들과 음행하는 자들과 점술가들과 우상 숭배자들과 거짓말하는
모든 자들은 불과 유황으로 타는 못에 던져지리니 이것이 둘째 사망이라

기쁨이 모든 사람에게 온 것이 아니다. 기쁨은 이기는 자와 모든 것이 그의 충성에서 그를 유혹해 내려는 때 충성을 관통한 자를 위한 것이며, 모든 것이 그의 순결함에서 그를 유인해 내려는 때 끝까지 순결하게 산 자를 위한 것이다.

그러한 사람에게 하나님은 무엇보다도 가장 큰 약속을 하신다. "나는 저의 하나님이 되고 그는 내 아들이 되리라." 이 약속, 아니 이와 매우 흡사한 약속이 구약에서 세 사람에게 행해졌다. 첫째, 아브라함에게 약속하셨다. 하나님이 아브라함에게 이르시기를 "내가 내 언약을 나와 너 및 네 대대 후손 사이에 세워서… 너와 네 후손의 하나님이 되리라"(창 17:7)고 하셨다. 둘째, 다윗의 왕국을 이어 받을 아들에게 약속하셨다. "나는 그에게 아버지가 되고 그는 내게 아들이 되리니"(삼하 7:14). 셋째, 시편에서 약속하셨는데 그것을 유대 학자들은 항상 메시아에 대한 것이라고 해석하고 있다. "내가 또 그를 장자를 삼고 세계 왕들에게 지

존자가 되게 하며"(시 89:27). 아브라함은 이스라엘 민족의 조상이고, 다윗은 하나님의 뜻에 합당한 자로서 그 아들 솔로몬을 대신해서 약속을 받은 것인데, 승리를 얻은 자 모든 경우에서 그리스도에 대해 또한 선에 대해 성실하게 산 자는 아브라함과 다윗과 메시아에게 주어진 것과 똑같은 약속이 주어진다. 이것은 얼마나 놀라운 일인가.

그러나 한편에는 저주 받은 자들이 있다. **두려워하는 자들**은 그리스도를 사랑하기보다 안일과 평안을 더 사랑한 자요, 시험 날에 그들이 누구의 소유이며 누구를 섬겼는지 고백하기를 부끄러워한 자들이다. KJV가 **데일로스**(deilos)를 **두려워하는**이라고 번역했을 때 한 가지 그릇된 인상을 주고 있다. 최고의 용기란 극도의 공포에도 옳은 일을 행하고 충성을 지키는 것이다. 여기서 저주를 받은 것은 안전을 위해 그리스도를 부인하는 것이다.

믿지 아니하는 자들은 복음, 그리스도의 초청을 거절한 자, 입술로는 받아들이나 그들의 생활로는 그것을 거부하고 있는 자들을 말한다. **흉악한 자들**은 이 세상의 더러운 것에 몸도, 마음도 물들게 내버려 둔 자들이다. 요한은 에베소에서 쓰고 있다. 에베소가 낳은 가장 유명한 철학자 헤라클레이토스는 눈물의 철학자로 알려져 있다. 그리고 그는 에베소의 생활인 그 악행 속에서 살고 있는 한 울지 않고는 배기지 못한다고 했다. 흉악자란 악에 감염되어 그것이 부패하고 마침내는 마음속 깊이까지 이 세상의 악이 파고들어간 자들을 말한다.

살인자들은 박해에 가담하여 기독교인들을 죽인 자들일 것이다.

음행자들은 부도덕한 생활을 한 자들이다. 고대 세계는 부도덕한 세계였다. 이것이 얼마나 심하였던지 바울은 사람이 음행과 관계를 끊으려면 그는 이 세상에서 완전히 끊어져야 할 것이라고 말했다(고전 5:10). 세상은 그 기준에서 너그러울는지 모르나 기독교인은 절대로 그럴 수가 없다.

에베소는 술객들로 가득 찼다. 마술, 점성술, 주문 등은 고대 세계의 주요한 직업이었다. 사도행전 19장 19절은 초기에 그리스도의 이름을 전파할 때 마술사들이 많은 책을 태웠다고 말해 주고 있다.

우상 숭배자들은 우상과 이 세상에 가득 찬 거짓 신들을 경배하는 자들을 말한다. **거짓말하는 자들**은 진실하지 못하고, 불성실, 거짓말하는 사람들이고, 침

묵으로 거짓을 묵인하는 자도 그런 부류다.

불충실, 부도덕, 미신, 거짓 신 경배, 조작적이거나 소란스러운 불성실, 이러한 것들이 하나님의 저주를 받을 대상들이다.

하나님의 도시

요한계시록 21:9-27

9 일곱 대접을 가지고 마지막 일곱 재앙을 담은 일곱 천사 중 하나가 나아와
서 내게 말하여 이르되 이리 오라 내가 신부 곧 어린양의 아내를 네게 보이
리라 하고 10 성령으로 나를 데리고 크고 높은 산으로 올라가 하나님께로부터
하늘에서 내려오는 거룩한 성 예루살렘을 보이니 11 하나님의 영광이 있어 그
성의 빛이 지극히 귀한 보석 같고 벽옥과 수정같이 맑더라 12 크고 높은 성곽
이 있고 열두 문이 있는데 문에 열두 천사가 있고 그 문들 위에 이름을 썼으
니 이스라엘 자손 열두 지파의 이름들이라 13 동쪽에 세 문, 북쪽에 세 문, 남
쪽에 세 문, 서쪽에 세 문이니 14 그 성의 성곽에는 열두 기초석이 있고 그 위
에는 어린양의 열두 사도의 열두 이름이 있더라 15 내게 말하는 자가 그 성과
그 문들과 성곽을 측량하려고 금 갈대자를 가졌더라 16 그 성은 네모가 반듯
하여 길이와 너비가 같은지라 그 갈대자로 그 성을 측량하니 만 이천 스다디
온이요 길이와 너비와 높이가 같더라 17 그 성곽을 측량하매 백사십사 규빗이
니 사람의 측량 곧 천사의 측량이라 18 그 성곽은 벽옥으로 쌓였고 그 성은 정
금인데 맑은 유리 같더라 19 그 성의 성곽의 기초석은 각색 보석으로 꾸몄는
데 첫째 기초석은 벽옥이요 둘째는 남보석이요 셋째는 옥수요 넷째는 녹보
석이요 20 다섯째는 홍마노요 여섯째는 홍보석이요 일곱째는 황옥이요 여덟
째는 녹옥이요 아홉째는 담황옥이요 열째는 비취옥이요 열한째는 청옥이요
열두째는 자수정이라 21 그 열두 문은 열두 진주니 각 문마다 한 개의 진주로
되어 있고 성의 길은 맑은 유리 같은 정금이더라 22 성 안에서 내가 성전을 보

지 못하였으니 이는 주 하나님 곧 전능하신 이와 및 어린양이 그 성전이심이
라 [23]그 성은 해나 달의 비침이 쓸데없으니 이는 하나님의 영광이 비치고 어
린양이 그 등불이 되심이라 [24]만국이 그 빛 가운데로 다니고 땅의 왕들이 자
기 영광을 가지고 그리로 들어가리라 [25]낮에 성문들을 도무지 닫지 아니하리
니 거기에는 밤이 없음이라 [26]사람들이 만국의 영광과 존귀를 가지고 그리로
들어가겠고 [27]무엇이든지 속된 것이나 가증한 일 또는 거짓말하는 자는 결코
그리로 들어가지 못하되 오직 어린양의 생명책에 기록된 자들만 들어가리라

환상을 가져오는 자

요한계시록 21:9-10

[9]일곱 대접을 가지고 마지막 일곱 재앙을 담은 일곱 천사 중 하나가 나아와
서 내게 말하여 이르되 이리 오라 내가 신부 곧 어린양의 아내를 네게 보이
리라 하고 [10]성령으로 나를 데리고 크고 높은 산으로 올라가 하나님께로부터
하늘에서 내려오는 거룩한 성 예루살렘을 보이니

하늘에 예루살렘의 환상을 가져온 자는 누구인가? 이는 참으로 이상한 존재다. 일곱 재앙이 담긴 일곱 대접을 가진 자는 천사였고, 큰 음녀 바빌론의 멸망의 환상을 가져온 자도 천사였다. 17장 1절에서 천사의 부름이 "이리로 오라… 큰 음녀가 받을 심판을 네게 보이리라" 였다는 것과 21장 9절에서 그 같은 천사들 중 하나가, 어쩌면 바로 그 같은 분일 수도 있는 그 천사의 부름이 "이리 오라 내가 신부 곧 어린양의 아내를 네게 보이리라" 고 한 것은 참으로 특이하게도 같은 천사가 멸망의 소식과 기쁨의 소식을 가져오는 것이 된다.

아무도 이 장의 상징이 대부분 무엇을 뜻하는지 알 수가 없다. 해석자마다 여기에서 다른 진리를 찾아내게 될 것이다. 그가 의미한 것은 하나님의 천사들은 하나님이 명하시는 것이라면 어떤 임무이건 상관없이 출동한다는 것일까? 그들

이 멸망의 메시지를 받았다면 말할 것도 없이 그대로 한다. 그들이 기쁨의 소식을 받았으면 그와 똑같이 말할 것도 없이 그대로 할 것이다. 요한은 여기에서 우리가 깨닫기를 바랐던 것이 하나님의 종은 자신의 임무를 선택하지 않으며, 그는 순종하고 자진해서 하나님이 그를 보내셔서 행하게 하려는 것은 무엇이든 행해야 하며, 그는 하나님이 그에게 말하라고 주신 어떠한 말이라도 명백히 그리고 두려움 없이 말해야 한다는 것이었을지 모른다.

요한은 그 천사가 성령으로 자신을 데리고 크고 높은 산으로 올라갔다고 말했다. 에스겔도 그의 경험을 기술한 방법이 바로 이런 방법이었다. "하나님의 이상 중에 나를 데리고 이스라엘 땅에 이르러 나를 매우 높은 산 위에 내려놓으시는데"(겔 40:2). 스위트가 이것을 문자 그대로 해석하려면 잘못이라고 잘 지적하고 있다. 올리는 것은 사람이 환상을 보고, 하나님이 그에게 보내는 말씀을 듣는 단계로 영혼을 높이 올리는 것을 뜻한다.

그 성의 빛

요한계시록 21:11

[11]**하나님의 영광이 있어 그 성의 빛이 지극히 귀한 보석 같고 벽옥과 수정같이 맑더라**

이것을 번역하는 데는 약간의 어려움이 있다. 빛이라고 하는 단어는 **포스테르**(Phōstēr)이다. 헬라어에서 보통 빛이라고 하는 단어는 **포스**(phōs)이고, **포스테르**는 보통 하늘의 빛, 해와 달과 별들을 의미한다. 이것은 창세기에서 그렇게 사용되었다(창 1:14). 그렇다면 그 도시를 비춘 물체는 지극히 귀한 돌 같다는 것인가? 혹은 그 도시 위에 머물고 비친 그 광채와 광휘가 초록색 나는 벽옥이나 맑게 투명한 수정과 같다는 것인가?

우리는 그 단어가 그 시를 덮고 있었던 빛나는 것같이 밝음을 나타내는 말이라고 생각한다. 조금 후 분명히 말하기를 그 도시를 비치는 데는 하나님의 빛이 있으므로 해와 달과 같은 하늘의 발광체가 필요하지 않다고 했다. 그러므로 이 단어는 그 도시의 해라고 할 수 있는 그런 것을 나타내지 않고 오직 그 위에 비치고 있는 빛의 질(質)을 나타내는 것이다.

그러면 그것이 상징하는 것은 무엇일까? 스위트는 힌트를 빌립보서 2장 15절에서 찾고 있다. 거기에서 바울은 빌립보에 있는 기독교인들에게 "너희는 세상의 빛이라"고 했다. 거룩한 이 도시에는 하나님의 무수한 성도들이 살고 있고 이 하늘의 도시에 빛을 주는 것은 성도의 생활의 빛임에 틀림없다.

성벽과 성문

요한계시록 21:12

[12]크고 높은 성곽이 있고 열두 문이 있는데 문에 열두 천사가 있고 그 문들 위에 이름을 썼으니 이스라엘 자손 열두 지파의 이름들이라

그 도시를 돌아가며 높은 성이 둘러 있다. 여기서도 요한은 다시 재창조된 예루살렘에 대한 선지자들의 표현으로 생각하고 있다. "그날에 유대 땅에서 이 노래를 부르리라 우리에게 견고한 성읍이 있음이여 여호와께서 구원으로 성벽과 외벽으로 삼으시리로다"(사 26:1). 스가랴는 "내가 불로 둘러싼 성곽이 되며"(슥 2:5)라고 하시는 하나님의 말씀을 들었다. 그 성벽이란 "넘을 수 없는 신앙의 보루"라는 뜻으로 해석된다. 하나님의 성도들이 신앙이란 성벽에 의해 이 세상과 육신과 악마의 침공에서 지켜져서 안전하게 지낼 수가 있는 것이다.

그 성벽에는 12대문이 있고 대문들 위에는 이스라엘의 아들들 12지파의 이름이 기록되어 있다. 대문이란 단어는 흥미 있는 단어다. 이것은 흔히 쓰이는 단어인 **풀레**(pulē)가 아니라 **풀론**(pulōn)이다. **풀론**은 두 가지 중 하나일 수 있다. 마당 주위에 큰 집 하나가 건축되었다. 이 집은 바깥 성벽에 있는 큰 문을 통해 밖으로 열려 넓은 현관으로 연결되고 있다. 그것이 이곳의 장면일 수 있다. **풀론**은 대도시의 누각 같은 것으로 이것이 방비를 굳게 한 성의 입구로 되어 있다. 이곳의 의미는 그것일 수 있다.

두 가지 주의할 점이 있다.

I. 12대문이 있다. 분명히 이것은 교회의 **보편성**을 상징한다. 천성으로 들어가는 12개 길이 있다는 것이다. 하나만이 아니라 열둘이다. 이것은 사람이 천국으로 여러 길을 통해 올 수 있고, "별에 이르는 길은 거기에 가고자 하는 사람의 수만큼 있다"고 하듯이 하나님께 이르는 많은 길 중에서 사람들은 각자의 길을 발견하여 간다. 어느 교회도 하나님께로 가는 한 길을 유일한 길이라고 주장할 수가 없다는 것을 의미한다.

II. 대문 위에는 12지파의 이름이 적혀 있다. 이것은 교회의 **계속성**을 상징한다. 족장들에게 자신을 나타내신 하나님도 자신을 예수 그리스도 안에서 더욱 온전하게 나타내신다. 구약의 하나님은 동시에 신약의 하나님이다. 하나님의 계시에는 처음부터 마지막까지 일관한 연속성이 있고 그 절정이 그리스도시다.

그 성의 대문들

요한계시록 21:13

13 **동쪽에 세 문, 북쪽에 세 문, 남쪽에 세 문, 서쪽에 세 문이니**

요한이 본 대로 하나님의 성의 사방에 대문이 각각 세 개씩 있다. 적어도 일부는 이와 비슷한 문의 배열을 한 에스겔에게서 그 표현을 가져왔을 것이다(겔 48:30-35). 이것은 교회의 보편성을 나타내는데, 요한이 이외에 무엇을 상징하려 했는지는 알 수가 없다. 요한의 마음속에 있었을 것 같지는 않으나 상징적인 해석 하나가 있는데 그것은 아주 아름답고 위로가 되는 해석이다.

동쪽에 세 대문이 있다. 동쪽은 새벽과 뜨는 해와 하루가 시작되는 장소다. 이 대문들은 그리스도를 하루 중 즐거운 아침에 찾는 사람들로 어려서 예수를 그들의 친구로, 젊었을 때 그들의 본보기로, 그들의 영웅으로, 그들의 주로 모시는 사람들이 거룩한 성으로 들어가는 길을 의미한다.

북쪽에 세 대문이 있다. 북쪽은 약간 냉기가 있는 추운 땅이다. 이 대문들은 사색하고, 이론적, 이성적으로 검토하고 신앙생활하는 사람들, 마음보다는 머리를 통하여 신앙을 발견한 사람들이 거룩한 성으로 들어가는 길을 뜻한다.

남쪽에 세 대문이 있다. 남쪽은 따뜻한 땅이요, 바람이 강하게 불지 않고 기후가 온화한 땅이다. 이 대문들은 그리스도에게 감정을 통해 온 사람들, 이성보다는 마음으로 그리스도를 받은 사람들, 십자가의 모습을 보자마자 그에 대한 사랑이 동해 버린 사람들이 거룩한 도시로 들어가는 문을 뜻한다.

서쪽에 세 대문이 있다. 서쪽은 저무는 날과 저녁과 지는 해의 땅이다. 이 대문들은 늘그막에, 인생의 황혼 길에 그리스도에게로 온 사람들이 거룩한 도시로 들어가는 대문을 뜻한다.

이러한 것들이 요한의 생각에 있었던 것 같지는 않지만 아무도 우리가 여기에서 이런 의미를 찾아보지 말라고 할 수도 없을 것이다. 그리고 우리는 거룩한 도시와 하나님의 존전으로 들어갈 수 있는 시기가 인생에서 여러 번과 여러 길이 있다고 하는 사실에 위로와 희망을 갖는다.

도시 측량

요한계시록 21:15-17

15내게 말하는 자가 그 성과 그 문들과 성곽을 측량하려고 금 갈대자를 가졌
더라 16그 성은 네모가 반듯하여 길이와 너비가 같은지라 그 갈대자로 그 성
을 측량하니 만 이천 스다디온이요 길이와 너비와 높이가 같더라 17그 성곽

을 측량하매 백사십사 규빗이니 사람의 측량 곧 천사의 측량이라

요한은 자를 가진 사람의 장면을 에스겔 40장 3절에서 가져오고 있다. 거룩한 도성의 측량에 대해 두 가지를 기억해야 한다.

I. 그 도시의 "형태"에 주의해야 한다. 그 도시는 정방형이다. 도시가 사각형 위에 세워져야 한다는 것은 상식적인 일이다. 바빌론과 니느웨가 그러하였다. 그러나 이 거룩한 도성은 네모일 뿐만 아니라 정입방체다. 그 가로와 세로와 높이가 다 같다. 이것은 매우 의미심장한 일이다. 플라톤과 아리스토텔레스는 헬라에서는 선한 사람을 "네모"라고 부른다고 지적했다(플라톤, 프로타고라스 339 B; 아리스토텔레스, 니코마키아 윤리 1:10:11, 수사학 3:11). 헬라인들에게는 정입방체는 완전한 형태였다.

유대인에게도 마찬가지였다. 번제 제단, 향단, 대제사장의 흉패가 모두 정방형이었다(출 27:1, 28:16, 30:2). 에스겔의 새 예루살렘과 새 성전의 환상에도 여러 번 나온다(겔 41:21, 43:16, 45:2, 48:20). 그러나 모든 것보다 더 중요한 것은 솔로몬의 성전의 지성소는 완전한 정입방이었다(왕상 6:20).

여기서 요한이 말하고자 하는 것은 거룩한 도성의 전체가 지성소요, 그 도시 전체가 하나님의 거하시는 곳이요, 하나님의 임재가 예루살렘의 지성소에서와 마찬가지로 확실하다는 것이다.

II. 그 도성의 "척수"에 주목해야 한다. 사방이 다 일만 이천 **스타디온**이다. 1스타디온은 약 200미터가 된다. 그러므로 한쪽의 거리가 2, 400킬로미터가 되며 그 도성의 전체 면적은 5,760,000평방킬로미터가 된다. 재창조된 예루살렘에 대한 랍비적 꿈은 그 크기가 충분하다. 새 예루살렘은 다메섹에서 팔레스타인 전부를 덮을 정도로 광대한 것이었는데 5,760,000평방킬로미터 거리는 런던에서 대서양을 건너 뉴욕까지 될 것이다. 여기에 또 하나의 상징이 있다. 요한이 그저 상상할 수 없는 크기로 다루기만 하는 것은 아니다. 성경은 여기에서 **모든 사람을 위한** 자리가 있다고 말한다. 이곳은 들어가고 싶은 사람은 누구나 들어

갈 만큼 큰 것이다. 지상의 교회에서는 들어가는 사람을 제한하고, 교회의 운영 방법, 신앙생활이 다른 사람들에게는 문을 닫아 버리는 일이 있다. 초대교회에서는 집회 장소가 좁아서 제한된 인원 외에는 들어갈 수가 없었다. 그러나 하늘의 도시는 넓어서 모든 사람이 들어갈 수 있다.

이상하게도 우리가 성벽에 이를 때에는 사정이 다르다. 성벽의 높이는 144규빗, 즉 80미터다. 그것은 높은 편이 아니다. 바빌론 성곽은 90미터의 높이였고, 솔로몬의 행각의 벽은 55미터였다. 성벽의 높이와 성의 크기와는 비교도 안 된다. 여기에도 상징이 있다. 그 성벽은 방위를 위한 것이 아니라 영육간의 모든 대적이 죽음을 당했거나 불못으로 던져졌기 때문이다. 그 성벽이 할 수 있는 일은 오직 그 도시의 경계를 나타낼 뿐이며 이 벽이 그렇게 낮은 것으로 보아서 경계는 그다지 중요하지 않은 것이다. 경계는 그 수용 능력에 비하면 비교가 안 된다. 하나님은 그의 도시에서는 사람을 밖에 내버려 두기보다는 안으로 들여오려는 데 더 열심이시다. 하나님의 교회도 그와 같아야 할 것이다.

도성의 보석들

요한계시록 21:18-21

[18]그 성곽은 벽옥으로 쌓였고 그 성은 정금인데 맑은 유리 같더라 [19]그 성의
성곽의 기초석은 각색 보석으로 꾸몄는데 첫째 기초석은 벽옥이요 둘째는
남보석이요 셋째는 옥수요 넷째는 녹보석이요 [20]다섯째는 홍마노요 여섯째
는 홍보석이요 일곱째는 황옥이요 여덟째는 녹옥이요 아홉째는 담황옥이요
열째는 비취옥이요 열한째는 청옥이요 열두째는 자수정이라 [21]그 열두 문은
열두 진주니 각 문마다 한 개의 진주로 되어 있고 성의 길은 맑은 유리 같은
정금이더라

이 도시 자체는 순금으로 되어 있으며 얼마나 깨끗한지 투명 유리같이 보였

다. 여기서 요한은 자신이 잘 알고 있는 지상의 예루살렘의 여러 모습을 강조하고 있는 것이 아닐지…. 요세푸스는 헤롯의 성전을 묘사하여 이르기를 "성전 전면은 사람의 생각이나 눈을 놀라게 하기에 조금도 부족한 것이 없다. 왜냐하면 전체가 매우 많은 금판으로 덮여 있으며 해가 뜰 때는 눈부실 정도로 빛난다. 그것을 보려고 하는 사람은 해를 직접 보았을 때 눈을 돌릴 수밖에 없다. 그러나 이 성전은 사람들이 멀리 있을 때 낯선 사람들에게는 눈으로 덮인 산과 같이 보였다. 순금으로 덮이지 않은 부분은 심히 하얗기 때문이다"(요세푸스, 유대인의 전쟁 5:5:6)라고 했다. 요한은 예루살렘 헤롯의 성전에서 거룩한 도성의 광채와 비슷한 것을 찾아보았을 수도 있다.

요한은 계속하여 그 도성의 기초에 대하여 언급하고 있다. 그 도성은 열두 기초가 있다. 12대문 사이에 12간격이 있는데 이 사이에 커다란 기초석이 있다는 것이다. 여기서도 요한은 예루살렘 성전의 기초와 벽의 큰 돌들을 생각하고 있었을 것이다. 앞에 인용한 곳에 보면 요세푸스는 길이 20미터, 높이 3미터, 폭 3미터 되는 성전 기초석에 대하여 언급하고 있다. 14절에서 그는 이미 돌들에는 12사도의 이름이 새겨져 있다고 말했다. 그들은 예수의 최후의 제자들이요, 최초의 사도들이므로 그들은 문자 그대로 교회의 초석들이다.

하나님의 도성에서는 이 기초석들이 모두 귀한 보석들이다. 먼저 이 돌들의 이름을 들어서 그 특징을 기술해 보기로 하자.

벽옥은 현대인이 알고 있는 벽옥이 아니다. 이것은 초록색의 투명 수정석이었다. 현대의 벽옥은 광채가 없으나 이곳에 나오는 것은 번쩍이는 것이었다.

남보석은 구약에서 하나님이 서 계신 곳에 깔아 놓은 돌로 나타난다(출 24:10). 이것도 현대의 청옥(사파이어)과는 다르다. 플리니우스는 이것을 황금 반점이 박힌 하늘색으로 표현했다. 이것은 하늘색의 유리(瑠璃, lapis lazuli)석과 가장 비슷하다.

옥수는 동의 녹색 규산염으로서 그 이름이 나타내는 대로 칼케돈(Chalcedon) 근방의 광산에서 발견되는 것이다. 이것은 비둘기의 목이나 공작의 꼬리에나 있는 초록색 털의 빛깔 같다고 표현되었다.

녹보석은 현재의 에메랄드다. 플리니우스는 이를 가리켜 모든 녹색 보석 중 가장 초록이라고 했다.

홍마노는 흰색이 적색과 자주색의 층으로 간간히 끊긴 마노다. 이것은 세공하는 데 특히 사용되었다.

홍보석(sard 혹은 carnelia)의 이름은 사대(Sardis)에서 나는 것으로서 피 색깔이며 조각하는 데 가장 흔하게 사용된다.

황옥은 확인하기 어려우나 히브리어로는 **녹쓰는 보석**이라 불리고 플리니우스는 이를 가리켜 황금색 빛이 나는 것이라고 했으므로 이것은 황색 녹주석이거나 황금색 벽옥일 수도 있다.

녹옥은 에메랄드 같은 것이고 가장 귀한 것은 해청(海青)색이거나 해녹(海綠)색이다.

담황옥은 투명하며 녹 황금색 돌로서 히브리 사람들이 매우 귀히 여겼던 것이다. 욥이 구스의 황옥에 대하여 언급하고 있다(욥 28:19).

비취옥(혹은 녹옥수)은 많이 알려진 것이다(저자는 이 열 번째 것을 빼놓았다-옮긴이주).

청옥은 고대 작가들이 표현하기를 자색이고 청색 계열의 붉은색이라고 했다. 이 청옥이 오늘날의 사파이어일는지도 모르겠다.

자수정은 청옥과 매우 흡사하나 더 광택이 나는 것으로 전해졌다.

이 돌들은 무엇을 상징하는 것일까?

I. 이중 여덟 개는 대제사장의 흉패에 있는 보석들과 같다는 것을 알 수 있다(출 28:17). 요한은 단순히 흉패를 자신의 모델로 삼았을 것이다.

II. 요한의 의도는 단지 그 기초석마저도 값진 보석으로 되어 있는 하나님의 도성의 찬란함을 강조하기 위함이었는지도 모른다.

III. 반드시 참작해야 할 재미있는 가능성이 하나 있다. 동방에는 공중에 신들의 도시가 있다는 생각이 있었다. 거기에는 신들이 살고 있었는데 해와 달과 별이 그들의 빛이었으며 은하수는 그 신들의 도시의 큰 길이며 거기에는 12대문이 있었는데 그리로 별들이 각기 그 일을 위해 드나들었다. 물론 이 신들의 도시와 관련하여 12궁이 있어서 그것은 해가 통과해 가는 하늘 여러 부분을 나타내었다. 기이한 것은 12궁들은 12보석과 똑같이 그에 상응하는 보석이 있었다. 그 표는 다음과 같다.

양자리 — 자수정
황소자리 — 청옥
쌍둥이자리 — 비취옥
게자리 — 황옥
사자자리 — 녹보석
처녀자리 — 귀감람석
천칭자리 — 홍옥수
전갈자리 — 홍마노
궁수자리 — 에메랄드
염소자리 — 옥수
물병자리 — 사파이어
물고기자리 — 벽옥

적어도 요한이 하나님의 도성을 옛날의 동방 사람들이 생각하고 있던 신들의 도시보다 훨씬 나은 완성된 것이라고 생각했을 가능성이 있다. 그는 동방 사람들에게 "여기에 진실로 여러분이 지금까지 그려 오던 하나님의 도성이 있다"라고 했었을지도 모르겠다.

그러나 여기에 참으로 기이한 점이 있다. 그렇다면, 그리고 그의 보석들이 12궁에 맞는다면 요한은 12궁을 정반대의 순서로 나열하고 있다. 이것이 무엇을 뜻하는지는 모르겠으나 그 신들의 도시는 하나님의 도성 안에서 참으로 새로워진다고 말하고 있는 것이 아니겠는가.

이 표현에서 가장 놀라운 것은 하나님의 도성의 대문들은 각기 하나의 큰 진주로 되어 있다고 하는 생각이다. 고대 세계에서 진주는 모든 보석 중 가장 값이 비쌌다. 상인들은 일생 동안 큰 진주 하나를 찾으려고 하다가 그것을 찾으면 자기 모든 소유를 팔을 만한 가치가 있다고 여겼다(마 13:46). 우리는 앞에서 줄리어스 시저가 세르빌리아(Servilia)에게 65,250파운드나 가격이 되는 진주를 준 일이 있다는 것을 보았다. 진주 문은 상상을 불허하는 아름다움과 평가할 수 없는 부요함의 상징이었다.

하나님의 임재

요한계시록 21:22-23

[22]성 안에서 내가 성전을 보지 못하였으니 이는 주 하나님 곧 전능하신 이와
및 어린양이 그 성전이심이라 [23]그 성은 해나 달의 비침이 쓸데없으니 이는
하나님의 영광이 비치고 어린양이 그 등불이 되심이라

22절에서 요한은 하나님의 도성의 독특한 장면을 기술한다. 그 도성 안에는 성전이 없다. 우리가 성전이 유대인에게 얼마나 귀중했던가 하는 것을 생각해 볼 때 하나님의 도성 안에 성전이 없다고 하는 것은 더욱 놀라운 일이다.

우리는 이미 그 도시의 한 특징에 대하여 언급한 바가 있다. 이것은 가로, 세로, 높이가 다 똑같은 완전한 정입방체의 모습으로 지어졌다. 이로써 이 도시 자체가 지성소라는 것을 상징한다.

이 도시가 성전이 필요하지 않은 것은 하나님과 어린양이 그곳에 항상 계시기 때문이다. 결국 성전이란 인간이 특별히 하나님을 만날 수 있게끔 따로 성별한 곳이다. 그러나 하나님의 도성에서는 그런 장소가 필요하지 않다. 하나님과 예수 그리스도가 항상 계시기 때문이다.

여기에 모든 사람이 보기에 분명한 상징이 있다. 하나님이 계신 곳에는 교회가 있고, 그리스도가 계신 곳에 교회가 있다. 옛날 라틴어 속담에 의하면 **그리스도 계신 곳에 교회가 있다**(Ubi Christus, ibiecclesia). 건물이 교회는 아니다. 예배 의

식이 교회가 아니다. 교회의 운영, 목사의 임명이 교회를 만드는 것은 아니다. 교회를 만드는 단 한 가지는 하나님과 예수 그리스도의 임재다. 그것이 없이는 교회와 같은 것이 있을 수 없다.

더 나아가 하나님의 도성은 빛이 필요하지 않았으니 창조주 되신 하나님이 그 가운데 계시기 때문이다. 이사야는 "여호와가 네게 영원한 빛이 되며"(사 60:19-20)라고 했고, 시편 기자는 "주의 빛 안에서 우리가 빛을 보리이다"(시 36:9)라고 했다. 여기에 일대 진리가 있으니 우리가 하나님의 광명 안에서 볼 때에만 우리는 물건을 있는 그대로 볼 수 있다. 어떤 것이 진정 중요하고 어떤 것이 그렇지 않다는 것을 아는 것은 오직 하나님의 빛 가운데서만이다. 굉장히 중요하게 보이는 것들, 야망, 명예, 황금과 재물 등은 하나님의 빛 안에서 볼 때 그 가치를 상실하게 되는 것이다. 묵과할 수 있으리라고 생각되는 향락과 습관과 사회 풍습 등이 하나님의 빛 안에서 볼 때 위험한 것으로 인식된다. 반대로 불행과 고난과 힘든 일과 훈련과 무명과 심지어는 박해까지도 하나님의 빛 안에서 볼 때 영광으로 보인다.

진정으로 하나님은 자신을 하나님께 바친 사람들의 빛이시다.

온 땅은 하나님의 것

요한계시록 21:24-27

24만국이 그 빛 가운데로 다니고 땅의 왕들이 자기 영광을 가지고 그리로 들
어가리라 25낮에 성문들을 도무지 닫지 아니하리니 거기에는 밤이 없음이라
26사람들이 만국의 영광과 존귀를 가지고 그리로 들어가겠고 27무엇이든지
속된 것이나 가증한 일 또는 거짓말하는 자는 결코 그리로 들어가지 못하되
오직 어린양의 생명책에 기록된 자들만 들어가리라

이와 같은 구절은 우리에게 유대교의 사상과 신앙에 끼쳤던 잘못된 것을 다시

고칠 수 있게 만든다. 여기에 모든 국민이 하나님께 나아오는 장면과 모든 왕이 하나님께 그들의 명예를 드리는 장면이 있다. 다시 말해 지상 모든 것에 제의된 우주적 구원의 장면, 즉 하나님을 위한 세계의 장면이 있다. 유대인은 이방인의 파멸밖에는 다른 아무것도 바라지 않았다고 말해 왔다. 다음과 같은 말을 찾을 수 있다. "하나님은 이방인을 지옥불의 연료로 사용하기 위해 지으셨다." 이방인들의 멸망과 섬멸 혹은 적어도 노예화를 기대한 유대 사상의 계통이 있다는 것도 사실이나 그 반대의 것도 매우 많다는 것과 선지자들마다 모든 나라가 모임을 고대하고 모든 사람이 하나님을 알게 되고 사랑하게 되는 데 대해 많이 말하고 있다는 것을 기억해야 할 것이다. 우리에게 교회의 선교 사명을 기억하기 위해서라면 그런 구절들을 모아 보는 것도 가치 있는 일이다.

이사야는 모든 나라가 시온산에 올라가 율법을 배우고 하나님의 길로 걷기를 배울 날에 대한 표현을 하고 있다(사 2:2-4). 하나님께서는 모든 나라가 보고 모여 올 표를 세우셨다(사 11:12). 이것은 하나님의 이스라엘 민족에 대한 특혜의 말씀이다. "내가 또 너를 이방의 빛으로 삼아 나의 구원을 베풀어서 땅 끝까지 이르게 하리라"(사 49:6). 섬들이 하나님을 앙망하여 내 팔에 의지하리라(사 51:5). 하나님을 알지 못했던 나라들이 그에게 달려갈 것이다(사 55:5). 이방인의 아들들이 하나님을 사랑하고 봉사하기를 배울 것이고 하나님은 그에게로 다른 사람들로 모으시리라(사 56:6-8). 이방인 중에서 하나님의 영광을 선포하는 것이 이스라엘의 임무다(사 66:19). 땅의 끝이 하나님을 보고 구원을 받도록 초대되었다(사 45:22). 모든 나라가 예루살렘에 모일 것이고 예루살렘을 여호와의 보좌로 인식할 것이며 그들의 악한 마음을 따라 행하지는 않을 것이다(렘 3:17). 땅 끝에서부터 이방인들이 조상 숭배와 그들의 길을 회개하고 자복하며 하나님께로 모여 올 것이다(렘 16:19-21). 모든 백성과 나라와 방언이 인자와 같은 이를 섬기게 될 것이다(단 7:14). 모든 사람이 하나님을 경배하되 그의 자리에서 이방의 모든 섬에서까지 그를 예배할 것이다(습 2:11). 하나님은 모든 사람에게 깨끗한 입술을 주어 일심으로 하나님을 부르게 하시리라(습 3:9). 모든 육체가 하나님 앞에서 잠잠하리라(슥 2:13). 많은 백성과 도시의 거민들이 예루살렘으로 올 것이다. 모든 족속과 방언하는 백성이 "유다 사람 하나의 옷자락을 잡고 말하기를 하나님이 너희와 함께하심을 들으니 우리가 너희와 함께 가려 하노라" 고 할 것이다(슥 8:20-23). 여호와께서 천하의 왕이 되시며 그날에는 여호와께서 홀로 하나이실 날이 올 것이다(슥 14:9).

구약 시대에 있었던 예언은 중간기의 작품에서도 사실이다. 토빗서에서 환상은 다음과 같다.

> "한 밝은 빛이 이 땅의 끝까지 비치리라.
> 많은 나라가 멀리서부터 올 것이며
> 땅 끝의 백성이 주의 거룩한 이름을 찾아
> 그들의 손에 선물을 가지고 하늘의 왕께 오리라" (토빗서 13:11).

> "온 세상의 모든 나라와 사람이 하나님을 참으로 두려워하며
> 모든 사람이 그들의 우상을 떠나리라" (토빗서 14:6).

에녹서도 하나님이 선택하신 자에 대해 잘 기록하고 있다.

> "그는 의로운 자에게 막료가 될 것인데
> 그들이 서로 넘어지지 아니할 곳이라.
> 또 그는 이방의 빛이 될 것이며
> 마음에 고통하는 자들의 소망이 되리라.
> 땅 위에 거하는 모든 사람이 그 앞에 엎드려 경배하리라.
> 그리고 노래로 영들의 주를 찬양하고
> 송축하며 찬송하리라" (에녹서 48:4-5).

에녹서의 저자는 하나님의 음성을 들었다.

> "사람들의 모든 자녀가 의로워지며 모든 나라가 나를 경배하고 찬양하고 예배하리라" (에녹서 10:21).

《12족장의 언약》이란 책에는 이런 우주적 소망이 가득 차 있다. "메시아가 오실 때는 제사장으로서 역사에 의해 이방인들이 이 땅에서 지식이 더할 것이며 여호와의 은총을 새로 배우리라"(레위의 언약 18:9). 하나님의 음성이 "내 아이들아, 너희가 선한 일을 행하면 사람과 천사들이 다 같이 너를 찬양하리라. 그리고 하나님은 너를 통해 이방인 중에 영광을 얻으리라." 이방인들 가운데서 의로운 자를 모으는 것은 이스라엘의 임무다(납달리의 언약 8:3-4). 하나님께서는 모든 이스라엘과 이방인을 구원하시리라(아셀의 언약 7:3). 《시빌라의 신탁》은 이방인들이 이스라엘에 내린 하나님의 선하심을 보았을 때 반응에 대해 언급하고 있다.

> "모든 성과 거리가 '영원한 자가 저 사람들을 어떻게 사랑하시는가!' 라고 말한다. 왜냐하면 하늘도 하나님의 수레인 해도 달도 모두가 사람들을 돕는다. 오라, 우리 모두 땅에 엎드려 영원한 왕이요, 전능자요, 영원하신 하나님을 섬기자. 그의 성전으로 나아가자. 그는 유일하신 주권자이심이라. 이 땅에서 가장 의로우신 자, 곧 높으신 하나님의 율법을 상고하자. 우리는 영원자의 길에서 떠나갔고 어리석은 마음으로 인간의 손으로 만든 것, 곧 죽은 사람들의 우상과 상을 경배하였도다"(시빌라의 신탁 3:710-7:3).

하나님의 영광을 보려고 땅 끝에서부터 여러 나라들이 올 것이라(솔로몬의 시편 17:34).

이스라엘 민족의 사상을 바로 이해하기 위해 다음과 같은 것을 지적하려고 한다. 즉, 이 사상 중에는 우리는 이방인의 개종을 희망했고 기대하고 기도했던 강한 사상의 흐름이 항상 있었다는 것, 나아가서 모든 사람을 가르칠 책임감을 느끼고 있었다는 것, 전 세계가 하나님에게 인도되도록 원했다는 것 등이다. 모든 국민이 하나님의 도성의 빛 속을 걸으며, 모든 왕이 선물을 가지고 온다는 꿈은 이스라엘의 위대한 사람들이 마음에 끊임없이 품었던 꿈의 실현이었다.

환영과 거절

요한계시록 21:24-27(계속)

21장을 끝마치기 전에 서너 가지 더 고려해야 할 것이 있다.

I. 요한은 여러 번 하나님의 도성에는 밤이 없을 것이라고 주장한다. 여기에 단순하고 극히 인간적인 약속이 있다. 어린아이들과 같이 옛날 사람들은 어둠을 두려워했다. 새 천지에서는 그 무서운 어둠이 다시는 없을 것이다. 하나님의 임재하심이 영원한 빛을 가져오시기 때문이다. 이것은 공포와 두려움이 가득 찬 이 시간과 공간의 세계에서도 사실이다. 즉, 하나님이 계신 곳에서는 밤도 낮과 같이 비친다(시 139:17).

스위트는 여기에서 더 깊은 상징을 찾고 있다. 하나님의 도성에서는 어둠이 없을 것이다. 인류 역사에서 여러 번 반복하여 황금시대 다음에는 암흑시대가 뒤따랐다. 문명이 극도에 이른 시대 다음에는 세계가 전쟁과 암흑 속으로 몰락한 시대가 뒤따랐던 것이다. 인류 역사에서는 전진 다음에는 후퇴가 따랐고, 인류 역사는 산봉우리가 골짜기와 같으며 해구와 파도 관계와 같은 것이다. 그러나 신천지에서는 어둠은 지나가고 빛 이외에는 아무것도 없을 것이다.

II. 고대 선지자들과 같이 요한은 이방인들과 그 왕들이 하나님께로 선물과 영광을 가져오는 것을 여러 번 이야기하고 있다. 나라들이 교회와 그리스도에게 그 선물을 가져온 것은 사실이다. 헬라인들은 그들의 지식의 힘을 가져왔다. 그들에게는 플라톤이 말했듯이 "시험 받지 않은 삶은 살 가치가 없다"고 생각하고 있었으므로 신앙에서도 지성에 의해 시험하지 않은 신앙은 무의미하다고 생각하고 있었다. 신학과 기독교 신앙의 지적 표현은 헬라에서 얻어 온 것이다. 로마인들은 지구상에 있었던 가장 위대한 법률가요, 정치적으로 탁월한 전문가들이었다. 그들은 조직하고 다스리며 법을 만드는 능력을 교회에 가져왔다. 사람이 교회에 들어오면 누구나 자기 선물을 가져와야 하는 것이다. 작가는 언어의 능력을 가져오고, 예술가는 색채의 능력을, 조각가는 선과 형태 등의 완숙함을, 음악가는 음악을, 손재주 있는 사람은 재주를 각각 가져와야 한다. 그리스도께서 못 쓰실 선물은 하나도 없고 그의 교회로 사람들은 자신들의 모든 선물을 가져와야 하며 교회는 무엇보다도 이 선물들을 환영하고 사용하기를 배워야 한다.

III. 끝으로 이 장은 경고로 끝난다. 자신의 악한 길을 버리지 않는 자들은 하나님의 도시에 못 들어간다. 못 들어가는 것이 죄인이기 때문이 아니다. 그리스도 예수께서는 이 세상의 죄인들을 구원하려고 내려오셨다. 못 들어가는 사람은 확실히 의식적으로 그리고 눈을 바로 뜨고도 죄를 계속해서 짓는 사람이요, 그리스도의 길을 알면서도 그리고 그리스도의 은총이 그에게 열려 있음을 알면서도 계속해서 자기 자신의 길을 가고 그의 죄에서 깨끗이 해 줄 수 있는 은혜를 거절하는 자다. 죄인 중에 자기 죄를 미워하는 자가 있고 자기 죄를 사랑하는 자가 있다. 자신의 의지를 거슬려 범죄하는 죄인이 있고, 의식적으로 범죄하는 죄인이 있다. 하나님의 도성에 못 들어가는 자는 회개하는 죄인이 아니라 거역하는 죄인이다.

The Revelation of John

22

생명의 강

요한계시록 22:1-2

1또 그가 수정같이 맑은 생명수의 강을 내게 보이니 하나님과 및 어린양의
보좌로부터 나와서 2길 가운데로 흐르더라 강 좌우에 생명나무가 있어 열두
가지 열매를 맺되 달마다 그 열매를 맺고 그 나무 잎사귀들은 만국을 치료하
기 위하여 있더라

지금까지 표현은 거룩한 도성의 외면에 대한 것뿐이었는데 이제 장면은 내부로 들어간다.

첫째, 거기에는 생명수의 강이 있다. 이 장면은 구약에 많은 자료가 있다. 저 멀리는 에덴동산을 적시고 열매 맺게 만든 강이 있다(창 2:8–16). 그 후에는 성전에서 나온 강의 표현이 에스겔서에 있다(겔 47:1–7). 시편 기자는 하나님의 도시를 즐겁게 만드는 물줄기를 가진 강을 노래했다(시 46:4). 요엘은 말하기를 "여호와의 성전에서 샘이 흘러 나와서"라고 했다(욜 3:18). "그날에 생수가 예루살렘에서 솟아나서"라고 스가랴 선지자는 말하고 있다(슥 14:8). 에녹2서에는 낙원의 강에 대한 기록이 있는데 그것은 삼층천에서 나며 생명나무 밑에서 흐르며 꿀과

우유와 포도주와 기름의 네 줄기로 갈라지는 강이다(에녹2서 8:5).

이보다 더 가까이는 이와 관련하여 성경에서 아주 흔히 나오는 **생명 샘**이 있다. 그런 표현이 요한계시록 7장 17절과 21장 6절에 있다. 예레미야의 불평은 백성이 생수의 근원 되시는 하나님을 버리고 스스로 웅덩이를 팠는데 그것은 물을 저축하지 못할 터진 웅덩이라는 것이다(렘 2:13). 에녹서의 경고는 다음과 같다.

> "모든 샘에서 물을 마시는 자 너희는 화가 있을 것이니
> 갑자기 너희는 소진되어 말라 버릴 것이다.
> 이는 너희가 생명 샘을 잊었기 때문이다" (에녹서 96:6).

의인의 입은 생명의 샘이다(잠 10:11). 지혜 있는 자의 교훈은 생명이 샘이다(잠 13:14). 여호와를 경외하는 것이 생명의 샘이다(잠 14:27). 명철한 자에게는 그 명철이 생명의 샘이 된다(잠 16:22). 시편 기자는 하나님에게 생명의 원천이 있다고 한다(시 36:9). 황금시대를 꿈꾸는 랍비들은 하나님께서는 지성소에서부터 한 강을 내시리니 그 곁에는 온갖 정교한 열매가 자라리라고 말했다.

생명의 강과 물과 샘의 기록은 성경에 깊은 자국을 남겼다. 그것은 무엇을 상징하는 것일까?

스위트는 이 생명의 강을 성령과 동일시하고 있다. 제4복음서에서 예수께서는 "나를 믿는 자는 성경에 이름과 같이 그 배에서 생수의 강이 흘러나오리라"고 말씀하시고, 요한은 "이는 그를 믿는 자들이 받을 성령을 가리켜 말씀하신 것이라" 고 설명했다(요 7:38-39). 스위트는 생명의 강을 하나님과 어린양의 보좌에서 생명을 주는 성령이 흘러들어오시는 것과 동일시하고 있다.

그러나 이것보다 더 단순한 것이 있을 것이다. 오늘날과 같이 물꼭지만 틀면 시원하고 깨끗한 물이 순간적으로 어느 집에나 원하는 만큼 들어오는 문명시대에 살고 있는 사람들은 옛날 동방에서 물이 얼마나 귀했는지 이해하기 어려울 것이다. 동방에서, 건조한 사막에서, 뜨거운 땅에서 물은 사실상 문자 그대로 생명이었고 또 그러하다. 생명의 강은 하나님께서 자기 백성에게 주시는 넉넉한 생명, 그리고 받아서 자기 것으로 할 수 있는 생명을 뜻하는 것일 수도 있다.

생명나무

요한계시록 22:1-2(계속)

이 구절에는 구독점에 모호한 점이 있다는 것을 기억해야 한다. **길 가운데로** (in the midst of the city street)라는 구가 앞에 있는 문장의 끝이 아니라 그 뒤에 오는 말들과 함께 두 번째 문장의 시작으로 이해할 수 있다. 그러면 길 가운데 있는 강이 아니라 생명나무가 될 것이다. 그 구를 첫 번 문장과 함께 이해하는 구독점이 더 명확한 뜻을 주는 것같이 보인다.

요한은 자신의 생명나무 표현을 두 군데서 가져온다. 에덴동산 안에 생명나무가 있다(창 3:6). 그러나 요한의 표현은 에스겔의 것에 더 가까운 것 같다. "강 좌우 가에는 각종 먹을 과실나무가 자라서 그 잎이 시들지 아니하며 열매가 끊이지 아니하고 달마다 새 열매를 맺으리니… 그 열매는 먹을 만하고 그 잎사귀는 약 재료가 되리라"(겔 47:12). 여기에서도 미래에 대한 랍비적 꿈이 매우 가깝다. 그 중 하나는 이러하다. "장차 하나님께서는 어느 달에나 열매를 맺는 나무들을 만드실 것이며 그 나무의 열매를 먹는 자는 나음을 받으리라." 요한의 생명나무 표현은 창세기의 표현보다 더 옛날로 올라간다.

그 나무는 생명을 준다. 또 이것은 여러 가지 많은 열매를 낸다. 확실히 그런 방법으로 우리는 성령의 열매의 상징을 볼 수 있다(갈 5:22-23). 1년 중 열두 달마다 다른 열매가 달린다는 것은 하나님이 주시는 생명에는 어린아이에서 늙은이에 이르기까지 각 나이에 따른 특별한 열매와 은총을 준다는 의미인가? 생명나무는 더 이상 금지된 것이 아니다. 그것은 그 길 가운데 모든 사람이 가질 수 있게 서 있는 것이다. 그 열매도 유대인에게 한정된 것이 아니다. 왜냐하면 그 잎사귀는 여러 나라 사람들의 치유를 위한 것이다. 오직 하나님의 성령 안에서만 여러 나라 국민의 상처와 불화를 고칠 수가 있다.

성결의 아름다움

요한계시록 22:3-5

[3]다시 저주가 없으며 하나님과 그 어린양의 보좌가 그 가운데에 있으리니 그
의 종들이 그를 섬기며 [4]그의 얼굴을 볼 터이요 그의 이름도 그들의 이마에
있으리라 [5]다시 밤이 없겠고 등불과 햇빛이 쓸데없으니 이는 주 하나님이 그
들에게 비치심이라 그들이 세세토록 왕 노릇 하리로다

여기에 하나님의 도성 묘사의 최고 결정이 있다.

다시는 저주가 없을 것이다. 즉, 기독교인의 생활을 좌절시키고 방해하고 해치는 퇴폐와 악한 영향이 다시는 없을 것이라는 뜻이다. 천성에서 기독교인은 이 모든 싸움 후에 그가 지상에서는 찾고자 해도 얻지 못했던 순결에서 그를 유혹할 아무것도 없을 것이다.

하나님의 종들은 그의 얼굴을 볼 것이다. 마음이 청결한 자는 하나님을 볼 것이라는 약속이 이행되는 것이다(마 5:8). 우리는 심지어 모세와 같은 위대한 사람에게도 거절되었던 특권이 기독교인에게는 약속되었다는 것을 기억함으로써 그 약속의 위대함을 가장 잘 이해하게 될 것이다. 모세를 향하신 하나님의 말씀이 "네가 내 얼굴을 보지 못하리니 나를 보고 살 자가 없음이니라"(출 33:20). 사람이 하나님을 볼 수 있는 것은 단지 그리스도 안에서만이며, 사람이 살아 계신 하나님 앞에 나아갈 수 있는 것은 그리스도의 공로 안에서만 가능하다.

하나님의 모습은 두 가지를 낳는다. 이것은 완전한 예배를 낳는다. 하나님이 보이는 곳에는 언제나 사는 것이 모두 예배 행위가 되는 것이다. 또 이것은 완전한 헌신을 낳는다. 그 도시에 사는 거민은 그들의 이마에 하나님의 표를 가질 것이다. 이것은 그들이 하나님께 완전히 속해 있음을 보여 주는 표이고 그들이 영원히 그의 것이라는 것을 보여 주는 표다.

다시 한 번 요한은 하나님의 도성에는 암흑이 전혀 있을 수 없고 하나님의 임재와 빛이 거기 있으므로 다른 빛이 필요하지 않다는 자신의 환상으로 들어

간다.

그 환상은 하나님의 백성이 영원히 통치하리라는 약속으로 끝난다. 종국에 가서 그에게 봉사함으로써 하나님의 백성은 완전한 자유를 찾고 그에 대한 완전한 복종에서 진정한 권위를 찾게 될 것이다.

최후의 말씀

요한계시록 22:6-9

6또 그가 내게 말하기를 이 말은 신실하고 참된지라 주 곧 선지자들의 영의
하나님이 그의 종들에게 반드시 속히 되어질 일을 보이시려고 그의 천사를
보내셨도다 7보라 내가 속히 오리니 이 두루마리의 예언의 말씀을 지키는 자
는 복이 있으리라 하더라 8이것들을 보고 들은 자는 나 요한이니 내가 듣고
볼 때에 이 일을 내게 보이던 천사의 발 앞에 경배하려고 엎드렸더니 9그가
내게 말하기를 나는 너와 네 형제 선지자들과 또 이 두루마리의 말을 지키는
자들과 함께 된 종이니 그리하지 말고 하나님께 경배하라 하더라

요한계시록 마지막 장에서 이제 남아 있는 것은 이상하게도 연결이 잘 안 되고 절연되어 있다. 이것저것이 어떤 뚜렷한 순서 없이 나열되어 있고 앞에 나왔던 것의 반복이 있고 간혹 가다가 누가 진짜 말하는 사람인지를 알기 곤란할 때도 있다. 여기에는 두 가지 가능성이 있다. 요한이 고의적으로 전체 요한계시록을 통해 나왔던 많은 주제를 다시 재등장시키고 마지막 메시지를 위해 여러 등장인물을 다시 무대 위로 이끌어 내는지도 모르겠다. 그보다는 그가 마지막 장을 잘 편집하지 않고 우리가 가지고 있는 것은 미완성의 형태로 가지고 있는 것일지도 모른다. 이 구절에는 말하는 사람이 셋이 있다.

첫 번째는 요한에게 천국의 일들을 설명해 주었던 천사들 중 하나다. 또다시 그 천사는 요한이 보고 들은 모든 것의 진실성과 신뢰성을 강조하고 있다. "선

지자들의 영의 하나님" 이란 선지자들의 생각과 영을 감동시킨 하나님이요, 선지자들에게 그리고 그들 안에서 말씀하셨던 하나님이다. 이것은 요한에게 임한 메시지와 말씀과 환상을 구약의 대선지자들을 감동시켰던 동일하신 하나님으로부터 온 것이라는 것을 의미한다. 그리고 그것은 그전 것과 동등하게 영적인 것으로 수락되어야 하고 동등한 중요성을 가지고 취급되어야 한다는 것이다.

두 번째는 예수 그리스도 자신이다. 또다시 주는 그의 재림이 오래 지체하지 않으리라고 되풀이하신다. 그리고 그는 요한의 이 책의 말씀을 읽고 듣는 자들에게 축복을 하신다. 스위트는 이것을 아주 적절히 표현하여 "경건하게 배우는 자에게 주는 축복" 이라고 했다. 경건한 학생은 모든 학생 중 가장 좋은 학생이다. 경건은 하되 학생이 아닌 사람은 너무 많다. 그들은 연구와 공부하는 데 훈련을 받지 않으려 할 것이며, 심지어는 연구의 결과가 인간에게 가져오는 진실된 지식에 대하여 의심을 품기 좋아한다. 이와 같이 학생이기는 하나 경건하지 않은 사람이 너무 많이 있다. 그들은 지적인 지식에는 너무 관심이 많고 기도 생활과 자기 동료 봉사 생활에 대해서는 너무 적은 관심을 가지고 있다. 우리는 단지 학생만 되거나 경건하기만 하지 않고 경건한 학생이 될 목표를 세우는 것이 좋다.

마지막은 요한 자신이다. 그는 자신을 이 책의 저자라고 밝힌다. 그리고 그는 이상하게도 이미 19장 10절에서 행한 천사 경배에 대한 경고를 말한다. 우리는 요한이 이 책을 전면 개정할 시간과 기회가 있었다면 이 구절을 떼어 버렸든지, 천사 경배의 경고와 위험성에 대하여 너무 잘 알고 있기 때문에 이것을 두 번 말할 필요가 없다고 생각했을 수도 있다. 그는 확실히 우리에게 틀림없이 천사 경배는 잘못이라는 것과 그 경배는 하나님에게만 돌려야 한다는 것을 남겨 주었다.

때가 차고 지나감

요한계시록 22:10-11

10 또 내게 말하되 이 두루마리의 예언의 말씀을 인봉하지 말라 때가 가까우

니라 [11]불의를 행하는 자는 그대로 불의를 행하고 더러운 자는 그대로 더럽
고 의로운 자는 그대로 의를 행하고 거룩한 자는 그대로 거룩되게 하라

이 구절에서 주장하는 바는 그리스도의 오심이 가까이 왔다는 것이다. 그때가 가까이 왔다. 이 구절에서는 말씀하시는 분이 부활하신 그리스도 자신이다.

중간기에 쓰인 계시문학 작품 중에는 지시하는 것이 항상 인봉하여 먼 훗날을 위하여 따로 놓아두라는 것이다. 예를 들면 다니엘서에서 "너는 환상을 간수하라 이는 여러 날 후의 일임이라"(단 8:26)고 했다. 그러나 이제는 인봉할 때가 아니고 지금은 요한이 본 대로 그리스도의 오심이 이제 곧 오실 것이므로 열어서 읽을 때다.

그렇다면 사람들은 그들 그대로 있어야 한다고 말하는 것과 같은 이 이상한 구절은 무엇을 뜻하는가? 두 가지 가능성이 있다.

I. 바꾸기에는 너무 늦은 때가 올 것이다. 다니엘서에 보면 "악한 사람은 악을 행하리니"(단 12:10)라고 기록되어 있다. 에스겔은 이렇게 기록했다. "들을 자는 들을 것이요 듣기 싫은 자는 듣지 아니하리니"(겔 3:27). 때가 오리니 사람이 자기 성격에 얼마나 집착하는지 여하한 환경이라도 할 수 있는 것은 그에게 더 깊이 그리고 더 조절할 수 없이 하는 것뿐이다. 거기에 인간의 비극이 있다. 즉, 사람이 그리스도의 길을 얼마든지 오래 거절할 수 있으므로 결국은 그것을 받아들일 수 없을 것이다. 그것은 사실 성령을 어기는 죄다.

II. 옛날의 주해가 안드레아스(Andreas)가 이 구절의 가능한 설명을 제시한다. 그는 부활하신 그리스도께서 실질적으로 "각자 자신이 좋아하는 것을 행하게 하라. 나는 그의 선택을 강요하지 않으리라"고 하셨다고 했다. 이것이 아마 그 진의인지도 모르겠다. 예수 그리스도께서 "나는 강권을 사용하지 않으며 내가 사용하는 단 하나의 무기는 호소다. 사람은 자신을 만들고 싶어 하는 대로 그런 사람이 되면 좋다. 다만 내게 몸을 맡기는 자만을 나는 변화시킬 수가 있다"고 말씀하시는 것과 같다. 또한 이것은 모든 사람이 각자 자신의 운명을 결정해 나

아간다는 경고의 다른 면이 될 것이다.

그리스도의 주장

요한계시록 22:12-13

[12]보라 내가 속히 오리니 내가 줄 상이 내게 있어 각 사람에게 그가 행한 대
로 갚아 주리라 [13]**나는** 알파와 오메가요 처음과 마지막이요 시작과 마침이라

여기에서도 부활하신 그리스도는 자신의 조속한 내림을 말씀하시고 두 가지 중요한 주장을 하신다.

I. 그는 상을 가지고 오셔서 각자의 업적에 따라 주실 것이다. 스위트는 "그리스도께서 대청지기와 같이 말씀하신다. 그 청지기는 세상의 황혼에 일꾼들을 불러 그날의 임금을 받으라고 부를 것이다"라고 말했다. 여기에 나타난 예수 그리스도는 인간의 심판자요, 상 주시는 자다.

II. 그는 알파와 오메가요 처음과 마지막이며 시작과 마침이다. 이것은 1장 17절, 2장 8절, 21장 6절에서 사용된 구와 명칭의 반복이다. 여기에는 몇 가지 의미가 있다.

1. **완전**의 의미가 있다. 헬라인들은 **알파에서 오메가까지**, 히브리인들은 **알레프에서 타우까지**(aleph는 히브리어의 첫 문자, tanu는 마지막 문자)라는 구를 무엇이나 완전성을 나타내는 데 사용해 왔다. 예를 들면 아브라함은 전체 율법을 알레프에서 타우까지 지켰다고 했다. 이 경우 예수 그리스도는 그 자신 안에 모든 것을 가지고 있으며 다른 곳에서는 아무것도 필요하지 않으신다는 의미가 내포되어 있는 것이다.

2. **영원**의 의미가 있다. 그는 처음과 마지막이시다. 그는 그 안에 모든 시간을

갖고 계신다.

3. **권위**의 의미가 있다. 헬라인들은 제우스(Zeus)에 대하여 그는 시작이요, 중간이요, 마지막이라고 말했다. 이것은 유대 랍비들이 따다가 하나님께 적용한 것이다. 그리고 그들은 이에 대한 자신들의 설명을 가했다. 그들은 말하기를 하나님은 시작이시므로 권세를 아무에게서도 받지 않으셨으며, 그는 중간이시므로 권세를 아무하고도 같이 나누실 필요가 없고, 그는 끝이시므로 권세를 아무에게도 넘기시지 않으신다. 그들은 이 말씀에서 하나님의 완전한 권위를 보았던 것이다.

그러므로 우리는 예수 그리스도의 완전성, 무시간성, 권위를 의미한 것을 알 수 있다.

구원 받은 자와 버림 받은 자

요한계시록 22:14-15

**[14]자기 두루마기를 빠는 자들은 복이 있으니 이는 그들이 생명나무에 나아가
며 문들을 통하여 성에 들어갈 권세를 받으려 함이로다 [15]개들과 점술가들과
음행하는 자들과 살인자들과 우상 숭배자들과 및 거짓말을 좋아하며 지어내
는 자는 다 성 밖에 있으리라**

여기에는 하나님의 도성에 들어갈 권리가 있는 사람과 들어가지 못할 사람들에 대한 기록이 있다.

1. 자기 두루마기를 빠는 자들은 들어갈 권리가 있다. KJV에는 "그의 계명을 지키는 자들은 복이 있나니"라고 되어 있으나 이곳에서 택한 것은 개역 성경과 모팻, 그리고 미국 개역표준 성경의 것이다. 헬라어로는 두 원문이 다 아주 흡사하다. **자기 두루마기를 빠는 자들**은 **호이 플루논테스 타스 스톨라스**(hoi plunontes tas stolas)이고 **자기 계명을 지키는 자**는 **호이 포이운테스 타스 엔톨라스**(hoi poiountes tas entolas)다. 헬라어 사본에는 이 모든 말이 모두 대문자로 적혀 있고 단어 사이에 아무런 간격 없이 붙여 써 있다. 이 두 말을 영어 문자로 옮겨 놓으면 두 말이 얼마나 같은지를 알 수 있다.

HOIPLUNONTESTASSTOLAS
HOIPOIOUNTESTASENTOLAS

"자기 두루마기를 빠는 자들"이 가장 좋은 사본의 것이며, 서기관이 베끼다가 실수하기 얼마나 쉬운지를 알 수 있다. 그리하여 더 흔한 말로 대치할 수 있는지를 알 수 있다.

이 구절은 구원에서 인간의 할 일을 보여 주고 있다. 십자가상에서 사람이 용서를 받을 수 있는 유일한 길인 그 은혜와 희생을 주신 것은 예수 그리스도이나 인간은 그 희생을 자기 것으로 해야 한다. 요한의 표현대로 하면 예수 그리스도의 피에 두루마기를 씻어야 한다.

쉬운 예를 들면 비누와 물을 줄 수 있지만 사람에게 그것을 사용하게끔 강요하지 못할 것이다. 그러므로 하나님의 도성에 들어가는 사람은 예수 그리스도의 희생을 받아들이고 자신의 것으로 만든 사람이다.

II. 하나님의 도성에 들어가지 못하는 자의 명단이 뒤따른다. 우리는 이미 21장 8절에서 불못에 던져진 자의 이와 비슷한 명단을 생각해 보았다. 이것은 두 가지 의미가 있다.

1. 개는 야만적이고 더러운 것을 모두 뜻한다. 스위트는 "동양에서 도시의 집에서 배회하는 개를 본 사람은 그 단어가 동양인의 머릿속에 떠오르는 멸시와 증오를 이해할 것이다." 유대인에게 개는 애완용이나 집을 지키는 것이 아니라 집 없이 헤매고 야만적이고 더럽고 훔치는 개다. 그래서 유대인이 이방인을 개라고 불렀다. 랍비의 말에 "우상 숭배자와 함께 먹는 사람은 개와 더불어 먹는 자와 같다. 누가 개인가? 할례 받지 않은 자다"라는 말이 있다. 옛날 헬라의 주

석가 안드레아스가 암시하기를, 개란 염치없고 믿지 않는 자일 뿐 아니라 개란 한 번 세례를 받고도 "토한 후에 다시 돌아가는" 기독교인들도 의미한다고 했다. 개는 모든 욕지기나고 더러운 것을 의미한다.

2. 그 밖에 또 다른 가능성이 있다. 신명기 23장 18절에 율법에 이상한 구절이 있다. "창기가 번 돈과 개 같은 자의 소득은 어떤 서원하는 일로든지 네 하나님 여호와의 전에 가져오지 말라"고 했다. 전반부는 그 뜻이 분명하다. 하나님께 매음 행위로 번 돈을 가져오는 것은 금지되어 있다. 그러나 그 후반의 **개 같은 자의 소득**은 좀 더 난해하다. 그것은 이러하다. 고대 사원에는 종교 창녀인 여자 사제가 있을 뿐만 아니라 남창인 사제들도 있었다. 그런데 이 남창들은 보통 개라고 불렸다. 이 신명기의 말씀은 전후반 모두 매음과 관계가 있다. 그러므로 개라는 단어는 완전히 부도덕한 사람을 뜻하며 그것이 이곳에서 진의일 것이다.

거짓말을 좋아하며 그렇게 행하는 자는 모두 못 들어간다. 이제 시편 기자의 말을 들어 보자. "거짓 행하는 자가 내 집 안에 거하지 못하며 거짓말하는 자는 내 목전에 서지 못하리로다"(시 101:7). 속이는 자는 진리의 신인 하나님과 사귈 수 없다.

진실성의 보증

요한계시록 22:16

16**나 예수는 교회들을 위하여 내 사자를 보내어 이것들을 너희에게 증언하게 하였노라 나는 다윗의 뿌리요 자손이니 곧 광명한 새벽 별이라 하시더라**

여기서 예수께서는 요한이 보고 들은 모든 것의 진실성을 보증하시고 확인하신다. 이 보증의 요점은 이것이다. 요한계시록은 예수 그리스도로 주어질 계시의 약속으로 시작한다(1:1). 계시는 사실상 천사로 전해졌고 이상 속에서 주어졌고 성령으로 전해졌다고 하더라도 그것은 예수 그리스도에게서 온 것으로서 그것을 예수께서 단언하시는 것이다.

예수께서는 다음에 자신의 신임장을 주신다. "나는 다윗의 뿌리요 자손이니" 라고 말씀하신다. 이 말은 이사야 11장 1절의 말씀을 인용한 것이다. "이새의 줄기에서 한 싹이 나며 그 뿌리에서 한 가지가 나서 결실할 것이요." 예수께서는 자신이 이 예언의 성취이고 자신이야말로 다윗이 낳은 영원한 근원이요, 약속된 다윗의 후손이며 하나님의 선택된 왕이라고 말씀하시는 것이다.

"나는 광명한 새벽별"이라고 예수는 말씀하신다. 그것은 유대인에게는 많은 생각을 떠오르게 할 진술이다. 사람을 새벽별이라고 부르는 것은 그를 매우 높여 영웅들과 동등시하는 것이다. 예컨대 랍비들은 모르데카이(Mordecai)를 그렇게 불렀다. 그보다도 이 말은 저 유명한 메시아 예언을 기억나게 할 것이다. "한 별이 야곱에게서 나오며"(민 24:17). 예수는 하나님이 약속하신 별이다.

그러나 이것은 다른 영역의 생각을 불러일으키기도 할 것이다. 새벽별은 모든 별 중 가장 밝으며 밤의 암흑을 몰아내는 한 날의 선구자이기도 하다. 예수는 모든 별 중 가장 좋고 밝으며 그 앞에서는 죄와 사망의 밤이 도망할 것이다.

그러나 이것보다도 또 다른 한 가지를 생각나게 한다. 예수께서 세상에 계실 때 "나는 세상의 빛이니 나를 따르는 자는 어둠에 다니지 아니하고 생명의 빛을 얻으리라"(요 8:12)라고 말씀하셨다. 부활하신 그리스도께서 자신이 새벽별이라고 말씀하신 것은 그가 세상의 빛이 되심과 이 세상의 모든 암흑을 없이하는 자라는 것을 주장하시는 것이다.

우주적 초대

요한계시록 22:17

17성령과 신부가 말씀하시기를 오라 하시는도다 듣는 자도 오라 할 것이요
목마른 자도 올 것이요 또 원하는 자는 값없이 생명수를 받으라 하시더라

이 구절의 해석은 두 가지가 있다.

스위트는 처음 두 부분을 그의 약속을 이행하여 이 세상에 속히 재림하시기를 그리스도에게 호소하는 말이라고 해석했다.

그러고는 그 후반을 목마른 영혼들에 대해 그리스도에게 오라는 초청이라고 했다. 그러나 같은 문장 안에 그런 차이가 있다고는 생각되지 않는다. 그보다는 전 구절이 모든 사람에게 그리스도 앞으로 와서 그를 영접하라는 초청이라고 생각하는 것이 더 맞을 것 같다. 이 구절은 셋으로 구분된다.

I. 성령과 신부의 초청이 있다. 우리가 알기로는 신부는 교회다. 그런데 성령이란 무엇을 뜻할까? 이것은 모든 선지자 속에 역사하시는 성령이요, 과거에도 현재에도 항상 사람을 하나님께로 부르시고 계신 분이다. 그러나 그것보다는 요한은 성령을 예수 자신의 목소리로 사용한다는 설명이 더 맞을 것이다. 일곱 교회에 보낸 편지의 마지막 끝맺는 말들은 으레 성령이 교회들에게 하시는 말씀을 들으라는 초청이 있다(2:7, 11, 17, 29, 3:6, 13, 22). 이제 분명한 것은 일곱 교회에게 말씀하신 분은 부활하신 그리스도시므로 성령과 부활의 주님과는 같은 분임을 알 수 있다. 성령과 신부가 "오라!"고 말한 것은 그리스도와 기독교는 함께 예수 그리스도의 초대를 받으라고 권하는 것이다.

II. 둘째 부분은 듣는 자도 "오라! 할 것이요"이다. "오라!"고 하는 단어는 기록된 대로 하면 모든 듣는 자가 복창해야 할 말이다. 여기에 큰 진리가 있으니 모든 기독교인은 선교자가 되어야 한다는 것이다. 그리스도의 초대를 받은 사람은 그 초대를 다른 사람들에게 전해야 한다. 그리스도에게 발견된 자는 그리스도를 위하여 다른 사람들을 찾아야 한다. 초대 받은 자는 초대하는 자가 되어야 하며 발견된 자는 발견하는 자가 되어야 한다.

III. 셋째 부분은 모든 목마른 자가 예수 그리스도에게 와서 그들의 결핍과 희구가 충족되리라는 초대다. 이것은 우리에게 두 가지 일을 깨우친다. 이것은 가장 위대한 선지자를 통해 주신 큰 초대를 기억나게 한다. "너희 모든 목마른 자들아

물로 나아오라 돈 없는 자도 오라 너희는 와서 사 먹되 돈 없이, 값없이 와서 포도주와 젖을 사라"(사 55:1). 그리스도 안에서 그 선지자의 약속이 성취되는 것이다. 또 이것은 예수 그리스도 자신의 훌륭하신 말씀을 기억하게 한다. "내게 오는 자는 결코 주리지 아니할 터이요 나를 믿는 자는 영원히 목마르지 아니하리라"(요 6:35). 찬송가에 있듯이 영혼의 열망은 그리스도 안에서만 이루어질 것이다.

오 주여, 당신 안에서 내 영혼을 찾았도다.
그리고 당신 안에서만 찾았도다.
내가 오래 찾던 평강과 기쁨을, 지금까지 몰랐던 기쁨을
나를 채워 주실 분은 그리스도뿐,
나에게는 다른 이름이 없도다.
사랑과 생명과 영원한 기쁨을 주 예수여, 당신 안에서 찾았나이다.

경고

요한계시록 22:18-19

18 내가 이 두루마리의 예언의 말씀을 듣는 모든 사람에게 증언하노니 만일
누구든지 이것들 외에 더하면 하나님이 이 두루마리에 기록된 재앙들을 그
에게 더하실 것이요 19 만일 누구든지 이 두루마리의 예언의 말씀에서 제하여
버리면 하나님이 이 두루마리에 기록된 생명나무와 및 거룩한 성에 참여함
을 제하여 버리시리라

이 엄숙한 경고에 대하여 몇 가지 주의할 점이 있다.

I. 이것은 문자 그대로 이해해서는 안 된다. 이것은 요한계시록의 모든 하나

하나의 단어와 관련 있는 것이 아니다. 요한계시록의 사본이 사실상 좋지 않은 상태에 있으며, 우리는 실제의 단어 배열이 무엇인지를 모른다. 여기서 경고하는 것은 요한계시록이 내포하고 있는 진리를 바꾸거나 방해하거나 비뚤어지게 해서는 안 된다는 것이다. 이것은 바울이 "우리가 너희에게 전한 복음 외에 다른 복음을 전하면 저주를 받을지어다"(갈 1:8-9)라고 했을 때 의미한 것과 무척 같다. 바꾸어져서는 안 되는 것은 진리의 단어가 아니라 진리 그것이다.

II. 이 끝맺음이 고대의 책 중 독특한 것이 아니라는 것을 기억해야 한다. 실제로 이것은 고대의 저작자들이 그들의 책 말미에 매우 흔히 부가하였던 끝맺음이다. 우리는 성경의 다른 책에서 이와 비슷한 경고를 발견한다. 신명기에 "내가 너희에게 명령하는 말을 너희는 가감하지 말고 내가 너희에게 내리는 너희 하나님 여호와의 명령을 지키라"(신 4:2)고 했다. "하나님의 말씀은 다 순전하며… 너는 그의 말씀에 더하지 말라 그가 너를 책망하시겠고 너는 거짓말하는 자가 될까 두려우니라"(잠 30:5-6). 에녹서에서 그 저자는 죄인들이 그의 말을 바꾸고 곡해할 것을 두려워해서 아무도 "내 말을 변케 하거나 감하지" 말라고 요구했다(에녹서 104:10).

《아리스테아스의 서신(*Letter of Aristeas*)》에 히브리 성경의 헬라어판인 70인역이 애굽 왕의 요청으로 어떻게 70인의 유대인 학자에 의하여 만들어졌는지를 말해주고 있다. 임무가 끝나자 "그들은 그들의 관례에 따라서 아무것이나 더하든지, 쓰인 말의 어느 것을 어떤 방법으로든지 바꾸든가 삭제함으로써 변개를 가져오는 사람에게는 누구에게나 저주를 하라고 명했다"(아리스테아스의 서신 310, 311). 루피누스(Rufinus)는 《기원》의 서언에서 하나님 아버지와 성자와 성령의 목전에서 엄숙히 명하기를, 그의 책을 베끼는 자는 아무것도 가하거나 빼거나 삽입하거나 변개하지 말라고 했다. 유세비우스는(교회사 5:20:2) 2세기의 대기독교인 학자 이레나이우스가 자신의 책에서 끝맺은 방법을 인용하고 있다. "이 책을 베끼는 사람은 사본과 원본을 비교하여 세심한 주의를 가지고 원본대로 정정하도록, 또한 이 주의서를 사본에 써 넣도록 명령한다. 이 일을 예수 그리스도와 그의 산 자와 죽은 자를 심판하시려고 오시는 영광스러운 재림으로 명한다."

옛날에는 모든 책이 서기관들의 손으로 베껴졌다. 그리고 모든 저자는 서기관이 베끼는 데 실수를 범하고 변개하는 수가 있었기 때문에 그 책의 맨 끝에 모든 변형에 대한 경고를 써 넣는 것이 일반적인 관습이었다.

이 요한의 말도 그러한 일반적인 풍습의 빛 밑에서 읽어야 한다. 이 구절을 축자영감설의 논쟁으로 사용하는 것은 그것이 아무리 의도가 좋아도 잘못이다. 우선 그 경고는 이 책의 교훈을 의식적으로 비뚤어지게 하는 데 대한 것이며, 다음으로 요한은 단지 옛날 저자들이 습관적으로 하던 것을 했을 뿐이다.

이 구절에 대하여 한마디 더할 말이 있다. 찰스가 지적했듯이 이 경고는 본래 요한계시록의 일부가 아니라는 것이 가능하다. 우리가 이 장을 읽으면 요한이 그리스도께서 어느 때라도 오시리라고 말한 그 횟수에 눈을 돌리지 않을 수 없다(7, 10, 12, 20절). "보라 내가 속히 오리니"라는 말은 이 장에서 여러 번 반복된다. 이 구절의 경고는 이제 앞으로 오랫동안 이 책을 읽고 사용하고 베끼는 것을 예기하고 있기 때문이고, 요한은 이런 것을 생각하지 않았던 것이다. 그러므로 이 말들은 요한계시록의 요한의 말들이 아니라 후대 서기관의 말로서 그들이 이 책을 베꼈을 때 아무도 장차 그 내용을 바꾸지 않게 하기 위해 삽입한 것이라는 해석이 가능하다.

마지막 말

요한계시록 22:20-21

20이것들을 증언하신 이가 이르시되 내가 진실로 속히 오리라 하시거늘 아멘
주 예수여 오시옵소서 21주 예수의 은혜가 모든 자들에게 있을지어다 아멘

요한계시록이 끝나는 방법에는 비통함과 영광이 다 있다. 그 당시 무시무시한 박해 속에서 요한계시록의 요한이 고대하고 희망하고 기대했던 한 가지는 예수 그리스도의 조속한 내림이었다. 그 희망은 그가 기대했던 방법으로는 절대로 실

현되지 않았으나 우리는 그리스도가 몸으로는 오시지 않았어도 그가 자기 사람들과는 세상 끝날까지 함께하시리라는 약속(마 28:20)을 충분히 지키셨다는 데는 의심할 수가 없다.

그런 다음에 영광이 온다. 무엇이 오건 요한은 주 예수 그리스도의 영광을 확신했고 그 은혜는 모든 일에 충족했다는 것을 확신했다.

성경의 맨 마지막 말이 **아멘**이라는 말이 되었다는 것은 확실히 상징적이었으며 참으로 잘 어울리는 것이다.